アラン・バドリー 著
Alan Baddeley

井関龍太・齊藤 智・川﨑惠里子 訳
Iseki Ryuta　Saito Satoru　Kawasaki Eriko

ワーキングメモリ
思考と行為の心理学的基盤

誠信書房

WORKING MEMORY, THOUGHT, AND ACTION, FIRST EDITION
by Alan Baddeley

Copyright©Oxford University Press 2007
WORKING MEMORY, THOUGHT, AND ACTION, FIRST EDITION
was originally published in English in 2007.
This translation is published by arrangement with Oxford University Press.

ヒラリーに捧ぐ

目　次

まえがき　*ix*
謝　辞　*xv*

第 1 章　イントロダクションと概観 ――――――― *1*

1.1　いくばくかの歴史　*2*
1.2　複数成分ワーキングメモリ　*5*
1.3　複数成分モデル　*8*
1.4　結　論　*15*

第 2 章　なぜ音韻ループが必要か ――――――― *16*

2.1　音韻ループの進化論的関連性　*16*
2.2　言語獲得　*17*
2.3　下位語彙的短期記憶　*23*
2.4　系列順序の問題　*28*
2.5　連鎖モデル　*29*
2.6　文脈モデル　*30*

第 3 章　音韻ループ：課題と広がる論点 ――――― *37*

3.1　Nairne の批判　*37*
3.2　語長効果　*41*
3.3　音韻ループを混乱させる　*53*
3.4　無関連言語音効果　*56*
3.5　音韻ループ：概観　*67*
3.6　結　論　*69*

第 4 章　視空間的短期記憶 ―――――――――― *70*

4.1　視空間的ワーキングメモリと言語的ワーキングメモリ
　　　とを分ける論拠　*70*

4．2　視空間的ワーキングメモリを細分化する　*72*
　　4．3　空間的位置についての記憶　*72*
　　4．4　オブジェクトベースの短期記憶　*75*
　　4．5　視空間的短期記憶における系列貯蔵　*82*
　　4．6　問題を分ける　*87*
　　4．7　結　論　*93*

第5章　イメージと視空間的ワーキングメモリ ── *94*

　　5．1　視空間的コード化と言語的記憶　*95*
　　5．2　視空間スケッチパッドをモデル化する　*101*
　　5．3　視覚的イメージ　*104*
　　5．4　結　論　*112*

第6章　新近性，検索，定数比の法則 ── *114*

　　6．1　自由再生における新近性　*114*
　　6．2　定数比の法則　*117*
　　6．3　新近効果の諸理論　*120*
　　6．4　新近性の進化論的機能　*126*

第7章　中央実行系を細分化する ── *129*

　　7．1　ゴミ箱としての中央実行系　*130*
　　7．2　実行過程と前頭葉　*131*
　　7．3　ワーキングメモリと実行過程　*136*
　　7．4　限界のある容量を焦点化させる　*137*
　　7．5　課題切り替えと中央実行系　*142*
　　7．6　実行スキルとしての注意の分割　*147*
　　7．7　結　論　*153*

第8章　長期記憶とエピソード・バッファ ── *154*

　　8．1　一部の還元主義的見解　*154*
　　8．2　ワーキングメモリ棚の中の骸骨　*157*
　　8．3　エピソード・バッファ　*165*

第 9 章　エピソード・バッファの探求 —————————— 175

9.1　視覚的ワーキングメモリにおけるバインディング
　　　 176
9.2　散文の記憶におけるバインディング　179
9.3　いくつかの意義　190

第 10 章　ワーキングメモリスパンにおける個人差 —————— 195

10.1　心理測定学の伝統　195
10.2　知能の概念　197
10.3　ワーキングメモリにおける個人差　202
10.4　ワーキングメモリスパンは何を測定しているのか
　　　 205

第 11 章　何がワーキングメモリスパンを制限するのか ———— 210

11.1　スピード仮説　210
11.2　資源プール仮説　211
11.3　抑制仮説　214
11.4　ワーキングメモリの構成要素　221
11.5　中央実行系を分割する　226
11.6　ワーキングメモリと教育　228
11.7　結　論　233

第 12 章　ワーキングメモリの神経イメージング ——————— 234

12.1　陽電子放射断層撮影法（PET）　235
12.2　機能的磁気共鳴イメージング（fMRI）　236
12.3　脳波（EEG）　237
12.4　他の技法　237
12.5　部位の命名　239
12.6　ワーキングメモリのイメージングから何がわかるか
　　　 240
12.7　中央実行系のイメージング　247
12.8　実行処理のメタ分析　250

12.9　検索過程のイメージング　*252*

　　12.10　いくつかの結論　*253*

第13章　ワーキングメモリと社会的行動 ———————— *257*

　　13.1　行動を制御するのは何か　*257*

　　13.2　習慣，スキーマ，決定論的制御　*258*

　　13.3　主体性感　*265*

　　13.4　ワーキングメモリと自己制御　*270*

　　13.5　結　論　*280*

第14章　ワーキングメモリと情動Ⅰ：恐怖と渇望 ———— *282*

　　14.1　激しい情動における認知　*283*

　　14.2　不安と認知の臨床研究　*291*

　　14.3　不安と認知の影響をモデル化する　*296*

　　14.4　依存と渇望　*299*

　　14.5　結　論　*302*

第15章　ワーキングメモリと情動Ⅱ：抑うつと行為の源 ——— *304*

　　15.1　不安と抑うつの効果の比較　*304*

　　15.2　抑うつの心理学理論　*311*

　　15.3　行為の源　*314*

　　15.4　ワーキングメモリと抑うつ　*318*

　　15.5　情動と複数成分モデル　*323*

　　15.6　情動：広範な見解　*326*

　　15.7　結　論　*331*

第16章　意識性 ———————————————————————— *332*

　　16.1　意識性に対する実践的アプローチ　*333*

　　16.2　中核意識性　*334*

　　16.3　麻酔下の意識性　*335*

　　16.4　意識的制御とグローバル・ワークスペース仮説　*338*

　　16.5　認知的ワークスペースの神経基盤　*342*

　　16.6　意識性とワーキングメモリ　*347*

第17章　多重レベルの行為制御 ———————————— 351

17.1　行為の潜在的制御　*352*

17.2　運動制御のモデル　*358*

17.3　ワーキングメモリにとっての運動制御の意義　*367*

17.4　結　論　*370*

第18章　ワーキングメモリ研究の広がり：生命，宇宙， そして万物について ———————————— 371

18.1　進化的観点　*372*

18.2　いくつかの哲学的意義　*376*

18.3　エピローグ　*387*

文　献　*389*
訳者あとがき　*451*
索　引　*455*

凡　　例

・原文のイタリック体による強調は，訳文では基本的にゴシック体で表した。ただし，単純に地の文と刺激の例を区別するためにイタリック体が用いられていた箇所についてはこの強調を反映しなかった場合がある。
・原文では，書名や雑誌名の参照はイタリック体によって示されるのみであったが，訳文では，地の文と区別しやすくするため『　』を加えた。
・原文の‘　’は，訳文では「　」で表した。
・〔　〕は訳者によって補った語句であることを示す。〔／　〕の場合は，直前の語句と置き換えて読む語句であることを示している。

まえがき

　本書は，私が絶対に書かないと言っていた本である。これは，私が20年ほど前に書き上げた，『ワーキングメモリ』という本の続編である。前著は基本的に広範囲な研究プログラムの説明であった。その研究は，短期記憶（STM）の研究がその全盛期にあった1960年代に始まり，1970年代にその隆盛が失われる間も続いた。この研究は，Graham Hitchと私自身（Baddeley & Hitch, 1974）が提唱したワーキングメモリという，より広範でより機能ベースの概念に関するものであった。1986年の『ワーキングメモリ』の公刊によって関心は大きく高まり始め，このころには「ワーキングメモリ」と題された51の論文が公刊された。この過程は今も続いており，ワーキングメモリとタイトルにつく論文が一年に約800，タイトル，キーワード，アブストラクトにつく論文が3700ほど見つかるところまで達している。もちろん，これらのすべてが複数成分モデルに直接的に関連するわけではないだろうが，おりにふれて1986年の本を改訂すべきだと勧められると，莫大な文献が蓄積されていることがわかっているので，私はやりたくないと宣言してきた。

　それなのに，私は同業者らがわれわれのモデルについて行う発言に注意し続けた。モデルはその後，特定の批判がもはや適切でなくなるように発展しているにもかかわらず，彼らは自分たちのデータがわれわれのモデルに合致しないと示唆してきた。このモデルの説明を改訂する必要は明らかにあるが，私は実に膨大な素材を完全なレヴューによって論じることをなおためらってきた。それから，長いエッセイを書くというもっと扱いやすいプランを思いつき，この目的のために一夏を捧げた。秋が来ると，音韻ループについての第一セクションの半分しか進んでいないことに気づいた。扱いやすさについてはこのくらいにしておこう。少し後で，二度目の試みの機会がやってきたのは，スタンフォード大学の行動科学高等研究センターに招かれて2001〜2002年にかけて過ごしたときであった。私は再び挑戦することに決めた。

　そのセンターはこのような企てに特に適切な場所であるように思われた。「ワーキングメモリ」という用語は，この場所で，Miller, Galanter, & Pribram（1960）によって，認知科学に対する彼らの古典的な貢献である『**プランと行**

動の構造』（*Plans and the Structure of Behavior*）を出版する際に発案されたと思われるからである。さらに，私はかつて Richard Atkinson がこの建物で使っていた部屋に自分が割り当てられたことを知った。彼と Shiffrin のモデル（Atkinson & Shiffrin, 1968）は，重要な点でわれわれ自身のモデルとは違っているが，おそらく，Graham Hitch と私は「ワーキングメモリ」という用語を彼らの研究から獲得したのであった。幸先が良さそうに思えた。

　このセンターには，毎年，歴史，政治科学から，人類学，社会学，心理学，神経科学にわたる背景を持つ約 40 名の特別研究員が滞在していた。この幅広い専門知識を利用できることに私は勇気づけられ，おそらくは無謀にも，ワーキングメモリの概念をより広い知的文脈の中に位置づけるという，いっそう野心的な課題に取りかかった。ワーキングメモリという概念を導入するときには，複雑な認知と合理的思考の基盤としてのその重要性を，大げさに主張する誘惑に決まって駆られる。それなのに，われわれのごく初期の実験から，モデルを洗練させる進展のほとんどは，ワーキングメモリが**しない**ことを見出すことから得られている。この先丸一年残っていることもあり，また，私の以前の義務は消えたこともあって，複数成分ワーキングメモリモデルのより広い意義についてさらに深く考え，このモデルをどのように発展させるべきかについて興味深い解明の光を投げかけるいくつかの領域を調べることに決めた。私は 1 年前の夏にこの課題を始めてクリスマスには終えたいと思っていた。約 5 年後，とうとう仕上がりつつあるこの本は，どちらかといえば，長いエッセイ以上のものとなっている。では，何がいけなかったのだろうか。

　以前には音韻ループから始めて，自分が詳細さに溺れていることに気づいたので，中央実行成分から始めることに決めた――これは最もよくわかっていないトピックであるという見当違いの理由のためである。実際に 1986 年の本では中央実行系は最終章にようやく現れた。しかし，近年では実行処理に関する莫大な量の研究がなされており，そのほとんどは前頭葉の研究に関連している。さらに，中央実行系は，いくつかの他の領域と最も自然に関連づけられるワーキングメモリの構成要素である。例えば，センターでの 2 人の社会心理学者の同僚，John Bargh と Roy Baumeister との議論によって，私自身の中央実行系の説明の基盤を形成している Norman & Shallice（1986）の与えた行為制御の説明と彼らの研究を非常にきれいに関係づけられることを思いついた。また，私は意識性と自由意志の本質などの古典的な哲学的問題の一部との潜在的な関連にも気づき始めた。同時に，複数成分ワーキングメモリモデルに直接

的に関係すると思われる認知神経科学からの刺激的で重要な証拠を発見した。その結果は，私がこれまで予測していたよりも，長く，広範で，より野心的な本に結実した。

　私は詳細な実験から作り上げられた一般理論がその後でその理論の広範な役割に関する推測を導くような統一のとれた本を作りたかった。残念ながら，これはうまくいかなかった。例えば，音韻ループの詳細な分析とワーキングメモリという概念の意識性や行為の制御に対する広範な意義についての推論の間には隔たりが大きすぎる。結果的に，この本は半分に分かれており，前半は複数成分モデル内の発展に関するもの，後半は社会的・感情的行動，意識性と行為の制御におけるその潜在的な役割に関するものとなっている。

　最初のセクションは，おそらく賢明にも私が試みようとしなかった課題，すなわち，ワーキングメモリに関する過去20年の研究を概観することに取りかかっている。その強みは，ここで議論した領域のほとんどに私がアクティブにかかわってきたことにある。しかし，この期間に現れた莫大な文献を綿密にバランスよく専門的に網羅したとは主張していない（ただ，それを試みはした）。必然的に，私は文献を複数成分ワーキングメモリモデルの観点から見るし，理想とするよりも自分自身の研究を多く用いる傾向にある。さらに，実演課題の文献と一致して（Englekamp, 1998），私は自分が読んだものよりも自分が行ったことをきっとよく思い出している。そこで，もしあなたがこの分野で研究している方なら，ここに含めることのできる研究，また，含めるべき（おそらくあなた自身の行った）研究を知っているに違いないだろう。どうか私の釈明を聞き入れてほしい。

　本書の第二の部分は，長所と短所の両方において非常に違っている。そこでは，ワーキングメモリの概念をより広い文脈に位置づけることを試みており，社会的行動，感情，意識的アウェアネス，行為の制御の研究との関係を見出し，そのことが今度は意識性と自由意志という古典的な哲学的問題をもたらす。私はこれらの潜在的な関連が興味をそそることに気づき，自分の情熱を傾けることによってこれらの学際領域についての研究がさらに促されることを望んでいる。しかし，私は取り上げたトピックの専門家であるとは主張できないし，私が好むよりもレヴュー論文に多くを負っている。そうしたレヴューが特に有用であることに気づいて，文中にこのことを明確にしようと試みた場合もある。それでは，何がわかってきたのだろうか。

　私は広い範囲の潜在的な読者に利用しやすく有用な本を作りたかった。その

ため，私が1986年の本を完成させたときと同様に，モデルの概観を与える導入的な章から始めた。次に，音韻ループ——おそらくは最も単純で最もよく理解されているワーキングメモリの構成要素——を論じることに進んだ。しかし，このことによってすぐに問題が起きた。音韻ループは大量の詳細な分析が見られる領域であり，複雑な論争と洗練された計算モデル化を導いてきた。単純な言語的に記述されたモデルとして始まったものの発展の可能性を，最も明確に反映するものとしてこの領域を論ずることは本質的だと思われる。しかし，第1章においてこれに出くわした専門外の読者が「これは私には関係ない」と判断したとしても無理はない。そこで，読者を計算モデルと三次の交互作用で攻め立てるのではなく，音韻ループが何の機能を果たすのかという問題から始めて，これがある重要性を持つ領域であることを読者に納得してもらい，より専門的な第3章に進むか否か判断してもらうことを目的とした。おそらく，この時点で強調しておいた方がいいと思うが，私は本を始めから終わりまで順番に読まなくてもよいように諸章を書こうとしたが，よくあるように，1つのトピックを2つの章で論じている場合には，その順番で読む方が賢明である。

音韻ループから視空間スケッチパッドに進むが，1つの章は視覚情報と空間情報の短期貯蔵に注目するもので，次の章はイメージと視空間情報の操作に関するものである。第6章は，STMの概念に古典的にリンクするもの——すなわち，受動的なプライミングとアクティブなリハーサルメカニズムの組み合わせとして解釈される新近効果——とはどちらかといえば違った貯蔵の方法に関係している。

続く3つの章は，ワーキングメモリの中央実行系およびエピソード・バッファ成分に関するものである。それらは実行制御に関する莫大で増大しつつある文献をレヴューしようとしたものではなく，中央実行系の初期の概念を細分化し精緻化する私自身の試みに焦点を当てたものである。実行制御と注意制御の広い意義は後の章に残しておいて，次の2つの章では，ワーキングメモリの個人差に関して目立って取り上げられる実行処理の分析を行う。本書の前半は，ワーキングメモリの研究へ神経イメージング技法を適用することの議論で結ぶ。

先に言及したように，本書の後半は，ワーキングメモリをより広い観点に位置づけることを試みる。社会心理学との潜在的な関連性に関する1つの章にワーキングメモリと感情に関する2つの章が続く。これらのうち最初の章は恐

怖と不安の効果に注目したものだが，この分野ではワーキングメモリと感情による認知の妨害との明確な関連性が既にアクティブに探求され，渇望や依存症などの他の臨床的に重要な問題に拡張されている分野である。第15章で探求したワーキングメモリと抑うつとの関連性はそれほど明確ではない。これは執筆するのに最も手のかかった章だが，潜在的には最も生産的なものであると気づかされた。というのはこの関連性が感情とワーキングメモリの関連性のより詳細な特定を導くとともに，抑うつに対する心理学的・神経生物学的アプローチの概念的結びつきを説明する可能性のある新たな理論的枠組みをも導くからである。

　思弁的な調子は続き，第16章では意識的アウェアネスという現象を経験に基づいて説明し，グローバル・ワークスペース仮説に基づく意識性の理論とワーキングメモリの潜在的な関係を強調している。意識的アウェアネスの役割，そして暗に，行為の制御におけるワーキングメモリの役割が次の章の焦点となる。本書はワーキングメモリを広い進化論的な文脈に位置づけ，意識性と自由意志という古典的な哲学的問題に取り組む際のその意義を探求する試みで終わる。もしあなたがこれは実験心理学者が執筆を終えるにはかなり無謀なやり方だと考えるなら，私は同意するしかない。私はこのことをカリフォルニアで過ごした年月のせいにしたい。

謝　辞

　本書の大部分は，カリフォルニアにあるスタンフォード大学の行動科学高等研究センターで過ごした一年の間に執筆された。この間，寛大にも John D. MacArthur と Catherine T. MacArthur 基金からの奨励金に支えられた。また，本書の基礎となるワーキングメモリに関する研究のプログラムをその発端以来 30 年以上も前からサポートしてくれた英国医学研究審議会にも感謝する（後に，助成金 G9423916）。ブリストル大学とヨーク大学からの資金面でのサポートにも感謝する。

　本書が，多すぎて列挙できないが，何人かの共同研究者との相互作用や共同研究から多くを得ていることが明らかになると思う。しかし，長年にわたって，Sergio Della Sala, Susan Gathercole, Graham Hitch, Chris Jarrold, Robert Logie との議論からは特に多くを得てきた。スタンフォード大学のセンターで過ごした日々の間，私は同僚，特に，Robert Bjork，加えて，John Bargh, Roy Baumeister——ワーキングメモリと社会心理学を関連づけた章への彼らの影響は明白である——との議論から大きく恩恵を受けた。ワーキングメモリと情動に関する 2 つの章もまた，何人かの研究仲間，特に，Rainer Banser, Joseph LeDoux, Karin Mogg, Mark Williams からの助言と議論から多くの益を受けている。

　本書全体の草稿を読んで，時宜を得た，建設的な助言をくれた Nelson Cowan，複数の章を読んでコメントをくれた Bernard Baars, Donna Bayliss, Gary Green, Graham Hitch, 齊藤智, Tim Shallice の全員に感謝する。本書は彼らの示唆から相当に多くを得た。

　私はいつも最初の草稿を口述筆記によって（大体は田舎道を歩きながら）作る。これは楽しい執筆法だが，私が処理する以上の書き起こしのスキルを持つ誰かを必要とする。そこで，周囲のノイズと私の英語のアクセントの連携のためにふつうに使える自動発話認識ソフトは役に立たないことが判明したときに，センターで救援に駆けつけてくれた Megan Stokes-Holt の果たしてくれた大きな役割に感謝したい。ブリストルに戻ると，Dee Roberts が博士論文を仕上げる時間を喜んで割き，秘書としてのスキルと心理学のスキルを発揮して本

書の進行を推し進めてくれたことは幸運だった．執筆の最終段階にだけでなく，見つけにくい引用文献を追跡するというやっかいな過程——必然的に，本書作成の最終段階を遅らせたと思われる——にも多大な秘書およびITスキルを駆使してくれたことについて，Lindsey Bowesに特に感謝したい．本書の最終校閲段階は，短い病気の期間と同じ時期に重なっており，多くの誤りが未修整に残ることになった．後からそのタカの目でもってテキスト全体を見直してくれたJohn Richardson教授に感謝する．このことだけでなく，ワーキングメモリの研究の歴史的起源に関する彼のコメントについても感謝している．

　最後に，本書を私の妻のHilaryに捧げ，彼女が忍耐強く支え，励まし，そして，芝生を刈ったり塀を塗装したりすべきときに田舎道をひとりでしゃべりながら歩くぐうたらな夫を持ったことで隣人たちから同情されたときにも平然としていたことに感謝する．彼女のサポートは非常に貴重であった．

第1章
イントロダクションと概観

　ワーキングメモリは注意制御のもとでの一時的な貯蔵システムであり，われわれの複雑な思考のための能力（capacity：容量）を支えるものであると仮定される。友人に電車の駅から自分の家までの行き方を教えるという課題を考えてみよう。おそらく，はっきりした，最善のルートを生み出す，何らかの種類の視空間的表象を形成し，これを友人に理解できそうな言葉での指示に変える必要がある。友人は同じような課題を，ただし逆の順序で，ノートを取るか長期記憶に頼って遂行しなければならないだろう。あるいは，27に9を掛け算するという単純な問題を考えてみよう。7に9を掛けてから，一時的に3を貯蔵して，6を「繰り上げ」，それを保ったまま2に9を掛け，それから6を加えて，3を検索し243という答えを見つけ出す必要がある。いったん完了したらたぶんこの結果を（少なくとも短い間は）思い出すことができるが，おそらく，個々の段階の結果は思い出せない。
　ワーキングメモリの研究は，そのような一時的な操作と貯蔵のやり方に関係している。その研究は，当初は，単純な一元論的一時貯蔵庫である短期記憶（short-term memory：STM）の概念に基づいていた。しかし，年月を重ねるにつれて，知覚と記憶の間の，そして，注意と行為の間の不可欠のインターフェイスを効果的に形成するシステムには，単純な貯蔵をはるかに越えたものが必要であることが次第に明らかになってきている。
　ワーキングメモリに対しては多くのアプローチがあり，そのほとんどは共通の特徴を持っているが，この基本的な合意は，異なる理論家がたいていは異なる現象を重視して決まった範囲の理論展開の方法を用いているせいで曖昧になっている。私自身のアプローチは主として実証主導のもので，認知記憶研究の方法によっており，神経心理学に強く影響を受けている。そのようなわけで，データに密着し，展開中のモデルの広い意義を顧みない傾向がある。この後に続く諸章は2つのことを試みている。より実証に基づいたモデルについて

の最新の説明を行うこと，次に，ワーキングメモリの概念を広い理論的文脈に位置づけることである．必然的に，このことは大量の推測を必要とし，意識性と意思の本質などの古典的問題にまで拡張される．簡単な歴史的概観から始めたい．

1.1　いくばくかの歴史

　William James（1890）は，一時的な**一次記憶**（*primary memory*）——彼は「意識の後縁」として記述した——とより持続的な**二次記憶**（*secondary memory*）の区分を提唱した．しかし，20世紀中盤までは，実験心理学の中での支配的な見解は，単一の記憶システムがあり，学習は連合の形成を反映し，忘却は競合する連合間の干渉による，というものであった（McGeoch & Irion, 1952）．1949年，Donald Hebb は二成分の見解を蘇らせ，脳の一時的な電気活動に依存する短期記憶（STM）と，より持続的な神経化学的変化によって表現される長期記憶（long-term memory：LTM）という2つのタイプの記憶があると推測した．この見解を支持したのが英国の Brown（1958）と合衆国の Peterson & Peterson（1959）であった．いずれの研究においても，リハーサルを妨害した場合には，ごく少ない量の情報がおよそ数秒で急速に失われることが観察された．リハーサル妨害課題は再生する項目と類似した材料を含まなかったので，古典的な類似性ベースの干渉理論は考慮から外され，代わりに，時間が経つにつれて急速に衰える記憶痕跡の存在が主張された．

1.1.1　何種類の記憶があるか

　このことは，1960年代に活発な論争を呼んだ．Keppel & Underwood（1962）は，Peterson課題における忘却は実験の第一試行ではごくわずかだが，次の数試行にかけて急速に蓄積することを明らかにし，忘却は，実験の初期の項目からの順向干渉を想定することで容易に解釈できることを示唆した．Melton（1962）は，数字スパン（数字系列の直後系列再生を求める古典的なSTM課題）も長期成分を持っていることを実証し，個別のSTMシステムを仮定する必要はないと結論づけた．これに応えて，Waugh & Norman（1965）は，実験パラダイムと仮説的認知システム（すなわち，そのような課題のパフォーマンスに貢献すると仮定されるシステム）を区別することが必要だと指摘した．

William James（1890）にしたがって，彼らは**一次記憶**という用語を仮説的な短期システムに対して，**二次記憶**という用語を長期システムに対して使い，STM と LTM はそれぞれの実験パラダイムを指すために用いることで，STM 課題でのパフォーマンスが実際的には常に LTM に基づく成分を持つことを受け入れている。

少なくとも2つの記憶システムがあることについてのさらなる証拠は，神経心理学的患者についての詳細な研究から得られた。古典的な健忘患者――一般的には，側頭葉と海馬に両側性の損傷を持つ（Milner, 1966）――は，LTM 課題ではあっけに取られるほど低い容量を示すが，数字スパンなどの STM 課題では上手に遂行する（Baddeley & Warrington, 1970）。同時に，Shallice & Warrington（1970）が記述した患者は逆のパターンを示しており，健常な LTM と1項目か2項目のみの数字スパン，非常に低い Peterson パフォーマンスを併せ持っていた。この LTM 課題と STM 課題のパフォーマンスの間のいわゆる二重乖離は個別の過程を仮定することの必要性を強力に示唆した。

二分法についてのさらなる証拠を与えたのが二成分課題（two-component tasks）であり，この課題には，被験者が任意の順に単語のリストを再生しようとする自由再生などがある。再生が直後の場合には，最も新近の項目が優れて再生されやすい（新近効果）。しかし，新近効果は提示とテストの間に短い挿入遅延を入れた場合には失われるのに対して，長期成分を反映すると仮定される初頭の項目はこの短い遅延には影響されない（Glanzer, 1972; Glanzer & Cunitz, 1966）。新近効果は健忘患者でも保存されるが，STM パフォーマンス不全のある患者では損なわれる。これに対して，LTM に依存すると仮定される初頭項目の再生は逆のパターンを示しており，健忘患者で大きく損なわれるが STM 不全のある患者では保たれる（Baddeley & Warrington, 1970; Shallice & Warrington, 1970）。

1.1.2　モーダルモデル

1960年代後半までに，世評は2つ以上の種類の記憶を区別することに賛成するようになっていた。これは多数の記憶のモデルに反映された状況であり，なかでも最も影響力のあったのは，モーダルモデル（modal model）[*]として知

---

[*]（訳注）"modal model" という用語の "modal" には2つのニュアンスが込められている。すなわち，短期記憶や長期記憶といった複数の「モード（様態）」があるという意味と，当世流行の「モード（最先端）」であるという意味である（Baddeley, 1986, p. 16）。本書では，両方のニュアンスを残すため「モーダルモデル」という訳語を選んだ。

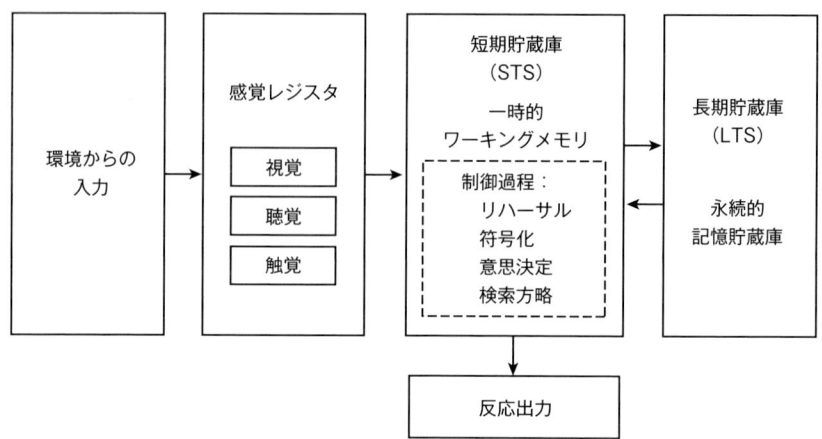

図1.1 Atkinson & Shiffrin（1968）が提唱した，記憶の情報処理モデル。情報は，環境から一連の感覚レジスタを通して短期貯蔵庫に流れる。短期貯蔵庫は，長期貯蔵庫の内外への情報の流れを制御することに重要な役割を果たす。

られるようになったAtkinson & Shiffrin（1968）のモデルである。このモデルは3つの異質なタイプの記憶を仮定した（図1.1を参照）。これらのうち最も短期的であるのが一連の感覚記憶システムであり，おそらく，知覚処理の成分として最もうまく考えられたものである。これらは，ときにアイコニックメモリとも呼ばれる視覚的感覚記憶（Sperling, 1960）とNeisser（1967）がエコイックメモリと呼んだ同等の感覚的聴覚貯蔵システム（Crowder & Morton, 1969）を含む。しかし，他の感覚システムも何らかの形式の一時的貯蔵を含むと考えられる（Atkinson & Shiffrin, 1968）。情報は並列的な感覚記憶システム群から単一の短期貯蔵庫に流れると仮定される。これが情報容量に限界のあるワーキングメモリとして働く，**短期貯蔵庫**（*short-term store*：STS）である。STSは情報を保持できるとともに操作もでき，LTMへの情報の符号化とその検索との両方にかかわると仮定される。そこで，容量限界のあるSTMシステムは，もっと大きな容量の**長期貯蔵庫**（*long-term store*：LTS）と交互作用する。ゆえに，長期的学習はLTSとSTSの両方に依存する。

1.1.3　モーダルモデルの問題点

当初は，モーダルモデルは利用可能なデータの優れた説明を提供するかのようだった。しかし，このモデルは少なくとも2つの問題に陥った。これらの第

一のものが関係するのは，その学習の仮定であった。この仮定によれば，LTS に情報を転送するには STS に保つことだけで十分である。すなわち，情報を長く保つほど転送の確率が高くなり，よりよく学習される。しかし，これを直接的に検証する試みは成功しなかった（例えば，Craik & Watkins, 1973; Tzeng, 1973; Bjork & Whitten, 1974）。単なる時間の経過よりもずっと重要なのは，材料を学習する際に行う操作の性質であり，物理的外観に関して処理しただけの項目はよく保持されず，言語化した項目は多少よく再生されたが，意味に関して十分に符号化した項目ほどではなかった。Craik & Lockhart（1972）は，このことを極めて影響力の大きい処理水準仮説の観点から解釈した。この仮説によれば，長期的学習の程度は，符号化の深さと豊かさによるのであって，Atkinson & Shiffrin が仮定したように，材料を STS に保った時間の長さによるのではない。

　第二の問題は，神経心理学的証拠に固有のものであった。STS が長期的学習の過程において決定的な段階であるとすれば，STS システムに障害のある患者は，LTM パフォーマンスの損傷も示すはずであるが，そうはならなかった（Shallice & Warrington, 1970）。さらに，システムが一般的な目的のワーキングメモリとして機能するとすれば，そのような患者は，多くの異なる認知課題で障害を負うはずである。このことは，明らかに事実ではなかった。ある STM 患者は秘書として効率的に働いていたし，他の患者は店と家庭を切り盛りし，第三の人物はやり手のタクシー運転手であった。彼らの問題は事実上限定的であるように思われ，ワーキングメモリが著しく損なわれた患者に予想されるような一般的認知機能障害の証拠を何も示さなかった。

1.2　複数成分ワーキングメモリ

　これが Graham Hitch と私が助成金を使って長期記憶と短期記憶の関係を理解することを目指す研究を始めたときの状況であった。この時点では，STM の研究は急速にその人気を失って，処理水準（Craik & Lockhart, 1972），意味記憶の性質（Collins & Quillian, 1969; Collins & Loftus, 1975）などの LTM という新たな刺激的な領域の研究が支持されつつあった。

　われわれは，STM の担う機能が，ワーキングメモリでないとしたら，いったい何なのかという単純な問題に取り組むことを選んだ。われわれは STM 患

者には接しなかったが，代わりに，二重課題法を用いて健常被験者においてSTMを選択的に妨害することに決めた．すべての既存のSTMのモデルは，その違いにもかかわらず，数字の直後系列再生にSTMが必要であること，また，数字についての限られたスパンはSTSの容量限界から生じることで一致するようだ．そのため，われわれは被験者に数字からなるランダムな系列を連続的に繰り返しながら，容量限界のあるワーキングメモリシステムの働きによると仮定される第二の課題を遂行するように求めた．単純に1つの項目を繰り返すように求めることは顕在的な音声リハーサルを妨げるが，最小限の貯蔵負荷しかかけない．数字の個数を3つから6つ以上に増やせば，後で利用可能なSTS容量の大部分を占有するはずである．このように同時提示された数字を連続的に増加させると，ワーキングメモリに大きく依存するどのような課題に対しても，漸進的にパフォーマンスを阻害するはずである．

　われわれはこの方法で言語的推論，読解，そして長期的学習を研究することにした（それぞれの場合に数字系列を復唱しながら課題を遂行した）．推論課題は，統語的複雑性が異なる文の真偽判断を伴うものであった．各文は2つの文字AとBの順序を述べることを意図したもので，それに文字対が続いた（例えば，AはBの**後に現れる**—BA（A *follows* B—BA）なら，被験者は「真」と反応しなくてはならない）．課題の難しさは否定形と受動態を用いることによっても操作した（例えば，BはAには**先行されない**—AB（B is *not preceded* by A—AB）なら，「偽」の反応を喚起しなくてはならない）．被験者はこの視覚的に提示された課題を数字0～8個の長さにわたるランダムな数字の系列を口頭でリハーサルしながら遂行した．結果は図1.2に各数字負荷のレベルでの平均反応時間と平均エラー率の両方を示してある．数字負荷の増加とともに反応時間の明確な増加が見られるが，重要なので述べておくと，最大の負荷でも50％しか反応時間を増やさなかった．おそらく，さらに驚くべきはエラー率であり，数字スパンに達する（一部の被験者の場合には数字スパンを超過した）同時的負荷によっても影響はまったくなかった．概してよく似た結果が得られたのは，学習か散文理解のいずれかを伴う課題に対する同時的数字負荷の効果を研究したときであった．数字の保持を支えるシステムは，その容量を減らすことが認知機能を損なうという点でワーキングメモリシステムに似て**いるが**，阻害の程度はモーダルモデルが予測するよりもずっと少ない．われわれは一元論的なSTSという仮定を放棄して，マルチモーダルシステムに置き換えることに決め，それを**ワーキングメモリ**と名づけた．

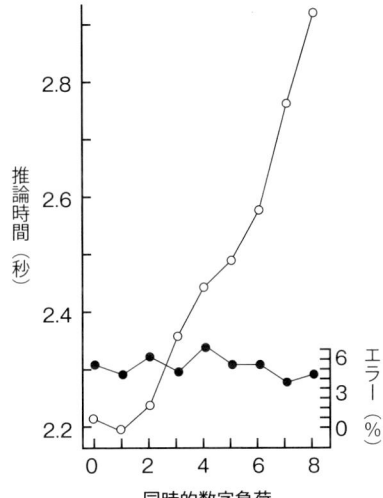

図 1.2 同時的記憶課題の言語的推論への影響。同時的な数字系列が長くなるほど，反応は遅くなった。しかし，その減少は大規模なものとはいえず，正確さには効果はなかった。データは，Baddeley（1986）の *Working Memory* から Oxford University Press の許諾を得て再掲した。

われわれがワーキングメモリという用語を選んだのは，単純にその貯蔵容量を強調するのではなく，提唱するシステムの機能的役割を強調するためである。この用語は既に普及していたが，認知心理学では一般的ではなかった。それは Miller et al.（1960）によって作られたものと思われるが，その特徴についてはほとんど言及されていなかった。この用語は Atkinson & Shiffrin によっても彼らの短期貯蔵庫の機能的役割を述べるために用いられていた。これらの用法のいずれもわれわれ自身のものと大体同じであったが，それとは異なる2つの他の用法にも言及すべきである。ワーキングメモリという用語は，人工知能におけるプロダクションシステムモデル（Newell & Simon, 1972）の構成要素にも適用され，そのようなモデルを支える if-then プロダクションルールを保持する，容量に限界のないシステムを指す。動物学習の文献の中ではさらに別の仕方でも用いられており（Olton, 1979），放射状迷路など，動物にその日に遂行した一連の関連試行の成果を想起することを要求する課題でのパフォーマンスを指す。

しかし，良くも悪くもワーキングメモリという用語は，われわれが採用した意味で，複雑な人間の思考を支える容量限界のある一時的貯蔵システムを指すものとして次第に用いられるようになってきている。そのようなシステムは，常にではないが，複数の成分から構成されると仮定されることが多い（Miyake & Shah, 1999a; Smith & Jonides, 1996, 1997）。STM という用語は，少量の情

報の直後再生を要求する課題を記述するのに用いられ続けており，ワーキングメモリという用語は，一般的には，注意制御にかかわり，短期貯蔵に保持した情報の**操作**を可能にする広いシステムを指すのに用いられている。STMという用語は，数字スパンや短期的 Peterson 忘却パラダイムなどの一定範囲の課題を記述するのになお用いられている。前に述べたように，そのような課題は長期成分と短期成分の両方を持つ傾向にある。しかし，短期**貯蔵**に明確に焦点を当てた多くの研究（第2章～第4章を参照）は，課題を指すのかシステムを指すのかを明確にする文脈に頼ることで，STM という用語を課題と理論的に仮定された内在的過程の両方を指すのに用い続けている（例えば，Gathercole, 1996; Vallar & Papagno, 2002）。

1.3 複数成分モデル

自分たちのデータのパターンを説明するために，Atkinson & Shiffrin の提唱した一元論的な短期貯蔵庫は三成分のワーキングメモリに置き換えるべきであることをわれわれは示した（Baddeley & Hitch, 1974）。これは，注意制御システム——**中央実行系**——に2つの従属貯蔵システム——**音韻ループと視空間スケッチパッド**——を備えている（図1.3を参照）。3つすべてのシステムに容量限界があるが，その限界の性質は異なる。音韻ループは，発話ベースのおそらくは純粋に音響的な情報を一時的貯蔵庫に保持することができると仮定さ

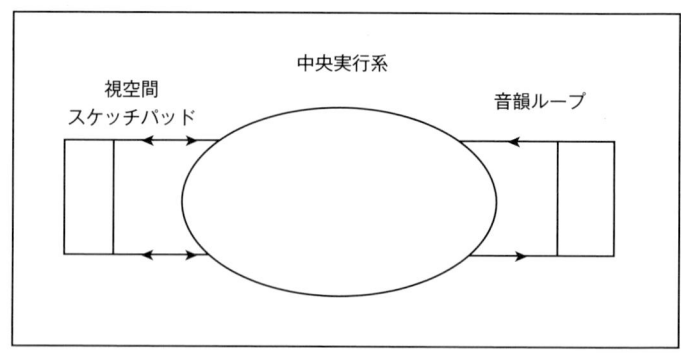

図 1.3 Baddeley & Hitch（1974）の提唱した三成分ワーキングメモリモデル。Oxford University Press の許諾を得て再掲した。

れる。この貯蔵庫はリハーサルによってリフレッシュしない限りは数秒以内に薄れる記憶痕跡に依存すると仮定される。リハーサルは外的または内的音声化（overt or covert vocalization）によると仮定される。

　視空間スケッチパッドは，視覚情報と空間情報の両方について同様の機能を果たす。リハーサルは，おそらく，必ずしも眼球運動を伴うことなく起こると仮定される（Baddeley, 1986, pp.116-121; Postle et al., 2006）。初期のモデルでは，中央実行系は一般処理容量に限界のある蓄えであると仮定された。その正確な性質は特定しないままで，その代わりに，より取り扱いやすい問題のように思われる従属システムに専念した。もちろん長期的には，実行制御を何も説明しないワーキングメモリモデルは，事実上単純な貯蔵モデルになる（ただし，二成分のSTSがある）。長年にわたって，未特定の実行系に残されたギャップを埋める試みは大きな懸案事項であり，このことは後の章でもたびたび再考される。3つの成分のそれぞれを以下でより詳細に述べる。

1.3.1　音韻ループ

　音韻ループは，音韻貯蔵庫（音韻ストア）と構音リハーサルメカニズムからなると仮定される。音韻貯蔵庫の性質についての証拠は，音韻的類似性効果から主に得られた。Conrad（1964）の観察によれば，被験者は**視覚的**に提示された子音系列を再生しようとするときに，「音響」エラーをしやすい（例えば，BをV，FをMとして誤って再生する）。Conrad & Hull（1964）によれば，BDTGCPなどの音韻的に類似した文字の系列は，FKYWRQなどの似ていない系列よりも不正確に再生される。彼らの主張によれば，STMは音響的記憶痕跡によっており，視覚的に提示された項目は心内音声化（subvocalization）によって音響コードに変換される。Conradが「音響的（acoustic）」類似性という用語を用いたのは，それがノイズのあるときの聴き取りエラーの観点から定義されたためであった。私自身は内在的な貯蔵システムを指すのに「音韻的（phonological）」という用語がよいと思う。この用語は，コードの正確な性質を未決定のままにしておくことを意図している——コードの性質を特定する初期の試みは結論が出ないことを示している（Hintzman, 1967; Wickelgren, 1969）。私自身はこの知見を単語に拡張し，man cat cap map can などの系列は，pit day cow pen sup などの非類似系列（全体の約80％で正答）とは対照的に，約10％しか正しく再生されないという知見を得た。意味の類似性（例えば，huge big long wide tall）は有意に再生を減らしたが，ごくわずかな

量であった（Baddeley, 1966a）。

　非常に違った結果のパターンが現れたのは，同じ単語セットを長期記憶の研究で，10項目からなる系列を複数の試行で提示したときであった。これらの条件のもとでは，意味の類似性はパフォーマンスを阻害したが，音韻的類似性はほとんど効果を持たなかった（Baddeley, 1966b）。これらの結果は，少量の情報の直後再生には音韻ベースの貯蔵庫が使用されるということに一致し，対照的に，長期的学習は後の処理水準仮説（Craik & Lockhart, 1972）と一致して，主に意味的なコード化によって決まるようだ。

　リハーサルの過程は語長効果（word length effect）に反映されると仮定された。単語系列についての直後記憶は，単語が長くなるほど低下する（wit, sum, pad, beg, top などの5つの短い単語の系列は90％の試行で正しく再生されるのに比べて，university, refrigerator, hippopotamus, tuberculosis, auditorium などの複数音節系列は約50％が正しく再生される：Baddeley et al., 1975）。この結果は，減衰する痕跡にリアルタイムで働きかけるリハーサル過程という仮定と一致する。したがって，記憶スパンは痕跡が薄れる速度と項目をリハーサルできるスピードという2つの要因によって設定されると仮定される。短い単語ほどすばやくリハーサルできて大きいスパンを生み，すばやくリハーサルする被験者は長いスパンを持つ傾向にある（Baddeley et al., 1975）。しかし，リハーサルの過程は，被験者に「the」という単語などの無関連な音を繰り返し発話するように要求すれば防ぐことができる。このことは最小限の記憶負荷しか伴わないが，リハーサルを防ぎ，パフォーマンスを阻害する（Murray, 1968）。

　もうひとつの仮定によれば，聴覚的に提示された項目は音韻貯蔵庫へ自動的にアクセスするが，視覚的に提示された項目がアクセスするには心内音声化をしなければならない。この後者の論点は，音響的類似性，提示モダリティー，構音抑制の交互作用に反映される。ここで問題となる知見は，音韻的類似性効果——貯蔵庫内に備わると仮定される——と語長効果——転送とリハーサルの過程を反映すると仮定される——を対比する。材料を視覚的に提示すると，単一単語を繰り返す構音抑制は，音韻的類似性効果と語長効果の両方を消失させる。これは，視覚的に提示された項目は適切な音韻コードに容易には変換できないからである。しかし，聴覚的に提示したときには，音韻的類似性効果は再び見出されるが（Murray, 1968; Levy, 1971），語長の効果はもう見られない。音韻的類似性効果が見られるのは，聴覚項目が貯蔵庫に自動的にアクセスする

からである。語長効果がもう起こらないのは，語長効果は心内音声化リハーサルに直接的に依存するが，この条件のもとでは，心内音声化リハーサルは構音抑制によって妨害されているからである（Baddeley et al., 1975; Baddeley et al., 1984a）。

　貯蔵-リハーサルの区別は，後に，貯蔵とリハーサルのいずれかを阻害する損傷を持つ患者からの神経心理学的証拠（Vallar & Papagno, 2002）と神経イメージングの証拠（Paulesu et al., 1993; Jonides et al., 1998）によって支持された。これらの証拠は，貯蔵成分を左半球の側頭-頭頂領域に定位したのに対して，リハーサルをより前部のBroca野に定位した。

　第3章で見るように，音韻ループの概念は変化を遂げてきた。しかし，第2章で示すように，この概念は依然として理論的な論争の的であるにもかかわらず（おそらく，そのために），言語獲得と言語処理についての研究を刺激する，非常に有益なものであることが明らかになってきた。しかし，重要なのは，音韻ループがワーキングメモリを構成するシステムおよび処理の複合体の小さな一成分に過ぎないと心に留めておくことである。

1.3.2　視空間スケッチパッド

　このシステムは，視覚情報と空間情報について，音韻ループが言語刺激と音響刺激について果たすのと同じ機能を遂行する。このシステムの研究についての私自身の関与は，個人的な経験に由来している。カリフォルニアでのサバティカルの間に，私はアメリカンフットボールに非常に興味を抱くようになった。あるとき，ロサンゼルスからサンジェーゴへの自動車専用道路を運転しているときに，私はスタンフォード大学とカリフォルニア大学ロサンゼルス校の試合をラジオで聞いていて，試合場と該当チームの明確なイメージを作っていた。そのとき，私はもとの車線から別の車線に自分の車が移っていることに気づき，音楽に切り替えることで事なきを得た。

　英国に戻ると，私は自分の経験を実験的にシミュレートすることを試みた。われわれはドライビングシミュレータは利用せず，その代わりに，追跡回転板を使った。これは円軌道をたどる光点を伴うもので，被験者には光点を針で追跡するように求めた。困難度のレベルは，回転のスピードを変化させることによって設定できた。追跡を一定範囲の記憶課題と組み合わせ，ある人には機械的な言語的リハーサルを行ってもらい，他の人にはイメージの使用を促した。例えば，そうした課題のひとつは，古典的な場所記憶術を用いるもので，最初

に被験者に多数の特定の位置を占めるキャンパスを通るルートを教えた。次に，各位置についてひとつの一連のオブジェクトのイメージをそれぞれの位置に形成し，心的に歩くことによってそれらを検索するように教示した。課題を単独で遂行するときには，このことは，機械的リハーサルに比べて，有意に再生成績を向上させた。しかし，同時的追跡はこの優位性をなくす一方で，機械的記憶には何も影響しなかった。第3章と第4章で見るように，後の研究はSTMと視覚的イメージの関係性を調べ，システムの**視覚的な**諸側面（パターンやオブジェクトに関係する）を位置に関係する**空間的**成分から分離できることを示している。この区別は，脳損傷患者の研究によって，また，神経イメージング技法を用いた健常な脳機能の研究によって支持されている（Jonides et al., 1993; Smith & Jonides, 1997; Della Sala & Logie, 2002）。音韻ループと違って，視空間スケッチパッドは主に脳の右半球に依存する。

1.3.3　中央実行系

　われわれの初期の研究はもっぱら2つの従属システムに関係していたが，これは，主にそれらがより扱いやすい問題を提供するように思えたからであった。しかし，このモデルに起こった進展をまとめようとする本を書いたとき（Baddeley, 1986），私は自分が実行系について何も言っていないことを十分に理解する前に，最後の章に行き着いてしまった。私は，Norman & Shallice (1986) が主張した注意制御のモデルについての思索に基づいて，この改善に着手した。彼らのモデルは，十分に発展したいくつかのモデルが存在する知覚における注意の役割とではなく，行為の注意制御と関係している点で特異である。重要なので注記しておくと，Norman & Shallice のモデルは（理論的には極めて豊かであり続けていると思うが），当初はテクニカルレポートとしてのみ利用でき，後に本の章となったもので，これは雑誌に採択してもらうことが難しかったからのようである（Shallice，個人的コミュニケーション）。われわれの雑誌査読システムは革新を好んでいるようには思われない。

　Norman と Shallice はいずれも行為の注意制御に関心があったが，やや異なる観点から関心を持っていた。Norman は行為のしまちがい（slip）に興味があり，それらがなぜ，いつ起こるのかに関して，可能性のある説明を与える枠組みを求めていた。そうした失敗はたいてい些細なものである（土曜の朝にショッピングセンターではなく，オフィスまでぼんやり運転するなど）。しかし，それらはときに大打撃を与えることがある（例えば，パイロットのエラー

による航空事故など)。他方，Shallice は前頭葉による行動の制御に興味があり，両側性前頭葉損傷のある特定の患者らの矛盾した行動を説明したかった。そのような患者は，保続傾向を示し，同じ行為を繰り返し遂行し，そのパターンを脱するのが非常にむずかしい。別の機会には，彼らは反対のように見える行動を示し，注意は目の前のどんな刺激にも引きつけられる。

　日常的な失敗と前頭葉パフォーマンスの両方を説明する枠組みを提供するために，Norman & Shallice は，行動は2つのレベルで制御されると主張した。これらの一方は相対的に自動的であり，予測できる事象から適切な行動を引き起こす習慣とスキーマに基づいている。よく知っているルートに沿って運転することは，このよい例である。他の成分は，彼らが**監督的注意システム**(*supervisory attentional system*: SAS)と名づけたもので，そうした習慣を乗り越えるためのメカニズムである。それが用いられるのは，既存の習慣パターンがもはや適切でないときである(例えば，交通渋滞がわかって，それを回避するために適切な行為を取りたいときなど)。土曜の朝にマーケットまで運転しようとして，代わりに職場に向かっていることに気づくなどの日常的な注意の失敗は，そうした習慣パターンがSASによる制御に対して不適切に優位となった例であり，典型的には，注意が進行中の課題から逸れるときに起こる——例えば，現在の買い物のためのドライブについて考えるのではなく，未来の休日の計画を考えてしまうなど。前頭葉損傷のある患者はSASの働きが不完全であると仮定され，中央の注意制御がないために，注意は単一の持続的な刺激や一連の無関連刺激に引きつけられることになる。彼らの習慣システムは保存されているが，前頭にあるSASは保存されていない。

　私は Norman & Shallice のモデルを中央実行系を概念化するための基盤として受け入れることを提唱した(Baddeley, 1986)。後の章が示すように，このモデルが依然として極めて有効であることに私に気づかされる。

1.3.4　エピソード・バッファ

　一般的処理能力を構成する実行系を仮定することの問題点は，それがあらゆる結果を説明できるかもしれないことである。この過度の柔軟性は，システムがどのように働くのかについて今以上に教えてくれる実験を生み出さないという意味で，実証的には生産的でない。この問題を是正しようと，私は実行系が純粋に注意の役割を果たし，それ自体は貯蔵ができないという可能性を探求することを提案した(Baddeley, 1996; Baddeley & Logie, 1999)。これがきっか

けとなった一連の研究は，実行系を，それぞれが異なる機能を遂行する，個別の注意制御過程の連合体に細分化しようとするものであった。第7章が示すように，このことは大きな課題であることが明らかとなったが，成功しない課題ではなかった。

　しかし，このモデルによってワーキングメモリのより複雑な機能（散文の大きなチャンクを想起する能力など）について適切に説明しようとするなら，何らかの形式の付加的な貯蔵が必要であることはますます明白になってきた。さらに，ワーキングメモリ機能の個人差の研究は非常に刺激的な結果を生み出してきた。これらの研究の用いた測度は，ワーキングメモリスパンである。これは被験者に記憶と処理を組み合わせることを要求する。例えば，文の系列を判断してから各文の最後の単語を再生する（Daneman & Carpenter, 1980）。スパンは被験者がうまく処理し，再生できた文の最大値によって測定される。ワーキングメモリスパンによって，読解からコンピュータプログラミングにわたる広範囲の複合的な認知活動を予測できる（Daneman & Merikle, 1996; Engle et al., 1999a）。

　あるレベルでは，この複合スパン（complex span）測度の成功は，ワーキングメモリという一般的概念の幅広さと有効性を示した点で，非常に喜ばしいことであった。しかし，他方，そのような複合スパン課題でのパフォーマンスを既存の枠組み内でどのように説明できるかを知ることは決して容易ではない。この状況では，記憶貯蔵は音韻ループと視空間スケッチパッドに限られており，そのそれぞれが短期的にのみ情報を保持でき，両者の相互作用の手段は特定されていない。このことは，第四の成分，すなわち，**エピソード・バッファ**（*episodic buffer*）の追加を促した（Baddeley, 2000a）。このシステムは，3つのワーキングメモリの従属システムと長期記憶の間のインターフェイスを形成すると仮定される。エピソード・バッファは，バインディングメカニズムとして機能し，知覚情報，サブシステムやLTMからの情報を限られた数のエピソードに統合することを可能にする。それは，複数の異なるコード——視覚的，言語的，知覚的——の間の，そして，LTMからのコード（意味的，エピソード的）の間のインターフェイスを提供するという意味で，バッファである。最後に，それは意識的アウェアネスを通して呼び出し可能であると仮定された。それは本質的に一時的である点で，エピソード的LTMとは異なるが，学習と検索の両方のためにLTMを呼び出すことのできるインターフェイスを提供する。また，意識的アウェアネスが決定的な役割を果たすワークスペース

として機能すると仮定される（第13章）。そのようなわけで，それはBaddeley & Hitch のモデルとワーキングメモリへの他のいくつかのアプローチの間の概念的な架け橋となる（Miyake & Shah, 1999a）。エピソード・バッファは第8章と第9章でより詳細に論じる。

1.4　結　論

　複数成分ワーキングメモリモデルは，4つの成分システムを仮定しており，(1)注意制御機である中央実行系と3つの貯蔵システム，すなわち，(2)視空間スケッチパッド，(3)音韻ループ，(4)より一般的に統合された貯蔵システムであるエピソード・バッファから構成される。以下の章は，このモデルをより詳細に説明するとともに，それをより広い文脈に位置づけることを目的とする。この領域における研究は，30年以上前にモデルが提唱されて以来，猛烈に発展しており，この本で与えられる説明は必然的に選択的になり，このトピックに対する私自身の個人的な見解によって決定されることになった。しかし，私は別のアプローチを認めようと考え，参考文献を提供してそのようなアプローチをさらに探求できるようにし，私がなぜ現在の見解——もちろん，われわれがワーキングメモリについてさらに知るにつれて発展し続けている——を維持しているのかを説明する。

　本書は進行するにつれて，より詳細な実証ベースの複数成分モデルをより広い理論的文脈に位置づけようとする。どこで，いつ，なぜワーキングメモリが重要なのかを明らかにするため，それがほとんど役割を果たさない状況についても少なくとも手短には論じるに至った。結果として，最後の章はもともと複数成分モデルの現状についての長いエッセイとしての企画に手をつけたときに私が予期していたよりも，相当に範囲が広く，より思弁的な調子になった。

第2章
なぜ音韻ループが必要か

　音韻ループは，容量が数項目に限られており，かつ，特定の環境下でのみ用いられるにもかかわらず，ここ30年以上のあいだ莫大な量の研究を生み出してきた。またそれは，ワーキングメモリの成分の中でもBaddeley & Hitchのモデルと最も強く関係があり，そのため，音韻ループ成分に適合しないデータが複数成分モデルに反する証拠としてまったく誤って引用されることが多いという結果を招いた。この一例を後で詳細に論じる。

　生み出されてきた研究の量と，それが30年後も物議をかもし，かつ，実証的に生産的であり続けていることはジレンマを引き起こす。音韻ループにひとつだけの章を充てることは，必然的に，まだ活発な論争をざっと飛ばすことになるし，対立仮説を無視することになる。他方，徹底的に取り扱えば，本書の残りの部分とのバランスを欠くほど詳細になるだろう。実際，一部の研究者はこのシステムの重要性を低く見ており，Jim Reason（個人的コミュニケーション）は，「認知心理学の顔にできたにきび」も同然であるとやや乱暴に述べている。これが正しいとすれば，さらに多くの紙幅を許すことは難しい。そのため，音韻ループが果たす機能は何かという問題を論じることから始めるつもりである。これに続く章では，論争を要約し，音韻ループモデルを精緻化および拡張する手段を手短に説明するつもりである。

2.1　音韻ループの進化論的関連性

　数字スパンがSTMの優れた測度であると仮定されていたころには，その研究が一般的なワーキングメモリの容量を反映することを容易に正当化できた（Atkinson & Shiffrin, 1968）。しかし，先に記したように，スパンが一桁の数字であるような患者は日常生活においてほとんど問題がないように見えて，こ

のことは，一般的なワーキングメモリの障害とは明らかに一致しないように思われた。数字スパンが（また，暗に音韻ループが）一般的ワーキングメモリシステムを反映しないとすれば，それが担う生物学的機能とは何だろうか。

2.1.1 言語理解

極めて純粋な短期音韻記憶の障害を持つ若年の脳卒中患者 P.V. を研究できたことが，この問題に取り組む機会を与えてくれた（Vallar & Baddeley, 1984）。共同研究者の Giuseppe Vallar と私は，音韻ループが言語理解において重要な役割を果たしている可能性を調べることから始めた（Vallar & Baddeley, 1987）。われわれが見出したところでは，P.V. は単純な文を処理することには問題がなかったが，特定の複雑な文を真偽判断する能力に障害を示した。これらの文は，真偽判断の決定を行う前に，文の終わりまで最初の部分を保持することを要求するように作られていた。そのため，彼女は短い文（*Sailors are lived on by ships*：航海士は船で生計を立てる）はうまく真と判断したり，その逆の文（*Ships are lived on by sailors*：船は航海士で生計を立てる）を偽と判断したりすることができたが，長いバージョンの文（*Ships are believed, and with some considerable justification, to often be lived on by sailors*：航海士は，ある程度の正当な理由はあるものの，たいていは船で生計を立てていると信じられている）は実質的に偶然に等しいレベルであった。この長い文の処理と理解における問題は，STM 障害患者の特徴である（Vallar & Shallice, 1990）。しかし，音韻ループなどの明らかに専門化したシステムの進化を正当化する上で，そのような入り組んだ文を解釈する能力は十分に大きな生物学的利点をもたらすと説得力のある主張をすることは難しい。

2.2 言語獲得

われわれの第二の仮説によれば，音韻ループはおそらく言語**学習**において重要な役割を果たしており，子どもにとって重要な成分となっているが，母語をすでに獲得している成人にとってはそれほどではない。この見解を支持する観察によると，言語発達が遅れているディスレクシア（dyslexia：難読症）の子どもは数字スパンの障害を示すことが多い（Miles, 1993）。われわれはこの仮説を P.V. に外国語であるロシア語の語彙項目を学習させて検証することにし

た（Baddeley et al., 1988）。音韻ループが言語獲得において重要な役割を果たすとすれば，彼女はこの音韻的長期学習課題を十分に遂行できないはずである。

2.2.1　患者からの証拠

われわれの検証は，単純に，8つのイタリア語の単語と8つのロシア語の同義語を使ったものだった。例えば，よく知っているイタリア語のrosa（バラ）を提示したときに，P.V.はロシア語の単語のsvietiで反応するよう学習しなければならなかった。一般的な言語学習障害について統制するために，彼女の母語のイタリア語の8つの単語対をリンクさせて学習することも求めた（例えば，vavallo（馬）とtavola（テーブル）を連合する）。また，年齢と教育レベルをマッチングさせた統制群の被験者もテストした。P.V.はイタリア語の単語を対連合学習（主に意味的コード化によることが知られている課題）する能力では極めて健常であることが明らかになった。しかし，連続して10回の試行を行っても，彼女はロシア語の語彙の1つの項目さえもまったく習得できなかったのに対して，統制群の被験者はこの回数までに8つすべてを学習した。彼女は確かに新しく音韻学習することに問題を抱えていた。

ある高い知能を持ったアメリカの大学院生に基づくその後の研究は，この知見を発達的STM被験者に拡張した。彼は音韻的STMが非常に劣っていたために〔音韻的STM障害であると〕同定された。P.V.と同じように，彼は単語対の獲得は健常だったが，外国語語彙の学習は非常に劣っていた（Baddeley, 1993a）。後になってわかったのだが，彼はかつて第二言語学習が非常に難しいことを経験していた。

Vallar & Papagno（1993）は，この逆を示すダウン症の被験者を記述している。一般知能レベルの低下にもかかわらず，彼女は3つの言語を流暢に操った。彼女は，ダウン症に典型的なSTM障害を示さず，むしろ，すばらしい音韻的STMを持っていることが明らかになった（Bellugi et al., 1994; Jarrold et al., 1999）。同様に，複数の言語を流暢に操る多言語使用者の研究によれば，多言語使用者は，単一言語使用の統制群被験者（他の点では年齢と教育的背景において似ていた）よりも長い数字スパンを持っていた（Papagno & Vallar, 1995）。

2.2.2　第二言語学習

これまでに述べた証拠は，音韻ループが特異的に阻害されているか，より一般的な認知障害にもかかわらず保存されているという稀な事例からのデータによっている。この問題に対する第二のアプローチは，健常被験者の音韻処理を妨害することによって新たな語彙学習への影響を研究するものであった。Papagno et al.（1991）は，構音抑制（継続的にある発話を繰り返すことを要求し，それによってリハーサルを防ぐ）によって，被験者の音韻ループの働きを妨害した。このことは，外国語語彙の獲得を阻害したが，母語の対連合学習にはほとんど影響を及ぼさなかった。Papagno & Vallar（1992）は，外国語学習における音韻ループの重要性についてさらに証拠を生み出した。彼らは音韻ループの働きに大きな影響を及ぼすことが知られている2つの変数，すなわち，音韻的類似性と語長によって，外国語学習が阻害されることを示した。外国語語彙の学習には干渉するのにもかかわらず，これらの音韻変数のいずれもが母語の単語対の学習率には影響しないことから，新たな音韻形態の学習が音韻ループに依存することが再び示唆された。

2.2.3　言語障害を持つ子ども

これまでに述べたすべての研究は，**第二**言語学習の能力と関係している。音韻ループが母語獲得に影響を及ぼすかという問題には，もちろん，潜在的には多大な生物学的意義がある。Susan Gathercoleと私は，特異性言語障害（specific language impairment：SLI）を持つと分類される子どものサンプルを用いて，この問題を探求し始めた。彼らは平均8歳であり，健常な非言語性知能を持つが，彼らの言語発達のレベルは6歳児のそれであった。われわれは彼らに言語記憶テストバッテリーを与え，彼らが発音された非単語（典型的には，wuxやpijなどの単一音節）を繰り返す能力に特に顕著な障害を持つことを見出した。われわれはより長い非単語反復テストを開発した。その最終版では，2音節（例えば，ballop）から5音節（例えば，pristoractional）にわたる項目を用いた（Gathercole & Baddeley, 1990）。各非単語を子どもに聞かせて，それを繰り返すように求めた。SLI群を年齢と非言語的知能が同程度の子どもと比較し，また，言語発達のレベルを8歳のSLI児と一致させた6歳児とも比較した。

SLI児は，（6歳児と比較したときでも）非単語反復が大幅に損なわれてお

り，後に4歳の子どもに相当することが明らかになるレベルの得点であった（Gathercole & Baddeley, 1990）。ヒアリングや構音の問題は排除できた。そして，われわれのテストは音韻ループの容量の測度を提供すること，言語獲得を予測するには数字スパンよりもずっと適切であること（実際の単語に似た項目の処理を要求するので）が示唆された。われわれの仮定によれば，数字スパンは同じシステムによっているが，数字についての既有知識により決定されやすい。われわれのSLI児は，数字について，言語を一致させた統制群よりも2年以上多くの経験を持っていた。後でわかるように，われわれの直観は正しく，非単語反復と数字スパンは相関する傾向にあったが，非単語反復（non-word repetition：NWR）は，言語獲得の優れた予測子であることが明らかになった（Baddeley et al., 1998a）。

2.2.4　健常児における語彙獲得

　われわれの新たなテストが健常児の語彙レベルを予測できる程度も調べた（Gathercole & Baddeley, 1989）。基本的なデザインは，一定範囲の特定年齢の子どもを多数テストし，非単語反復，非言語性知能（一般的には，Ravenのマトリクス検査），語彙レベルを測定するものであった。語彙レベルは，英国絵画語彙尺度（British Picture Vocabulary Scale：BPVS）を用いて測定した。これは，ある単語を聞かせながら子どもに4つの絵の配列に注目させて，〔単語によって〕指定された項目を指摘するよう求めるものであった。非言語性IQも4歳（$r = 0.388$）と5歳（$r = 0.164$）のときの語彙と相関したが，非単語反復は語彙レベルとより強い相関関係があった（それぞれ，$r = 0.525$と0.492）。この相関は，今では，いくつかの異なる年齢群で何度も再現されている（表2.1）。

　もちろん，相関は必ずしも因果関係を意味しない。例えば，多くの語彙を持つ被験者はこの知識を用いて非単語課題を遂行するのに役立てていたとする主張は，もっともらしいと言える。そのため，複数の異なる言語を話す多言語使用者は高い数字スパンを持つというPapagno & Vallar（1995）による観察は，音韻ループが非母語の学習において獲得された幅広い言語習慣を利用できることを反映するかもしれない。そのような見解を支持したのがBrown & Hulme（1996）であった。彼らの主張によれば，優れた語彙が優れた言語記憶を導くのであり，その逆ではない。そのような見解を支持したのは，Gathercole（1995）による，非単語反復テストで高いまたは低い得点を取った子どものパ

表 2.1 語彙，非単語反復，数字スパンの関係性。Baddeley, Gathercole, & Papagno（1998b）の報告した，一定範囲の研究からの相関データ。

平均年齢	n	非単語反復		数字スパン	
		単純	部分*	単純	部分*
3.00	54	0.34	0.31	0.15	0.16
4.01	70	0.49	0.47	0.28	0.22
4.07	80	0.56	0.46	—	—
4.09	57	0.41	0.41	0.28	0.29
5.03	70	0.34	0.36	0.20	0.18
5.06	48	0.48	—	—	—
5.07	80	0.52	0.50	—	—
5.09	51	0.41	0.31	0.38	0.28
5.09	65	0.61	0.53	0.44	0.38
6.07	80	0.56	0.48	0.44	0.33
8.07	80	0.28	0.22	0.36	0.23
13.10	60	—	—	0.49	0.46

* 他の潜在的な予測変数を統計的に除いた。

フォーマンスの研究であった。彼女は英語と音素配列構造が類似した項目（単語らしい非単語；prindle, contramponist など）でのパフォーマンスとそれほど単語に似ていない項目（単語らしくない非単語；ballop, skiticult など）でのパフォーマンスを比較した。高低非単語反復群のどちらも単語らしさから明確なほぼ同程度の促進効果を得ており，言語習慣が非単語反復パフォーマンスに貢献するというアイデアを強力に支持した。

しかし，Gathercole のデータの第二の特徴は，やや違ったストーリーを語っている。このテスト**以降**の数年にわたる子どもの語彙獲得を記録すると，語彙獲得は単語らしい非単語でのパフォーマンスとは無関連であるが，単語らしくない非単語を繰り返す子どもの能力とは明確に相関することが明らかになった。そのため，非単語反復に対する2つの寄与因子があるものと思われる。ひとつは，既存の言語習慣からのもので，2つの群を通してほぼ同程度寄与し，もうひとつは，2群間で異なるソースからのものである。これが容量限界のある音韻貯蔵庫を構成するのではないだろうか。言語習慣は両群に対して大いに支援を与えるが，新たな学習は音韻貯蔵庫の容量が決定する。高い音韻貯蔵庫容量を持つ子どもは，新たな単語を長く保持して，長期的音韻学習の可能性を高めることができる。

音韻貯蔵の学習初期における重要性についてのさらなる証拠は，交差遅延相関（cross-lagged correlation）を用いて，既有語彙，非単語反復，新たな単語を獲得する能力の因果関係を解明する研究から得られる（Gathercole & Baddeley, 1989）。ある群の子どもは，語彙と非単語反復の両方について4歳のときにテストし，5歳のときに再テストした。交差遅延相関の論理を用いて，初期の駆動力が音韻記憶であるとしたら，年齢4歳のときの非単語反復からの一年後の語彙の予測は，4歳のときの語彙からの5歳のときの記憶の予測よりも有意に優れているだろうと主張された。他方，語彙が駆動力であるとしたら，逆のパターンが生じるはずである。結果は，明らかに非単語反復の成績が後の語彙獲得を予測し，語彙成績は一年後の非単語反復の成績を予測しないことを示したが，子どもが年齢を重ねるにつれて，このパターンはより相互的になり，非単語反復と語彙の両方が後のパフォーマンスを予測するようになった（Baddeley et al., 1998b）。

　認知発達における明確な因果関係を整理することが必然的に困難であるのは，認知スキル全般が並列的に発達し，あるスキルを他のスキルから分離することが難しくなりがちであるから，すなわち共線性問題が生じるからである。問題をさらに複雑にするのは，認知発達は循環的な過程を伴う傾向があるためで，初期の能力が認知スキルの発達を促し，認知スキルが強化した能力が今度は発達しつつあるそのスキルを高めるといったことがある。このことは，音韻ループではなく音韻処理の観点から，われわれの知見について新たな説明を導いた（Snowling et al., 1991，ただし，Gathercole et al., 1991を参照）。子どものSLIの結果の説明として未特定の音韻処理障害を論じる人もいるかもしれないが，Snowlingらの解釈は，第二言語獲得に関するわれわれの成人のデータを容易には説明できない。例えば，P.V.の音韻的STMにおける劇的な障害が全般的に言語習慣の消失から生じるとの提案は受け入れがたい。というのは，彼女は語彙と統語が損なわれていないし，完全にふつうのスピードとプロソディ*で話すからである（Basso et al., 1982）。同様に，構音抑制，語長，音韻的類似性はすべて音韻ループに影響し，このすべてが新規語彙の獲得と干渉するが，どのようにしたらこれらのうちの任意のものを一時的に言語習慣が利用できない状態と見なせるのかはわからない。

---

*　（訳注）　発話における音声的特徴で，表記からは予測されないもの。抑揚，強勢，リズムなどを含む。韻律。

2.2.5 統語の獲得

文法の獲得における音韻ループの役割についての証拠は，語彙学習についてほど強力ではない。単語系列を貯蔵する能力は統語発達において重要な役割を果たすことが主張されており（Nelson, 1989; Plunkett & Marchman, 1993），この見解は，Speidel（1993）による2人のバイリンガルの兄弟の研究によって支持されている。どちらも同等の高い一般的知的能力を持っていたが，一方は個々の単語を獲得するのが遅く，統語エラーが多く，音韻記憶が劣っていた。Daneman & Case（1981）が明らかにしたところによると，単語スパンは人工文法学習課題の成績について生活年齢よりも優れた予測子である。Blake et al.（1994）と Adams & Gathercole（1995, 1996）による研究は，音韻記憶テストは話しことばの平均発話長を予測できることを示したのに対して，Ellis & Beaton（1993）は，音韻記憶を第二言語学習における文法の獲得と関連づけた。そのため，われわれの考えでは，残りの証拠は，音韻ループは母語と第二言語の両方の獲得において重要な役割を果たすというアイデアを支持しており，Baddeley et al.（1998b）が詳細に論じた見解と一致する。

2.3 下位語彙的短期記憶

われわれが考えてきたように，古典的な STM 課題は数字スパンであり，そこでは被験者は数字の系列を記憶する。それらの項目（数字）は極めて限られた数の刺激セットを相当に過剰学習したものである。単語スパンに移行しても，確実に私自身の関わりによって，限られたセットの単語を繰り返し使用し続けて，系列順序を貯蔵する必要性をはっきりと強調し，長期記憶からの貢献を最小限にする傾向があった。この古典的なバージョンの系列的 STM は，実際に，驚くほど複雑で実証的に有意義な課題であることが明らかになったが，Baddeley et al.（1998b）が示唆するように，音韻ループが**新規な**音韻系列を獲得するのに役立つように進化したのだとすると，数字のような既にかなり過剰学習した構成要素を用いてこの過程を研究することは理屈に合わないだろう。このため，私の共同研究者は十分に学習された限定されたセットの項目を研究することから離れて非単語の研究に向かい始め，これから示すように，既存の音韻ループのモデルに挑戦し，それを拡張する結果を生み出している。そ

の研究は2つの問題に焦点を当てている。すなわち，エラーパターンの詳細な分析および再生が語彙性（つまり，単語と非単語のいずれの系列を想起するか）の影響を受ける過程の分析である。

2.3.1 単語と非単語のエラーパターン

エラーの詳細な分析は，当初からSTMのモデルを発展させ，検証する上で重要なツールとなってきた（Conrad, 1960, 1964; Sperling & Speelman, 1970）。例えば，数字スパンについてのいかなる詳細なモデルも，系列長がスパンを超えると，被験者は典型的には項目のほとんどを依然として再生するが，誤った順序で再生するという観察を説明できなければならない。そのようなエラーは，系列内の比較的に短い距離を移動する傾向があり，すべての項目が再生されるときには隣同士の置き換え（例えば，1, 2, 3, 4, 5, 6が1, 2, 3, 5, 4, 6に）が最も起こりやすい（Aaronson, 1968; Bjork & Healey, 1974; Lee & Estes, 1997）。エラーが隣接項目間で起こるという事実は，順序情報はあまり正確でなくなっているが，完全に失われたわけではないことを示唆している。

しかし，Trieman & Danis（1988）による子音-母音-子音（CVC）**非単語**の保持の研究は，やや異なる図式を生み出した。この場合には，項目エラーに見えるものが支配的であった。つまり，系列に提示されていなかったCVCが産出された。しかし，綿密に調べてみると，これらの見かけ上の項目エラーそのものが，**音素**系列内での順序エラーから生じたものである（それで，wux cazはcux wazとなるのだろう）。そのため，見かけ上の項目エラーは，子音と母音が新規なCVCから「引き離され」て生じた順序エラーとして記述し直されるだろう。やはり，置き換えは比較的に短い距離を隔てて生じており，一部の順序情報がまだ貯蔵されていることを意味している。

Gathercole et al.（1999）は，音素配列頻度（つまり，当該の音素の組み合わせがその言語に現れる可能性）において様々なCVCの系列再生を研究した。高頻度の音素配列項目は，なじみのない音系列から構成される項目よりもよく再生された。Trieman & Danisと同じように，エラーの大部分は，CVC音節全体の移動ではなく，個々の音素の移動によることがわかった。順序エラーの大部分は子音に起因するもので，母音における順序情報の保持は相当に確実であった。順序情報の保持は主に母音に依存すると彼らは考えた。母音は子音よりも確実に保持されることは多数の研究が示してきた。例えば，Drewnowski（1980）は，母音の項目同士の類似性（例えば，dah, fah, gah）は子音の類似性

(例えば，dih, dah, doh) よりも再生を低くすることを明らかにし，母音がSTMにおいてより中心的な役割を果たしていることを示唆した。

この結果のパターンは，順序情報は主に母音によって担われ，子音は多かれ少なかれ個々の母音に強力に付加されるという仮説に一致する。数字や音韻的に類似していない子音などその数が限られている項目のセット（閉じたセット）の場合には，母音の順序の保持によって，オリジナルの系列を明確に再生成することが十分に可能であるが，対照的に，音韻的に類似したリストでは，共通の母音は比較的効果の薄い手がかりにしかならない。音韻的類似性効果のそのような解釈は，後で述べる複数の計算モデルに共通しており，これらのモデルは順序情報の貯蔵を後の項目選択段階から区別している。この過程を比較的容易にモデル化できるのは，数字や単語の場合のように，項目が長期記憶のレキシコンに既に存在するときであり，よりやっかいなのは，今回の場合のように被験者が新規な非単語を検索するよう求められるときである。

2.3.2 語彙性と再統合

Gathercole らによれば，非単語を反復する能力は，子どもが読解上の問題にぶつかるかどうかの優れた予測子である（Baddeley & Gathercole, 1992; Gathercole & Pickering, 2001）。しかし，このことが記憶の失敗を反映する**可能性もあるが**，問題は材料を聞き取ったり発音したりすることの障害の当然の結果かもしれない。ヒアリングが問題であるとすれば，提示を聴覚的にしたときには，エラーは短い系列でも起こるはずである。この可能性は確認できるし，また，子どものヒアリングは聴力検査でチェックできる。さらに，発話産出の混乱は，発話再生ではなく，再認を用いることで回避できるだろう。子どもは長さの異なる2つの非単語系列を聞いて，構成要素音の順序が同じか違うかを検出する。しかし，このことは，非単語再認測度が語彙獲得の予測子として既存の再生課題と同等であるかという別の問題を提起する。

2.3.3 語彙性と再認

Gathercole et al.（2001）は，単語と非単語についての再生と再認両方のスパンを測定して，このことを調べた。彼らの手続きは以下の通りであった。再生課題では，被験者は，等価の音素配列頻度を持つ単一音節の単語か非単語の系列を聞いて，それらを口頭で反復した。系列の長さは，正確に再生できなくなるまで，すなわち，その材料についてのスパンの長さまで増やした。再認は

系列をだんだん長くして提示し，それぞれに，まったく同じか，2つの項目の順序を置き換えた第二系列を続けることによってテストした．例えば，pig, hat, rug, day の順に提示し，pig, rug, hat, day の順でテストした．彼らの発見によれば，単語は非単語よりもかなり容易に**再生**された．しかし，意外にも，再認でテストしたときには，単語と非単語のスパンの間にほとんど差は見られなかった．この結果は，Gathercole et al. (2001) によるいくつかの研究を通して再現され，さらに，Thorn & Gathercole (1999) が単一言語使用と二言語使用の被験者の第一言語と第二言語の単語についてスパンを比較した研究にまで拡張された．再生によってテストしたときには，被験者の第一言語の材料に明確な優位性が見られたのに対して，再認では言語タイプはほとんど効果を持たなかった．

初期の研究を導いた実践的な問題に戻ると，幸いにも，非単語再認は，実際に語彙獲得と相関することが明らかになっており (Gathercole et al., 2001)，発話産出の問題を持つ子どもをテストするための有効な実用的ツールとなることが示唆された．この結果は，非単語反復の予測力を提供するのは，既存の言語知識ではなく，むしろ，新規な音韻情報を貯蔵する能力である，少なくとも，言語獲得の初期段階の間はそうであるということも意味している．そのようなわけで，この結果は，言語獲得における音韻貯蔵庫の役割に関する Baddeley et al. (1998b) の初期の結論を強化する．

2.3.4 セットサイズと再生

証拠をまとめて音韻ループモデルにとってのその意義を考察してみる前に，もうひとつだけ研究を述べておきたい．この研究では，Gathercole (準備中) は，標準的な記憶スパン手続きを非単語反復から区別する重要な変数，すなわち，限られた「閉じた」項目セット（例えば，同じ10個の単語）を繰り返し用いるのか，「開かれた」単語セット（試行ごとに異なる単語）を用いるのかを操作した．予想したように，彼女は閉じたセットの優位性を見出しており，限られた範囲の単語は項目の再生をずっと容易にした．しかし，より重要なのは，得られたエラーのパターンであった．彼女が見出したところでは，閉じたセットの単語はちょうど数字のように機能し，エラーは典型的には単語を再生する順序の置き換えを反映しており，単語自体を間違える傾向はほとんど見られなかった．

対照的に，開かれたセットからの単語はよく誤って報告された．より綿密に

調べてみると，これは子音の系列位置が置き換えられる傾向から生じたことが明らかになった。非単語の場合と同じように，典型的なパターンでは，子音が隣接位置に移動した（例えば，hat-pen が pat-hen になる）。この研究と Gathercole et al. (2001) の研究からの結果を併せて，彼女が主張したのは，順序情報は下位語彙のレベルで貯蔵されており，語彙知識はもっと後の検索段階で用いられるということであった。検索段階での長期的知識を用いた再生の促進は，再統合（redintegration）と呼ばれることが多い（Schweikert, 1993; Brown & Hulme, 1995）。限られたセットの単語を絶えず再使用すると，劣化した所与の記憶痕跡と一致する潜在的な候補の範囲は極めて制約され，優れたパフォーマンスを生じる。しかし，多くの可能な CVC 単語からなる開かれたセットを採用すると，正確な再統合の能力は相当に低下する。すなわち，すべての項目は実際の単語であるとわかっているが，このことはあまり助けにはならない（多数の可能な CVC 項目が実際の単語であり，そのため，再生のもっともらしい候補となるためである）。

　順序情報の再生が主に母音の系列の保持によるとすれば，共通の母音を持つ音韻的に類似したリストは，この再統合過程からほとんど得るところがないだろう（保持される情報が候補反応間で区別されないためである）。このことは，記憶を再生によってテストするか，再認によってテストするかにかかわらず起こると思われたが，実際に事実であった（Gathercole et al., 2001）。再統合は2つのレベルのいずれか，または，両方で起こることがある。一方は自動的な言語知識の使用によって，音韻ループ内の情報の符号化かつ／または検索を高めるもので，パターン認識と似た過程である。他方は言語に基づく知識または他の知識の意図的な利用によって，能動的なリハーサルの過程における不完全な証拠を解釈するためのものである。前者の自動的な過程は，単語のみから構成されるリストであるのか，単語／非単語混合のリストの一部であるかにかかわらず，非単語以上に単語の再生を高めるはずである。他方，顕在的な語彙知識の方略的使用が妨害されるのは，単語と非単語を混ぜた場合である。このことは，実際，ちょうど非単語再生と同じように，混合リストでは子音が置き換えられやすいという事実に相当する。しかし，混合リストには非単語リストに対する優位性がなお見られるが，この効果は項目情報に限られており，情報の順序の保持は高めないようだ（Jefferies et al., 2006）。したがって，順序情報は音素レベルで貯蔵され，語彙知識や他の長期的知識は独立の再統合段階で生じると思われる。直後系列再生における語彙知識の役割についてのさらなる証

拠は，意味性認知症（semantic dementia）に悩まされている患者のSTMの研究である。この患者は，かつてはよく知っていた単語の意味を呼び出せない進行性の状態にあり，パフォーマンスは「失われた」単語を含む系列について低い（Forde & Humphreys, 2002; Jefferies et al., 2004b）。

　これらの最近の発展は，当初の音韻ループモデルにおおよそ一致しているが，筆者が主張したように（Baddeley, 1986），ある大きな問題に直面している。すなわち，このモデルは順序情報を貯蔵する特定の方法を持っていない。単純な連鎖過程（各単語が次の単語のための刺激として働く）はデータを説明できないこと（Baddeley, 1968b），音韻ループモデルを発展させたいなら，何らかの形のより明確に特定した系列順序化メカニズムが必要であることは既に明らかになっている。幸いなことに，この問題には多数の非常に有能な計算モデル家が取り組んでおり，以下に述べるような結果をもたらしている。

2.4　系列順序の問題

　系列順序の貯蔵は，系列処理に基づく伝統的なコンピュータにとっては些細でたやすいのに対して，並列処理システムによく似ている人間の脳にとってはそうでない。並列システムから系列再生するのは，これから見ていくように，決して些細な課題ではない。

　系列順序の貯蔵と検索を扱うには2つの基本的な手段がある。すなわち，連鎖と文脈的連合であり，後者は多数のサブアプローチに分かれる。連鎖の仮定によれば，各項目は次の項目と連合的にリンクして，結果的に，ある項目を提示することが次の項目の手がかりとなり，今度はその項目がその次の項目の手がかりとなって，系列の終わりまで同様のことが続く。もう一つの仮説は，各項目は順序手がかりとなる何らかの文脈と連合するというものである。これの最も単純なバージョンが「スロットモデル」であり，項目の貯蔵は，提示順に読み出すことのできる多数のスロットまたは位置に基づくとされる（Conrad, 1965）。他の文脈モデルの仮定では，順序は各項目とマーカー（たいていは最初の項目，ときには最後の項目）との連合によって決定され，これらの連合を順番に用いて項目を順番に検索する。第三の文脈モデルの仮定では，項目は連続的に変化する文脈（時間的手がかりと同様に）と連合しており，これは後で関連項目の手がかりとして用いることができる。

2.5 連鎖モデル

　項目は連合の連鎖を通して貯蔵され，検索されるという仮定は，Ebbinghaus（1885）にまでさかのぼり，今なおポピュラーなものである（Wickelgren, 1965; Jordan, 1986; Lewandowsky & Murdock, 1989; Murdock, 1993; Kieras et al., 1999）。このモデルは単純で直感的にもっともらしく，系列的リストを連合対の系列と見なし，その結果，最初の項目を手がかりとして与えると，次の項目を自動的に呼び出すと主張する。しかし，Lashley（1951）が指摘するように，このアプローチには多数の問題がある。これらのうち最初のものは，反復項目の問題に関係する。各項目が先行項目に依存するとすれば，7，9，6，3，9，5などの系列は，同じ項目9が2つの異なる対（すなわち，6と5）の手がかりとして働くので，正しく再生するのが難しいはずである。第二の問題は，パフォーマンス上のエラーの効果に関係する。単純な連鎖モデルは，いったん被験者がエラーをしたら連鎖は破壊され，後続系列も間違ったものになると予測するはずである。というのは，エラーはそれ自体不適切な反応の手がかりとなり，次々とエラーを引き起こすからである。実際は，ほぼスパンに等しい長さのリストにおいて，最も一般的なエラーは置き換え（2つの項目の位置が切り替わる）を含み，一方，系列の残りはその影響を受けない（例えば，4，5，2，8，7が4，2，5，8，7になる）。そのような問題に対処する1つの手段は，対を越えた遠隔連合（remote associations）を仮定することである（Ebbinghaus, 1885）。原則的には，これらを用いて，間違った項目が誘発するエラーから回復することができるが，そのようなモデルが広範囲のエラーを適切に説明できるかどうかには疑問の余地がある（Henson, 1998）。

　遠隔連合を仮定して説明できるとは思われない効果をBaddeley（1968b）が最初に指摘し，後にHenson et al.（1996）がさらに検討した。それは子音ベースの郵便番号の再生に対して音韻的類似性が与える潜在的影響を減らそうとして偶然発見された。その理論的意義はWickelgren（1965）の直後系列再生の連鎖的解釈の提案によってはじめて明らかになった。われわれは被験者に6文字からなる系列をそれぞれ4つの条件で提示した。第一の条件は6つの音韻的に類似した文字（例えば，c, b, t, g, v, p）を，第二の条件は6つの非類似文字（k, w, y, q, x, r）を含んだのに対して，第三と第四の条件は類似項目と非類似

項目を交互にしたものを含んだ (k, v, y, p, r, d と g, y, t, l, p, w)。予想通りに，一貫して類似したリストは非類似リストよりも難しく，交互リストはその中間に位置した。しかし，連鎖仮説にとっての重大な問題はエラーの位置に関係している。対連合学習の知見からすると (Osgood, 1949)，エラーは**刺激**類似性のために起こるので，エラーは類似文字**について**ではなく，類似文字**の後**に起こるはずである。まさしくこの反対のことが観察された。エラーは，挿入された非類似項目ではなく，類似項目そのものについてずっと起こりやすかった。この結果は再現され，Henson et al. (1996) によってさらに拡張され，連鎖モデルが予測する仮定はその他の点では後に複数のシミュレーションから裏づけられた (Burgess & Hitch, 1996; Henson, 1998; Page & Norris, 1998)。私が知る限りでは，この結果はすべての既存の連鎖モデルにとっての問題を提起している。

2.6 文脈モデル

Conrad (1965) は，人間の STM が順番に配置された有限個の貯蔵場所を持つ標準的な系列処理コンピュータの記憶と似ていることを示唆した，近年で唯一の理論家のようだ。しかし，彼はこのモデルを精緻化せず，スロットの数を特定しないままにした。また，項目の性質も未特定であった。すなわち，結びつきのない単語と文ではスパンが大きく異なることは，貯蔵されるものが個々の単語ではなく，むしろある種のチャンクであることを示唆している。したがって，スロットモデルは，十分に明確に特定されたものではまったくないので，系列順序の理論に対する強力な競争相手を代表するまでに発展していない。しかし，以下で見るように，スロット様のメカニズムは Hartley & Houghton (1996) の提唱したモデルにおいて重要な役割を果たしている。

系列順序を特定のマーカー，特に最初か最後の項目を参照することで決定する複数のモデルが主張されている。Shiffrin & Cook (1978) の提唱したモデルでは，項目は系列の始まりと終わりを表すノード間の連合によって貯蔵され，2つの連合の相対強度が所与の項目が系列のどこに現れたかについての手がかりとなる。Lee & Estes (1981) が提唱したモデルでは，位置情報は多数の異なるレベル（単一試行のセグメント内での項目の位置から，そのセグメントの位置，試行系列全体の中でのその試行の位置までにわたる）で特定される。し

かし，このモデルは 12 項目のリストに対して開発され，検証されたもので，この長さのリストに対する音韻ループの貢献はどちらかといえば最小限のものである（Baddeley, 1966b; Salamé & Baddeley, 1986）。

2.6.1 初頭性モデル

Page & Norris（1998）による最近のモデルは，音韻ループ枠組み内のメカニズムを提唱しており，その枠組み内では順序は連続する各項目と最初に提示された項目との連合によって生成されると仮定するために，**初頭性モデル**（*primacy model*）と呼ばれる。このモデルの核心にあるのは，**競合待機**（*competitive queueing*）として知られるメカニズムである。これは Grossberg（1978, 1987）が最初に提唱したもので，後に Houghton（1990）が発展させた。初頭性モデルでは，文脈手がかりは系列における最初の項目との一連の連合によって与えられるので，この名前がついている。このモデルでは各項目はノードによって表現される。連続する各項目が提示されるたびに，そのノードは最初の項目のノードと連合されるが，次第に強度は低下していくと仮定される。初期の音韻ループ仮説と同じように，強度は時間とともに減衰するが，累積的リハーサルによって潜在的には再活性化すると仮定される。再生時には，構成要素項目の系列順序は最初のノードの復元によって決定され，その後，リスト上に提示されたすべての項目を程度の差はあれ活性化させる。最初の項目と強いリンクを持つ前方のノードは，後方の項目よりも強い活性化を受ける。それから，競合フィルターは最も活性化されたノードを選択し（待ち順の最初のもの），そのノードをスタート地点の最も近くに置くとともに，そのノードを抑制する前に第二段階に送り込む。この第二段階は，出力決定を行う。すなわち，活性化レベルがある基準を越えた場合にのみ，反応がなされる。その間，系列における 2 番目の項目を表すノードは抑制され，次に最も強力に連合しているノードを選択し，以下同様に続く。

エラーは，順序情報にかかわる第一段階か，項目を選ぶ第二段階でのノイズのために起こる。エラーは第一段階ではシステム内の「ノイズ」の結果として起こり，次に最も強力に連合しているノードに導きやすい。例えば，開始手がかりと 3 番目の項目のリンクにおけるノイズは，次に最も強力なもの（4 番目の項目）を選ばせ，おそらくは，やや弱い 3 番目の項目はそれに後続し，結果として置き換えエラーが起こる（順序 1 2 3 4 が 1 2 4 3 になる）。そのようなエラーは，実際，被験者が自分の数字スパンに近い長さのリストを再生する

ときに最もよく起こる。痕跡減衰のため，エラーの確率は系列の長さとともに増加し，リストの後方で大きくなる傾向にあり，結果的に，視覚的に提示された数字の再生の特徴である標準的な初頭効果を生じる。

　初頭性モデルは，観察されたエラーのパターンを詳細に検討することでさらに支持される。系列における各項目について，最もありそうな反応はその項目自体であり，隣接項目がそれに次ぎ，近くにある項目ほど侵入として現れやすいという極めて明確で顕著な傾向を生じる。このことは，すべてのSTMモデルについて真であるわけではない。例えば，Nairne (1990) が指摘するように，このことは彼の最新版の特徴モデルにとって問題になる。

　反応選択段階でのノイズは項目エラーを誘発し，この段階で音響的類似性がパフォーマンスに影響すると仮定される。音韻ループモデルでは，この段階は音韻コード化に依存しており，音韻的に類似した項目は関連項目を弁別する特徴が少ないので，痕跡減衰を受けやすくなる。音響的類似性の効果はこの後期の段階に影響するので，初頭性モデルは，エラーが類似項目の**後に続く**はずであるというような予測はせず，Baddeley (1968b) と Henson et al. (1996) の生み出したぎざぎざの曲線をうまく生成している。Page & Norris (1998) は，この後者の反応選択メカニズムを発話産出からのデータと関連づけ，発話エラーはおそらくこの段階の働きを反映することを示唆している。Ellis (1980) は，直後言語再生におけるエラーと発話エラーの間の類似性に，かつて言及していた。

　しかし，記憶と発話のエラーが，システムの異なるレベルで働く，類似した検索過程を反映することはありうる。Saito & Baddeley (2004) は，日本語の単語ゲームに基づいて発話エラーを誘発する方法を調べた。このゲームでは，相手に複雑な単語を繰り返し発話するように求めてから，その相手の発話の合間に実施者が第二の単語を提示する。この第二の単語が発話エラーを誘発するが，そうなるのは，その語が反復したターゲットと音韻的に類似している場合のみである。Saito & Baddeley が指摘するように，これは系列再生での標準的な無関連言語音の効果とは2つの点で違っている。第一に，記憶効果とは違って（Jones & Macken, 1995），この効果は発話した項目と聞いた項目の類似性に依存している。第二に，この効果にはタイミングが重要であるが，無関連言語音の場合は数秒後に提示したときでさえ再生を妨害するからである (Norris et al., 2004)。Saito & Baddeley は，自分たちの結果を発話出力バッファ（入力に基づく音韻貯蔵庫と同様の検索過程を活用する）の観点から解釈

した。

　初頭性モデルが音韻ループと関連した広範囲のデータをごく単純に，極めて巧みに説明することは疑いない。このモデルは，最初の項目にはどのように手がかりが与えられるのかについてそれほどはっきりしていないこと——この分野の理論のほとんどにとっての問題なのだが——について批判され得る。このパターンに合致しないタイプの侵入エラーも存在するが，それらは少々複雑なモデル——初頭性手がかりと新近性手がかりの両方を仮定する Henson の**スタートエンドモデル**（start end model：SEM）など——によって説明できる。Page & Norris が示唆するところでは，そうしたエラーは彼らのモデルの範囲外の要因に帰することができる。

2.6.2　スタートエンドモデル

　われわれが理解したところでは，エラーパターンの詳細な分析は極めて有益である。おそらくこの恩恵を最も多く受ける音韻ループベースのモデルは，Henson のモデル（SEM）である。このモデルは，Page & Norris のそれとよく似た初頭性勾配に加えて新近性勾配も仮定する。この二重の手がかりにより，初頭性モデルには容易に合致しない多数のエラータイプを説明することができる。数字を3つ組にグループ化すると再生が高まることは長年知られてきた。このグループ化は，短いポーズの挿入によって行った場合も（Ryan, 1969），教示によって行った場合も（Wickelgren, 1964），自発的に行わせた場合にも有効である。これらの条件のもとでの再生のパターンは，3項目のミニ系列位置曲線を反映する傾向があり，各3つ組は最初の項目と最後の項目よりも中間の項目について高いエラーを示す。これらの条件のもとでは，エラーは多くの場合その3つ組内の同じ系列位置における2つの項目間の置き替えである（例えば，123-456-789 が 123-756-489 になる）。第二の特徴的なエラーは，Henson が「はみ出し（protrusions）」と呼ぶものであり，この場合，侵入は先行リストでその位置にあった項目に相当する。はみ出し効果は，長い試行間間隔によって弱められ（Conrad, 1960, 1967），再生が求められて適切な項目がうまく検索されたときにしか起こらない（Henson, 1998）。SEM は，間違いなく広範囲のデータを十分に説明するが，そのために大変複雑なものとなってしまっている。その後の発展が追加的な仮定を容認するかどうかは興味深い。被験者が初頭性手がかりに加えて新近性手がかりも使えることは疑いないが，それらが同じメカニズムの中で働くのか，付加的な方略的要因を表すのかはわ

かっていない。

2.6.3 時間的文脈モデル

　Houghton（1990）の競合待機行列メカニズムは，何らかの形のタイミングメカニズムによって文脈成分を例示しようとするいくつかのモデルを刺激した。これらのうち最初の，そして，最も発展したものは，Burgess & Hitch（1992）が提唱し，後に修正したモデル（Burgess & Hitch, 1999）である。どちらのバージョンのモデルも，並列的に働くタイミングメカニズムに基づく，一連の重複する時間手がかりを仮定する。各項目は提示されるたびに，その時点で稼働している時間的パターンと連合される。初期のモデルでは，Burgess & Hitch（1992）は，音素を表すノード集合と単語を表す別の集合の並列的活性化を仮定した。単語ノードは関連する文脈シグナルとリンクされ，初期のモデルでは，連鎖過程を通して相互に連合することも仮定した。しかし，先に述べたように，連鎖モデルは，類似項目と非類似項目を交互に配置するときに見出されるぎざぎざのエラーパターンを説明することが困難である。初期のBurgess & Hitch モデルは，課題の長期成分と短期成分の相互作用およびパフォーマンスに与える単語頻度の効果を説明することも困難であった。

　これらの問題点に対処するため，第二のバージョンが提起された（Burgess & Hitch, 1999）。新たなバージョンは，連鎖仮定を放棄して，入力段階と出力段階を単一層に一体化させた。さらに重要な修正は，文脈とノードの連合は2つのレベルで働く，すなわち，急速に減衰する短期的な高速加重とより持続的で長期的な低速加重——かつて Hinton & Plaut（1987）が導入したメカニズム——のレベルで働くという仮定であった。低速加重は長期的学習のためのメカニズムを提供するのに対して，高速加重は新規系列のすばやい記銘を可能にする。すでに再生された反応を抑制する過程は，今回は減衰すると仮定され，より現実的な侵入エラーのパターンを生み出している。活性化システムにおけるノイズは出力時にのみ生じると仮定される。

　新たなモデルは，最初のバージョンによって説明される現象を扱うことができ（系列長，語長，音韻的類似性の効果，頻繁な順序エラーの存在を含む），その上に，適切なぎざぎざの曲線を生成する。重要なことに，このモデルは，音韻ループを LTM と関係づけるメカニズムも提供しており，事前知識による再生の高進と，学習の結果としての新たな語彙の漸進的獲得の両方を可能にする。ほとんどのモデルと同様に，このモデルは，システムを始動させるために

最初の手がかりがどのように選択されるかを今なお十分に説明していないし，Burgess & Hitch（1999）の形式では，初頭性モデルやスタートエンドモデルと同じように，非単語の記憶やモダリティの効果を扱わない。また，このモデルは，時間的文脈手がかりメカニズムの適切性に決定的に依存している（この論点には後で戻ってくるつもりである）。しかし，このモデルは極めて影響力が高いことは疑いない。その理由は，最初のバージョンが音韻ループのモデル化を明示的に試みた最初のモデルであったためであり，初期バージョンが直面した問題点への対応に成功したためでもある。最近の成果は，Hebb 効果を用い，LTM とのインターフェイスに集中している。すなわち，系列的 STM パラダイム内で系列の反復を用いて，系列的 LTM の漸進的蓄積を追跡している（Hebb, 1961）。

　しかし，Burgess & Hitch の改訂版モデルは，数字や単語の直後記憶（この場合，被験者になじみのある語彙単位を想起することを求める）を合理的に説明できる一方，非単語反復で現れるような，なじみのない音素系列を現時点では扱うことができない。このモデルは音素レベルを持っているが，システムのこの構成要素は系列順序を貯蔵しないので，pat, tap, apt を区別できない。われわれが主張するように，音韻ループの一次的な機能が新規な音韻形式（最終的には，子どもの語彙となる単語を形成する）の貯蔵や学習を支えることだとすれば，これは大きな限界である。この問題を是正するための少なくとも 2 つの試みがあり，ひとつは Glasspool（1995）によるもの，もうひとつは Hartley & Houghton（1996）によるものである。

2.6.4　非単語保持のモデル

　Hartley & Houghton（1996）は，単語レベルと準単語レベルの系列の再生について，別々のメカニズムを提唱した。単語レベルは Burgess & Hitch のモデルと似ている競合的手がかりモデルを含むのに対して，非単語系列化はテンプレートまたはスロットモデルに依存しており，系列化は言語の音韻構造に敏感であると仮定される。

　Glasspool（1995）は，単語レベルと音素レベルという，2 つの別々の短期記憶痕跡を仮定して，この問題に取り組んでいる。それぞれの痕跡は，概して Burgess & Hitch（1996）のモデルにしたがって作用し，それぞれが音素レベルの過程と単語レベルの過程について異なる時間精度を表現する特有の時間的文脈を持っている。単語文脈は新たな単語を同定するたびに進むのに対して，

音素レベルはすべての音素で作動する。どちらのシステムも収束して単一の出力を産出し，単語レベルは強力に活性化した場合にのみ寄与する。このモデルが正しく予測するのは，単語内にすでに存在し長期記憶に蓄えられている時間的構造からの貢献のために，単語のスパンが非単語のスパンよりも大きいこと，および，音素の再順序化という形で現れるエラーが単語よりも非単語の記憶で頻繁に起こること（Aaronson, 1968）である。

　Glasspool のモデルは，1つではなく2つのシステムを含むので倹約的でないという点で批判され得るが，倹約性の問題は常に判断が難しい。例えば，異なるレベルに対して同じ原理を用いることは，原則的に倹約的な方略であると論じる人がいるかもしれない。それにより，おそらく，単語よりも上のレベルを仮定できる（統語，単語レベルの意味論，高次世界知識についての同様のシステムがある）という興味深い考えが思い浮かぶ。そのようなシステムは，複雑な情報のボトムアップ処理を概念化する手段として，1955年の昔に Selfridge が提唱した「パンデモニウム」モデルの一形式と見なすことができ，直後記憶は多くの異なるレベルでのコード化をどのように利用するのかという問題への見込みある解答となるだろう。そのような解答は，競合待機などの限られた数のメカニズムが多くの異なる生物学的法則において利用されるという，Grossberg（1987）の主張の精神にも深く根ざしている。しかし，そのように協調的に働く複数のレベルのモデルを計算論的に実装するには大きな問題があることが明らかになっている。

　ここで述べたモデルは，系列再生の計算・数理モデルを作る多数の試みのごく一部分を代表するに過ぎない。それらを選んだのは，それらがワーキングメモリの音韻ループ成分に関連するデータの説明を具体的に試みており，私のように数学能力の限られた実験家にもよくわかる仕方で提示されているからである。しかし，音韻ループ仮説をはっきりと拒絶する，系列順序についての対立モデルが発展していることを心に留めおくことが重要である。これらのうちのすべてではないが，一部を次の章で論じる。

第3章

音韻ループ
課題と広がる論点

　音韻ループは，ワーキングメモリのやや小さな部分を形成するにすぎないが，おそらく，Baddeley & Hitch（1974）の複数成分モデルの最も特徴的な側面であり，最も詳細に研究されてきたものである。30年以上を経ても，音韻ループは，なお議論を生み出し，重要なことに，新たな興味深いデータを生み出している。検討すべき課題は2つの大きなレベルで起きている。最初の，そして，最も一般的な一連の批判は，もともとは短期記憶の概念に対して行われた古典的な反論を代表するもので，ワーキングメモリが説明する現象は長期記憶の諸側面を反映しているだけなので，ワーキングメモリは不必要な概念であるというものである。批判の第二の源は，音韻ループに帰属される多様な現象について別の説明をする，STMの対立モデルの提唱者から生じる。

　これらの課題を順に論じるつもりである。「標準モデル」と名づけられたものに対する最近の批判から始めて，それが音韻ループの単純化したバージョンであることを明らかにする。

3.1　Nairne の批判

　私はワーキングメモリが一般的に受け入れられた概念であるかのように論じてきたが，言語学習と記憶の伝統の中では，記憶の一元論的見解（unitary view）へのこだわりが依然として残っている。これは，著名な記憶研究者である James Nairne（2002）の提示した，ワーキングメモリの概念に対する比較的最近の批判に最も強く表明されている。この論文は，*Annual Review of Psychology* という，権威があり，よく引用される雑誌で公刊され，「短期間の想起：標準モデルへの反論（Remembering over the short-term: The case against the standard model)」と題された。私は幾分の不安とともにこれを読み始めたが，読み終えて，やや当惑した。「研究者たちが次第に認識しつつあるのは，短期的保持が手がかり駆動であり，長期記憶によく似ていること，および，リハーサルも減衰も短期的忘却の特性を説明しそうにないことである」(Nairne, 2002, p. 53) という全般的な結論の論調に私は確かに不賛成である。それにもかかわらず，個々の論点を細かく調べたとき，私は自分がそれらのほとんどに賛同していることがわかった。どのようにしてそんなことが起こりえたのだろうか。

その答えは「短期間の想起」というタイトルにあると思う。実際，私はNairneが短期記憶は存在しないというテーマで招待講演をするのを聞いたことを思い出す。彼の目的は，情報が提示されてから30秒間に働く記憶過程を説明することにあると述べられていた。最初の30秒後の再生は，根底にある複数のシステム（ワーキングメモリおよび堅固でより安定的なLTMの寄与の両方を含む）に基づく行動の混合体を反映する。例えば，Peterson & Peterson (1959) の短期的忘却パラダイムは，小さなSTM成分に加えてLTMからのかなりの寄与を反映する（考察については，Baddeley, 1998b, pp. 31-37を参照）。Nairneと私は，Peterson課題における忘却の有望な解釈——時間的手がかりの弁別可能性の観点からの (Baddeley, 1976, pp. 126-131)——について一致しており，また，両者ともに，短期記憶課題と長期記憶課題の両方における新近効果に同様のメカニズムを適用できると提案している (Baddeley & Hitch, 1977, 1993)。

Nairneは，次に心内音声化リハーサルという概念——彼は「標準モデル」と名づけたものにとって中枢的と見なす——にまつわる一連の問題を取り上げている。それらに含まれるのは以下の通りである。

1. **リハーサルの厳密なモデルを実現することは困難である見込みが高い**。私もこのことに同意する。音韻ループ内では少なくとも，リハーサルは方略的に制御された内的（covert）活動である。さらに，それは心内音声化を含むために，適切な理論は発話産出理論と関連づけられる必要があるだろう——これは単純な問題ではない。このことは，私が思うに，必要かつ価値のある課題である。
2. **スパンの個人差が生じるのは，リハーサル速度の差を排除したときである**。それは確かに事実である。しかし，私は音韻貯蔵庫の容量かつ／または

持続性は個人間で変動するもので，P.V. などの事例におけるように，神経学的損傷の影響を受けやすいと予想している（Vallar & Baddeley, 1984）。

3. **リハーサルを統制したとき，異なる材料は違った記憶パフォーマンスを生じる。**例えば，類似語は非類似語よりも困難であり，単語は非単語よりも容易である。これらの効果のいずれもが構音過程に依存してはいないだろうということ，それらは（音韻ループ仮説が提供するような）より完全なモデルを必要とすることに，私はまったく同意する。
4. **語長効果は出力遅延が原因であり，提示が速すぎてリハーサルが不可能な場合にも生起する。**私の考えでは，提示中の内的リハーサルと再生時の外的発話の両方が時間ベースの効果であり，どちらも音韻ループ仮説に合致している。
5. **構音不能な患者でもなお語長効果を示す。**これは，リハーサルが外的構音ではなく，内的発話プログラムの稼動にかかわるからである（Baddeley & Wilson, 1985）。この見解に一致する観察によると，そのようなプログラムをもはや構築できない発語失行の患者では語長効果はなくなる（Caplan & Waters, 1995）。

要するに，Nairne の取り上げる争点で問題なのは，潜在的に分離可能な音韻貯蔵庫さえ含まない，極めて単純なリハーサルループに完全に限定するモデルのみである。このことは，音韻ループ仮説には，その最初期の形式においてさえ当てはまらない。

　Nairne の論点のかなりの部分は，Brown-Peterson 短期的忘却課題に基づいている。この課題では，子音3つ組などの少量の材料を数秒ほど保持し，その間に同時課題によってリハーサルを妨害する。このパラダイムは音韻ループに関与しないし，実際に同時的構音抑制による影響を受けない（Baddeley et al., 1984a）。私が Nairne に同意するのは，このパラダイムが時間的手がかりの相対的な弁別可能性の観点から最もうまく説明されること（Baddeley, 1976, pp. 126-131; Nairne, 2002）について，また，この点において，自由再生における新近効果に似ていること（Baddeley & Hitch, 1977）についてである。これら両方について第6章で論じるつもりである。

　われわれが意見を異にする点は，McGeoch（1932）による擬似哲学的主張と現代の理論との関連性に関係する。McGeoch の主張によれば，時間そのものは物理的属性に影響し得ず，そのような属性はその時間内に起こる行為に

よってしか影響されないため，痕跡減衰は論理的に排除される（McGeoch & Irion, 1952）。Nairne は賛同してこの文献を引用している。しかし，脳は常に活動しているので，純粋に空白の時間は起こりそうにない（少なくとも死ぬまでは）。そのため，より適切な区別は，（遅延中に起こる）一般的な神経活動による忘却と見られる減衰と，特殊な干渉による忘却の間の区別であろう。私自身の見解では，どちらもありうる。

そのため，Nairne の批判のほとんどは彼の過度に単純化された「標準モデル」の仮定——私自身が出会ったどの理論家も主張していないモデル——に基づいていると思う。それは確かに現在の複数成分ワーキングメモリモデルや，実際にはより限定された音韻ループ成分の適切な表現ではない。われわれは今やこの論点でも一致するらしいことがわかってうれしい。彼のより最近の議論において，Nairne (2003) は，言語的／音響的特徴がSTM課題において異なる役割を果たすこと，および，われわれの見解は見かけよりもずっと共通点が多いことを認めている（Nairne，個人的コミュニケーション，2006）。

そのことは，音韻ループが基盤としている諸現象の解釈について，今では一般的な同意があることを意味しない。次のセクションで示すように，音韻ループは活発で実り豊かな論争を生み出し続けると信じている。

3.1.1 音韻ループ仮説：証拠を解釈する

過去30年を通して，音韻ループ仮説は，実証研究を刺激し続けてきた。この一部を生み出したのは，LTMとの類似性を強調するNairne (2002) の提案したモデルや，知覚的な用語で現象を説明しようとしたJones (1993) などの競合モデルである。さらに，Miyake & Shah (1999a) のワーキングメモリに対する理論的アプローチのレヴューが示すように，多くの理論家は，何らかの種類の一時的な言語記憶か音韻記憶の必要性を受け入れているが，そのような過程が音韻ループや視空間スケッチパッドにどのくらい類似しているかに関しては，比較的あいまいである。Cowan (1999, 2005) は，例えば，音韻的STMの実証研究についての主要な貢献者であるが，彼は音韻的寄与の詳細ではなく注意の役割のモデル化に集中している。言語的STMは，実際に痕跡減衰を仮定しているKieras et al. (1999) の開発したプロダクションシステムモデルにおいて機能している。しかし，そのことはこのモデルにとって本質的ではない。複合的な認知課題でのパフォーマンスを分析するというその主目的のためのツールとしての有用性を損なうことなく，このモデルはこの構成要素にお

ける変化を調整できるのである．最後に，本章の後半で明らかになるように，この分野の研究のほとんどは，特定の総合的理論ではなく，基礎的問題に答えることに傾倒する研究者によって行われている．

しかし，皆が同意するように，競合する理論間の解決は，データの比較的詳細な検討に依存するに違いない．次のセクションは，音韻ループモデルの説明とこのモデルの助けによって生まれた新たな証拠を示すが，おそらくは最大規模の研究と極めて活発な論争を刺激してきたトピック，すなわち，語長効果から始める．

しかし，詳細な分析を始める前に，音韻ループ仮説のごく手短な解説が専門外の読者には役に立つだろう．言語材料は，容量限界のある音韻貯蔵庫に保持され，この貯蔵庫では，痕跡は比較的にすばやく減衰するが，心内音声構音化によってリフレッシュされると仮定される．心内音声構音化を用いて，視覚的に提示された材料を言語的に再コード化することもできるので，視覚的に提示された材料も音韻貯蔵庫に記銘することが可能となる．この過程を構音抑制によって妨害すると，リハーサルが妨げられると仮定される．このことは，**視覚的**に提示された材料の音韻的コード化を排除するが，**聴覚**材料が音韻貯蔵庫にアクセスすることは妨げない．

3.2　語長効果

言語的STMの最も頑健な現象のひとつが語長効果である．すなわち，記銘する単語の長さが増すにつれて観察される記憶スパンの規則正しい減少である（Baddeley et al., 1975）．この効果は，当初はリハーサル中の痕跡減衰の効果が原因だとされた．長い単語はリハーサルするのに長くかかり，より多くの減衰を起こす．この見解と一致する観察によれば，「the」などの無関連な音の系列を発話することを要求してリハーサルを妨げると，パフォーマンスは低下し，語長効果はなくなる（Baddeley et al., 1975）．音韻的STMに障害のある患者では語長効果が見られないこともこの見解を支持しており（Vallar & Baddeley, 1984），子どもの数字スパンの発達的増加は構音速度の平行した増加（ゆえに，おそらくはリハーサルの増加）と関係づけられるというNicolson（1981）による発見も同様である．しかし，語長と構音のスピードの両者はともに複合的な変数であり，基本的なリハーサルに基づく説明に挑戦したり，そ

れを修正したりする，一連の別の解釈ができる。これらの一部を以下で論じる。

3．2．1　痕跡減衰か干渉か

短期間での忘却は一時的な記憶痕跡が薄れることを表すのか，干渉による崩壊を反映するのかという問題は，Brown（1958）と Peterson & Peterson（1959）の古典的研究以来ずっと存在するものである。STM のほとんどの理論は，容量限界のあるシステムを仮定する。これが正しいとすれば，新たな項目を処理するときには，先行項目の置き換えが起こりやすいだろう。しかし，この問題は，下位スパンレベルで，そのような置き換えがみられないときに記憶痕跡が薄れるのか否かに関しては，依然として残る。また，スパンを超過するときには，この置き換え過程の性質はどんなものになるだろうか。これらの論点のいずれもが未解決のままである。

初期の音韻ループモデルは痕跡減衰を仮定したが，これはデータに一致する最も単純な仮定であり，置き換えや干渉の過程を特定する必要がないためであった。後になってから，そのことは語長効果の詳細な分析によって支持されたようである。その分析によれば，音節の数を一定に保つと，harpoon や Friday などの長い母音を持つ単語についてのスパンは，bishop や wicket などのすばやく発話される単語についてのスパンよりも小さかった（Baddeley et al., 1975）。

Caplan et al.（1992）は，この結果に疑問を抱き，発話のしやすさの代わりに，単語の複雑さがスパンの決定因をうまく説明すると主張した。Baddeley et al.（1975）が用いたものとは別の単語セットを用いて，彼らはゆっくり発音される単語はあまりうまく想起されないという証拠を報告できなかった。事実はそれどころか，長い単語がもっとよく再生される場合もあった。この研究に対しての Baddeley & Andrade（1994）の批判は，語長の推定値が，被験者が単語系列を産出する速度ではなく，別の話者が単語を単独で発話するのにかかる時間に基づいていたという点にあった。さらに，われわれが見出したのは，新しい2つのセットは音韻的類似性の程度が異なっており，すばやく構音可能な単語は互いにより似ていると評定されたことである。これら両方の要因が Baddeley et al.（1975）の知見の再現に不利に作用したのであろう。

Caplan & Waters（1994）は，自分たちの研究を追試して，今回は，構音時間を測定するため，被験者に単語を順番に読み上げるように求めたが，再び，

痕跡減衰は支持されなかった。彼らは自分たちの被験者が単語を評定したとき，2つのセット間の音韻的類似性の違いをまたしても報告していない。彼らの示唆によれば，差はおそらく彼らの合衆国の被験者と Baddeley & Andrade のテストした英国の群との間での単語の発音の仕方の違いにある。Lovatt et al.（2000）による後の研究は，英国人の被験者を用いて，第三の単語セットを視覚的にも聴覚的にも提示した。彼らはあるセットの単語はリストから読み上げるときに他のものよりも遅いことを確認したが，その後の再生課題ではそれらの単語セットの間に一貫した差を見出していない。音韻ループの予測とは逆に，ある条件では発音時間の長い単語に優位性が見られた。しかし，オリジナルの単語セットを用いたときには，彼らは Baddeley et al.（1975）の結果を再現した。

　したがって，われわれはまるで言語を固定効果とみなしてしまう錯誤を犯したかのようだ。つまり，一般的な結論を特定の単語セットから引き出して，後にそのセットが型にはまらないことが明らかになるという錯誤である（Clark, 1973）。発話時間の効果はわれわれ自身の単語を使うと再現可能であったが（Lovatt et al., 2000），他のセットには一般化されないようだ。私自身の考えでは，この非一貫性の度合いはこのアプローチの感度の低さを反映しているにすぎない。音節の数を一定に保ちつつ発話時間と再生に影響する多くの潜在的な交絡変数を変化させることのできる単語セットは極めて限られている。したがって，このパラダイムは，明快な答えを与えそうにないだろう。

　Mueller et al.（2003）は，現在この分野内で用いられている方法が仮説を検証するのに十分であるかどうかに関して明らかに私と同じ疑いを抱いていたが，これを受け入れるよりはむしろ，改善することに取りかかった。彼らの議論によれば，音韻的な類似性は重要な変数でありそうだが，単純な主観的類似性評定では適当でない。その代わりに，彼らは刺激を調べて，それらを基礎的音韻素性に分解し，それぞれの場合に完全に客観的に導出できる類似性の測度を割り当てるアルゴリズムを作った。第二に，彼らは構音時間を測定するためにずっと綿密なアプローチを採用した。セット単語のそれぞれについて，彼らはそれぞれの長さの系列を規則的に提示し，まず始めに被験者を訓練して系列を確実に暗唱できるようにしてから，できるだけ速く発話するように求めて構音時間を測定した。興味深いことに，彼らの発見によれば，構音化の平均時間は項目の長さと系列における項目数の両方とともに変動しただけでなく，使用した特定の単語セットによってやや違った関数を示した。第三に，彼らは言語

的複雑性の測度を導出した。彼らはそれからすべての先行研究が用いた多様な材料セットの再生を検証することに取りかかり，それぞれの場合において，パフォーマンスを複雑性，発話時間，音韻的類似性と関連づける関数を適合させた。複雑性の効果は見出されなかったのに対して，発話時間と類似性の変数は非常に明確に有意であった（図3.1を参照）。そのため，彼らの結果は，Baddeley et al.（1975）の主張したような時間ベースの忘却の重要性を明確に支持すると思われる。その際に，彼らの結果によれば，偶然にも，最初の研究で選ばれた単語セットは後のセットよりも減衰仮説のより妥当な検証を与えていたのである。

　Mueller et al. は，発話語長における小さな差を理論的結論の基礎として用いるならば，綿密な方法論が必要とされることを最後に強調し，この分野における仮説を検証するための5つの警告を力説した。それらは以下の通りである。

1．構音時間は誤って測定されるかもしれない。項目系列の構音〔時間〕を測定し，これが項目長と系列長の両方によって変動することに留意する必要がある。
2．再生方略は選択可能なので，状況を制約して言語的方略を保証する必要がある。
3．リハーサルを用いるときでさえも方略は変動する。例えば，無関連な文字列を与えられると，被験者は，単純に文字の名前をリハーサルするのではなく，母音を用いて複数文字音節のチャンクを産出するだろう。
4．音響的類似性における小さな差ですら大きな効果を生じるだろう。
5．そのような効果は，系列長や方略と交互作用するだろう。

Mueller et al. の研究が示唆する厳密さは，最も果敢な研究者は別として皆を落胆させるだろうが，この個別の論争は終わりそうにない。このことは，Cowanと共同研究者が開拓したような，時間と複雑性を変化させる他の方法に対する注目を促すだろう。

　ある研究において，Cowan et al.（1992）は，長い単語と短い単語との混合リストを提示し，長い単語が現れる位置を系列内で変化させることによって，減衰仮説を検証した。一方の条件では，長い単語は系列の始まり付近にあり，他方の条件では，終わりの方にあった。彼らの主張によれば，長い単語を始ま

りの方に配置すると，再生の際中に，最初の方の長い単語を言ったり書いたりすることが後方の短い単語の再生を遅らせることになる。しかし，長い単語をテストの終わりの方に置いた場合には，短い単語が最初に発話され，**平均**遅延

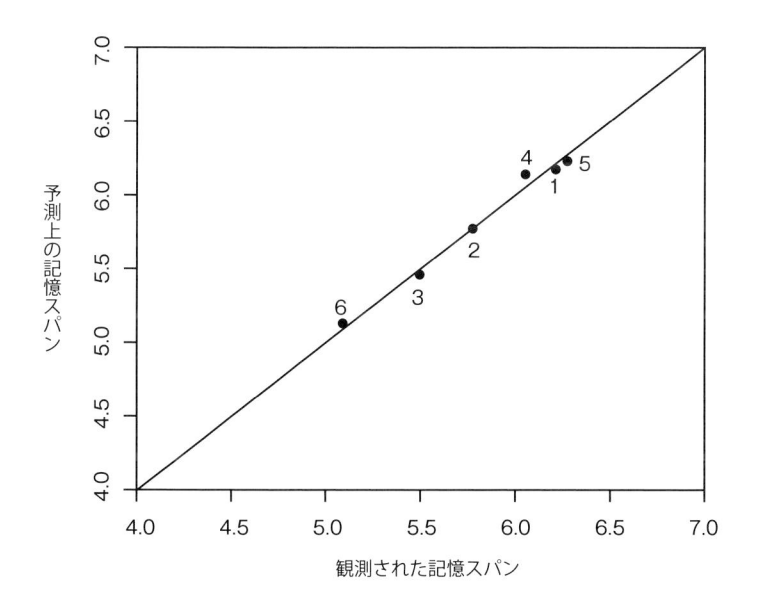

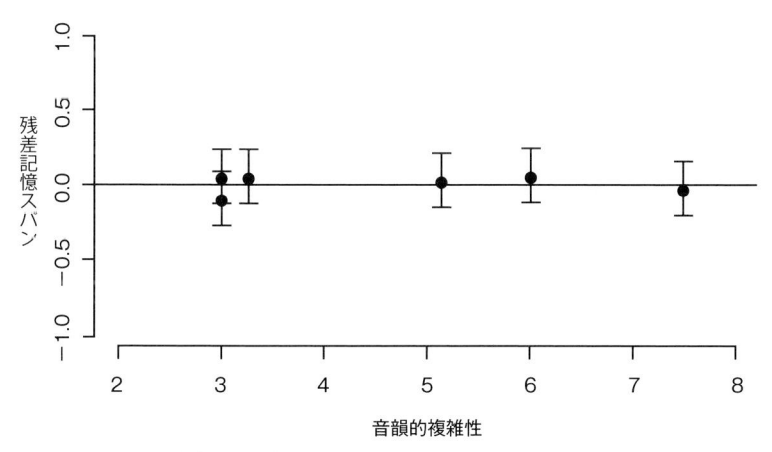

図 3.1 上の図は，平均構音期間と音韻的非類似性を予測変数とした重回帰に基づいて，6つの単語セットについての記憶スパンの観測値と予測値を示している。数字は別々の単語セットを指している。下の図は，〔構音〕時間と非類似性の推定上の効果を取り除いた後での音韻的複雑性の残差効果を示している。Mueller et al.（2003）からのデータ。

は短くなるだろう。予想したとおり，後者の条件ではより多く再生された。

　Baddeley & Hull（1979）は遅延を操作するもうひとつの方法を用いた。被験者は電話番号として説明された数字系列を聞いた。この系列には，街の名前が先行するか，後続した（これは電話交換手に街の名前と番号を口頭で伝えていた時代の話である）。ウェールズの2つの街を使った。一方は短い名前のリール（Rhyl：*rill* と発音する）であったのに対して，他方は長いアバーガベニー（Abergavenny）であった。短い名前は長い名前よりも一貫してより多く数字を再生させ，名前の挿入を実験者が接尾語として発話することで行うか，被験者が数字の再生に対する接頭語として発話することで行うかにはかかわらなかった。

　しかし，この研究も，Cowan et al.（1992）の研究も，時間の効果と挿入音節数の効果を弁別しようとはしなかった。そこで，Cowan（1992）は，別の技法を開発し，項目そのものは長さを一定にしておいて，被験者には項目をゆっくり，またはすばやく再生することを要求した。彼が観察したところでは，すばやく構音化すると再生が向上した。この知見には Service（2000）が疑念を呈したが，Cowan et al.（2000）がそれに反論した。この問題は未解決のままであり，痕跡減衰は音韻ループ内の忘却を申し分なく説明できることが最終的に明らかになるのかどうか，あるいはより複雑な解釈が必要とされるのかどうか，といった全体的問題と同様である。残念ながら，この明らかに素朴な疑問は，40年かかって，非常にむずかしくて答えられないということが明らかになった。

3.2.2　語長効果の生起はリハーサルによるのか再生遅延によるのか

　オリジナルの研究において，Baddeley et al.（1975）は，再生過程での忘却が違ってくることを避けようと，被験者に再生する各項目の最初の3文字だけを書いて反応するよう求めた（したがって，長い単語と短い単語を書く時間を等しくしようとした）。しかし，Longoni et al.（1993）が指摘するように，被験者が単語を書く前に心内音声的に発音することは大いにありうることであり，観察された効果のほとんどがリハーサルの遅さではなく，出力遅延によるという可能性は残されている。そのような出力遅延効果を実証したのが Cowan et al.（1992）である。この見解をさらに支持したのが Henry（1991）による研究であった。彼は，項目の系列を提示してから，系列の中のある項目を与えて次の項目の産出を求めるというプローブ技法を用いてテストした。これら

の出力遅延の効果を最小限にする環境のもとでは，語長効果は大きく減少した。この知見を再現し，拡張したのが Avons et al. (1994) であった。出力遅延の重要性をさらに支持したのが Coltheart & Langdon (1998) による研究であり，非常に高速な提示を用いて，入力中にリハーサルが使用できる可能性を最小限にした。語長と音韻的類似性の両方に明確な効果が見出された。

　しかし，これらの研究者は皆，出力中の忘却の重要性を論じる一方で，リハーサルも語長効果に寄与している可能性を否定しなかった。しかし，Dosher & Ma (1998) は，語長効果は再生中の忘却に完全に依存することを示した。彼らが採用したのは，複数の変数を測定して，後の記憶パフォーマンスを予測するのに用いる相関アプローチであった。彼らの予測子のうち最も有意なのは，出力中の構音時間，すなわち，被験者が項目をリハーサルするのに必要な時間よりも相当に長くかかる再生過程（典型的には，平均して4～6秒）であることが明らかになった。リハーサル速度などの他の測度を加えてもデータへの適合度は増加しなかったので，彼らは出力遅延以外のどの変数も仮定する必要はないことを示唆した。

　Dosher & Ma の結果は，実際，遅い出力は再生を低下させるという彼らの示唆と一致するが，逆の仮説とも一致する。すなわち，記憶痕跡が弱い場合は検索するのに長くかかるのだ，ともっともらしく主張することができるかもしれない。そのような交絡は，この分野の研究に共通することだが，構音速度という測度が再生の速さに基づくときに当然問題になる。劣った記憶を導くあらゆる変数が遅い検索を招き，結果として正の相関を生じる。例えば，高い割合で音韻が類似した子音はそれほどよくは想起されず，ゆっくりと再生されることが期待される。しかし，このことは，類似性効果が出力遅延によっていたという結論を正当化しない。

　Baddeley et al. (2002b) は，この交絡を回避することを試み，再認手続きを用いて出力時間を統制した。被験者に長い単語か短い単語の系列を見せ，その後に続いてその系列と同一であるか，項目のうち2つを逆転させた第二系列を見せた。被験者には，第一と第二の系列が同じであるか，違っているかを判断するように求めた。そのため，提示とテストの間の時間を統制し，長い単語と短い単語で一定にした。それにもかかわらず語長効果が観察されるとすれば，語長がリハーサルに効果を及ぼすことが示唆される。この再認テストを標準的な再生手続きと比較した。標準的な再生手続きの場合には，語長効果にリハーサルと出力遅延の両方が関与すると仮定される。

明確な語長効果が再生と再認の両方で見出された。この結果は，語長効果がリハーサルと出力遅延の両方によって媒介されることを示唆するものとして解釈される。この結論を強化するのが第二実験であった。第二実験では，再認段階の間に構音抑制を要求して，被験者が再認セットを視覚的に処理しながら自身のペースで心内音声化する可能性を除いた。再び，入力中の語長の役割の明確な証拠が得られ，おそらくは，このことは心内音声化リハーサルを反映する。しかし，われわれのすべての研究において，より大きな語長効果が現れたのは，リハーサルと出力遅延の**両方**の効果がかかわっていると予想される，標準的な再生手続きによる場合であった。

まとめると，私は提示中の心内音声化リハーサルと再生中の外的または内的構音化を基本的に同じ過程に関与するもの，すなわち，系列的検索と記銘項目の構音化と見なしたい。これらの過程が長い単語を用いることによって遅くなると，より多くの忘却が起こるのだろう。

3.2.3　構音速度と記憶スパン

語長効果がリハーサルと再生のスピードに対する影響力を通して作用するとすれば，すばやく構音する被験者は遅く構音する人よりも多く再生する傾向にあると予想される。これは，すばやいリハーサルは痕跡の薄れる時間が少ないことを意味するためである。Baddeley et al. (1975) は，これが事実であることを発見した。後に Nicolson (1981) による発達研究によれば，子どもの年齢に伴う数字スパンの系統的増加は，彼らが構音する速度の増加に対応する。これは，何度も再現された結果である (Hitch et al., 1989; Hulme et al., 1984)。そのような頑健な結果は，減衰仮説をさらに強化するように思われる。

しかし，この問題は，初めに予想したよりもずっと複雑であることがわかった。一連のより詳細な研究において，Cowan と共同研究者は，被験者の構音時間を詳細に分析し，各単語を発話するのにかかる時間と連続的な発話の中断という2つの成分に分けてこの問題に取り組んだ。彼らの発見によれば，中断の長さは，発話が占める時間よりも，スパンの個人差と密接な関係があった (Cowan et al., 1994)。彼らの示唆によれば，この項目内の中断は記憶痕跡にアクセスするのにかかる時間を反映しており，特定の個人が貯蔵している項目を走査できるスピードを表すという点において，Sternberg (1966) の先行研究と一致する。ゆえに，すばやい走査者である被験者は優れたスパンを持つ。子どもが年を重ねるにつれて記憶走査速度は増加し，彼らの示唆によれば，構

音速度ではなく，この走査速度が記憶スパンを予測する。

しかし，その巧妙さにもかかわらず，Sternberg の系列走査仮説は議論の的になっており，多数の対立仮説がこのデータをもっとよく説明している（レヴューとして，Baddeley, 1998b, pp. 199-202 を参照）。しかし，Cowan の主張に大まかな妥当性を認めるために，系列走査メカニズムを受け入れる必要はない。検索メカニズムにかかわらず，単語間のポーズ[*]はある項目を検索するのにかかる時間を反映しており，したがって，検索スピードの差が記憶過程の効率性に影響することはありうる。しかし，Cowan et al. が基礎としているのは系列**再生**中の構音化のスピードについての測度であり，これは，Dosher & Ma（1998）を論じる際に見たように，何らかの内在的な原因（遅い記憶走査速度など）を反映するものではなく，弱い記憶痕跡の**結果**であるのかもしれない。

この問題を扱ったのが Jarrold et al.（2000）である。構音化の過程を研究するために，彼らはスパンよりも十分に短い系列を用いて，再生パフォーマンスとは独立に構音速度を測定した。Cowan et al. と同じように，2つの別個の成分が見出された。一方は発話間のポーズに関するもの，他方は発話した項目の持続時間に関するものであった。両方とも記憶スパンの差の説明に対して独立に寄与した。Jarrold et al. の発見によれば，子どもが成長するにつれての記憶スパンの増大は項目内のポーズによって最もよく予測される。このことは，Cowan に一致して，おそらくは子どもが発達するにつれて増加する効率的検索を反映している。しかし，年齢を一定にしたときの長い単語と短い単語の差は，単語間の中断時間ではなく，発話期間によって予測された。このことが支持するのは，成人における語長効果は，長い単語と短い単語の間の検索のスピードではなく，それらの忘却に対する影響力の違いを反映するという見解である。その見解は，Cowan et al.（1994）のそれを支持し拡張するもので，音韻ループ仮説の精緻化バージョンと一致する。

3.2.4　長い単語は壊れやすいか：局所論的解釈

時間的減衰仮説はデータに非常にうまく合致するらしいという事実にもかかわらず，特に，Brown & Hulme（1995）と Neath & Nairne（1995）によって，異なった見解が主張されている。Brown & Hulme の示唆によれば，長い単語が再生を低下させるのは，発音するのに長くかかるからではなく，それらが複

---

[*]（訳注）　発話間の途中休止，言いよどみの時間を指す。

雑であり，短い単語よりも多くの分節音を持っているからである。このことにより，少なくとも1つの分節音が失われ，エラーや省略が生じる確率が高まる。彼らが述べるモデルでは，これが実際に正しいことが明らかになっている。もちろん，5音節語が1音節語の5倍忘れられやすいわけではない。彼らがこの原因と考えたのは，**再統合**（redintegration）の過程であり，これによって，言語学的知識を用いて単語の誤りが修正される。そのような過程は，なぜ単語が非単語よりも再生されやすいのかを合理的に解釈させる。Brown & Hulmeが指摘するように，再統合過程の詳細な性質は現在は特定されていない。したがって，彼らの説明には2つの要素がある。(1)長い単語は壊れやすく，より忘却されやすい。(2)単語が冗長でありなじみがあるという事実は，一部の忘却を再統合によって修復できることを意味する。そのような2つの対立的なメカニズムは，もちろん，これらの競合する要因のそれぞれに大なり小なりの影響力を割り当てることによって，多くの結果を後づけで説明できる。

3.2.5　長い単語と短い単語を混ぜる

　しかし，音韻ループ仮説と複雑性仮説の決定的な違いは，この効果が局所的に個々の項目のレベルで働くのか，それとも，系列全体をリハーサルし，かつ／または，出力するのにかかる時間の全体的効果であるのかという問題に関係している。複雑性仮説が仮定するように，この効果が局所的であるとすれば，系列内の単語の数や混合率にかかわらず，長い単語は短い単語よりも少なく再生される傾向にあるはずである。しかし，音韻ループ仮説が予測するところでは，パフォーマンスはリスト**全体**を構音化する時間に全体的に依存するはずである。そのため，長い単語と短い単語両方についての正確さは，系列における長い単語の数が減少し，全般的な遅延が増加することで低下する。この問題を独立に研究したのがCowan et al.（2003）とHulme et al.（2004）であり，どちらも長い単語と短い単語の異なる混合率から構成されるリストを用いた。

　2つの研究の結果は，語長効果は混合リスト内の提示でも存続するという局所主義の予測をまったく支持しなかった。実際，単一の長い単語を含めると，その語は特に**よく**再生された。このことは，おそらく，von Restorff（1933）効果の一例である。この効果によると，ある項目がリストの残りとは違っていると（例えば，別の色で表示したり，数字の中にひとつだけ文字を含めることによって違ったものにする），周囲の項目よりもずっとよく再生される。言語的STMにおけるvon Restorff効果の存在を，英国の郵便番号のデザインと結び

つけて予測し，実証したのは Conrad であった。初期の郵便番号は数個の文字とひとつの数字から構成されていた（例えば，Norwich は NOR で，後に２つの文字と１つの数字が続いた）。Conrad が明らかにしたところでは，その数字を最もエラーの多い位置——発音する番号系列の中の真ん中をちょうど過ぎたところ（例えば，NOR 2LK）——に配置すると，パフォーマンスは最も高くなる。最悪の条件は，カナダの郵便局で採用されたような，文字と数字を交互にしたものによって生じた。これは，おそらく，交互にすることがチャンキングを妨げるためである。しかし，この結果のパターンは，明らかに，系列再生について，音韻ループが単独で与えるよりも複雑な解釈を必要とする。

　理論に戻ってみよう。混合リストにおける明確な語長効果の減少についての局所主義による解釈は明らかに支持されなかったが，全体的リスト期間の予測はそれよりもうまくいっているのだろうか。Cowan et al. はうまくいったと結論したのに対して，Hulme et al. はそのような効果を見出さなかった。Bireta et al.（2006）による後続研究は，Cowan の材料では Cowan et al. と同様の結果を得たが，これは他の単語セットには一般化されないことを見出しており，他の材料では，混合リストにおける長い単語と短い単語は純粋リストにおける短い単語と同じくらいよく再生されることを示す傾向にあった。Hulme et al.（2004）も Bireta et al.（2006）も，自分たちの結果を自らの初期の解釈を排除するものと解釈し，Brown & Hulme（1995）の提唱したモデルも，Neath & Nairne（1995）の提唱した特徴仮説も，これらの結果を説明できないということを受け入れた。私も同意する。

　彼らは代わりに Brown et al.（未公刊）の開発した，SIMPLE（尺度不変の記憶，知覚，学習：Scale Invariant Memory, Perception and Learning）と呼ばれる新たな仮説の観点からデータを解釈することを主張している。これは，極めて野心的なモデルで，実質的に長期記憶とワーキングメモリの全体を，検索時に項目がもつ相対的弁別可能性の観点から説明しようとするものである。彼らの仮定によれば，長い単語と短い単語の主な違いは，短い方の単語がもつより多くの弁別可能性にある。なぜこう考えられるのかは明らかでない。長い単語は，多くの特徴を持っており，より弁別可能であると同じくらいもっともらしく論じることもできるだろう。弁別可能性を独立に測定する試みは何もなされていない。その代わり，著者らは適当な仮定を行うことによって，観察されるデータを説明できることを明らかにしている。

　後続研究において，Hulme et al.（2006）はより単純な実験計画を用いて，

6つの長い単語か短い単語からなる純粋リストを5つの短い単語と1つの長い単語，または，5つの長い単語と1つの短い単語から構成されるリストと比較している。これらの研究では，単一の短い項目といっしょに提示された長い単語は，純粋な長いリストと同じくらいしか想起されない傾向にあるのに対して，短い単語はそれらが純粋リストの一部をなすか，長い単語を含むリストの一部をなすかにかかわらずよく想起される。しかし，彼らは劇的な von Restorff 効果を得ており，孤立した長い単語は短い単語よりも有意に多く想起され，ともに他のいずれの条件の単語よりもはるかに優れていた。第二研究はおおよそ同様の状況であったが，von Restorff 効果がずっと少なかったことのみ違っており，孤立した短い単語は純粋な短い単語のリストの場合よりもかなり少なく想起された。Hulme et al. は，データのほとんどを SIMPLE に適合させることができたが，このモデルは明らかに孤立した長い単語と短い単語は等しく優れて再生されるはずであると予測する。実際にはそうはならなかった。彼らはこのモデルはさらにパラメータを加えることでデータに適合すると示唆したが，とはいえ，彼らの結果は「語長効果をリハーサルスピードについてのリストベースの観点から説明しようとするモデルに矛盾する」(Hulme et al., 2006, p. 586)[*]。

　これらのデータは音韻ループ仮説にとってどのように問題となるのか。音韻ループモデルが過去に von Restorff 効果を説明しようとしたこと，弁別可能性の増進の観点に基づく解釈はもっともらしく思われることは確かに事実である。それはおそらく，第6章で新近効果について提唱する一連の解釈と一致する。新近効果と同じように，von Restorff 効果が直後記憶を越えて遅延再生にまで拡張されることを明らかにしたのが Hendry & Tehan（2005）である。彼らは Hulme et al. のそれとは異なる解釈を提唱しており，やや違ったエラーパターンを観察している。

　SIMPLE の説明に何か問題があるのだろうか。私は，Hulme et al.（2006）の場合のように，後づけでデータを適合させるのに使われる複数のパラメータを持つモデルに対して偏見があることをまず初めに認めるべきだろう。さらに，彼らは SIMPLE の問題点を解決するために付け加えられる多数の他に可能性のあるパラメータを持ち出しているように見える。最後に，第6章で論じるように，SIMPLE は，弁別可能性仮定の検証をはっきりと目的にした直後

---

[*]（訳注）　アブストラクト部分からの引用。

言語再生からのデータに適用すると，失敗するように思われる（Lewandowsky et al., 2006; Nimmo & Lewandowsky, 2005）。

それでは，音韻ループはもっといい仕事ができるのか。私はできると思っている。まず，von Restorff 効果は，今なお適切に探求されていないが，真正のそして明確な現象であることを認める必要がある。ひとつの可能性としては，非典型的な項目は，例えば，系列のプロソディを分解すること（再生に対する顕著な効果を持つことが知られている：Ryan, 1969）によって，主に音韻に対するインパクトによって影響力を持つことがある。別の可能性としては，非典型的な項目にはより多くの処理が与えられるという注意の効果がある。重要な実証的問題は，構音抑制のもとで何が起こるかに関係する（このとき，語長効果は消失することが知られている）。語長ベースの von Restorff 効果も消失するのだろうか。しかし，とりあえず，私は SIMPLE にとっての問題点を生み出すような効果についての説明をしたい——すなわち，短い単語群に埋め込まれた単一の長い単語の再生が高まるのに対して，長い隣接項目の中にある短い単語にはこれが当てはまらないという観察についての説明である。このことは，長い単語が短い，すばやく発話される単語に囲まれていることによって予測される。短い単語は，よりすばやく発話されるリストの一部を形成するため，全体としてより短いリストの一部となることから利得を得るはずである。逆のことが，長い単語群に埋め込まれた孤立した短い単語に当てはまり，Hulme et al.（2006）の知見について単純なリストベースの解釈を与える。

しかし，混合語長効果がすべての既存の理論にとっての難問を提示するという事実は変わらない。音韻ループのいずれの計算モデルも，この最近発見された効果にはまだ適用されていない。項目の相対的な弁別可能性はほとんどの理論において既に役割を果たしているが，SIMPLE についてなされたように，正確なデータを適合させることは十分に問題を提起するだろう。私は活発な論争を期待している。

3.3　音韻ループを混乱させる

直後言語記憶の性質に関する証拠となり得る強力な源泉は，その働きに干渉しようとし，基礎理論に重要な制約を課すような，新たな諸現象を生み出す研究である。結果的に，これは極めてアクティブで論議を呼ぶ研究領域になって

いる。私は音韻記憶に関する3つのタイプの干渉，すなわち，同時的マニュアルタッピングなどの非言語的ソースからの一般的な干渉，構音抑制から生じる音韻ループの働きとのより特定的な干渉，最後に，無関連音による混乱について考えるつもりである。それぞれの場合において，最初に一般的に受け入れられている現象を提示してから，音韻ループによる説明を加え，論争中の問題についてのより詳細な議論を続けるつもりである。

3.3.1 一般的な干渉効果

　事実上，あらゆる同時的活動は，限界のある注意容量に対する要求を通して，パフォーマンスと干渉する可能性がある。このため，構音抑制などの言語課題は音韻ループのパフォーマンスに対する特定的な妨害を引き起こすと仮定されるが，たいていは非言語的な同時課題（規則的なマニュアルタッピングなど）による統制条件を伴う。タッピングは，潜在的に注意を要求する二次課題を構成すると仮定されるが，音韻ループには関与しないとされるので，同時的負荷の一般的効果をモダリティー特定的な効果から分離する可能性をもたらす。

　単独で遂行した記憶スパンに比べると，単純タッピングの効果は最小限のものであったり（例えば，Meiser & Klauer, 1999），もっと多大であったりする（Larsen & Baddeley, 2003）。タッピングの複雑性を増すことは，Meiser & Klauer の研究では，明らかにその妨害能力を増したが，Larsen & Baddeley の研究では，最小限の追加的効果しか持たなかった。しかし，一般に，複雑性を増すことは，直後記憶を妨害しやすい（おそらくは，注意要求の増大の結果であろう）。そのため，任意の統制課題の複雑性を何であれ使用するモダリティー特定的な同時課題のそれと一致させて，観察された妨害が中央実行系に対する二次課題の一般的影響力に帰属できないことを保証することは重要である（Baddeley & Andrade, 2000; Baddeley et al., 2001b; Meiser & Klauer, 1999）。

　重要なので述べておくと，マニュアルタッピングでも，シンコペーション[*]を伴うときには，音韻ループに特定的な妨害効果を持つことがある。これは，ギターを演奏しながら歌おうとしたときに Saito が最初に記述した現象で，後に実験的に確証された（Saito, 1994; Larsen & Baddeley, 2003）。シンコペーショ

---

　[*]（訳注）　切分音。通常のアクセントの位置がずれる。

ンを用いたタッピングの詳細な効果は，構音抑制の効果と基本的に等価である（以下を参照）。Saito の示唆によれば，この妨害は，発話とリズムの両方が一般的なプロソディ的タイミング過程に依存していることを反映する。

3.3.2 構音抑制
3.3.2.1 視覚提示

David Murray（1968）は，音韻的 STM と構音化の関係性を調べる際に，被験者によく似た子音か似ていない子音の系列をおぼえながら，同時に，無関連な音（単語の「the」）を繰り返し発話するよう求めた。このことは再生を損なったが，音韻的類似性の影響を除いた。この知見は容易に再現可能であり（Levy, 1971; Peterson & Johnson, 1971），心内音声化リハーサルの過程を妨害する一般的な手段として構音抑制を用いることを促した（Baddeley, 1986）。

抑制効果が全か無かであるという仮定は，少なくとも潜在的にはしばしば用いられている。というのも，不気味な「ダブルダブル（double double）」から，陽気な「ハイヤー（hiyah）」，おそらく商業的なスポンサーの付いている「コーラコーラ（Cola Cola）」，子どもには心温まる「テディベア，テディベア（teddy bear, teddy bear）」に至るまで，広範な同時的構音化が使われているからである。実際には，構音化の性質は違いをもたらしており，特に，同時的活動が一年の月を暗唱するなど，それ自体骨の折れるときにはそうである（Baddeley et al., 2001b）。

単一の項目を繰り返すことは，特に記憶項目を視覚的に提示する場合，顕著な効果を持つ。構音項目の数を高度に練習した系列（1～9まで数えるなど）の中で増やしても，典型的には，それ以上の効果をあまり持たない（例えば，Larsen & Baddeley, 2003; Meiser & Klauer, 1999）。しかし，妨害効果は，構音を複雑にするとわずかに増加することがある（Jones & Macken, 1995; Saito, 1997）。

抑制効果は，構音調節の必要性によって決まるように思われる。そのために，「アアー（aahh）」などの単一の連続的母音はパフォーマンスに効果を持たないのに対して，「ア（ah）」「ア（ah）」「ア（ah）」の繰り返しはパフォーマンスを妨害し，音韻的類似性効果を消失させる（Saito, 1997）。同様の結果は，連続的な口笛と反復的な口笛の間でも見出されており（Saito, 1998），有声構音化は妨害を引き起こすのに必要でないことが示唆される。

要するに，構音抑制が視覚的に提示された材料の直後系列言語再生をひどく

妨害することに疑いの余地はない。例えば，Larsen & Baddeley は，構音抑制が規則的な1秒に2つの速度で数字の「2」を繰り返すものであるときには37％の妨害，シンコペーションを用いたパターンで「2」を繰り返すときには41％の妨害，1〜6の計数系列を繰り返すときには42％の妨害を見出しており，3つすべての条件で音韻的類似性効果が完全になくなっていた。

3.3.2.2 聴覚提示

視覚提示とは対照的に，系列を聴覚的に提示したときには，構音抑制のもとでも音韻的類似性効果は持続する。この結果は，聴覚提示は心内音声的構音化を必要とすることなく音韻貯蔵庫内に刺激の直接的な記録を促すという理由から，音韻ループ仮説によって予測される。しかし，構音抑制は，リハーサルと干渉することによって，パフォーマンスを低下させる。最後に，重要なので述べておくと，最もひどく妨害される条件（提示が視覚的であり，音韻的な再コード化が構音抑制によって明らかに回避されている）においてさえ，被験者は平均して3つか4つの数字をなお再生する。このことは，数字スパンに対する1つかそれ以上の他のソースからのかなりの貢献を仮定する必要があることを示唆している。われわれはこの問題に第8章で戻ってくる。

3.4 無関連言語音効果

3.4.1 記憶マスキングの事例か

Colle & Welsh（1976）は，視覚的に提示された数字の直後記憶が無関連言語音の同時提示によって妨害されることを最初に記したものであろう。この場合には，無関連言語音はドイツ語で発話された散文であり，被験者である学生にとってはなじみのない外国語であった。この研究と後続研究における Colle（1980）の観察によれば，この効果は単純な注意散漫の結果ではないように思われる。というのは，ホワイトノイズの効果はまったく観察されず，同時的言語音はなじみのない言語であり，その音の大きさは妨害能力には影響しなかったからである。これらのことから，彼は自分の発見を「一次記憶における音響的マスキング」(Colle, 1980) と記述している。

これらの発見を拡張したのが Salamé & Baddeley（1982）であった。われわれは，この研究と後続研究において，音量の効果がないことを見出しており，音声と同じ強度包絡線（envelope）内で振動するときでさえホワイトノイ

ズの効果はなかった。また，数字再生に対する有意味単語，無意味音節，さらには無関連言語音としての数字による妨害効果の間にも差を見出さなかった（Salamé & Baddeley, 1982, 1986, 1989）。しかし，われわれの観察によれば，パフォーマンスは声楽曲によって妨害され，少なくともわれわれの研究では，器楽曲（Salamé & Baddeley, 1989）や複合音を不規則に動かすこと（Salamé, 1990）によってはそれよりも少ない程度にしか阻害されなかった。

　より理論的なレベルでは，数字系列の想起は，無関連な音声数字系列によっても，同じ音素から作られた単語（例えば，one-two などの代わりに，tun-woo など）によっても同じように妨害されるというわれわれの実証によって，この効果が語彙レベルで作用するという可能性は除外された。また，視覚提示では，構音抑制は無関連言語音効果を消失させることが観察された。われわれはこの結果を，無関連言語音効果が音韻貯蔵庫を経由して作用することを示唆するものとして解釈した。視覚項目が貯蔵庫内に記録されにくい構音抑制のもとでは音韻貯蔵庫は利用されない（Salamé & Baddeley, 1982）。われわれの結果のひとつの特徴は，Colle（1980）が最初に示唆した記憶マスキング仮説と似たものを支持するように思われる。というのは，2音節語からは単一音節語からよりもわずかだが有意に少ない干渉が見られたからである。これは，われわれの見解では，2音節数字が単一音節数字と音韻的にあまり似ていない，そのため，音響的マスキングをあまり起こさないことが原因であると考えられる。

　この暫定的な推測は間違っていることが明らかになった。この問題を特に対象としたさらに大規模な研究は，想起される材料と無視される聴覚的材料の間の類似性の効果についての何の証拠も示さない上（Jones & Macken, 1995; Le Compte & Shaibe, 1997; Larsen et al., 2000），2音節語からの妨害が少ないという初期の知見も再現していない（Le Compte & Shaibe, 1997）。したがって，無関連言語音効果の単純な記憶マスキング解釈は支持されない。同様の結論を導いた研究（Salamé & Baddeley, 1990）は，音韻的類似性を無関連言語音と組み合わせることによって記憶マスキングをより直接的に検証することを試みた。われわれの見解では，無関連言語音が痕跡に「マスキングノイズ」を付け加えるとすれば，このことは，音韻的に類似した系列に特に顕著な効果をもたらすに違いない（音韻的に類似した系列が困難だと考えられるのは，まさにそれらが弁別的特徴が少ないために，より妨害を受けやすいからである）。被験者は音響的に類似したセットか，示差的なセットのいずれかから選択した子音

の系列を再生した。彼らはこの課題を無音状態か，無関連言語音のもとで遂行した。

　2つの重要な結果がこの研究から生じた。第一に，音韻的類似性の効果は長い系列長では消失するということで，これは他の文脈で観察されてきた結果でもあり，提示された量の材料を音韻ループがもはや処理できないときには，被験者は別の方略を探すことを示唆していると解釈される（Baddeley, 2000b; Hall et al., 1983; Johnston et al., 1987）。このことは，長い系列は音韻ループを研究するには不適切であることを意味しており，本レヴューを通して繰り返される論点である。しかし，研究の主要な結果によると，中程度の長さを越すと，天井効果と床効果が回避されるときには，音韻的類似性と無関連言語音が加算的効果を生じさせる。この結果は，無関連言語音は類似系列でより多くの妨害を生じさせるはずであるという記憶マスキングの予測とは完全に矛盾する。

　しかし，これまでに明らかなように，無関連言語音効果の適切な解釈は，純粋にことばだけで記述された音韻ループが与えるよりももっと完全なモデルを必要とする。特に，適切なモデルは，系列順序がどのように貯蔵され検索されるかについての説得力のある説明を提供する必要がある。残念なことに，この記憶マスキング仮説の撤回（Salamé & Baddeley, 1986）は，多くの研究者の心には，オリジナルの推測——今では，音韻ループ仮説の明確な予測として尊重されている（Jones & Macken, 1995; Neath, 2000）——よりもはるかにわずかしか印象づけられていないように思われる。この単純な記憶マスキング仮説の失敗は，STMの諸モデルに対して価値ある理論的制約を与える点で重要である。しかし，われわれが後で明らかにするように，それには多数の解釈の余地があり，そのうちの複数が音韻ループ仮説が広くカバーする範囲に入っている。これらは後で論じるつもりである。

3.4.2　状態変化仮説

　私はより洗練された計算論的に明確な音韻ループのモデルを期待しつつ待っているが，その一方で，新たなグループが無関連言語音の領域に入ってきて，ここ数年，中心となっている。Dylan Jones（1993）は，音が直後言語再生と干渉するか否かを決定するのは音のどの特徴なのかを系統的に調べ始めた。彼と共同研究者が非常に明確に示したところでは，変動純音と同じくらい単純な音でも記憶を妨害するのに十分であり，このことから彼は極めて合理的に，こ

の現象は無関連**音**効果（irrelevant *sound* effect）と呼ぶべきであると提唱した。彼らが明らかにしたところでは，単一の反復音は有意な記憶の妨害を引き起こさないことが多い（Jones & Macken, 1993; Jones et al., 1993）。厳密に同じパターンが言語音を用いた場合にも見られ，単一の項目は典型的にはほとんど，あるいは，まったく効果を持たないように思われる（Jones et al., 1997; Tremblay et al., 2000; Larsen & Baddeley, 2003）。Tremblay & Jones（1998）は，数字再生に対する無関連な音声文字の数が増えることの効果を調べ，項目数の増加による妨害効果は，無関連言語音項目の種類が1つから2つへ増えるときに顕著な増加を示すことを見出した。

　Jones（1993）は，この一連の発見の説明として**状態変化仮説**（*changing state hypothesis*）を提唱した。彼は自分の発見を聴覚的場面分析（Bregman, 1990）に関連づけて，妨害を引き起こす特徴は，単一の「聴覚的オブジェクト」を意味することが予期されるのに対して，妨害を生み出さない条件（単一項目の繰り返しやホワイトノイズなど）は，統合された聴覚的オブジェクトとして知覚されないので，系列についての記憶を妨害しないと主張した。一方で，音声単語や変動音はこうした知覚を生じさせると考えられている。そのような無関連音は，再生すべき系列と同じように，多次元的な感覚領域を横断する軌道（trajectory）——彼が呼ぶところのオブジェクト指向のエピソード記録（object-orientated episodic record: O-OER）——によって表象される。そのとき，無関連な軌道の存在は，想起項目の検索を妨害するだろう。

3.4.3　オブジェクト指向のエピソード記録モデル

　Jones は，別々の視空間的 STM システムと言語的 STM システムという仮定を放棄し，短期的な系列的視覚再生を含む課題に対する無関連言語音による妨害を明らかにすることによって，自分の見解を擁護した（Jones et al., 1995）。より最近には，Meiser & Klauer（1999）は，標準的な数字再生課題を伝統的な空間的記憶課題である Corsi ブロック手続き（被験者はブロックからなる空間的配列に対するタッピング系列を見て，それを再産出することを試みる）と比較する研究を行った。彼らは極めて明確な二重乖離を見出しており，視空間課題は主に構音抑制よりも空間タッピングによって干渉を受けたのに対して，数字スパンはワーキングメモリ理論が予測する通り，逆のパターンを示した。さらに，ある程度の一般的な干渉がモダリティーを越えて見出され，同時課題の複雑さにともなって増加した。そのことは，中央実行系を妨害

したことの効果として最も容易に解釈できることが著者らによって示された。

単一のマルチモーダル STM システムを目指すという Jones の主張にもかかわらず，当然ながら，別々の視空間的 STM システムと音韻的 STM システムについての豊富な証拠がさらに存在する（第 4，第 5，第 10 章を参照）。そのソースには，神経心理学的患者（Della Sala & Logie, 2002; Vallar & Papagno, 2002），健常被験者（例えば，Brooks, 1967; Logie et al., 1990），機能的イメージング研究（Smith et al., 1996）からのデータが含まれる。さらに，O-OER 仮説が実際に視覚記憶と言語記憶に共通な面を仮定する必要があるかは明らかでないが，Jones はこの立場を維持し続けているように思われる。もちろん，**追加的な**マルチモーダル短期貯蔵庫の事例を提示することはできる。最近提唱されたエピソード・バッファはまさにそのような貯蔵庫を提示しているが（第 8 章を参照），Jones（個人的コミュニケーション）は，これは自分のオブジェクト指向のエピソード記録の概念と同じではなさそうだと主張している。

さらなる問題が次に起こるのは，Neath（2000）と Jones et al.（1996）の両方が主張するように，構音抑制の効果と無関連言語音の効果が共通の起源を持つかに関してである。そこには，多数の明確な違いがあるようだ。第一に，単一の項目を繰り返す構音抑制は，実質的に，6 つの項目を繰り返すことと同じくらい妨害的であるのに対して，このことは無関連言語音には当てはまらず，この場合，1 つの項目は実質的に効果を持たず，2 つの項目は極めて明確な効果を持ち，6 つの項目はそれと大差ない（Larsen & Baddeley, 2003; Tremblay et al., 2000）。音韻ループ仮説は，無関連言語音，一定のシンコペート条件のもとでの構音抑制，音韻的類似性と語長のすべてが交互作用する条件に単純な説明を加えることができる。O-OER モデルは，これまで，無関連音以外の現象にそれほど多くの注意を向けていないので，このモデルが単純かつ整合的な説明を提示することはありうるが，まだそれはなされていないように思われる。

大体において，Jones と彼のグループは概して無関連音効果に集中しており，ある程度の正当な理由から，現在の音韻ループモデルは音が干渉するかどうかを決定する音響的特徴が何であるかを正確に特定しようとしていないと指摘している。さらに，音韻ループの計算モデルは無関連音の効果を無視する傾向にあるが，このことには，Page & Norris（2003）の提唱する初頭性仮説の中で主張された解釈によって変化の兆しが見られる。

3.4.4 正体を現した音韻ループ

この分野を活気づけてきたのは，Jones と共同研究者（Jones et al., 2004, 2006）による一連の実験であり，それらは音韻的短期貯蔵という概念そのものを揺るがすものであると彼らは示唆した。彼らは音韻ループを「音韻貯蔵の仮面をかぶった知覚的体制化」として記述する。そして，音韻ループの代わりに，短期記憶の「知覚的-ジェスチャー的見解」を提案している（Jones et al., 2006）。彼らの攻撃は，STM パフォーマンスに対する，類似性，提示モダリティー，構音抑制の効果の間の3要因の交互作用に関する興味深い対立的解釈に基づいている。彼らはこの交互作用を音韻ループ仮説についての重要な証拠のソースであると正しく認識している。

文字などの項目がリスト内で音韻的に類似している場合には，視覚的に提示しても聴覚的に提示してもパフォーマンスを妨害するが，被験者が構音化を抑制しているときは例外であり，そのときは，効果は視覚項目については消失するが，聴覚項目については消失しないことを思い出してほしい。音韻的類似性効果は，（情報が）音韻貯蔵庫内で貯蔵されている証拠であると仮定される。提示が視覚的であるときは，構音抑制は音韻的コードが貯蔵庫内に登録されることを妨げる。提示が聴覚的であるときは，音韻的コードは貯蔵庫に直接アクセスするので，この後者の条件では，なお音韻的類似性効果が見られることが予測されるが，パフォーマンスの全体的レベルはリハーサルの妨害によって損なわれやすくなる。

Jones et al.（2004）は，類似した7つの文字か，類似していない7つの文字からなる系列の直後再生を調べて，自身の研究において，構音抑制と聴覚提示の条件のもとでの音韻的類似性効果の持続は概して最後の2項目についてのパフォーマンスに限定されることを観察した（図3.2を参照）。彼らの示唆によれば，これは，以前にも報告されている純粋に感覚的な効果であり，Crowder & Morton（1969）が，前カテゴリー的音響的貯蔵（Precategorical Acoustic Storage: PAS）と名づけたものに起因する効果である。この解釈に沿って，この効果は音声提示の接尾語（spoken suffix）を系列の後に提示すると消失することを彼らは明らかにした。この解釈を追跡調査した後続研究（Jones et al., 2006）は，5項目のリストを用いて，音声提示による音韻的類似性は，記銘項目と同じ声で提示される接頭語（spoken prefix）および接尾語と構音抑制を組み合わせると取り除けることを示した。彼らの主張によれば，音韻貯蔵庫と

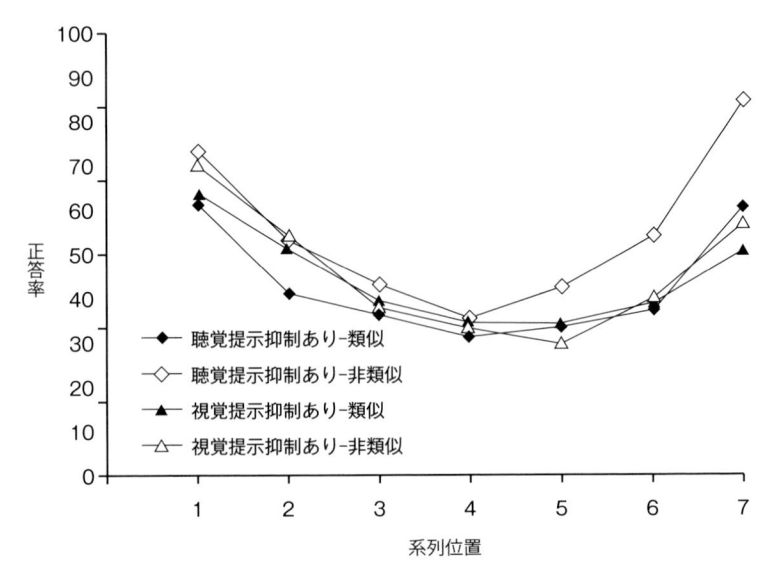

図 3.2 音韻的類似性が構音抑制下での子音系列の再生に及ぼす効果。音韻ループ仮説が聴覚提示について予測する類似性効果は，新近成分を通してのみ見られる。Jones et al. (2006) からのデータ〔訳注：実際には，出典は Jones et al., 2004, p. 663 の Figure 4B であると思われる〕。

いう概念は，知覚的体制化という概念に，「ジェスチャー的プランニング」に基づくリハーサル過程（音韻的類似性効果の基盤であると仮定される）を加えたものと置き換えられる。

　Jones と共同研究者の同定した効果が既存の仮説にとっての難問を提示することには疑いの余地がない。特に，この分野の先行研究の大部分は系列位置データを提供していないことを考えるとそう言える。例外は，Murray (1968) であり，彼は系列位置曲線を通して重大な効果を見出したが，彼のデータは Jones et al. によると非典型的な方法に基づくものとして退けられている。しかし，Jones の報告した発見の一般性を疑う主な理由は，音韻ループがきわめて圧迫されていそうな条件のもとでのパフォーマンスが提示されていることに関係する。このような場合，音韻的コード化は放棄されることを多数の研究が示している。この現象は，上手な読み手と下手な読み手による音韻的コード化の利用に関する大きな論争の核心であり，Haskins グループ（例えば，Shankweiler et al., 1979）は，上手な読み手では STM における明確な音韻的類似性効果を観察したが，下手な読み手ではこれを観察しなかった。後に，このことは，下手な読み手が上手な読み手よりも低いスパンを持つためであることが明

らかになっており，どちらの群もパフォーマンスが一定のレベル以上となるリストの長さでは音韻的コード化を用いるが，パフォーマンスが特定のレベル以下に落ちるときには明らかにそれを放棄する（Hall et al., 1983; Johnston et al., 1987）。このことは，以前に述べた，Salamé & Baddeley（1986）による研究と関連する。この研究によれば，直後記憶のリスト長と同じ長さのリストでは無関連言語音と音韻的類似性の明確かつ加算的な効果が見出されるが，パフォーマンスが大体50％以下に落ちるとどちらの効果も消失する傾向にあった。Jones et al.（2004, 2006）がリストの前半部分での音韻的コード化の完全な欠如を明らかにしているすべての事例は，パフォーマンスが大体50％かそれ未満であるような条件においてである。[1]

幸運なことに，Jan Larsenと私は，視覚提示と聴覚提示の両方のもとでいくつかの変数を系統的に調べた多数の実験を独立に行っていた。これらに含まれるのが，構音抑制ありとなしで提示した，6つの子音からなる音韻的に類似した系列と類似していない系列の保持である（Baddeley & Larsen, 2007a）。われわれには複数のデータセットがあるが，そのすべてが，聴覚提示での，再生に対する音韻的類似性の十分な効果を，おおよそ一致して示唆している。ある研究では構音抑制を用いたのに対して，別の研究では声に出さない口まね——Murray（1967）が構音化の抑制に有効であることを示した——を用いて，刺激が被験者の音声化によってマスクされるという反論を受けにくくした。この後者の研究の結果を図3.3に示した。この図から明らかなように，類似性効果は視覚提示＋構音抑制では見られないのに対して，提示が聴覚的であるときには頑健な効果がリスト全体で観察された。この効果は，明らかに，Jones et al. が主張するようには，最後の2つの項目に限定されない（だが，これに反する見解について，Jones et al., 2007 を参照されたい）。

Jones et al. と同じように，われわれは非類似項目には付加的なモダリティー効果を見出したが，類似項目には見出さなかった。この効果は，われわれの場合には，単一の項目「ma」の口まねの繰り返しを挿入し，10秒の再生前遅延の後にも観察された。類似材料について遅延を越えて効果が残存したこと（Crowder, 1978a）と聴覚的新近効果が欠如したことのどちらも過去に報告さ

原注1：50％というカットオフ点は，単純に，実証的観察に基づくおおざっぱな経験則に当たる。私が考えるように，もしこのことが方略的な効果を示しているとすれば，このカットオフ点は自由に異議を唱えることができると思われる。重要なので強調しておくが，50％という示唆は音韻ループモデルに基づく理論的な予測ではない。

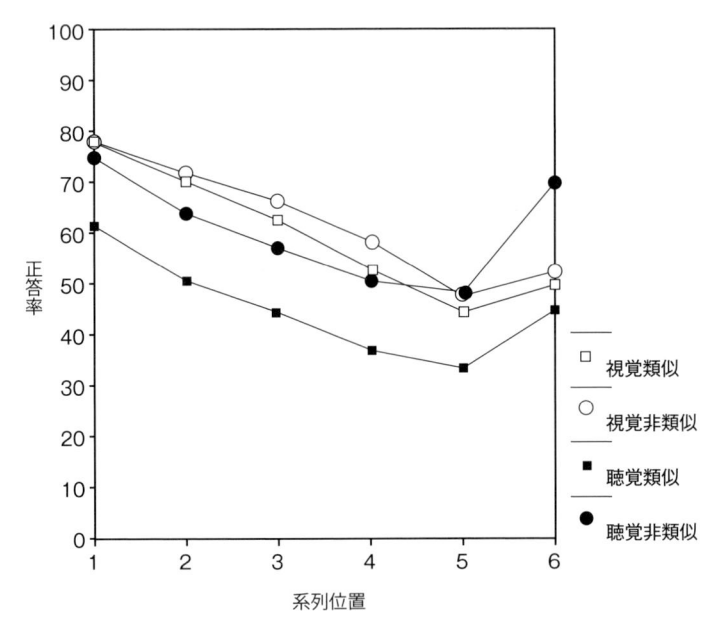

図3.3 構音抑制下での6文字子音系列の再生。聴覚提示の場合，類似性の効果はリスト全体を通して見出される。Baddeley & Larsen（2007a）からのデータ。

グラフ凡例：□ 視覚類似，○ 視覚非類似，■ 聴覚類似，● 聴覚非類似

れている（Crowder, 1978b; Darwin & Baddeley, 1974）。この後者の発見は，直後系列言語再生をカバーする一元論的仮説の試みにとって興味深い意義を持っている。先に述べたように，無関連音効果は，Jones et al.（2006）が報告したようなモダリティー効果とは対照的に，思い出す音と妨害する音の間の音韻的類似性に影響されないのに対して，類似性は，Saito & Baddeley（2004）が実証したように，発話産出の最終段階に影響する。要するに，私はこの論争が続いて，音韻ループがいつ使用されて，いつ使用されないのかを確立するのに有益なことがわかると確信しているが，基本的な音韻ループモデルを変更するどんな理由も見当たらない（Baddeley & Larsen, 2007b）。

　結論として，Jonesと共同研究者が相当の実証的貢献を行ったことに疑いはないが（特に，音韻貯蔵との干渉を引き起こす音の特徴を解読することへの貢献），彼らの理論には，以下の点を含む大きな限界がある。

1．系列再生の連鎖的解釈を仮定しているが，これはいくつかの証拠と矛盾する（第2章，pp. 29-30を参照）。

2．その発展は主として無関連音効果に基づいており，他の現象にはほとんど言及していない。
3．単一のマルチモーダルシステムという仮定は，他のグループからのデータと矛盾する。
4．単一のマルチモーダルシステムの仮定は，神経心理学と神経イメージングからのデータとも矛盾する。
5．より厳密なモデリングに適さないような，おおまかに特定された言語記述的説明に留まっている。
6．音韻ループと違って，心理学実験室を越えたインパクトをほとんど持たない。

しかし，無関連音の分野内では，疑いなく，O-OERモデルと状態変化仮説は極めて有益であることが明らかになっている。さらに，何らかの形式の短期的マルチモーダル貯蔵という仮定には明確な利点がある。このことは，私自身のエピソード・バッファの仮定（Baddeley, 2000a）に反映されている。エピソード・バッファは，Dylan Jonesとの議論から影響を受けた概念だが，Dylan自身はそのような責任を否定している。幸いにも，私は見解の合致が見られたと考えている。彼が彼自身のアプローチとワーキングメモリモデルの間に特定した違いにもかかわらず（Jones et al., 2006, p. 278），彼の現在の見解は，音韻ループと多くの共通点を持っているものと見なすことができる。ただし，それは記憶よりも知覚をひいきにした用語で表現されており，音韻ループの概念を「具象化（reification）」として退けている。私は非難された通りに罪を認める。機能は理論的・概念的レベルでの構造に依存しており，これらは物理的な対象である脳の働きに位置づけられると私は信じている。

3.4.5　無関連言語音と素性仮説

素性仮説（feature hypothesis）は，当初，短期的な感覚記憶効果に加えて，リスト（ときに8つか9つの単語まで拡張される）の直後再生を説明することを意図しており，感覚記憶を扱わない音韻ループや5，6項目以上の単語リストで使用される多量のLTM成分とは違っていた。Neath (2000) が出版した刺激的な論文では，素性仮説が無関連言語音からのデータに適用され，この仮説は，音韻ループ仮説やO-OER仮説によっては予測されないような多数の交互作用を予測すると述べられた。これらは，語長との交互作用（無関連言語音

の効果は長い単語では消失する）を予測することを含む。対照的に，音韻ループ仮説は，リストが音韻方略を有効にするのに十分なほど短ければ明確な効果を予測するが，Neath et al. (1998) の用いたより長いリストではそうではなかった。

　同様の予測は，音韻的類似性の場合にも行われ，Neath (2000) によって，無関連言語音の効果を消失させると仮定された。しかし，Salamé & Baddeley (1986) が示したように，天井効果と床効果が避けられるなら，無関連言語音と音韻的類似性の効果は加算的である。効果が唯一消失するのは，リスト長を増やしたときである (Hanley & Broadbent, 1987; Hanley, 1997)。Neath (2000) によるさらなる予測によると，聴覚提示では無関連言語音効果は見られないはずである。しかし，Hanley & Broadbent (1987) による研究は，中程度のリスト長では明確な無関連言語音効果が生じることを示した。Hanley & Bakopoulou (2003) の後の研究によれば，被験者に構音化リハーサルを使うように明示的に教示した場合，無関連言語音効果は長いリストでも起こることがある。そのような効果が消失するのは，意味的コード化を促したときである。

　最後に，無関連言語音効果の素性による解釈は，再生すべき材料が提示されるのと同時に妨害的言語音が現れることを必要とする。しかし，記憶項目を提示した後にしか現れない無関連言語音による妨害については明確な証拠が存在する (Macken & Jones, 1995)。これは，記憶項目と無関連言語音の共起の可能性を防ぐために，リハーサルを妨害したときでも生じる効果である (Norris et al., 2004)。

　したがって，素性仮説は，聴覚提示，語長，音韻的類似性，同時性の効果について誤った予測を行うように思われる。先に論じたように，素性仮説は，長い単語と短い単語を混ぜたリストにおける語長効果の消失 (Cowan et al., 2003; Hulme et al., 2004) を説明することにも問題がある。おそらく，素性仮説がもっと成功することが明らかになるのは，ワーキングメモリの他の成分に取り組む際であろう。例えば，エピソード・バッファ（第8章を参照）は，その複雑性と多次元的性質を考えると，素性仮説の発展に影響したと思われるLTMメカニズムとより多くの共通性を持っていそうである。

3.5 音韻ループ：概観

　音韻ループを研究する利点は，理論化が多数の頑健な実証データによって制約されることにある。それぞれについてもっともな説明を与えようとする試みは，音韻ループの強みと弱みがどこにあるのか，つまり，音韻ループを拡張すべきか放棄すべきかに関するアイデアを与える。多様な現象を順番に論じよう。

1. **音韻的類似性効果**。単語や子音の系列は，下位語彙的一時貯蔵システムである音韻貯蔵庫に登録されると仮定する。項目は時間に基づくか（Brown & Hulme, 1995; Burgess & Hitch, 1999），または，系列位置手がかりに基づいた（Henson, 1998; Page & Norris, 1998），一連の文脈手がかりと関係づけられる。項目は音韻素性の系列として貯蔵され，母音が優勢になる。音韻的に類似した項目は，多くの共通素性を持ち，結果として，誤った手がかりを与えることが多くなる。私は痕跡減衰の仮定を維持する。この仮定は，忘却が自然減衰から生じると仮定するか，何らかの形式の置き換えや干渉から生じると仮定するかにかかわらず，今のところ最も単純な説明を与えると思われる。ただし，その詳細はもちろん重要な仕方で変化するだろう。語彙性，意味的コード化，再統合の過程の効果は，おそらくは自動的に，かつ／または，検索後のチェック段階（実行制御にアクセス可能であると思われる）として，音韻貯蔵庫からの検索時に働くと仮定する。
2. **語長効果**。語長効果はリハーサルと出力の遅延による忘却から生じるという主張を維持する。これは，音韻的に符号化した情報は，時間が経つにつれて（痕跡減衰），あるいは，介入活動からの干渉の結果として消えていくためである。減衰か置き換えかを決定するという問題は，難問を提示し続けている。
3. **構音抑制**。構音抑制は心内音声化リハーサルと視覚提示された材料の音韻貯蔵庫への記録の両方を妨げるという主張を維持する。先に論じたように，単純な繰り返しでも同時課題を追加するので，中央実行系負荷への潜在的な追加（構音抑制課題の複雑性と過剰学習の程度に依存する）も存在する（Baddeley et al., 2001b を参照）。構音抑制の特定的な効果（音韻的／言語的

課題に限定される）とは違って，そのような実行制御の妨害は視覚的記憶に影響し，実際に，注意制御を要するあらゆる課題に影響するだろう。構音抑制が視覚提示のもとでのみ音韻的類似性と交互作用するのは，それが視覚刺激の音韻的再コード化を妨げるときである。聴覚材料は心内音声化を必要とすることなく音韻貯蔵庫へ直接アクセスできる。したがって，音韻的類似性は，記憶パフォーマンスを妨害し続ける。

4. **無関連音効果**。無関連音効果は別個だが関連する問題を2つ提示する。第一に，特定の音が系列再生を妨害するか否かを決定するものは何か。第二に，この妨害はどのように起こるのか。私は Jones（例えば，Jones, 1993; Jones et al., 1996）の提唱する状態変化仮説が，どんな音が記憶を妨害し，どんな音が妨害しないのかを適切に説明することに同意し，その仮説を聴覚的場面知覚と関連づけようとする彼の試みにも共感できる。しかし，先に論じたように，私は，Jones（1993）の提唱した O-OER 仮説も，Neath（2000）の素性仮説も，記憶データ全域についての納得のいく説明をするとは見ていない。より有望な解釈であると思われるのは，Page & Norris（2003）の提唱である。彼らの主張によれば，無関連音は，「言語音項目が自動的に音韻的記憶システムにアクセスすることを防ぐために（Gisselgard et al., 2003），ノイズ」を加えるか，システムを抑制したり，「鈍化させる」必要性によって，項目を系列順序手がかりと関係づける過程を妨害する。

5. **再統合と LTM の影響**。ここまで論じた実質的にすべての現象は，下位語彙的音素貯蔵庫に依存している。もちろん，直後記憶スパンへの長期的要因の影響を示唆する多くの現象が存在する。これに含まれるのが，非単語に対する単語（Gathercole et al., 2003），低頻度語に対する高頻度語（Hulme et al., 1997），評定された具象性のポジティブ効果（Walker & Hulme, 1999），単語らしさなどの長期的な下位語彙的要因（Gathercole, 1995）の優位性である。これらは，明らかに直後記憶課題の出力に影響するし，音韻ループからの検索にかかわるメカニズムの一部であると見なすことには納得できる。しかし，それらは音韻ループシステム特有の守備範囲をはるかに越えているので，第8章で論じるつもりである。

3.6 結　論

　音韻ループ仮説は 30 年以上過ぎても論議を呼び続けているが，それでも，慎重に計画された実験室研究からの極めて広範囲の頑健な発見について，比較的単純に説明する。最後に，前章で例示したように，音韻ループ仮説は，容易に理解される基本的なモデルを提供し，実験室を越えて，発達的，教育的，神経心理学的，神経イメージング的応用に適用することが可能な，柔軟だが頑健な課題という道具一式を備えている。

　しかし，音韻ループモデルの主要領域にはさらなる発展を必要とするところがなお存在しており，そこには以下のものが含まれる。

1．音韻ループが用いられる条件についてもっとよく知る必要がある。系列の長さと困難さが増したときの音韻ループの明らかな放棄は，方略的な選択を表しているのか，それとも，過剰負荷による動作停止にすぎないのか。
2．系列順序がどのように貯蔵され検索されるのかという問題は，なお完全には理解されていない。
3．既存の計算モデルは，下位語彙レベルと上位語彙レベルの両方でのチャンキングの過程を扱えるように修正できるのか。
4．このチャンキングの過程は，言語の獲得と使用における音韻ループの役割とどのように関連するのか。

第4章
視空間的短期記憶

　視空間スケッチパッド（visuospatial sketchpad：VSSP）は，ワーキングメモリの最も軽視された成分として記述されてきた（Pearson, 2001）。このことは，VSSPが視覚，注意，行為の間のインターフェイスとして働くと仮定するなら，意外かもしれない。このことは，言語ベースの音韻ループ（動物界の中では特に重要な意味を持つものではない）に比べたときに，明確な利点となる。アイコニックメモリは認知心理学がそこから発展してきた古典的分野のひとつを形成するが，その短期的な末梢的視覚貯蔵過程は，記憶よりは知覚に関連するものと見なされる傾向にあった。さらに，記憶研究者は，一般には，視覚刺激を厳密に統制するという細かい問題に没頭するよりも，言語項目を用いて材料を操作し，理論を検証することが容易であることに気づいていた。結果的に，VSSPとの関連性を持つ多数の発展した分野が存在するが，それらは最近までは，概して，多くの本流の視覚研究を特徴づける精神物理学的アプローチから離れて行われる傾向にあった。

4.1　視空間的ワーキングメモリと言語的ワーキングメモリとを分ける論拠

　論理的な出発点は，視覚情報や空間情報の短期的保持を担当する特殊なシステムを仮定する必要性があるのかという問題である。空間情報と言語情報の一時的貯蔵が別のシステムを採用しているということは一般的に受け入れられているが，この見解は普遍的には維持されない。先に論じたように，Jonesと共同研究者は単一の一元論的なシステムを主張しており，このことは，主に，視空間項目と言語項目が短いインターバルにかけて保持される仕方に類似性が見られることに基づいていた（Jones et al., 1995; Farrand & Jones, 1996）。先に

論じたように，無関連言語音は言語的直後再生と空間的直後再生に同様の効果を持つという彼らの示唆は，容易には再現できないことが明らかになっている（Meiser & Klauer, 1999）。以下で見るように，構音抑制は，言語的系列再生には大きな効果を持つにもかかわらず，視空間的な同等の課題にはほとんど，あるいは，まったく効果を持たない（Smyth & Pendleton, 1989）。

　別々の音韻的 STM と視空間的 STM についての最も強力な証拠には，神経心理学的患者の研究から得られるものもある。例えば，De Renzi & Nichelli（1975）は，2つの独立の患者グループを識別した。一方のグループは，数字スパンが健常であったが，空間スパンの Corsi ブロック・タッピング測度でのパフォーマンスに障害があった。Corsi スパン課題では，検査者は位置の系列をタップして，被験者に同じことをさせ，エラーを起こすまで位置の数をだんだん増やしてゆく。他方の患者グループは，数字スパンに障害があるが Corsi スパンは健常であるという逆のパターンを示した。そのような二重乖離は，別個の視空間的システムと言語システムとを仮定することによって容易に説明できる。これらの異なるパターンを示した個々の患者のより詳細な分析として，言語スパンを保存しているが視空間スパンを損なっている患者については Hanley et al.（1991）があり，逆のパターンを示す患者を研究したのが Basso et al.（1982）である（そうした患者の詳細な説明については，Della Sala & Logie, 2002 と Vallar & Papagno, 2002 を参照）。視空間的 STM と言語的 STM が区別可能であることは明らかである。それだけでなく，以下で見るように，視空間領域の中でのさらなる細分化（fractionation）については非常に優れた証拠が存在する。

　このデータのパターンを説明するために提唱された VSSP の概念の仮定によれば（Baddeley, 1986; Baddeley & Hitch, 1974），視空間スケッチパッドは，視覚，触覚，言語，LTM のいずれから獲得されたものであれ，視覚情報と空間情報を一元論的な視空間的表象に統合することのできる貯蔵システムとして機能する。視覚情報と空間情報もまた別々に貯蔵されるのかという問題は当初は特定されていなかったが，視空間スケッチパッドそのものはモダリティー特定的ではないことに注意されたい。仮定によれば，何らかの形式のリハーサルが起こるが，その性質は明らかでなく，潜在的な眼球運動がひとつの可能性として考えられるが明確な支持を得ているわけではない（Baddeley, 1986）。

　〔最近になって〕何が変わってきたのだろうか。音韻ループの場合と同じように，VSSP 概念の主な弱みは，間違っているということでも，特定されない

ままであるということでもない．この分野の進展は急速ではなかったが，変化しつつあるという非常に喜ばしい徴候もあり，過去には別々だった研究の伝統が，注意，知覚，記憶の間のインターフェイスを研究することに収束しつつあるという証拠が増えている．視覚的イメージにおける VSSP の役割は次の章に置くとして，視空間的 STM を論じることから始めよう．

4.2　視空間的ワーキングメモリを細分化する

　われわれの視覚世界は，特定の位置に存在するオブジェクト（object：物体，対象）から構成される．オブジェクトは時間経過にともない位置を変えて移動するかもしれないし，われわれは同じ位置に逐次的に現れる異なる一連のオブジェクトに出会うかもしれない．視空間的ワーキングメモリの研究は，これらの変数の 2 つ以上を組み合わせた，多くの方法を用いることが一般的である．オブジェクトは，たとえこのことがテストにとって重大な特徴でないとしても，ある位置に提示されなければならないし，オブジェクトは特徴群からなる特定の空間的パターンから構成されるのが一般的である．さらに，実験的な視覚的記憶手続きは，刺激の後に視覚テストを伴うことが多いが，少なくとも最小限の系列的な記憶貯蔵を要求する．このあと見ていくように，オブジェクトについての記憶，空間的位置，時間的系列は異なる記憶過程を含み，もちろん，それらが互いに，また，ワーキングメモリおよび長期記憶の他の成分と交互作用することがしだいに明らかになってきている．その複雑性にもかかわらず，われわれは望ましい進展をしていると私は信じている．私はこれを実証しよう．そのために，まず，空間的 STM とオブジェクトおよび系列的視覚的 STM について別々に説明し，その後で，これらの多様な VSSP の構成要素を分割するという複雑な問題を論じる．

4.3　空間的位置についての記憶

　ある晩，部屋の中にいたら，停電が起こって真っ暗になったと想像してほしい．どこがドアなのか，あるいは，たまたまマッチ箱を見かけたのがどこだったかをどのくらいうまく思い出せるだろうか．長年にわたって，これらの路線

に沿った多数の研究がなされており，証拠が示唆するところでは，適切な方向への身体全体の移動の能力は照明が消えてから 30 秒まではそこそこ正確に留まるのに対して（Steenhuis & Goodale, 1988; Thomson, 1983），手を伸ばす動作の正確さはむしろもっと急速に失われるようだ（Elliot & Madalena, 1987）。ある場面に対して注意を向けることは正確さを増すが（Naveh-Benjamin, 1987, 1988）われわれは多数のオブジェクトの位置をほとんど自動的に登録するように思われる（Andrade & Meudell, 1993; Hasher & Zacks, 1979）。特定のオブジェクトをその位置と連合する能力には，明らかな発達的傾向があるが，オブジェクトが現れる位置を思い出す能力は，子どもも成人とほとんど同じくらい優れているようだ（Schumann-Hengsteler, 1992; Walker et al., 1994）。したがって，そのような課題は，どこ（where）を想起することと何（what）を想起することという 2 つの構成要素からなっており，それらは認知的発達に異なった影響を受けるように思われる。われわれは位置についての記憶を考えることから始めて（単一の位置を想起するという最も単純な事例で始める），視覚入力と運動感覚入力（kinaesthetic input）についての記憶を別々に考察する。

　Posner & Konick（1966）は，直線に沿って配置されたドットの位置を想起するよう被験者に求め，短いインターバルの後にテストした。そのインターバル中に何もしない条件（挿入課題なし）か，認知的要求において異なるいくつかの数字処理課題の 1 つの遂行が求められた（挿入遅延）。挿入なし遅延中には忘却は見られなかったが，挿入遅延では，忘却の量は挿入課題の要求とともに増加した。Posner & Konick（1966）は，自分たちの結果を，ある形式のリハーサルは可能であったが，それが同時的認知課題によって中断させられたことを示唆するものとして解釈した。パフォーマンスはこれらの課題の注意要求とともに低下したという事実が示唆するのは，この過程が単純に心内音声化リハーサルの一種ではないことである（すべての言語課題は構音化を防ぐはずであるから）。これは，標準的な言語バージョンの Peterson 短期的忘却課題において示されたパターンでもある。Peterson 課題では，注意要求的な課題は忘却を起こすのに対して，構音抑制は忘却を起こさない（Baddeley et al., 1984a）。

　Dale（1973）は，1 平方フィートのオープンフィールド内のランダムな位置に短時間現れたドットの位置の保持をテストし，遅延期間に数字処理課題を挿入したときに明確な忘却を観察した。Warrington & Baddeley（1974）が明らかにしたところでは，LTM に著しく障害のある健忘患者は，この視覚的

STM課題を正常に遂行することができたが，ドットの配列から構成されるパターンを学習し保持することを求める長期記憶バージョンでは妨害を示した。

以上の研究すべてが Peterson & Peterson の短期的忘却パラダイムに基づいている。このパラダイムは，観察される忘却が原則的に順向干渉（proactive interference：PI）に基づいている可能性をもたらす。順向干渉は，被験者がテスト項目を先行項目から弁別する能力を反映する。言語的記憶の場合には，最初の試行の再生は優れているが，試行間に遅延を挿入しない限りは後続試行で急速に再生が低下する（Keppel & Underwood, 1962; Loess & Waugh, 1967）。しかし，Warrington & Baddeley (1974) は，順向干渉の蓄積の証拠をまったく見出しておらず，言語の短期的忘却についての図式とは対照的である。言語の場合には，健忘患者も統制群の被験者も，連続するテスト試行を通して標準的で急速な PI の蓄積を示す（Baddeley & Warrington, 1970）。

刺激が現れる視野が円や正方形などの潜在的なランドマークを含むとき，被験者はこれらを用いる傾向がある（Nelson & Chaiklin, 1980）。Igel & Harvey (1991) による後の研究は，ドットの数を 1～10 個の間で変化させて，それらを同時的か，継時的に，正方形の枠組みとともにか，または枠組みなしかで提示した。3つの要因すべてがパフォーマンスに影響しており，パフォーマンスはドットの数が増えるにつれて低下し，継時的パフォーマンスよりも同時的パフォーマンスが優れており，ランドマークの存在によって向上した。Huttenlocher et al. (1991) は，位置コード化に2つのタイプを示唆した。一方は大ざっぱなカテゴリカル——例えば，刺激がどの象限に現れるか——であるのに対して，他方はもっときめ細かで極座標（polar coordinates）に類似したものを用いているようだ。

要約すると以下のようである。視覚的位置についての STM が，挿入課題なしの短い時間間隔でほとんど消失しないのは，刺激がリハーサルされるためか，おそらくは，挿入された刺激からの干渉があるときにのみ忘却が起こるためかのいずれかである。リハーサルによる解釈が好まれるのは，数字処理などの明らかに非視覚的な課題が忘却を増大させ，その忘却の量は挿入課題の困難さと関連するという事実のためである。言語的 STM と違って，少数の利用可能な証拠が，PI は主要な役割を果たさないことを示している。

4.4　オブジェクトベースの短期記憶

　視覚的注意の認知心理学に関する古典的研究は，われわれの視覚システムが多数の別々の感覚チャンネルを介して情報を得ていること，形態，位置，サイズ，色などの特徴を独立にコード化することを強調している。そのために，異なるチャンネルをどのように組み合わせて統合的な知覚が生じるのかという問題が生じた（Treisman, 1993）。視覚システムは明らかに情報面で限界があるが，Duncan（1984）によれば，2つの特徴が単一のオブジェクト内で組み合わされている場合には，方向とテクスチャなどの2つの特徴を組み合わせて，ちょうど単一の特徴と同じくらい容易にコード化することができる。Egly et al.（1994）は，あるオブジェクト（長方形など）の一構成要素に注意を向けることは，オブジェクト全体にわたり注意を自動的に拡散させることを示すこととなった。

　Irwin & Andrews（1996）は，直後記憶において同様の現象を実証した。彼らの被験者は，6文字（すべて異なる色）からなる配列を見て，その後で，周辺にあるオブジェクトに目を動かすように求められた。この時点で文字は消失しており，文字のうちの1つは同じ位置でアスタリスクに置き換わっていた。被験者の課題は，アスタリスクの場所にあった文字か色か，あるいは両方かを報告することであった。パフォーマンスは，1～12文字までのセットサイズを通して検討された。被験者は3～4文字を保持でき，色と文字形態の両方を求められたときにも，いずれか1つだけの特徴を要求されたときと同じように遂行することが明らかになった。

　このことから，視覚的STMは，特徴ではなく，オブジェクトの数に制約があるように見えるが，もちろん，Walker & Cuthbert（1998）が示唆するように，被験者が文字の呼称に言語的コード化を用いていた可能性はある。この問題を回避するため，Luck & Vogel（1997）は，言語的コード化が容易でない特徴を，すなわち，異なる方向を向いて提示される刺激バーを用いた。彼らは回転させたバーを最大で4つの異なる刺激特徴（色やきめなど）と組み合わせた。ここでも，彼らが見出したところでは，いずれの特徴を1，2，4個貯蔵するかにかかわらず，被験者は大体4つのオブジェクトについて保持できた。

　後続研究において，Vogel et al.（2001）は，これらの知見について考えら

れるいくつかの対立説明を慎重に検討した。彼らは，ほとんど命名できないほどの急速提示を用い，命名しにくい形態の使用と組み合わせることで，言語的コード化による解釈を排除した。これらの操作のいずれもパフォーマンスを損なわなかった。さらなる研究では，課題遂行中に2つの数字をおぼえておくという言語負荷を被験者に課した。このことは，文字に基づく同等の言語的記憶課題を十分に妨害したが，彼らの視覚的記憶課題にはまったく影響しなかった。

さらなる実験は，保持できる特徴の数についての彼らの研究を発展させ，特徴が4つのオブジェクトに分散されていれば，被験者は最大で16の特徴を思い出せることを明らかにした。最後の研究は，パフォーマンスに対する遅延の効果を検討し，オブジェクトの配列を900, 2900, 4900 ms の保持間隔後にテストした。彼らは標準的なオブジェクト数の効果を見出し，正確さはセットサイズが4, 8, 12項目に増えるにつれて低下した。しかし，遅延の効果，遅延とオブジェクトの数の交互作用は見られなかった。要するに，彼らは忘却についての証拠を見出さなかった（この論点には後で戻ってくるつもりである）。

自分たちの結果を論じる際に，Vogel et al. は，Sperling の視覚的に提示した文字についての研究における，3〜4項目という同様の限界を挙げ，視覚的に提示した数字についてのスパンも構音抑制によって音韻的コード化を妨害すると大体このレベルになることを指摘した（Baddeley et al., 1984a）。最後に，特筆すべきは，Cowan (2001, 2005) が，多くのモダリティーとパラダイムにわたる既存の文献を広範囲にレヴューした際，Vogel et al. が観察したように，約4チャンクのワーキングメモリ容量に強く賛成論を主張していることである。

4.4.1 視覚的ワーキングメモリのモデル

Vogel et al. (2001) は，視覚的注意における特徴バインディングについての神経生理学ベースの理論を用いたモデルを提示している。彼らの示唆によれば，視覚的オブジェクトを符号化すると，オブジェクトの特徴をコード化するニューロンの興奮が増大する。この仮定は，単一ユニット記録研究（Fuster & Jervey, 1981; Miller et al., 1996）とも，神経イメージングによる証拠（Cohen et al., 1997）とも一致する。このことは，次に，同一の特徴について異なる値を持つ2つのオブジェクト（例えば，赤い垂直バーと緑の水平バー）をどのように符号化するのかという疑問をもたらす。この問題は，2つのオブジェ

クトの位置を符号化することによっても解決できる可能性はある。しかし，パターンについての再認記憶は，元の刺激と正確に同じ位置に現れる再認パターンに依存**しない**ことがわかっており（Phillips, 1974），位置はあいまいさを解消する決定的な手がかりではないことを示唆している。

　特徴バインディング問題に対するもうひとつの解答は，同期的興奮を用いて，各オブジェクトの関連特徴（位置を含む）を同期的に興奮させ，いっしょに興奮した特徴の統合を促すことである。そのようなモデルの場合には，限界は，特徴の数によってではなく，オブジェクトの数が増えるにつれての偶発的な同期のリスクによって決定されるだろう。特徴を同期的興奮によってバインディングするというアイデアは，新規なものではないが，神経生理学レベルでも計算論レベルでも相応の支持を受けている（例えば，Singer & Gray, 1995; von der Malsburg, 1995）。最後に，Raffone & Wolters（2001）は，Luck & Vogel（1997）と Vogel et al.（2001）の述べた結果をより厳密に説明する詳細な計算モデルを提唱している。

4．4．2　Vogel et al. のモデルの諸限界

　現時点でのこのモデルの欠点は何だろうか。Vogel et al. も指摘するように，主観的に経験される視覚世界がもつ明らかな豊かさを考えると，われわれの記憶がいつでも 4 つのオブジェクトしか含むことができないと仮定することには無理があるだろう。彼らは，このことは，われわれの記憶ではなく，世界自体の安定性を反映したものであると主張し，**変化盲**（*change-blindness*）という現象を証拠として引用している。変化盲パラダイムは，複雑な場面が見えた後に，短い空白インターバルが続き，その後に，再び場面が見えるが，ある重要な特徴が変化しているというものである。被験者は，実験室においても，現実世界においてもそのような変化を検出することが極めて下手であるという非常に劇的な実例が存在する。例えば，街頭で被験者を呼び止めて質問に答えてもらう。その人が返答する前に，2 人の人がドアなどの〔視野を〕遮るオブジェクトを運びながら被験者と質問者の間を通過する。この短い遮蔽期間に質問者は誰か他の人と入れ替わる。被験者はめったに気がつかない（Rensink, 2000）。Rensink et al.（1997）の示唆によれば，環境からの知覚的選択を誘導するのは LTM であり，これによって，現在重要性のある点は焦点を合わされ，他の特徴は無視される――これは，Wagar & Dixon（2005）によって支持された見解である。分類課題を用いた彼らの発見によれば，最も診断に役立つ特

徴は最も変化盲の影響を受けにくかった。

　変化盲という現象は，視覚的ワーキングメモリが極めて選択的であることと，われわれが外界の連続性に頼っていることを特に明らかにしているが，その一方で，世界が連続的に**見える**という事実は，われわれが外界についての情報を，変形し，縮減した形式であるにせよ，どこかに貯蔵していることを意味する。Corsiブロック・タッピングテストにおけるように，運動の系列を想起できるという事実は，4つ以上のオブジェクトに保持を拡大するメカニズムを必要とするだろう。最後に，聴覚的入力に基づいて視空間的イメージを作り出せるという事実（Brooks, 1967, 1968; Baddeley & Lieberman, 1980）は，視覚的ワーキングメモリと視覚的注意との関連は重要だが，それは複合的な視空間的貯蔵と操作のシステムの一部分を反映しているに過ぎないことを示唆する。

4.4.3　視覚的ワーキングメモリにおける注意の役割

　Vogel et al. のモデルの興味深い特徴は，オブジェクト知覚（Duncan, 1984），視覚探索（Duncan & Humphreys, 1989），古典的なバインディング問題（Singer & Gray, 1995）など，視覚的注意に関する古典的問題と視覚的記憶との関係を結びつけることである。他の研究もこの関係をさらに支持しており，多数の一般原則を明らかにすることになった。これらは以下を含む。

1. **注意の要因は，ワーキングメモリの符号化に影響する**。Schmidt et al.（2002）は，被験者に6つの色つき正方形からなる配列を提示し，続いてそれらの正方形の1つに手がかりを示した。この手がかりの後，プローブ（検査項目）が提示されることになる。注意は領域内の変化に向けて自動的に引きつけられるようだ。変化位置と検査される項目の間に何の関係もないときでも，変化手がかりと結びついた正方形は，後で検査してみると多く再生される。Woodman et al.（2003）による第二の研究は，短い遅延の後での変化の検出を項目が符号化されたことの測度として用いた。彼らの発見によれば，連続性などのゲシュタルトの原則によって関係づけられた項目は，より注意を向けられ，より符号化されやすく，そのようなパターンに対する変化はゲシュタルトに無関連な項目に対する変化よりも容易に検出されるという結果となった。
2. **ワーキングメモリに項目を保持することは，注意にバイアスをかけることがある**。Downing（2000）は，被験者に単一の顔を提示して，それを記銘す

ることを求めた。画面は２つの顔に置き換わり（１つは新，１つは旧），その後に，コの字型の欠けた部分の位置を判断せよと要求した。コの字型がワーキングメモリに保持している顔と同じ位置に現れたときには，新規な顔が消えて空いた位置に現れたときよりも，判断はすばやく正確になった。このことが特に注目に値するのは，眼球運動は新規刺激に**向かって**移動するという自然な傾向があるからである。したがって，ワーキングメモリに項目を保持することは，この傾向に優先するほど注意の位置の十分に強力な決定因であるようだ。

3. **注意要求的課題は，視覚的ワーキングメモリを必ずしも妨害しない**。これは遅延期間に注意要求的課題を挿入しても忘却は増加しないという Vogel et al.（2001）の知見によって支持された。Cocchini et al.（2002）は，遅延期間に挿入課題なしか，スパン長の数字系列の保持を挿入して，ランダムなマトリクスパターンの保持を研究した。彼らは２つの条件間に有意な差を見出さなかった。そのことは，保持期間中の非視覚的な活動が決して保持を妨害しないと主張しているのではない。例えば，Morey & Cowan（2005）の発見によれば，数字系列を保持し外的に構音化することを要求すると視覚的再生を妨害することがあり，この効果は，視空間的保持における注意に基づく検索過程と外的な言語的再生の間の競合のためと考えられる。

一般に，視覚的注意の研究をワーキングメモリの研究と関係づける試みは，以下のことを示唆した点で成功したと言えよう。(1)システムの容量は，**特徴**ではなく，**オブジェクト**の数に反映されること。(2)システムは実際に一貫して注意と相互作用すること。(3)短期的な遅延期間では忘却が驚くほど見られないこととともに，反応干渉効果の明確な証拠が見られること。これは，内在的メカニズムの解明を相当に進めそうな，いくつかの新たな問題を示唆する。最後に，(4) Vogel et al.（2001）の主張したモデルは，注意に関する既存の理論化，および，知覚とアウェアネスにおけるバインディング問題への有力な解答に関する既存の理論化と巧妙に結びついており，ここでも，ワーキングメモリと注意の間に望ましい関係を与えるものとなる。

4.4.4　視覚探索と STM

これらの研究の多くに忘却の形跡が見られないことは，挿入遅延期間の短期的な視空間的忘却に関する文献に十分な証拠があることを考えると（Phillips

& Baddeley, 1971; Dale, 1973; Phillips, 1974; Phillips & Christie, 1977a, b)，少々意外に思われる。しかし，この問題に対する有力な答えを与えたのは，視覚探索と視覚的および空間的 STM との交互作用にかかわる一連の最近の研究である。

　Woodman et al. (2001) は，被験者に，**オブジェクト**の視覚的特徴を保持しながら空間的探索課題を遂行することを求めた。彼らは保持についても，探索課題についても妨害を見出さなかった。しかし，Woodman & Luck (2004) が**空間的**記憶課題と視覚探索を組み合わせると，走査課題の傾きと切片の両方に増加が見出された。Oh & Kim (2004) は同様の結果を報告している。4つの正方形の色をおぼえることは視覚探索に何の効果も持たないのに対して，それらの位置をおぼえることは，走査課題の傾きと切片の両方に影響した。そのため，空間的記憶は視覚探索によって妨害されるが，視覚的記憶，または，オブジェクトの記憶は視覚探索によって妨害されないと言えよう。なぜこうなるのだろうか。

4.4.5　眼球運動の役割

　視覚配列の中でターゲットを探索することは，通常，眼球運動を含み，この過程は Christopher Idzikowski と私自身による研究において Brooks (1967) の空間的イメージ課題のパフォーマンスを妨害することが示されている。この結果は Baddeley (1986) で簡単に報告してあり，最終的には，20年後にさらなる研究とともに公刊された (Postle et al., 2006)。この課題は，次章でより詳細に述べるが，やや複雑である。しかし，後続研究は，より単純な課題で同様の眼球運動の妨害的効果を示している。Hale et al. (1996) は，文字群とそれらのマトリクス内での位置についての STM を研究した。彼らが空間的STM の有意な妨害を見出したのは，眼球運動か指差し反応のいずれかを求めたときであったのに対して，発話による反応は文字についての記憶を妨害した（おそらく，音韻ループの関与を反映している）。

　しかし，眼球運動は，注意の焦点移動と結びついている可能性がある。後の Postle et al. (2006) によって報告された発展では，Idzikowski と私は，これらの効果を分離するための研究を行い，少々意外なことに，眼球運動が注意の移動よりも**より**妨害的であることを見出した。しかし，結果的に Postle et al. (2006) となった論文を公刊しようとしたときに，われわれの少々初歩的な眼球運動測定技法を凌駕する審査者らに出くわして困ることになったので，こ

の結果は実現可能な後続研究のためにとっておいた。そのような研究を実際に行ったのが Pearson & Sahraie（2003）である。彼らは，眼球運動を伴う注意のシフトは，注意のシフト単独よりも空間的STMに対して有意に妨害的であることを発見し，この結果を視空間的リハーサルにおける動眼活動の機能によるものとした。Lawrence et al.（2004）は，空間的STM課題と言語的STM課題とを眼球運動を加えて組み合わせた。第一の条件では，注意と眼球運動は中央に集中させた。第二の条件は，眼球を固定させたまま注意を移動させた。第三の条件は，目を動かしながら注意の焦点を要求したのに対して，第四の条件では，両方を移動させた。両タイプの移動の挿入が空間的STMを損ない，眼球運動はより大きな効果を示した。

したがって，眼球運動が空間的STMを妨害しうることは事実のようであり，これは，空間的STMと視覚探索を関係づける結果のパターンについて有力な説明を与える。そのような結果は，Hebb（1968）が提唱し，Baddeley（1986）が復活させた，視空間的リハーサルは潜在的な眼球運動制御過程に基づくという仮説とも一致する。ここで注目すべき重要な点は，指差し（Brooks, 1968），腕の運動（Lawrence et al., 2001; Quinn & Ralston, 1986），空間的タッピング（Della Sala et al., 1999）を含む，他の多くの空間的活動も視空間的記憶を妨害するように思われることである。これらのすべてが眼球運動によるものとは言えそうになく，眼球運動は，単純に，同時に存在するアクティブな運動が空間的記憶を妨害するいくつかの場合のひとつであることが示唆される。

なぜ空間的活動はそれほど妨害的であり，視覚的活動はそうでもないのだろうか。推測すれば，空間的記憶は，時間を通して空間座標を保持することに依存しており，おそらく，注意の焦点を用いてぶれを相殺しているのだろう。随意的な眼球運動や手の運動など，他の妨害的な空間活動の挿入は，おそらくそれ自体の空間座標を持っており，正確に反応したいなら，この座標を保持しなければならないだろう。空間的記憶を妨害するのは，おそらく，記憶課題と挿入活動との座標間の葛藤であろう。そのような妨害的挿入課題のもうひとつの特徴は，眼球運動，腕の運動，マニュアル・タッピングのいずれに基づいていようと，それらが反応系列のアクティブな遂行を含むことである。干渉の基盤を論じることに進む前に，VSSPが系列的情報を保持する容量についてのより基礎的な問題を考慮すべきである。

4.5 視空間的短期記憶における系列貯蔵

　視覚的 STM の最も一般的な測度を開発したのは Corsi であり，それを数字スパンの視空間版として普及させたのは Milner（1971）であった。この測度は，9つのブロックからなる擬似ランダム配列を含む。検査者は2つのブロックをタップして患者にまねするように求めることから始め，失敗するまで，だんだんと系列の長さを増やしていく（典型的には，大体5ブロックの長さまでとなり，数字スパンよりも約2項目少ない）。神経心理学的証拠は，Corsi スパンと数字スパンの間の明確な区分，すなわち，古典的な二重乖離を示しており，ある患者は健常な Corsi スパンを持つが数字スパンが損なわれているのに対して，他の患者はこの逆を示す（De Renzi & Nichelli, 1975; Hanley et al., 1991; Vallar & Baddeley, 1982）。このパターンに一致するのは，構音抑制は言語スパンを妨害するが Corsi スパンには効果を持たないという報告である（Smyth & Pendleton, 1989）。

　言語スパンからの乖離は明らかに重要だが，Corsi スパンを支える視空間的記憶過程の性質は未解明のままである。系列的にタップすることは明らかに**空間**座標を伴うが，系列は行為の全体的な**パターン**として貯蔵され，おそらく，保持は空間的というよりも視覚的になると考えることにも同じくらいに説得力がある。このことには，系列情報の保持を要求しない第二の視覚スパン課題の開発によって，さらなる光が投げかけられた。

　パラダイムの開発は，視覚的記憶の最も初期の研究のひとつによって促された（Posner & Keele, 1967）。この研究は，反応時間（RT）測度を用いて，文字の音韻的表象をその視覚的コードから分離することを試みて（Posner & Keele, 1967），視覚的コードは約 1.5 秒存続すると結論した。Phillips & Baddeley（1971）は，その方法が視覚的コードの損失率ともう一方の言語的コードの発展率を交絡させているという根拠に基づいて，この結論に異議を唱えた。彼らの示唆によれば，よりよいアプローチは，容易には言語化されない材料を用いて，より純粋な視覚的 STM の測度を得ることである。Phillips & Baddeley は，5×5 のセルでできたマトリクスに基づく刺激セットを開発し，マトリクスの半数をランダムに埋め，パターンマスクをその後に提示してアイコニックメモリを妨害した（Sperling, 1960）。0.3～9秒にわたる挿入なしの遅

延の後で，前のマトリクスと同一のテストマトリクスか，1つのセルを変化させたテストマトリクスを提示した。それから被験者は異同判断を行った。RTを測定しても正確さを測定しても，パフォーマンスは約9秒で横ばい状態となり，Posner & Keele の実験が示唆する1.5秒の遅延速度とは対照的であった。Phillips（1974）はさらに進んで，パフォーマンスは，マトリクスの大きさ（セル数によって決まる）によって決定されるパターンの複雑さの関数であることを明らかにした。マトリクスの大きさを漸進的に増やすことによって，特定の個人の視覚的「パターンスパン」，すなわち，完全正答に失敗する大きさを決定することが可能になる。

　Della Sala et al.（1999）は，再認ではなく，再生に基づくパターンスパン測度の開発と妥当性を報告している。この課題では，半数の欄をランダムに埋めたマトリクスを見せる。被験者には，その後，空のマトリクスを与えて，以前に埋められていた欄にしるしをつけるように求める。テストは単純な 2 × 2 のマトリクスで始まり，再生が失敗するまで（一般的には，大体 16 セルのレベルまで），だんだんとマトリクスを大きくしていく。Della Sala et al. は，パターンスパンは Corsi 系列スパンとは分離可能であると示唆しており，Grossi et al.（1993）による研究を報告している。Grossi et al. は，アルツハイマー病の患者2名を同定した。一方の患者は Corsi スパンで極めて乏しいパフォーマンスを示したが，パターンスパンは保存していたのに対し，他方の患者はその逆を示した。Della Sala et al. 自身は，Corsi 課題で妨害が見られるがパターンスパンは中央値以上の2名の患者の他に，この逆を示したもう1名の患者を報告している。彼らは健常被験者に関する研究も述べており，パターンスパンは空間タッピングよりも無関連な視覚刺激の提示によって大幅に妨害されるのに対して，Corsi 課題は後続する視覚処理ではなく，空間処理による妨害について逆のパターンを示すことを示唆している。この二重乖離は，Corsi スパンは単純に空間的なパターンとして符号化されるのではなく，その系列的特徴が重要であることを示唆する。

　パターンの系列は貯蔵できるのだろうか。当初の答えは否定的だったようだ。Phillips & Christie（1977a, b）による一連の実験は，先ほど再認について述べたタイプのマトリクスパターンの系列を提示し，後で検査した。彼らは最後の項目についてすばらしいパフォーマンスを見出したが，それはその項目を最初に検査したときのみに限られた。2番目に検査したときには，最後の項目は検査順にかかわらず，前の方のすべての項目と同じくらい低い再認レベルを

示した。最後の項目のパフォーマンスは，後の視覚刺激による影響を受けなかったが，より負荷の高い実行制御課題によって妨害された。この結果は，項目の系列を保持するためには用いられない並列的貯蔵システムという，私自身のVSSPに関する初期の概念化に影響を与えた。以下でわかるように，そのことは，あまり複雑でない視覚刺激を用いたときには，当てはまらないだろう。

多数の研究がこの問題を検討するために，やや単純な刺激を同一の空間的位置に系列的に提示して，その保持を調べてきた。系列順序の保持は言語的コード化への依存を促す傾向があるのに対して，大多数の証拠は，壁紙のパターン（Broadbent & Broadbent, 1981）から，なじみのない中国語の表意文字（Wolford & Hollingsworth, 1974）や顔（Smyth et al., 2005）に至るまで，容易には言語化可能でない，視覚提示された項目の系列順序を保持する能力を示している。Logie et al.（2000）は，これらの研究を論評し，いかなる形式の言語的コード化も完全に排除することが確実にできるかわからないという問題のために，証拠が少々曖昧であることが多いと主張した。Logie & Marchetti（1991）は，命名がほとんど価値を持たないような刺激を用いることによって，この問題を解決することを試みた。彼らは被験者に正方形からなる配列を提示した。正方形はすべて同一の命名可能な色（例えば，赤）であったが，それらの色の明暗は違っていた。提示は高速であり，使用する基本の色は試行ごとに変化したので，言語的コード化は極めて難しかった。テストは再認で，各正方形において色の明暗か提示順序のいずれか一方だけの変化以外は同一の再認を続けた。再認は10秒の遅延の後に実施し，この間に，何も挿入しないか，被験者からは見えないようにした腕の運動か，無関連な絵を挿入するかした。腕の運動は系列情報の保持を妨害したのに対して，絵は色の記憶と干渉した。このことは，一方で視覚的記憶と色の記憶の区分を，他方で系列情報と空間的情報の記憶の区分を示唆するもので，前に述べたCorsiスパンとパターンスパンの乖離と一致する結果である。

4.5.1 行為系列についてのSTM

ここまでに述べた系列的課題はすべて視覚刺激や空間的位置からなる任意の系列の再産出を要求した。しかし，系列順序が決定的となることが多い，もうひとつの重要な視空間特定的な活動がある。それは，新たな運動スキルの獲得やジェスチャーやダンスによるコミュニケーションにおけるような行為系列の遂行である。Smyth & Pendleton（1989）は，そのような行為系列を想起する

	同時課題	
	位置への移動	握　り
記憶課題　空　間	阻害あり	0
運　動	0	阻害あり

図 4.1　同時的運動と握りが運動と空間位置の系列の保持に及ぼす影響。0 = 阻害なし。Smyth & Pendleton（1989）からのデータ。

能力に関心があった。彼らは空間的位置の記憶を以前に見た手のジェスチャー系列を思い出して繰り返す能力と比較した。干渉する可能性のある2つの課題が用いられた。一方は空間的なもので，指定された位置に向けての運動系列を含むのに対して，他方はより純粋に筋運動感覚的な（kinaesthetic）課題であり，被験者に符号化しながらバルブを閉めるように求めた。予想通り，空間スパンは同時的運動によって妨害されたが，筋運動感覚的な閉める行動によっては妨害されなかった。しかし，ジェスチャーについての記憶は，正確に逆のパターンを示し，筋運動感覚的な課題には妨害されたが，空間的な挿入課題には妨害されなかった（図 4.1）。特筆すべきはどちらの記憶課題も系列順序の再生を含むことであり，このことから，ともに系列情報を保持する能力を持つが，分離可能な空間的 STM と筋運動感覚的 STM の存在が示唆される。

　同様の乖離を明らかにしたのが Smyth et al.（1988）である。この研究では，被験者に，実験者が一連の運動，例えば，左手を頭の上に上げる，右足を踏み出す，頭を後ろに傾けるなどを行うところを見てから，この系列を模倣するよう求めた。被験者はそのような運動のスパンが約 4 つであった（Cowan, 2005 参照）。被験者は Corsi 空間スパンと言語的 STM でもテストされた。その後，これらの 3 課題を干渉する可能性のある活動 3 つ，すなわち，構音抑制，反復的な空間的パターンのタッピング，および運動課題と組み合わせた。運動課題は，被験者が繰り返し高く両手を上げてから，手を肩に，それから，腰に移動させ，これらの行為を連続的に繰り返すものであった。この課題は運動の記憶を妨害したが，Corsi スパンや言語スパンは妨害しなかった。空間的タッピングは Corsi 課題のみに影響を及ぼしたのに対して，構音抑制は Corsi スパンには何の効果も持たなかったが，言語スパンと運動スパンの両方を有意に減少さ

		同時課題		
		運動	空間タッピング	構音抑制
記憶課題	身体行為	阻害あり	0	阻害あり
	Corsi	0	阻害あり	0
	数字	0	0	阻害あり

図4.2 運動，空間的タッピング，構音抑制を伴う3つの同時課題の関数としての行為，位置，数字の系列についての記憶。0＝阻害なし。Smyth et al.（1988）からのデータ。

せた（図4.2を参照）。

　Smyth et al. の2つの研究結果を総合すると，Corsi空間スパン課題とジェスチャー系列についての記憶の区別は強固なものになり，独立の運動感覚システムについての証拠がさらに提供される。しかし，これらの研究は，オブジェクトに基づくSTM課題を含んでいないと主張することができる。視覚的オブジェクトシステムがジェスチャーと行為の系列を貯蔵するために作られるとは考えにくいが，このことは検証すべきである。意外な発見として，構音抑制は運動系列の保持と干渉したが，運動は言語スパンとは干渉しなかったことがある。これは，被験者が言語的コードを用いてジェスチャーの記憶を補っていたことを示唆するかもしれない。

　筋運動感覚的STMは，明らかに，ダンス（Smyth et al., 1988），ロッククライミング（Smyth & Waller, 1998）からボート漕ぎ（Woodin & Heil, 1996）にわたる，広範囲のスキルの獲得と遂行についてかなりの潜在的関連性を持っている。生態学的に関連する課題を研究することは重要だが，その一方で，そのような多くの活動の複雑性のために，筋運動感覚的STMの潜在的な役割を，空間的・視覚的・言語的記憶の機能から分離することが極めて困難になっている。このことは，ワーキングメモリの興味深く重要な側面だが，大部分はまだ探求されていない。

4.5.2　視空間的短期記憶における系列順序をモデル化する

　言語領域とは対照的に，視空間的な系列順序の保持をモデル化する試みはほ

とんどなかったようだが，おそらく，利用可能なデータの相対的な少なさと複雑さを考えれば，驚くにはあたらないだろう。古典的な弓形の系列位置曲線（Logie & Marchetti, 1991; Smyth et al., 2005）や新近効果（Phillips & Christie, 1977a, b）を含む，言語的系列位置効果と明らかに類似しているが，視空間的記憶の場合には，新近性は1項目に限定され，負荷のあまりない挿入課題によっては妨害されない。

そのため，実用的なスタート地点は，言語的STMのために開発された，第3章で述べたモデルが視空間領域にも適用できると仮定することであろう。これが正しいことが明らかになったとすれば，もちろん，別々の言語，視覚，空間システムについての多数の証拠は損なわれず，同じ問題，すなわち，系列順序を貯蔵するという問題が，複数のシステムを通じて共通の方法で解決されることが示唆される。このことは，系列順序の保持のための単純な一元論的システムをほのめかす可能性もあるが，系列的言語再生はCorsi課題における空間再生と干渉しないこと，系列的空間タッピングは身体運動系列の再生とは干渉しないことを考えると，一元論的システムではなさそうである。

4.6 問題を分ける

本章は視空間的STMと言語的STMを分ける事例から始まった。この論点によって，別個の視空間的システムを仮定すべきことだけでなく，オブジェクトに基づく視覚的貯蔵は空間的位置に関する情報の貯蔵とは異なるサブシステムを伴うと結論してきた。同様に，空間的位置の貯蔵も空間中の運動を貯蔵するシステムとは，おそらく筋運動感覚的基盤に基づいて分離可能であるようだ。だが，このように区分することは，本当に正当だと認められるのだろうか。2つの別個のシステムを仮定する必要性についての古典的な証拠は，交差型の二重乖離を含む。交差型の二重乖離では，例えば，課題Aは活動1によっては妨害されるが活動2によっては妨害されないのに対して，課題Bはその逆を示し，活動2ではパフォーマンスを妨害するが活動1では妨害しない。しかし，そのような結果は理論的な解釈に有益な制約を置く一方で，2つのシステムが別個であることを保証しない。この問題は，『**皮質**』（*Cortex*）誌の2003年2月号（Volume 39, pp. 1-202）への多数の寄稿者によって詳細に論じられている。これらの可能な異論には，以下のものが含まれる。

1．2つの記憶課題が複数の次元において異なる場合，違った処理の〔影響の仕方の〕解釈は難しくなる。例えば，Corsiスパンとパターンスパンは，視覚－空間次元と一元的－系列的次元の両方で異なり，〔ある処理がどの次元に作用するのか〕解釈が難しい。
2．観察された違いは処理課題と記憶課題のいかなる点によるものとも解釈できる。例えば，2種の刺激集合の保持ではなく，知覚や登録の能力を反映するかもしれない。
3．乖離は2つのシステムを通じての記憶課題と処理課題の間の類似度の違いが原因であるかもしれない。それゆえ，例えば，第3章で述べた，Nairne（1990）の主張する素性仮説におけるように，単一の多次元的LTMシステムが古典的な干渉効果の影響を受けると仮定するなら，これを説明できるに違いない。
4．非線形性という特定の仮定を前提とすると，二重乖離を反映するであろうデータを単一のパラメータに基づいて生成することができる（Kello, 2003）。
5．おそらく，二重乖離の信用性に対する最も重要な反論は，2つのシステムがパフォーマンスの第三，第四の決定因の影響を同等に受けていないかもしれないという可能性である。このことは，ワーキングメモリの複数成分モデルなど，いくつかのサブシステムがどんな課題のパフォーマンスにも関係があることを仮定するシステムの場合に，特に顕著である。音韻ループなど，一部のサブシステムは無理なく取り除きやすいが，中央実行系など他のものはより複雑であり，排除することがずっと難しい。問題をさらに難しくするのは，視空間スケッチパッドの場合のように，サブシステム自体が2つか，おそらくは，3つかもしれない異なる下位構成要素に細分化されるように思われるときである。理論上では，三重乖離，四重乖離も探究できる。このためには，それぞれ，9つの条件と16の条件が必要とされ，これらはどれも検討対象となっている次元を除いてすべての次元についてつり合いがとれていなければならない。進むべき魅力的な方向とはいえない。

　私自身の見解によれば，そのような複雑さに取り組む唯一の手段は，収斂操作（converging operation）という古典的な方法によるものである。これは，様々な仮説的な基本システムを反映するような複数の異なる課題を用いる方法である。課題は対立仮説を排除するように選び，単一の実験では決定的にならないことを完全に認めた方がよい。しかし，十分に貴重で一貫性のあるデータ

は，大部分の競合仮説を排除するような大きな制約を与えてくれるという仮定には信頼を置いた方がよい。これは，われわれが音韻ループに取り組むために用いてきた方法である。われわれが理解した通り，結果は「証明」にはならない。すなわち，私自身，証明は数学にとっての適切な基準だが科学にとってはそうではないと考えており，結果は，むしろ，世界を概念化する特定の手段について徐々に蓄積される証拠の体系であると思っている。ほとんどの理論と同じように，もちろん，それは拡張され，やがて他に替わられる。それまでの間，この方法と結果的に構築されてきたモデルの両方が実り豊かであることが明らかになるだろう。だが，音韻ループよりも確かにかなり複雑であるスケッチパッドはどうなのか。私は，Klauer & Zhao（2004）の実行した見事に完璧な一連の実験による，視覚的STMと空間的STMの乖離の事例において裏付けられたひとつの結論を提案する。

　Klauer & Zhaoは，以前に述べた，二重乖離を解釈する際の潜在的な落とし穴を論じることから始め，さらに視覚的STMと空間的STMの乖離を論じた11の研究を分析し，すべての可能な反論から免れるものはないことを指摘する。それから，彼らはそのような対立解釈を排除するための6つの実験を述べることに進み，Tresch et al.（1993）による先行研究に基づく，単純な空間課題と視覚課題を開発することから始めている。Klauer & Zhaoの空間課題は黒い視覚的背景の上の白いドットの位置を記銘するのに対して，彼らの視覚課題は中国語の表意文字を記憶するものであった。表意文字を見せてから10秒の保持間隔の後に，8項目からなるセットを見せて，被験者に以前に提示されたものを選ぶよう求めた。10秒の遅延時間の間に，被験者は運動判断課題を遂行した。この課題では，12のアスタリスクを提示し，このうち11個がランダムに移動し，12個目は静止していた。被験者の課題は，静止項目を同定することであった。視覚的記憶を妨害するために選んだのは，色の弁別を求める課題であった。この課題では，遅延時間の間，画面は単色の系列でいっぱいになり，そのうち7つは赤色系に属し，7つは青色系の範囲に属すると分類されるものであった。したがって，基本的パラダイムは，空間刺激か視覚刺激の後に，色判断課題か運動判断課題を続けることで4つの干渉条件を作ったものであり，これらにさらに各々の記憶課題を単独で遂行する2つの基準となる統制条件を加えた。予想されるのは，運動判断は空間的ドット記憶課題を妨害するのに対して，色判断は表意文字再認の視覚課題を損なうだろうということである。

この基本的パラダイムの結果を図4.3に示した。上のパネルは一次課題パフォーマンスを,真ん中のパネルは観察された干渉の程度を,下のパネルは同

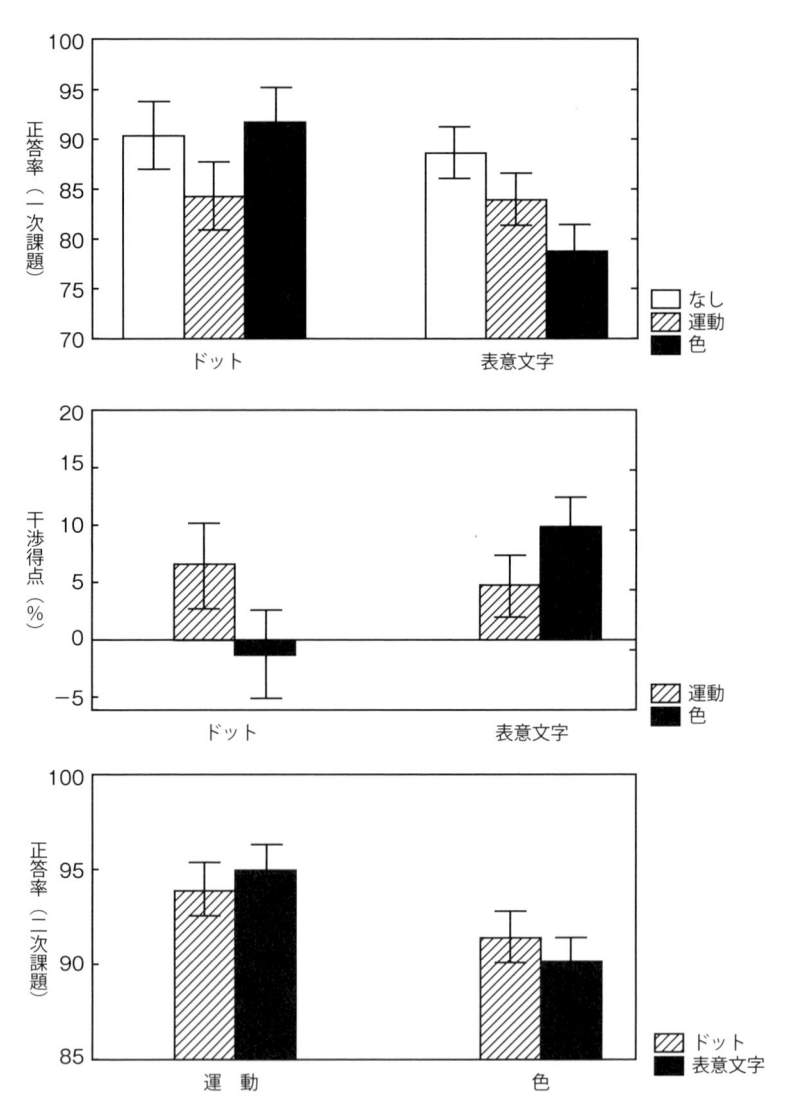

図 4.3 10秒の保持インターバル中に提示した課題の関数としてのドット位置と表意文字についての記憶。上の図は記憶成績,中央の図は干渉の程度,下の図は二次課題の成績を示している。詳細については本文を参照されたい。Klauer & Zhao (2004) の Figure 2 からのデータ。

時課題でのパフォーマンスを示している。最初の一次課題パフォーマンスを見て明らかになるのは，同時的運動課題はドットの空間的位置の保持を妨害するのに対して，色判断課題は妨害しないことである。表意文字の場合には，どちらの同時課題もパフォーマンスを妨害するが，色判断は有意により大きい妨害を引き起こす。この妨害パターンの違いは真ん中のパネルでより明確に示されるのに対して，下のパネルが示すように，どちらの課題も注意深く遂行されており，この結果のパターンは一次課題と二次課題の間のトレードオフの違いを反映しない。そのため，データは予測された二重乖離の古典的な実証と言える。Klauer & Zhao は，次に，この解釈を先に論じた可能な反論と対比させようとする。

次の実験は，彼らの結果が，貯蔵ではなく，知覚や符号化に対する二次課題の影響によるという仮説を検証した。彼らは，二次課題の開始を符号化が完了する時点まで遅延させることによって，この仮説を検証した。結果のパターンは同じであった。

彼らが注目したのは，一部の被験者が円形配列上の8つの基本的方位点に提示したドット位置を言語的にコード化したと報告したことである。こうしたコード化を避けるために，彼らは各試行で違ったいくつかのドット位置を用い，さらに構音抑制を組み合わせた。Klauer & Zhao は，限られた数の表意文字の反復的使用が LTM からの大きな寄与をもたらすことにも関心を持った。そのため，彼らは表意文字を試行ごとに変化させ，512個からなるプールからランダムに抽出した。結果の全体的なパターンは変わらず，音韻ループも LTM も彼らの先の知見に関与しないことが示唆された。

彼らの第四実験は，彼らの知見が，個別の貯蔵システムを示唆するのではなく，単純に課題セット間の類似性の程度を反映するという議論に関するものであった。中国語の表意文字と色が非常に似ていると言うことは難しいが，一方で，視覚的に提示されたドットの位置とアスタリスクの配列との間に類似性に基づく干渉を合理的に論証することはできる。そのため，彼らは運動課題を，隠したキーパッドの上で空間的系列をタップするという要求に置き換えた。再度，およその結果のパターンは変わらず，タッピングは表意文字の保持にほとんど効果を持たなかったが，明らかにドットの保持を妨害したのに対して，色処理は再び逆のパターンを示した。

彼らの最後の2つの実験は，中央実行系のありそうな役割に関するものであった。観察されたパターンは，様々な課題の実行負荷の違いを反映しうるだ

ろうか。このことは，課題のあいだ中，1秒につき1つのペースで乱数を生成するよう被験者に求めることによって検証された。全体的なパフォーマンスは低下したが，干渉パターンは同じままであった。最後の実験は，実行処理に依存すると仮定される第三の一次課題である計算課題も含めた。その際，空間的タッピングと色判断に加えて，彼らは被験者にランダムに現れる刺激にできるだけすばやく反応するよう求める課題を含めた。これは，彼らが実行処理を妨害すると仮定した課題であった。彼らの仮定は正当であることが明らかになり，ランダムなインターバル課題は色やタッピング以上に計算を妨害したのに対して，結果の全体的なパターンは同じに留まり，ドット保持は空間的タッピングによって，表意文字記憶は色処理によって妨害された。

　Klauer & Zhao（2004）の結論によれば，彼らの証拠は，視空間的記憶が個別の視覚成分と空間成分に細分化されるという強力な証拠となり，資源配分のトレードオフ，貯蔵－処理類似性の差，長期記憶の効果，実行処理の観点からは容易には解釈されないものである。

　Klauer & Zhaoがこの重要な問題を追及する際に見せた創意と徹底性がちょっとした偉業であることは疑いない。しかし，それは読者に葛藤する2つの（私の見方では間違っていると思われる）反応のいずれか，もしくは両方を喚起するのではないかと思う。ひとつの見解は，この相当の尽力を傾けた挙句，到達した結論は著者らのレヴューした11の不完全な研究のそれと一致しており，この一連の実験が不必要であることを意味していると認めるものであろう。私はこれに強く反対する。視覚的ワーキングメモリと空間的ワーキングメモリの間の潜在的な乖離は，認知心理学にとっても，後で見るように，認知神経科学にとっても重要かつ基本的なものである。そのため，現在利用可能な最も優れた方法論を用いて，これをできるだけ堅固に確立するのがよい。提案されたそのようなすべての区別がKlauer & Zhaoの提供したものほど綿密で徹底的な研究の対象といつかなるのなら，それは極めて望ましいことである。

　第二の反応は，この研究は将来の研究のためのパラダイムとなるべきであり，論文が公刊されるのは，Klauer & Zhaoの設定した厳格な方法論的基準に適う場合のみであることを示唆するものであろう。私はこれもまた同様に間違った見方だと思う。述べられた一連の実験が可能であったのは，彼らが引用した11の研究に取り入れられているような概念と方法を開発した長年の先行研究の恩恵に与かったからであり，そのことが今度はKlauer & Zhaoが適切な課題と条件を選ぶことを可能にしたからにすぎない。そのような厳格な基準

を常に要求することは，単純に，その分野を束縛し，将来の理論的発展の種を形成する新たな路線の研究をくじいてしまう。そのことは，実験室内で厳密に統制できる課題に研究を限定する可能性がある。次の章で見るように，VSSP の多くの重要な特徴を代表するのは，かなり実用的に重要だが，少なくとも現在は Klauer & Zhao の研究が提示した洗練された詳細な分析にはなじまない複雑な課題への適用である。

4.7　結　論

　証拠は視覚的オブジェクトを表現する特徴の短期貯蔵とそれらの空間的位置の短期貯蔵の間に明確な違いを示唆している。視覚的記憶は，4つまでのオブジェクト（それぞれ複数の特徴から構成される）を保持できるようだ。このシステムは，典型的には，視覚探索課題を提示とテストの間に挿入しても短期的忘却を示さないのに対して，空間的 STM は，何らかの挿入課題の要求に敏感である。どちらのシステムも比較的に単純な刺激を用いた場合には，系列順序を保持できるように思われる。それほど十分ではないが，第三のサブシステムが運動や筋運動感覚的コードに依存して，行為の貯蔵にかかわっているという証拠もある。3つすべての一時貯蔵成分が視空間スケッチパッド内で協調しており，視空間スケッチパッドは，視空間的情報をワーキングメモリシステム全体の一部として操作し，複雑な認知処理の基盤を提供することのできるシステムとなると仮定される。このことを第 5 章で述べよう。

第5章

イメージと
視空間的ワーキングメモリ

　ここまで論じてきた証拠は，ワーキングメモリというよりは，短期記憶の表現として記述できる。というのは，実質的にすべてのパラダイムが単純に関係するのは，短期的に保持して再生または再認しなければならない，限られた量の材料を符号化することであり，それ以上の処理や変換の必要はなかったからである。ある課題が単純な貯蔵以上のものであり，STMでなくワーキングメモリという用語に値するためには，多数の付加的な特徴が求められる。まず何よりも，ワーキングメモリは貯蔵している材料を操作できると仮定される。少なくとも私の見解では，長期記憶からの情報や，例えば，視覚的に提示された子音系列を音韻的に再コード化するというようなクロスモーダルな符号化からの情報を間接的に登録し組み込むことができなければならない。ワーキングメモリは，一般的には，容量限界のある注意制御システムに依存するのであり，単純に限界のある貯蔵容量に依存するのではないと仮定される。最後に，ワーキングメモリという概念全体を支えているのは，それが複雑な現実世界の認知活動の基盤となる一般的機能を担っているという仮定である。
　視空間スケッチパッドについての私の初期の説明（Baddeley, 1986）が，音韻ループの場合と同様に，単純な短期貯蔵から始まるのではなく，Brooksの開発した巧妙だが複雑なパラダイムから始まったのは，このためだった。今回は基本的な貯蔵についての話から始めているので，われわれはここでもっと複雑な課題を分析し，それらをより基本的なSTMパラダイムが捉えるシステムの貯蔵に基づくと合理的に見なせるかどうかを問う。何がこれらのシステムを構成するのだろうか。
　われわれが見てきたように，事態は音韻的STMの場合ほどには明らかでない。類似性などの変数の影響はあまり明確でなく，視空間的リハーサルのためのメカニズムは，心内音声化リハーサルほどには，研究するのにわかりやすく

も，簡単でもないようだ。さらに，視覚的，空間的，そしておそらく，筋運動感覚的情報は，潜在的には独立のサブシステムにおそらく貯蔵されているのに対して，そうしたシステムを分離すると，実際のところ，非常に困難なことが多い。結果的に，記述すべき研究の多くにおいて，視空間的コードが主として視覚的，空間的，あるいは，実際には筋運動感覚的であるのかどうかは，決して明確ではないだろう。さらに，われわれの知識の基礎となるパラダイムの詳細は非常に大きく異なるため，同時課題の妨害的効果が符号化，貯蔵，検索のいずれの妨害によって作用しているのかが不明確になることが多い。最後に，視空間的リハーサルの性質についての単純で自明な解釈は存在せず，語長効果の視空間版を論じる試みはほとんど支持されない（Smyth & Pendleton, 1990）。しかし，これらの限界にもかかわらず，ワーキングメモリの下位成分として音韻ループに相当するものとして働く視空間的システム，すなわち私が視空間スケッチパッドと呼び続けるシステムについての相当な証拠がある。

5.1 視空間的コード化と言語的記憶

Allan Paivio（1969, 1971）は，視覚的イメージという概念を言語学習と記憶の研究に再導入することに大きく関与している。彼が実証できたのは，感覚的イメージを喚起すると判断された単語は，イメージの低い単語よりも学習がずっと容易だったことである。彼は自身の結果を**二重符号化仮説**（*dual coding hypothesis*）の観点から解釈した。この仮説の主張によれば，イメージ可能な単語は，音や意味などの言語的特徴からだけでなく，それらの語がもつ擬似的な感覚的連想を喚起する能力に反映されるように，イメージからも想起できる。彼が当初沾動していた新行動主義の風潮を考えると，被験者が実際に視空間的イメージを**経験していた**のかどうかに関して彼が何の主張も行わなかったことは意外ではないであろう。彼は被験者に「心的イメージ（つまり，音や他の感覚経験の心的像）を喚起することが簡単か，難しいかに関して，単語リストを評定してください」（Paivio et al., 1968, p. 4）と教示して得られた評定に基づき，測度を単に操作的に定義したにすぎない。

このようにして，評定者の意識的経験を後になってまるでそれが単にたまたまそこにあった客観的な測度であるかのように仮定する教示を基礎にするという，測度のパラドクスにわれわれは陥っている。このパラドクスをうまく使う

ことで，Paivioはイメージを操作的に定義し，これを記憶パフォーマンスを高める符号化次元として単純に扱うことによって，内観主義との非難から逃れることができた．

　STMの場合には，一般的には，意味的コード化が，特定的には，イメージ化可能性が，言語スパンに影響を及ぼす（Baddeley, 1966a）。少なくとも，標準的なスパンに基づく手続き，すなわち有限なセットの単語を繰り返し用いて，系列順序の再生を主に強調する場合には，効果は小さい傾向にあるのに対して，無制限なセットの単語で長い系列を用いた場合（項目記憶を重視する）にはもっと大きな効果が見られる（Hulme et al., 1997）。

5.1.1　イメージと言語的短期記憶

　直後言語再生におけるイメージの大きな役割についての最も強力な証拠は，当初，Brooks（1967）の開発した巧妙な技法から得られた。この技法では，被験者に視覚的イメージを用いて言語材料を貯蔵するように求めた。この手続きは，被験者に文の系列を聞いてそれを復唱する課題を提示する。重要な条件では，系列はすべてマトリクス上に置くことができたため，4×4のマトリクスを用いて系列の視覚的再コード化を促進することができた。ある正方形をスタート地点として同定してから，被験者に以下のような文の系列を記銘して復唱するように教示した。**スタートの正方形には1を置く。次の正方形はその右で，2を置く。次の正方形はその下で，3を置く。次の正方形はその右で4を置く．**など．系列は常に1から昇順に進み，常にマトリクスを通るパスとして再コード化できた。そのような再コード化は，第二の条件では，空間的な形容詞を非空間的な双極性の形容詞に置き換えて，以下のような系列を産出することによって妨害された。**スタートの正方形には1を置く。次の正方形は良いもので，2を置く。次の正方形は力強いもので3を置く。次の正方形は良いもので4を置く。次の正方形は悪いもので，5を置く．**など。被験者は，空間バージョンを使うと平均で8つの文を思い出せるが，形式的に同等の非空間課題（音韻的コード化に依存するように思われる）を用いると大体5つしか思い出せないことが明らかになった。

　Brooks（1967）によれば，パフォーマンスは提示されたモダリティーと交互作用しており，聴覚提示のときは視空間的コードが望ましく，読みでは非空間的系列が望ましかった。彼はこの結果を提示のモードと貯蔵のモードの間の干渉の観点から解釈した。すなわち，視覚的に提示された文を読むことは視空

間的マトリクスコードと干渉し，その逆も真である。

　前にも述べたように，この件に関する私自身の興味は，UCLA対スタンフォード大のアメリカンフットボールの試合を聞きながら高速道路を運転していたという個人的な経験に影響を受けている。私はその試合を非常に強く思い浮かべていたのだが，自分がこちらの車線からあちらの車線へ行ったり来たりしているのに気づいて，あわてて音楽に切り替えた。英国に帰る途上，私はBrooksのマトリクス課題を視空間的追跡と組み合わせることによって，この効果を研究しようと決めた（Baddeley et al., 1973）。われわれは，被験者に追跡課題（移動する光点にレコード針を当て続けなければならない）を行いながら，Brooks課題の言語バージョンと空間バージョンを遂行するよう求めた。追跡はこの課題の視空間バージョンを大幅に妨害したが，非空間バージョンには影響しなかった。

　後の研究では（Baddeley & Lieberman, 1980），われわれは被験者が視覚的コードを用いているのか，空間的コードを用いているのかという問題に取り組んだ。われわれが考案したのは純粋に視覚的な二次課題で，被験者に大きなスクリーンの明るさを判断して，明るさが増したらキーを押すように求めた。非視空間的課題は，目隠しした被験者に閃光ランプとともに移動する音源を追跡するように求めた。ランプがターゲットの上に来ると，ターゲットの放つ音が変化した。われわれの発見によれば，この空間的だが非視覚的な聴覚的追跡課題は，視覚的イメージに基づくBrooks課題を妨害したのに対して，視覚的明るさ判断課題は妨害しなかった。Brooks課題の言語バージョンは逆のパターンを示しており，聴覚的追跡よりも，明るさ判断によって，より妨害された。われわれは視覚的イメージではなく空間的イメージを研究していたとの結論に達したのである。

　その巧妙さにもかかわらず，Brooksマトリクス課題は，どちらの条件も一般的注意資源を強く要求するという欠点を持っている。このことを明らかにしたのは，視空間的課題と言語的Brooks課題とを構音抑制，空間タッピング，言語的ランダム生成——実行処理に重度の負荷をかけることが知られている課題（Baddeley, 1966c; Baddeley et al., 1998a）——とを組み合わせたSalway & Logie（1995）の研究であった。予測の通り，空間タッピングは，Brooks言語的マトリクス課題よりもその空間バージョンを妨害したのに対して，構音抑制ではその逆のパターンが見られた。しかし，言語的ランダム生成は，両者にさらに劇的な影響を及ぼし，視空間的マトリクス課題は，ランダム生成がそれ自

体言語的であるにもかかわらず，言語的マトリクス課題よりも大きく妨害を受けた。これは，視空間的記憶術の使用が実行資源に高い負荷をかけることを示唆する。

　視空間課題の持つ潜在的に高い脆弱性についてさらに証拠を与えるのは，Farmer et al. (1986) による研究である。彼らは構音抑制と空間タッピングを言語的推論課題と空間的変換操作を伴う課題と組み合わせた。いずれの同時課題も言語的推論は有意に妨害しなかったのに対して，いずれも空間課題には影響した（ただし，空間タッピングからの効果が大きかった）。第11章で述べる個人差研究が示すように，中央実行系の測度は，音韻ループの測度とよりも，視空間スケッチパッドを反映すると仮定される課題とより密接に関係する傾向がある。

　われわれは，続いて，より伝統的な言語的記憶課題における視空間的イメージの役割を研究し，記銘項目をキャンパスの中の予め指定したルートの上に位置づけるような空間的イメージ記憶術を使うよう被験者に教示した（Baddeley & Lieberman, 1980）。われわれはこれを機械的な言語的リハーサルに基づく学習法と比較し，予測通り，イメージ記憶術に明確な優位性を見出した。しかし，回転追跡課題と組み合わせると，イメージ群の成績は，機械的学習群のレベルにまで低下した。機械的学習群は同時的追跡の効果を示さなかった。しかし，追跡はそれほど空間的でない記憶術，すなわち，項目同士が視覚的に相互作用するところを思い浮かべて項目対を連合する方法（例えば，ライオンがパイプを吸っているところを想像して**ライオン**と**パイプ**を連合する）にはほとんど効果を持たなかった（Baddeley & Lieberman, 1980）。これらの研究に基づいて，視空間スケッチパッドは原則的に空間的なシステムであるとわれわれは結論した。

　このことは，Logie (1986) が別の見解を提示することを促した。彼の示唆によれば，視覚的干渉よりも空間的干渉というわれわれの見解は，視覚的記憶課題ではなく空間的記憶課題を用いたことの結果である。われわれが妨害を受けにくいと主張した対連合課題を用いて，Logieは，忘却が起こるのは聴覚提示の単語対に空間材料ではなく**視覚**材料（目を向けながらもその他の点では無視するように被験者に教示した）の提示が伴う場合であることを実証した。線画そして色パッチでさえ，イメージの使用を妨害するのに十分であった。

　Quinn & McConnell (1996a, b; 1999) による後の一連の研究も，単語対の学習に機械的リハーサルか，イメージ記憶術のいずれかを用いた。彼らが明らか

にしたところでは，単純にランダムに点いたり消えたりする多数のピクセルから作られる，ぴかぴか光る視覚的ノイズパターンを含むスクリーンに注目するよう被験者に求めると，イメージ記憶術を十分に妨害するのに対して，機械的条件の成績には何の効果も持たない。無関連言語音は，機械的学習を妨害するが，イメージ記憶術には影響を及ぼさないという逆の効果を持った。しかし，視覚的ノイズ効果は何度となく再現されているが（例えば，Baddeley & Andrade, 2000; McConnell & Quinn, 2000），頑健な効果を見出せなかったこと（例えば，Andrade et al., 2002）を述べておくべきであり，この現象がまだ十分に理解されていないことが示唆される。

5.1.2 視空間スケッチパッドの機能

これまで，視空間的ワーキングメモリの潜在的な利用についての議論は，概して，その記憶術的補助としての価値に限定してきた。もちろん，視空間的ワーキングメモリは，もっとずっと広く用いられる。

Hatano & Osawa (1983a, b) が明らかにしたところでは，エキスパートの算盤使用者は，単に算盤をイメージするだけで計算でき，さらには，そのイメージした算盤を使って数字系列を想起することができる。計算は，同時的視空間課題によって妨害され，視空間スケッチパッドの使用によっていることが示唆された。音韻ループと同じように，視空間スケッチパッドの活用は随意的な方略である。例えば，Garden et al. (2002) の研究は，被験者が中世イタリア都市の街路を通るなじみのないルートを学習する能力を検討した。学習しながら，彼らは隠したキーボードの上で空間タッピング課題を遂行するか，構音抑制を遂行した。被験者には，事前に，なじみのない都市でどこかへ行く道を見つける方法について尋ねておいた。メンタルマップを用いると報告した人は視空間課題によって多く妨害されることが明らかになったのに対して，ランドマークに頼る人は構音抑制に多く影響を受けた。

5.1.3 イメージ操作と心的合成

視空間的スキルは，もちろん，建築家や技術者など特定の職業において非常に重要なことがある。性差が見られる傾向もあり，男性は空間的操作と心的回転で女性よりもやや優れており，総体的な方略を用いやすいのに対して，女性はより断片的で分析的なゆっくりとしたアプローチを採用する傾向がある（Linn & Peterson, 1985）。Hsi et al. (1997) による後の研究は，工学部の学生

の中で同様の性差を観察し，さらに，空間的操作と初年次の工学製図法課程（25％の学生がDか留年となる難しい課程）の成績に有意な相関を見出した。Hsi et al. は，空間的操作の方略について熟練した技術者から話を聞き，この情報を用いて空間的操作方略の一日集中講義を行って，この問題に取り組んだ。この操作は，めったに失敗が生じなくなるまで成績を向上させるとともに，性差をなくした。

多数の研究がそのような視空間的操作の背後にある過程を分析しようとしてきたし，特に，心的合成（mental synthesis）の過程に通じる関係性を発見することに参加してきた。Finke & Slayton（1988）は，被験者に文字のイメージを形成するよう求める課題を開発した。被験者は文字のイメージを操作しなければならず，その際に，思い描いているオブジェクトを報告することになっていた。例えば，「大文字のJをイメージして，次に，大文字のDをイメージしてください。Dを左に90°回転させて，Jの上に置いてください。どんなふうに見えますか」と問いかけた。答えは傘である。Brandimonte et al.（1992）が開発した関連課題では，被験者に複数のパーツから構成される刺激を与えて，心的にその1つを取り除いて結果に名前をつけるように求めた。例えば，包まれたお菓子やキャンディーに似た，各末端に三角形のついた楕円形を見せた。それから，三角形の1つを心的に取り除いてそれを言い直すように求めた（正答は魚）。興味深いことに，パフォーマンスが優れていたのは，被験者が構音を抑制していたときであった。このことは，おそらく，被験者は，言語的ラベルではなく，視空間的コードに頼るように強制されたからである。

Pearson et al.（1999）は，心的合成の背後にある過程を分析することを試みて，被験者に4，6，8つのシンボル（例えば，正方形，三角形，円形，長方形）を操作して命名可能なオブジェクトを作り出すように求めた。被験者が名前をつけた場合，後でそのオブジェクトを描くように求めた。2分経ってもうまくいかなかった場合は，構成要素のシンボルを再生するように求めた。シンボルの保持はセットサイズとともに減少したが，無事完成のときよりも常に高いレベルであり，忘却が失敗を生じさせる唯一の要因でないことが示された。背後にある過程に関するアイデアを得るために，被験者には，統制条件か，構音抑制または空間タッピングの伴う条件のもとで遂行することを求めた。構音抑制は保持されるオブジェクトの数を減らしたが，それらを組み合わせる能力には何の効果も持たなかった。これに対して，空間タッピングは逆の効果を示し，組み合わせには影響したが記憶には影響しなかった。これらの環境のもと

では，音韻ループは項目を再視覚化のための準備状態に保つことによってパフォーマンスを支えるようであるのに対して，組み合わせの過程は視空間スケッチパッドに依存する。

5.2 視空間スケッチパッドをモデル化する

5.2.1 Logie のスケッチパッドのモデル

　Baddeley（1986）は，スケッチパッドの詳細な構造についてほとんど何も述べてこなかった。この研究では，スケッチパッドが，分離可能な視覚的，空間的，そして，おそらくは語彙的構成要素とから構成されており，形式が未特定のリハーサルによってイメージを維持するのに役立つと単に推測されたにすぎない。Logie（1995）は，より詳細なモデルを提唱した。彼のモデルでは，パッシブな貯蔵庫である**視覚キャッシュ**（*visual cache*）とアクティブな構成要素である**インナースクライブ**（内的筆記，*inner scribe*）が区別され，音韻ループの音韻貯蔵庫と構音リハーサル成分と相似的になっている。Logie の示唆によれば，インナースクライブは，システムの視覚的な諸側面ではなく空間的な諸側面を支えており，系列情報の貯蔵に携わり，パッシブな視覚貯蔵庫キャッシュ内の情報をアクティブに保持することを司る。彼の示唆によれば，空間的な移動（実際には，移動に必要な内的プランニング）は，インナースクライブの働きとの干渉を生じるのに十分であるので，視覚的 STM を妨害する。

　2つの研究が Logie の視空間スケッチパッドの概念化に光を投じている。Bruyer & Scailquin（1998）は，二重課題法を適用して，視覚的イメージを支える過程を分析した。彼らは Kosslyn（1994）のモデルを用いて，イメージの生成，保持，および，その操作を区別し，Dror & Kosslyn（1994）がこの目的のために考案した一連の課題を使用した。彼らはこれらの段階への二次課題の効果を調べた。二次課題は，音韻ループ（構音抑制），VSSP の空間的成分（音が左と右のどちらに提示されたか分類する），中央実行系（ランダム生成）のいずれかを妨害することが明らかになっているものであった。彼らはイメージ課題の複雑さも操作して，イメージの先行研究から期待される基本的な諸現象を再現することを保証し，それら関連する効果は実際に再現された。予想した通りに，構音抑制はイメージの3つの段階のいずれにも効果を持たなかったが，とはいえいずれの同時課題もイメージ保持には影響しなかった。しかし，

イメージ生成とイメージ回転の両者が空間課題によって妨害され，ランダム生成によってさらに妨害を受けた。

　この結果のパターンがLogieのモデルと一致するのは，生成されたイメージがリハーサルなしで保持されると仮定する場合である。インナースクライブによるアクティブな保持は，視空間的二次課題と実行系二次課題の両方によって妨害されるはずである。これら2つの課題から観察されたイメージ生成とイメージ操作に対する妨害は，チェスの位置についての記憶や最適な次の手を選ぶ能力など，どちらも視空間的イメージに依存する可能性のある課題からのデータと一致する（Robbins et al., 1996）。

　Logieのモデルのひとつの特徴は，視覚キャッシュがパッシブであり，インナースクライブのみがアクティブなリハーサルとイメージ操作ができるということである。Mohr & Linden（2005）による最近の研究は，視覚－空間の区分に注目しており，保持と操作の両方をいくつかの課題の組み合わせのもとで研究できるようにする課題を用いている。基本的なパラダイムは，2つのオブジェクトを含むもので，これらの色と方向は，単純な再生か，操作のいずれかのために重要であった。この場合，被験者は，色かつ／または方向を組み合わせて平均し，それによって後のテスト刺激に反応することが求められた。これらの課題を構音抑制かランダム文字生成と組み合わせた。2つの主な結果が得られた。第一に，ランダム生成は色と方向のどちらの操作も妨害し，この結果は，イメージ回転は実行資源を要求するようだというBruyer & Scailquin（1998）の観察と一致した。Mohr & Lindenの第二の知見はさらに意外なものであった。彼らの被験者は，方向と色を同時的に操作することが一次元のみを操作するときと同じくらい上手だったのである。このことは，視覚システムと空間システムについて別々の独立の操作過程があり，容量限界のある単一のインナースクライブが両方を担当するのではないことを示唆するように思われる。しかし，この問題に関する証拠はまだわずかであり，Logieの単一のリハーサル過程という概念を放棄することをまったく完全に正当化するものではない。

　Logieの提唱したモデルの第二の重要な特徴は，情報は長期記憶を経由して視空間スケッチパッドに入るのであり，感覚入力から直接的に入力されるのではないという仮定にある。このことは，視覚的STMと空間的STMについての初期の多くの研究や視覚的注意の伝統に根ざしたより最近の研究（第4章）に内在していた仮定とは大きく違っており，視空間スケッチパッドは心的ワー

クスペースと見なした方がよいという主張に関連している。

5.2.2 知覚的無視と表象無視

　視空間スケッチパッドを知覚の出入り口ではなくワークスペースと見なすための議論は，Della Sala & Logie（2002）によって，膨大な神経心理学的証拠を使用した章において論じられている。特に関連するのは，**表象無視**（*representational neglect*）という現象である。Bisiach & Luzzatti（1978）は，2名の患者の事例を報告している。彼らには記憶から彼らの出身都市であるミラノの大聖堂広場を記述するように求めた。どちらの場合にも，彼らは十分な記述をしたが，広場の左側にはほとんど言及しなかった。そこで，彼らに広場を歩いてぐるっと回るところを想像して，再び記述するように教示した。このとき，広場の，以前に無視された部分が右側になり，今度は詳細に記述され，先に上手に記述された側は，今度は無視された。Baddeley & Lieberman（1980）の示唆によれば，このことは，視空間スケッチパッド内の情報を表象するシステムの障害を示す。これは，この分野の後のレヴューにおいてBisiach（1993）も採用した立場である。

　もちろん，もうひとつの説明は，患者は注意障害を被っていたのであり，視空間スケッチパッドに特異的な貯蔵や表象の限界を被っていたのではないというものである。左視野を無視する傾向は，右半球に損傷のある患者によく見られる。しかし，この形式の**記憶術的**無視を示した患者は，その後，**知覚的には**無視の証拠を示さないことが同定されたのに対して（Beschin et al., 1997; Coslett, 1997），別の患者は心的表象を記述するよう求めたときには何の無視の徴候も示さないが知覚的無視を示した。Beschin et al.（2000）の研究したある患者は，連続して2回の脳卒中にかかった（1回は左頭頂／後頭葉，1回は右視床）。前者は右半球に提示した材料についての深刻な知覚的無視を起こしたが，右の表象無視を起こさなかった。これに対して，右視床の損傷は対照的に左の表象無視を起こしたが，左の知覚的無視は起こさなかった。

　そのようなデータは，明らかに，視空間的ワーキングメモリシステムが単純に知覚の出入り口として働くのではないことを支持する。さらに，Brooksのマトリクス課題や視覚的イメージに基づく言語的記憶術の場合におけるように，視空間スケッチパッドを音声単語から活性化できるという事実は，明らかに同様の指摘を行う。というのは，どちらも長期的知識の使用に頼って，聴覚的に提示された単語を視空間的コードに変換するからである。

しかし，すべての情報は視空間スケッチパッドに達する前にLTMを通過するというLogieの示唆に私はあまり満足していない。何よりもまず，そのことは，厳密に系列的な情報の流れを暗示するようだが，LTMからSTMという流れは慣習的ではない。いずれかの方向に固定した系列処理も単純に過ぎるように思われる。このことは，オープンフィールドにある無意味な形態と，言語的記述に応じて作り出された複雑で意味のあるイメージとに同じ位置づけを示唆するようだ。もちろん，その無意味な形態は完全にナイーブなシステムによって処理されるのではないが，この文脈におけるLTMの重要性についての証拠は決して明確でない。私自身の好みは，視空間情報は，知覚かLTMから，または，両者の組み合わせを経由して，視空間スケッチパッドに符号化されると相変わらず仮定することにある。したがって，私は，視空間スケッチパッドが心的ワークスペースであるか，少なくともその一部であるという主張を完全に受け入れるが，一方で，アクセスは長期記憶を必ず通過しなければならないとの主張に何の利点も見いだせない。

5.3 視覚的イメージ

これまでに述べたほとんどすべての研究は，視空間的材料の記憶に関するものであった。しかし，公刊物の点から見て，かなり多くの仕事が視覚的イメージの研究についてなされてきたが，そのほとんどはイメージを知覚とよく似たものと見なせるのかどうかという問題に集中していると言えるだろう。私はこの研究がワーキングメモリに関連すると考えるので，それを手短に述べておこう。より詳細な歴史的概観は，Richardson（1999）によって得られる。

5.3.1 心的回転

イメージに関する研究の多くを初期に喚起したのは，Shepard & Metzler（1971）による古典的な実証であった。彼らは被験者に三次元オブジェクトの2つの表現が同一であるか，一方が他方の鏡像であるかを判断するように求めた。2つのオブジェクトは相対的に異なる角度で提示された。反応時間は，2つのオブジェクト間の角度差の一次関数になることが明らかになり，まるで被験者がオブジェクトの一方を他方と一致するまで心的に回転させてから判断を行っていたかのようであった。同様の結果は，よりなじみ深い文字刺激からも

(Shepard & Cooper, 1982)，二次元パターンを心的に折って三次元オブジェクトを作る課題からも得られた（Shepard & Feng, 1972）。Shepard は，行為を実際に遂行することとの密接なアナロジーに注目し，それを「心的回転」と呼んで，一連の離散的な行程よりも，連続的なアナログ過程に似ているようだと述べた。しかし，彼は自分の発見を意識的アウェアネスの経験とは関連づけなかった。

5.3.2 心的イメージの走査

意識的アウェアネスに関する同様の懐疑的見解を採用したのが Kosslyn (1978, 1980) であった。彼の示唆によれば，被験者は顕在的に視覚的場面を走査するのと極めてよく似た仕方で視覚的イメージを走査できる。例えば，被験者に犬の絵を見せてから隠し，それについての質問をすると，鼻についての質問の後に尾についての質問が続いた場合には，犬の耳など，鼻の近くにある特徴についての質問に反応するよりも長くかかった。ちょうどそれは，尾に達するには注意が大きく移動しなければならないかのようである。別の研究では，被験者に想像上の島の地形を教えてから，その様々な位置についての質問に答えるように求めた。再度，回答するまでの時間は，ある位置から次の位置への距離の関数であった（Kosslyn, 1980）。Kosslyn は，そのような「内的走査」が外的な形式に非常によく似ていることを確かめる多くのやり方を述べており，自分の結果を極めて複雑なモデルによって解釈している。このモデルには，5つの別々の「プロダクション」があり，そのそれぞれが入力を変換して新たなデータ構造を産出する。5つのそれぞれが「交互変換（alternation transformation）」をすることができる。交互変換は基本的なデータ構造を変化させ，それがまた比較過程のために利用可能になる。このモデルは計算論的にシミュレートされ，広範囲な結果の説明をするのに用いられた（Kosslyn & Shwartz, 1977）。

しかし，Kosslyn の方法は強く批判されている。特に，彼の被験者は，単に知覚の知識を用いて，実際には判断の背後にある過程と関連したりしなかったりする方略を使って知覚をシミュレートしていたにすぎないと示唆された。Intons-Peterson（1996）が明らかにしたところでは，「視覚的走査」のスピードは，意味的に関連するが視覚的でない要因，例えば，被験者が自分はおもりを持っている，または，持っていないと想像しているなど，によって変化する。後の研究が明らかにしたところでは，被験者は非視覚的な期待の影響を受

けており，そのような期待が誤っているときでも影響された（Jeannerod et al., 1994）。Kosslyn の解釈にとって同じように問題となるのが，Hinton & Parsons（1988）による研究である。彼らは被験者に前方にある棚に乗っている針金の立方体を想像するように求めた。その後，手前下の右側の角とそこから最も遠い左側の角をつかんでから，立方体を左側が右側の真上にくるように置くことを求めた。ここで，課題は，残りの角の位置を記述することであった。ほぼすべての人は，それらが立方体の赤道面のような水平線上に位置すると報告した。実際には，それらは冠の形を形成する。Hinton & Parsons によれば，Shepard & Kosslyn が示唆したように被験者は実際に表象を操作したのではなく，それをシミュレートしようとしたのである。問題が複雑になると，彼らは失敗するだけのことである。

5.3.3 Kosslyn のプロトモデル

Kosslyn（1994）は，それ以来，オリジナルのイメージ走査手続きから注意を切り替えて，代わりに知覚の神経生物学の詳細な分析に集中し，これを使って知覚とイメージの両方について彼が「プロトモデル（proto-model）」として記述したものを推進した。このモデルはおよそ 15 の構成要素を持つが，彼の最初のモデルの場合と同じように，イメージは視覚バッファに働きかける注意の窓（attentional window）に依存すると仮定される。この視覚バッファは，一次視覚皮質に局在すると仮定され，これは当初，神経イメージングデータによって十分に支持されると見られた結論である（Kosslyn et al., 1993）。しかし，その後の一部の研究はこの見解を支持したけれども（Kosslyn et al., 1999），他の研究はそれを棄却している（例えば，Cohen et al., 1997; Mellet et al., 1995）。

局在についてのそうした不一致を容易に説明できるのは，視空間的イメージが，別個の解剖学的位置にある，少なくとも 2 つの別個の成分を持つことを認める場合である。既存の神経心理学的証拠の示唆によれば，視覚的成分は主に後頭葉に位置することが多く，空間的成分は頭頂葉に位置し，実行制御は前頭領野によっているようである（Smith & Jonides, 1997, 1999）。この活性化のパターンは，視覚的ワーキングメモリについて何度も示されてきた（第 12 章を参照）。

そのような区分についてのそれ以上の証拠は，ある患者は，視覚的イメージの能力を残しながら，空間課題を遂行する能力の障害を示すのに対して，他の

患者は逆のパターンを示すといった神経心理学的文献である。Luzzatti et al.(1998)は，右側頭および海馬に損傷のある患者 E.P. を記述している。E.P. は，心的回転，Brooks マトリクス，Corsi ブロック課題などの空間課題を遂行することは下手だが，空間的イメージではなく視覚的イメージを必要とする課題は遂行できた（例えば，長期記憶からイメージを検索して，ダックスフントの耳，バナナの色，カリフォルニア州の形を描く）。空間的イメージの障害と視覚的イメージの保存に関して同様のパターンを示す他の患者は，Hanley & Davies (1995) と Carlesimo et al. (2001) によって記述されている。

Wilson et al. (1999) は，逆のパターンを示す，ある彫刻家（L.E.）の事例を報告している。彼女は優れた空間的処理と運動活動を示しており，Corsi ブロックテストでは健常範囲内の遂行をし，神経心理学実験室へ行き来するのに複雑なルートに沿って自分で運転することには問題がなかった。しかし，彼女は視覚的イメージを形成する能力が失われているように見えた。彼女はパターンスパンを遂行するのが下手で，写実主義的なスタイルの極めて優れた彫刻家であるが，彼女の作品がどんなふうに見えるかを想起することはできないと報告されている。彼女の現在のスタイルは非常に抽象的になっており，記憶から写実主義的に描写する能力はほぼ存在しない。Farah et al. (1988) は，同様の患者（L.H.）の事例を記述している。彼は空間処理を保存しており，心的回転，心的走査，位置の記憶では優れた成績を示すのに対して，思い出すオブジェクトの色，大きさ，形態の記憶には障害を示した。

5.3.4 ワーキングメモリとイメージの経験

はっきりとは述べていないが，私は常に Brooks 課題を用いた自分たちの実験が現象学的に経験されるイメージを必要とするものであると考えてきた。しかし，イメージの現象学を研究する試みは，意外にもどかしいものであることが過去に明らかにされている。疑いなく，場面を思い出すときに擬似視覚的経験をすると報告する人もいる。Galton (1880) が，何人かの著名なヴィクトリア時代の紳士に朝食のテーブルの回想を報告するように求めたところ，自分のイメージがどのくらい鮮明であると考えるかは，知覚的経験ほどの鮮明さから，一切の擬似視覚的経験の否定にいたるまで，きわめて異なることを発見した。イメージの主観的推定値に関しては長い伝統があり，そのほとんどは，Betts (1909) のような質問紙を用いている。しかし，そのような測度が実際の行動を予測するという証拠はほとんどない。DiVesta et al. (1971) は，多

数のサンプルの被験者をイメージの主観的測度と多くの記憶課題でテストした。イメージ強度の評定と相関した唯一の測度は社会的望ましさであり，これは，被験者が人を喜ばせることを好む度合いの測度であった。後の研究は自己評定と視覚的記憶の関連を見出すこともあるが，これらは低く，否定的になる傾向がある（Heuer et al., 1986; Reisberg et al., 1986）。

ワーキングメモリの現象学的諸側面の検討に関する私自身の関与は，聴覚的イメージの本への執筆依頼から始まった（Baddeley & Logie, 1992）。イメージは関連するワーキングメモリ従属システム内の活性化を表現しているという自分の潜在的な仮定への支持がいかに弱いかを理解し始めた。Jackie Andradeと私は，この問題に直接的に取り組むことに決めた（Baddeley & Andrade, 2000）。

5.3.5　何がイメージを鮮明にするのか

われわれの基本的な仮説は非常に単純なものであった。すなわち，聴覚的イメージは音韻ループ内の活性化を表し，視覚的イメージは視空間スケッチパッドにおいて同様であるというものであった。構音抑制と空間抑制は，両者に特異的に影響するだろう。さらに，両方のタイプのイメージが部分的に中央実行系に依存するだろうと仮定した。しかし，イメージを同時課題と組み合わせる必要性から生じる全般的な注意の効果に加え，常に視覚的イメージと空間的イメージを組み合わせることによって，われわれはイメージのモードと妨害のモードの**交互作用**を2つのサブシステムに特有な寄与の指標として用いたいと思った。すなわち，構音抑制が視覚的イメージ以上に聴覚的イメージの鮮明さを減らし，視覚的イメージには逆のことがいえるとすれば，われわれの結果は，中央実行系などの単一システムの観点からすぐには解釈できない。

さらに，鮮明さをどのように測定するかという，もうひとつの問題があった。個人差に関する初期の研究の問題は，使用した質問紙が被験者に自身の経験を他者のそれと比較するように潜在的に要求したとわれわれは主張した。われわれが提案したのは被験者内計画を用いることで，被験者は一連の異なる条件のもとで自分のイメージの鮮明さを判断したので，統制条件における知覚された鮮明さを潜在的に個人的ベースラインとして用いたことになる。われわれはこのやり方がより敏感な測度を生み出すことを期待した。

そのため，われわれの方法は，視覚的知覚か，聴覚的知覚によって，または，被験者の長期的知識に基づいて，あるイメージを誘発した。彼らは10秒

間イメージを保持して，その間にイメージの鮮明さを評価してから，1（まったくイメージしない）から5（知覚のように鮮明）にわたる5段階尺度で反応した。

　われわれの初期の研究は，標準的な形（円，正方形，ハートなど）の配列か，音の系列の提示を伴った。10秒間，被験者は自由に任されるか，介入的構音抑制課題か空間的タッピング課題を行うように求められた。図 5.1 は，われわれの最初の研究の方法と結果を示しているが，ここから複数の論点が生まれる。第一に，被験者すべてがこの課題を自然なものと見ているように思われ，この研究でも後の研究でも，視覚的イメージを持てないために参加を辞退した人はいなかった。第二に，どちらの課題も両方のタイプのイメージの減少が生じており，中央実行系の役割に帰属可能であるとわれわれが仮定した一般的二重課題効果を示唆している。しかし，最も重大なことには，明確な交互作用が得られ，構音抑制により被験者は聴覚的イメージをより鮮明でないと評定したのに対して，空間的タッピングは視覚的イメージの主観的鮮明さを低下させた。

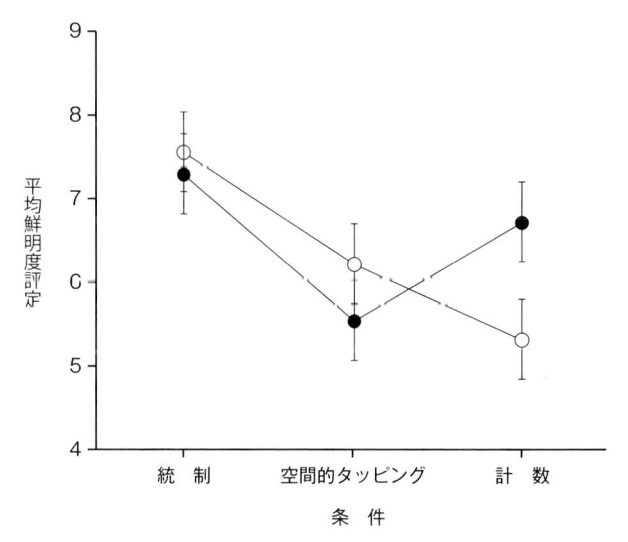

図 5.1　視空間的二次課題と言語的二次課題が直近に提示された形態の配列とトーンのパターンについてのイメージの鮮明性の評定に及ぼす影響。白丸は聴覚刺激を表し，黒丸は視覚刺激を表す。Baddeley & Andrade（2000）からのデータ。

5.3.6　長期記憶の役割

　一連のさらに進んだ研究において，われわれは被験者に言語的に手がかりを与えて，LTM からイメージを形成させた。例えば，電話で誰かが話している，砂利道を歩いているといった聴覚的イメージや，キングス・コレッジのチャペルやケンブリッジのマーケットなどの地元の情景の視覚的イメージなどである。これらの環境のもとでは，引き続き，相当な二次課題による欠損が総じて得られており，中央実行系の重要性を示すとともに，有意な交互作用が示された（ただし，交互作用の度合いはずっと弱かった）。一連の実験を通して，言語的手がかりを与えたイメージの全体的な鮮明さの評定に対して多数の変数の影響が検出された。すなわち，運動イメージは，静止イメージよりも鮮明でなく，奇抜なイメージ（白鳥が買い物をしているなど）は通常の場面（女性が買い物をしているなど）よりも鮮明でないと評定された。これは，被験者が単純に一般的に期待される反応をすることによって無理に答えた結果ではなさそうだ。というのは，ナイーブな被験者は奇抜なイメージがより鮮明であると**予測**したが，実際には，それらはわれわれの研究ではより平凡なエピソードよりも鮮明でないと評定されたからである。

　これらの言語的に生成されたイメージは，おそらくは，LTM からの情報の検索に基づいている。それらは二次課題とイメージのモード間の強力な交互作用を予測し続けてきたわれわれの初期の仮説には合致しない。その代わりに，複雑性や奇抜さなど，LTM 変数の予想外の大きな効果が得られた。この結果は以下のように解釈できるだろう。はじめに，われわれの初期の仮説に潜在していた，イメージは絵のようなもので，鮮明なイメージは豊富で詳細な絵であり，視空間スケッチパッドか音韻ループによって維持されるという考え方を棄却した。その代わりに，イメージは，ワーキングメモリの関連するサブシステムか LTM から検索された擬似感覚情報を表現すると主張した。それゆえに，私自身がケンブリッジのマーケットの鮮明なイメージを抱いていると言うとき，私が意味しているのは，自分が特定の花屋の売店といつもそれを営んでいる男性をイメージでき，飾ってある花の種類のなるほどと思わせる配列を再現できるということである。それはほぼ確実に，この情景についての多くの経験のいずれかの正確な記録ではなく，どちらかといえば，私の個人的な意味記憶，すなわち，売店や花との多くの異なる出会いから生まれた一般的な表象から作り上げたものである。そこで，鮮明さの度合いは，この観点からすると，

ワーキングメモリかLTMのいずれかから検索できた，潜在的に利用可能な擬似感覚的細部の量を反映する。

この解釈についての証拠は，われわれの最後の研究から得られた。この研究では，被験者に英国の鳥のカラー写真を提示して，その鳥の名前と基本的な事実を与えた。後で，鳥の名前の手がかりを与えて，被験者にイメージを形成し，その鮮明度を判断するように求めた。われわれは既に被験者群における鳥についての自己評定知識を測定していた。幸いにも，彼らはほぼ同数の2つのサブグループに分類でき，少なくとも中程度の知識の人と，どちらかといえばほとんど知識のない人に分かれた。われわれの発見によれば，鳥についての知識は，見せられた写真のイメージの鮮明度評定と密接に関連していた。このことは，もちろん，単純に，人々が習慣的に質問紙に応答する仕方を反映している可能性がある。すなわち鳥についての自分の知識を慎重に評定する人は，自分のイメージの鮮明度評定についても慎重であるかもしれない。幸運なことに，このことは，同じ被験者を用いた第二の研究を通して排除できた。われわれは初期の手続きに立ち戻り，新規な円形，正方形，三角形の配列を提示して，直後に記憶の鮮明度を判断してもらった。今回は，配列を短時間か，長時間提示した。われわれが予測したところでは，長い提示は新規なパターンのより優れた符号化を可能にし，より持続性のある痕跡，より多くの擬似感覚的情報，鮮明度の高い知覚を生じるだろう。後の鮮明度評定には明確な違いが見られ，長い提示はより鮮明なイメージを生じた。さらに，2つの実験を通して，鮮明度評定の平均レベルの間に相関は見られず，主観的経験を評定する課題に適用される慎重さの程度が被験者間で異なるという観点からの解釈は排除され，知識の程度という観点からの先行実験の解釈が支持された。

5.3.7 ワーキングメモリモデルにとっての意義

われわれの結果はイメージのワーキングメモリによる解釈に何を残したのだろうか。ある意味では，それは極めて励みになった。われわれは，鮮明度の自己評定を用いて整合的で一貫したデータが得られることを示してきた。さらに，われわれの予測した交互作用が一貫して見出された。しかし，この効果は，イメージがLTMから検索した情報によっている場合には現実には非常に小さく，われわれの改訂版の解釈が示唆される。しかし，極めて意義深いことに，被験者が鮮明さを判断している間，どのようにしてイメージを保持していたのかという問題が残された。モダリティー依存の効果は極めて小さかったの

で，明らかに，従属システムに保持されていたのではない。中央実行系ならそれができたのか。しかし，この段階までに，われわれは実行系が情報を貯蔵する能力を持つという仮定は放棄しており，単純に注意制御システムとして機能するものであると主張してきていた（Baddeley & Logie, 1999）。このため，すべてが LTM の中で起こったと仮定するか，第四のワーキングメモリシステムを仮定するかのいずれの立場を取るかという問題が残った。この問題には第8章で立ち戻り，その際には，第四のワーキングメモリ成分であるエピソード・バッファを提唱し，それを論じよう。

5.4 結　論

　では，以上のことは，視空間スケッチパッドの概念のどこに残るのだろうか。それは，前章で示唆したように，注意によって高められた知覚の一形態なのか。あるいは，ことによると，Della Sala & Logie（2002）の示唆したような，ポスト LTM ワークスペースかもしれない。もちろん，これらは相互に排他的ではないが強調点が異なっており，視覚的注意領域からの研究者は注意と符号化の要因を重視し，ワーキングメモリの伝統からの研究者は操作と実行過程により重点を置いている。これらのアプローチは，まもなく，神経イメージングからの証拠（第 10 章を参照），動物における単一ユニット記録に基づく研究（Goldman-Rakic, 1996）を利用しつつ，それらとますます相互作用し，融合し始めることだろう。視覚的イメージに関する古典的な研究路線との関係は，複数の理由からそれほど直截的ではない。第一に，この分野はそれ自体断片的である。Shepard や Kosslyn のそれなど影響力の大きい研究のほとんどは記憶に関係しなかったし，現象学的経験との直接的な関係をはっきりと避けており，このアプローチのどちらの特徴もワーキングメモリモデルと結びつかない。視覚的イメージに対する VSSP アプローチは，神経心理学的な単一事例研究を大いに利用しており，主流の実験研究の大部分とは違って，臨床，人間工学，教育のいずれであれ，実践的応用の問題に強くかかわっている（Andrade et al., 1997; Logie, 1995; Della Sala & Logie, 2002）。

　要約すると，私の仮定では，視空間スケッチパッドは，複数のソースからの視空間情報（視覚的，触覚的，運動感覚的に加え，エピソード的，意味的 LTM の両方からの情報）を統合する手段として進化してきた従属システムで

ある。したがって，私は知覚とLTM両方からのアクセスを仮定する。第8章の読者は，この見解とエピソード・バッファに帰属するとされる諸特徴の類似性に気づくだろう。ワーキングメモリモデルにとっての大きな理論的・経験的難題は，この仮説的な視空間スケッチパッド−エピソード・バッファ間のインターフェイスを探求することである。視空間情報の統合を具体的に扱うシステムが存在するように思われる。これが高次の統合システムに加えられるのだろうか，そして，もしそうなら，これはより大きな階層の一部なのか。この問題には第8章で立ち戻る。最後に，第10章で例示するように，神経イメージングの急速な発展は，視空間的ワーキングメモリに対する拡散的なアプローチを統合するのに役立つ潜在的に強力なツールを提供する。

第6章

新近性，検索，定数比の法則

1960年代，STMという用語は，材料を提示して0～30秒後にテストを行うあらゆる実験パラダイムに適用された。これは極めて活発な研究領域であり，〔この分野の〕研究者は2つのやや異なる伝統に根ざしていた。ひとつは，連合干渉理論であった。これは，単一の記憶概念を用い，学習と忘却を制御する変数を慎重に記述することによって研究し，典型的には，限られた範囲の刺激-反応連合の原理によって説明しようとした。このアプローチには，言語学習という用語がよく適用され，その主要な提唱者は，Arthur Melton (1963)，Leo Postman と Benton Underwood (Postman & Underwood, 1973) であった。

対照的に，第二のアプローチは，別々の長期記憶と短期記憶のシステムを仮定した。それは可能性のあるメカニズムについて推測することをいとわず，特に，コンピュータをメタファーとして使い，その用語法を情報処理から採用した。それは新たに発展しつつあった認知心理学の重要な構成要素となり，英国では，Broadbent (1958)，Conrad (1967)，合衆国では，Miller (1956)，Neisser (1967)，Posner (1967) などの人物によって代表された。

6.1 自由再生における新近性

6.1.1 短期記憶としての新近性

STMとLTMの区分の証拠として用いられる主なソースのひとつは，自由再生における新近効果であった（提示された最後の数項目が再生されやすい）。この効果は妨害課題を挿入しない数秒間の遅延によってさえ無効となり (Glanzer & Cunitz, 1966)，〔この無効化は〕遅延中の妨害課題に用いる材料が想起すべき項目と似ているか否かにかかわらない。新近性は重度の健忘患者にも

LTM障害にかかわらず見られるが（Baddeley & Warrington, 1970），STM障害の患者では見られないか，大幅に減少する（Shallice & Warrington, 1970）。さらに，新近効果は，提示速度，単語の具体性，注意の妨害，加齢などの，自由再生リストにおける前半の項目の再生に顕著な影響を持つ広い範囲の変数に鈍感である（Glanzer, 1972）。そこで，新近性は，STM-LTM区分の証拠の最も強力なソースのひとつを代表するように思われた。

6.1.2 長期新近性

しかし，新近効果はSTMの範囲を越えて広がることが徐々に明らかになった。Bjork & Whitten（1974）とTzeng（1973）は，再生すべき項目自体をそれぞれ挿入遅延によって分けた場合に，挿入遅延後の再生において明確な新近効果を示した。Baddeley & Hitch（1977）は，ラグビーの試合の再生において数週間以上にわたる新近性の効果を見出した。言語的自由再生の新近性に含まれる過程と言語的記憶スパンにかかわる過程との区分についての証拠はBaddeley & Hitch（1974）による結果であった。これによると，新近性は同時的数字スパン再生課題によっては影響を受けない。Atkinson & Shiffrin（1968）のモデルが仮定したように，それらが同一の容量限界のある短期貯蔵庫に依存するならば，同時的な数字の保持は新近性の効果を消失させたはずである。今では，新近効果は相当の一般性を持つ頑健な現象であり，STMに限定されないことが一般的に認められている（例えば，Baddeley, 1998b; Nairne, 2002）。

新近効果は，簡潔で正確に記述することができる。数秒から数年に至る極めて広範囲の状況を通して，特定項目の再生確率は，2つの変数の定数関数（constant function）である。すなわち，その項目とその最も近い競合項目間の時間間隔（Δt）を項目提示とテストの間のインターバル（t）で割ったものである。これは弁別比（discrimination ratio）と呼ばれ，極めて広範囲の環境のもとで一定に保たれることが明らかにされた。直後再生では，このことがより新近の項目に有利に働くが，この優位性は再生を遅延するにつれて損なわれる。

6.1.3 痕跡減衰か干渉か

新近効果は，古典的な自由再生パラダイム（被験者は，一般的に15～20の単語からなるリストを自分の選んだ任意の順序で再生する）において最も明確に示される。しかし，この効果は，自由再生に限定されない。例えば，Peterson & Peterson（1959）の短期的忘却パラダイムについて考えてみよう。このパラダイムでは，被験者は3～18秒にわたる挿入遅延の後に，3つの子音からなる刺激をひとつ再生する。再生は遅延の関数として急速に低下する。Peterson たちは，挿入課題（数唱）が文字の記憶課題とはまったく似ていなかったという理由で，刺激-反応連合干渉による解釈を排除した。LTM の研究は，干渉が起きるのには類似性が本質的であることを明らかにしてきた（McGeoch & Irion, 1952）。Peterson らは LTM における類似性の重要性を受け入れる一方で，彼らの結果は LTM とは別個の**短期記憶痕跡の自発的減衰**を反映することを示唆した。この結論は早計であることが明らかになった。Keppel & Underwood（1962）が明快に実証したように，いちばん最初の試行では文字系列の忘却の程度は最小である。忘却関数は，後続系列にかけて急速に変化し，4回か5回のテストのうちにプラトーに達する。したがって，そうした忘却は順向干渉の結果であると彼らは示唆し，それによって，LTM で起こるのとちょうど同じように，前半の項目が後続の材料の保持と干渉するのである（Underwood, 1957）。

　その後の研究は，項目間の干渉が決定的な変数であるという結論を強化したが，Baddeley & Scott（1971）は，テストされるのが単一項目に限られるときでさえ，有意だが小さめの忘却が生じる（ただし，約5秒以内に終了する）ことを証明した。忘却は系列内の項目間の相互干渉が原因であることが示唆されてきた（Nairne, 2002）。この解釈からの予想では，忘却率は保持する項目の数とともに増大する。Baddeley & Scott は，そのような関係性についての証拠を見出さなかった。

　しかし，痕跡減衰からのわずかな寄与は排除できないが，Brown-Peterson パラダイムで見られる忘却の大半が何らかの干渉によることは明らかである——ただし，それは必ずしも古典的な SR 連合主義の仮定に一致するものではない（さらなる議論については，Baddeley, 1976, pp. 124-131 を参照）。Turvey et al.（1970）によるエレガントな論文は，標準的な実験計画を用いずにこの問題に光を投げかけた。標準的計画では，各被験者は何種類かの遅延間隔の後に保持についてテストされるが，各インターバル条件の順序はランダムであった。そうする代わりに，Turvey らは，複数のグループのそれぞれを単一の遅延条件に割り当てた。例えば，あるグループは常に5秒後に再生し，別のグループは10秒後，また別のグループは25秒後に再生した。これらの条件のもとで，少々意外なことに，遅延は再生の量に影響せず，25秒後にテストさ

れた被験者は5秒後にテストされた被験者と同じくらい思い出した。しかし，以前に経験した遅延にかかわらず，Turveyらは，すべてのグループで同一の遅延（すなわち，15秒）を伴う最終テストを含めた。これらの環境のもとでは，グループ間に大きな差が生じ，以前に短い遅延を経験した被験者は，以前に長い遅延を経験した被験者よりも，ずっと低い成績を示した。

6.2　定数比の法則

　これらの結果は定数比仮説（constant ratio hypothesis）の観点から容易に説明される（Baddeley, 1976）。被験者の課題が今提示された項目（ターゲット項目）と直前の項目を弁別することであるなら，規則的な5秒の遅延を与えられた被験者は，5秒ごとにターゲット項目をターゲットの5秒前に現れた先行競合項目から弁別しなければならず，5対10秒の比（すなわち，0.5）となる。規則的な25秒遅延を与えられた被験者は，50秒前の競合する先行項目から25秒後にターゲットを弁別する必要があり，厳密に同じ0.5のターゲット－競合項目の比となるので，同等のパフォーマンスを生じる。しかし，5秒遅延から15秒遅延に切り替えて被験者が20秒前の競合項目から15秒前のターゲットを弁別しなければならないときは，より困難な0.75の弁別となるのに対して，25秒から15秒の弁別に切り替えると，より易しい15：40のターゲット-競合項目比が与えられる。

　しかし，弁別比が最も広く用いられる領域は，自由再生である。自由再生では，項目の系列を提示して，被験者にできるだけ多くの項目を任意の順序で再生することを求める。再生が直後のときは，最後に提示した数項目が高いレベルの再生を示す傾向が明確に見られる（新近効果）。この効果は，偶発学習（被験者が再生を求められることに気づかない）のもとでも等しく顕著であることが見出されるので，**学習**時の顕在的な方略に依存しない（Baddeley & Hitch, 1977; Pinto & Baddeley, 1991）。

　記憶の中身を弁別する能力は遅延が増すとともに減るというアイデアは，少なくとも，英国の心理学者James Sully（1892）にまでさかのぼるが，それを最も説得的に提示したのはCrowderである。

一定の速度で提示した記憶リストの中の項目は，移動する電車に乗っているときの電信柱と同じくらいの規則性を持って通過していく。後退していく場所にある各々の電信柱が隣の電信柱と区別しにくいのとちょうど同じように，記憶の中の各々の項目は提示エピソードが過去に後退していくにつれて示差的でなくなる〔／区別しにくくなる〕。

(Crowder, 1976, p. 462)

　多数の研究者が，数秒のインターバルの後に言語材料の再生をテストする実験室課題から，ラグビーの試合を最大でおよそ数週間の遅延の後にテストするような現実世界のイベントの記憶（Baddeley & Hitch, 1977）にわたる研究において，自由再生における定数比の法則を支持する証拠を生み出してきた。
　直後自由再生における標準的な新近効果はほんの5秒の数唱によって消すことができるのに対して（Glanzer, 1972），適切な環境のもとでは，もっとずっと頑健な新近効果を見出すことができる。例えば，Bjork & Whitten（1974）は，被験者に無関連な単語のリストを覚えるように求めた。短期記憶または一次記憶からの寄与を除くため，彼らは各単語に計算を先行させ，かつ，後続させ，リストの終わりと自由再生の間には同様の計算による挿入遅延を実施した。挿入遅延にもかかわらず，彼らは顕著な新近効果を見出した。さらに，そのような複数のリストについて遂行した後で，実験者は最後に被験者に，どのリストからでもよいので，できるだけ多くの項目を再生するように求めた。以前に観察された**リスト内**新近効果はこの最終自由再生では消失したが，最も新近のリストには優位性が見られた。この優位性は，被験者を翌日再びテストしたときには消失した。Bjork & Whitten は，観察された新近性の優位性を，リスト内での単語の符号化の程度の差ではなく，新近性ベースの検索方略の使用の点から解釈している。この結果を一層強化するのは，後の研究において，再生を再認（検索段階を促進すると仮定される手続き）に置き換え，テスト順序を統制することによって新近性ベースの方略の利用を妨げたところ，新近性の効果が見られなくなったことである。
　定数比の法則の証拠は，実験室条件では Glenberg et al.（1980）によって，様々な再生インターバルで示されたのに対して，Baddeley & Hitch（1977）は，ラグビー選手に自分たちが対戦したのはどのチームであったかを尋ねたところ，選手による対戦相手のチームについての再生において，およそ数週間にまたがる新近効果を示した。弁別比仮説が予測するように，関数は，経過時間

の量ではなく，介在する試合の数を反映した。

　弁別比仮説についてのさらに直接の量的証拠は，もうひとつの現実世界研究から得られた。この研究において，Pinto & Baddeley（1991）は，ケンブリッジの応用心理学ユニットで同僚が2週間にわたってどこに自分の車を駐車したかを思い出す能力をテストした。これらの条件のもとで，明確な新近効果が生じた。しかし，1回だけ学部を訪れた実験の被験者は，その訪問が2時間前か（72%），1週間前か（73%），1カ月前か（72%）にかかわらず，どこに駐車したかを同じくらい思い出した。しかし，3つの群にはある違いがあった。駐車場には何も目印がなかったので，被験者は見取図上の1つの場所だけを選ぶか，はっきりしないならば，2つの隣り合う位置を選ぶことが認められていた。実際には，2つ以上の位置にまたがって駐車した人はほとんどいなかったが，このあまり正確でない選択肢を採用する回数は2時間後では14%，1週間後では30%，1カ月後では60%に上り，（おそらく，確信度のみだろうが）何かが変化していることが示唆された。

　最後の実験では，被験者群は約2週間のインターバルを空けて2回実験室に来た。彼らには後から2つの封筒（最初にどちらを開けるかについては厳しく教示した）を送ることでテストした。最初の封筒は，4週間前にどこに駐車したかを具体的に尋ねた。半数の被験者（順向干渉群，または，PI群）には，これが彼らの二回目の訪問であったのに対して，他の群（逆向干渉群，または，RI群）には，4週間前の再生は彼らの一回目の訪問についてのものであった。その結果，二回目の訪問では，一回の訪問のみを行った被験者についての先行実験で観察された72%からPI群では47%に再生率が減少し，RI群では有意に低い39%に減少した。弁別比の法則が予測するように，2つの競合するイベントがあると全体的なパフォーマンスが低下した。第二の封筒では，彼らのもう一方の訪問についての記憶をテストした。この訪問が2週間前だったRI群は，61%の割合で正しく再生し，この訪問が6週間前だったPI群の再生率（20%）よりも有意に高かった。最後に，これらの条件のそれぞれについての再生率をプロットすると，結果が定数比の法則にしたがうことが明らかになった。結論として，この研究は，**単一の**イベントの忘却の程度は，時間それ自体を通して相対的にほとんど増加しないのに対して，**2つの**イベントを検索するときには，再生は2週間後の60%から4週間後の約40%，6週間後の20%に低下することを示した。

6.3 新近効果の諸理論

6.3.1 文脈と新近性

定数比の法則は記憶の中で広範囲に及ぶ現象であるという，Glenberg et al. (1980)，Nairne (2002)，Brown et al. (未公刊) にとりあえず賛同してみよう。われわれはどのようにそれを説明すべきだろうか。Glenberg et al. (1980) によれば，それぞれの項目は常に変化する文脈的背景と対照して符号化され，その背景がやがて再生手がかりとして機能する。彼らによれば，経過する時間が長くなるほど変化の度合いは大きくなり，そのために，符号化と検索の文脈の間で共通する手がかりが少なくなり再生率が低くなる。残念ながら，彼らは自分たちの文脈仮定を支持する実証的証拠を提供していない。実際には，彼らの研究自体がそれに反する証拠となっている。彼らの最初の実験では，計算課題の難しさを変化させた。困難さのレベルは，提示中と再生直前の期間の両方で同じままか，提示とテスト前で変化するかのいずれかであった。しかし，この困難さレベルの変化，すなわち，学習と再生の間での文脈の変化は，何の効果も持たなかった。Glenberg のモデルの中では，文脈は経過時間から弁別可能ではないように思われる。時間自体は何の効果も持ち得ないという理由に基づく McGeoch による減衰理論の棄却がたびたび引用されることを考えると (Nairne, 2002)，Glenberg らがもっと説得力を持たせたがることは理解できる。Nairne (2002) ——McGeoch の公式見解に賛同してそれを引用している——や Bjork (2000) などの他の研究者は，時間的弁別比の重要性（したがって，暗に時間の重要性）を強調するが，時間がどのようにして手がかりとして機能するのかという問題に直接的に取り組んではいない。

6.3.2 痕跡減衰

もうひとつの考えられる説明は，Baddeley (1976, pp. 95-99) が示唆したような，LTM の減衰仮説である。この主張によれば，検索は2つの段階を含む。最初の記憶痕跡の一般的なクラスターにアクセスする段階と，その後の痕跡を弁別する段階である。この後者の過程は，学習の程度や，求めている痕跡とあり得る競合項目間との類似性といったいくつかの要因によって決定される可能性がある。加えて，すべての痕跡は，McGeoch の影との和解と調和を図るた

め,「一般的干渉」と名づけ直された減衰の対象となる。そのような不特定の干渉のもっともらしい原因は,神経システムは一定の活動と変化の中にあり,それ自体が潜在的に記憶痕跡にノイズを付け加えることがあるという事実であろう。すなわち,遅延が長いほど,多くのノイズを生じることになる。

明らかに,そのような主張は,一般的干渉理論枠組みの中でもっと厳密な定義を必要とする。単純反応競合仮説が作用するのか,それとも,もっと可能性がありそうだが,ある程度の学習解除（unlearning）を仮定する必要があるのか——例えば,Anderson & Bjork（1994）が主張するように,学習と学習解除の過程が時間的変数を反映する——などの基本的な問題についての仮定を行う必要がある。モデルは一般的干渉と項目特定的干渉の相対的寄与に関する仮定も必要とする。つまりは,十分に決着の着いた,忘却についての理論が必要とされる。忘却は,近年それ相応なほど注意を受けてこなかった重要なトピックだが,幸運にも,この事態に変化の兆しが見られる（Rubin & Wenzel, 1996; Anderson et al., 2000）。

6.3.3　ワーキングメモリと新近性

では,弁別比仮説の意義とは何だろうか,そして,ワーキングメモリの概念にとっての忘却一般の理論の意義とは何だろうか。Nairne（2002）,Ward（2001）,Brownら（未公刊）によると,異なるタイプの記憶をカバーする共通原理が存在するならば,それらの記憶システム群が異なっていると仮定する必要はないことを意味する。しかし,システム群に共通の原理の存在は同一性の主張に**必要**ではあるが,やはり十分ではない。そうでないとしたら,Weberの法則が視覚,聴覚,嗅覚に適用されることから,それらは単一の統一的システムを構成していると結論されることになってしまう。すべての記憶システムは,符号化,貯蔵,検索の問題を解決する必要がある。これらの問題に対する類似した解法が異なるシステム群を通して現れるという事実は相当に興味深いが,システム群が他のすべての点で等価でない限りは,そのような知見は単純な単一性を意味しない。先に論じたいくつかの（心理学的研究,神経心理学的研究,神経イメージング研究からの）証拠を前提とすると,それは単一の統一的システムという1950年代の見解に回帰する,確実に大きな後退である。だが,それなら,長期記憶と短期記憶における新近効果を決定する,非常によく似た原理の存在をどのように説明できるのか。

Baddeley & Hitch（1974）は,互いに無関連な単語からなるリストの直後自

由再生を統制条件か，同時的二次課題の条件（6つのランダムな数字からなる系列を繰り返し聞いて再生する）のもとで調べた。同時的記憶負荷は系列位置初頭の単語のパフォーマンス（LTM を反映すると仮定される）を妨害したのに対して，新近効果には影響しなかった。新近性は同時的数字課題によって完全に占有された音韻ループシステムには依存しないとわれわれは結論した。他方，重度の健忘患者は，単語リストの直後自由再生において健常な新近性を示すようであり（Baddeley & Warrington, 1970），自由再生における新近性は LTM に単純には帰属できないことが示唆される。さらに，Shallice & Warrington（1970）は，新近性が音韻的 STM 欠損のある患者で著しく妨害されていることを示した。そのような患者は単に新近性方略を使えないだけだという可能性はないだろうか。Vallar et al.（1991）は，これを検証するため，極めて純粋な音韻的 STM 障害のある患者 P.V. における新近効果を研究した。われわれは2つの自由再生課題を用いた。1つは単語リストの標準的な直後再生を伴うもので，数秒の挿入活動によって除去できる新近効果を生じることが知られていた（Glanzer, 1972）。予想通り，妨害課題なしでも，P.V. は新近効果の証拠をほとんど示さなかった。第二の課題は，単純なアナグラムの解決を試みた後に，アナグラムの解答となる単語を予告なしに再生するよう求めるもので，頑健な新近効果を生じることが知られている課題であった（Baddeley, 1963）。これらの条件のもとでは，P.V. は健常な長期新近性を示した。

　このやや複雑な結果はどのように説明できるだろうか。Baddeley & Hitch（1977, 1993）によれば，ある項目や状況を符号化すると，その処理に伴うそれらの表象が自動的に活性化し，その表象のプライミングを生じ，後の再活性化を容易にする。特定のカテゴリー内での活性化の全体的に利用可能な容量には限界があるので，それぞれの項目の連続的な提示とプライミングは，関連カテゴリー内で過去にプライムされた項目の活性化レベルを低下させるだろう。そこで，新近効果は，最も新しくプライムされた項目ほど最も容易にアクセス可能であることを利用した検索方略から生じる。単純なアナロジーは，各項目の内的表象を電球のように働くものと見なし，活性化は電球が光ることに似ていると考えることである。いったん光ったら電球は熱を留め，その電球を再度光らせるのが容易になる。しかし，後続する電球の発光のたびにその熱のいくらかは奪われる。検索は電球の関連する接続端子群に対して電流の量を徐々に増やすことと理解される。結果的に，最も新近のものを最初に光らせることになる。電流を増すという検索過程は，適切で分離可能な電球の接続端子群を選び

出す能力に依存する。単純な電球アナロジーはあるタイプのモデルの持ち味を伝えることを意図したものであると強調すべきであろう。例えば，新近効果が何カ月にも及ぶとすると，単純な時間ベースの熱アナロジー以外の何かが明らかに必要とされる。

6.3.4 SIMPLE 仮説

ひとつの有望な候補は，Hulme et al.（2004）が Brown, Neath, & Chater による投稿中の論文*として引用した SIMPLE（尺度不変の記憶，知覚，学習：Scale Invariant Memory, Perception and Learning）モデルである。これは，再生の主要決定因として弁別性を重視する極めて野心的な一般的モデルで，系列再生に特に重要なものとして**時間的**弁別性を強調している（Hulme et al., 2004, p. 103）。時間は一次元であり，そのために，再生すべき項目に対して類似性を客観的に特定できるという方法論的利点がある。しかし，第3章で言及したように，このモデルは，直後系列言語再生における時間的分散に関するデータを説明することに難がある（Lewandowsky et al., 2006; Nimmo & Lewandowsky, 2005a, b）。

定数比の法則の普遍性は，SIMPLE がおそらくは自由再生についてより優れた仕事をすることを示唆する。しかし，私にわかる限りでは，SIMPLE はどちらかといえば複雑なモデルであり，未特定数の可変的な重みの刺激次元を伴っており，われわれの知識を増すための実り豊かな概念的ツールというよりは，後づけの曲線を当てはめる手段となる危険を生み出すように思われる。この決着については時が教えてくれるだろう。

しかし，われわれの基本的な言語的モデル**に立ち戻って，多様な新近性現象に適用することを試みてみよう。それはどのくらい有効なのだろうか。われわれの仮定では，プライミングの過程は自動的であり，エピソード的 LTM とは違って，同時的数字スパンなど，注意を要求する二次課題の負荷によって減少しない。そのため，Baddeley & Hitch（1974）の自由再生実験では新近性が保存されたのである。プライミングは複数の異なる表象レベル（音韻レベルを含む）で働くので，健忘患者の直後言語的自由再生では新近性が保存され（Baddeley & Warrington, 1970），STM 障害患者ではそれが失われていた〔と考え

---

* （訳注）　この論文は，後に *Psychological Review* 誌に掲載された。Brown, G. D. A., Neath, I., & Chater, N.（2007）. A temporal ratio model of memory. *Psychological Review*, 114, 539-576.
** （訳注）　計算モデルに対して，ことばのみによる記述モデルを指す。

ることができる〕(Shallice & Warrington, 1970)。したがって，予想通り，P. V. が古典的な直後自由再生状況において新近性を示せなかったのは，それが典型的には音韻的に活性化する語彙システムによっているからである。彼女の音韻貯蔵庫は障害を受けていたので，このシステムは用いられない傾向にあった。他方，長期的な意味的コード化は健常であったことを考えると，健常なプライミングを示すことはできるはずで，長期新近性は損なわれない。

6.3.5 複数の同時的新近効果

このことは，もちろん，長期記憶の異なる諸側面を反映する，多数の同時的な新近効果が潜在的に得られる可能性を意味する。例えば，一番最近出かけたパーティーと一番最近映画に行ったときや外国に旅行した機会は，どれもおそらく極めて容易にアクセス可能であり，最後から2番目かそれ以前の項目とは異なる。この可能性を研究したのが Watkins & Peynircioglou (1983) であった。彼らは被験者に明らかに異なる概念領域から選んだ課題を提示した（例えば，なぞなぞを解く，単純な行為を遂行する，食べ物，歌手などの指定したカテゴリーからお気に入りを言う）。したがって，被験者は好きな食べ物について尋ねられた後で，なぞなぞを解き，その後に指定された行為の遂行が続くといった具合であった。その後，被験者は，3つの課題から任意の順序で，できるだけたくさんの項目を再生するよう求められた。その結果，なぞなぞ，行為，好きな食べ物についての，3つの同時的かつ明らかに同等な新近効果が得られた。しかし，注意してほしいのは，完全に別個の領域を同定することが直接の課題ではないことである。例えば，動物，色，花などの意味的カテゴリーを交互に混ぜると単一の新近効果が生じる。このことは，Peterson の短期的忘却課題における PI の蓄積と PI からの解除と対照的である。Peterson 課題の場合，例えば，動物から色への切り替えは，順向干渉からの完全な解除を生み出す。そのため，新近性と Peterson 課題はやや異なる基盤を持つものと思われる。この論点には後で立ち戻るつもりである。

この時点で，Crowder の電信柱のアナロジーを少なくとも2つ以上の線路を含むように拡張する必要がある。おそらく，より優れたアナロジーは，経験を検索する試みには，適切な事例（例えば，映画館へのお出かけや海外旅行の事例）を喚起する検索手がかりを設定することが必要であろう。これらの手がかり群はそれぞれ潜在的に検索可能で弁別可能なイベントの配列を産出する。代案となるアナロジーは，平面上に散らばった，農場，村，都市を構成する建

造物群である。観察者に最も近い建造物は，より容易にアクセスされ同定される。遠くにある特定の建造物を同定し名前を言おうと試みる必要があるときには，その成功は，何よりもまず適切な群を同定し，次にその建造物を混同しやすい隣接建造物から分離することに依存する。新近効果は競合する建造物の関数としての相対的なアクセス可能性を反映するのに対して，定数比の法則は競合するターゲット群を区別する過程に関係する。Watkins & Peynircioglou (1983) の結果によれば，関連するターゲットが明瞭に分かれている場合には，それらは互いに干渉しない。

言うまでもなく，そのようなモデルは，決定規則だけでなく，時間をどのように表象するか，干渉は単純な項目間の競合の結果として起こるのか，それとも，さらなる抑制または学習解除過程を伴うのか（Anderson & Bjork, 1994）も含めて，適切な詳しい記述を必要とする。明瞭で分離可能な検索領域を構成するのは何かという問題も重要だが，調べられていないように思われる。したがって，多くの理論家は定数比の法則の重要性と一般性に賛成するけれども，このことは，単に，さらに精密な理論となるには何が必要かということに向けての第一歩を表しているにすぎない。

6.3.6 新近性とリハーサル

結論を下す前に，ワーキングメモリの理論全体の基礎を新近性に置く，Ward (2001) による野心的な試みについて考えてみるべきである。彼の述べる一連の実験は，Rundus (1971) の開発した技法を用いて，自由再生における機械的な言語的リハーサルの役割を研究したものである。被験者には，無関連な単語からなるリストを提示して，それらを提示中に声に出してリハーサルするよう求め，その後，自由再生を求めた。それから，パフォーマンスを，各々の特定項目に対する外的リハーサルの数とそれらの新近性の関数としてプロットした。これらの測度の組み合わせは，初頭効果と新近効果の両方についての優れた説明を与えた（Tam & Ward, 2000）。Ward は，統一的な一般的エピソード記憶モデル（General Episodic Memory model：GEM）を提唱した。これは，長期記憶データと短期記憶データの両方について優れた一般的説明をすると論じられた。

リハーサルが初頭効果において重要な役割を果たすということには私は賛成だが，自由再生で観察される広範囲の新近効果におけるリハーサルの重要性にはまったく確信を抱けない。Ward (2001) の提供した説明は，リハーサルの

回数と再生率の間に観察された相関に基づいている。このことは，(彼が示唆するような) 後の再生に対するリハーサルの影響と，どんな理由からであれ，容易に検索可能な項目がリハーサルのために選択されやすいという傾向との，どちらをも反映している可能性がある。検索可能性とリハーサル頻度の交絡があると，そのような相関をはっきりと解釈することが難しくなる。Wardが採用したRundusの方法では被験者に機械的リハーサル方略を強制することも，そのような結果の一般性に関して問題を生じる。というのも，自由再生において大部分の被験者が好む方略は，音韻的コード化ではなく，意味的コード化に頼ることだからである (Tulving, 1962; Kintsch & Buschke, 1969)。

　最後に，リハーサルの観点からの解釈は，新近効果が偶発学習条件 (被験者がリハーサルする理由がない) のもとで顕著であるという事実を説明することに難がある。例えば，Baddeley & Hitch (1977) は，名前を少年に属するか，少女に属するか，両方に属するかに関して分類するよう被験者に求めた。ある群は後で名前を再生することになっていることを知っていたのに対して，第二の群は知らなかった。どちらの群も同等の新近性を示した。同様に，駐車位置の想起における長期新近性の研究の場合には (Pinto & Baddeley, 1991)，テストを受けるために応用心理学ユニットを訪問した被験者が，数日または数週間前に駐車した位置をリハーサルし続ける必要があったと仮定する理由はない。

　それゆえに，Ward (2001) と私は，新近効果の重要性と検索における弁別の役割については一致するが，Rundusの外的リハーサル技法の価値，機械的リハーサルについての単純な測度に基づく結論の一般性については一致しない。

6.4　新近性の進化論的機能

　定数比の法則の適用範囲を考慮に入れれば，それには明らかに理論的な意義があるが，何らかの実用的な重要性はあるのだろうか。私は2つの関連する理由からそれがあると言いたい。何よりもまず，外界の事象の統計量は，ランダムではなく，クラスター化している。一頭の羊に出会ったなら，シマウマやペンギンではなくもう一頭の羊に出会いそうであり，また新聞でのフットボールの話題は，休日やローマ法王などの重要人物の話題と同じように，集中して現れる傾向がある。そのため，最近に起こった何かを期待するようにバイアスの

かかったシステム，すなわちプライムされるシステムを持つことには意味がある。しかし，そのようなプライミングはおそらく完全にパッシブであるのに対して，新近効果は使用したり回避したりするアクティブな方略に基づいている。そのような方略はなぜ心理学実験の被験者以外にとっても有効なのだろうか。

現代の生活においては，先に見たように，どこに自分の車を駐車したかを覚えておくこと，同じく，旅行しているときにホテルの部屋を覚えておくためには，新近性が役立つだろう。自分の部屋に戻るときに，先週いっぱい滞在した部屋（236，119，501，402号室）がわかることは，どれが最新のものかはっきりしていなければ，それほど役に立たない。さらに基本的には，かつて訪れたことのない都市のホテルの部屋で翌朝目覚めたとき，自分がどこにいるのかをどのようにして知るのだろうか。私の考えでは，すべての場合において新近性方略が用いられる。おそらく，昨晩を思い出すことから始め，それを使って過去数日にかけての自分の活動のパターンを組み立てる。それを順番に入れ子状になった一連の枠組みに適合させ，具体的なレベル（旅の理由など）と一般的なレベル（自分の職歴，家族，そして実際には，ライフヒストリー全体）で，系列全体に拡張できる。

また，われわれは次に何が起こりそうかに関する期待を持っているようだ。ホテルの例では，起床する，朝食を見つける，ミーティングの場所を確認する，後で自分が乗る飛行機に間に合うことを確認するといった予定通りの活動は，すべて部分的には長期新近性ベースの検索によってほぼ確実に誘導されるプランニングを反映する。そのことは，まるでわれわれが入れ子状になった一連の枠組みを持ち歩いているかのようである。すべては過去の経験に基づいており，あるものは昨夜いた場所などのエピソード的なものであり，あるものはホテルはどのように機能するかについての知識などの意味的なものである。健常な意味記憶とエピソード記憶を持っているなら，これらを用いて直後の行為を誘導し，将来のためにプランすることができる。この過程は，ほぼ確実に，ワーキングメモリにもLTMにも関与しており，前頭葉損傷のある実行機能不全の患者において典型的に損なわれる能力を反映する（第7章と第8章を参照）。

しかし，ワーキングメモリの働きだけでは十分ではない。優れたワーキングメモリ容量を持つが適切なエピソード記憶を欠いた健忘患者は，自分の人生を表現する持続的な構造を作り上げることができない。例えば，私の親戚の重度

の健忘患者は，ゆうに一年以上は同じアパートの同じ部屋に住んでいるが，まだ自分の部屋に戻る途中で自分がどこにいるのかを尋ねているし，健忘患者の特徴どおりに，わずか数分で自分が何をしようとしていたかわからなくなる。Tulving (2002) によれば，エピソード記憶は，「心的タイムトラベル」を達成する手段を提供し，過去に戻りかつての経験を思い出し，これを用いて将来についてのプランと予測を可能にする。私の考えでは，新近効果は，時間と空間上でわれわれ自身の方向づけを可能にするものであり，まさにそれに基づいて現在の自分の位置と将来への予測を知ることのできる基盤となる。新近性メカニズムがなければ，私の考えでは，時間上のどこにいるのか，そして，いったんいつも通りの日常から外に出たときには，空間的にどこにいるのかを知ることが極めて難しくなる。自分が今どこにいるのかがわからなければ，自分が将来どこにいるかを知るチャンスはほとんどなくなるので，永遠の現在に生きるよう運命づけられ，悲劇的にも Clive Wearing の事例が示したようになるだろう。彼は非常に才能のある音楽家だが，脳感染症の後に重度の健忘症になった。そのため，彼は数秒以上のことを覚えることができず，過去の記憶のほとんどない現在に捕われ，将来を予測する能力もない (Wilson et al., 1995)。

　結論として，新近効果が人間の記憶の研究の中で最も安定的かつ信頼できる現象のひとつであることに疑いはない。また，それが概して定数比の法則にしたがうことには広く同意が見られる。しかし，その解釈についてはそれほどの同意は見られず，Nairne (2002) などの一部の理論家は，それを一元論的記憶システムの証拠と見なしている。私自身を含む他の理論家は，それをいくつかの異なる記憶貯蔵庫を通して働くことのできるメカニズムで，複数の一般的な原理のひとつを反映するが，それ自体は一元論的システムではないと見ている。実際のところ，私は新近効果を典型的には2つのタイプの記憶に関するものと見なしている。すなわち，**潜在的**プライミング効果と**顕在的**検索方略である。そのようなプライミングは，極めて短期的な擬似感覚的エコイック貯蔵庫 (Glucksberg & Cowan, 1970) からエピソード記憶 (Pinto & Baddeley, 1991) と意味記憶 (Watkins & Peynircioglu, 1983) の双方にわたる，いくつかの記憶システムにおいて起こるだろう。方略の選択と実施は中央実行系に依存するだろう。ワーキングメモリのこの成分を次に考察しよう。

第7章

中央実行系を細分化する

　われわれが中央実行系と名づけた成分が，三成分ワーキングメモリモデルの最も重要なサブシステムであり，また，最も困難な課題を提供することは疑いない。実行系を分析する私の最初の試み（Baddeley, 1986）は，やや暫定的な章ひとつだけだった。現在の私の試みは，本書の少なくとも半分に影響を及ぼしている。これは中央実行系がどのように機能するかが今では理解されているからである，と主張できたらすばらしいだろう。残念ながら，意外ではないが，これは事実ではない。一方で，中央実行系の理解に関するいくつかの領域では相当の進歩があった。しかし，この研究のごくわずかを論じることでさえ，このトピックに対する私自身のささやかな貢献をはるかに越える大きな仕事となる。容量限界のある中央実行系の概念と特に関連するのは，Cowan（2005）の，約4チャンクの情報を保持できる，容量限界のある注意の焦点の仮定である。われわれはともにこの見解をワーキングメモリの複数成分モデルと完全に合致するものと見なしている。Cowanと私は基本的におおまかなところでは一致しているが，強調点が異なる。おそらく，経歴上の理由から，私は短期貯蔵を重視し，神経心理学的証拠の影響を受ける傾向があるのに対して，Cowanは注意の焦点の役割と発達的アプローチを強調する。彼の卓越した本（Cowan, 2005）は，ワーキングメモリにおける注意の容量の役割について，ここで提供するよりもずっと完全な説明を提供するものとして推奨できる。Shalliceの研究（Shallice & Burgess, 1996）もおおまかに合致するが，これは私自身よりもずっと詳細な細分化（fractionation）を試みており，神経心理学的アプローチ，神経イメージングアプローチ，計算論的アプローチにもっと大きく依存している。最後に，実行制御に関しては多数の増加しつつある神経生物学的文献があり，これはStuss & Knight（2002）の『**前頭葉機能の原理**』（*Principles of Frontal Lobe Function*）によく表されている。

　しかし，次の3つの章の目的は，中央実行系の概念をさらに肉づけする私自

身の試みを述べるというずっと控えめなものである。それらが基盤とするアプローチ（Baddeley, 1996）は，重要な実行成分過程として4つの候補を同定している。すなわち，注意を焦点化する能力，注意を分割する能力，注意を切り替える能力，ワーキングメモリと長期記憶のリンクを提供する能力である。これらのうち最初の3つを本章でカバーし，4つめを第8章と第9章で扱う。この概観を始める前に，中央実行系の基礎的仮定についての背景的証拠をまとめたい。

　私は，かつて，実質的にホムンクルス（すべての重要だが困難な意思決定を下す，頭の中の小人）である実行系を作り出したという罪を認めた。このことに対する私の弁明は，Attneave（1960）が主張したものと同じである。ホムンクルスが遂行する機能の記述に挑むのであれば，われわれは分割統治（divide and rule）という方策を打ち出すことで，これらの過程のそれぞれがどのように遂行されるかについてもっともらしい説明を系統的に試みることができる。ホムンクルスをだんだんと不要なものにしていくこの方略は，完全に彼なしですませられるようになって終わることを期待する。われわれは確実に，現時点ではそうできない。しかし，私はどのようにしたらこれが達成できるかだけは次第に明らかになりつつあると思う。したがって，この後に続く章は，ホムンクルスの年金生活に向けての試案と見ることができる。

7.1　ゴミ箱としての中央実行系

　Baddeley & Hitch（1974）の論文以降の少なくとも最初の10年は，われわれは主に音韻サブシステムと視空間サブシステムに専念した。これは，単純に，それらが実行系よりもずっと扱いやすい課題を提示しているように思われたためである。特に大胆な方略ではないが，私はそれが短期的には十分に適切に機能すると主張した。しかし，Baddeley（1986）で認めたように，諸問題に対して，それらをどのように扱うかに関する仮説すらなかったし，実行系を繰り返し参照することがわずらわしくなっていった。このため，私はNorman & Shallice（1986）の監督的注意システム（SAS）モデルを実行系の潜在的な枠組みとして採用した。しかし，この枠組みをワーキングメモリモデル内で建設的に用いない限りは，中央実行系の概念に訴えることは，問題の現象がやや柔軟な注意限界のある制御システムに依存することを指摘するにすぎないと言

える。明確に定式化された実行系のモデルがないことから起こるひとつの問題は，誰かが適当な構造を考案してそれに中央実行系というラベルをつけた上で，中央実行系の適切さへの反論に取りかかる危険性があることである。実行系に画一的な地位を仮定することは，「中央実行系が単純な一元論的システムであるとは証明できそうにない」（Baddeley, 1986, p. 253）という主張にもかかわらず，〔そのような反論の〕ポピュラーな例である。Kimbergらは，「定義により，中央実行系は一元論的である」（Kimberg et al., 1997, p. 187）と宣言しているが，おそらく，これは実行系が単数名詞であるという理由からである。同様の論法が正しければ，政府という用語は定義により単数であるので独裁政権を意味するとの結論が導けるだろう。Kimbergと同様の路線は，Parkin（1998）に採用され，Baddeley（1998a）に否定された。私の仮定では，中央実行系は，ワーキングメモリの他の成分と同様に，下位成分に分割することができる。しかし，複数成分モデルが発展し続けるとすれば，中央実行系の性質と機能に取り組むことは極めて重要である。

7.2 実行過程と前頭葉

近年，実行機能について行われた研究の大部分は，実行機能を前頭葉の中の推定上の解剖学的部位と関連づけている。前頭葉損傷を持つ患者からのデータは，SASモデル（Shallice, 1988）の発展とワーキングメモリモデルの一部分としてのその応用（Baddeley, 1986）に重要な役割を果たした。実行過程は前頭葉機能に大きく依存するという仮定は，以来，圧倒的な支持を受けている（レヴューとして，Roberts et al., 1998; Kane & Engle, 2002; Stuss & Knight, 2002 を参照のこと）。

7.2.1 実行機能不全症候群

両側性の前頭葉損傷のある患者の単一事例研究が最も強力な証拠を提供する。例えば，R. J. を考えてみよう（Baddeley & Wilson, 1988）。彼が多大な両側性前頭損傷を被ったのは，馬運搬トラックに追突した後であった。数日間の無意識状態の後，彼は次第に回復した。R. J. は土木技師で発病前の推定 IQ は 120 だった。彼の言語〔能力〕は十分に保存されており，視覚的記憶スパンと言語的記憶スパンも同様であった。彼は優れた社会的スキルとすばらしいユー

モアのセンスを持っていた。彼の LTM は損なわれ，過度の作話傾向があった。彼は自分の事故について入念で完全に誤った回想をし，自伝的記憶のテストでは，多数の奇妙な「回想」を生み出した。例えば，彼はおばに対して自分の兄弟のロビンの死についての手紙を書いたと述べた。さらに尋ねると，彼は兄弟であるロビンが自分を訪問し続けていることを認めたが，これはロビンとも呼ばれていたもっと幼い子どものことであったと示唆した。彼の作話は日に日に変化したが，それらを強く信じているという証拠をいつも彼は挙げた。例えば，ある週末，家で彼はベッドにいる妻に向かって，なぜ皆に自分たちが結婚しているといつも言っているのかと尋ねた。彼女が自分たちには複数の子どもがいると強く言うと，彼はそれは必ずしも自分たちが結婚したことを意味しないと指摘した。結婚式の写真を見せると，彼は新郎が自分に似ていることは認めたが，それが実際に自分であることは否定した。このことは持続的な妄想ではなかったが，彼が後に否定したひとつの作話エピソードである。

　前頭葉患者の特徴のひとつは，保続（perseverate）の傾向である。頭部損傷を受けた事故の説明をする際に，R. J. は自分がぶつかったトラック運転手との長々とした会話を含め，それぞれが礼儀正しく責任を認めたとした。

　　R. J.：「私は残念ながら自分の過失だと思います」
　　トラック運転手：「いや，確かに私に責任がありました」
　　R. J.：「ええ，でも本当は私にありました」
　　トラック運転手：「いいえ。私が責められるべきだと言っておきます」
　　R. J.：「でも，私は疑いなく間違いを犯しました」などなど。

　約 10 個のこれらの会話の後に，彼は最終的にループを抜け出して，話を続けた。逆説的になるが，保続傾向とともに，このような患者は容易に他に気を取られやすく，ときに利用行動（utilization behaviour）と呼ばれるものの証拠を示す。利用行動とは，社会的にどのくらい適切かにかかわらず，ある対象を見ただけでそれを利用することが促されることである。例えば，たまたま机の上に置いてあった櫛を手に取って使ったり，検査員のお茶のカップに顔を近づけて飲んだりする（第 17 章も参照）。

　Norman & Shallice のモデルは，行為が 2 つのレベルで制御されると仮定することで，この障害のパターンを捉える。われわれの行動の大部分は，過剰学習した既存のスキーマに依存しており，これらのスキーマは概して刺激によっ

て制御されている。緊急時の新規な行動や行為は，第二の過程である監督的注意システム（SAS）によっている。これは，正常な場合，望ましくない行動を導くような習慣的行為を封じることができる。SASは利用可能な習慣的反応がない環境のもとで適切な解答を探索することもできる。このモデルとその後の拡張には本章でこの後に立ち返ろう。しかし，そうする前に，前頭葉の構造と機能についての推論に基づいて，これまでに提示されてきた多くの他の定式化の一部を手短に述べておくことには，価値があるだろう。

7.2.2 神経解剖学的アプローチ

ワーキングメモリにおける実行制御の有力な説明を提示したのが Goldman-Rakic（1988）である。この研究は，単一細胞記録を用いて覚醒時のサルのワーキングメモリを研究した実験に基づくものであった（Fuster & Bauer, 1974; Funahashi et al., 1989）。彼女が前頭葉に同定した細胞は，遅延反応前に手がかりを与えられた位置をサルがきちんと覚えているときにのみ活動が見られた。彼女は他のタイプの感覚情報をコード化する細胞を他にも見出し（例えば，形態 vs 位置），多くの認知機能に貢献するオンラインの情報処理や行動のためのシステムとしてワーキングメモリのモデルを提唱した。彼女の主張によれば，ワーキングメモリは複数の自律的な下位区分（それぞれが実行制御システムを伴う）にまたがる相互作用によって表現される。これによって，システムは行動の注意次元，記憶次元，運動次元，そして，おそらくは感情次元を統合することができる。

人間に拡張するならば，このモデルは，例えば，音韻ループがそれ専用の中央実行系を持つと主張しているように思われる。このことは，神経心理学的データにも，健常な機能に基づくデータにも単純には合致しないであろう。どちらのデータも，音韻過程と実行過程の明確な分離を示唆するからである（ただし，もちろん，両者は相互作用する）。Goldman-Rakic の主張と私自身の主張の強調点の違いは，分析のレベル（単一細胞記録 vs システムレベルで分析された複合的な行動）から起こるのではないかと私は考えている。

一般に，神経心理学的証拠も神経イメージングの証拠も，モダリティーではなく，機能に基づく体制化を支持しているようだ（Tulving et al., 1994; Owen, 1997; Smith & Jonides, 1997）。提示モダリティーと処理の性質との区分けは，言語処理の場合に特に明らかな例証となる。言語処理の場合には，例えば，視覚的に提示された文字は音韻的に符号化される傾向にあるが（Conrad, 1964），

話し言葉の系列が視空間的に符号化される場合もある（Brooks, 1967; Baddeley & Lieberman, 1980）。Goldman-Rakic の単一ユニット記録研究は，もちろん，サルについて行われたものだが，サルの場合，音韻ループは，もしあるとしても，記憶パフォーマンスにおいて主要な役割を果たさないであろう。

しかし，Goldman-Rakic の研究が，サルについてのエレガントな神経生理学的研究を人間の認知心理学および神経心理学からの概念および技法と結びつけ，ワーキングメモリの研究に対して大きな肯定的な影響力を持っていることには疑いはない。動物研究，神経心理学的研究，神経イメージング技法を用いた研究に基づいて前頭葉の機能を理解することには，相当の進展がある（そのような進展の優れた例については，Roberts et al., 1998 を参照）。

7.2.3 実行制御の計算論的モデリング

神経心理学的データと計算論的モデリングを組み合わせることによって，初期のモデルを洗練させ，発展させ続けるアプローチがある。この優れた例は，Norman & Shallice（1983）モデルの継続的な発展であり，Cooper, Shallice, & Farringdon（1995）によって計算論的にシミュレートされている。彼らによれば，システムに「ノイズ」を加えると，前頭葉に対する損傷の効果をシミュレートし，前頭葉損傷のある患者に見られる行為不全（action disorganization）や利用行動という神経心理学的症候群に相似した行動を引き起こす（L' Hermite, 1983）。Shallice（2002）は，監督的成分が作用する仕方を今まで以上に詳細に特定することを試み，4つの時系列的な段階と8つの異なる過程から成る3つの主要なステージを含んだ複雑なモデルを提供した。システムの中核にあるのは，われわれが方略と考えているものに現象的に対応する，新たな一時的スキーマの生成と実装である。そのようなわけで，それらは Miller et al.（1960）が「プラン」と呼ぶものに相当する。

Shallice（2002）のモデルの大要を図7.1に示した。ここでは，ステージ1は，一時的な新しいスキーマの構築を担当する。その下位過程は目標設定とスキーマの生成を含み，それらの下位過程は同様に，エピソード記憶からの検索と長期的方略による影響を受けるだろう。ステージ2は，「特殊目的のワーキングメモリ」に保持された新たなスキーマを駆動させる。これら新たなスキーマは，続く第三のステージで評価と検証を受け，その結果，認証され使用されるか，または棄却されてスキーマ生成段階が繰り返される。

モデルの働きは Brixton の空間的予期検査——前頭葉損傷の効果に敏感な

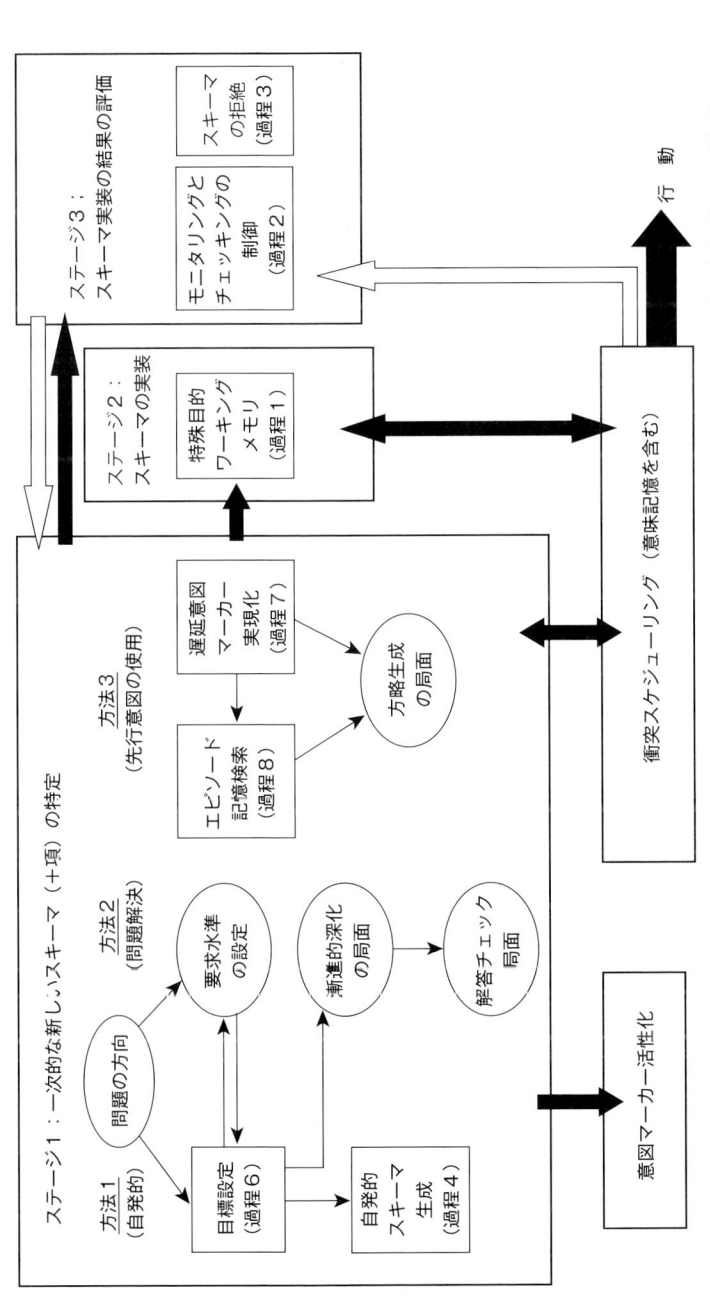

図 7.1 Shallice & Burgess (1996) の開発した監督的システムモデル マーク II。図のすべて（衝突スケジューリング成分を除く）が、監督的システム（衝突スケジューリングを除く）の処理にかかわっている。監督的システムの働きの異なる段階を表す大きな長方形の中では、監督的システムの働きの時系列的に異なった段階を右円によって表した（D. T. Stuss & R. T. Knight (Eds.) *Principles of Frontal Lobe Function*. New York, Oxford University Press. p. 263 の中の Shallice (2002). Fractionation of the Supervisory System から転載）。Oxford University Press と Royal Society からの許諾を得て再掲した。[訳注：Shallice (2002) には、この図にはメタ的な位置づけになる過程5を含めないということが記されている。]

ウィスコンシン・カード分類課題の非言語版――でのパフォーマンスによって示される (Burgess & Shallice, 1996)。この課題は，5×2 に配列された円で構成される。円の1つは塗りつぶされており，残りは塗りつぶされていない。被験者はどの円が次に塗りつぶされるかを判断しなければならない。これは，8つの異なる抽象的な規則の1つによって決定される過程である。例えば，次の円は真下であったり，または，2つの円の間で交互になったりもする。この課題は次の3つについて得点化される。(a) 正反応の数，(b) 統制群の被験者は決してしないようなタイプの奇妙な反応の数，(c) ある時点で規則がなお有効に機能しているときにその規則を切り替えてしまった数，である。測度aとbは互いに高い相関を示すのに対して ($r = 0.6$)，cはaとも ($r = 0.13$) bとも ($r = 0.13$) 相関しない。しかし，前頭葉損傷のある患者では，ウェクスラー成人知能尺度の知能検査のパフォーマンスは一致させた，より後方に欠損のある患者と比較すると，3つすべての測度で劣っていた。Shallice & Burgess の示唆によれば，正答数も奇妙な反応の数も方略生成の失敗を反映しており，ステージ1での障害を意味したのに対して，得点cはステージ2でスキーマを駆動させるときの失敗を反映する。

7.3 ワーキングメモリと実行過程

認知心理学者として，私は，より神経生物学的な，または，より計算論的なアプローチを補完するような形で実行過程の理解にある程度貢献できるはずだと感じている。私自身の場合には，明確な診断がなされた前頭葉欠損のある患者や便利な地元の神経イメージング設備へ容易にアクセスできないので，主に健常被験者に専念し，アルツハイマー病 (Alzheimer's disease：AD) に罹患した患者の研究も行っている。ひとつのアプローチ (Baddeley, 1996) は，第一原則に戻って，実行システムなるものが効果的に機能するために必要とされる過程を同定しようとするものであった。そのような下位過程を同定した場合には，次に，それらがかかわると期待されるいくつかの課題を見つけることにした。仮定される実行過程群が実際に必須であるとしたら，それらはモダリティーを超えて作用し，いくつかの状況と課題に適用可能なはずである。私は候補となる4つの過程を同定した。すなわち，注意を焦点化する能力，2つの同時課題の間で注意を分割する能力，ある課題から別の課題へ注意を切り替え

る能力，最後に，ワーキングメモリとLTMを統合する能力である（Baddeley, 1996）。最初の3つは以下で論じ，4番目は次の章へと後回しにする。注意の研究は，もちろん，大規模に研究されてきた領域である（最近の概観については，Pashler, 1998を参照）。以下は，この大規模かつ高度に発展した領域のレヴューではなく，単に，注意の研究と中央実行系の分析の間に大いに必要とされる懸け橋を作ろうとする，私自身の試みの説明である。

7.4 限界のある容量を焦点化させる

注意を方向づけ，焦点化させる能力は，おそらく，ワーキングメモリの最も重要な特性である。このシステムが容量限界を持つという証拠は一般に抗しがたいが，高度に制約された特定の条件のもとで，2つの複合的な課題が同時に遂行されることを否定するものではない。このよい例は，Allport et al.（1972）の実証である。それによると，あるエキスパートのピアニストは，散文を追唱しながら，同時に明白な干渉はほとんどかまったくなしに楽譜を初見で演奏した。Norman & Shallice のモデルの観点から考えると，これら両方の課題は，少なくともこの被験者では，高度に訓練された既有スキーマ群を用いて実行でき，それらは監督的注意システムに対する少ない負荷で交互に配置できると仮定される。あまり熟達していないピアニストは干渉を示すことは，ほとんど疑いないと思われる。

7.4.1　複合的な課題の注意制御

注意制御容量の限界を示す多くの実証の中から，Robbins et al.（1996）による，中程度と高度に熟練したチェス選手のパフォーマンスの研究について考えてみよう。これを促したのは，Holding（1989）による研究であった。Holding は，3つずつの数の逆唱はチェス位置の保持と干渉することを明らかにし，このことは言語的コード化の重要性を反映すると結論した。われわれはこの解釈を疑問に思い，二重課題法を用いて他の仮説を検証した。中程度の選手と高度に熟練した選手の両方が，統制条件のもとでか，ワーキングメモリの3つの成分のそれぞれと干渉するよう作られた一連の同時的二次課題のいずれかを遂行しながら，短時間に提示された位置を保持することを試みた。構音抑制を用いて音韻ループを妨害し，空間タッピング課題を採用して視空間スケッチパッ

ドを妨害し，数字の系列をランダムに生成することを用いて中央実行系を妨害した。予想の通り，記憶パフォーマンスはチェスのスキルと高い相関を示した。しかし，熟練者群も初心者群も，二次課題からの同じ妨害パターンを示した。すなわち，構音抑制からの妨害はなく，空間タッピングから中程度の妨害が見られ，大きく低下したのは言語的ランダム生成を求めたときであった。これらのことは，先の Holding の結果は，彼が主張するような言語処理の妨害ではなく，数の逆唱による実行負荷を反映していたことを示唆する。

　第二実験は，初心者と熟練者にゲーム中盤からの位置〔／盤面〕を提示して，最もよい次の手を選ぶことを求めた。再度，パフォーマンスはチェススキル評定と相関を示し，今度も構音抑制による影響は受けなかったが，空間タッピングとランダム生成の両方によって妨害された。実際には，同時的ランダム生成の要求は，被験者が何とか適切に遂行することができるように，その生成速度を低下させねばならなかった。大体同等の結果，すなわち，言語的コード化の証拠はほとんどなく，視空間的スキルと実行スキルに依存するという結果は，Saariluoma (1995) によるチェスの認知心理学に関する大規模な研究の一部としても報告されている。

　容量限界のある注意システムという概念は，少なくとも，認知心理学と同じくらい古い (Miller, 1956; Welford, 1956; Broadbent, 1958; Fitts & Posner, 1967; Neisser, 1967)。しかし，課題が難しいほどその注意負荷が大きくなるとは単純にはいえない (Allport et al., 1972; Logie et al., 2004)。例えば，われわれのチェス研究の続きでは (Baddeley & Robbins, 未公刊データ)，被験者にゲーム中盤を短期的に見て白と黒のどちらが優勢かを判断する課題を与えた。これはまったく困難な課題で，チェスの技能と相関があった。しかし，パフォーマンスは大きな同時的負荷によって妨害されなかった。われわれの仮定では，これは，位置の系統的な分析を遂行するのに十分な時間がないために，その結果，被験者が自動的なパターン認識ベースの位置判断に頼らざるを得なくなったものと思われる。判断に利用可能な時間の量を減らしてもパフォーマンスに影響が見られないというわれわれの観察は，この仮定と一致する。

7.4.2　練習と自動性

　進行中の実行負荷と交互作用する第二の変数は，練習の程度である。刺激独立的思考 (stimulus-independent thoughts) ——とりとめがないことを考える傾向——の研究において Teasdale et al. (1995) が明らかにしたところでは，

なじみのない課題の遂行はそのような思考を十分に妨げるのに対して，さらに多数回の練習試行の後に同じ課題を遂行するとその効果はなくなった。こうした結果は，刺激－反応マッピングの限られたセットの反復経験は，当該の課題の注意負荷を減少させるという，Schneider & Shiffrin（1977）の古典的な実証とも一致する。囚人（おそらくは，練習する時間を持て余している）を用いた課題において，Mowbray & Rhoades（1959）は，Hick の法則に対する長期的な練習の効果を調べた。この法則にしたがうと，できるだけすばやく反応するよう求める課題の場合（例えば，関連する光に反応してキーを押す），反応時間は刺激－反応の選択肢数とともに対数的に増加する。Hick によれば，この関数の傾きは，被験者が情報を処理できる速度を示している。しかし，十分な練習の後では，囚人たちは傾き 0 に達した。十分な練習があれば，習慣ベースの自動的な過程がそれまで以上に効率的になるため，注意制御に対する負荷は最小限度になると思われる。

　だが，問題を複雑にするもうひとつの要因は，採用される方略である。動物などの意味的カテゴリーから事例を生成する能力は，実行負荷を伴う課題であると思われる。それは前頭葉損傷に極めて敏感であり（Milner, 1964），選択反応時間（Baddeley et al., 1984b）やランダム生成（Baddeley et al., 1998a）などの同時課題によって容易に妨害される。Rosen & Engle（1997）の発見によれば，予測通りに，高いワーキングメモリスパンを持つ被験者は，この課題で高い得点を取り，同時課題を遂行することを求められたときに明確な減少を示した。しかし，逆説的なことに，低いスパンの被験者は，二次課題による混乱をまったく示さなかった。このことは，おそらく，高スパンの被験者と違って，低スパンの被験者は統制条件のもとでさえ注意に負荷をかける方略を用いていなかったためである。方略の問題は，ワーキングメモリ文献に広く浸透している（ワーキングメモリシステムの本質がその柔軟性にあるため）。しかし，方略による説明は，実際のところ，都合の悪いいかなる実験的発見に対しても，後づけの説明を可能にするかもしれないと批判できる。そのような説明がずっと大きな説得力を持つのは，それらを支持する後の研究が顕在的に方略を統制しているときである（例えば，Hanley & Bakopoulou, 2003）。

7.4.3　ランダム生成

　Norman & Shallice の SAS モデルを採用することから得られる予想外の利点は，ランダム系列を生成する能力についての先行データを説明できることで

ある。ランダム生成は極めて負担の大きな課題であることが明らかになっている。ランダムな文字の系列を産出するように求められると，例えば，被験者は一部の文字を他の文字よりも好んで用い，アルファベット順の系列を非常に多く産出し（AB, RS, XYZ），AAやRRなど，すぐ隣の繰り返しを避ける傾向にある（Towse, 1998; Tune, 1964）。そのようなランダムさからの逸脱は，生成速度とともに増加するし，二重課題条件における二次課題の負荷の程度によっても増加する（Baddeley, 1966c）。ランダム生成は，より慣習的な刺激-反応の枠組みの中で解釈しようとする初期の試みではうまく説明できなかったが，Norman & Shalliceのモデルによる解釈には適しているように思われる。このモデルは，身にしみついた習慣に基づいて反応することとSASが介入する能力との区別に基づく。したがって，一連の文字列を産出せよという教示の場合，アルファベットの暗唱スキーマを用いることや，USAやCIAなどの一般的な頭文字語を産出することが自然な傾向である。しかし，系列をランダムにせよという教示の場合，明らかに，そのようなステレオタイプ化された系列を避ける必要があるので，容易に検索されるものと最適なものとの間に対立が生じる。そのため，ランダム生成の性質を調べることは，行為の実行制御にかかわる根本的な過程に光を当てる可能性を与えるだろう。

　後の一連の実験において，われわれはこの問題に取り組むために，文字や数字情報の言語的生成から離れて，10個のキーの配列をランダムに押す課題を選んだ（Baddeley et al., 1998a）。これには2つの理由があった。第一の理由は実用的なもので，キーを押す手続きは被験者が反応を直接的にコンピュータに入力するので，分析が簡単になるためである。第二の理由はより理論的に方向づけられたもので，実行過程は比較的にモダリティーとは独立であるというわれわれの仮定に関連する。もしそうなら，被験者が数字や文字の系列を発話していたのか，キー系列を押していたのかにかかわらず，ほぼ同様の現象が観察されるはずである。

　そのため，われわれの最初の実験は，0～9の数字か，両手の形に合うように配置した10個のキーのいずれかを用いて，生成される反応系列の冗長性に対するランダム化速度の影響を検討した。言語的生成の方がいくぶんよりランダムであったが，生成速度の効果は同等であり，生成が速いほど統計的によりランダムでない系列を生じた。初期の研究と同様に（Baddeley, 1966c），スピードが増すにつれて，ステレオタイプ化した反応の数が多くなることも見出された。キー押しの場合には，好まれる系列は，何よりもまず，他方の手で同

種のキーを押した後に，同じ手で隣接するキーを押してから，反対の手で隣接するキーを押すことであった。われわれはランダム化キー押し課題を同時的言語課題と組み合わせて，ランダムさの程度が同時課題要求に敏感かどうかを調べた。このことは，確かに事実であった。意味的カテゴリーから項目を生成するという負荷は，注意を要求する（Baddeley et al., 1984b）とともに前頭葉損傷に敏感である（Milner, 1982）ことが知られている。同時課題として，意味的カテゴリー生成は相当にキー押しのランダムさを減らした。同時に知能検査を遂行するという負荷はさらに妨害をもたらした（Baddeley et al., 1998a）。

　この時点では，われわれは，どちらかといえば一般的に，生成と他の重要な認知課題の両方で必要とされる特定的な実行成分の観点から考えていた。このやや曖昧な仮説の検証を試み，われわれはキー押しによるランダム生成と乱数系列を言語的に生成するという負荷を組み合わせることにした。これにより，仮定される特定的な成分の劇的な過負荷とパフォーマンスの破綻を生じることが期待された。われわれは驚いた。組み合わせたとき，キーボードランダム化は，言語的カテゴリー生成と組み合わせた場合に起こるのと大体同じ程度に損なわれたが，乱数生成はごくわずかに妨害されただけだった。

　この予想外の結果を説明するために，われわれは関与する過程についてもっと詳細に考えざるを得なかった。ランダム生成は，少なくとも4つの過程を伴うとわれわれは考える。すなわち，「検索プラン」を選択すること，検索プランを実行すること，ステレオタイプや繰り返しを避けるために出力をチェックすること，そして必要であれば別の検索プランに切り替えることである。いったん検索プランが特定されると，検索過程そのものは比較的に労力を要さないという証拠がある（Baddeley et al., 1984b; Craik et al., 1996; Naveh-Benjamin et al., 2000）。さらに，言語的検索プランと運動検索プランはかなりの程度まで相互に干渉しないと仮定するならば，課された負荷は切り替え段階かチェック段階のいずれか，または，その両方に効果を及ぼすものだろう。これらの段階はどちらも反応した後に起こる。そのため，これらのいずれかの過程の妨害は，即座には劇的な混乱を起こさない。プランの切り替えが十分に頻繁に行われない場合には，単に出力の冗長性が増加する。被験者のコメントによれば，言語的生成におけるステレオタイプ化された系列とランダムさからの逸脱は，キー押しの場合よりもずっと気づきやすかった。実際，一部の被験者は，負荷の大きな同時課題を遂行せよという要求はキーボード生成を**容易にする**と（誤って）主張したが，これは言語的生成では主張されたことのないもので

あった.そのため,被験者はそれほど目立たないキー押し課題を犠牲にする代わりに言語的生成をモニターし維持していたものと思われる.

われわれは自分たちの切り替え仮説を検証することに決め,キーボード生成とそれ自体頻繁な切り替えを伴う課題とを組み合わせた.このことは,切り替え成分を妨害するので,切り替え自体は大いに予測可能であっても生成パフォーマンスは劇的に阻害されると論じた.一般的に用いられる神経心理学的課題である追跡検査(Trails test:課題切り替えを測定すると仮定される)に基づく課題が選ばれた.この課題は,一枚の紙の上に散らばった数字や文字からなる配列を含む.基本条件の追跡Aでは,被験者に数字か文字のいずれかを提示し,最初の項目(例えば,数字の1)から始めて,それを鉛筆で数字の2につなぎ,この方針を続けて昇順に数字をつないでいくように教示した.文字の場合には,被験者はAから始めてアルファベットに沿って進む.追跡Bの切り替え条件では,被験者に数字と文字からなる混合配列を見せて,Aで始めて1につなぎ,その後にBにつなげてから2を加えるというように交互に追跡することを求めた.キー押しによる生成を研究していたときと同様の比較を行うため,口頭反応による追跡検査の言語版を考案した.この追跡検査の言語版では,被験者はアルファベットの文字を復唱するか,数を数えた.重要な追跡切り替え条件では,A,1,B,2,C,3,などのように発話系列を交互に産出することを求めた.この言語的交替課題をキー入力によるランダム生成と組み合わせると,非常に大きなランダムさの減少が見出された.われわれはこの結果を,追跡課題の切り替え成分がランダム生成の切り替え段階を妨害するという仮定と一致すると見なした.このため,今度は,注意を切り替える能力は基礎的で分離可能な実行機能を表しているという仮説が導かれた.われわれはこの仮説を検証することに着手し,二重課題方法論を再び用いた.

7.5 課題切り替えと中央実行系

1927年,Jersildは,ある課題から別の課題へ切り替える際の注意コストを測定することを試みる,大規模な一連の実験を公刊した.典型的な実験は,数字対からなるリストを提示するもので,ある条件では被験者に2つの数字を加算するか,第二の数字を第一の数字から減算することを求め,また,他の条件ではある数字対から次の数字対で加算と減算を交互に行うことを求めた.切り

替えはパフォーマンスをかなり遅延させることを彼は発見した。意外にも，彼の研究は Spector & Biederman（1976）が計算課題切り替えパラダイムを再導入するまで，ほぼ半世紀も無視されていた。とりわけ，Spector & Biederman のパラダイムでは，単に被験者に交互にするよう教示するのではなく，反応シートに適切なプラスとマイナスの手がかりを与えることで，切り替えのコストが（取り除かれないとしても）かなり減少することが実証された。

7.5.1　切り替えと中央実行系

　それからほぼ20年が経って，この問題は，Allport et al.（1994）による影響力の大きい論文で再び取り上げられた。彼らは，課題切り替えは注意負荷の大きな過程であり，容量限界のある実行制御システムに依存しているという広く支持された見解に直接的に挑戦した。この見解に今度は Rogers & Monsell（1995）が挑戦した。彼らの発見によれば，被験者は適切な手がかりとこの情報を処理する十分な時間があれば，切り替えのコストを減らすことができる。これは後に極めて活発な研究領域となり，切り替えは単一実行機能の働きを反映するという主張が楽観的に過ぎることが明らかにされている（最近のレヴューについては，Monsell, 2005 を参照）。しかし，ここでの目的のため，この複雑で発展しつつある文献をレヴューするのではなく，われわれ自身の一連の実験に注目したい。これらの実験は，課題切り替えを支えるメカニズムに多くの光を投げかけることには成功していないが，われわれ自身のワーキングメモリの概念化に貴重な修正をもたらした。

　中央実行系の中で切り替えに特化した成分の可能性を検討するわれわれの試みでは，印刷された項目リストの中で交替を要求する，極めて基礎的な Jersild パラダイムが用いられた。われわれは臨床的に使用できる課題を求めており，最小限の装置と，健常被験者と認知症の患者との両方が容易に理解でき，簡単に遂行できる課題を必要とした。われわれは頑健な結果を見出せる単純な紙と鉛筆の課題を選んだ（ただし，この課題では，より洗練された技法では可能になる，個々の反応の詳細な測定はできない）。この課題では単純に，被験者に数字を縦にならべて提示した。ある条件では，要求はそれぞれの数字に1を加えることであり，第二の条件はそれぞれから1を引くことを伴ったのに対して，重要な切り替え条件は，加算と減算の交替を要求した。それぞれの数に適切なプラスとマイナスの記号を付加したときにも，明確な切り替えコストの証拠が見出された。切り替えのコストはアルツハイマー病患者で特に高いこと

が見出された。われわれは健常被験者を用いて，より詳細にこの課題を調べることに決め，いくつかの二次課題を遂行しながらの切り替えを検討した（Baddeley et al., 2001b）。

われわれの最初の実験は，プラスとマイナスの記号の有無の効果を検討したもので，この記号の操作を先に述べた言語的追跡課題の同時遂行と組み合わせた。われわれの推測では，実際に切り替えに特化した実行成分があるとすれば，この成分には，計算課題と言語的追跡課題の両方を同時に切り替えることによって劇的に過負荷がかかるはずである。

われわれは，計数の成分が主たる課題に含まれる加算や減算と直接的に大きく干渉することが心配だったので，先の1-A-2-B-3-C課題を使わないことにした。その代わりに，2つの熟知したセット，すなわち，一週間の曜日と一年の月名からの項目の復唱を求めた。したがって，被験者は曜日か月名のいずれかを復唱するか，それらを交互に復唱した（たとえば，January-Monday-February-Tuesday-March-Wednesdayなど）。しかし，われわれはさらに統制を必要とした。可能性は低いが，単に構音化を抑制するだけでパフォーマンスを妨害することがありうる。そのため，構音抑制条件を含め，この条件では，被験者に一週間の曜日か一年の月名を標準的な順序で繰り返し復唱を求めた。

2つのカテゴリーに分類できる結果が得られた。プラスとマイナスの記号を付加したときには，その特定の項目が加算を要求するのか，減算を要求するのかに関して直接的な手がかりが与えられるので，切り替えの効果は控えめだった（ただし，大いに信頼できる効果であった）[*]。この効果は言語的追跡課題を追加するとわずかに増加したが，構音抑制によっては増加しなかった。そのため，切り替えは，実行過程にいくばくかの負荷をかけるようだが，その効果は劇的からはほど遠かったので，2つの切り替え課題を同時に遂行するという要求によって大幅に妨害されるはずの切り替えに特化した下位過程というアイデアは支持されなかった。

しかし，記号がない場合には，ずっと多くの著しい妨害が見出された。少々意外なことに，構音抑制条件からさえも相当の妨害が見られ，行為を制御することにおける音韻ループの重要な役割が示唆された。しかし，われわれの投稿論文の査読者の示唆によれば，一年の月名を復唱することは（一週間の曜日を

---

[*]（訳注）効果の信頼性が高い，すなわち，統計的に有意な効果が見られたことを指していると思われる。

復唱することさえも）われわれが仮定したほど容易な課題ではない。このことは，事実であることが明らかになった。というのは，構音抑制が単に単語の「the」を繰り返すものであった場合には，観察される効果が実際に減少したからである。ただし，全体的なパターンは変わらなかった（Baddeley et al., 2001b）。

7.5.2　音韻ループの実行的役割？

後続研究において，Emerson & Miyake（2003）は，この結果を拡張し，加算課題と減算課題の困難さを変化させたり，2つの課題の切り替えと3つの課題の切り替えを比較したりした。彼らは構音抑制の大きな効果を再現した。困難レベルや切り替え課題の数を増すことは全体的な処理時間を増加させたが，これらの要因は構音抑制の効果とは交互作用しなかった。さらなる実験は，切り替える演算操作の手がかりを与える程度を変化させた。各項目は，手がかりなしで提示されるか，明確なプラスかマイナスの手がかりとともに提示されるか，あるいは中間条件では加算か減算のいずれかを示す色をつけて提示された。切り替えコストは手がかりの強度に依存しており，手がかりなし条件で最大であり，演算記号ありで最小であったが，ここでも，この効果は構音抑制の有無とは交互作用しなかった。

Emerson & Miyake は，自分たちの結果を行動制御のための発話手がかりの使用という観点から解釈している。「（内的または私的な）発話は，持続時間，反復可能性，関連情報の喚起など，信頼できる属性を持つ系列的パフォーマンスを生成できるので，私的発話は多様な制御機能を担うのに十分に適している」（Carlson, 1997, p. 168）。発話手がかりの利点には，発話は本質的に系列的であり，そのために，順序づけられた行為の経過を追ってたどるのに便利だということがある。音韻ループは限られた数の項目しか保持できないが，それらは，意識的アウェアネスにとって容易に利用できる。音韻ループの言語的内容は他の反応（意味的連合と課題関連意図の両方を含む）を容易に誘発する。下位音声的構音は，極めて習慣的に行われており，干渉に耐えられる。最後に，発話には，ほとんど注意に負荷をかけないで保持されるという利点がある。

課題切り替えにおける言語的制御の使用についてのさらなる証拠は，ウィスコンシン・カード分類課題を用いた臨床研究から得られている。この課題では，患者はカードをカテゴリーに分類し，テスターの提示するフィードバック

から正しい分類基準を見つけ出さなければならない。いったんあるカテゴリーに達したら，テスターは分類基準を切り替え，患者が変更に気づいて次のカテゴリーを同定するのを待つ（Milner, 1964）。前頭葉損傷のある患者は，あるカテゴリーから次のカテゴリーへの変更が困難な傾向があり，実行過程への依存が示唆される。Dunbar & Sussman（1995）は，切り替えは構音抑制によっても妨害されることを見出したのに対して，Perry et al.（2001）は，統合失調症患者に自分の仮説を言語化するように教示すると彼らのパフォーマンスが向上すると記している。最後に，失語症患者では切り替えコストが増加し，妨害の度合いは発話障害の程度と相関するという証拠がある（Mecklinger et al., 1999）。

　発話が行為の制御に重要な役割を果たすという主張は，もちろん，新しいものではない。それは，思考過程の発達における発話の役割を重視する，Vygotsky（1962）の認知発達へのアプローチの重要な構成要素である。Luria（1959）はこのアイデアをさらに発展させ，行為の制御における発話の役割に関して一連の巧妙な実験を行った。彼が採用した課題では，赤い光が点滅したときにバルブを握り締めて，青い光に対しては締めないように子どもに教示した。3歳未満では，子どもは教示を正しく報告することはできても，両方の光に反応して押す傾向があり，赤い光が点いたときにテスターが「押して」という教示を与え，青い光に対しては「押さないで」と教示を与えるなら課題を遂行できる。3歳半までに子どもは適切な言語反応ができるようになるが，行為はまだ適切には遂行しない。4〜5歳の間に，子どもはようやく自分の発話に適切な行為を伴わせ，やがて発話なしで行為を遂行することを学習する。Luria（1959）は，前頭葉損傷のある神経心理学的患者において同様の現象を発見し，患者に顕在的な自己教示によって行為の制御を促すという，神経学的リハビリテーションに対するアプローチのその後の発展をもたらした。

　課題切り替えにおける注意の役割に戻ると，言語的追跡やランダム生成などの課題からの同時実行要求が切り替えと交互作用する徴候が見られ，少なくとも特定の環境のもとでは，切り替えは注意の負荷が大きいものであることが示唆される。しかし，切り替えのみに特別に向けられる実行系の成分についての強い証拠はない。実際のところ，特定の環境のもとでの切り替えは，現実にはパフォーマンスを高めるように思われる。できるだけすばやく文字系列を書くように求められた被験者は，同じ文字を繰り返すとき（A, A, A, Aなど）に，文字を交互に書くとき（A, B, A, Bなど）よりも遅く反応し，交互の

切り替えの方は，長い繰り返しのある系列よりもわずかに遅い（A, B, C, D, A, B, C, D など）。これは何らかの種類の抑制の蓄積を反映すると思われる結果である（Nohara, 1965; Wing et al., 1979）。そのため，課題切り替えの背後にある要因に関しては，仮説の数が次第に増えているが，私自身が賛同したいと思っているのは Rubenstein et al.（2001）である。彼らの示唆によれば，切り替えは一般的な機能ではなく，その損失や利益が正確な状況や被験者が切り替えに対処するために採用する方略によって変動しがちな過程である。

7.6 実行スキルとしての注意の分割

注意を2つ以上の課題にわたって分けなければならないことがあるのは，確かに事実である。例えば，私は目下狭い道に沿って雨の中を歩きながら，口述しつつイバラが刺さらないように傘を差しており，その間にも，まだ私に気づいていないであろう自動車が近づいてくる音を聞いている。後者の活動は比較的に負荷が少ないが，ありうる結果を考えれば，潜在的には重要である。ありそうな同様の多重課題葛藤は，電話しながらの運転——危険であることが明らかになっている活動——において起こるが，これは主に電話を持つために片手を使わなければならないためではなく，注意の分割が起こり得るためである。例えば，1969 年の昔に Brown らが明らかにしたところでは，負荷の大きい言語的推論テストを遂行するという要求は，2つの標識の間を車で通るという運転スキルにはほとんど，あるいはまったく効果を持たなかったが，その隙間の広さが十分かどうかを判断する運転手の能力には相当の影響を及ぼした。2つの課題を同時に遂行することの困難さは，注意を共有する特定の認知容量という仮定と一致するが，必ずしもこの解釈を押しつけるものではない（議論については，Bourke et al., 1996 を参照）。

7.6.1 アルツハイマー病における二重課題のパフォーマンス

注意分割の能力の研究への私自身の関与は，アルツハイマー病に結びついた認知障害についての共同研究から始まった。初期の研究によれば，すでによく知られていたエピソード的 LTM の顕著な障害に加えて，われわれの患者は視覚と言語両方の直後記憶にも障害を示した（Spinnler et al., 1988）。われわれは，このことが両方の STM 課題に貢献する中央実行系成分の基本的障害を反

映している可能性についてあれこれ考え，Morris（1984, 1986）が行ったそのような患者の言語的STMのより詳細な分析と一致する結論に達した。しかし，ここで主張している実行系障害をどのように測定するのかが問題となった。

　ワーキングメモリの基礎的な三成分モデルを用いると，実行系が求められるのは，複数の活動を協調させる必要がある場合であるとの仮定が合理的であろう。さらに，一方の活動が主に音韻ループに依存し，他方の活動が視空間スケッチパッドに依存する場合には，知覚や運動の混乱を招く，より末梢的なソースを避けることができるはずである。われわれの最初の研究は視空間的追跡を用いたもので，被験者は移動する光点に針を接触させ続けなければならなかった。ターゲット移動の速度を変化させることによって，3つの群，すなわち，アルツハイマー病（AD）の初期段階の患者，年齢を一致させた健常高齢者，若年の被験者のパフォーマンスのレベルを等しくすることができた。それぞれの場合において，ターゲットに対して大体70％の時間接触させていられるように追跡パフォーマンスを設定した。われわれは追跡を3つの二次課題の各々と組み合わせた。1つは構音抑制を伴うもの，2つめは被験者に聴覚刺激に応じてフットペダルを押すよう求めるもの，3つめは被験者にランダムな数字系列を聞いて復唱するように求めるものであった。この記憶スパン課題の場合には，事前テストによって，数字系列の長さを3つすべての群について確実にスパンレベルに設定できた。そこで，3つの課題のそれぞれを追跡と組み合わせた。

　どの群にも，単純な構音抑制による有意な妨害は見られなかった。2つの統制群は同時的反応時間とスパン課題からの中程度の低下を示し，このことは，健常な若年と高齢の被験者でほぼ等しかった。しかし，AD患者は，複数の課題を組み合わせる必要性から相当に大きな混乱を示した（Baddeley et al., 1986）。その後の研究（Baddeley et al., 1991）は，患者群の縦断的研究を含んだ。われわれの発見によれば，病気が進行するにつれて，課題を単独で遂行する能力はほとんど変化を示さなかったのに対して，二重課題パフォーマンスは系統的に低下した。これは，二重課題条件は単により難しく，そのために，ADの効果により敏感であるということなのだろうか。そうではなさそうに思われる。というのは，意味的判断課題を単独で遂行する場合にその困難さのレベルを増しても，この課題はADにさらに敏感にはならなかったからである（Baddeley et al., 1991）。

　われわれは自分たちの結果を中央実行系の二重課題調整（dual task coordination）に特化してかかわる成分の観点から解釈し，この成分が AD では損傷しているとと論じた。しかし，エピソード記憶などの他の認知能力とは違って，注意を分割する能力は，健常な加齢では比較的に保存されているようだ（Salthouse et al., 1998 も参照）。このことを確実に立証できれば，われわれは 2 つの事柄を達成するだろう。すなわち，中央実行系を細分化するという理論的進展に加えて，忘れっぽい患者が AD に罹患しているかを判断するのに役立つ，有効な臨床検査が得られることになる。

AD と関連のある注意障害のレヴューにおいて，Perry & Hodges（1999）は，分離可能な障害の最も強力な候補のひとつとして注意を分割する能力を同定した。しかし，彼らが指摘するように，例えば，困難さのレベルやより一般的な処理スピード障害の事例といった点から，別の解釈もできる。処理スピードの低下は，健常な加齢における主要な障害とされているのに対して（Salthouse, 1992, 1996），同様の議論は AD の場合にもなされている（Nebes & Brady, 1992）。

その後，2 つの研究がこの問題に取り組んだ。Baddeley et al.（2001a）は，再び，困難さのレベルを増しても，必ずしも課題を AD に対してより敏感にはしないことを実証した。単純反応と選択反応の反応時間（RT）を比較したわれわれの発見によれば，若年被験者，健常高齢者，初期 AD 患者はすべて，三角形と円形に対して別々の反応を行うよう求めたときよりも（選択 RT），単一の刺激（三角形）が単一のキー押し反応を要求するとき（単純 RT）にすばやく反応した。選択 RT は加齢の効果にも敏感であり，高齢者は若年者よりもセットサイズの増加によってより混乱させられた。しかし，RT におけるこの増加が高齢統制群よりも患者において不均衡に大きいという証拠は見られなかった。対照的に，予期したとおり，2 つの二重課題パラダイムのそれぞれにおいて不均衡な障害が見出された。ひとつは追跡課題に類似した手を使うボックス抹消課題で，反応シート上の一連のボックスに×を書くもので，被験者はこの作業をできるだけすばやく行いながら，スパン長の数字系列をおぼえて復唱した。

他方の課題は，まったく記憶を求めないものだった。被験者には数行の絵文字の系列からなる視覚探索課題を与えた。各行にはターゲット絵文字が先行し，被験者にはその行にある項目のうち，そのターゲット絵文字と合致する項目に線を引いて消してから，次のターゲット行に進むように求めた。同時課題は，駅で座って自分の目的地についてのアナウンスを聞いている旅行者のそれ

と似たものであった。われわれはブリストル（研究を実施した都市）という名前を選び，これを他の聞きなれたいくつかの都市の名前の中に埋め込んで，その名前に気づいたら常に「ブリストル」と言うように被験者に求めた。視覚探索課題と「ブリストル」課題は，単独でも，組み合わせても実施された。われわれの二重課題手続きの両方が標準的な効果を示した。すなわち，加齢の結果としての有意な低下は見られなかったが，AD患者では非常に明確な二重課題妨害が見られた。この結果は，われわれの初期の知見の再現可能性に加えて，その知見の直接的な記憶要求のない課題への一般化を強調した。

　Logie et al.（2004）は，困難さレベル仮説にさらに直接的に取り組んだ。われわれは，同時追跡と数字スパンパラダイムを用いて，追跡スピードと数字系列の長さを調整し，これらの課題を個別に遂行したときに若年群，高齢群，患者群がパフォーマンスについて一致するポイントに合わせた。次に，それぞれの課題について，困難さレベルを系統的に変化させた。追跡の場合には，ターゲットスピードを大幅に減らして簡単にするか，スピードを増すことによってより困難にした。同様に，数字スパン課題の困難さを変化させ，〔各被検者の〕スパンよりも少ない数字を提示するか，スパンよりも多い数字を提示した。課題を単独で遂行したときは3つすべての被験者群が同じように反応した。つまり，パフォーマンスは課題が簡単になったときに向上し，難しくなったときに低下した。3つの関数は，スパンレベルまたはベースライン追跡レベルで一致していたが，3つの被験者群を通して全体的に重なり合ったパフォーマンスを示し，単純に困難さを増すことが課題をADについてより敏感にするという主張をまったく支持しなかった。同じ被験者群を用いた別の研究では，両方の課題について課題を最も容易なレベルに設定し，単一課題パフォーマンスと二重課題パフォーマンスの両方を観察した。最も容易な条件のもとですら，AD患者は有意な二重課題による減少を示したのに対して，統制被験者は減少の形跡を見せなかった。

7.6.2　課題の組み合わせは実行スキルか

　そのため，われわれの結果は，課題を組み合わせる能力を分離可能な実行スキルであると見なすための一応の証拠（prima facie case）を示していると主張したい。そのスキルは個別の課題パフォーマンスについて若年者と高齢者を一致させた場合，健常高齢者では驚くほどよく保存されているが，AD患者では一貫して損なわれている。われわれの結果が加齢効果を検出できないことを

明らかにしたとは主張したくない。実際にそのような効果を主張した研究は数多い（レヴューについては，Riby et al., 2004 を参照）。しかし，研究が個々の課題について群間でパフォーマンスを等質にできないことはよくある。そのため，高齢者にパフォーマンスが劣る2つの課題を組み合わせるよう求めることが，いずれかの課題単独で見られる以上により大きな低下を生じるということは，驚くにはあたらない。個々の課題を等しくしたときでも，加齢効果は検出可能であろう。しかし，一連の研究を通じてのわれわれの結果によれば，そうした効果は，AD患者で見出される頑健な二重課題障害に比べると，多めに見ても，微々たるものであるようだ。そのため，われわれは，われわれの結果がどのくらい広く一般化できるかについては時間のみが教えてくれるということを受け入れるが，注意を分割する能力が中央実行系の候補成分であると言いたい。

　幸いにも，いくらかの一般性と潜在的な実用的有効性についての証拠が既に存在する。例えば，Hartman et al. (1992) は，頭部外傷から回復しつつある一人の患者を治療している理学療法士の課題にわれわれの知見を応用した。彼らは患者が運動課題を単独で遂行する能力と，理学療法士からの一般的なことばによるはげましや彼らとの友好的な会話だけを伴うときのパフォーマンスとを比較した。健常被験者は妨害にかかわらず課題を遂行できた。頭部外傷患者も，一般的な励ましの効果は示さなかったが，会話を伴うときにはパフォーマンスが低下した。この効果は，前頭葉損傷のある患者で特に顕著であった。別の研究において，Alberoni et al. (1992) は，AD 患者がビデオの会話の内容を覚える能力を会話の参加者の数の関数として研究した。話者の数を増やすことは，AD 患者が会話についていく能力には相当の効果を及ぼしたが，統制群には影響しないことが見出された。この知見は，全体的な会話の難しさは集団のサイズとともに増加する傾向にあるので，理論的にはそれほど重要なものではない。しかし，この結果は，AD 患者を訪ねる準備をしている親戚にとって明確な実用的な関連があるものとして，AD 介護者のための公刊物に掲載された。

7.6.3　社会的行動は多重課題を伴うか

　二重課題パフォーマンス測度は Alderman（1996）の研究にも含まれる。彼の関心は，なぜ特定の患者は行動上に深刻な問題のある頭部外傷患者のためのリハビリテーション計画から恩恵を得られないのかを理解することにあった。

彼の発見によれば，恩恵を得られない患者は，いくつかの前頭葉検査でわずかに低いパフォーマンスを示したが，一連の二重課題測度では一貫してひどい成績であった。

　行動上の混乱と二重課題パフォーマンスの悪化との関連についてのさらなる証拠が，前頭葉損傷患者の研究から得られた（Baddeley et al., 1997）。患者は，前に述べた，ボックス抹消と数字スパンを含む課題で検査された。彼らをさらに，一般に前頭葉損傷と関連があるとされている２つの測度でも検査した。すなわち，言語流暢性（被験者は意味的カテゴリーから項目を生成しなければならない）とウィスコンシン・カード分類課題（WCST：患者は６つの指定された刺激次元のどれかに基づいて分類し，その次元がもはや正答と見なされないときには切り替えることを学習しなければならない）であった。加えて，患者を実行機能不全の兆候について個別に評価するため，インタヴューと患者の医療記録の評価の両方を用いて，注意障害と前頭葉損傷と関連のあることが多い脱抑制行動を示すかどうかを判定した。患者は３つすべての認知検査で明確な障害の証拠を示し，約半数の患者はその行動において実行機能不全症候群の証拠を示した。これらの行動上の症候群は，低い二重課題パフォーマンスと有意に関連があったが，WCST の遂行能力における障害の程度とも，言語流暢性検査における障害の程度とも関連がなかった。つまり，WCST と言語流暢性検査における問題は実行機能不全患者と非実行機能不全患者で同じくらいに現れた。そのため，言語流暢性と WCST パフォーマンスの障害は，予想通り，前頭葉損傷と関連があったが，〔これとは〕別箇の前頭葉ベースの能力が実行機能不全行動と二重課題パフォーマンスの障害の両方に反映されたと言えよう。一体なぜこうなったのか。

　ひとつの可能性としては，適切な社会的行動には二重課題パフォーマンスの能力，すなわち，自身の欲求や欲望と自分が相互作用している人々のそれらとのバランスをとる能力が必要とされるということがある。しかし，二重課題パフォーマンスにかかわる前頭葉の領野と適切な社会的相互作用に必要な領野が，たまたま解剖学的に隣接しているだけということも，同じくらいありうる。どちらが事実であると判明するにせよ，これは，明らかに，理論的観点と実用的観点の両方からさらに検討すべき興味深い領域であろう。

7.7 結　論

　要約すると，われわれは一般的な注意限界のある制御システムである中央実行系を提案し，われわれの主に前頭葉損傷のある患者からの神経心理学的証拠についての豊富な事例を基礎として論じることから始めた。これに続いて，実行過程成分の3つの候補の考察を行った。第一の，容量限界のあるシステムを焦点化させる能力は，現在の大部分の注意理論の特徴として極めて広く受け入れられている (Pashler, 1998)。第二の，注意を切り替える能力は，詳細に検討すると，単一の実行下位過程に基づいてはいないように思われる。第三の，注意を分割する能力は，それよりも有望であるように思われるが，決してしっかりと確立されてはいない。実行系について主張される第四の構成要素（Baddeley, 1996），すなわち，長期記憶とワーキングメモリを関係づける能力は，次章で論じよう。

第8章

長期記憶とエピソード・バッファ

　中央実行系に必要なものとして私が提案した4つの機能のうち3つは，注意制御の諸特徴，すなわち，注意を焦点化させ，分割し，切り替える能力であるのに対して，第四の能力は質的に異なるものである。すなわち，ワーキングメモリと長期記憶のインターフェイスとなるものである (Baddeley, 1996)。最初の3つに含まれているのは，**注意制御システム**としての中央実行系というアイデアであり，それはBaddeley & Logie (1999) によって明確にされたものである。そのような見解は初期の〔中央実行系の〕概念とは異なる。初期の概念は，中央実行系を容量限界のある**一般的**処理資源のプールと見なしており，注意制御と一時的貯蔵の両方を含むいくつかの機能に用いることができた。オリジナルの見解に対する修正は，一般的処理の概念は，ただあまりに強力すぎて，扱いやすく有用な問いを生み出すための制約がほとんどなくなる恐れがあるために生まれたものである。実行系を純粋に注意システムとして扱うことによって，有益な問題を提起することができるが，今まさにわかったように，現段階で完全にそれらに答えることは必ずしも容易ではない。しかし，実行系から貯蔵を除外したので，提起した第四の問題，すなわち，ワーキングメモリと長期記憶はどのように相互作用するのかという問題に取り組む際に多数の問題点が残されていることがますます明確になった。

8.1　一部の還元主義的見解

　ワーキングメモリと長期記憶との関係の探求を始める前に，この問題をおおむね免れる複数の別の見方を考えておく必要がある。その1つがワーキングメモリは単純に言語を処理するためのシステムの一部であるという主張である。

この見解を採用する傾向は主として言語に関心をもつ研究者にあり，彼らは一時的な貯蔵をかかわりのあるシステムの単に二次的な特徴と見なす。そのため，これは，部分的には，内容というよりは焦点の問題である。しかし，それは，患者のSTM障害は発話知覚の微細な障害によって生じるというAllport (1984) の主張と同様に，ワーキングメモリの言語ベースでない特徴を軽視させるかもしれない。

8.1.1 言語処理としてのワーキングメモリ

　音韻ループは，発話知覚（音韻貯蔵庫）と発話産出（構音リハーサルシステム）に特化したシステムから進化してきた可能性は十分にある。しかし，音韻ループは発話を知覚し，産出する基本的能力を超えて，言語関連材料を貯蔵し，操作する別個のオフラインシステムを提供するという証拠がある（Vallar & Papagno, 2002）。この結論が基にしているのは，言語処理と音韻的STMはどちらも左半球損傷のある患者で損なわれていることが多いが（Vallar et al., 1992），発話処理と音韻的STMは明確な乖離を示すことがあるという観察結果である。例えば，P.V.などの患者は，音韻的STMが著しく損なわれているが，通常の言語知覚と言語産出は保たれている（Basso et al., 1982; Martin & Breedin, 1992）。逆に，ある患者たちは，大幅な聴覚的知覚障害にもかかわらず，比較的十分に保存された言語的STMを示す（Baddeley & Wilson, 1993）。さらに，そのようなワーキングメモリの末梢主義的見解は，たとえ音韻的STMの説明を原理的には提供するとしても，そのシステムがワーキングメモリとして担う重要な能力，問題を解決するために情報を操作する能力，そして事実上，LTMとのインターフェイスとしての能力に関しては何も告げない。このことは，もちろん，言語処理を強調する複数のさらに複雑なワーキングメモリの説明——私はそれらを複数成分モデルの変形版と見なしている（例えば，Martin & Freedman, 2001）——に対して反対するというわけではない。それらは，特定の成分（この場合は，音韻ループ）における独立した障害を示す事例を探すのではなく，やや複雑な言語障害のある患者に注目するという点で私自身のアプローチとは違っている。どちらの理論化スタイルも，複数成分ワーキングメモリの中に何らかの形の一時的貯蔵を仮定する必要性を認める傾向にある。

8.1.2 活性化した長期記憶としてのワーキングメモリ

　もっと広く抱かれているワーキングメモリについての見解によれば，ワーキングメモリは単純にLTMの現在活性化している成分を表している。これは，もちろん，1960年代後半までの北アメリカにおいて支配的な見解であり（例えば，Melton, 1963），近年ではNairne（2002）やRuchkin et al.（2003）によって主張されている。この見解に対する私の異議は，それが誤っていることにではなく，むしろ，明確な答えを与えていないにもかかわらず，それを与えるかのように見えることに対するものである（Baddeley, 2003a）。ワーキングメモリは確かにLTMに依存するが，ワーキングメモリを活性化したLTMと単純に同じと見なすと，あまりも多くの点で大きく実効性がなくなってしまう。そのような見解は，例えば，LTMが理解されればワーキングメモリも自然に理解できることをほのめかしていると，当然見なされるだろう。これについてはほとんど証拠がない。確かにワーキングメモリについては30年前よりもずっと多くのことがわかっているが，そのほとんどはこのシステムをLTMとは**別個の**システムとして扱ったことから生じたものだと私は主張したい。

　単一記憶システムの支持者は，よくワーキングメモリとLTMの間の**類似性**を示すことに頼ってきたが，STMの概念に対するMelton（1963）の古典的な攻撃に始まるアプローチは，Postman（1975）によって，最近には，Nairne（2002）やRuchkin et al.（2003）によって続けられた。そのような類似性は，ほとんど常に，長期的成分と短期的成分の両方を含む実験パラダイムに基づいている。そのため，そのような混合パラダイムがはっきりと長期的課題との類似性を示すことは意外ではない。そのような課題の例に含まれるのは，Peterson短期的忘却テスト，自由再生，ランニングメモリスパンである。しかし，類似性は同一性を証明するものではない。トカゲとゾウはどちらも4本足であり，毛皮を持たず，2つの目と1つの口を持つという事実は，それらが同じ種であることを意味しない。この問題は，Nairne（2002）の一元論的記憶システムの擁護との関連において既に言及したので，さらには論じない。

　しかし，ワーキングメモリは単純にLTMの一部であるという見解に抵抗する一方で，ワーキングメモリとLTMが様々な様式で相互作用することには，私は確かに同意する。例えば，音韻ループを考えると，擬似単語を再生することが容易であるのはそれらが単語に似ており，被験者の母語と音韻的に類似した構造を持つ場合であることは明らかである（Baddeley, 1971; Gathercole et al., 2001)。それゆえに，monage のような〔より英語らしい〕非単語は〔より英語らしくない〕luzok よりも再生されやすい（どちらも親近性が低く，無意味であるにもかかわらずである）。長期的知識のより顕在的な効果も，もちろん，パフォーマンスに影響することがある。これが，おそらくは，数字スパン実験の被験者が数字以外のもので反応することがほとんどない理由である。個々の単語，概念，一般的世界知識のレベルでの意味的知識も直後言語的再生に影響しており，この場合も，おそらく，潜在的な過程と顕在的な過程の両方に依存する。

　そのため，ワーキングメモリが活性化したLTMにいくつかの異なる仕方でかかわるということには私は同意するが，とはいうものの，人間の認知のほとんどの側面がそうなのである。例えば，大部分の知覚も活性化したLTMを伴う。たとえば，われわれは世界を机，椅子，夕焼けといった点から見る傾向にあり，純粋に感覚的な特徴としては見ない。そのような先行経験との関係はもちろん重要だが，知覚は，言語など，学習に大きく依存するものでさえ，**単に活性化したLTMにすぎないとの主張には至らない**。それでは，ワーキングメモリとLTMの間の疑いようのない関係が解答ではなく問題，あるいは一連の諸問題を提起することに同意するとして，それについて他に何が言えるのだろうか。

8.2　ワーキングメモリ棚の中の骸骨

　記憶能力がない中央実行系を仮定するというわれわれの決定は多くの問題を招いた。当初，私はそのような難題には目をつぶり，後日，再考しようと決めた。そのような問題を私は単純に「後まわし」と見なしたのだが，われわれのワーキングメモリのモデルの適切さに対するその潜在的な脅威を考えると，より正確なメタファーは戸棚の中の骸骨*であろう。結局，われわれは戸棚の中にたくさんの骸骨を入れようとしすぎた。それらはみんな飛び出してきて，ワーキングメモリの構造についての予想以上に根本的な再考の必要性を力説している。問題群はおおまかに3つのカテゴリーに分かれる。すなわち，(1)音韻ループや視空間スケッチパッドによっては容易に説明できない情報の短期的貯蔵に

＊（訳注）「内輪の恥」を表す英語の慣用句。

ついての証拠，(2)視空間的システムと音韻的システムがどのように相互作用するかについての問題，(3)ワーキングメモリとLTMの間のインターフェイスについての未解決の問題である。それらを順に論じよう。

8.2.1　STMのためのバックアップ貯蔵庫か

音韻ループは，まるで数字スパン成績の唯一の原因であるかのように扱われる傾向がある。それが正しいとすれば，視覚提示かつ構音抑制の場合に，スパンはほとんど0に低下するはずである。実際には，スパンは6つか7つから4つか5つの数字に低下することが一般的であり（例えば，Larsen & Baddeley, 2003），何らかの種類の付加的な「バックアップ」貯蔵庫を仮定する必要性が示唆されている（Page & Norris, 1998）。このことは，単純に，スパンに対するLTMの寄与を反映しているといえるのだろうか。もしそうなら，純粋な音韻的STM障害を持ちながら健常なLTMを示す患者は，一般的に報告される1つか2つの項目からなるスパンではなく，4つか5つの数字のスパンを持つはずである（Vallar & Shallice, 1990）。

8.2.2　STM患者の残存する再生能力

STM患者が聴覚的に提示された数字を再生するとき，彼らのスパンは約1項目である。視覚提示であれば，大体4つの数字に増加する（Shallice & Warrington, 1970; Basso et al., 1982）。このジレンマから抜け出す明白な手段は，この増加は視空間スケッチパッドに原因があると考えることである。しかし，視空間スケッチパッドは，情報を並列的に保持するもので，系列的再生には適さないと一般的に仮定されてきた。マトリクスパターンを用いたPhillipsによる一連の研究によれば，最後の項目のみがSTMに保持される（Phillips & Christie, 1977a）。考えられる答えは，おそらく語彙ベースで，系列的再生に特化したシステムをさらに仮定することである。しかし，言語的にコード化された系列の視覚的特徴の保持について，信頼できる証拠が存在するのに対し（レヴューとして，Logie et al., 2000を参照），言語的にコード化できない項目の系列順序が維持されるのか，また，どのようにされるのかについてはそれほど明確でない（ただし，この問題のさらに詳細な議論については，第4章を参照）。

8.2.3　STMにおける意味的コード化

　私の初期の研究は5単語の系列の直後系列再生が音韻的コード化を反映することを明らかにしたが，小さいが有意な意味的コード化の効果も見出した（Baddeley, 1966a）。他の研究は，さらに強力な意味的効果を示している（例えば，Brener, 1940; Hulme et al., 1997）。意味的要因の影響力が強くなる傾向にあるのは，順序情報ではなく，項目情報を保持するにあたっての困難さが増すときである（例えば，長い系列や，記銘項目候補の数が多いセットを用いる場合である）。意味的要因がSTMパラダイムに寄与するという事実は，初期のBaddeleyとHitchのワーキングメモリモデルにとっては問題でなかった。しかし，そのことは，実行系からその貯蔵能力を取り外した時点で問題となり，これらの音韻的コードと意味的コードはどのように貯蔵されるのか，それらはどのように組み合わさって再生を高めるのかといった疑問を生じた。

8.2.4　文スパン

　文材料についての直後記憶は，無関連な単語についてのスパンよりも一般的にかなり大きい（Brener, 1940）。Baddeley et al.（1987）は，無関連な単語については大体5つ，文については15というスパンを発見した。よって，LTMはスパンに10単語を提供し，ワーキングメモリは5単語を提供する，と言うべきだろうか。この場合に，無関連な単語のスパンは1項目だが健常なLTMを持っている音韻的STM障害のある患者をテストするとすれば，何が予想されるだろうか。文スパンはおそらくは大体11単語となるはずである（LTMからの10項目とSTMからの1項目からなる）。観察されたスパンは5であった（Baddeley et al., 1987）。このことは，基盤となる音韻的中核をLTMからの寄与によって増幅する相互作用的な過程を示唆する。基盤となるスパンが著しく制限されているならば，全体的パフォーマンスも厳しく限定されるだろう。

　そのような見解と概して一致するのがGathercole（未公刊）による最近の研究である。彼女の示唆によれば，記憶スパンは一般に音節または下位音節レベルでの情報の音韻的貯蔵に依存しており，これが後に再統合過程を用いて解釈される。しかし，前に見たように，現在のワーキングメモリモデルは，これらの過程が厳密にはどのように働くのか，再統合中に，中間生産物は実際どこに貯蔵されるのかについては言及していない。

8.2.5 散文再生

　文スパンが提起する問題がさらに重大になるのは，文章の一節やそれ以上からなる散文の再生を考えるときである。この問題を特に明確に示したのは，K. J. という，高い知能を持つ，重度だが純粋な健忘のある患者であった（Wilson & Baddeley, 1988）。ウェクスラー記憶尺度の散文再生下位検査から構成したパラグラフの保持についてテストしたとき，彼は直後テストでは健常の成績を示したのに対して，20分後にはまったく何も再生できなかった。遅延再生の欠如は予想されていたが，彼は直後テストではどのようにしてうまく再生をやり遂げたのだろうか。問題の文章は，ある女性が財布をなくして警察に助けられたことについての短い新聞記事風の物語で，約20の「アイデアユニット」（それぞれ単語長が異なる）からなった。これは音韻ループの容量をかなり越えるし，これだけの量の詳細情報が視空間スケッチパッドに貯蔵できると仮定することにも説得力はない。それでは，そのような優れたパフォーマンスはどのようにして達成されたのか。

　私の同僚の Barbara Wilson は記憶障害のある多くの患者を長年検査してきたが，幸いなことに，散文再生テストは，彼女が提供してくれた所定の臨床バッテリーの一部として含まれていた。そのため，われわれは K. J. のパフォーマンスがどれだけ典型的なものであるかを検討し，そして，われわれがかなりの確信を抱いていたように，非典型的であるということが確認された場合，彼がそれほどうまく遂行できたのはなぜかを評価することにした（Baddeley & Wilson, 2002）。われわれのすべての健忘患者は，遅延再生ではひどい成績を示し，もちろん，このことは予想通りであった。ほとんどの健忘患者は，直後再生でも比較的に悪い成績を示すことをわれわれは発見した。しかし，K. J. のような患者も少数おり，彼らの直後パフォーマンスレベルは中程度から優れたものにまでわたった。彼らの臨床プロフィールを検討すると，2つの特徴が浮かび上がった。すなわち，彼らの知能レベルは高く（ウェクスラー成人知能尺度によって測定した），ほとんどの場合，実行能力が十分に保存されている傾向にあり，驚くにはあたらないが，これら2つの特徴は相関する傾向にあった。

　われわれはこれらの結果を以下のように解釈した。われわれの仮定では，整合性のある散文文章を理解するためには，LTM 内の表象を活性化させ，組み合わせることを必要とする。これらは，個々の単語の意味から概念，および共

有された社会的知識を反映する物語文法やスクリプトなどの高次の構造にまでわたる（Kintsch & van Dijk, 1977; Schank & Abelson, 1977）。健常なエピソード記憶を持つ被験者では，そのような構造はLTMの中で固定される（consolidated）ので，遅延後の検索のための基盤を形成できると仮定される。しかし，エピソード的LTM不全のある患者は，文章を表象する構造をどんなにうまく構築しても，また，それをワーキングメモリに維持することができたとしても，痕跡を固定できないので，短い挿入遅延の後でもそれを想起しないのであろう。

　われわれの第二の仮定によれば，ワーキングメモリにおいて全体的なパラグラフの表象を構築するという課題は，健常なエピソード記憶があれば比較的に簡単であるのに対して，これが欠如していると，極めて注意負荷の高い課題となり，その構造を破壊しないためには持続的でアクティブな保持と記憶構造の更新が求められる。このことができ，そうしようと望む健忘患者は優れた直後再生を示すことができるが，それでもなお，物語の長期的貯蔵と検索はできない状態のままである。重度の健忘症にもかかわらず，ワーキングメモリに情報を保持する能力の特に印象的な例を私に教えてくれたのがEndel Tulving（個人的コミュニケーション，1999）である。問題の患者は，極めて重度の健忘症にもかかわらず，いまだにトランプでブリッジができると主張していた。Tulvingはこのことを検証することに決め，ゲームを準備した。その患者はトランプの切り札と結果としての組札を追うことができただけでなく，カードの位置も思い出すことができ，彼と彼のパートナーが勝負に勝てるようにするのに十分であった。

　健忘症にもかかわらず散文再生が可能であることについてのわれわれの解釈は，Ericsson & Kintsch（1995）が提唱した長期ワーキングメモリの概念とかなりの類似性を持っている。しかし，われわれの解釈は健忘患者が作る検索構造の一時的な性質を強調するという点で異なっている。これに対してEricsson & Kintschは，LTM内での必要な検索構造を事前に身につけることを強調し，例えば，LTMに必要な構造を作り上げる何時間もの訓練によってのみ顕著な直後再生を示すことができる記憶術師の事例を挙げている。後で見るように，私はEricsson & KintschがLTM内での活性化した構造と表象の利用に加えて，よりアクティブで柔軟なワーキングメモリの役割も仮定する。

8.2.6　チャンキング

　STM の機能性についてのおそらく最も強力な単一事例は，Miller（1956）によるチャンキングの重要性の実証である。これは，複数の項目を単一の統合化されたチャンクに組み合わせることによってスパンを高めたものであった。無関連な単語に対する散文の再生の優位性は，おそらくは，被験者が散文材料内の個々の単語をまとめて有意味なチャンクに束ねる能力に由来する。われわれの情報処理能力は項目ではなくチャンクの**数**によって決定されるという Miller の示唆は影響力を及ぼし続けているが，現在の評価は Miller のマジカルナンバー 7 よりも 4 に近い容量に賛同する傾向にある（Cowan, 2001, 2005）。

　初期のワーキングメモリモデルでは，チャンキングは，中央実行系の処理能力と貯蔵能力に事実上割り当てられていた。しかし，貯蔵能力を欠くという新たに切り取られた形式を前提とすると，実行系はこの重要な課題を遂行するのに万全でないように思われる。チャンキングは，おそらく，LTM に割り当てることができるのではないか。重度の健忘患者 K. J. は，彼の直後散文再生の能力が示すように，十分適切にチャンク化ができたので，チャンキングはエピソード的 LTM に依存しないことが示唆されるようだ。さらに，彼はチャンク化した表象を短い遅延後に保持する何らかのシステムまたは過程を利用していると考えられる。最後に，情報をチャンクに組み合わせることができるという能力のまさにこの柔軟性は，その過程が LTM における既存の構造の単純な共活性化以上のものであることを示唆するだろう。

8.2.7　ワーキングメモリスパン

　第 10 章で見るように，最も大規模に検討されているワーキングメモリの特徴のひとつは，その全体的な容量の個人差に関するものである。古典的な研究において，Daneman & Carpenter（1980）は，文の系列を処理して，後で各文の最後の単語を再生するように被験者に求めた。彼女らはこのような形で正確に処理して再生できた文の最大数を測定し，それをワーキングメモリスパンと名づけた。彼女らは大学生のスパンと読解の間にかなりの相関があることを示したのに対して，後の研究はそれが多くの認知課題（一般知能の測度，プログラムの学習や電子工学の理解などの実務的認知スキルを含む）のパフォーマンスを予測することを明らかにした（Kyllonen & Christal, 1990; Daneman & Merikle, 1996; Engle et al., 1999b）。ここで再び，この課題は，言語的サブシ

ステムと視空間的サブシステムの容量を越える貯蔵過程を明らかに要求する。ワーキングメモリスパンは，単純な単語スパンやエピソード的LTMの測度のいずれよりもずっと効果的に認知的機能を予測する（第11章を参照）。Baddeley & Logie バージョンのワーキングメモリがどのようにしてこれらの重要な結果を説明できるのかについては，疑問が再度わきおこる。

8.2.8 意識的アウェアネス

　イメージのセクションで論じたように，Baddeley & Andrade（2000）は，純粋に視空間的サブシステムと音韻的サブシステムの点から，視空間的イメージと聴覚的イメージの意識的アウェアネスを支える過程を説明しようとした。われわれの結果は，これらのサブシステムが，特に新近に符号化した新規な刺激について，理論の適切な一部分を形成することを示した一方で，それらを用いてLTMに基づくイメージを説明することは困難であった。ワーキングメモリは明らかにかかわっていたが，LTMに由来するイメージに対する音韻ループと視空間スケッチパッドからの明白な寄与は控えめなものだった。これらの結果についての改訂版の解釈は，LTMからの情報と関連するワーキングメモリサブシステムからの情報を組み合わせることを必要としたが，そのような情報が**どのように**統合されるのかについてはまったく特定されないままであった（Baddeley & Andrade, 2000）。二次課題の要求はすべてのタイプのイメージの鮮明さの評定を減らす傾向にあったので，注意容量が必要であるように思われるが，このシステムがどんなものであるかに関しては，われわれは何も言及しなかった。

　2つ以上のソースからの情報を統合することの問題は，他のより標準的な手続きにおいても現れている。例えば，Logie et al.（2000）は，直後系列子音再生において視覚的類似性効果を実証することができた。視覚的効果は音韻に基づく効果に比べて小さかったが有意であり，すべての系列位置を通して作用し，構音抑制ありでもなしでも起こった。これらの結果は，視覚情報と言語情報が相互作用しうる何らかの共通点を示唆する。

　要約すると，単純なBaddeley & Hitch（1974）のモデルは少なからぬデータを説明できるが，その貯蔵容量を視空間的サブシステムと言語的サブシステムに限定する試みは，複数の重大な問題を生み出している。これらのことは，ワーキングメモリが情報を貯蔵する容量〔／能力〕は既存のサブシステムのそれを越えることを示すだろう。言語的サブシステムと視空間的サブシステムが

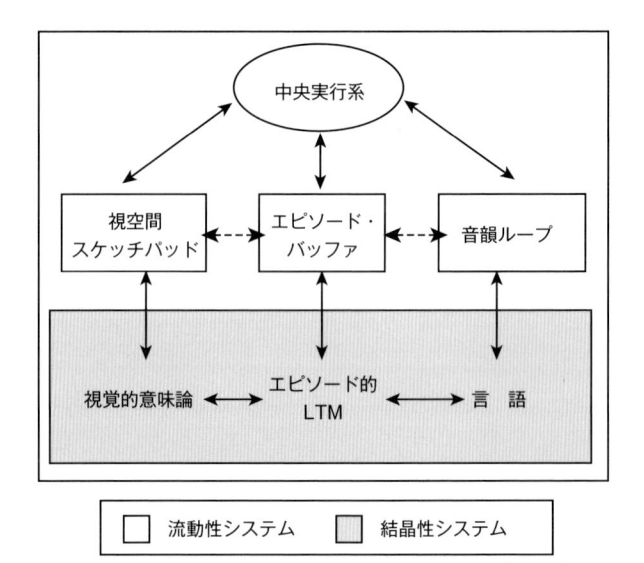

図 8.1 Baddeley（2000a）の提唱したワーキングメモリの改訂版モデル。このモデルは，長期記憶へのリンクの表象と第四の構成要素であるエピソード・バッファを含む。この初期のバージョンでは，サブシステムとエピソード・バッファのリンクは，中央実行系を経由して作用する。今では，直接のリンクも存在するらしいと思われている（ここでは，点線で示した）。Baddeley, A. D. (2000a). The episodic buffer: A new component of working memory? *Trends in Cognitive Sciences*, 4(11), 417-423. から。Elsevier からの許諾を得て再掲した。

互いに相互作用し，また，LTM と相互作用することを可能にするメカニズムも必要である。最後に，このシステムは，意識的アウェアネスと関係しており，注意の限界があるように思われる。

　これらの諸問題に応えて，私は**エピソード・バッファ**の概念を提唱し，これをワーキングメモリの第四の構成要素として同定した（Baddeley, 2000a）。今にして思えば，それは初期の中央実行系の注意制御成分——Baddeley & Logie（1999）が主張したような——と追加的な貯蔵成分への細分化と同じように捉えることができる。そのような概念化は，音韻ループと視空間スケッチパッドも処理成分と貯蔵成分に分離できるので，整然とするという魅力を備えている。しかし，これは，事実を立証するのではなく，密接な類似性を提案するというに留まっている。そこで，現在の目的のためには，図 8.1 に示すように，エピソード・バッファを独立のサブシステムとして扱うことにする。

8.3 エピソード・バッファ

　エピソード・バッファという名称を正当化することから始めてみよう。というのは，その名称こそがワーキングメモリのさらなる構成要素の必要性について，私の不完全な考えを具体化させたからである。このシステムがエピソード的であるのは，情報をまとまりのあるエピソードに統合するという意味においてである。それがバッファであるというのは，異なる次元を用いてコード化された情報の相互作用を可能にする，容量限界のある貯蔵システムを構成する点においてである。その容量はチャンクによって決定される。チャンクとは，特定のチャンク内では強力な連合関係によって，複数のチャンク間ではやや弱い関係によってバインディングされた情報のパッケージである。したがって，このバッファの中心的特性は，多様なソースからの情報を統一的なチャンクに**バインディング**するという役割である。

　Hummel（1999）は，**静的**バインディングと**動的**バインディングを区別している。静的バインディングが起こるのは，知覚の例でいえば，黄色とバナナのように，2つの特徴が同時に現れるときである。黄色とバナナを繰り返し観察すると，意味記憶内でこれらのバインディングが生じる。このバインディングは，基礎的知覚システムの基本構造か学習のいずれかを基盤として成立する。知覚的バインディングを促進する構造的要因の例としては，連続性や閉合性など，視覚的配列をオブジェクトや場面として解析するのに役立つゲシュタルトの原理がある。学習に基づくバインディングが生じるのは，長期的知識が家の正面に停めてある自動車など複雑な場面におけるなじみのあるオブジェクトのチャンク化を促進する場合である。どちらの場合にも，バインディングは，少ない注意コストで生じるように見える。動的バインディングは，多くの異なる仕方で組み合わせのできる項目を新規に組み合わせ，多数の明らかに任意のオブジェクトと特徴の統合を伴う可能性がある（例えば，青いおかゆの湖に浮かぶ赤いバナナ，のように）。Hummelの示唆によれば，そのような動的バインディングは，システムに対して相当に高い計算論的負荷を生じる。この問題は，次の章で扱うつもりである。

　まとめると，エピソード・バッファは，音韻ループ，視空間スケッチパッド，長期記憶からの情報，あるいは，まったくの知覚的入力からの情報を，ま

とまりのあるエピソードに一体化することのできる，一時的貯蔵システムであると仮定される。この過程は注意に負荷をかけるのに対して，LTM からの直接検索は比較的に負荷が少ないと仮定される（Baddeley et al., 1984b; Craik et al., 1996）。図 8.1 が示しているように，エピソード・バッファは実行系と LTM の間のリンクを提供する。初期のバージョンでは（Baddeley, 2000a），音韻ループや視空間スケッチパッドからの情報の流れは実行系を通して間接的に発生した。私はこれらのサブシステムについて直接のリンクを仮定しないでおいて，この問題を実証的研究に委ねておくことを選んだ。次の章で示すように，証拠はそのようなリンクに有利な傾向にある。

エピソード・バッファは，意識的アウェアネスの基盤であると仮定される。多数の理論の示唆によれば，意識性の主要な機能は，色，形態，位置などの別々の知覚チャンネルから少しずつ集めた情報をまとめて，まとまりのあるオブジェクトにバインドする〔／束ねる〕ことである（Baars, 1997; Dehaene & Naccache, 2001）。意識的アウェアネスの再帰的特徴，すなわち，われわれが自分の経験を意識し，それを反省することができることは，一時的貯蔵と操作的過程の両方を持つシステムを意味する。もちろん，そのどちらもワーキングメモリの概念の中心にある。これらの問題は第 16 章でさらに論じる。

エピソード・バッファの概念に対して考えられる批判は，私が単に骸骨でいっぱいの戸棚を，実体のない 1 人の幽霊と置き換えているというものである。私の亡霊を肉付けするために考えられる 3 つの方法を提案する。第一のものは，要点を述べた問題のリストを検討し尽くすことであり，例えば私がエピソード・バッファの概念をどのように考えるかということはひとつのありうる答えとなる。第二に，私はこの概念を Shah & Miyake（1999）がワーキングメモリのあらゆるモデルにとっての中核として提唱した一連の問題に適用するつもりである。第三は，エピソード・バッファの概念を実証的研究のための枠組みとして用いることである。それがワーキングメモリの過程とシステムをさらに理解するのに役立つ，効果的な実験を生み出せることが明らかになれば，たとえその知見が相当の修正を必要としたり，初期の概念を放棄することになったとしても，成功したといえるだろう。つまりは，エピソード・バッファは，概念的なツールであり，詳細に記述を終えたモデルではない。もちろん，これらのいずれの戦略も，エピソード・バッファの妥当性を本質的に**実証**できるものと見なすべきではない。それらがなすべきことは，ワーキングメモリのサブシステムはどのように統合され，LTM とやり取りするのかという，放置

されている問題に取り組む手段として可能性のあるヒューリスティック的な価値を明らかにすることである．

8.3.1 骸骨を埋葬する

エピソード・バッファの概念は，われわれの9つの問題に取り組む際にどのように役立つだろうか．これらの各々に対するありうるアプローチは以下のようにまとめられる．

1. **バックアップ貯蔵庫** エピソード・バッファは，追加的な貯蔵容量を提供するために複数感覚のコードを利用して，音韻ループの容量限界を補完する一手段となる．
2. **STM患者** 著しく損なわれたパフォーマンスを示すのは，聴覚提示のために，障害のある音韻貯蔵庫を通してエピソード・バッファに情報が入るときのみである．視覚提示であれば，エピソード・バッファへのより適切なルートが利用可能である．
3. **STMにおける意味的コード化** エピソード・バッファは，LTMとリンクし多次元的コードを提供する機能によって，音韻ループが意味的情報を利用できるようにする．このことは，短い系列には必要でないが，長い系列や項目情報が重要であるような系列ではだんだんと役立つようになってくる．
4. **多次元的エピソード・バッファ貯蔵庫** 視空間スケッチパッドにはできない仕方で系列順序を貯蔵できると仮定するのが妥当であろう．
5. **文材料，散文材料の再生** スパンの高進は，エピソード・バッファがワーキングメモリサブシステムとLTMの両方からの情報を利用して統合し，スパンをチャンキングによって増やすことができる機能から生じる．
6. **チャンキング** 事前には無関連な項目の積極的なチャンキングは，エピソード・バッファ内で起こるもので，実行系の注意容量を利用して，先行学習を活用し，別々のソースからの情報を新規な仕方で組み合わせるものと仮定する．
7. **再統合** LTM内の利用可能な情報を利用して，実行系がエピソード・バッファの内容の解釈を最適化する過程であると仮定する．しかし，長期的知識がチャンキングとSTMからの検索の両方を促進する，より自動的な他の過程も存在する．
8. **ワーキングメモリスパン** エピソード・バッファの貯蔵容量に，実行系がこの容量を使用できる効率を加えたものを反映すると仮定する．

9. **意識的アウェアネス** あるモードでのエピソード・バッファからの情報検索を提供する。特に，複数の情報のソースを並列的に処理できるようにするために効果的である（第16章を参照）。

8.3.2　エピソード・バッファはどのように働くのか

目下のところ，厳密かつ詳細なモデルを期待することは明らかに不適切である。したがって，以下に続くのは，LTMからの情報をワーキングメモリにおいて保持し，操作する手段についての検証可能な仮説を生成するための基盤と見なすべきものである。それらは，基本的に，重要だが無視されてきた領域の研究を促進することを目的とした推測であり，失敗すれば必然的にモデル全体が放棄されることを意味するような確固とした予測ではない。Shah & Miyake（1999）は，ワーキングメモリの理論家たちに彼らのモデルを利用して一連の問題に答えるよう促したが，私もそれを重宝な枠組みとして用いるつもりである。この問題と私の暫定的な答えは以下の通りである。

8.3.3　基本的メカニズムと表象

これは一連の下位問題に分けられる。

1. **情報はどのように符号化され保持されるのか**。私の当初のワーキングメモリ仮説では，符号化は中央実行系の働きに大きく依存しており，音韻ループ，視空間スケッチパッド，LTMを介して働き，リハーサルによって維持される。音韻的成分は心内音声化を通して保持されるとしておくが，私はこれは大部分のタイプのリハーサルにとって例外的ではないかと疑っている。音韻的コードは逐語的に再生成できるのに対して，このことは視覚的コードの場合には当てはまらないし，意味的コードの利用は疑わしいと思っている。そこで，バッファ内のリハーサルは特定の表象に対する継続的な注意に似てくるように思われる。

2. **検索メカニズムはどのようなものか**。私は意識的アウェアネスを主要な検索モードと考えている。それが唯一のモードであるかどうかには確信はない。「赤い光が現れたら右側のボタンを押してください」のような教示について考えてみよう。明らかに，そのような操作を可能にする一時的な「プログラム」をわれわれが設定できることは事実であろう。このプログラムは，エピソード・バッファに保持されるのだろうか，それとも，何らかの同様のシステムに保持されるのだろうか。もしエピソード・バッファにあるとすれ

ば，その教示にしたがうためにそれを意識する必要はないのではないか。しかし，これまで，この重要な機能についてはほとんどわかっていないので（Monsell, 1996），そのような一時的プログラムがバッファに貯蔵されるという提案は，少なくとも，事実上有効な初期仮説となる。
3. **情報はどのように表象されるか。そして，その形式は他のタイプの情報とは異なるのか**。私は多くの異なるソースからの情報のインターフェイスとなるような単一の多次元的コードを仮定する。これらの情報源には，LTM やワーキングメモリのサブシステムが含まれるとともに，それ自体は制御や操作のアクティブな手段を持たない感覚システムからの情報（においや味などを含む）も含まれる。さらにまた，これは，きわめて思弁的な仮定であるが，少なくとも，興味深いがあまり研究されていない領域の考察を促すという利点がある。

8.3.4 制御と管理

4. **情報はどのように制御され管理されるか**。私の仮定では，制御はエピソード・バッファに情報を送り込むシステムと中央実行系との両方に依存する。そのために，音韻情報は部分的には心内音声化の過程によって制御されるのに対して，LTM からの情報は習慣や経験によってかなり多くの影響を受ける。しかし，情報の流れは中央実行系の監督成分によって決定され，この監督成分の方は高次の目標によって影響を受ける。
5. **どの情報を貯蔵しどの情報を無視するかは何が決めるのか**。以下に続く各章で論じるように，既存の習慣と高次の目標の両方が情報の流れを決定する。
6. **制御は中央構造が扱うのか**。もちろん，中央実行系が扱う。しかし，これがどの程度までひとつの基本的な制御機構を持つ単一の階層構造であるのか，それとも，より異階層的な（heterarchical）複数の実行過程の連携なのかについてはまだ決定していない。このシステムの作動の仕方は後の各章で論じる。

8.3.5 エピソード・バッファは一元論的か，一元論的でないか

7. **複数の分離可能なサブシステムから構成されるか**。理論化の現段階では，エピソード・バッファを複数成分ワーキングメモリ内の単一のサブシステムと考える。おそらく，音韻ループや視空間スケッチパッドについて明らかに

なったように，実証的検討の結果として，エピソード・バッファは細分化されるだろう。

8.3.6　エピソード・バッファの限界の性質

8. **どんなメカニズムが容量を制約するのか**。容量は様々な仕方で制約される。何よりもまず，エピソード・バッファは，情報のソース，すなわちLTMと様々なサブシステムそれ自体に限界があるという事実によって制約される。エピソード・バッファ自体には，保持できるチャンクの数において（Cowan, 2005），また，中央実行系がシステムを操作しうる効率によって限界がある。したがって，この効率の方も実行系の全体的な注意容量に依存する。

より神経生物学的なレベルでは，そのような限界は，それ自体，興奮と抑制の測度，関連貯蔵庫内での減衰の速度，保持している材料のまさしくその特性に依存する干渉効果など，多くのパラメータを反映する。エピソード・バッファに〔情報を〕送り込む様々なサブシステムの中で働くメカニズムには類似性が存在する一方で，音，視覚，意味の要求によって課される制約の違いを考えると，これらのメカニズムは同一ではなさそうである。

8.3.7　複雑な認知活動におけるエピソード・バッファの役割

9. **言語理解における役割**。私の仮定では，エピソード・バッファは複雑なエピソードの理解において機能するが，エピソード・バッファがルーチン的な理解にどの程度かかわるかははっきりしない（以下を参照）。LTMからの検索はワーキングメモリ容量に大きくは依存しないという証拠を前提とすると（Baddeley et al., 1984b; Craik et al., 1996），長期記憶表象への大部分のアクセスはやや自動的であると考えられる。
10. **空間的思考**。私はエピソード・バッファを認知的ワークスペースとなり，そのため，空間的思考に中心的役割を果たす（視空間スケッチパッドがバックアップする）ものと考えている。同じことは多数の他の問題解決活動にも適用されるが，視空間スケッチパッド以外のサブシステムに強調点が置かれるという点で異なると仮定している。特に，LTMへの柔軟なアクセスや，異なる文脈や異なるモダリティーの間にあるアナロジーを見つけたり，利用したりする能力は重要であろう。パフォーマンスは，保持できるチャンクの

数，中央実行系の注意容量によって影響を受けるだろう。この問題には次の章で立ち返る。

8.3.8　エピソード・バッファとLTMおよび知識の関係性

11. **エピソード的LTMとの関係**。エピソード・バッファは，ワーキングメモリとLTMとの主要な連絡手段である。それは，特定の個々のエピソードを統合し，保持することに関係するという点において，エピソード的LTMに似ている。しかし，そのような保持は一時的であり，注意に限界がある点では違っている。新たな材料のエピソード的長期記憶への登録は，エピソード・バッファに依存すると仮定される。エピソード・バッファはエピソード的検索においても重要な役割を果たす。しかし，エピソード・バッファは重度の健忘患者においてもよく保存されている。逆に，LTMに問題がない一方，エピソード・バッファに障害のある患者が存在する可能性がある。もちろん，そのような患者は，実行機能不全患者（一般的には，学習と検索の両方について注意的・方略的制御の低下を示す）がよく直面するタイプの新しい学習に関する二次的問題を経験することになるだろう（Stuss & Knight, 2002）。

12. **意味記憶との関係性**。エピソード・バッファは，エピソードを表象する際に意味情報を頻繁に利用しており，そのようなエピソードは，通常の知識増加の過程の一部として，次第に意味記憶に寄与するだろう。

13. **手続き的スキルとの関係**。そのようなスキルは，エピソード・バッファにおいて特に重要な役割を果たすとは仮定されないが，前に論じたように，指定した課題を特定の仕方で遂行せよという教示などの行為プランは，エピソード・バッファ内に一時的に貯蔵されると考えられる。

8.3.9　注意と意識性との関係性はどんなものか

エピソード・バッファは，中央実行系，すなわち注意に限界のある容量をもったシステムによって制御されると仮定される。バッファからの検索は，主に意識的アウェアネスの過程を通して作用し，複数のソースからの情報をまとまりのある全体的表象に組み合わせることができると仮定される。

8.3.10　エピソード・バッファは生物学的にどのように実装されるのか

エピソード・バッファが単一の脳領野の働きを反映する可能性は低いであろ

う。その機能が多くの異なるサブシステムからの情報をまとめることであるとすれば、多かれ少なかれ、これらのすべてのサブシステムによって、事実上影響を受けるだろう。とはいえ、脳全体との大規模なリンク、知覚や記憶などの過程を調整する「高次」機能への関与（Stuss & Knight, 2002）から考えて、前頭葉が大きくかかわっている可能性は、おそらくかなり高い。海馬がエピソード・バッファ内の新たな情報とLTMの既有情報とを束ねる際に機能していることも考えられる。

そのような統合にかかわる過程は、バインディングのあらゆる理論にとって、基本的に必要なものである。仮説は今のところ2つの広いカテゴリーに分類される。個別細胞のレベルでは、特定のニューロンが特定の特徴を検出することに特化しているのに対して、他のニューロンは特徴の組み合わせを検出することを示唆する証拠がある（Fuster, 2002）。そのようなニューロンの階層はバインディングメカニズムを原理的には説明できると考えられ、このことは、Goldman-Rakic（1998）の提唱した路線に大体一致する。

第二のアプローチは、単一の場面の構成要素が、関連するユニットの同期的興奮を通して統合されることを示すものである（Gray & Singer, 1989; Hummel, 1999; Singer, 1999）。Vogel et al.（2001）は、それぞれのオブジェクトがいくつの特徴から構成されるかにかかわらず、視覚的ワーキングメモリの容量は約4個のオブジェクトに限られるという自分たちの観察について解釈を提案している。彼らの示唆によれば、限界はオブジェクトの数が増すことに伴って興奮する細胞が重複しやすくなることからの干渉によって定まる。

神経イメージング研究は、特徴統合という問題に取り組み始めており、Prabhakaran et al.（2000）による研究が特にこれに関係している。この研究は、子音と位置の短期的保持に関するものであった。4つの条件が用いられた。ある条件では、被験者に4つの子音を見せて、短期的な遅延の後にプローブ子音を提示して再認テストをした。第二の条件は、同じようにテストされる4つの空間的位置を含んだ。第三の条件は、これらを組み合わせた。すなわち、単一課題のときと同じように、子音を画面の中央に提示し、位置を画面のあちこちに配置した。最後の条件は、それぞれの子音を関連する位置の1つに提示することによって、2つの課題を統合した。機能的磁気共鳴イメージング（fMRI）の活性化の程度と位置を検討し、子音は左半球内の（一般的には音韻ループと関連する）領野を活性化させるのに対して、位置は主に右半球の（一般的にはVSSPと関連する）領野を活性化させることが明らかになった（第

12章を参照)。子音系列と位置の配列の両方を提示すると，両方の領野を活性化させた。しかし，子音を特定の位置に配置すると，全体的な活性化のレベルは減少し，その主な焦点は右前頭皮質に移動した。彼らが下した結論によると，「今回のfMRIの結果は，もうひとつのバッファ，すなわち，統合された情報の一時的保持を可能にするバッファについての証拠を提供する」(Prabhakaran et al., 2000, p. 89)。

空間的ワーキングメモリに関する研究において同様の結論に達したのがBor et al.(2003)であった。彼らはチャンク化のしやすさの異なるマトリクス・パターンを選んで，チャンキングの度合いが大きいほど，前頭でのfMRI活性化の程度が大きくなることを見出した。

8.3.11 他のモデルとの関係性

エピソード・バッファ概念の長所のひとつは，Baddeley & Hitchのワーキングメモリモデル（音韻的サブシステムと視空間的サブシステムを分離し，同定することを重視する）と他のアプローチ（実行過程かLTMとのリンクかのいずれかに注目する）を橋渡しすることである。この改訂版の複数成分ワーキングメモリをこれらと比較することは有益だろう。

私のアプローチは，Cowan (2001, 2005) のものと大部分共通しているが，一見したところでは，われわれのモデルは非常に違っているように見えるだろう。彼は注意の限界に注目し，視空間的サブシステムや言語的サブシステムについてはあまり明確にしない傾向にある。これは，私には，強調点の問題であるように思われる。実際，私がわれわれのアプローチを区別する大きな違いは，彼が活性化したLTMとしてのワーキングメモリを強調していることにある。このことは，私には，ワーキングメモリが斬新で創造的な仕方で情報を組み合わせ，操作する能力をあえて十分に強調していないように思われる。

活性化したLTMとしてのワーキングメモリの概念は，Ericsson & Kintsch (1995) の長期ワーキングメモリモデルにおいて，さらに顕著な特徴である。エピソード・バッファが彼らのアプローチとは違っているのは，ワーキングメモリを利用する一時的かつ柔軟なワークスペースを仮定することにある。したがって，LTMにおける表象の単純な活性化に依存するEricsson & Kintschのアプローチよりも，さらにダイナミックなシステムを提案する。

アクティブで創造的なシステムという仮定を支えるのは，アイスホッケーをするメスのゾウなどの，まったく新規な概念の組み合わせを人は容易に組み立

てて，この新たな選手をどうしたら一番うまく使えるか（ディフェンダーはどうだろう，おそらく，あくどいボディーチェックができるだろう，いや，たぶん，ゴールキーパーがもっといいだろう）などの問題の解決に取り組むことができることである。そのような新たに作り出した複雑な表象の操作は，単純な活性化を越えており，一時的ワークスペースのようなものを必要とするだろう。Cowan（2001）はこの立場に近く，長期記憶において活性化した項目の「アドレス」は一時的貯蔵庫に保持されると主張している。そのような仮定はなお貯蔵を必要とし，これらのアドレスがどのように組み合わされるのかを明確にする必要があるので，エピソード・バッファ概念以上の長所とはならないように思われる。

　より一般的には，多次元的コード化を認めると，エピソード・バッファ概念は，システムが広範囲の記憶コード化に基づくと仮定するいくつかの短期記憶およびワーキングメモリのモデルと，オリジナルのモデルよりも容易に比較可能になる。私自身のモデルと上記のモデルの間には違いが残っているが，エピソード・バッファ概念から生まれる幅広さは，共通の問題（特に，ワーキングメモリはLTMとどのように関連するかという問題）に取り組むことを容易にする。

　したがって，エピソード・バッファの概念は，純粋に注意に関係する中央実行系を仮定するワーキングメモリモデルにとって問題となる多くのデータを解釈できるようにするだろう。批評家は，私が単に全能の実行系という古い概念に逆戻りしたに過ぎないと批判するだろう。私は，注意能力と貯蔵能力を分離することは，モデルにとって重要な発展であると言いたい。この主張が正当化されるかどうかは，エピソード・バッファの概念が既存のデータの説明を越えて新たな研究をどのくらい生み出し，新しく効果的にわれわれの知識を拡張できるかによるだろう。次の章は，この挑戦を目指したわれわれの第一歩を述べる。

第9章

エピソード・バッファの探求

　この概念が提唱されてから短期間のうちに，エピソード・バッファは関心を呼び起こし，少なくとも，今のところは批判よりは賛同を得ている。このことは心強くはあるが，この概念が未解決の諸問題についての便利なラベルで終わらないためには，それ以上のことが必要である。私にとっては，それは，新たな実証的知見を促すように，潜在的に重要な問題に答えるための枠組みの提供を意味する。われわれはその過程に着手したばかりだが，最初の問題として，バインディングにおける実行過程の役割，すなわち，2つ以上のソースからの情報を結合してまとまったチャンクにする過程を選んだ。

　われわれは2つの対照的なパラダイムに注目した。一方は視空間的ワーキングメモリに関するものであり，他方は散文の記憶に関するものである。どちらの場合にも，二次課題手続きを引き続き用いた。この手続きはわれわれのワーキングメモリモデルの発展全体を通して生産的であることが明らかになっている。われわれは，2種類のバインディングの区分を暫定的に受け入れる。一方は相対的に受動的で自動的な過程に依存するのに対して，他方は能動的で注意の負荷が大きい。自動的なバインディングの一例は，視覚的場面を構築する際の近接性や連続性などのゲシュタルト知覚原理の作用であるのに対して，能動的なバインディングは，任意の特徴集合を単一のチャンクにバインディングすることを意味する（例えば，ラグビーをプレイするピンクの帽子をかぶった修道女のイメージを作る）。以下で明らかになるように，われわれの探求はなお初期段階だが，それらの探求がエピソード・バッファの概念についての私の現在の見解に及ぼす影響を考察して締めくくるつもりである。

9.1 視覚的ワーキングメモリにおけるバインディング

　視空間スケッチパッドの章で述べたように，最近のこの分野のたいへん喜ばしい発展は，かつては視覚的注意に専念していた，定評のある研究者からワーキングメモリに多大な関心が寄せられるようになったことである。Luck, Vogel, Woodmanと共同研究者らによる一連の研究が導いた結論では，ワーキングメモリには大体4つのオブジェクト（各オブジェクトは潜在的には多くの特徴から構成される）を保持することが可能である（Luck & Vogel, 1997; Vogel et al., 2001）。彼らの主張によれば，特徴のオブジェクトへのバインディングは自動的な過程であり，注意を必要としない。

　Wheeler & Treisman（2002）は，Luck & Vogelのアプローチを拡張して修正し，大筋での一致を見た一方で，特徴バインディングは自動的ではないことを示唆する。彼女らのこの結論の基礎となったのは，色の異なる形態からなる配列を提示して，その後に，まったく同じ配列か，1つの項目の形態と色の両方，あるいは形態と色のいずれかが変化している配列を提示することによって，記憶をテストするという条件であった。*パフォーマンスが低くなったのは，被験者にいずれか一方の特徴ではなく，両方の特徴（例えば，色と形態）の**組み合わせ**を保持することを求めた条件であった。しかし，項目の配列ではなく，単一プローブを用いて配列の保持をテストした場合は，2つの特徴を単一のオブジェクトにバインディングして保持することは，形態などの1つの特徴を覚えること以上に負荷が高いという証拠は得られなかった。これらの2つの

　＊（訳注）　Luck & Vogel（1997）やWheeler & Treisman（2002）が用いた実験パラダイムの模式図。学習画面の後でテスト画面が提示され，同じか違いがあるかの判断を求める。以下の配列テストの例では，左下と右下の刺激の塗りのパターンが入れ替わっている。単一プローブテストの例では，学習画面には現れなかった形態と塗りの組み合わせをテストしている。

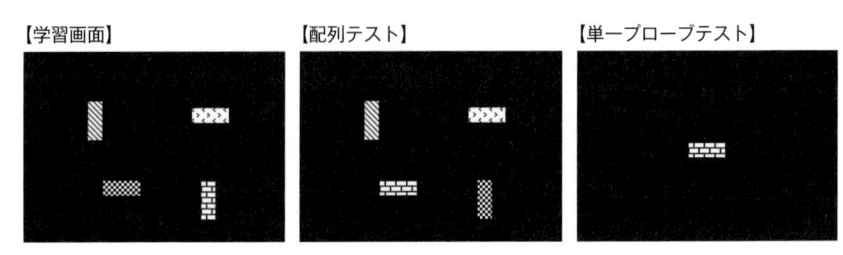

【学習画面】　　　　【配列テスト】　　　　【単一プローブテスト】

研究の違いは，検索時に複数の特徴を同時提示することによる多大な注意の負荷から生じたものである，と彼女らは主張した。このことがバインディングそのものの多大な注意の負荷を反映した可能性もあるが，単一プローブの証拠の示唆によれば，符号化時のバインディングではなく，保持あるいは検索時に視覚配列を探索するという注意の負荷の影響から生じたものである可能性が高い。

　われわれは二重課題パラダイムを用いてこの問題を検討することに決めた。2つの特徴をまとめるバインディングが注意に負荷をかけるのであるならば，それは，個々の特徴の符号化よりも，二次課題によってさらに妨害されやすいはずである（Allen et al., 2006）。われわれの最初の実験は，単一プローブを用いて Wheeler & Treisman の知見を再現しようとした。被験者には4つの形態か，4つの色パッチか，4つの色つき形態を短時間見せた。短い遅延の後に単一項目を提示し，被験者にそれが先ほど提示されていたか否かを判断するよう求めて保持をテストした。これらの条件のもとで，われわれの結果によれば，被験者はある色と形態の**組み合わせ**が現れたかどうかを検出することが，個々の特徴を検出するのとほとんど同じくらいよくできた。Wheeler & Treisman と同じように，単一プローブでテストしたときには，2つの特徴を単一のオブジェクトにバインディングすることに余分なコストは見出されなかった。

　次に，われわれは視覚的記憶課題を注意に負荷をかける同時活動と組み合わせることに取りかかった。バインディングが注意要求的であるとすれば，それは追加的な負荷の効果により敏感であろうと予想される。われわれは被験者に3つずつ逆に数えることを求め，このことが全体的なパフォーマンスを妨害することを見出すことから始めた。しかし，この妨害は，単一の特徴についてよりもバインディングした特徴の保持で大きくはなく，再び，バインディングの過程は特に一般的な注意資源を要求しないことが示唆された。第三の研究は，このことを再現し，潜在的な方略の問題をチェックした。今回は，同時的数字スパン課題を用いた。被験者の推測による影響を補正すると，バインディングには，個々の特徴の保持を超えた小さな付加的コストがあることが示唆された。再び，二次課題の明確な全般的効果が見出されたが，その効果は個々の特徴の保持よりもバインディングで大きくはなかった。最終実験は記憶項目を系列的に提示し，系列からテスト項目〔の1つ〕を提示することによって記憶を検査した。ここでも同時的逆唱課題の効果を調べた。最後の項目を検査したと

き，再度，バインディングの妨害が大きいという明確な証拠は見出されなかった。しかし，前の方の項目は違った妨害〔効果〕を示しており，〔パフォーマンスの〕低下は提示とテストの間に介在した項目の数とともに大きくなった。このことは，バインディングは自動的だが，個々の特徴からの情報よりも容易に妨害されることを示す。

これまでのところ，われわれの結果は，Luck & Vogel の比較的に自動的な特徴バインディングの立場（少なくとも，4つ以下のオブジェクトを提示したときには当てはまる）を支持してきた。われわれはこれをベースラインと考えて，自分たちの研究を拡張することを提案し，特徴バインディングが注意に負荷をかける時点を予測した。バインディングの難しさを増す試みとして，次の一連の研究では，形態と色を別々の位置に提示した。課題はより困難になることが明らかになったが，ここでも再び，同時的負荷は，色つき形態として提示した特徴の符号化よりも，別々に提示した特徴の符号化に大きな効果を及ぼすということはなかった（Karlson et al., 2010）。

これまでは，われわれの研究は，原則的に，特徴をオブジェクトにバインディングすることに関するものであった。しかし，同様の過程は，〔複数の〕オブジェクトをチャンクにバインディングするレベルでも働くと予想され，ゲシュタルトの原則（対称性，連続性補完など）がバインディングを促進するかもしれない。これについての証拠となるのが Rossi-Arnaud et al.（2006）による研究である。この研究では，被験者はマトリクス内の塗りつぶした正方形の位置を思い出そうとした。実験者は次々と一連の位置を知らせた。これは Corsi ブロック・タッピング課題と似た課題だが，違っていたのは，ターゲットの配列が規則的な5×5のマトリクスからなることであった。位置はランダムであるか，垂直軸，水平軸，または，対角線軸について対称であった。被験者が利得を得ることができたのは，パターンが垂直軸について対象であるときで，水平対称性や対角線対象性の場合は利得を得られなかった。注意に負荷をかける同時課題は，パフォーマンスのレベルを低下させたが，垂直対称性の存在とは交互作用せず，このゲシュタルト属性の利用は自動的であることが示唆された。続く研究では，系列提示ではなく同時提示を用いており，Corsi スパンというよりは，パターンスパンに似た課題となった。垂直対称性には明確な効果，水平対称性には弱い効果が見出され，対角線対称性には効果が見られなかった。同時的注意負荷はパフォーマンスを妨害したが，再び，対称性とは交互作用しなかった。われわれの結論としては，対称性というゲシュタルト原理

は，垂直面において自動的かつ容易に符号化されるが（対称性の知覚でも現れる効果），おそらく，このことは，垂直に対称なオブジェクトの環境における頻度や重要性を反映している（Rossi-Arnaud et al., 2006; Pieroni et al., 2011）。

9.2 散文の記憶におけるバインディング

　われわれの第二の路線の研究は，散文再生によって提供される，さらに複雑な状況を用いている。もちろん，この分野には膨大な研究があるが，バインディングの注意負荷という問題に直接的に適用可能なものはほとんどない。どんな証拠があるかということも，一貫しているとは言いがたい。例えば，Poulton（1958）は，被験者にテキストの文章を1分につき37から293語の速度で読むことを求めた。彼の発見によれば，読み速度を上げさせると，後に，個々の単語の再認よりも，文章の意味についての記述の再認を大幅に損なった。このことから，個々の単語の高次の意味的チャンクへのバインディングは，すばやい読みの要求によって妨害されることが示唆される。

　われわれ自身の研究（Baddeley & Hitch, 1974）によれば，散文の理解と保持が損なわれたのは，被験者に，散文の読みと同時に6つの乱数からなる系列をリハーサルするよう求めたときである。同じ論文において，われわれが明らかにしたのは，同時的数字負荷は，統語的複雑性の異なる文——各文は後続する2つの文字の順序を記述していた（例えば，BはAの後には来ない——AB）——を読んで真偽判断する際のスピードを損なうが，全般的に正確さは変わらないことであった。数字負荷が大きくなるほど，真偽判断は遅くなった（Baddeley & Hitch, 1974）。同時的数字負荷のサイズは，被験者が「靴は対にして売られる」や「修道女は対にして売られる」などの現実世界についての統語的に単純な言明を真偽判断するスピードにも影響を及ぼした（Baddeley et al., 1984b）。第10章で論じるように，ワーキングメモリスパンの個人差，すなわち，同時的に情報を貯蔵し操作する能力によって測定される個人差が読解と高い相関を示すことを示唆する豊富な証拠もある（Daneman & Carpenter, 1980; Daneman & Merikle, 1996）。

　しかし，散文理解は，ワーキングメモリにおいて単純に特徴をまとめてバインディングするよりも相当に多くを伴う，複合的な活動である。文章の意味のその後の保持に関する研究は多いが，この保持はエピソード記憶に依存する傾

向にある。エピソード記憶への入力が利用可能な注意に強く依存することを示唆する，かなりの証拠がある（Murdock, 1965; Baddeley et al., 1984b）。それゆえ，様々な二次課題によって損なわれるのは，バインディングそのものではなく，どちらかといえば，そのようなバインディングの**保持**なのかもしれない。

　第二の可能性は，検索の注意要求が重要である，ということである。このことは，2つの理由からあまり可能性のない解釈である。ここまで述べた研究は，概して，符号化時には注意負荷を課したが，検索時には課していない（Murdock, 1965; Baddeley & Hitch, 1974）。次に，多くの証拠によれば，検索に対する同時的注意課題の効果は，学習に対するほどには顕著でない（Baddeley et al., 1984b; Craik et al., 1996; Naveh-Benjamin et al., 2003）。最後に，ワーキングメモリスパンに基づく豊富な証拠は，一見，バインディングにおける注意の役割の明白な事例であるようだが（Daneman & Carpenter, 1980; Just & Carpenter, 1992），後の研究はより複雑な図式を示唆している。Caplan & Waters（1999; Waters & Caplan, 2004）による一連の研究によれば，理解に対する**統語**の寄与はやや自動的であるように思われる。さらに，Baddeley & Wilson（2002）は，高い知能を持つ重度の健忘患者という少数のサンプルにおいて，散文パラグラフを一時的に保持する能力が保存されることを見出した。しかし，後の研究が強調するところでは，散文材料を保持するためにそのように実行過程を使用することはやや異例のものであり（Gooding et al., 2005），おそらくは，重度の健忘症と高い知能の組み合わせに依存する方略を反映しているだろう。

　われわれ自身の場合には，散文理解における注意の重要性を疑うもととなったのは，被験者がキー押しのランダム系列を生成する能力に基づく二次課題を開発するための一連の試みである。ランダムキー押し課題が注意要求の測度であることは〔かつて〕明らかにしてあった（Baddeley et al., 1998a）。われわれは，被験者にランダムにキーを押しながら，いくつかの同時課題を遂行するように求めた。同時課題の要求が増すにつれて，ランダムさは一般的には低下した。低下は，意味的カテゴリー流暢性や同時的知能検査の遂行など，実行機能を要求するとされる課題で最大になった。

　後の未公刊の一連の研究では，われわれはこの技法を散文理解の分析に応用することに決め，被験者に1秒にひとつの速度でできるだけランダムにキーを押すように，単独で求めるか，または，難しさのレベルが異なる3つの文章を

読むことと組み合わせて求めるかした。その後で，被験者には，文章の内容についての質問に答えるよう求めた。最もやさしい文章は幼児のために書かれた童話から採用したもの，2番目の中程度の文章は熱帯病を説明したもの，最も難しい文章は哲学のテキストから採用したものであった。3者は標準的な読みやすさの基準に照らして明らかに違っており，長さは同等だったが，時間制限のない条件のもとで読む時間は異なった。われわれは難しさのレベルがキー押しのランダムさに反映されることを期待したが，意外にも，この証拠は見出されなかった。読んでいるときにはランダムさが有意に低下したが，この低下は，やさしい童話に比べて，難しい哲学の文章で大きいというわけではなかった。

　われわれは，文章の複雑さの効果が見られなかったのは，被験者が読みの速度を落とすことによって難しさを補償していたためであると考えた。このことを避けるため，ある研究では一定速度で視覚提示し，他の研究では一定速度での聴覚提示を用いて，提示速度を等しくした。われわれはまったく同じ結果を得た。同時的な読みによりランダムさは減少したが，その低下は童話よりも哲学の文章で大きくはなかった。さらに，文章の内容についての質問に答える能力に対する同時的キーボード生成の効果には，文章を通して違いは見られなかった。

　しかし，予想外のネガティブな結果は，やや新規なキーボード生成技法に基づいていたので，われわれは続いて同時的反応時間という試験済みの信頼できる方法に移行した（Posner & Mitchell, 1967）。われわれは，被験者に様々な文章を読むのと同時にできるだけすばやく聴覚刺激に反応するよう求め，2つのレベルの同時課題を用いた。ひとつは単一のトーンが現れる単純反応時間であり，もうひとつは高いトーンと低いトーンに別の反応を行わなければならない選択反応時間であった。予想したとおり，選択反応は単純反応よりも遅く，同時的な読みはパフォーマンスを遅延させた。読みやすさと同時課題要求の効果の間には交互作用は見られなかった。すなわち，哲学と童話は等しく妨害され，反応時間に同等の効果を及ぼした。

　課題困難性の効果を実証するため最後に必死に努力して，われわれは同時的RT課題における選択肢の数を8に増やした。結果は，図9.1に示してある。二次課題はRTパフォーマンスに反映されるように確かに難しさを増したが，先行研究と同じように，より負荷の大きい文章ほど脆弱性が高いという証拠は実質的にまったく見られなかった。このことは，反応時間に対する文章の影響

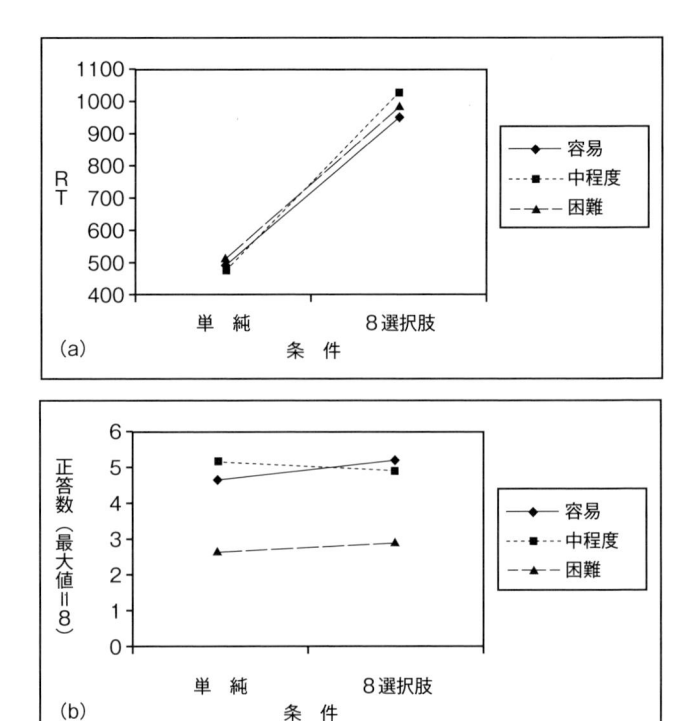

図 9.1 散文複雑性が同時的な単純反応時間と選択反応時間に及ぼす影響。被験者は，二肢または八肢選択反応時間課題を遂行するのと同時に，童話，記述的文章，哲学のテキストからの散文を聞いた。(a) は，反応時間が文章の難しさの影響を受けなかったことを示しており，(b) は，後の再生レベルが RT 課題の難しさに依存しなかったことを示している。Baddeley & Anderson（未公刊）からのデータ。

の点から測定しても，後の散文再生に対して同時課題の与える影響の点から測定しても，同様であった。

　この一連の実験全体は，標準的な読みやすさの測度や読みのスピードによって測定される文章間の違いが意味を持つようなシステム〔の存在〕を示しているように思われる。読みや聴き取りという活動が注意を必要とすることは，ランダム生成に及ぼすその効果からも明らかである。しかし，理解に向けられる注意の量は，ほぼ一定であるように思われる。そのことは，理解の過程において，パフォーマンスのレベルが使える注意資源の容量によってではなく，既有知識などの他の要因によって原則的に定められることを示唆する。理解は，ある種の連続的な仮説生成や問題解決よりも，自動的な過程にずっと近いように

思われる。

　しかし，われわれのアプローチには，少なくともひとつの大きな弱みがある。われわれはこの一連の研究を始めるにあたり，同時課題が主要な測度であることを仮定して，文章についてのやや少数の後続質問のみを用いて，被験者がその内容に注意を払っていることを保証した。われわれの結果は，後続保持のレベルが負荷のかかる同時課題の増加とともに減少することを示唆しておらず，これは，単にわれわれの記憶測度の不完全さを反映している可能性がある。さらに，たとえ文章の意味の保持に対する効果が得られていたとしても，このことは，バインディング自体に対する影響ではなく，エピソード記憶に対する注意の影響を反映しているかもしれない。この区別のよい例は，Cermak & O'Connor (1983) の健忘患者であった。彼はレーザー技術のエキスパートであった。彼は自分の病気以後に起こったレーザーの発展に関する論文を読み，それらをテスターに説明することができたが，その後は文章の内容についての記憶はなかった。彼は材料を理解可能な構造にバインドする（束ねる）ことはできるが，その構造をLTM内にバインドすることはできないようだ。

　そのため，われわれはバインディングの測度として直後再生を用いる代わりに，長期エピソード記憶の必要性を最小限にすることに決めた。これは理想からほど遠いが（パフォーマンスが音韻ループによって強く影響を受ける傾向にあるので），そのような効果は構音抑制によって操作できる。われわれは，言語学的，意味的要因の影響を検出できるようにするため，再生する材料の構造を系統的に変化させることによって，バインディングに対する事前の言語習慣の効果を研究することにした。単語をまとめてより大きなチャンクの文にバインディングすることが無関連な単語を単に保持するよりも注意を必要とするならば，バインディングは同時課題要求に影響を受けやすいことが予想される。

　この問題に関する既存の証拠は，曖昧なままである。われわれの初期の結果では（Baddeley & Hitch, 1974; Hitch & Baddeley, 1976），統語構造が複雑であるほど，真偽判断するのに長くかかるが，同時的要求の影響を受けやすいことがわずかに示唆されたのみで，この結果は決して説得力のあるものではなかった。これに対して，Caplan & Waters (1999; Waters & Caplan, 2004) による後の研究によれば，統語処理はやや自動的であるという。しかし，われわれはバインディングにおける統語の役割に特に関与せず，代わりに，統語論，意味論，語用論を含むいくつかのレベルの言語習慣から利得を得られそうな文ベースの材料を用いることを選んだ。われわれの二次課題技法が，散文保持に

おけるバインディングが注意容量に依存するかどうか，どんなときに依存するかを確認できると考えたのである。以下に，2セットの実験を述べる。ひとつは単純な文の系列を操作したもの，もうひとつは文の中での操作を用いたものである。

　Jefferies et al. (2004a) は，被験者に，複数の単純な能動態の叙述文から構成される文を聞いて繰り返すよう求めた。したがって，文系列は，「ネズミはチーズを食べるのが好きだ（*Mice like to eat cheese*）」，「夏の天気はたいていは暑い」（*The weather in summer is often hot*）」，「道は長くほこりっぽかった（*The road was long and dusty*）」であるのに対して，ランダム単語テストは同一の単語をスクランブル化した順序にして構成した。例えば，「好きだネズミは食べるチーズを（*like to mice eat cheese*）」，「夏たいていは暑い天気は（*summer often in hot is weather the*）」，「長くほこりっぽい道はだった（*long dusty road the was*）」などであった。パフォーマンスのレベルは，最初に正しく再生できるスパン（文とスクランブル単語系列の数）を測定することによって等しくした。その後，スパンよりも50％長い系列を用いて被験者をテストした。被験者には連続して3回のテストが繰り返され，これによって試行1での直後再生と試行2と3での学習の両方を研究できるようにした。最後に，被験者を同時課題による負担のない場合のベースラインでテストするか，または，4つの空間的に配置された視覚刺激の1つに応じて4つのキーのうちの1つを押すように耐え間なく求めた。被験者が反応したらすぐに次の刺激が現れた。これは，Craikと共同研究者が多くの研究で用いた手続きで，エピソード的LTMにおける符号化に影響し，それ自体もエピソード的検索によって影響を受けることがわかっている（Craik et al., 1996; Naveh-Benjamin et al., 2003）。

　同時的RT課題はパフォーマンスを妨害するが，効果のサイズは中程度であり，そのパターンは少々複雑であった。無関連な単語系列の保持は，試行1ではほとんど成績低下を示さなかったが，このスクランブル単語条件では後続の学習試行（試行2と3）を通して妨害の増加が見られた。対照的に，文系列の保持は，試行1に最大の効果を示し，その後，その効果は減少した。スクランブル単語もスクランブル文（文系列）も学習を示した一方で，文の場合には，学習はより急速であった。

　この状況は，リストや文からなるもう少し長い系列を含む第二研究においてほぼ再現された。最初の研究は，〔各被験者の〕スパンの50％上のリストを選

んだが，この研究は 200% に上げた。どちらかといえば，長い系列ほど同時課題の影響が小さくなる傾向にあった。ここでも再び，試行を通しての学習の速度は，単語リストよりも文で大きかった。

　最後の研究には，第三のタイプの材料を含めた。ランダム単語系列と無関連な文からなる系列に加えて，テーマ的に関連のある文，すなわち，通常の散文により近づいた材料になったものを用いた。再度，スクランブル単語では，連続する学習試行にわたって同時的負荷の効果が増大したのに対して，スクランブル文では，逆の傾向を示した。しかし，散文のようなテーマ的に関連のある文は，学習の段階にかかわらず，同時課題の効果をごくわずかしか示さなかった。

　われわれの結果のパターンをどのように解釈すべきだろうか。予想されたように，文形式と意味的適合性が与える制約が大きいほど記憶は高まり，スクランブル単語よりもスクランブル文は容易であり，まとまりのある文の集合は最も容易であった。予測できなかったのは同時的 RT 課題の効果で，試行1とその後の学習ではやや異なる効果を示していた。試行1では，文の直後再生は同時課題によって明らかに成績が低下したのに対して，スクランブル単語もまとまりのある散文系列も初回の妨害効果をほとんど示さなかった。

　われわれはこれらの結果をチャンキングによって課される注意要求の観点から解釈する。スクランブル単語は，系列的制約のレベルが低い，無関連単語からなる単一リストに事実上等しい。Tulving（1962）が示したように，そのようなランダムリストにおいては主観的に体制化されたチャンクが形成されるが，このようなチャンクの形成は一般的に反復提示でのみ起こる。この主観的に体制化されたチャンクを次第に作り上げる過程は，おそらくは，注意を必要とし，連続的な試行にわたり二次課題の効果の増加となって現れる。テーマ的に関連する文の場合には，単純な文の中の単語をチャンクにバインディングすることは，注意をあまり要求しないし，テーマ的に体制化された材料において，文を単一のまとまりのあるチャンクにバインディングする場合も同じである。無関連な文の場合には，全体的なテーマ的関係は存在しないので，文の間に何らかの形のバインディングを作り出す必要がある。われわれのデータによれば，これは主に試行1で起こる。同時課題の影響が後続試行で減少するのは，おそらく，この注意を必要とする段階が大部分完了しているためである。

　これは明らかに後づけの解釈だが，同時的 RT の記憶パフォーマンスに対する効果とともに，RT に対する記憶の同様の効果（こちらも観察できた）につ

いても説明できる。しかし，これらの効果は，文内と文間にある冗長性の再生と学習速度との両方に対する影響に比べてやや小さく，おそらくは，統語的・意味的制約に基づく効果である。これらの変数に対する連続的な同時的 RT 課題のやや小さな効果が示唆するのは，言語習慣の影響は概して自動的だということである。そのようなわけで，この一連の実験の結果は，文章の難しさを変えたわれわれの研究の結果とよく似ている。しかし，今回の実験では，同時課題は，テーマ的にまとまりのない文をバインディングするのに必要な付加的なチャンキングに対して，影響を及ぼしたように思われる。加えて，われわれにはさらに進んだ関心があった。被験者は同時的視覚課題をやや負荷が少ないと感じていたように思われる。その上，彼らは音韻ループを用いて直後再生パフォーマンスを自由に引き上げることができた。われわれは第二の一連の実験においてこれらの問題に取り組み，単一文の直後保持に焦点を当てた（Baddeley et al., 2009）。

　文材料に伴うひとつの問題は，文の統語構造や文を理解するのに必要な知識によって，難しさのレベルが大きく変化しうることである。この後者について強く指摘したのは，Hambrick & Engle（2002）であった。彼らは被験者に野球のコメントからの抜粋を再生するよう求めた。彼らの合衆国の被験者は全員野球を理解していたが，興味や知識の度合いは相当に違っていた。彼らの被験者は等しい数の高齢被験者と若年被験者から構成され，半数は高ワーキングメモリスパン容量，半数は低ワーキングメモリスパン容量であった。Hambrick & Engle は，後続再生に対する野球知識の主効果に加えて，年齢とワーキングメモリスパンの非常に小さな効果を観察した。ここでも，再生に対する大きく，相対的に自動的な知識の寄与に加えて，注意過程からの有意だが小さな寄与が示唆された。

　そのような先行知識における個人差の影響力を制限しようと試みて，われわれは**制約付き文スパン**（*constrained sentence span*）と名づけた課題を開発した。これは，名詞，動詞，形容詞，副詞の限られた集合を，次々と提示される文を通して繰り返し用いることにより，完全に意味は通るが，意味的・統語的内容は極めて平板な系列を作り出すものである。その例は，「老いた水夫は金髪の弁護士に赤い自転車を売った（*The old sailor sold the red bicycle to the blonde lawyer*）」，「背の高い弁護士は老いた水夫から赤い車を買った（*The tall lawyer bought the red car from the old sailor*）」，「金髪の水夫は背の高い司祭から緑の自転車を買った（*The blonde sailor bought the green bicycle* *from the priest*)」，などである．文は（これも制約した集合から採用した）形容詞と副詞を加えることによって長さを増すことができた．われわれの仮定によれば，これらは通常の談話から取り出した「自然の」文よりも相当に難しい．というのは，〔これらの制約付き文では〕先行文からの順向干渉により，被験者が最も新近のアクティブなバインディングに頼らざるを得ないと，われわれは考えるからである．予想通り，制約付き文は，同じ単語の順序をスクランブル化したものよりもやや簡単であり，それぞれ，大体8と6のスパンを生じたが，日刊新聞から選り抜いた「自然の」文（スパンは平均して大体12であったが，使用した各文によって大きくばらついた）よりも相当に難しかった．この材料を用いた一連の予備研究は，同じ単語セットを繰り返し用いるか，各試行でまったく別の項目を材料とするかによって，制約付き文スパンにおける差をほとんど示さなかった．このことは，順向干渉はわれわれが予測するよりは小さな役割しか果たしていないことを示唆するが，これは，おそらく，音韻ループへの重度の依存のためであろう．われわれが限られた単語プールに基づく制約付き文集合を用いることを選んだのは，単語頻度，イメージ可能性，難しさの観点から大体一致させた多数の文を作る際に操作が単純であるという理由からであった．

　われわれは，ベースライン条件，および，自分たちとCraik et al. (1996) が用いてきた4肢選択の視覚RT課題とを組み合わせた条件のもとで，スクランブル単語，制約付き文，自然文の直後再生をテストすることから始めた．パフォーマンスに対する二次課題の影響はほとんど見られなかったことから，音韻ループが重要な媒介的役割を果たしているのではないかという疑いを強め，次の研究を思いついた．この研究では，文とスクランブル単語の保持における音韻ループ，視空間スケッチパッド，中央実行系の役割を系統的に調べることを試みた．

　われわれは，まず，制約付き文とスクランブル単語系列の長さを調整し，両者で一致した再生率が得られるようにした．次に，言語形式と視覚形式のNバック記憶課題を開発した．この課題では，被験者に，継時的に提示される項目を処理して，ある項目が指定した遅延の後に繰り返されていたら反応するよう求めた．そこで，難しさのレベルは，この遅延によって変化させることができた．0バックは直後の繰り返しの検出で容易であり，2バックは可能だが，言語材料である数字でも，視空間材料のいずれでも非常に困難であった．視空間材料による課題は，それぞれ3×3のマトリクスのセルの1つに提示され

る，一連のドットの位置を保持させた。被験者は，提示されたばかりのセルに対応するキーを押すか（0バック），2項目前に提示されたセルに一致するキーを押した。われわれの仮定によれば，0バック課題は音韻ループと視空間スケッチパッドをそれぞれ伴うが，最小限の実行処理しか要求しない。これに対して，2バック課題は実行資源を強く要求し，前頭葉に過大な負荷を与えることが知られている（第12章を参照）。

われわれの次の研究は，制約付き文かスクランブル単語系列の聴覚提示を含むものであった。結果を図9.2に示す。まず，音韻的サブシステムと視空間的サブシステムに主に負荷をかけると仮定される0バック課題を考えてみよう。0バック数字課題の明確な効果が見られ，音韻ループの役割が示されたが，視空間的0バック課題の効果はほとんど見られなかった。これは，視空間スケッチパッドは，このタイプの材料の直後保持においてほとんど機能しないというわれわれの疑いをますます強くさせる。対照的に，どちらの2バック課題もパフォーマンスを妨害し，再生における実行過程の役割が示唆された。しかし，重要なことに，同時課題と材料のタイプの間に有意な交互作用は見られなかった。実行過程はパフォーマンスを高めるが，無関連な単語についても文についてと同じくらい効果的に働きかけており，ここでも，われわれの直後再生の条件のもとでは，チャンク化可能な文材料を用いることから得られる利得の（す

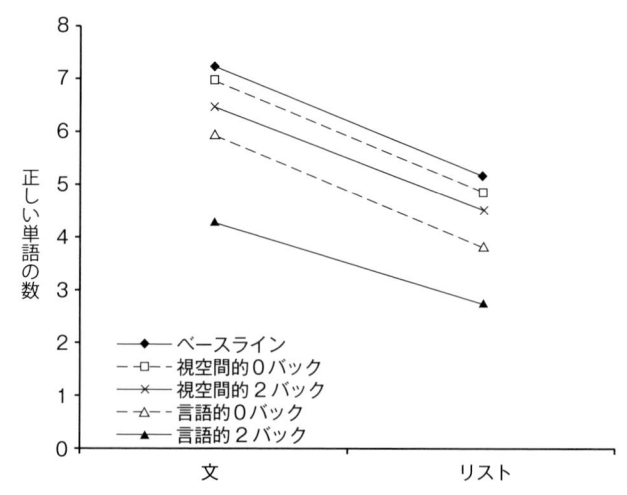

図 9.2 同時課題の関数としての聴覚提示した文とランダム単語系列の直後系列再生。Baddeley et al.（準備中）からのデータ。

べてではないにしても）大部分は自動的に生じることが示唆された。

　しかし，ここまでに述べた制約付き文研究は，聴覚提示を用いていた。この状態では，構音抑制を行ったときに，心内音声化リハーサルへのアクセスはできないが，音韻ループへのアクセスは可能である。われわれの次の実験は，構音抑制を再生すべき材料の視覚提示と組み合わせることによって，音韻ループの使用を完全に防ぐことを目的としていた。これまでと同じ材料を用いたが，それぞれの文またはリストを視覚的に提示したことが違っていた。このことは，視覚的Nバック課題の使用を不可能にしたが，言語的課題の使用は妨げなかった。結果を図9.3に示す。今回は，同時課題と材料の交互作用が得られ，文はスクランブル単語よりも大きく妨害を受けた。何らかの床効果が原因であることが懸念されたので，より負荷の少ない同時課題を用いて研究を追試した。結果のパターンは同じであった。

　要約すると，われわれの最初の実験によれば，言語的リハーサルを防いでも，音韻ループへのアクセスによって余分な貯蔵が加えられると，チャンキングは実行過程に明白な負荷をほとんどかけることなく生じるようだ。構音抑制と視覚提示を組み合わせて音韻ループへのアクセスを完全に遮断すると，文法的に適格な有意味文がもつ系列的冗長性を十分に利用するためには実行過程が必要とされる。

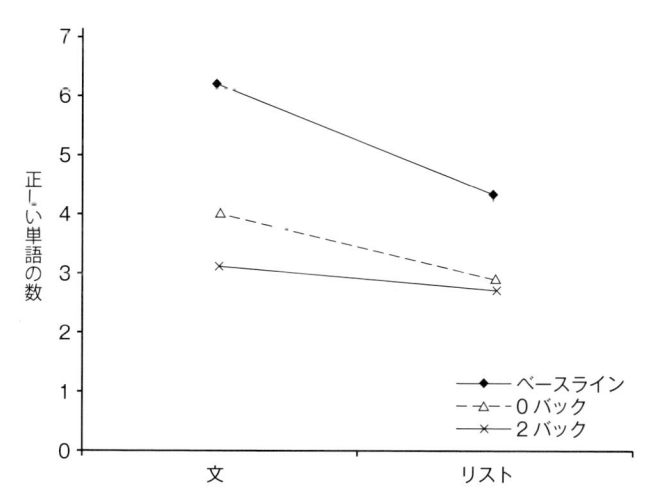

図9.3　同時課題の関数としての視覚提示した文と単語リストの直後系列再生。Baddeley et al.（準備中）からのデータ。

9.3 いくつかの意義

　追加的な成分——エピソード・バッファ——を3成分ワーキングメモリ・モデルにつけ加えるべきであると主張する際に，私は2つのことを期待した。第一には，それがモデルの適用範囲を広げ，より多様な問題を扱えるようにすることである。第二には，それが，検討可能で重要な問題を提起するという意味で経験的に有益であることを証明し，新規な知見を生むことである。本章はこの後者の目標に向けての第一歩を述べてきた。それはどのくらい成功しただろうか。

　われわれはエピソード・バッファの中心的特徴，すなわち，モダリティー内，モダリティー間両方の，複数のソースから情報をまとめてバインドする能力に取り組むことにした。視覚的ワーキングメモリの場合には，モダリティー内バインディングを検討することから始めたが，これは，実行過程ではなく自動的な過程をより多く反映していると見込んでのことであった。われわれの発見は大体においてこの見解を支持し，モダリティー内，モダリティー間両方の，そして，知覚刺激と長期的意味記憶および長期的エピソード記憶の間の，より負荷の大きいバインディング課題を調べるためのベースラインとなった。われわれは自分たちの研究を視覚的注意の観点からなされた，Luck, Vogel, Treismanなどの同輩らの研究と関係があると見なしている。われわれはこの2つの領域の間の関係を重要なものと考えるが，彼らの研究は視覚におけるオブジェクトのバインディングに焦点を当て続けるのに対して，われわれの研究はより認知的に複雑なパラダイムに向かう傾向にあるのではないかと思っている。

　われわれの研究の第二の路線は，言語習慣が散文理解とその保持に及ぼす寄与の分析に関係していた。ここでも，われわれは予想したよりも小さな実行過程の効果を見出した。これは，直後再生パラダイムでは，部分的には，音韻ループの果たす役割のためである。音韻ループは，十分な一時的貯蔵となり，被験者が散文材料内の冗長性を完全に利用できるようにし，付加的な実行系のサポートがほとんど必要ないようにするものと思われる。しかし，そのような冗長性は，音韻ループや実行系の大きな関与のいずれとも独立に，パフォーマンスに相当の影響力を持っていることは明らかである。再び，このことは，相

対的に自動的な言語過程の明確な働きを示唆している。しかし，視覚提示と構音抑制を用いることによって音韻ループを遮断すると，言語ベースのチャンキングを最大限に活用するには実行過程が必要になる。

　われわれの結果は，現代の直後言語的系列再生のモデルについて，興味深い問題も提起している。これは，第2章で述べた系列順序の計算モデルの場合に特に明確である。われわれが調べたように，それぞれの項目が次の数字の手がかりとして働くとする連鎖モデルは，証拠をうまく説明できなかった（Baddeley, 1968b; Henson et al., 1996）。このことから，順序は各項目を系列位置手がかりか，展開中の文脈と連合することによって貯蔵されるとする一連のモデル（Henson, 1998; Page & Norris, 1998; Burgess & Hitch, 1999）が導かれた。しかし，文内の系列的冗長性の本質は連続する項目**間の**連合にある。これは，連鎖メカニズムによってはたやすく受け入れられるが，位置ベースまたは文脈ベースのモデルに容易には合致しない現象である。さらに，これはまさに音韻ループが言語獲得装置として機能するならば必要とされるようなタイプのメカニズム——新規だが音素配列論的に制約された音素の系列を単語にバインドするのに必要なメカニズム——である（Baddeley et al., 1998b）。

　この問題に取り組むには，少なくとも2つの方法があるように思われる。第一は，そのようなモデルが主張する系列再生過程は，項目レベルの表象に働きかけると仮定することである。項目レベルの表象は，数字などのなじみのある項目からなる限られた集合を使って機能するので，複数のモデルも実際にそのように仮定している。ここで，既存の語彙項目のみが選択されると仮定する代わりに，学習が進むにつれて，複雑さの異なる音韻系列から構成されるチャンクが，次第に利用可能になると考えてみよう。新たな単語を学習する過程を促進するのは，その単語の構造が各人の自然言語に似ている場合である。それらの語は，より多くの，そして，より大きな既存のチャンクを提供する可能性があるからである。このことは，系列順序がこれらのチャンクの中でどのように保持されるのかという疑問をなお残している。ひとつの可能性としては，同じメカニズムが語彙レベルで機能するということがある——例えば，初頭性手がかりがその候補である。もうひとつの可能性は，何らかの形の連鎖がこのレベルで機能するが，過去に学習した語彙のレベルでは機能しないというものである。

　さらに異なった解釈は，音素配列論的確率の違いを活用する，ベイズ的検索過程の観点から冗長性効果を説明する。そのようなメカニズムは，初期の比較

的に自動的な検索過程，および後期のより自動的でない確認段階を含め，複数の可能なレベルで機能するだろう。われわれはこれらの様々な可能性を研究し始めたところである。

より方略的なレベルでは，われわれの結果により，能動的なバインディングと自動的なバインディングとの間の単純な二分法を容認する元の態度を修正するよう考え直すことになったので，代わりに，バインディングについて3つのおおまかなカテゴリーを提起する。エピソード・バッファ・モデルの開発に強く影響を与えた，ある研究が思い出されるかもしれない。その結果によれば，重度の健忘患者は，明らかに音韻ループや視空間スケッチパッドの容量を越える散文について，優れた直後再生を示すことができた。そのような患者は高い知能と優れた実行スキルを持っているように思われ，このことに促されて，中央実行系が彼らの散文再生の保存における決定因であると，われわれは結論した（Baddeley & Wilson, 2002）。しかし，散文に関するわれわれの後の研究によれば，ほとんどの被験者では，実行過程は散文再生に比較的小さな役割しか果たさない。決定的な違いは，健常なエピソード的LTMの保有にあるように思われる。そのため，私はバインディングの第三の重要なソース，すなわち，長期的エピソード記憶が提供するソースを承認することを提案する。

エピソード記憶のバインディング能力の好例は，Naveh-Benjaminと共同研究者による2つの研究である。第一の研究は，意味的に強く連合する単語の対か，ほとんど連合のない単語の対を用いて，高齢被験者と若年被験者との再認記憶を比較した（Naveh-Benjamin et al., 2003）。保持は，直前に提示された個々の単語か，提示された2つの単語（対として提示された2単語か，そうでない2単語）から構成される対を再認する能力によってテストした。高齢被験者は，個別項目でも意味的に連合のある項目対についても若年被験者とほぼ同じくらいの成績であったが，ほとんどリンクのない対ではずっと成績が低かった。Naveh-Benjamin et al.（2003）の示唆によれば，これは，注意能力に対する年齢の効果を反映する。

この仮説を検証した後続研究（Naveh-Benjamin et al., 2004）では，若年被験者と高齢被験者の代わりに，2群の若年被験者を用いて実験を繰り返し，一方の群には，同時的注意要求課題を行うよう求めた。予測としては，この群は，利用可能な注意を減らされていることから考えて，高齢者と同様に遂行するはずであった。しかし，そうはならなかった。パフォーマンスに対する同時課題の影響は見られたが，同時課題の影響は保持する項目対の性質とは交互作

用しなかった。つまり，高齢群が見せたバインディング障害は，注意の損失の結果ではなく，むしろ，残念ながら加齢の顕著な特徴であるエピソード記憶障害の結果であった。

　第三のタイプのバインディングは，われわれが能動的なバインディングと呼ぶものであり，複数成分ワーキングメモリ・モデルの中では，中央実行系に依存すると仮定される。われわれは，自動的なバインディングが最もありそうだと思われる課題を検討することから始めたのだが，これまでの自分たちの視覚的記憶研究では，この第三のタイプのバインディングについての証拠をほとんど見出さなかった。われわれは，文再生研究では，期待していたよりも小さくはあったが，注意ベースの能動的なバインディングの証拠を見出してきた。

9.3.1　エピソード・バッファ・モデルにとっての意義

　私は自分たちの結果に少々驚いていることを認めなければならない。というのは，散文の理解と符号化は，実際よりも，もっと能動的で負荷の大きな過程であると想像していたからである。Bartlett（1932）が強調した，「意味を求めての努力（effort after meaning）」は，結局のところ，それほど努力を要するものではなかったようである。われわれの結果には，当初のエピソード・バッファ・モデルにとってのいくつかの理論的意義がある。このモデルは，エピソード・バッファと音韻的および視空間的サブシステムの間の直接的なバインディングを明確に省いており，中央実行系を通して情報を送っていることを思い出してほしい。このモデルは，われわれの結果をどのように扱うだろうか。

　まず，視空間的ワーキングメモリ・バインディング研究を考えてみよう。同時的注意課題がバインディングを特異的には妨害しないという事実は，特徴のバインディングには実行資源を必要としないことを示唆する。しかし，受動的なバインディングはより末梢的なレベルで起こることを容認するならば，この結果に問題はない。ただし，この結果は，確かに，視空間スケッチパッドとエピソード・バッファの間の直接リンクと一致する。文材料の結果は，さらに厄介である。無関連な単語の記憶は主に単純な音韻的コード化によっているのに対して，制約付き文のバインディングには，音韻ループと意味記憶情報の両方がかかわるように思われるのである（Baddeley, 1966a, 1966b）。聴覚提示では，中央実行系への妨害は両方の材料セットに同等の効果を及ぼしており，このことは，意味的・統語的知識の利用は実行系の機能に依存しないことを示唆するように思われる。そのようなわけで，このことは，音韻ループとエピソード・

バッファの間の直接リンクの予備的証拠を提示している。私の考えでは，証拠は，現在，視空間的および音韻的サブシステムと多次元的エピソード・バッファの直接リンクを仮定するという方向に傾いている。

それでは，エピソード・バッファ仮説はどこに位置づけられるのか。まず最初に，この仮説は，問題を喚起し，明快な答えを見つけ出すという点で有効であることが既に明らかになっている。1974年のBaddeley & Hitchの当初の実験を促した問題がそうであったように，答えはわれわれが期待していたものではなかったが，それにもかかわらず，さらにモデルを発展させるための明確な枠組みとなった。この後でわかるように，ワーキングメモリは，複雑な認知の背後にあるいくつかの重要なシステム（それらの多くは相対的に自動的に働く）のひとつとして浮上し始めている。ワーキングメモリを理解しようとするならば，そのシステムが何をするのかを理解するだけでなく，何をするのには必要でないのかを理解することも重要であろう。

第10章
ワーキングメモリスパンにおける個人差

　個人ごとに認知能力が異なるという可能性，および，これらの差を科学的に研究する可能性は，少なくとも，Francis Galton 卿にまでさかのぼる。彼はそのような差を特に研究するための相関技法を開発した（Galton, 1883）。ライプチッヒの Wundt の実験室で研究していた若きアメリカ人，James McKeen Cattell は，感覚的敏感性（sensory sensitivity），反応スピードなど基本的能力の個人差研究を行い，一般的に，これらの様々な測度についての個人のパフォーマンスの間に，正の値だが，やや低い相関を見出した（Boring, 1929）。

10.1　心理測定学の伝統

10.1.1　初期の発展
　しかし，個人差に対する近代的アプローチは，実用的な問題から生まれた。障害児学校の校長でもあったフランスの心理学者 Alfred Binet は，Théodore Simon と共同で，特定の教育的ニーズを持つ子どもを同定できる方法を開発しようとした。その狙いは，後でそのような子どもに特別な形の教育を与えることにあった。しかし，当時の評価は教師の判断によっていたので，この方法が信頼できない恐れがあり，特別な援助を必要とする子どもたちがそれを受けられない一方で，他の子どもたちが不適切にやさしすぎる教育環境に置かれるという結果を招く可能性があった。
　Binet〔とその後継者〕は極めて実際的なアプローチを用いた。彼は一連の少数で，容易に測定できる課題を開発し，観察と試行錯誤を通して，それらの課題を，明白な知的問題を示す子どもと明確にそれを示さない子どもとを確実に区別するようなものにしていった。これらのテストでのパフォーマンス・レ

ベルは，健常な子どもでは年齢とともに着実に向上し，一般的には，大体16歳でプラトーに達することが明らかになった。Lewis Terman（1915）は，ある子どもの得点と同じ生活年齢の子どもの平均得点との比率に基づいた知能の測度を提案した。これが知能指数（Intelligence Quotient），または，IQとして知られるもので，単純だが，強力な測度である。

　訪問していた合衆国の教育者，H. H. Goddardは，このアプローチの可能性を知り，合衆国に戻って開発を続け，公表した。次の世紀にわたって，このアプローチは，大きな事業，すなわち，心理測定学に発展し，教育と雇用の両方の意思決定において広く用いられ，次第に洗練された統計技法によって裏打ちされていった。しかし，このアプローチは，知能，すなわち，テストの多くが測定していると仮定する基礎的構成概念の性質に関して重要で激しく議論を戦わせる論争をも生み出してきた。これらは，知能が遺伝と環境に依存する相対的な範囲の問題，人種差は存在するかという問題，より一般的には，そのようなテストでのパフォーマンスにおける文化的要因の役割の問題を含む（優れたレヴューとして，Mackintosh, 1998を参照）。

　この論争にもかかわらず，知能の測定に対して心理測定学的アプローチがもたらした相当の功績については，明確な証拠が存在するように思われる。アメリカ心理学会（American Psychological Association）は，認知心理学者Ulric Neisserが議長を務める委員会を設立し，知能について何がわかっていて，何がわかっていないかを評価した。委員会の結論によれば，さらに検討すべき多くのことが残されているが，知能検査は，現代の西洋社会の中でより効率的に働く傾向がある人は誰かをかなり正確に予測するという点で，有用な機能を果たしている。そのことは，もちろん，これらの特性が他の社会において，または，実際のところ，われわれの社会の中のあらゆる種類の仕事にわたって必ず最適であることを意味しない。さらに，そのような検査は多くの他の重要な個人的・情緒的性質を測定しないし，音楽や絵画などのいくつかの他の活動でのパフォーマンスをおそらく予測しない。とはいえ，心理測定学的事業は，教育的・職業的成果を予測する上で，相当量の実用的成功を収めている（Neisser et al., 1996）。

10.2 知能の概念

　心理測定学的アプローチは，知能検査でのパフォーマンスの高低の背後にある過程を理論的に理解することには，ほとんど成功してこなかった。前世紀の初期にSpearmanが述べたところでは，Binetが提唱したようなテスト・バッテリーを構成するすべての下位検査は，互いに正の相関を示す傾向がある。彼の解釈によれば，このことは，下位検査のすべてが，彼が一般知能またはgと名づけた単一成分に依存することを示唆している。彼はこの関係性を調べるために，探索的因子分析として知られる統計手法を開発し，gと複数のより特定的な従属的因子の両方を同定することで自分の議論を支持した（Spearman, 1927）。この見解に異を唱えたのがアメリカの心理学者 Louis Thurstone（1940）であった。彼はいくつかの正当な理由から，どのように検査を選択しても，互いによく似たグループにまとまる傾向があること，そのために，中心的な因子を生じることを指摘した。例えば，研究者 A はどちらかといえば言語的推論に基づく課題をたくさん使う傾向にあるのに対して，B は複数の視空間的課題を選ぶ傾向にあるかもしれない。それぞれがg因子を見出すことが予想されるが，それらは同じものではないだろう。

　このことに対処するひとつの明らかな手段は，多くの異なる研究を見渡して，そのパターンがSpearmanのgに似ているか，Thurstoneの多様性のある個別因子に似ているかを判断することである。そのような分析を行ったのが John Carroll（1993）であった。彼は少なくとも400のそのような研究を分析し，図10.1に要約したような結果を生み出した（図は Ian Deary, 2001 による知能についての簡潔だが優れた概説から採用したものである）。図10.1が示唆するように，一般知能についての支持とともに，さらに小さな構成要素に分析できるような，どちらかといえば雑多な従属的過程群も得られるようである。例えば，Edwin Fleishman（1965）と Fleishman & Parker（1962）による運動スキルの研究は，少なくとも14の運動行動の下位因子を同定し（制御の正確さ，反応方向，反応時間，腕の運動のスピード，手首－指のスピードを含む），加えて，身体の物理的・構造的諸側面に関係する９つの他の能力を同定した（静的・動的柔軟性と強度，身体全体の協調と体幹強度など）。

　私自身のような認知心理学者にとっては，下位構成要素群は，われわれの基

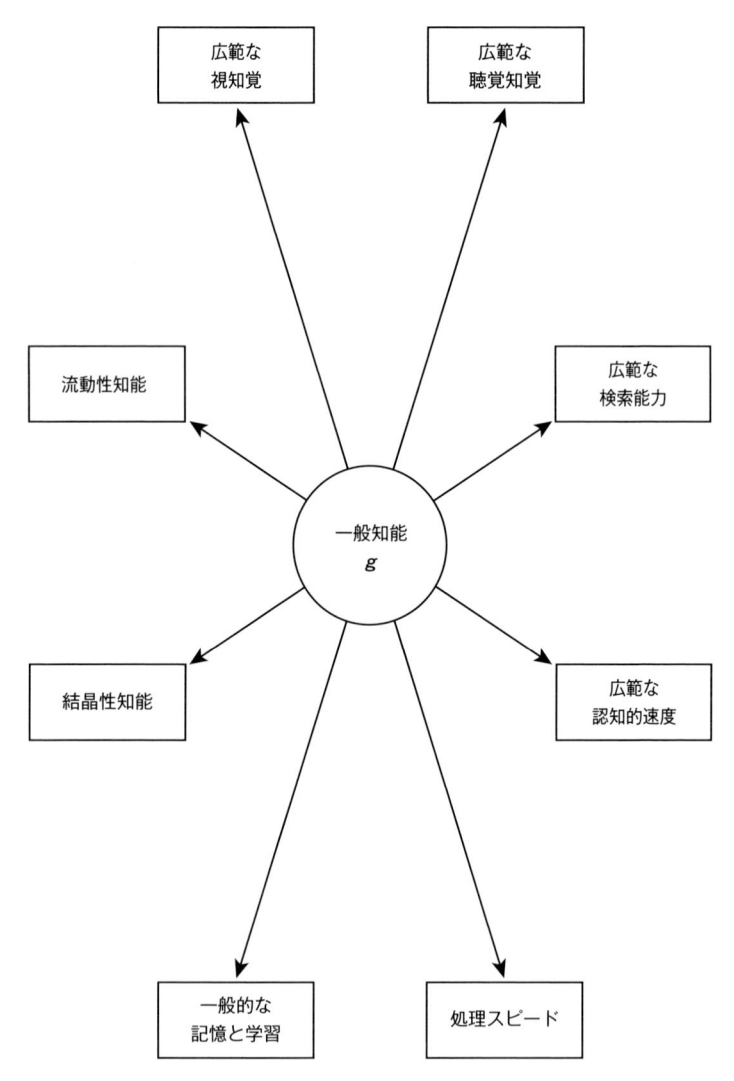

図 10.1 心的能力検査得点間の結びつきの階層表現。この図は，人間の知能研究に関する 400 以上の多数の古典的データベースを再分析した，John B. Carroll による数十年の研究の結果である。I. J. Deary の *Intelligence: A Very Short Introduction*. Oxford University Press から許諾を得て再掲した。

本的な理解をほとんど進展させない，極めて大きいが少々まとまりのないリストを表しているように思える。私は，基本的な問題は，相関を主要な分析ツールとして信頼することにあるのではないかと思う。2つの検査は，複数の異なる理由から相関を示したり，相関を示せなかったりする。例えば，Binetの多くの複合的な課題の選択がCattellによる初期の試みよりも効果的であるのは，おそらく後者が単純な単一的測度に注目していたからであろう。他方，Binetは，おそらくは多くの異なる内在的過程を利用することのできる複合的な課題を用いており，これらの課題は多くの異なる能力を反映する測度を提供する可能性がある。普通学級では困難をおぼえそうな子どもを選ぶという実用的な観点からすると，このことは問題ではないかもしれないが，何が子どもたちの間の違いを作り出しているのかを正確に知ろうとするならば，多重複合的検査のアプローチには明らかに限界がある。

　もちろん，研究者は，特定の機能についての検査を目標としているが，独立した理論的基盤なしでは，新たな検査は単純に検査設計者の直感を反映するだけであり，加えて，主張している因子と相関を示さない傾向にある検査を不採用にするだろう。あらゆる理論的アプローチは，その出発点となるべき仮定を用いて自身を立ち上げる必要があることを考えると，これはアンフェアな批判であるかもしれない。しかし，どんな理由にしろ，心理測定学的アプローチは，その実用的な目標ほどには，理論の発展にはごくわずかしか成功してこなかったようだ。Mackintoshは，この状況を以下のようにまとめている。

> 因子分析は，異なるIQ検査の間の関係性を記述する以上のことはできない。このことは，人間の諸能力の構造を明らかにすることと同じではない。それは心理学的理論の発展と検証によってのみ達成される。したがって，IQ検査バッテリーから一般因子を常に抽出できることは，すべてのIQ検査で利用された単一の基盤となる認知過程が存在することを意味しない。すべてのIQ検査が多数の異なる過程を利用していながらも，異なる検査が利用している諸過程にはいくらかのオーバーラップが存在するということも同じくらいあり得る。これらの対立的な可能性の判断には，実験的・理論的分析が必要であろう。
>
> （Mackintosh, 1998, p. 230）

　心理測定学的アプローチを認知の分析に適用するという問題の興味深い例は，最近の認知的加齢の研究に見ることができる。

10.2.1 加齢と認知に対する心理測定学的アプローチ

　近年では，極めて莫大な数の認知心理学者が，加齢という一般的な領域で研究を行っている。高齢化しつつある西洋人口を考えると，急速に変化し，そのために若年者にも高齢者にも常に知的能力を要求する技術社会において，人々がどのくらい効果的に対応するかについて政府が関心を持つことは，もちろん極めてもっともなことだ。このことは，年を取るにつれて起こる認知的変化とはどのようなものか，という問題に自然に行き着く。明らかな答えは，多くのことが変化するというもので，明らかな解決策は，年齢に伴って変化する多数の認知的測度をより操作可能なものに，おそらくは，単一の決定的な因子（加齢の g 因子，または，a 因子か）にまで絞り込む試みである。

　この問題にアプローチするには，一定の年齢範囲で被験者を抽出し，彼らを広い標本課題で検査してから，因子分析か関連する技法を用いて，課題のクラスターを作成すればよい。次のステップは，これらの各々が年齢とどのくらい相関するのか，互いにどの程度相関するのかを知ることである。両方の因子が年齢と相関するが，因子Xは強く，因子Yは弱く相関すると仮定してみよう。年齢との関連は，どちらの場合もXとYが共有する部分から生じたものと考えられる。これが事実であり，統計的にこの相関が認められた場合，Yの寄与する付加的な分散はほとんど存在せず，したがって，Yは加齢関連の認知的減退の主要決定因ではないと言える。第三の因子Zについて考えてみよう。これは年齢とYよりも低く相関するが，Xとは比較的に独立であるとすると，Xを考慮しても実質的にはその相関は変化せず，因子ZはXが寄与するものとは異なる認知的加齢の構成要素を真に反映すると結論できる。

　近年の認知的加齢の研究の大多数は，このアプローチか，他の関連するアプローチを用いている。このことについて最も大規模かつ慎重に論じた例は，Tim Salthouse（1992, 1996）の研究である。彼は多くの研究をレヴューし，年齢から生じる認知的機能における分散のすべてではないにしてもほとんどは，単一の因子，すなわち，処理のスピードによって捉えることができると結論した。つまり，極めて多くの測度が年齢とともに低下していくが，処理のスピードに基づく測度は，全体的低下の最も優れた予測子であるように思われ，記憶パフォーマンスや注意制御などの他の因子によって説明される分散をほとんど，あるいは，まったく残さない。明らかに，記憶は年齢とともに低下するが，一般的には，スピード課題（speeded tasks）によって測定されない。し

かし，それは符号化や検索などの基礎となる過程の操作のスピードに依存しており，遅い処理は不完全で精緻化の少ない符号化を導き，遅く，したがって効果的でない検索を招くと言える（Salthouse, 1996）。Salthouse は高齢者における認知的機能の低下を説明するために開発したが，処理のスピードは，より広範な，特に，子どもの認知能力の発達に関して，説明に適用されてきた（Kail, 1988, 1992; Kail & Park, 1994; Fry & Hale, 1996, 2000）。

　しかし，スピードを単一的な心理学的機能として概念化することには問題がある。一般に，われわれのすべての心理学的測度は，スピードか正確さのいずれかを測定することによっている。もちろん，興味があるのは，スピード測度のみが加齢効果に敏感であるかどうかということである。しかし，これは事実ではないようだ。

　Salthouse がアトランタでその研究プログラムを行っていたのと同じころ，ドイツの心理学者 Paul Baltes がベルリンでこれと似た大規模な研究を行っていた。長年にわたって，彼は広い年齢範囲の被験者を多くの異なる課題で繰り返しテストし，Salthouse のものとよく似た統計分析を続けた。Baltes と彼のグループが見出したのは，年齢差の最も優れた予測子は，スピードではなく，正確さの観点から測定した2つの感覚測度——聴覚感度と視覚感度——であることだった（Baltes & Lindenberger, 1997）。すべての認知は基本的な操作のスピードを反映すると論じることはもっともである。しかし視覚が劣ることは聴覚記憶課題でのパフォーマンスを低くするとか，聴覚が劣ることは視覚反応時間を遅くするとか，視覚か聴覚のいずれかが記憶や推論の能力の低下と因果的に関係していると論じることはずっと難しいのである。単純なスピード仮説にとってこれ以上の問題となるのは，年齢に伴う認知的低下と同じくらい優れた予測子は握力の強さの測度によって得られるという彼らの観察結果である。このことは，「彼は握力を失った」という表現に新たな意味を与える（Baltes & Lindenberger, 1997）。知覚的感度と一般的認知の直接的な因果関係は，もちろん，Baltes グループが主張しているわけではない。Lindenberger & Pötter（1998）が指摘するように，認知的加齢の理論的説明には，相関は因果関係を明らかにしないという基本的な事実を軽視する傾向がある。

　おそらく，年を取るにつれて多くの異なる機能が並行して低下することは事実であろう。使用するテストバッテリーに特有の長所によっては，いずれかのテストがこの基盤となる複数成分過程の測度として，より敏感かつ（もしくは）より信頼できることが示されるかもしれない。その場合，採用した特定の

方法によっては，たまたま検出されにくい，並行して低下している他の多くの過程の指標を統計的に覆い隠すことがあるだろう。このことが問題にならないのは，目的が高齢者の推定上のパフォーマンスを予測することか，母集団の全体的パフォーマンスについての一般的な結論を引き出すことにある場合である（どちらも，心理測定学的方法を最初に開発した目的である）。しかし，問題となるのは，変化の性質についての**因果的**説明を与えようとする場合である。スピード測度はパフォーマンス低下の強力な予測子を与えるが，その成功が多くの低下している過程の収斂的平均化から生じているのか，単一の決定的な過程から生じているのかを知る必要がある。もし後者なら，その性質を特定し，それを直接的に調べることが重要である。

加齢を複数のシステムの並行的な低下を反映するものとする見方は，ときどきフォード車仮説（または，英国では，Woolworth の自転車ポンプ理論）と言われる。どちらの装置も，どのパーツも必要以上に長く持たせるといった不必要な経費を避けるため，共通の最小限の耐久性に合わせて作られた部品を使って設計されたと仮定される。これは，おそらく，認知的加齢の帰無仮説と見ることができる。すなわち，対立する，そして，おそらくはより興味深い仮説をわれわれが受け入れる前に反証するべき単純な理論である。複数並行衰退仮説は，実際に，不適切であることが明らかになるかもしれない。しかし，このことを実証するには，認知的加齢に対して相関的アプローチがこれまでに与えたよりも強力な証拠が必要である。

10.3　ワーキングメモリにおける個人差

10.3.1　ワーキングメモリスパン

ワーキングメモリの研究に対する Baddeley & Hitch（1974）の選んだアプローチは，実験的認知心理学の古典的な方法に基づくとともに，神経心理学的事例からの証拠によって補強されていた。しかし，北アメリカでは，この分野の研究のほとんどは，健常被験者のグループ間個人差を用い，相関的方法によって研究する心理測定学的方法に依存してきた。この路線の研究を開始したのは，ワーキングメモリ自体の分析とはそれほどかかわりはないが，言語理解に対してワーキングメモリがもつ潜在的役割に関係する，強い影響力を持った研究であった。Daneman & Carpenter（1980）は，ワーキングメモリは情報

の貯蔵と処理の組み合わせを伴うという Baddeley & Hitch（1974）の主張を受け入れて，これらの過程を**ワーキングメモリスパン**（*working memory span*）として知られるようになる課題において組み合わせて実現した．被験者には，文の系列を声に出して読み，後でそれぞれの文の最後の単語を再生するよう求めた．スパンはこのやり方で処理し，正確に想起することのできた文の最大値によって決定した．例えば，被験者に以下の文を読むことを求める．

> 数時間，農場についての争いは<u>激化した</u>．
> (For several hours the battle for the farmhouse raged.)
> どんな環境のもとでも，彼は若者に自分の<u>チケット</u>を購入することを許さないだろう．
> (Under no circumstances would he allow the young man to purchase his ticket.)

ここで，正反応は「激化した」と「チケット」である[*]．パフォーマンスは被験者ごとに確実に異なり，一般的には，2から5個の文末語を再生できる．

Daneman & Carpenter（1980）は，この単純な測度が彼女らの被験者（カーネギーメロン大学の学生）の読解得点と有意に高い相関を示すことを発見した．これは，進学適性テスト（Scholastic Aptitude Test）の言語得点から測定しても，ネルソン=デニー読解テスト（Nelson-Denny Reading Test）によって測定した散文読解でも同様であった．続けて彼女らが実証したのは，高いスパンを持つ学生は，散文中のある文から次の文にかけて関連情報を保持することに一貫して優れているということであり，このことは代名詞参照課題によって示された（Daneman & Carpenter, 1983）．高スパンの被験者は，文脈情報をより効率的に使用して，複雑なテキストの中のなじみのない単語を解釈することも示された（Daneman & Green, 1986）．MacDonald et al.（1992）と King & Just（1991）によれば，高スパンの被験者は，潜在的に曖昧なテキストを統語解析し脱曖昧化することに優れており，「bank」（川，または，金融機関）など特定の単語がもつ複数の意味の可能性をより長い期間保持できた．これらの著者は，自分たちの測度をワーキングメモリモデルとおおまかに一致

---

[*] （訳注）通例，オリジナルの英語版の課題では文末語を再生することになっているが，日本語版ではターゲット語が動詞に偏ることを防ぐため，下線を付した語を再生する手続きを用いることが多い．

するものと見なし,それを音韻ループよりも複雑だが,中央実行系よりもやや言語特定的なシステムを反映するものと見なす傾向にある(Daneman & Tardif, 1987)。この問題には後で立ち返る。

10.3.2　ワーキングメモリスパンは言語特定的か

後年,多くの研究がワーキングメモリスパンと読解の間の強い関連を再現してきた。Daneman & Merikle (1996) は,しばしば類似した結果を示す74の研究に関して,ワーキングメモリスパンと読解の間の相関は,一般的理解課題で平均して 0.41 ($N = 38$),より特殊な理解測度では 0.52 ($N = 36$) になることを確認した。貯蔵を伴うが処理は伴わないSTM課題では相関は低く,一般的理解測度で 0.28,特殊理解測度で 0.40 であった。

しかし,ワーキングメモリスパンの予測力は,言語理解に決して限定されない。Engle et al. (1991) によれば,高いスパンを持つ子どもは,複雑な指示の系列を理解して従うことができ,長い系列の場合や,年長の子どもでは,スパンの影響力が大きくなる。Benton et al. (1984) は,被験者が散文を構成する能力を評価し,高いスパンを持つ被験者が優れた作文を生み出すことを見出した。同じような趣旨で,Kiewra & Benton (1988) によれば,ワーキングメモリスパンは,学生がノートを取り,事後テストに生かす能力について,アメリカ大学入試(American College Test)(全体的な成績評価点)よりも優れた予測子であることが見出された。

これまでに述べた実質的にすべての課題は,基本的に,読解と言語使用の測度であるので,言語理解を文処理のテストから予測できることはそれほど意外な結果ではない。この批判を認めない理由が複数ある。まず第一に,スパン測度の簡潔さと明白な単純さを考えると,この測度がそのようないくつかの言語処理課題を予測でき,明白な再現可能性を持っていることは注目に価する。後で見るように,より重要なことには,Daneman & Carpenter 自身は主に言語処理に関心があったが,ワーキングメモリスパンは,ずっと広い範囲の課題を予測することが明らかになっている。例えば,Kyllonen & Stephens (1990) は,ワーキングメモリスパンが米国空軍の新兵に要求される複雑な課題でのパフォーマンスを予測する能力に関心を持った。彼らは論理回路の授業を受講した学生のスパンと授業成績の間に高い相関を見出した。Shute (1991) が行った同様の研究では,被験者はプログラム言語 PASCAL の 40 時間の講座に参加した。事後的なプログラムテストの成果は,一般的知識や代数のいずれのテ

ストよりも，スパンと高い相関を示した。

　おそらく，ワーキングメモリスパンについての最も大きな主張を行ったのは，Kyllonen & Christal（1990）である。彼らは材料の同時的な貯蔵と操作を要求する複数の課題からの測度を統計的に組み合わせて，単一のワーキングメモリスパン因子とし，それが推論能力（標準的な知能検査バッテリーから採用した検査によって測定される）と非常に強く相関することを明らかにした。同様の結果を得たのが，Engle et al.（1999a）で，ワーキングメモリスパンと流動性知能の測度の間に高い相関を示す研究であった。Kyllonen & Christal の示唆によれば，ワーキングメモリと IQ 測度の主な違いは，推論テストの方が文化および教育経験からより大きな影響を受けるという点にある。ワーキングメモリ測度は，文化にはあまり影響されないが，処理スピードに依存する傾向がある。このことは，そのような測度は，まさに，米国海軍の新兵募集者が直面する課題のように，多様な文化的背景から候補者を選択しようとする際に有利であることを示唆するだろう。ウェクスラー成人知能検査（Wechsler Adult Intelligence Scale：WAIS）の後の版は，ワーキングメモリの測度としてラベル付けされたテスト下位グループを含むこともおそらくは重要だが，私自身はそれらをワーキングメモリ研究と既存の検査に基づく課題の間の妥協点であると見なしている。

10.4　ワーキングメモリスパンは何を測定しているのか

10.4.1　相関的アプローチ

　ワーキングメモリスパンをもとにして予測できる広い範囲の重要な機能を考えると，ワーキングメモリスパンには確かに実用的な価値があるが，ワーキングメモリスパンは正確には何を測定しているのだろうか。それは単に多くの異なる機能の推定値を組み合わせる手早く巧みな手段にすぎないのか，それとも，認知の単一の決定的な構成要素の容量を反映するものなのか。この測度を用いた大部分の研究は，単純にそれを仮説的なワーキングメモリシステムのマーカーとして用いているが，この単純な測度に何が予測力を与えているのかに関心のある研究が数を増している。それらはいくつかの異なる技法を用いてきた。おそらく，最も単純なものは，スパンを増やしたり減らしたりすると推定される変数を操作することである。例えば，LaPointe & Engle（1990）によ

れば，スパンが小さくなるのは覚えるべき単語が長いときであり，これは音韻ループからの潜在的な寄与を示唆している。Lobley et al.（2005）は，単語間の音響的類似性もスパンを減らすことを観察しているが，これは要求される特定の反応過程に依存するため，方略についての重要な問題を提起している。最後に，Tehan et al.（2001）は，単純スパン課題と複合スパン課題の両方で，語長と音韻的類似性の両方の効果を得ている。

　測度としてのワーキングメモリスパンの人気にもかかわらず，一般的に認められた正確な手続きや，材料のセットすらも存在しておらず，そのため異なる研究を通して一般化される明確な結論を引き出すことが困難になっている。このことを考慮すると，これほど多くの研究者がオリジナルの Daneman & Carpenter（1980）の知見を広く再現することに成功してきたことは注目に値する。しかし，より微妙な効果を検討し始めると，この状況はそれほど信頼できるものではなくなる。例えば，Baddeley et al.（1985）は，被験者に文を真偽判断するよう求めるが，構音化することは求めない集団テスト手続きを用いて，スパンと読解の結びつきを再現した。しかし，彼らはパフォーマンスに対する年齢の効果を見出さなかったのに対して，Lustig et al.（2001）は，すべてではないが一部の条件のもとで年齢の効果を見出している。

　あれこれの変数が全体的なワーキングメモリスパンに影響することを明らかにする実験研究は，この課題がどのように遂行されるかについてヒントを与える面で有益であり，やや違ったパラダイムを用いた研究を比較する際にも重要である。さらに，実験的方法は，因果的仮説について，相関的方法よりも直接的な検証を与えることができる。特定の変数が複合スパン・パフォーマンスに影響しうることを実証すれば，スパンと他の認知的測度の間に観察された相関について解釈することができるだろう。しかし，ある変数はスパンに影響することがあるが，スパンと複雑な課題のパフォーマンスとの相関にとっては重要でないことも十分ありうる。複数成分ワーキングメモリモデルの中では，例えば，スパンは中央実行系と音韻ループの両方の影響を受けるが，複合的認知を予測する能力は専ら実行成分によっている可能性がある。そのため，非常に純粋な音韻ループ障害を持つ患者は，ワーキングメモリスパンでは成績が低いが，言語理解にはほとんど問題がないことがあるかもしれない（スパンに関連した神経心理学的諸問題のレヴューについては Caplan & Waters, 1999 を参照）。

10.4.2　実験的方法と相関的方法を組み合わせる

　ワーキングメモリスパンの分析に対する，第二の，そして，より有望なアプローチは，相関的方法と実験的方法を組み合わせることである（Engle et al., 1999a; Miyake et al., 2001; Bayliss et al., 2003）。このアプローチは，多数の被験者サンプルをワーキングメモリスパン課題でテストすることから着手する。次に，最も優れた遂行者と最も劣った遂行者から2つの群を作り，調べたい課題について比較する。例えば，Rosen & Engle（1997）は，意味的カテゴリーから項目を生成する能力を研究した（例えば，被験者に，指定した時間内に動物をできるだけ多く産出するよう求める）。この課題は，実行能力に依存することが知られており，前頭葉損傷の患者では成績が悪く（Milner, 1982），中央実行系の容量を使用する同時課題によって妨害されやすい（Baddeley et al., 1984b）。予想通り，高スパンの被験者はより多くのカテゴリーメンバーを生成した。Rosen & Engle は，次に，被験者に負荷の大きな二次課題を遂行しながら項目を生成するよう求めた。少々直感に反して，このことは高スパン被験者のパフォーマンスを低下させたが，低スパン被験者のパフォーマンスには影響を及ぼさなかった。高スパンの被験者は，通常，注意に負荷のかかる方略を用いてパフォーマンスを高めているという，もっともな示唆がなされている。そのような方略は，被験者に同時課題を遂行するよう求めたときには放棄され，わずかな項目しか産出されなくなる。低スパンの被験者は同時課題効果を示さなかった。Rosen & Engle は，そのような被験者が複雑な方略を開発し，利用するのに十分なだけのワーキングメモリ容量を持っていないからだと示唆する。したがって，そのような方略を妨害する二次課題は，彼らのパフォーマンスにはほとんど効果を持たないだろう。

　しかし，他の解釈を示唆することも可能である。例えば，動機づけの欠如など，一部の他の要因は，これらの被験者がスパン課題にあまり熱心に取り組まないようにし，そのために，たとえ彼らは完全にそうすることができるとしても，わざわざ方略を開発しないのかもしれない。実際，低スパンの被験者がカテゴリー生成課題と二次課題の両方を妨害なしに遂行できるとしたら，カテゴリー生成を単独で遂行する場合には，彼らは利用可能な注意容量を少なめに使っているように思われる。

　高スパン被験者に見られる二次課題のより大きな減少が唯一の，特異的な実験の結果であるとしたら，それほど心配はない。しかし，その効果は，Engle

と共同研究者によって,いくつかの異なる課題にわたって実証されてきた（Engle et al., 1999b）。そのため，極端な群を選択するという方略は，ある効果を検出する可能性を最大化する経済的な方法であるかもしれないが，方略の違いという可能性をも最大化するように思われる。もちろん，このことは，極端な群でなく，母集団の範囲全体を研究で用いるときでもなお交絡要因となり得る。というのは，スパンのパフォーマンスのレベルが異なることは，原則的には，いずれかの方略を用いる被験者の比率が異なることを意味している可能性があるからである。しかし，このことは，本質的には，パフォーマンスの低い，単一の異常な群を検討するときほどにはありそうにないように思われる。しかし，加齢と認知の議論で見たように，母集団の全範囲を用いたときでも，心理測定学的問題は残る。

　幸いにも，個人差測度を用いて特定の仮説を検証できそうな技法が開発されている。最も基本的なレベルの分析は，単純に，ワーキングメモリスパンの様々な潜在的な予測子の中から相関を探すことである。おそらく，重回帰を用いて，他の変数の寄与を取り除いたときに，どの測度が独自分散の最も多くの割合を予測するかを決定する。年齢の効果の場合に見たように，この方法は，これらが本質的に最も重要なものであるかどうかにかかわらず，信頼性のある測定ができる機能を選びがちである。このことは，実行処理の測度にとっての問題を生む。実行処理は，一般的には，ある試行から次の試行で信頼性のある一貫した得点を生じにくい新規な状況にかかわる。これに対して，選択反応時間など，実行機能を必要としない単純な反復課題の方は，一貫した信頼性のある得点をより生じやすい。その上，処理のスピードなどの測度は，多くの課題に基づくことができ，さらに信頼性を高められるだろう。最後に，重回帰は，基盤となる過程についての具体的なモデル——ワーキングメモリのように複雑な領域において明らかに求められているもの——を記述することが容易でない。

　この後者の問題は，様々な形の構造方程式モデリングによって扱われ，それによって，一連の具体的な仮説が提案されるかもしれない。基盤となる構成要素の適切な測度を作ることができたとすると，結果としてのデータをどのくらいうまく説明するかに関して，競合モデルを比較できる。このことは，実行系の測度は信頼できない傾向にあるという問題をなお残している。幸いにも，このことには，潜在変数分析の技法を用いて取り組むことができる。この技法は中央実行系の潜在的な構成要素を分離する有望な手段であり，次の章で論じる

つもりである。

　しかし，ワーキングメモリスパンの分析が将来的に成功するかどうかにかかわらず，ワーキングメモリスパンが多くの認知活動の極めて強力な予測子であると証明されたことに疑いはない。純粋に実用的な心理測定学的測度として考えると，ワーキングメモリスパンは，伝統的なテストを超える多くの利点を持っている。ワーキングメモリスパンは，先行知識に過度に依存しない一連の簡単な検査を提供しており，そのため，より伝統的な心理測定学的アプローチに影響を及ぼし始めている。さらに，ワーキングメモリスパンは，知能に対する古典的アプローチよりも，現代の認知心理学とずっと密接な関連がある。しかし，この関連を生かすためには，なぜ，どのようにワーキングメモリスパン課題が作用するのかを知る必要がある。このことを次の章で考える。

第11章
何がワーキングメモリスパンを制限するのか

　ワーキングメモリスパンは，一般的には，情報の短期的な貯蔵と操作の組み合わせを要求する課題によって測定されるが，相当多くの複雑な認知課題を予測することができる。そのようなわけで，それはひとつかそれ以上の極めて重要な認知過程を捉えているに違いない。これらは何だろうか。最近では，複数の研究グループがワーキングメモリスパンの予測力の単純な実証を越えて，その構成要素を分析しようとしている。彼らの研究はスピードや抑制などの一般因子を強調する一元論的仮説から始まり，ワーキングメモリの複数成分モデルと直接的な関連性を持つ，より複合的な解釈に続く。これらを順に論じた後で，ワーキングメモリの概念の学業成績における個人差の分析への適用を説明する。

11.1　スピード仮説

　前章で見たように，処理スピードの概念は，加齢の効果を説明する試みで非常に目立った役割を果たしており，ワーキングメモリ容量の潜在的な基本的決定因としても主張されている。Case et al. (1982) は，計数スパン（counting span）と名づけた測度を開発した。この測度では，それぞれ複数のオブジェクトが描かれた一連のカードが提示される。被験者の課題は，各カードの項目を数えてから，それぞれの合計数を再生することであった。スパンは正確に処理でき，かつ，数を想起できたカードの最大値として定義された。Case et al. によれば，スパンは年齢とともに系統的に増加し，計数スピードも同様であった。彼らは処理と記憶の要求との間のトレードオフを示唆した。処理が円滑になるにつれて，覚えるためにより多くの注意が利用可能になる。彼らは成人の

被験者に数字を新規な名前を使って数えるように教示してこのことを検証した。彼らはこの活動を練習するにつれて完全に（ただし，ゆっくりと）遂行できるようになった。これらの環境のもとでは，彼らのスパンは，通常の数字を使った場合に同じくらいのスピードで数える子どものスパンと同等であった。Case et al. の仮定では，基本的な心的容量は発達を通して一定だが，計数などの学習されるスキルは練習とともに着実に向上し，結果的に，年齢とともにパフォーマンスの向上が見られる。

　より伝統的なワーキングメモリスパンの測度を用いた後続研究が，スピード仮説を直接的に検証することを試みた。ステップワイズ回帰分析を用いた Engle et al. (1992) の発見によれば，ワーキングメモリスパンの効果を〔共変量として〕統計的に統制すると，スピードと読解の間の相関が消えたのに対して，スピードの効果を統制した後では，スパンと読解の間の相関は有意に保たれた。この結果は，処理スピードをワーキングメモリと読解の間の相関の基盤としては排除する。Kyllonen & Stephens (1990) も同様の結論に達した。Bayliss et al. (2005) は，6〜10歳の間のワーキングメモリスパンの発達を検討し，スピードと貯蔵の能力について別々の測度を作れるよう，特にデザインした課題を使った。個別の一般的処理スピード成分と一般的貯蔵成分についての証拠が見出され，どちらも年齢とともに能力が増加した。さらに，スピードと貯蔵の両方と分散を共有し，スピード測度，複合的貯蔵測度のいずれよりも，読解や数学，そして Raven マトリクス検査によって測定した知能と強い相関を示す第三の因子が見出された。われわれはスピード単独に基づく解釈を棄却した。

11.2　資源プール仮説

11.2.1　処理容量は一般的か

　Case et al. が作り，Daneman & Carpenter (1980) とこの分野に対する実に多数の貢献者に共通した仮定によれば，記憶と処理は共通の一般的注意資源プールによって決まる。もしそうだとすると，文処理が優れた被験者ほど，記憶に投入する容量をより多く残しており，その逆も成り立つだろう。近年では，この仮定は次第に疑問視されている。このもっともらしい仮説が誤りであるとする最初の示唆は，Hitch & Baddeley (1976) による研究である。彼らは

言語的推論課題を同時的系列数字再生と組み合わせた研究の詳細な分析を行った。Baddeley & Hitch（1974）のモデルの潜在的な仮定によれば，これらはどちらも同一の容量限界のある実行システムを利用している。ある困難さのレベルでは，被験者は推論により多くの注意を投入し，記憶エラー率が高くなる代わりに，より速く反応することができる（その逆も言える）。そのため，困難さのレベルを一定に保つと，2つの下位課題の間には負の相関が見られるはずである（高い記憶のエラー率はすばやい推論と結びつく）。実際には，まったく逆のことが見出された。このことは，処理がスムーズに進行したときには，どちらの課題もエラーなしで遂行されることを示唆すると解釈された。しかし，どんな理由からにしろ，一方の課題が難しくなったときには，注意は他方の下位課題から切り替わり，両方の下位課題が損なわれ，正の相関が生じる。

貯蔵と処理の潜在的な独立性についてさらに証拠となるのが，Duff & Logie（2001）による研究である。彼らは被験者に困難さの異なる計算を遂行しながら無関連な単語の系列を保持するよう求め，課題においてこれらの両側面を独立に操作した。資源共有仮説とは対照的に，単語保持が計算の困難さの影響を受けるという証拠を彼らは見出さなかった。このことは，単語提示とテストの間に設定した遅延の長さの効果とは対照的であった。単語負荷を増すと，計算課題を遅く，より不正確にするという証拠も見られなかった。後のCocchini et al.（2002）によれば，被験者が数字の系列を保持する能力は，単語提示とテストの間で視覚的マトリクスパターンを符号化し，再生するという要求には影響されなかった。同様に，視覚的パターンの保持は，視覚提示とテストの間に数字系列を符号化し，再生するという要求には影響されなかった。そのような結果は，これらの課題でのパフォーマンスは，主に，共通する実行容量のプールではなく，独立の視空間的サブシステムと音韻的サブシステムの働きを反映することを意味する。それらの結果は，もちろん，パフォーマンスが貯蔵容量ではなく実行系によって制限されるような他の課題にも，この〔処理と貯蔵の独立性の〕パターンが必然的に当てはまることを意味しない。

11.2.2　貯蔵か処理か

Towse & Hitch（1995; Towse et al., 1998）は，Caseらの計数スパン課題の処理成分と貯蔵成分を分離しようとして，被験者が計数課題のできるスピードと，再生の前に経過する遅延時間を独立に操作した。彼らが見出したところでは，計数スパンは遅延には敏感であったが，注意負荷には敏感でなかった。後

の研究において，Hitch et al.（2001）は，容易な（ゆえにすばやい）処理成分と困難な（遅い）処理成分の混合リストから構成される2つの条件を比較した。一方の条件では，操作の系列の始めに短い遅延が生じ，長い遅延で終わったのに対して，他方の条件は逆の順序であった。長い遅延の項目が最後に来たときは，それが課す遅延はすべての項目に影響を及ぼすのに対して，逆の順序では，後の方の項目は長い遅延の影響を受けないので，系列全体を通しての平均遅延時間はおそらく短くなることに注目してほしい。この時間ベースの予測は，処理の総量は順序にかかわらず同じなので，処理仮説（すなわち資源共有仮説）による予測とは対照的である。貯蔵仮説による予測のとおり，長い遅延を最初に置いて，項目ごとの平均貯蔵時間を最小限にしたときにはスパンは一貫して高かった。そのため，Hitchらは，限界のある注意プールの解釈を否定し，代わりに，被験者は記憶課題と計数課題を切り替えて行っており，スパンは計数中に生じる忘却の量によって決定されることを示唆した。

　Saito & Miyake（2004）は，この解釈に異を唱えた。彼らはまずTowse et al.（1998）の基本的な知見を，当初の研究が用いた子どもではなく，成人を用いて再現した。彼らは2つのさらなる実験を行った。第1実験では，実験者ペースの項目提示を用いて遅延を一定にしたが，処理の量は変化させた。第2実験では，処理の量は一定にしたまま，時間を変化させた。どちらの場合にも，パフォーマンスは，経過時間ではなく，介在する処理の量と関連した。彼らはこの結果を項目保持の重要性と一致するものとして解釈したが，忘却は遅延ではなく，干渉から生じることを示唆した。

　この図式をさらに複雑にするのが，Lépine et al.（2005）による最近の研究である。これは，2つのタイプの測度が国語得点と数学得点を予測する能力を比べたものであった。彼らは2つの標準的な複合スパン測度（リーディングスパンと演算スパン）に加えて，2つの新規な課題（単純だが，提示速度は制御され，高速である）を用いた。ひとつの課題は数字の系列を覚えるもので，数字系列の後に，それぞれ，4，5，6個の文字のいずれかの系列を読み上げた。2つ目の課題は，覚えるべき文字系列の提示を伴い，それぞれにごく単純なペース統制つきの計算課題が続いた。被験者には計算課題を読み上げてからその合計を報告することが求められた（例えば，W，9，＋1，－1，＋1，＋1：被験者は11と報告する：K，7，－1，－1など）。彼らは学業成績と単純なペース統制つき課題の間に，慣習的な複合スパン測度で見られるよりも高い相関を見出した。基本的課題の単純さと処理の厳密な統制により，彼らは方

略的要因を排し，基本的な処理能力の観点から結果を解釈した。しかし，この研究と Saito & Miyake（2004）の研究の両者で用いられた高速なペース統制に伴う問題は，パフォーマンスが破綻し始めたときに，被験者がどのように対処するのかであるが，これは極めて複雑な問題である。この論争は解決しそうにない。

複数ある同様の注意事項にも留意すべきである。何よりもまず，純粋な同時的パフォーマンスに対して課題間の切り替えのもつ具体的な役割は相当に多様であり，厳密な実験条件に依存する。ワーキングメモリモデルの中では，文スパンのような複合的な課題は，音韻ループと中央実行系の両方に依存する可能性が高い。しかし，認知機能に対する予測能力が主にその実行負荷によって担われるということには，非常に説得力がある。そのような解釈を提唱したのが Engle（1996）であり，彼は無関連材料を**抑制する**能力に対する注意の重要性を強調するという修正を加えた。

11.3　抑制仮説

抑制がワーキングメモリ容量の重要な構成要素であるというアイデアは，新しいものではない。前頭葉損傷の患者がよく実行機能の問題と行動の抑制不全との両方を示すことは確かにある（Shallice, 1988; Stuss & Knight, 2002）。さらに，Norman & Shallice（1986）の主張によれば，監督的注意システムはその抑制能力を通して行動を制御する。より一般的な認知的パフォーマンスの決定因として抑制が重要であるという最も強力な主張は，Lynn Hasher & Rose Zacks（1988）のそれである。彼女らの示唆によれば，加齢に伴う認知的低下のほとんどは，抑制能力の低下を反映している。Lustig et al.（2001）は，この枠組みを用いて，ときどき高齢者で報告される，ワーキングメモリスパン課題でのパフォーマンスの低下を解釈している。彼女らによれば，高齢者は無関連情報を抑制することが難しいために，順向干渉（PI）に特に影響されやすくなるだろう。スパンをテストする標準的な方法は，1文か2文から始め，パフォーマンスが破綻する時点まで次第に文の数を増やすものである。実験中のこの時点までに，それ以前に成功した試行から相当のPIが蓄積される，と Lustig らは論じる。これに対して，テストをスパン以上のレベルで始めた場合，被験者は大量のPIが蓄積される前に最高のパフォーマンスでテストされ

ることになる。予想通り，高齢者は，実際，長い系列からテストを始めたときに優れた遂行を示した。若年被験者は，この操作で有利になることはなかった。しかし，各試行を短い休憩で隔てたときには成績がよくなり，これはPeterson短期的忘却課題において順向干渉を最小限にすることが明らかにされている状況である（Loess & Waugh, 1967）。

11.3.1 ワーキングメモリにおける干渉効果

抑制の役割を調べたのがCantor & Engle（1993）である。彼らは高スパンと低スパンの被験者に**ファン効果**を伴う文の真偽判断課題を遂行してもらった。この効果は，被験者に一連の架空の出来事を教える（例えば，「航海士は公園にいる」，「司祭は眠っている」，「市長はボートの上にいる」）。ファン条件のもとでは，こうした複数の出来事を同一の人物に連合させる（例えば，「兵士はボートの上にいる」，「兵士は公園にいる」，「兵士は眠っている」）。その後，被験者に文を提示して，正しいか間違っているかを尋ねる。真偽判断時間は，ファンのサイズ（つまり，同一の主語に結びついている出来事の数）とともに増加する。Cantor & Engle（1993）によれば，ファン効果は低スパンの被験者では大きいが，これは，おそらく，彼らの実行能力の低さのためであろう。

この結果の背後にある過程をより詳細に説明しようとしたのが，Conway & Engle（1994）である。彼らはファン効果（真偽判断時間はリンクした文の数とともに増加する）とSternberg（1966）の観察（反応時間は想起すべき項目の数とともに直線的に増加する）の類似性を指摘した。Sternbergのパラダイムでは，被験者に数字のリストを見た後で，後続するプローブ数字が直前に提示されたセットにあったものか否かを，できるだけすばやく判断するように求めてテストした。この手続きでテストすると，低スパンの被験者はセットサイズと反応時間を関連づける急勾配の傾きを示した。これは，彼らは容量が少ないために，数字の貯蔵かつ／または検索のコストの影響を受けやすくなることを示唆する。しかし，さらなる実験は，この解釈に重要な制約を課した。Sternberg課題は一般的には数字を用いるもので，どの長さの系列においても同じ数字を繰り返し用いる。これは，Conway & Engleの最初の研究で用いた手続きであった。しかし，後の研究では，彼らは各セットサイズに異なる項目が含まれるようにした（例えば，セットサイズ1は数字の5，セットサイズ2は数字の1と8，セットサイズ4は数字の2, 4, 7, 9）。これらの環境のもと

では，傾きは高スパンおよび低スパンの被験者で等しくなった。Conway & Engle の結論によると，課題を低スパンの被験者にとって特に難しくする決定的な要因は，他のセットにターゲット数字が出現するために生じる潜在的な干渉を避けることの必要性である。つまり，低スパンの被験者は順向干渉を被りやすい。すなわち，テスト項目がターゲットセットにあったのか，もっと前の数字セットにあったのかを判断することが困難になりやすい。

Kane & Engle (2000) は，古典的な PI デザインを用いた記憶研究において，この仮説を検証した。10 の単語からなる 3 つの異なるリストを提示して，再生を求めた。各リストは，10 個の意味的カテゴリー（動物，職業など）の各々からの 1 項目〔ずつ〕からなる 10 の項目であった。高スパンと低スパンの被験者をテストすると，期待されるように，全員が第 1 リストから第 3 リストへかけて，漸進的な再生の低下を示した（古典的な PI 効果）。しかし，2 つの群はリスト 1 再生では同等であるのに対して，低スパンの被験者は，（予想されるように）後続リストで大幅な低下を示し，干渉に対してきわめて脆弱なことを明らかにした。

Conway et al. (2001) は，さらに進んで，この干渉に対する脆弱さが記憶に限定されないことを明らかにした。彼らは被験者に連続的な発話メッセージを追唱するよう求めた。このとき，一方の耳に提示される単語は追唱（口頭で繰り返す）し，他方の耳へのメッセージは無視することになっていた。しかし，この望ましくないメッセージには，被験者自身の名前の複数回の繰り返しが埋め込まれていた。自分の名前は，非注意の耳から特に漏れて気づきやすいことを Moray (1959) が明らかにした刺激である。後で尋ねると，低スパンの被験者の 65％が自分の名前を聞いたと報告したのに比べ，高スパンで気づいた人は 20％であった。おそらく，高スパンの被験者は，望ましくないメッセージを抑制し，意識的アウェアネスから退けることにより成功していた。

高スパンの人の不要な情報を抑制する能力の高さを示す同様の実例は，Kane & Engle (2000) による Stroop 課題の研究である。Stroop 効果が起こるのは，対象について要求される反応が，強力な習慣的反応と直接的に対立するときである。古典的な事例では，色単語を別の色をつけたインクで印刷する。被験者にインクの色を言うように求めると（例えば，赤で印刷された「青」），異なる色名の代わりに中立語や x の文字系列を用いたときよりも，正答（「赤」）は遅く，不正確になる。この標準的なパラダイムのもとでは，ワーキングメモリとスピードの間にわずかだが，有意な相関が見られた。しかし，実験ブロッ

ク中の75%で名前とインクの色が一致するようにパターンを変化させると，低スパンの被験者は，不一致 Stroop 刺激が現れる25%の試行中に，エラーをするというより顕著な傾向を示した。彼らの知見によれば，優勢だが不適切な反応を抑制するという課題が特に困難になるのは，その優勢な反応がふだんは適切であるときである。

この相当数の証拠に応えて，Engle（1996）は，**抑制資源仮説**を提唱した。この仮説によれば，極めて多くの認知活動は，競合する，または，不要な情報の流れや反応習慣を抑制する能力に依存する。この過程は注意要求的であると仮定される。様々なワーキングメモリスパン課題がうまく機能するのは，被験者が競合する処理の要求に対抗して関連する記銘項目を保持し，先行項目からの競合に抵抗する能力に重い負荷をかけるからである。しかし，Engleと共同研究者は抑制過程の潜在的な重要性を強く立証してきたが，少なくともさらに2つの問題が残っている。抑制はどの程度一元論的な機能と見なせるのか，たとえ一元論的だとしても，それはワーキングメモリスパン測度の予測力の単独の原因なのか。これら2つの問題を次に考える。

11.3.2　抑制は一元論的か

抑制という概念，そして，抑制を反映すると仮定される多くの測度や現象の普及にもかかわらず，その定義や測定についてほとんど合意は見られない。この状況を Rabbitt は的確にまとめている。

> われわれの研究室では，論理的には同一だが，表面的には違っている多様な Stroop 様課題間で，「抑制」の個人差について共通点を見出すことはできなかった。つまり，反応を抑制する能力が，多くの異なる課題で一貫してある個人で他の個人よりも高いという証拠をわれわれは見出せていない。
>
> （Rabbitt, 1997, pp. 12-13）

抑制という用語は多くの仕方で用いられる。例えば，視覚の領域では，側抑制は，最高度に活性化した細胞に隣接する細胞の活性化を抑制することによって，境界線の知覚を鋭敏にできる感覚メカニズムを指す。他方，復帰抑制は，眼球運動は一般的には凝視したばかりの位置には戻らないという，まったく異なる現象群を指す。ランダム生成という認知的により複雑な領域では，抑制に依存すると思われる少なくとも2つの効果が起こる。

これらのうちのひとつは，同じ項目を直後に反復することを避けようとする強力な傾向で（潜在的であると思われる効果），要求される生成の速度にも同時的認知負荷のサイズにも影響を受けない（Baddeley et al., 1998a）。ある項目を繰り返すことは，一般的には，処理を促進する（ポジティブプライミングとして知られる効果）。しかし，ポジティブフィードバックの反復ループが作り出される危険があり，それによって，生体は各反応がそれ自体をプライムする反応サイクルに巻き込まれ，ループから抜け出すことがますます難しくなる。直後の反復を自動的に抑制することで，この問題を回避することができるのかもしれない。

ランダム生成のもうひとつの特徴は，ステレオタイプ化された反応（文字ではabやqrsなどのアルファベット順，数字では数える順，キー押しの場合には他方の手の同じ指を使う）の抑制が必要なことである（Baddeley et al., 1998a）。反復の回避とは違って，これらの効果は生成の速度や同時的負荷とともに増加するので，その抑制のためにはアクティブな注意が必要であることが示唆される。この状況にかかわる抑制が，ノイズの多い環境において単一の刺激に焦点化する抑制と同じ能力によっているのか，それとも，先行する類似したリストからのPIが存在する条件のもとで，最後のリストから項目を再生する能力によっているのかは，未解決の問題である。

11.3.3　抑制に対する多変量アプローチ

抑制は一元論的な機能であるかという問題に取り組んだ，Friedman & Miyake（2004）による最近の研究は，潜在変数分析——かつての相関法よりもさらに複雑な仮説を検証することに適した統計手続き——を巧みに使用している。Friedman & Miyakeは，3つの潜在的に分離可能なタイプの抑制を同定することから始めている。これらの第一のものは，確立された過去の習慣に基づく優勢反応（prepotent response）を抑制する能力に関係している。彼女らはこれを研究するために，優勢抑制を反映すると仮定される3つの課題を用いた。第一課題は，前述の古典的なStroopパラダイムに関するものであった。第二課題は，停止信号（過去にプランした反応を抑制するよう被験者に指示する）に適切に反応する能力をテストしたのに対して，第三課題はアンチサッケード課題を伴った。この見かけ上は単純だが強力な測度は，眼球が新たな刺激に向けて移動しようとする自動的な傾向に依存する。この課題は2つの条件を比較する。ひとつは，被験者に眼球を視覚刺激の方に向けて動かすよう求め

るプロサッケード条件であり，もうひとつは，眼球を反対の方向にできるだけすばやく動かすよう求めるアンチサッケード条件である（Hallett, 1978）。アンチサッケードするためには，被験者は，教示された反応位置ではなく手がかりを凝視する自然な傾向を抑制しなければならない。Roberts et al.（1994）によれば，アンチサッケード条件は同時課題によって特異的に妨害される。これは，この課題が注意容量に限界のある過程に依存していることを示唆する。この結論をさらに支持するのは，アンチサッケード・パフォーマンスは前頭葉損傷のある患者で低下するという Guitton et al.（1985）の実証と，アンチサッケード・パフォーマンスは背側前頭前部皮質の活動の増加を伴うという Sweeney et al.（1996）の観察結果である。最後に，Kane et al.（2001）の発見によれば，ワーキングメモリの高スパン・低スパンの被験者は，プロサッケード条件では同じように遂行したが，低スパンの被験者はアンチサッケード信号に対して反応が遅く，不正確であった。

　Friedman & Miyake（2004）が用いた第二カテゴリーの課題は，**妨害刺激抑制**（*distractor inhibition*）の課題であった。これも３つの別々の測度を用いて測定した。第一の測度は，Eriksen & Eriksen（1974）のフランカー課題で，被験者は視覚的に提示された項目を，その項目単独の条件か，妨害となりうる無関連な項目に挟まれた条件下で同定しなければならなかった。第二の妨害刺激抑制課題は単語音読に関するものであったのに対して，第三の課題は被験者に形態の照合を求めるもので，どちらの課題も妨害的な条件のもとで行った。

　順向干渉が，第三クラスターの課題と関係すると仮定される変数であった。これらの課題のひとつは，Brown-Peterson 課題を含むもので，被験者は挿入遅延を通して短い項目系列を想起した。この課題では，パフォーマンス低下は先行項目からの PI に決定的に依存することが明らかにされている（Keppel & Underwood, 1962; Wickens et al., 1963）。第二の課題は，言語学習からの古典的な PI パラダイムを伴うもので，被験者は項目対（A-B 条件）を学習した後に，同じ刺激を別の反応と対にした他の対（A-C 条件）を学習した。最後の条件は，これも干渉条件を伴う手がかり再生課題に関するものであった。

　Friedman & Miyake の最初のステップは，様々な課題が想定したカテゴリー内の他のメンバーと実際に相関することを立証し，各クラスターを単一の潜在変数に結合できるという仮定が適切であるかを確認することであった。様々な検査の間の相関は比較的低かったが，潜在変数はうまく特定された。次のステップは，これらが実際に３つの分離可能なタイプの抑制を表現している

という仮説を検証することであった。実際には、それらは3つのカテゴリーではなく、2つのカテゴリーに入ることが判明し、優勢反応抑制と妨害刺激抑制の両方が単一の潜在変数によって最もよく説明された。どちらも明らかにPI課題の背後にある変数とは分離可能であった。

分析の次の段階は、同定された2つのタイプの抑制の関係性、および、抑制因子による影響を受けると考えられる他の能力を調べることであった。これらのうちのひとつが課題切り替えであり、この場合、潜在変数は3つの異なる切り替え課題から導出された。このうち、ひとつは数字の処理と文字の処理の切り替えを伴うもの、もうひとつは複雑な配列の局所的特徴と全体的特徴の切り替えを要求するもの、3つめは意味的カテゴリーの切り替えを伴うものであった。使用したまさにその測度次第で、切り替えは優勢反応抑制と 0.73 〜 0.55 の相関を示したが、PIとは相関しなかった。この結果は、PI測度の感度の低さを反映しているわけではなかった。というのは、この潜在変数は侵入的思考に対する脆弱さの質問紙測度と有意な連関を示したのに対して（$r = 0.36$）、優勢反応測度は侵入的思考とは相関しなかった（$r = -0.11$）からである。しかし、優勢反応抑制は、被験者に日常的な行為と注意のスリップを報告することを求めるBroadbentの認知的失敗質問紙（Broadbent et al., 1982）との有意だが弱い相関を示したのに対して、PIは有意には関連しなかった。

これらの結果は、少なくとも2つの形式の抑制を特定できること、および、それらはいくつかの潜在的に重要な課題において興味深く異なる役割を果たすことを示唆する。では、そのことは、EngleとHasherがワーキングメモリスパンにおける抑制の役割にそれほどの重きを置くことを正当化するだろうか。幸いにも、Friedman & Miyake は、被験者のリーディングスパンをテストしている。彼女らの発見によれば、パフォーマンスは両方の抑制の測度と有意に（ただし、あまり大きくない程度で）関連しており、優勢反応について $r = -0.23$、PIについて $r = 0.33$ であった。抑制測度と侵入エラーの間には信頼できる関連は見られなかった。

Friedman & Miyake の研究は、再現されれば、潜在変数分析を用いてやや微細な仮説を検証する可能性を指し示す、極めて重要になりうる研究である。得られた結果のパターンは複雑だが一貫しており、ワーキングメモリスパンは多数の認知課題のパフォーマンスを予測する能力を持つが、単一の変数によって適切に解釈できる可能性は低いことを示唆している。

11.4 ワーキングメモリの構成要素

11.4.1 ワーキングメモリは領域特定的か

　最初の論文である，Daneman & Carpenter（1980）における仮定では，彼女らが測定しているシステムは，言語処理に特化している。この指摘をより明示的に行ったのが，別々の言語ベースのワーキングメモリと視空間的ワーキングメモリとの証拠を提示したと主張する Daneman & Tardif（1987）の論文であった。この二分法的見解のより強力な証拠を提示したのが Shah & Miyake（1996）である。標準的なリーディングスパン・ワーキングメモリ測度に加えて，彼らは空間的操作と空間的記憶を組み合わせた第二のスパン測度でのパフォーマンスもテストして，リーディングスパンは読解を予測するが空間能力の測度は予測しないのに対して，空間スパンは反対のパターンを示すことを見出した。

　より一般的なワーキングメモリ容量の概念の実例を論じたのは，Turner & Engle（1989）であった。彼らが開発した課題は演算スパン（operation span）と名づけられた。この課題では，被験者は一連の単純な算術演算を遂行するよう求められるが，それぞれの操作の後には無関連な単語が提示され，これを後で再生することになっていた。リーディングスパンと同じように，スパンはすべての単語を正しく再生できる最大の長さで決定される。Turner & Engle は，この課題が標準的リーディングスパン課題と実質的に同じくらいよく読解を予測することを見出して，この課題は言語理解ではなく計算に依存するので，ワーキングメモリスパンは言語特定的な実行能力ではなく，一般的能力を反映すると主張した。同様の見解を採用しているのは，いくつかのワーキングメモリ課題をレヴューした Kyllonen & Christal（1990），そして，ワーキングメモリスパンとアンチサッケード課題——被験者は視覚的手がかりの位置から**離れるように**目を動かすことによって反応しなければならない——のパフォーマンスの強い関連を示した Kane et al.（2001）と Engle et al.（1999b）である。したがって，まったく似ていない言語領域と視空間領域からの2つの課題が多量の共通の構成要素を持っているように見える。Engle et al. は，彼ら自身の立場を以下のようにまとめている。

知能研究と同じように，一般的ワーキングメモリ因子は，（認知における個人差の）あまりに多くの分散を説明しており無視できない．しかし，一部の研究では（例えば，Shah & Miyake, 1996），一般因子以外によって説明すべき有意な分散が残っている．行動上の証拠，神経心理学的証拠，神経解剖学的証拠は，ワーキングメモリ／注意についてのそのような歴史的な見解を支持すると言える．特定的な因子は主に貯蔵すべき情報の領域に対応するが，一般因子は処理のすべての領域にかかわっている．

(Engle et al., 1999a, p. 125)

　Baddeley & Hitch（1974）のワーキングメモリモデルは，もちろん，そのようなモデルの一例を表現するものである．しかし，この複数成分モデルは，主に二重課題法を用いた実験研究を神経心理学的証拠と関連づけることから生まれたものである．初期の Baddeley & Hitch（1974）の枠組みは，個人差に基づくアプローチを用いた，より詳細な検討にどの程度耐えられるだろうか．上記のレヴューから明らかなように，ワーキングメモリに対する個人差ベースのアプローチは，システムのより実行的な諸側面に焦点化し，さらに，実験法よりも主に相関法を用い，複数回の検査からのデータを組み合わせ，構造方程式モデリングに基づく統計的分析を採用する傾向がある．しかし，そうした研究は，言語的STMと視空間的STMに加えて，より一般的な実行過程を次第に考慮するようになってきている．

11.4.2　ワーキングメモリの構造方程式モデリング

　Engle et al.（1999b）は，133名の被験者を一連のワーキングメモリスパン課題，短期的言語記憶課題，標準的な知能の測度でテストした．言語的STMは，類似項目と非類似項目の単語スパンを用いて測定したが，さらに言語的記憶課題として，長期的成分と新近成分に分かれる逆向単語スパンと自由再生も含めた．ワーキングメモリ測度は，一連の単純な計算問題に続いてそれぞれ後で再生する単語が提示される演算スパンと標準的なリーディングスパンテストを含んでいた．彼らはランダム生成パフォーマンスの測度も含めた．最後に，非言語性知能は，レーヴン漸進マトリクス（Raven Progressive Matrices）とキャッテルCF検査（the Cattell Culture Fair test）を用いて測定した．

　Engle らは，探索的因子分析と確認的因子分析の両方を用いて，複数のテストの個別グループへの分類の適切さをチェックした．彼らは続いて潜在変数分

析を用いて，これらのクラスターから共通分散を抽出し，構造方程式モデリングによってそれらの関係を調べた．彼らの分析の結果を図11.1に示した．この図は，短期記憶クラスターとワーキングメモリクラスターの間の共通分散を示している．どちらのクラスターも知能と関連している．しかし，ワーキングメモリについて統制すると，STM因子は知能と相関がなくなるのに対して，ワーキングメモリと知能との相関は，短期的言語記憶の統制にかかわらず，十分な$r = 0.49$に留まる．自由再生における新近効果が短期記憶と相関するという証拠は見出されず，このことは，実際にBaddeley & Hitch（1974）が指摘し，第6章で論じたように，自由再生は標準的な音韻ループ課題とはならないという主張と一致する．ランダム生成は，明らかに他のどの測度とも関連しないようであった．この問題には後で立ち戻るつもりである．

　Engleらは，この結果を階層的モデルの観点から解釈し，注意容量のプールが限られたシステムを一時的な言語的貯蔵システムが補助するモデルを提起している．彼らはこのモデルがオリジナルのBaddeley & Hitchモデルと共通の特徴を持つと述べている．

　言語測度ではなく視空間測度を重視して，大体同じような潜在変数分析を行ったのがMiyake et al.（2001）であった．彼らは被験者を実行パフォーマンスを測定するために選んだ一連の課題でテストした．彼らは短期的な視空間的貯蔵を反映すると予想される課題，また，視空間的な操作を測定することを意図した課題をも含めた．彼らの実行課題には，ハノイの塔があった．この課題では，被験者はプランニングと予測を必要とする空間問題を解決しなければならない．第二の実行課題はランダム生成を伴った．空間的操作は，回転した文字の比較を含む課題に加えて，ドットマトリクスの空間的操作課題を用いて測定した．視空間的STM課題のひとつはCorsiブロック・タッピングで，実験者がブロック配列の中のいくつかのブロックを順にタップし，被験者が後でそれをまねるものであった．第二の視空間的STM課題は，被験者にマトリクス内のドットの配置を保持し，再生することを求めるものであった．

　潜在変数分析からの示唆によれば，短期的視覚記憶課題と視空間的ワーキングメモリ課題は，Engleらが言語的STMに関して見出したよりも，はるかに密接に実行処理と関連していた．単純な2因子モデルがデータに適合し，短期記憶とワーキングメモリは結びついているが，記憶貯蔵の要求のない実行処理とは分離可能であった．Logie（1995）も観察したことだが，視空間的STMは，言語的STMよりも注意の負荷が高いようだ．

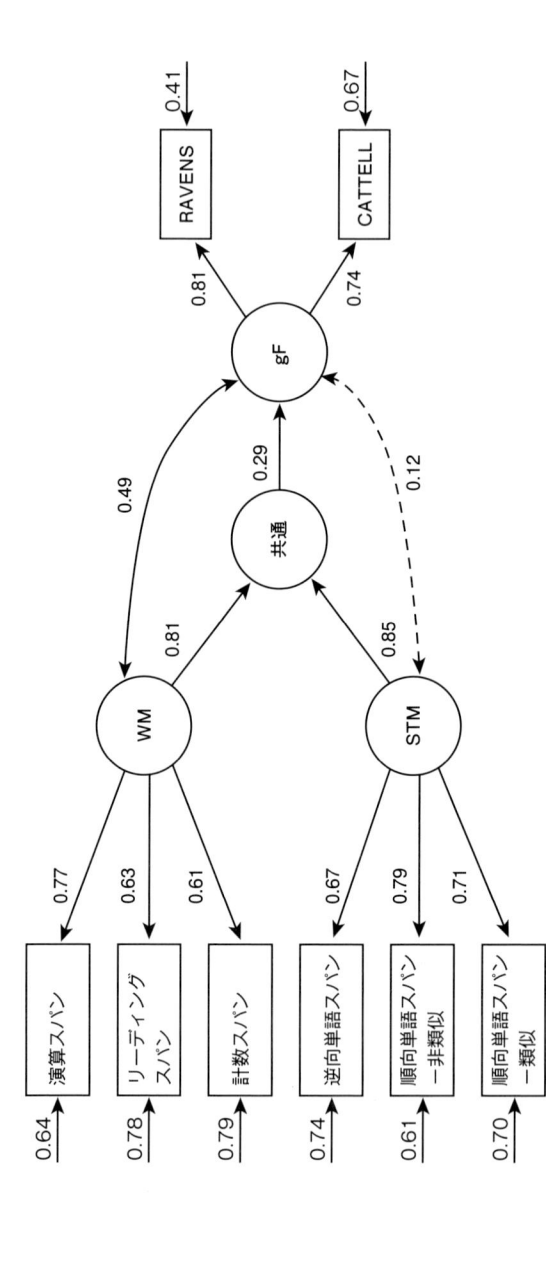

図 11.1 ワーキングメモリ，STM，流動性知能を関連づけたパスモデル。STM と WM に共通する分散は除いてある。曲線は gF（流動性知能）と STM および WM についての残差の間の相関を表す。ただし，STM 課題はすべて本質的に言語的で言語的であったことを注記しておく。Engle et al. (1999a)．*Models of Working Memory*, p. 109 からのデータ。

Engle et al. と Miyake et al. のどちらの研究も，マルチモーダルな実行システムを一時的貯蔵を提供する別々の言語的サブシステムと視空間的サブシステムが補助するという Baddeley & Hitch の主張とほぼ一致している。しかし，これらの２つのソースの証拠の間には違いがあり，Miyake et al. (2001) は分離可能な視空間的 STM についての明確な証拠を提供しているが，Engle et al. (1999b) は個別の言語的 STM についてである。このことは，おそらく，２つの研究に特定の課題が含まれていることを反映している。しかし，同一の研究に両方の STM 成分が反映されることが明らかに望ましい。

Bayliss et al. (2003) は，このことを達成するため，一連の新規な課題を用いた。これらの課題は，慎重にマッチングした視空間課題と言語課題を用いることをはっきりと意図したもので，処理効率，貯蔵，および視空間的複合スパン課題と言語的複合スパン課題に反映されるような，それらの組み合わせについて個別の測度を提供した。２つの研究が行われたが，ひとつは８歳児，もうひとつは大学生を被験者とした。どちらも，処理効率を反映する領域共通な成分に加え，２つの領域特定的な貯蔵成分（言語的成分および視空間的成分）の明確な証拠を与えた。さらに，２つの同時的課題を調整する能力を反映すると暫定的に示唆された残差成分が見られた。Bayliss et al. (2003) の結論によれば，彼らの結果は，貯蔵と処理が単一資源プールを共有すると考える複合ワーキングメモリスパンの解釈とは一致しない。しかし，このデータは，領域共通な視空間的および言語的短期貯蔵システムと汎用的な注意限界のある実行処理システムを区別する複数成分モデルと完全に一致する。

したがって，分離可能な成分が存在しており，それらがある種の全般的な注意限界のあるシステムによって調整されるということには，賛同が集まりつつあるようだ。数日間の激しい相互作用的な議論の末，10名あまりのワーキングメモリ理論家の見解を要約して，Miyake & Shah は以下のように書いている。

> ここに，われわれはワーキングメモリについての完全に一元論的な見解の破綻を宣言する。……ワーキングメモリが一元論的であるか否かを議論するのではなく，鍵となる問題は，実験研究（例えば，二重課題）と相関研究の双方で見出された，領域固有の効果の源を特定することであるだろう。
>
> (Miyake & Shah, 1999b, p. 449)

11.4.3　ワーキングメモリの諸理論にとっての意義

洗練された潜在変数分析は，これまで知られていなかった何かを明らかにしてきただろうか．それらが再現でき，かつ一般化できるのであれば，確かにそうである．例えば，言語的短期記憶は，視空間的短期記憶に比べ，実行過程からはるかに容易に分離できるという示唆は，いくつかの既存のデータの意味を明らかにするし，説明を要求する．ひとつの可能性としては，言語記憶におけるリハーサルは，その視空間的等価物ほどには注意を要求しないことがある．Baddeley（2000a）の示唆によれば，エピソード・バッファと視空間システムの中でのリハーサルは，リハーサルしている材料に継続的に注意を払い続けるのに対して，音韻ループを使って材料を保持することはそれほど注意を要求しない．その理由は，数字や単語などのなじみのある言語材料は，発話の過程によって，顕在的にか潜在的にか，逐語的に再生成できることにある．さらに，保持している材料が限られたセットの過剰学習済みの項目（数字など）に関するものであれば，反復的リハーサル中か最終的な検索の際に，記憶痕跡を「整える（clean up）」ために，長期的知識が用いられるだろう．視空間的 STM は，新規なマトリクスパターンなど，なじみのない材料を含むことが多く，このことはこれらの方略のいずれをも有効にしない．

潜在変数分析の使用が持つ刺激的な可能性は，ワーキングメモリにかかわる下位過程をより詳細に説明することである．先に論じたように，Friedman & Miyake（2004）による抑制概念の分析は，この複合的な概念を個別の構成要素に分割し，どの課題が関連するかを同定し，どのような認知スキルがその構成要素の影響を受けるのかを明らかにすることを既に開始している．この方法の可能性を示す例は Miyake et al.（2000）である．彼らは実行過程がどの程度細分化されるかという，複雑だが重要な問題に取り組んでいる．

11.5　中央実行系を分割する

前に見たように，神経心理学的患者か健常被験者をテストして，臨床的に開発された「前頭葉」課題を使うという単純な相関法を用いた研究は，一般的には，課題間に多くの正の相関を伴うが，その程度はめったに 0.3 を超えないという，やや期待はずれの結果を生み出している（Duncan et al., 1996; Shallice

& Burgess, 1996)。このことは，おそらく，以下のような多数の問題を反映している。

1 実行系は複数の成分からなる。
2 実行系は大部分は前頭葉に依存しているが，ほぼ確実に，前頭葉にのみ依存するのではない。
3 この部位は，脳の広く複合的な領野であり，ほぼ確実に他の過程にも関与している。
4 実行過程は，一般的には，その時々に別の方略が必要とされる非ルーチン的な状況に対処するために用いられるもので，そのため，テスト得点の信頼性が低い（Rabbitt, 1997）。

潜在変数分析は，信頼性がやや低い課題からさえ共通分散を抽出する能力があるため，この問題に理想的に適合している。

Miyake et al. (2000) は，いくつかの妥当な実行下位過程を提唱し，それぞれについての複数の測度を選ぶことから始め，それらの各測度が，関連する潜在変数を反映すると無理なく仮定できるものを中心としてまとめられることを確証した。次に，彼らは自分たちの知見を応用して，いくつかの従来の実行処理の測度候補を調べた。これらには，二重課題パフォーマンス，ウィスコンシン・カード分類課題，ハノイの塔，ランダム生成，Turner & Engle の演算スパンが含まれた。

これらの標準的測度でのパフォーマンスを説明できる実行過程の候補には，以下のものが含まれた。すなわち，**優勢抑制**（前にも述べたように，アンチサッケード課題を用いて測定された），Stroop 検査，そして，高度に訓練したスピード反応の間に挿入される不定期的な停止信号への反応を求める課題である。**ワーキングメモリを更新する**能力は，絶えず変化するいくつかの変数の最新状態を被験者が覚えなければならないという古典的な課題を用いて測定された（Yntema & Trask, 1963）。あと2つの更新課題は，3種類の高さの音をそれぞれの提示回数をモニターしながら追跡するという課題と，連続的な刺激系列の最後の4文字をおぼえ続け，刺激系列が突然に中断されるたびにそれらの文字を報告するというものであった。第三クラスターの3つの課題では，Jersild (1927) と Rogers & Monsell (1995) の開発した課題を用いて，**セット切り替え能力**を測定した。1つめの課題は加算と減算の切り替えを，2つめの課

題は文字と数字の対を伴い，数字と文字の処理の交替を求めるものであったのに対して，3つめは局所的-全体的という知覚区分を利用するものであった。一連の局所的項目（数字など）を空間的に配置して，その配置自体が数字であるような布置またはパターンを形成した。被験者には，局所的レベルと全体的レベルへの反応を交替させることを求めた。

　分析の結果，提起された異なるサブタイプの実行測度は，実際に，いくつかの同定可能な潜在因子を生じた。予想の通り，これらを利用して臨床的に用いられるターゲット課題を検討してみると，いずれも純粋な過程からなるもの（process-pure）ではないことが明らかになったが，それらの課題はこれまでに提唱されている様々な基本的な実行過程への依存度が異なった。したがって，ウィスコンシン・カード分類課題は，特に構えのシフトに過度に負荷をかけており，実際に一方のカテゴリーから別のカテゴリーへの切り替えを伴うことが再確認された。ハノイの塔は抑制レベルに特に敏感なようであり，ランダム生成も同様であったのに対して，演算スパン課題は更新と最も密接な関連があった。二重課題パフォーマンスは，これらのいずれの測度とも強くは関連しなかった。そのことは，もちろん，二重課題が実行課題でないことを意味するのではなく，単に，関連する過程が現在の諸測度によってまだ同定されていないということである。

　そのため，現段階では，潜在変数分析は極めて有望な技法であるようだ。しかし，加齢などの領域や知能そのものの研究における心理測定学的測度の使用の経験からいうと，現時点ではある程度の慎重さが勧められる。しかし，これらの結果が頑健であることが判明すれば，また，同様の課題のやや異なるバージョンを用いた他の研究室がおよそ同様な結果を生むのならば，中央実行系を縫い上げている複雑な糸をほぐすことは，最初の印象よりも扱いやすい課題であることがわかるかもしれない。

11.6　ワーキングメモリと教育

　ある理論の頑健性を検証するひとつの手段は，それを現実世界に持ち込んで，重要な実践的問題に取り組むために使ってみることである。Susan Gathercoleと共同研究者が行っている大規模な研究プログラムは，幅広い年齢の学童に適したワーキングメモリテストバッテリーを開発することから始まった。

このバッテリーは，中央実行系，音韻ループ，視空間スケッチパッドのパフォーマンスの測度となるもので，Gathercole & Pickering（2000）によって，国語か算数，あるいはその両方の教科に関して学校で問題のある子どもに適用された。彼女らの発見によれば，低いパフォーマンスは，中央実行系測度での低い得点と関連があり，音韻ループを反映する得点とは，関連がより低かった。特殊教育ニーズを持つと分類された，別の子どものグループを調べたときにも同様のパターンが見出された（Gathercole & Pickering, 2001）。

　後の相関研究は，彼女らのバッテリーでのパフォーマンスを標準化全国共通試験で得られた成績と関連づけた（ワーキングメモリバッテリーでのパフォーマンスはより大きな標本の7歳児と8歳児を用いて得られた）。7歳では，算数と国語の成績は，ワーキングメモリ得点と関連があり，複合的なスパンテストほど特に敏感であった。14歳でテストした別のサンプルは，同様のワーキングメモリ得点と数学および科学の関連を示したが，国語の場合には関連を示さなかった。彼らの指摘によれば，7歳児では，国語のテストは主に基本的なリテラシースキルによっているのに対して，14歳では，子どもは学習した本や演劇に関する問題に論述形式で答えることが期待される。これは，ワーキングメモリの重要性とは別に，学力は多くの他の要因にも依存しやすいことを思い出させてくれる点で重要である。

11.6.1　自動化ワーキングメモリバッテリー，AWMA

　初期のテストバッテリーがその広い目的において明らかに成功したのに対して，Gathercoleらは，自分たちの課題の選択が言語処理を強調しており，複合的な視覚的ワーキングメモリ課題に不適切な重みを与える傾向を懸念した。また，その検査はやや長く，熟練したテスターを必要とした。彼女らはこれら両方の短所を改善することを試み，構成要素課題を少し修正して，自動化バージョンの検査を開発した。自動化ワーキングメモリ検査（Automated Working Memory Assessment：AWMA）は，言語的STMの3つの検査，視空間的STMの3つの検査，言語的複合スパンの3つの検査，視空間的複合スパンの3つの検査からなった（Alloway et al., 2006）。

　このバッテリーは4～11歳の709名の子どもに実施され，その結果は構造方程式モデリングを用いて分析され，2，3，4成分のモデルへのデータの適合が試みられた。彼女らは3成分モデルが最も適合することを見出した。このモデルは，ワーキングメモリを中央実行系，それに結びついた視空間的STMシ

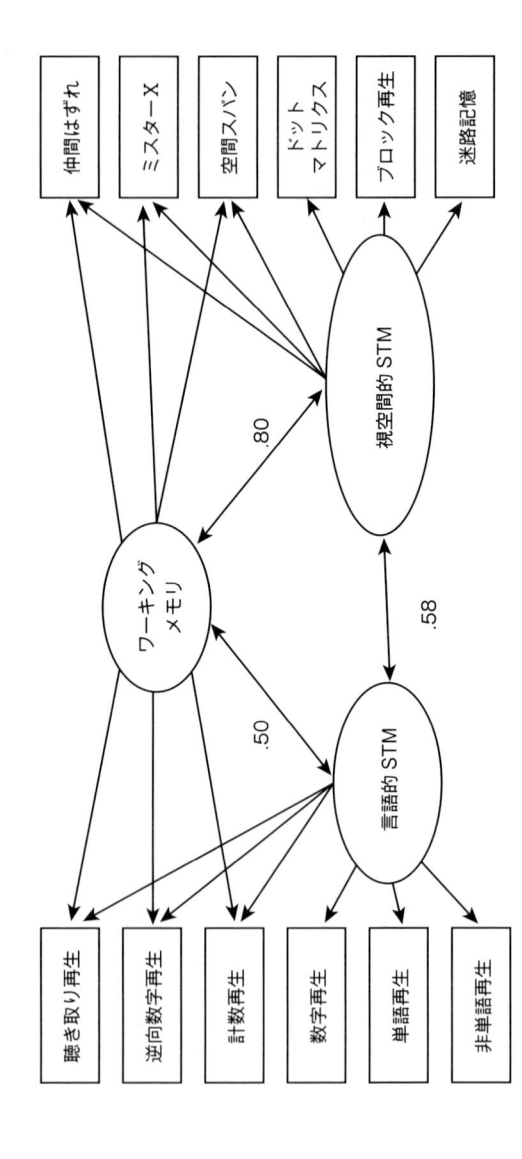

図 11.2 自動化ワーキングメモリ評価バッテリーでのパフォーマンスに最良の適合を与えた3成分モデル。Alloway et al. (2006). Verbal and visuospatial short-term and working memory in children: Are they separable? *Child Development*, **77**, 1698-1716. からのデータ。

ステムと言語的 STM システムに区分することに対応するクラスターを形成した（図 11.2 を参照）。しかし，3 つの因子は極めて強く相互に相関しており，中央実行系と視空間的処理の関係が最も強かった。これは前にも述べたパターンである。この視空間的処理との関係は若年の 4 〜 6 歳児で極めて顕著であり，子どもが年を重ねるにつれてバランスが取れてくる。

11.6.2　特異的な障害を持つ子ども

　Gathercole と共同研究者は，特異的なパターンの認知障害を持つ子どもからなるサブグループを研究することに取りかかった。Archibald & Gathercole (2006a) は，特異性言語障害（specific language impairment：SLI）――確実に言語の障害を含むが，たいていはその名前が意味するほどは特異的でないパターンの障害――を持つ子どものグループを研究した。彼女らによれば，SLI 群は言語的複合記憶スパンと非単語反復で成績の低下を示し，中央実行系と音韻ループの両方の障害が示唆されたのに対して，視空間的 STM とワーキングメモリには比較的に問題がなかった（Archibald & Gathercole, 2006b）。後続研究は，SLI であると診断された 14 名の子どもと年齢を一致させた 14 名の統制群のパフォーマンスを検討し，Bayliss et al. (2003) の開発したバッテリーを用いて，視空間材料と言語材料の両方の貯蔵と処理を分離した。彼女らの発見によれば，SLI 群は視空間的処理と言語的処理の両方で有意に遅かったが，正確さは言語的貯蔵を伴う複合的ワーキングメモリ課題でのみ有意に阻害されていた（このことは，言語的処理と組み合わせるか，視空間的処理と組み合わせるかにかかわらず事実であった）。またしても，このことは，中央実行系と音韻ループが組み合わさった障害を示唆している。

　そこで，比較的純粋な音韻ループ障害は，それ自体では，知的発達に大きな長期的効果を及ぼさないが，新しい名前や音韻形式の獲得においてやや軽微な障害を生じるように思われる。この結果は，第 2 章で論じた，音韻ループと語彙獲得の関係の性質について明確な意義を持っている。純粋な音韻ループ障害は語彙発達を妨げるのに対して，音韻ループ障害と弱い実行能力の組み合わせは特に危険が大きい。実行スキルが低い子どもであっても，音韻ループの役割は語彙が発達するにつれて減少する。このことは，Jarrold et al. (2004) による学習障害の子どもの言語発達の研究において明確に示された。われわれが見出した音韻ループベースの測度と語彙獲得の関係は後年には消失するが，これはおそらく，一般知能や言語接触の程度など，他の要因が徐々に優勢となるた

めである。

11.6.3　教室におけるワーキングメモリ

　ここまでの議論から，多くのバージョンの複合的記憶スパン課題が日常的認知パフォーマンスを予測できることは明らかなはずである。このことは好ましいが，ワーキングメモリの概念が単に新たな知能検査群を生み出しただけだとしたら残念である。実際には，Gathercole の研究によれば，子どもは知能の低さを見せることなしにワーキングメモリが低いことがある。彼女と共同研究者は，観察的教室研究を行って，そうした子どもが経験する問題の性質についての洞察が得られるかを調べることに決めた。

　すぐに明らかになったのは，該当するような多くの問題があることであった (Gathercole et al., 2006)。低ワーキングメモリスパンの子どもは，教示にしたがうことが困難であった。このことが，「シーツを緑の机の上に置いて，矢印のカードをポケットに入れ，鉛筆を片づけて，こっちへ来てカーペットの上に座ってください」のような教示の場合に観察されても，驚くにはあたらない。問題はもっと短い教示でも起こる。Nathan という子どもは，自分のコンピュータのログインカードを渡して，13番のコンピュータで作業するように言われた。彼はそれに失敗し，どのコンピュータを使うのかをすぐに忘れてしまった。

　子どもが同時的な処理と貯蔵に対処しなければならないときには，別の状況が起こる。例えば，文を作るときには，単語のつづり方を思い出してから，文を忘れずに書く必要がある。残念ながら，算数における数直線の使用などの学業パフォーマンスの補助は，たいていは，同時的な処理を必要としており，そうした子どもが用いるのは特に困難である。

　Gathercole と共同研究者は，これらの初期の観察を礎として，教師がそうした子ども——教師が一般的には注意散漫でやる気がないと記述するような——を同定できる方法を開発している。子ども自身は自分がすべきことを忘れてしまうことに不満を持っているのだが，教師はこれらの子どもに記憶の問題があるとは同定しない。しかし，教師はワーキングメモリ障害というアイデアを受け入れる傾向にあり，そのような子どもを見つけ出し支援する方法を知りたがっている。今では，教師のための冊子が作られており，彼らにワーキングメモリの問題を持つ子どもを同定し，支援する方法を知らせることの有効性を検証するための介入研究において現在用いられている。

11.7 結 論

　結論として，ワーキングメモリの個人差の研究は，今では複合的ワーキングメモリスパン測度の予測力を実証するという初期段階を越えて前進している。結果として，ワーキングメモリの基本的概念を用いて開発された測度は，いくつかの教育問題の分析に応用可能であることが明らかになりつつあり，これらの問題への有望な解決策を示唆し始めている。

第12章

ワーキングメモリの神経イメージング

　認知心理学では，その比較的短い歩みを通して，この分野を転換させる新たなアイデア，方法，技法がときおり出現した。あるものは情報処理のメタファーの場合のようにコンピュータを基盤とし，他のものは，心理言語学者の変形文法，記憶の分野における数理的モデリング，知覚における信号検出理論など，標準的な慣例の一部——根本的な理論的展望を劇的に変化させなくても役立つ方法——として吸収されてきた。人間の記憶の領域では，現在最も刺激を与えている技法が神経イメージングであることは疑う余地がない。さらに，ワーキングメモリの研究はこの発展を特に強く後押しするであろう。イメージングのデータは本書全体を通して用いられており，取り上げる個々の問題と関連する他の証拠と組み合わされている。このアプローチは，現在のワーキングメモリの発展にとって重要なので，独立した章を割くのに十分に値する。この章は，莫大で増加し続ける実験的知見を詳細にレヴューしようとするのではなく，十分なデータが集まっていて，そうしたアプローチの強みと弱みの双方をある程度推定できるような，限られた数のトピックを中心に扱う。

　これは私自身が大きくかかわってきた分野ではないが，私は少数の神経イメージング研究を共同で行っている。幸いにも，ワーキングメモリのイメージング研究によって生み出された，複雑かつ多様なデータのパターンから，おおまかにまとまりのある結論を引き出すレヴュー論文が多数現れつつある（Owen, 1997; Smith & Jonides, 1997; Henson, 2001 を参照）。この急速に拡大した分野にまだなじみのない読者のために，これまでにワーキングメモリを研究するために用いられてきた主要な神経イメージング法の簡単な説明から始めよう。

12.1　陽電子放射断層撮影法（PET）

　これは，イメージングへの興奮を最初に呼び起こした方法である。これは，サイクロトロンを用いて放射性水溶液やグルコース（後で被験者に注射する）を生み出すものである。水溶液やグルコースは血液によって運ばれ，後でガンマ線として検出され，一連の検出器を用いて最大の活動箇所を定位できる。これらは，血流が最大である箇所に一致する。脳の特定部位が多く用いられているときには，休憩している状態のときよりも多くの放射線が吸収され，放射されると仮定される。そのため，例えば，視覚刺激は視覚の初期段階に重要な領野からの放射を増加させるであろう（レヴューとして，Frith & Friston, 1997 を参照）。

　もちろん，脳は休むことなく活動している。このため，所与の認知過程（記憶貯蔵など）から生じた活動を同定したいならば，貯蔵を伴う条件を他のすべての要因を一定に保っているが貯蔵はしない条件と比較する必要がある（いわゆる，減算法を用いる）。もちろん，これはワーキングメモリの純粋な行動研究における二重課題法の使用の背景にあるのとまったく同じ論理である。二重課題法の場合には，例えば，ベースライン短期記憶条件と，同じ課題を構音抑制のもとで遂行した条件の比較を行い，その違いは心内音声化リハーサルの寄与を反映すると考える。この方法が行動上の文脈で使えるという事実は，それがイメージング使用にとっても優れた選択肢となることを示唆しており，そのことは，これから判明するように事実である。

　以下に述べる大部分のPET研究は血流の測度に基づいているが，特定の神経伝達物質のための関連受容体サイトに結びつくリガンド（ligand）[*]を選択し，放射線で標識化することによって，多数の重要な神経伝達物質の分布と活動を調べることができる。そのうち，神経伝達物質の役割と働きに対するこのアプローチは，現在の実験的および神経心理学的技法を用いて取り組むのが極めて難しいとされている過程の研究にとって並外れて有益であると判明するだろう。しかし，この分野はなお発展の初期段階にあり，これまでのところ，われわれのワーキングメモリについての理解に大きな貢献をしていない。

---

[*]（訳注）　特定の受容体に特異的・選択的に結合する物質。

血流に基づくPET研究は，持続的に活性化している領野をおおまかに同定するためには非常に効果的であるが，放射性物質が循環し，吸収され，検出されるのに時間がかかるため，この方法は急速に変化する過程を同定するには適していない。また，この方法は非常に高価なものである。というのは，使用するヌクレオチドの半減期が短いことは，各実験室がスタッフも含め，サイクロトロン（PET製剤の製造施設）を現場に準備しなければならないことを意味するからである。また，個々の被験者が受けることを認められる放射能の量には，明白な限界がある。これは，被験者の実験的検査の繰り返しを妨げるだけでなく，発達や病状進行の継続的な研究にとっての課題にもなる。PETを用いると，生理化学的・工学的・統計的サポートに加えて，医学的管理も必要になり，このこともあって極めて費用のかかるツールとなっている。

12.2 機能的磁気共鳴イメージング（fMRI）

この方法は，脳を強力な磁場の中に置くと，異なる原子核は異なる方向に整列することを利用している。このことは，脳の所与の領域の活性化の測度となるため，所与の活動を遂行しているときに脳が用いる領野を同定することができる。同定は異なる課題の間での脳の酸素レベルの差（BOLD反応：brain oxygen level difference）によってなされる。この方法には，放射能を伴わないという利点がある。さらに，リアルタイムで生じる変化を検出できる。空間的解像度の程度は磁石の強度に依存する。磁石強度は，初期の研究では一般的には1.5テスラであったのに対して，現在では最大で7テスラが次第に使われるようになっている。そのような磁石は高価であるが，システム全体はPETを稼動させるほどには高価ではなく，その時間的解像度と空間的解像度から，次第に広く認知機能の研究に用いられるようになっている。さらに，その明白な安全性は，fMRIが同じ被験者に繰り返し使えることを意味している。

しかし，この方法にはいくつかの実用上の制約がある。強力な磁石の存在は，その近くで使える装置のタイプをかなり制約する。この技法では脳の「輪切り」を画像化する必要があり，このために磁場を変化させなければならないが，これは，被験者には鉄管の中にいてときどき大槌で叩かれているように聞こえるという極めて騒々しい手続きとなっている。最後に，発話は画像解析と干渉する運動を生じるため，発話反応の使用には問題がある。これらの技術的

な問題にもかかわらず，この分野は急速に進展しており，特に喜ばしい展開を遂げているのは，スキャンを実験手続きの個々の段階と関連づける事象関連イメージングの分野である。これにより，符号化，貯蔵，検索などの要因を別々にイメージングすることが可能となる。

12.3　脳波（EEG）

　この方法は，頭皮電極から脳の電気活動を記録するもので，ここで述べた3つの方法の中で最も古いものである。この方法は，長年，複数の電極を用いて，てんかんの異常部位を同定するため（例えば，てんかんの病巣を同定する）に臨床的に用いられてきた。この方法を洗練させるには，**誘発反応電位**（ERP：*evoked response potential*）技法が用いられる。ERPによれば，クリック音などの単一の刺激の処理を刺激が生み出す電気生理学的波形を通して追跡できる（レヴューとして，Kutas & Dale, 1997を参照）。長年，この方法は，認知心理学において，洗練されているがやや難解な後進領域の代表のように思われ，より主流の認知理論とはほとんど関係しなかった。このことは，近年，劇的に変化し，この方法は，注意（レヴューとして，Posner & Peterson, 1990を参照），記憶（レヴューとして，Rugg, 1995を参照）の研究に用いられて大きな成功を遂げている。この方法には相当の時間的正確さを可能にするという利点があるが，頭蓋を通り抜け，多くの異なる過程の集合体となった信号を拾い上げる必要があるため，空間的解像度は制限されざるを得ない。この方法は，どちらかといえばワーキングメモリの研究にはPETやfMRIほどには使われないが，他の方法よりも相当に安価で，まったく侵襲的でないので，将来的には，次第に大きな役割を果たしていくと思われる。

12.4　他の技法

　生きた脳の活動を観察するという難題は，技術的な注目を集め続けている。例えば，MEGなどの手続きがある。これは，脳の磁気活動を感知するものだが，最近になってようやくより広く使われるようになった装置が不可欠である。このレヴューを書いている時点では，この装置はワーキングメモリの研究

にはほとんど影響を与えていない。この状況は，MEG が正確な時間的解像度を可能にする（fMRI と効果的に組み合わせることができる），より直接的な非侵襲的方法を提供するにつれて変化するだろうと私は確信している。

重要性を増しそうなもうひとつの方法は，追跡画像法（tractography）である。これは，MRI を用いて脳の白質を形成する有髄経路を追跡するものである。これらは脳領野間のリンクからなるネットワークを形成するもので，19 世紀の神経解剖学者たちが記述したが，以降は概して無視されてきた。近年の研究は，解剖学的に近くにはない脳領野が高速で，効率よくコミュニケートできるようにする重要なシステム——いくぶん都市間高速道路が商業を促進する手段のような——は，どんなものかという関心を再燃させている。カラー図版 1 は，音韻ループの働きに関与すると仮定できそうな白質経路のシステムの一例を示している。執筆時点では，追跡画像法は構造的なイメージを生成することに限定されているが，近い将来には，機能的な追跡画像法を開発できるはずであると私は理解している。

最後に，脳の特定領野の活動に干渉する方法に言及すべきであろう。そのような技法のひとつが磁気刺激法（magnetic stimulation）である。これは，強力な磁場がその磁場内の皮質領野における処理を一時的に妨害するというものである。私自身の実例では，この技法を用いて音韻ループを研究するプランは，リハーサルを干渉するために必要な領域に適用すると，不運な被験者に歯痛を引き起こしてしまうことがわかり，思いとどまらざるをえなくなった。そのような問題は，特定の脳領野に焦点化して，一時的で「回復可能な欠損」を引き起こすツールが与えられれば解決されそうに思われるが，これは表層的な皮質領野にしか適用できないという限界もある。

確立されているが比較的稀にしか用いられない方法は，外科手術中に意識のある患者の脳に神経外科医が刺激を与えるものである。脳は痛みの受容体を持たないので，この方法はてんかんを軽減するための外科手術中に，脳の特定の領野の機能を調べるのに有効である。この外科手術手続きは，取り除く脳の領野が患者の認知機能や他の機能にとって重要でないと確信できるならば，極めて有用でありうる。Penfield（1958）は（少々議論を呼んではいるが），彼が自伝的記憶と呼ぶものを喚起したと報告したのに対して，Ojemann（1978, 1994）は，この方法を用いて言語と短期記憶にかかわる領域を調べた。

12.5　部位の命名

　この後の記述の大部分は，特定の認知機能と特定の脳領域の結びつきに関するものである。これらは，多数の異なる方法で同定できる。側頭葉や後頭葉などの脳の一般的な領野の活性化を示す人がいるかもしれない。もちろん，活性化が脳の右側にあるのか，左側にあるのか，両側にあるのかを特定することは必要である。これらは比較的に広い領野なので，その位置が葉の前部（前頭）なのか，後部（後頭）なのか，あるいは，2つの葉の境界付近なのかをさらに特定することが一般的である。このため，例えば，側頭葉と頭頂葉に重なりやすい，音韻ループの貯蔵成分の側頭－頭頂位置の場合に当てはまる事態がさらに複雑になるのだが，側頭葉を頭頂および前頭領野から分けるシルビウス溝などのような目印となる脳の他の特徴を用いることができる。したがって，音韻貯蔵はシルビウス溝の領野周辺の傍シルビウス溝に属するといえるし，実際にそういわれることもある。脳の基礎的な細胞アーキテクチャと細胞構造に基づいて，局在性についての発展可能性のある正確な説明を加え，各領野に数を割り当てたのが Brodmann（1909）である。その意味は，異なる脳領域間に見られる細胞の違いは，これらの各脳領野で営まれる機能にとって重要であるということであるが，私の知る限りでは，細胞構造と認知機能がどのように関連するかは，まだ少しも明らかではない。

　これらの様々な用語法によって可能になる一例を挙げておくと，心内音声化リハーサルに関与する領野は，左前頭の Broca 野または Brodmann の 44 野（一般的には，BA44 と略される）と呼ばれるのに対して，音韻貯蔵に関与する領野は，頭頂／側頭葉の接合部にある傍シルビウスまたは BA40 として記述できる。これらすべての場合において，参照されるのは左半球である。さらに事態を複雑にするのは，音韻ループの活動は，右半球の対応する位置の領野を活性化させることである（ただし，その活性化は，一般的には，それほど広範囲にわたってはいない：Awh et al., 1996）。そのような右半球の活動は，重度の負荷の条件のもとで生じやすい。このことは，活動のオーバーフローか，おそらく，潜在的な過負荷に対処するために他の過程が必要とされることを表していると考えられる。さらに複雑さを加えるのは，当該の活動は単一の Brodmann 領野で排他的に起こるのではなく，他の領野にも重なって現れる傾向が

あることである。そのため，Broca 野とリハーサルの制御は，第6野にも及ぶことが多く，44／6野の活性化と呼ばれる。

12.6 ワーキングメモリのイメージングから何がわかるか

　イメージング研究の部外者としては，目の前の研究をどのように評価すべきだろうか。私自身の場合には，まず当該の研究が取り上げる問題を理解してから，次に合理的に単純かつ整合性のある回答を見つけたいと思う。もちろん，脳の活性化のパターンは極めて複雑で，主要な峰と場合によっては谷が同定される，いくつかの山に似ている。PETの場合には，峰は何秒にもわたる過程の平均であり，おそらく，その時間の中で劇的に変化している。もちろん，何が峰を作るかは，より標準的な実験論文で用いられる分析手続きの場合よりもずっとなじみの薄い方法を使った，膨大なデータ群の統計的分析によって決まる。統計的検出方法を変えることによって，峰は現れたり消えたりするかもしれない。さらに，多くのfMRI研究の場合には，結果はよく二値的に表示されており，まるで脳の一部が活動したり，活動をやめたりしているかのようである。さらに，イメージング研究は高額であり，特に初期の論文では，被験者の数は比較的少なく，同一の被験者内の異なるスキャンを統計的に独立の事象として扱っている（これは標準的な実験的認知研究では容認されないやり方である）。これらの問題は徐々に対処されてきているが，別々の研究や実験室からのデータを評価したり，比較したりする際になお困難を生み出している。

12.6.1　ワーキングメモリのサブシステムのイメージング

　それでは，私は何が知りたいのか。まず第一に，非エキスパートとしては，結果がさらに多大な訓練なしで理解できるほど単純かつ整合的であれば好都合である。第二には，そのような結果が同じ実験室内でも，複数の実験室間でも再現されることが望ましい。第三には，結果が健常および神経心理学的な被験者を用いた研究からの既存の知識にうまく合致するのであれば，また，神経心理学的研究の場合，観察された活性化領野が解剖学的欠損からの過去のデータに基づく証拠とほぼ一致するのであれば心強い。これらの基準がワーキングメモリにイメージングを適用したいくつかの研究によっておおまかに満たされるとして，次にイメージングはワーキングメモリについて，われわれがまだ知ら

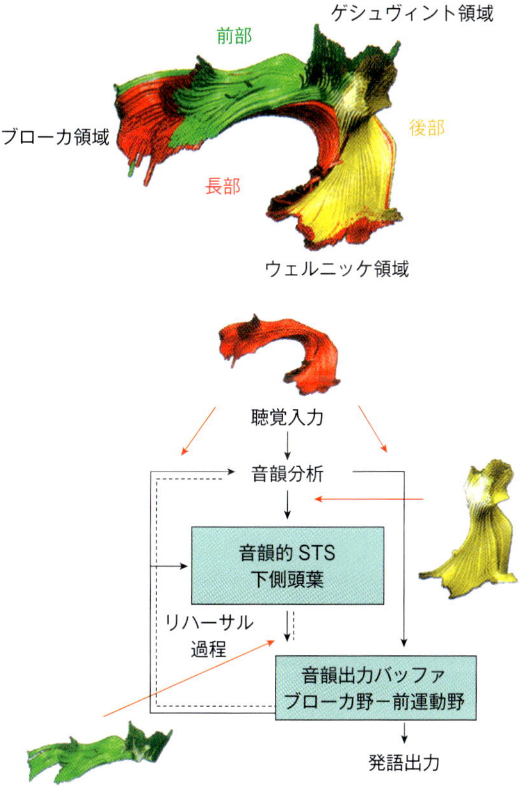

カラー図版1 上の図は，BrocaセンターとWernickeセンターを結合するアーチ型の束を再構成したものを表している（Catani et al., 2005からのデータ）。下の図は，音韻ループモデルへの予想マッピングを示している（Catani et al., 2005を修正）。

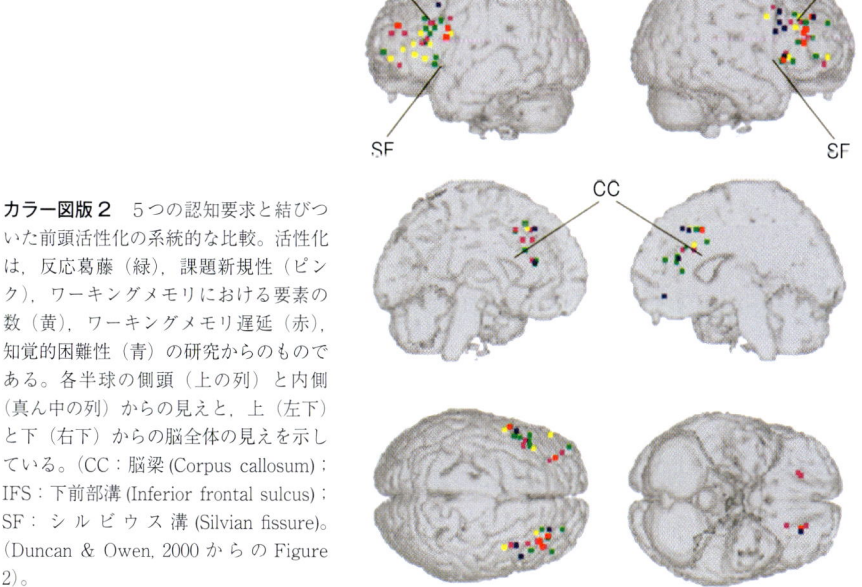

ゲシュヴィント領域
前部
ブローカ領域
後部
長部
ウェルニッケ領域

聴覚入力
音韻分析
音韻的STS
下側頭葉
リハーサル過程
音韻出力バッファ
ブローカ野－前運動野
発語出力

カラー図版2 5つの認知要求と結びついた前頭活性化の系統的な比較。活性化は，反応葛藤（緑），課題新規性（ピンク），ワーキングメモリにおける要素の数（黄），ワーキングメモリ遅延（赤），知覚的困難性（青）の研究からのものである。各半球の側頭（上の列）と内側（真ん中の列）からの見えと，上（左下）と下（右下）からの脳全体の見えを示している。（CC：脳梁 (Corpus callosum)；IFS：下前部溝 (Inferior frontal sulcus)；SF：シルビウス溝 (Silvian fissure)）。(Duncan & Owen, 2000からのFigure 2)。

IFS　　　IFS
SF　　　SF
CC

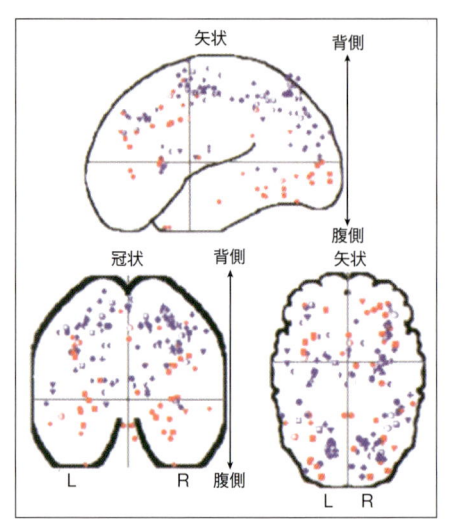

カラー図版3 視覚的オブジェクト（ピンク）または空間的位置（青）についてのSTMにかかわる研究についてのデータを組み合わせたもの。違いは主にオブジェクトについての腹側部位と位置についての背側部位の間にある。Smith & Jonides（1999）のFigure 4からのデータ。

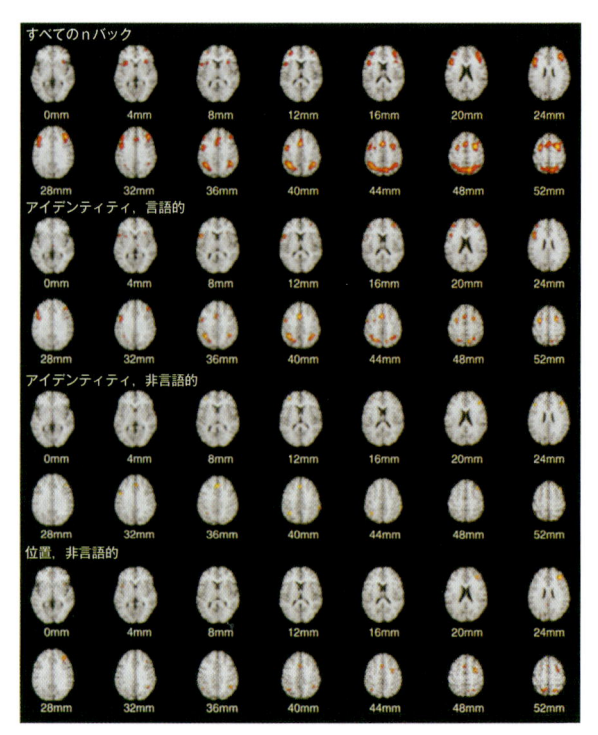

カラー図版4 すべてのnバック研究を組み合わせたもの（上の図），言語的記憶を伴う課題（二番目の図），アイデンティティについての非言語的保持を伴う課題（三番目の図），位置の保持を伴う課題（下の図）についてのメタ分析的活性化マップ。(Owen et al., 2005のFigure 1から)。

なかった事柄を教えてくれるのかが問題となる。私はこれらすべての点について楽観的だが,事態はなお明瞭とは言えない。

　ワーキングメモリの研究は飛びぬけて人気を増しており,複数成分モデルを神経イメージングを用いた研究の基盤として用いようとした研究から,正当に,あるいは不当なまでに信頼を高めてきた。音韻ループについての初期の重要な PET 研究において,Paulesu et al.(1993)は,文字の記憶課題によって生じる活性化を,心内音声化に依存するとされている踏韻判断を行う二次課題遂行時の活性化と比較した。彼らはある領野,すなわち,記憶貯蔵と関係するように思われる左の頭頂葉と側頭葉の境界,BA40 を同定し,次に,心内音声化リハーサルとリンクすると思われる左前頭領域,BA44 を同定した。これらの領野のうち前者は,一般的には極めて特定的な音韻的 STM 障害を持つ患者の損傷の位置と一致したのに対して(Vallar & Shallice, 1990),前頭活性化の方は,古典的には発話産出の能力と関係する Broca 野と一致した。

　Paulesu et al. の研究と同じころに,視空間的短期記憶のイメージングに関する同等の実験を公刊したのが Jonides et al.(1993)であった。彼らも減算法を用いて,被験者に3つのドットの各々の位置を記銘するよう求めた。3秒の遅延の後,円形が画面に現れ,被験者はそれがドットのひとつと同じ位置であるか否かを報告するよう求められた。この条件を円形とドットが同時に現れる条件と比較することで,保持の必要性を取り除いた。Paulesu らの音韻研究とは対照的に,彼らは主に右半球に活性化を見出し,右側頭-頭頂領野(BA40),後頭葉(BA19),前運動野(BA 6),後前頭前部領域(BA47)に特定的な活動が見られた。後の追試はこの活動パターンを確証するとともに,両側での活性化についてのいくらかの兆候を示し,また2つの頭頂領野(BA40 と 7)が関与していることを示唆した。この文献は,Smith & Jonides(1997)がレヴューしている。

　Paulesu et al. は音韻ループシステムを画像化した最初の研究だが,神経イメージングを用いたワーキングメモリの最も徹底的な検討は,ミシガン大学の Edward Smith と Jon Jonides によって行われた。そのような系統的で,慎重によく計画された研究はイメージングにおいては未だ稀である。この分野では,非常に多くの場合,新たな技法の興奮が「ゴールドラッシュ」的アプローチを促しがちであり,〔研究〕グループはある現象や領野についての権利を主張したら,またすぐに新たに主張すべき権利を探しに出かけるのである。その結果,多数の明らかに重要かつ刺激的な効果が他のグループによって再現され

ないか，されたとしても，手続きの違いが原因かもしれない，やや違った結果を得ることになっている。この理由のため，私はまずワーキングメモリについての比較的少数の研究，主に，ミシガン・グループの研究に専念してから，パラダイムや実験室間での一貫性の問題を論じることにしたい。

12.6.2 視覚的ワーキングメモリと言語的ワーキングメモリの弁別

Smith et al. (1996) は，同一の研究の中での，言語的ワーキングメモリと視空間的ワーキングメモリの直接比較を最初に行った。被験者には4つの文字か，3つのドットからなる配列のどちらかを見せた。この後に遅延を置いてから，プローブ項目として，ひとつの文字か円形を提示した。文字の場合には，被験者に先行セットで現れたかどうかを思い出すよう求め，円形の場合には，いずれかのドットの位置が円形と空間的に同じ位置であったかどうかを思い出すよう求めた。どちらの場合にも，統制条件は，刺激とプローブを同時的に提示するものであったので，記憶の必要性は除かれていた。結果はカラー図版3に示す。Paulesu et al. (1993) の場合と同じように，左半球，BA40と44における言語課題からの活性化が観察された。彼ら自身の先行研究と一致して，ドット課題は，右半球，特に，40野と6野を主に活性化させた。

第二実験は，特定の位置に4つの文字を提示して，後でその名前か位置のいずれかの保持をテストした。再度，文字名の再生は大部分は左半球を活性化させ，位置の記憶は主に右半球を活性化させた。彼らの第三実験は，Nバック技法として知られる，よりアクティブなランニングスパン手続きを伴った。この手続きでは，被験者は文字列をモニターして，Smith et al. の場合と同じように，提示された文字が系列の中で2つ前に見た文字と一致したときに反応する。このことは，もちろん，被験者に絶えず項目を更新し，貯蔵し，放棄することを要求し，通常の記憶スパン課題に一般的であるよりも，相当に多くの操作と多大な実行負荷を伴う。負荷のレベルは1バック（単に繰り返しを検出することを伴う）から3バック，さらには，4バック（同時に4つの異なる文字を保持し，操作することを被験者に求める）まで変化させることができる。Smithらは，この課題は単純に4つの文字プローブ課題と同じ左半球領域を活性化させることを見出し，音韻ループを用いて課題が遂行されたことを示唆した。しかし，前頭活性化も見出されており，おそらく，このことは追加的な実行負荷を反映している。この課題は，fMRI研究にとって特に重宝なものである。というのは，繰り返しの検出を単純なボタン押しによって知らせることが

できる言語課題であるので，顕在的な言語反応（頭部の振動とスキャンとの干渉を引き起こすという不都合がある）を必要としないからである。

　Awh et al. (1996) による PET 研究は，言語的文字再生課題を用いて，再び，左半球 44 野と 6 野の活性化と，さらには，40 野と 7 野の境界，前部帯状回，および，左半球とリンクする右小脳での活性化を見出した。2 バック連続的言語記憶課題の追試も，左半球における 40，7，44，6 野を活性化させ，今回は，一部の左小脳と補足運動野 (supplementary motor area : SMA) の活性化も示した。今回は，どちらかといえば多くの右半球活動が 6 野，7 野，SMA で検出され，再度，右小脳と前部帯状回が関与していた。第三実験は，減算法を用いてリハーサル成分の分離を試みた。踏韻判断課題からリハーサルを推測した Paulesu らとは違って，Awh et al. は，過剰学習した計数系列を心内音声で繰り返すことを用いた。この活性化のパターンを記憶課題の結果から引くことで，左半球の 40 野，7 野，SMA がすべて記憶成分にかかわっており，BA 7 と SMA における一部の右半球の活性化と通常の右半球小脳活動を伴うことが示された。

　これまでに述べた視覚的ワーキングメモリと言語的ワーキングメモリのすべてのイメージング研究は，視覚提示を用いていた。しかし，ワーキングメモリのサブシステムの場合には，これらは提示のモダリティーに依存しないことは明らかである。したがって，音韻的類似性効果は，視覚提示でも聴覚提示でも起こり，視空間的イメージ効果も同様である (Baddeley, 1986)。彼らの初期の知見のさらなる追試において，Schumacher et al. (1996) は，視覚か聴覚のいずれかで文字を提示した。入力モダリティーにかかわらず，先行研究と同じ領野が活性化した。最後に，N バック技法による研究を拡張して，Cohen et al. (1997) は，負荷を 0 バック（被験者は単に事前に指定された文字を検出する）と 3 バックの間で変化させた。再度，BA44 が強力にアクティブになり，側頭-頭頂領域 (BA40) における音韻貯蔵と結びついていることの多い領域も同様で（スキャニングと欠損研究の両方によって証拠づけられている），心内音声化リハーサルの使用が示唆された。どちらの脳領野も貯蔵負荷の効果を示したが，その効果は，一般的には音韻貯蔵と結びつく領域である BA40 において特に明確であった。

　この一連の研究を通しての一貫性は見事である。しかし，少なくとも 2 つの研究は 40 野の果たす役割を再現することに失敗していることに言及すべきであろう。これらのうちのひとつは Grasby et al. (1993) による研究だが，この

結果は，同一の被験者内の条件間ではなく，被験者間で重要な比較を行うという，あまり敏感でないデザインに帰属できる。しかし，このことは，Fiez et al. (1996) による研究には当てはまらない。彼らは被験者に意味的に関連する5つの単語か，無関連な5つの単語か，5つの非単語を保持するよう求めた。彼らはミシガン・グループの報告とは極めて異なる活性化のパターンを見出しており，広範囲に及ぶ背側前頭前部皮質，上運動皮質，右ではなく左小脳の活性化を観察した。彼らは左頭頂葉，Broca 野や右小脳など，Smith と Jonides の研究において繰り返し活性化したすべての領野の中での有意な活動の増加を見出さなかった。

　Jonides et al. (1998) の示唆によれば，違いは Feiz らの用いた材料による。Feiz らの材料は，その3分の2が意味的に関連しうる有意味な単語で，文字や数字を再生する際に利用可能な方略とは極めて異なる方略を使用させる可能性があった。Jonides らの追跡研究は，意味的コード化の使用を妨げ，Feiz らのそれよりも自身の初期の研究にずっと近いパターンの結果を生んだ。しかし，興味深い相違点は，左半球ではなく右半球において，40 野のやや強い活性化が見出されたことであり，非単語でさえも文字や数字で用いられるのとはやや異なるコード化の選択肢を提供するかもしれないことが示唆された。

　結論として，Feiz の研究は，私の見るところ，Paulesu et al. や Smith と Jonides のグループからの頑健で再現性のある知見を否定しないが，実験室間での再現性という問題を示している。この問題には後で戻ってくるつもりである。このことは，続いて，被験者が採用する方略がもつ潜在的に決定的な重要性を高める。もちろん，これはワーキングメモリのより行動的な研究においても重要な問題であり，例えば，被験者は頻繁にエラーが起こるときには，音韻的コード化をあきらめやすいという証拠がある (Hall et al., 1983; Baddeley, 2000b; Hanley & Bakopoulou, 2003)。このことは，5つの非単語からなる系列や (Feiz らの用いた意味的に関連する条件のように)，意味的コード化が容易になるときに起こりやすい。被験者が採用する方略は，イメージング研究において，重要だが軽視される変数に留まっている。

12.6.3　リハーサル

　視空間スケッチパッドにおけるリハーサルの性質は，音韻ループよりもはるかにわずかしか明らかでない。ひとつの可能性としては，リハーサルは刺激の位置や，あるいは刺激の表象への持続的注意を伴うものである。このことは，

Awh et al. (1998) による行動研究で検証された。彼らは被験者に空間的位置を覚えると同時に，ときおり，視覚的弁別課題に反応することを求める二重課題実験を行った。弁別課題が保持している位置と同じ位置を占めるとき，弁別がすばやくなり，予想されたように，アクティブな保持（暗にリハーサルのこと）はその位置に対する継続的注意を伴うことが示唆された。さらに支持したのが Awh et al. (1997) による fMRI 研究であった。彼らは 3 つのドットからなる配列を左視野か右視野に提示した。ときおり，グリッドが一方か他方の視野に提示され，それが喚起した反応が記録された。グリッドをドット配列を保持するために用いているのと同じ半球に提示すると，他方の視野に提示したときよりも強力な反応が喚起され，再度，空間的配列の保持はその視覚領野を担当する脳部位の活性化を伴うことが示唆された。注意リハーサル手続きの示唆は，視覚的注意制御と右頭頂皮質の BA7 野の結びつきを論じた初期の研究と一致する（例えば，Corbetta et al., 1993）。より具体的には，Henson (2001) は，後頭での貯蔵と，右頭頂領野（BA7），前運動野（BA6），右後部前頭葉（BA47）の間で働く視覚的注意リハーサルリンクを経由して機能する，潜在的なリハーサルループを示唆している。これらの知見が（第 4 章で述べたような）空間的リハーサルにおける眼球運動の潜在的な役割とどのように関係しているかは，興味深い問題を残している。

12.6.4 視空間の区分

これまでに述べた視覚的記憶研究の大部分は，空間的位置の保持を伴うものであった。しかし，他の研究は，オブジェクトの形態についての記憶を必要とした。ある研究において，Smith et al. (1995) は，抽象的な形態を用いることで，空間的配列を用いて一般的に得られるよりも多くの左半球活動を見出した。しかし，Courtney et al. (1997) は，顔を用いて，活動の右半球での分布が多いことを見出した。この不一致には，多数の理由が考えられる。まず何より，顔は他の視覚的オブジェクトほどは一般的ではないようで，特定の解剖学的領域（紡錘状顔領野：fusiform face area）を活性化させるようだ。第二の可能性としては，Smith らによる研究の被験者は，言語的コード化を用いて，抽象的な形態の保持に役立てていたかもしれない。被験者が何らかの種類の言語的コード化を用いることを妨げるのは難しく，言語的コード化が非生産的であったとしても，やはりそうである（Brandimonte et al., 1992）。

Smith & Jonides (1999) は，視覚と空間の区分（第 4 章を参照）を人間以

外の霊長類の研究の観点から解釈している。これらの研究は，オブジェクト情報のコード化にかかわる腹側経路，および空間情報にかかわる背側経路という，2つの視空間的記憶に対する独立の寄与の証拠を提供している（Mishkin et al., 1983; Wilson et al., 1993）。視空間的ワーキングメモリに関する一連の研究をレヴューして，Smith & Jonides (1999) は，あるオブジェクトの位置についての記憶はオブジェクトそのものについての記憶よりも多くの背側領域を活性化させるという，類似した傾向を報告している。その後，彼らは視覚的ワーキングメモリ研究のメタ分析に取りかかる。複数の研究を組み合わせた結果をカラー図版3に示した。この図は，オブジェクト記憶がより多くの腹側領野を活性化させ，空間的記憶がより多くの背側領野を活性化させるという，統計的に有意な傾向を示している。しかし，他方で，素人目には，カラー図版3の最も印象的な特徴は，この有意な全体的傾向の中のばらつきの程度である。この論点には，後で立ち戻ろう。

音韻ループはより実験的に統制しやすいので，ワーキングメモリのスキャニング研究に特有な結果のばらつきについて，より優れた推定値となるだろう。Smith & Jonides は，言語的ワーキングメモリについての同様のメタ分析を提

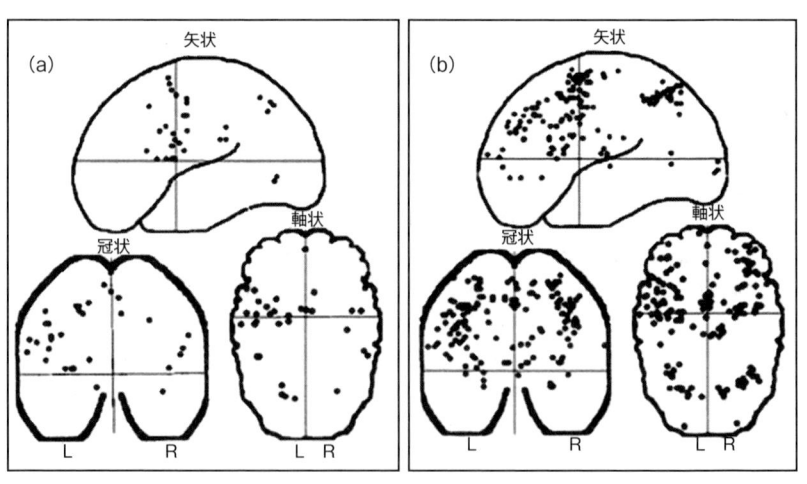

図 12.1 言語材料についてのSTM (a)，または，貯蔵＋実行処理 (b) についてのデータを組み合わせたもの。それぞれの場合において，3つの図は，横（矢状），正面（冠状），上（軸状）から見える「ガラスの脳」を透かし見たかのように活性化の焦点を表している。Smith, E. E., & Jonides, J. (1999). Storage and executive processes in the frontal lebes. *Science*, **283**, 1657-1661. AAASから許諾を得て再掲した。

示している（図12.1を参照）。ここでは，パターンはもう少し明確であり，左半球の活性化が右よりも明らかに大きく，貯蔵を最大化した研究はより多くの頭頂領域の活動を促進するのに対して，実行処理を強調する研究はより多くの前頭活動を促進している。とはいえ，ばらつきの程度に注意することはなお有益である。

12.7　中央実行系のイメージング

　おそらく，神経イメージングに基づく最も有力な研究プログラムは，Posner & Raichle（1994）の行った先駆的研究に関連するものである。彼らの視覚的注意に関する研究は，これが認知神経科学を進展させるための実行可能で有益な方法論であることを，その分野に納得させるのに大きく影響した。PET方法論を用いて視覚的注意を研究し，彼らが導いた結論によれば，あるオブジェクトから別のオブジェクトに注意を切り替えることは3つの独立の過程を含み，これらの過程はそれぞれ異なる解剖学的位置と結びついている。このうちの最初，すなわち，初期刺激からの解放は，右頭頂活動を伴う。次に，眼球を動かすことは，上丘（広い中脳領野）の活動を要求する。これには視床枕（前頭活動を高める視床核のひとつ）の活動が続く（Posner & Fan, 2004）。

　Posnerの整合的で一貫した研究プログラムは，注意制御システムについての納得のいく全体像を生み出し，そこでは，システムが下位構成要素に分割され，その後，特定の脳領域に結びつけられるかもしれない。しかし，この研究は，全体に，実行制御ではなく，視覚的注意に極めて特異的に集中している。神経イメージングを用いて実行制御の背後にある過程を切り分ける可能性は，後に，多くの実験室の注意を引きつけ，多数の知見を生み出した。欠損研究の場合と同じように，証拠は中央実行系の操作における前頭葉の重要性を強く示しているが，再び，欠損研究と同じように，問題がより厳密になるほど，一致度が低くなる。

12.7.1　Nバック課題

　実行機能を研究するための最も人気のある課題のひとつが，Nバック課題である。これは，先にも述べたように，課題の表面的特徴を一定に保ちながら，記憶負荷を系統的に変化させることのできる条件のもとで，直後記憶における

材料のアクティブな保持を要求するという利点がある。また，言語材料と非言語材料の両方に使えるという利点もある。この方法を使って，Braver et al. (1997) は，背側前頭前部領野，後前頭および頭頂領野における両側性の活性化を観察し，活性化レベルは負荷とともに直線的に増加することを見出した。このことは，Jonides et al. (1997) と Smith et al. (1996) による知見を思い起こすかもしれない。彼らは，言語材料と非言語材料の両方を用いて言語課題は特に左半球に影響し非言語課題は右半球に影響するという予想通りの側性化 (lateralizations) を見出していた。

　Nバック課題が実に頻繁に用いられているおかげで，Owen et al. (2005) はメタ分析を行うことができた（カラー図版4に示してある）。上のパネルは，言語的，オブジェクト的，空間的Nバック課題を組み合わせたときの活性化を示している（それぞれの場合において，結果を組み合わせる前に，個々の研究についての統制条件を個々のベースラインとして用いている）。全体として，前頭葉と頭頂領野の両方の明確な両側性の関与が見られ，中央実行系，視空間的サブシステム，音韻的サブシステムのすべてが関与するという仮定と一致する。次のパネルは，言語課題の結果を示しており，再び，明確な両側性の前頭関与と音韻貯蔵庫が関与するとしたら予想される左半球活性化の強調が見られた。データは2つの視覚的-空間的成分の場合にはそれほど明確でなく，再び，前頭活性化に加え，多大な右半球関与の証拠が見られた。有意な活性化が見られた領野の数は，言語課題でのそれよりも幾分少なかった。しかし，このことは，これらの分析に寄与する少数の研究を反映しているのであって，統計的に有意な活性化はそれほど起こりそうにない。しかし，一般に，このパターンは，Nバック課題が負荷の高いものであり，言語課題と視空間課題で異なるパターンを示すという仮定と一致する。活性化の幅広さは，この課題がワーキングメモリに負荷をかける上で効果的なものであるという仮定と一致するが，分析的な目的にはあまり適していない。

12.7.2　ランダム生成

　実行制御を要求するもうひとつの課題がランダム生成課題である。Frith et al. (1991) は，被験者にランダムにキーを押すように求めたときのパフォーマンスを研究し，特定の刺激に応じて押す条件と比較した。彼らは背側前頭領野の両側性の活性化を見出した。乱数生成と計数の比較を伴う言語バージョンにおいて，Jahanshahi et al. (2000) も両側性の背側活性化を見出したが，左半

球活性化は，達成されたランダムさの程度と負の相関を示したのに対して，右半球ではそのような関係性は現れなかった。

もうひとつの形式の生成課題は，被験者が一連の選択を行わなければならない，自己順序化（self-ordering）である。各テストで，一連の項目が提示され，被験者は試行ごとに，〔同じ項目の選択を〕繰り返すのではなく，違う項目を指し示すことを求められる。この課題は，ランダム生成と同じように，前頭葉患者では損なわれやすい（Petrides & Milner, 1982）。課題が抽象的なデザインを選ぶものである場合には，活性化は主に右背側前頭前部領野に見られるのに対して（Petrides et al., 1993），数字を材料とした自己順序化は，数字系列をモニターして特定のターゲットを検出する課題と同じように，背側前頭前部領野の両側性活性化を生じる。

12.7.3 二重課題パフォーマンス

先に論じたように，中央実行系のひとつの機能は，2つの課題を同時に行う能力に関係すると仮定される（Baddeley et al., 1991）。D'Esposito et al.（1995）は，空間的回転と意味的判断を伴う課題を独立に，また，組み合わせても検討した。組み合わせ条件のもとでは，彼らは背側前頭前部領野が活性化したことを報告しており，この領野は2つの課題を組み合わせる能力に関係することが示唆された。残念ながら，この結果は，容易には再現されないことが明らかになった。Klingberg（1998）は，被験者に輝度判断課題とピッチ知覚課題を独立に，また，いっしょに遂行することを求めたが，課題の組み合わせに特異的に反応する領野は見出されなかった。Goldberg et al.（1998）は，ウィスコンシン・カード分類課題と聴覚的追唱を検討し，背側活動の程度は実際には2者を組み合わせたときには**低下する**ことを観察した。Fletcher et al.（1995）も，言語的精緻コード化課題を視覚運動課題と組み合わせたときに，背側活性化の低下を観察した。おそらく，Goldberg らのカード分類も Fletcher et al.（1995）の言語的精緻化課題も実行処理を伴っており，単独で遂行したときに前頭活性化を示したことは注目に値する。そのような活性化の低下は，第二の注意負荷課題を遂行する必要があるために，単一課題条件で用いられるような注意負荷の高い方略の放棄を反映していると考えるのが妥当であろう（Rosen & Engle, 1997）。

もちろん，被験者の方略の問題は，行動的方法を用いようと，神経イメージングの方法を用いようと，認知研究において重要である。しかし，純粋に行動

的な研究は，一般的には，そのような問題を系統的に調べるいくつかの収斂実験を用いてこの問題に取り組むのに対して（例えば，第4章で述べた，Klauer & Zhao, 2004による研究を参照），イメージング研究ではこれはめったに行われない。イメージング研究では，コストと利用可能性の問題から，小グループの被験者を用いた単一実験に基づく結論が導かれることが多い。幸いなことに，この傾向は分野が発展するにつれて変化しつつある。

12.7.4 プランニング

ハノイの塔課題の改良版を用いたプランニングの研究でも，同様に，満場一致は得られない。例えば，Baker et al. (1996) は，右背側前頭前部活性化に加えて，前運動野と頭頂領野における両側性活性化を観察したが，Owen et al. (1999)[*]はこのいずれをも見出さず，主に，**左**背側前頭前部活性化を観察した。2つの課題の性質の微妙な違いが不一致を生じたように思われる。しかし，このことは，この領域の研究を通して見られる再現可能性と整合性の高さを疑問視させることになる。

12.8　実行処理のメタ分析

Duncan & Owen (2000) は，メタ分析を用いてこの問題に取り組み，多くの研究からのデータを組み合わせて，特殊な実行下位過程を特定の解剖学的部位へ明確にマッピングすることを期待した。彼らははじめに研究を通して用いられる課題を5つの独立のクラスターに分類した。それぞれのクラスターは，他の4つとは行動上および認知上のレベルで適切に分離可能であった。それらは，(1)聴覚弁別，(2)自己ペース反応産出，(3)課題切り替え，(4)空間的問題解決，(5)意味的単語処理を含んだ。課題の範囲の広さにもかかわらず，すべて，やや狭い領野——中背側，中腹側，背側前帯状領域からなる——の中で最大の活性化を示しているようだった。

したがって，組み合わせたデータの分析は，予想してはいなかったが，実

---

[*]（訳注）この文献は原典の文献欄には記載されていない。内容から判断して，以下の論文を指していると推測される。
Dagher, A., Owen, A. M., Boecker, H., & Brooks, D. J. (1999). Mapping the network for planning: A correlational PET activation study with the Tower of London task. *Brain*, **122**, 1973-1987.

際，関与する実行過程とリンクした驚くほどの規則性を生み出すことが明らかになった。そこで，5つすべての測度は，3つの前頭領域（背側前帯状，中背側，中腹側領野）に大きく依存するようだ。このパターンにやや驚いて，Duncan & Owen は，より広範囲から研究を選択して，今度は，研究を明白な基盤となる課題要求の観点から分類した。再度，彼らは5つのサブグループを選択した。これらは，(1) Stroop 検査などの反応葛藤課題，(2)新規な材料や手続きの処理を伴う課題，(3)高いワーキングメモリ負荷を伴う課題，(4)長いワーキングメモリ遅延を経ての保持を要求する課題，(5)知覚的困難を伴う課題を含んだ。カラー図版2に示すように，実行要求の性質にかかわらず，正確に同じ3つの領域，すなわち，前頭葉の前帯状，中背側，中腹側領野が現れた。

Duncan & Owen は，自分たちの結果をある程度用心して解釈し，現在のデータ群をあらゆる種類の実行課題の間で解剖学的に弁別できなかったことは，原則としてそれらに違いがないことを意味するわけでないと指摘している。それは，単に，行動上の方法論と神経イメージングの方法論の双方における微細な違いを生じがちな研究の間に，精密な区分を可能にするだけの十分な解像度が，現在の方法の中には存在しないにすぎない。さらに，〔特定の〕課題が基盤的な認知過程の純粋な測度を提供することは決してないので，多くの見かけ上は多様な実行課題は，少なくとも一部の過程を共有することだろう。Duncan & Owen は，いくらかの違いが存在するらしいことも指摘している。例えば，エピソード記憶からの検索に関する研究は，抽出した実行測度群から導出されるよりも，一貫して前部に位置する活性化を生じている。

Duncan & Owen が指摘するように，fMRI によっては検出できないような，前頭葉内の多くの小さな領野は，より広く分散した複数の他の領域と結合しているようだ（Pucak et al., 1996）。もうひとつの注意すべき理由は，単一ユニット記録研究で同定された一部の前頭ニューロンである。これらは，腹側領域と背側領域の両方に広く分布するが，所与のテスト試行でどちらが重要かによって，オブジェクトをコード化するか空間情報をコード化するかを切り替えるようである（Rao, 1997）。個々のニューロンのレベルでもこの程度の柔軟性が存在するとしたら，PET 研究や fMRI 研究の与える広い領域のレベルの分析にも同じような量の可変性はないのだろうか。最後に，たとえ個々のユニットの機能が安定しているとしても，Ojemann (1994) によるシミュレーション研究によれば，機能は数ミリメートル内で（fMRI の弁別能力を越える分析のレベルで）劇的に変化する。彼の研究は，てんかんを軽減するための神経外科手術

を受けている最中の患者に関するものであった。外科手術による認知的に重要な組織の除去を避けるひとつの手段は，電気刺激によって問題の領野の機能を調べることである。この方法を用いた Ojemann の発見によれば，電気刺激はある地点では命名を妨げるが，数ミリメートル向こうでは計数の妨害に変化した。そのような結果は，もちろん，当該のタイプの処理がそのようなミクロな領域に限定されることを意味しないが，このことは，現代のイメージング手続きを用いて検出することが難しいスケールでアーキテクチャが変化することを示唆している。

12.9　検索過程のイメージング

　イメージング研究に対する一般的な批判の大部分は，イメージング研究は行動研究や神経心理学的患者に関する研究に基づいて過去の結論を確認することはできるが，基本的に確認的なものであり，新しいことをほとんど教えてくれないというものである。おそらく，この主張に対する最初の反例となるのが，イメージングを用いた検索過程の研究である。ここで，半球符号化検索非対称性（Hemispheric Encoding Retrieval Asymmetry：HERA）仮説は，行動研究から引き出されていた結論を確実にしのいでいる。もともとは Tulving et al.（1994）によって主張されたものだが，この仮説は一連の PET 研究に基づいて論じられている。これらの研究によると，記憶の符号化と意味記憶からの検索は，主に左前頭領野によっているのに対して，エピソード記憶からの検索は，主に右前頭葉に依存する。

　このことは，神経心理学的欠損研究からは，エピソード検索において右前頭領域が重要な役割を果たすという証拠がほとんどないことを念頭に置くと，やや直感に反する主張である。それはいくつかの実験室から相当数の研究をさらに生み出してきた。これらをレヴューしたのが Nyberg et al.（1996）である。彼らは記憶符号化を特に検討した 16 の PET 研究を報告しているが，うち 13 の研究は左前頭前部領野を重要なものとして同定している。エピソード検索に関係する 33 の研究の中で，彼らは 29 が右前頭前部活性化を伴うことを報告している。fMRI を用いた他の研究は，ほぼ同じような結果を報告している（例えば，Buckner et al., 1998）。

　しかし，HERA 仮説に対しては，批判がないわけではない。反論には，記

憶なしのベースラインを使用していることに対するものがある。このやり方は，より一般的な認知過程（頻繁に右前頭活性化を伴う）の影響を過大視させる（Nolde et al., 1998b）。Nolde et al.（1998a）が，より困難なエピソード再認課題（ソース記憶を評価しなければならない）を用いると左前頭活動が支配的になることを明らかにした一方で，ERP測度を用いたRanganath & Paller（2000）による研究も同様の結論に達した。彼らは被験者に一連のオブジェクトか動物の絵を大きな形式か小さな形式で提示した。被験者に単純にその対象を前に見たかどうかを再認するよう求めたときは，活性化は右前頭で支配的であったが，大きな形式で提示されたか，小さな形式で提示されたかを再生することも求めたときには，両側活性化に変化した。

頻繁に起こる〔左右〕非対称性の解釈は，依然として論争の的になっている。Tulving et al.（1994）は，右前頭活性化を効率的なエピソード検索にとって重要な，ある特殊な「検索モード」の特徴であると見なしている。他方，Shallice et al.（1994）は，検索自体ではなく，候補となる反応のモニタリングと検証の観点からの解釈を論じている。したがって，HERA仮説が検索の領域において興味深い新規なアイデアを刺激したことに疑いはない。しかし，それは依然として論争の的であり，おそらく，神経イメージングがわれわれの理解をさらに拡大することができる明確な一例と見なすには早すぎる。

12.10 いくつかの結論

12.10.1 期待は満足されたか

神経イメージング文献へのつかのまの脱出から私は何を結論すべきだろうか。この問題への答えは，多数かつ増加しつつある研究についての多様なメタ分析にどのくらい重点を置くかによって決まるであろう。私の最初の基準について考えてみよう。第一の基準は，単純さと整合性である。メタ分析を全体として考えると，結論は単純であるが，整合的ではないようである。例えば，視覚的－言語的半球差は常には明確に現れない。オブジェクトvs空間の区分は，動物研究と人間研究の双方からの過去の証拠にもかかわらず，前頭領域内で一貫しては適用されない。実行過程に関するデータも明確と言うにはほど遠い。Shallice（2002）が主張するような，分離可能な実行過程を反映する多くの異なる前頭領野があるのか，それとも，Duncan & Owenが示唆するように，多

くの異なる課題が同一の広い領野に負荷をかけるのだろうか。

　私の第二の期待は，結果が別の実験室でも再現されることである。このことは，Paulesu et al. (1993) とミシガンにおける研究 (Smith et al., 1996) の場合には，確かに当てはまることがある。しかし，そのような一貫性は，メタ分析に反映されるように，より一般的にはこの領域の特徴ではない。

　私の第三の期待は，結果が欠損研究からの既存のデータや実験認知心理学における既存の行動上の知見とおおまかに一致することである。メタ分析からは明確な結論が得られなかったので，一貫性を強く論じることは難しい。もちろん，個々の研究の結果がその著者らによって先行する証拠や既存の理論と関連づけられていることはほぼ常に事実であり，一般的には，一致することが見出されている。しかし，このことは，複数の解釈ができるほど極めて複雑な結果に対して，後づけの正当化となる可能性がある。

12.10.2　問題の数々

　この状況のそれほど悲観的でない評価は，この分野はメタ分析に適合するほどにはまだ十分に一貫性がなく，うまく統制されていないということであろう。これらのうち前者は，使用する実験パラダイムに関係する。これらはたいていは複雑であり，研究の焦点となる仮説的概念や過程の純粋な測度となりうる可能性に基づくというよりは，主にイメージングの文脈内で使いやすいように計画される傾向にある。音韻的記憶などの単純な課題にさえ，重大な差が現れる。認知研究は直後系列言語再生を用いる傾向にあるが，この課題では，心内音声化リハーサルが起こりやすく，順序の保持が要求される。他方，スキャニング研究は，一般的には，あるセットからの個々の項目の再認を伴い，たいていは順序情報は関係しない。順序はNバック課題（実行過程を測定すると見なされる）においては必要とされる。この課題は特に実行操作を必要とするが，順序情報の保持（本質的にはおそらく実行成分ではない）も必要とする。状況がさらに複雑になるのは，さらに仮説的実行過程を分離しようとする場合である。ここでの課題分析は，さらに複雑なものになりやすく，行動上のレベルでの中央実行系の機能性についてわれわれが比較的に無知であることを反映している。

　それ以上の問題は，被験者が採用する方略に関係する。同じ課題と同じ教示を与えられた2名の被験者が，その課題を極めて異なる仕方で遂行する可能性は十分にある。典型的に純粋な行動的認知研究においては，この問題は，その

ような方略的要因の可能性をチェックするために，いくつかの異なる手続きを用いた追試によって対処される（Klauer & Zhao, 2004 参照）。イメージング研究に対する予算上のおよび時間的な制約を考えると，これは，現在は可能でなく，研究内と研究間双方で潜在的な非一貫性を生み出す重大な原因となっているのではないかと思われる。

「ノイズ」という，第三の，そして，主たるありうる原因は，各研究からどのように結論を引き出すか，何をベースラインに用いるか，何を基準に設定するか，活性化のピークを解剖学的部位に厳密にはどのようにマップするかという実際的なことから生じる可能性がある。Brodmann 野の使用は，コミュニケーションには役立つが，私の知る限りでは，Brodmann が分類の基礎とした位置の間の神経解剖学的な違いにどんな機能的意義があるのかは明確でない。

これらの潜在的問題は，メタ分析の試みに反対するのに十分ではない。メタ分析は，多くのソースからのデータを組み合わせ，個々の違いを最小限にできるという潜在的な利点を持っている。しかし，これらの問題は，そのような試みから希望の無い結論を引き出すことに警告を唱えている。

12.10.3 次は何か

代案は何だろうか。私自身の気持ちは，3つの事項を兼ね備えている実験室で行われた研究からのデータを何よりも真剣に採用することに向いている。第一は，ワーキングメモリの研究に必要な基盤となる理論と方法論の両方を理解している優れた認知心理学者である。第二には，一流のイメージングの専門家と設備にバックアップされている方がよい。第三に，その研究は，一回限りの研究ではなく，整合性のあるプログラムの一部である方がよい。これは，他のすべての研究は無視すべきであると主張しているのではなく，単に，私自身はこうした手段でもって，この重要だが複雑な分野について認識を持とうと試みるというだけの話である。

要約すれば，神経イメージングは，明らかに，脳の認知機能を調べるための潜在的に重要な追加的手段となる。ワーキングメモリの場合には，左半球の言語処理と広く右半球の視空間的処理との間の大まかな区分についての証拠があり，オブジェクト情報についてのより多くの腹側コード化と，それとは対照的な，空間情報のより多くの背側処理というさらなる区分も示しているようだ。また，証拠が支持する見解によれば，ワーキングメモリの一時的貯蔵成分は頭頂領野と結びつきやすいのに対して，前頭葉内のより前部の領域は情報の操作

にかかわることが多い。方法は絶えず発展し，洗練されていくので，将来的にはもっときめ細かな領域特殊化の分析が可能になるだろう。

　しかし，批判者は，当初掲げられた期待に比べて，これまでに得られた結果は既存の理論を強化する傾向にあり，新たな洞察を発展させていないと主張するかもしれない。このことは，理論的考察が欠けているためではなく，むしろ，データと解釈の両方に関する，研究間の合意が欠けているためである。データは極めて複雑かつノイズ混じりで，パラダイムの理論へのマッピングは結果的に曖昧になりがちである。しかし，われわれが論じてきたデータは単純に解剖学的定位に関するもの——ときに揶揄的に「新たな骨相学」と呼ばれるもの——であることを心に留め置くことが重要である。私自身の見解では，この技法の真の力は，現在の新たな測度の急速な発展とともに見えてくるだろう。この新たな測度は，2つの相当な利点を持っている。ひとつは，ダイナミックな因果的モデリング——脳領野間の機能的結合性を確立するための強力な統計的手法——を用い（Friston et al., 2003），アクティブな領野間の連合に基づいて処理システムを同定する能力に関するものである。2つめは，MEGの多大な時間的解像度に由来するもので，いろいろな活性化が起こる時間順序を同定し，これを十分に発展した認知モデルと関連づける可能性を与えることである。

第13章
ワーキングメモリと社会的行動

　ここまでの章は内容と方法論がかなり多様であったが，すべて共通してワーキングメモリの概念に直接的な関係があった。本章（そして，実際には本書の残りの部分）は，このパターンを離れて，複数成分ワーキングメモリの概念をより広い文脈に位置づけるという課題に関心を向ける。以後は，ワーキングメモリを直接的に扱った研究はほとんど述べない。しかし，これから論じようとする分野，すなわち，社会心理学，認知と感情，意識性と行為制御には，ワーキングメモリと重要な関連があることを納得してもらえると思う。そのような関連は，私の信じるところでは，問題の領域に対して有益な見方となるとともに，より広い文脈の中に位置づけることによって，ワーキングメモリの概念の意義を高めることができる。しかし，同時に，私はこれらのいずれの領域のエキスパートでもないということを心に留めていただくことが重要である。もし，私が期待するように，読者諸氏が触発されて，そのような関連をさらに調べたくなったなら，私よりも適任な同僚らに相談するのがよいだろう。

13.1　行動を制御するのは何か

　Norman & Shallice（1986）の主張によれば，行動は2つの過程によって制御される。第一の過程は，自動的スキーマによる制御を伴うもので，十分に確立された習慣的行動のパターンがルーチン的活動の制御を可能にする。したがって，習慣的活動は，実行過程ではなく環境の制御によっているため，注意過程にほとんど負荷を課さない。自動的な制御が不適切であることが判明したときには，第二の，より注意要求的な成分，すなわち，監督的注意システム（SAS）が進行中の問題に介入し，その問題を解決できる可能性がある。その

ような問題が生じるのは，競合するスキーマ間のぎりぎりの葛藤のためか，十分な情報が欠如しているためである。この後者の成分こそ，SAS，すなわち，ワーキングメモリの中央実行成分の潜在的なメカニズムとして私が提案したものである（Baddeley, 1986）。

しかし，ワーキングメモリの適切な理論は，これら両方の成分を扱う必要がある。すなわち，近年，認知心理学は習慣の影響よりも実行制御に注目しがちであるが，社会心理学では反対のことが起こっており，態度や偏見に対する自動的な影響についての研究が多数ある。**口に出される**（stated）社会的に望ましい意識的態度と，潜在的偏見を反映する**実際の**行動の間には，明らかな不一致が生じる。このことは，社会心理学者に，思考と価値観の習慣的パターンについての潜在的測度を開発するよう促した。そのような潜在的過程の力は，環境による行動の制御——Norman & Shallice のモデルの用語で言えば，SAS による制御ではなく，習慣とスキーマによる制御——を重視する理論に向かうアプローチの発展を後押ししている。

そのような見解を提示したのが Bargh & Ferguson（2000）である。実際，彼らはさらに進んで，すべての行動は，既存のスキーマを通して自動的に制御されるものであれ，努力を要する随意的な過程によって明白に制御されるものであれ，本質的には等価であり，われわれがある形式についてはメカニズムを発見しているが，他の形式については発見していないという違いしかないと主張している。彼らの主張によれば，「自動的過程と制御的過程の区分が……完全に破綻するのは，これらの制御的過程は，それ自体，確固とした自動的な目標構造によって制御されているからである」（Bargh & Ferguson, 2000, p. 939）。これを利用可能な証拠の妥当な解釈として受け入れるか否かにかかわらず，実行制御の適切な理論はシステムのより自動的でスキーマ駆動的な諸側面を少なくとも考慮に入れなければならないことに疑いはない。

13.2　習慣，スキーマ，決定論的制御

13.2.1　アウェアネスなしの制御は可能か

非意識的な処理が行動に影響する可能性は，近年，認知心理学者の間で大きな論争の的となっている。1970〜1980年代には，このことは，主に，アウェアネスのない知覚の問題に関係したが（例えば，Marcel, 1983; Weiskrantz,

1986).1980〜1990年代には,莫大な潜在記憶と学習の研究に拡大した(例えば,Schacter, 1994; Shanks & St. John, 1994)。無意識的な視覚単語処理の一連の古典的研究において,Marcel (1983) は,被験者に短期的に提示した単語を処理するよう求め,発音するか,単語か非単語かを判断するか,意味を判断するというパラダイムを発展させた。これらの課題でのパフォーマンスは,先行単語の提示によるプライミングに影響されうることが明らかにされた。先行プライミングを極めて短時間に提示したり,直後にランダムパターンマスクを提示したりしても,プライミングは起こる。これらの条件のもとでは,被験者は,一般的には,最初の単語を知覚したことを否定する。例えば,単語 *money* を提示してマスクすると,被験者は曖昧語 *bank* を川の縁ではなく,金融機関として解釈する。別の研究では,単語 *doctor* を提示してマスクすると,その後での連想語 *nurse* の読みが促進される (Marcel, 1983)。そのような効果を得るには,何らかの処理が可能であることを保証しながらもアウェアネスを起こさせないようにするための多くの実験スキルが間違いなく必要とされる。しかし,一般には,潜在的な知覚処理が存在することは,今や,単語だけでなく広い範囲の他の刺激についても,十分に定着しているようだ (Cheesman & Merikle, 1984)。

　長期記憶の分野では,潜在的要因の重要性も十分に確立されている。例えば,重度の健忘患者の場合,単語や線画の先行提示は,患者自身が先行提示を経験したことをまったく認めないにもかかわらず,統制被験者とまったく同じくらい後続処理を促進する (Warrington & Weiskrantz, 1968)。例えば,*AMBULANCE* などの単語の先行提示は,健忘患者にとっても,健常被験者にとっても,_M_U_A_C_ といった系列の中の欠けた文字を埋めるのに役立つが,患者はその単語を見たばかりであるという記憶を持たない (さらなる考察については,Baddeley, 1998h, 19 章を参照)。そうしたプライミング効果は大々的に研究されている。また,この効果は,それらの項目を最近経験したことを意識的に想起する能力に影響する変数とは,極めて異なる変数に依存することが明らかにされている (Roediger, 1990; Squire, 1992; Schacter, 1994)。

　潜在的プライミング法は,社会心理学において広く用いられている。ここでは,これらの技法は,研究の目的を偽装するような,より顕在的な技法に勝る利点があり,そのために,被験者が実験者の期待に沿うか,あるいは,反するようにふるまう可能性を最小限にする。そうした研究は,一般的には,知覚や記憶に対する潜在的な影響を単純に実証するだけにとどまらず,これらの影響

を用いて、態度、目標、社会的行動などの複雑なトピックを検討している。社会心理学におけるそのような研究は、実行制御に対するより潜在的な影響に関する証拠の重要なソースとなる。これらの研究の一例を述べてから、その解釈を論じよう。

最初に検討すべきそうした現象は、行動模倣である。これは、鳥の群れや魚の群れに最も明白に見られるもので、集団のすべての成員が同時に向きを変えるように見えることである。人間の場合には、そのような模倣はもうひとつ明白ではないが、とはいえ十分に立証されている。そうした明らかに模倣的な行動の最もよく見られる形式は、会話の最中にとられる姿勢に現れる。この場合、驚くほど頻繁に、会話する人同士が同じ姿勢（例えば、腕を組む、ポケットに手を入れる）をとることに気づく。この効果についての実験研究において、Chartrand & Bargh（1999）は、被験者とサクラに、協力して一連の写真を吟味し、評価するよう求めた。サクラ〔の女性〕には、自分の顔に頻繁に触るか、さもなければ、足をぶらぶらさせることを求めた。後で被験者のビデオを独立に判定し、顔のタッチと足の揺れの回数を数えた。明らかな模倣の証拠が見出された。サクラが顔に頻繁に触ると、被験者もそうした。彼女が代わりに足をぶらぶらさせると、被験者の足の揺れも増えた。

そのような行動は、潜在的に、相互作用している2人の間にポジティブなラポールを確立することを目的としたものであることが示唆される。このことは、第二研究で検証された。今回は、サクラが被験者の行為をアクティブに模倣するか、これを控えるかした。後から、被験者は模倣したサクラをより好ましいと評定した。明らかに、そのような模倣は、目立たないものである必要がある。すなわち、意識的にはっきりと誰かを模倣すること（「猿真似」）は、皮肉や侮辱であると見なされやすいのである。

無意識的に模倣する傾向を記したのは、William James（1890）である。彼はそれを「観念運動行為（ideomotor action）」と呼び、思考が「絶え間ない意識の自由な流れ」によって行為を促すものであるとした。より最近の解釈は、いわゆるミラーニューロンの単一細胞記録研究における発見によってもたらされる。これによると、行為のパフォーマンスと他者の遂行したその行為の知覚の両方によって、特定の細胞が活性化する（Rizzolatti & Arbib, 1998）。ミラーニューロンは、脳の前運動野と特に結びついているように思われる。

13.2.2 潜在知覚

　Marcelのような研究者の仕事は社会領域の中で拡張されて，情動的態度は潜在的にプライムできることが実証されている。そのため，語彙判断課題（文字列を単語か非単語に分類しなければならない）を行うことを求められた被験者は，〔判断すべき〕単語に類似した情動的意味合いを持つプライムが先行していたときにすばやく反応する。そのため，単語「nice」を短時間提示してマスクすると，「cheerful」が実在の単語であるという判断が速くなるのに対して，「mournful」に対する判断は遅くなった（Bargh & Ferguson, 2000）。日々の天候が与えるのと同じように，閾下言語プライミングも気分の自己評定に影響を与えることがある（Chartrand & Bargh, 1999）。ある研究では，曇った不愉快な日か，明るい晴れの日に電話をかけて，いくつかの問題についてのその人の意見を尋ねた。評定は天気の悪い日にはよりネガティブであった。しかし，最初に天気について尋ねると，彼らはまるで事後判断に備えておくことができたかのように，効果は消失した（Schwarz & Clore, 1983）。この論点には，行動が「決定される」とか，「制御される」という主張が何を意味するのかという議論の際に戻ってくるつもりである。

　最後に，刺激-反応適合性が情動的なニュアンスに影響されうることは，古くから知られている。Solarz（1960）が明らかにしたところでは，被験者にレバーを押すか引くかすることによって刺激が「よい（good）」か「わるい（bad）」かを分類するよう求めると，「わるい」についてはレバーを向こうに押し，「よい」についてはレバーを自分の方へ引くように求めたときにすばやく反応した。Chen & Bargh（1999）が明らかにしたところでは，この効果は，感情語をプライムとして用い，アウェアネスの閾値以下で提示したときにも起こる。したがって，Barghが主張するように，被験者が意識していない感情的刺激が知覚，気分，意思決定や運動行動に影響を及ぼしうることは，事実のようである。

13.2.3 情動と態度

　相当数の証拠によれば（第14章，第15章を参照），入力刺激は自動的にポジティブかネガティブか評価され，マスクのために被験者のアウェアネスの閾値以下で提示されたときでさえ，情動的プライムとして働くことができ，直後に現れた項目の評価に影響する。例えば，Krosnick et al.（1992）は，人々が

日常的な活動をしているところのスライドを提示した。それぞれのスライドには，ポジティブか（バスケットに入った子猫たち），ネガティブな（バケツいっぱいのヘビ），情動的に関連するスライドを先に提示した。その後で，スライドで見せられた中立的な課題を行っている人々に対する態度をテストした。閾下提示した快スライドが先行した人々は，ネガティブな画像の後の人々よりも，ポジティブに評定された。

同様のプライミング効果は，単語でも（Fazio, 1986），さらには，非単語や意味のない形態でも見出されており，ネガティブに評定された刺激は回避を促進し，ポジティブに評定された刺激は接近反応をプライムする（Duckworth et al., 2002）。

13.2.4　動機と目標

これまで論じてきた例はすべて，比較的に短時間にのみ作用する可能性があるというレベルの影響に関するものであった。しかし，より長期持続的な効果についての証拠もある。極めて影響力の大きい研究において，Milgram（1963）によれば，適度の社会的圧力があれば，学生の被験者に，ほとんど致命的な強度の電気ショックであると信じているものを，同輩の学生に与えるよう仕向けることができる。

このパラダイムのもう少し穏当なバージョンにおいて，Bargh et al.（1996, 実験1）は，まず，被験者に単語を並べ替えて文を作るように求めた。ある群には，多くの上品な単語から構成される文を与えたのに対して，他の群には，解読した文で乱暴さが際立つようにしてあった。この課題を終えた後，被験者には部屋を離れ，ホールの外で会話している実験者に連絡するよう求めた。実験者は，被験者が割り込まない限りは，会話がたっぷり10分間は続くようにした。失礼な単語でプライムされた人の63%は割り込んだのに対して，礼儀正しい単語を見た人の中では17%のみが割って入った。第三の中立語統制群は37%の機会に割り込んだ。

態度をプライムすることによって人がすることに影響を及ぼすことが可能なだけでなく，事後的な自分の行動への評価の仕方にも影響を及ぼし，そのことによって今度は後の課題に影響を及ぼすことも可能である。Bargh & Chartrand（1999）は，アナグラム解決課題を与える前に，被験者を達成関連語か中立語でプライムした。アナグラム解決課題は，単に事後の合間を埋めるための活動として説明してあった。アナグラムはやさしいものか難しいものであ

り，その後に気分評定課題が続いた。達成語でプライムされていた被験者のみが，アナグラム解決課題による影響を受け，容易なアナグラム項目を与えられた人は，後で自身がより幸福であると評定した。続く実験では，気分尺度の代わりに，被験者に大学院進学適性試験の言語テストを行うように求めた。達成語を経験した後に容易なアナグラムを提示されていた人は，より高い得点を取った。

13.2.5　文化的制御

　Bargh & Ferguson の報告した知見に対し，認知心理学者としての私の最初の反応は，一種の疑いであった。われわれの行動のほとんどが意識的に制御されることは**わかりきった**ことではないだろうか。Bargh & Ferguson はそうではないと言う。主体性（agency）についての観念，すなわち行動を状況要因でなく個人的要因に帰属できる程度は，文化に大きく依存することを示す十分な証拠を彼らは挙げている。例えば，Latané & Darley（1968）[*]による研究を考えてみよう。彼らが研究することを選んだのは，善きサマリヤ人[**]のトピックについて話す役目を与えられた神学の学生であった。その学生には知らせていなかったが，この要求は神学課程の一部ではなく社会心理学実験の一部であった。その最初の構成要素は，見かけ上は別の独立した課題を行うことで，これは学生が遅刻するように仕組むためのものだった。学生が急いで役目を果たそうとしていると，病気になって助けを必要としているらしい人に出会う。彼らが取り組もうとしている問題と明らかに関連があるにもかかわらず，ほとんどの人は，パリサイ人のように助けを求める訴えを無視し，反対側を通った。遅刻してはいけないという社会的圧力は，明らかに，神学や倫理に基づく行動よりも強力であった。

　このことは，欧米人の目には，どちらかといえばショッキングなほどの裏切りを示しているのに対して，Choi et al.（1999）によれば，韓国などの東アジア文化からの観察者は，それほど驚かない傾向にある。「欧米人」（ほとんどの

---

[*]（訳注）　Latané & Darley（1968）が引用されているが，ここで紹介されている実験は以下の論文で報告された内容ではないかと思われる。Darley, J. M., & Batson, C.D.（1973）. From Jerusalem to Jericho: A study of situational and dispositional variables in helping behavior. *Journal of Personality and Social Psychology*, **27**, 100-108.

[**]（訳注）　ルカ福音書10章30〜37節。強盗に襲われて道で倒れている人がいたが，ユダヤ教徒のパリサイ人とレビ人は道の反対側を通り過ぎていった。信仰の異なるサマリヤ人がその人を介抱した。

研究では，合衆国の学部生を意味する）は，一般的には，原因をある人の行為に帰属し，次には行為を，よいかわるいか，利他的か利己的かという個人的性質に帰属するのに対して，東アジアおよび南アジアの学生は，行為を解釈する際にその行為を取り巻く環境を非常に多く考慮に入れる傾向がある。

単純に知人について説明するときでさえ，Shweder & Bourne（1982）によれば，合衆国の学生は知人をより抽象的なパーソナリティ特性の観点から記述するのに対して，インドの人々はその人の家族や職業における役割などの文化的要因に言及することが多かった。Miller（1987）による後続研究によれば，パーソナリティ特性記述に頼る傾向は，合衆国の被験者では8歳から15歳の間に増加するが，インドの被験者では変化しなかった。Miller（1984）が8歳児から成人にわたる被験者に，良い結果か，悪い結果となった知人による行動を選ぶよう求めると，インドのヒンドゥー文化圏の被験者は，選択した状況を合衆国の被験者の2倍も文脈の観点から解釈する傾向にあり，合衆国の被験者は，説明概念として性格特性を2倍も使用する傾向にあった。このことは，悪い行動に特に当てはまった。ここでも，合衆国の被験者が性格特性を用いる傾向は年齢とともに増加した。

東洋と西洋の違いは，アニメーションの中での魚の行動の解釈にさえ現れる。他の魚の群れに加わったり，離れたりする，個々の魚の行動の説明を求めると，合衆国の学生は魚の性格の観点から説明するのに対して，中国の学生は行動を文脈的要因に帰属しやすい。この効果は，慎重にデザインされた実験に限定されない。Morris & Peng（1994）は，ある個人（学生と郵便局員）が指導教員や同僚を殺害したという2つの惨事についての，合衆国の英語話者向けの新聞と中国語の新聞の記事を分析した。英語の記事が「男性は精神的に不安定であり」，「混乱していた」などの申し立てにより気質的要因を強調するのに対して，中国語の新聞は文脈を重視し，指導教員とうまく付き合えなかったこと，中国文化には宗教がないこと，近年報道されたテキサスにおける大量の殺人事件の潜在的な影響などを挙げている。

文化間の違いは，文脈を強調したときでも残る。Jones & Harris（1967）は，カストロに賛成するスピーチか，反対するスピーチを準備して実行することを被験者に求めてから，後で他の学生に話し手の信念を判断するように求めた。話し手に与えた具体的な教示を知らせたにもかかわらず，アメリカの学生はこの重要な文脈情報を軽視しがちで，ポジティブな話し手はカストロ寄りであると判断しており，その程度は同じ情報を与えた韓国の学生に比べてかなり大き

かった。Nisbett et al.（2001）は，合衆国文化とアジア文化の間のこれらの違いおよび他の関連する違いを，欧米人の分析的なアリストテレス的世界観と，それとは対照的な，アジア人の，より全体論的・儒教的な世界観に由来するものと考えている。欧米人は個人とディベートの重要性を強調するのに対して，アジア人は社会的責務と調和を重視する，と彼らは示唆している。

これは観察可能な普遍的で魅力的な差異についての解釈を提供する興味深い考察だが，現代の合衆国の学生の態度を過去2000年の欧米文化の代表と見なしてよいのか，私は少々確信が持てない。同様のパターンが，合衆国ほど個人主義的でない他の欧米文化でも現れるかは興味深い。例えば，スカンジナビアの学生は同じようにふるまうだろうか。別の年齢集団や宗教的信条の人々には当てはまるだろうか。しかし，これらの興味深い知見の具体的な解釈にかかわらず，それらはBarghの主張を支持している——つまり，個人による自身の行為の完全な制御というわれわれの文化の中での仮定は，決して普遍的ではなく，大いに誇張されたものである。ワーキングメモリの文脈の中では，それらは，われわれが（実行制御の過程を重視することを好んで）簡単に軽視しがちな習慣的過程の潜在的な重要性を思い出させてくれる。

13.3 主体性感

13.3.1 生理学的証拠と「ユーザーの錯覚」

一見したところ，Bargh & Fergusonの主張した決定論的な立場に対する最も強力な反論は，われわれは自分がいつ行動するのか，何をするのかを決定しているという，単純な主体性感である。例えば，われわれは壁を蹴るような，明らかに不合理で，予測できないことをすることがある。だが，この明らかに予測不能な行為は本当に反証なのだろうか。Norretranders（1999）の主張によれば，これは反証になっておらず，われわれの主体性感は，脳によって心で演じられるトリックにすぎない。彼はこれを「ユーザーの錯覚」と呼んでいる。Norretrandersは，この見解の支持として，たいへん話題になったLibetによる研究（Libet et al., 1983; Libet, 1985）を引用している。Libetの研究では，被験者にときどきレバーを押してもらい，その反応をすることをいつ「決めた」のかを報告するよう求めた。彼らの報告は，彼らが継続的に観察していた時計の位置によっていた。同時に，運動皮質の電気生理学的活動を観察し

た。そのやや意外な知見は，皮質活動は被験者が意思決定を報告する半秒**前**に始まるというものだった。このことは，まるで運動活動が意思決定を引き起こしており，その逆ではないかのようである。この結論は極めて多くの議論を呼んだが（Libet, 1985 による論文の後ろのコメントを参照されたい），その現象は以下に見るように，広く再現されている。Bargh & Ferguson は，この証拠を彼らの決定論の擁護として用いて，Libet の結果は被験者の行動が実験の教示によってどのように制御されるかを明らかにしていると主張する。

　この問題は，Libet 効果を検討した Haggard & Eimer（1999）による研究で取り上げられている。パラダイムは基本的に Libet の用いたものであったが，違いは，被験者に2つのキー（一方は右の，他方は左の人差し指）を与えた点であった。彼らにはどの試行でどちらの指を用いるかを自分で選ぶことが求められた。Haggard & Eimer は，2つの異なる生理学的電位————一般的準備電位（通常**すべての**運動に先行する）と片側準備電位（補足運動野（SMA）の活動と関係しており，**特定**の運動に選択的）————を記録した。再度，被験者は時計を観察して，運動の「準備を最初に始めた」ときと実際に運動したときとを，左か右の指を用いて記録するよう求められた。最初に起こる反応は，運動一般に関係する一般的準備電位であった。これに左か右の指についての片側準備電位（報告された準備と関連する初期の電位成分）が続き，その後になってようやく，運動を決定したという言語報告が続いた。したがって，彼らの結果は，アウェアネスのもっとも早期の電気生理学的な運動信号は，実際の運動よりも前に起こるだけでなく，運動する意図よりも前に起こるらしいという Libet の観察を裏づけた。

　別の研究において，Haggard & Magno（1999）は，再び，被験者に運動を行った時点を記録するよう求めた。いくつかの実験では，彼らの反応は経頭蓋磁気刺激法（transcortical magnetic stimulation：TMS）と結びつけられた。この方法は，磁場を用いてごく局部的な神経遮断を起こし，刺激を加えながら当該領野の機能を妨害することができる。これを前運動皮質か SMA に適用した。このときには，被験者にできるだけすばやく刺激に反応するよう求めた。TMS を前運動皮質（運動制御にかかわることが知られている）に与えたときには，顕在的な反応を行うのに長い遅延が生じたが，反応を行ったことを**報告する**時点には小さな効果しかなかった。対照的に，SMA（反応選択に結びついている）の刺激は，反応時間にはほとんど効果がなかったが，アウェアネスの報告を顕著に遅延させ，意識的アウェアネスは，より後期の筋反応を制御す

る過程ではなく，SMA と結びついていることが示唆された。

したがって，Libet 効果は，再現可能であるようだ。運動の開始は大部分は一次運動皮質と結びついているのに対して，アウェアネスの感覚は SMA に依存するようである。行動が単に実験者によって制御されているという Bargh & Ferguson による示唆は，適切な説明を与えるとは思われない。被験者は 2 つの反応のどちらが求められているのかを告げられていないし，正確な時間も指定されていない。それでは，何が反応を決定し，いつそれが行われるのだろうか。Libet 効果は，意識的な意思決定がまずなされてから運動反応の連鎖として現実化されるといった，行為制御のナイーブな現実主義的見解とは明らかに一致しない。アウェアネスは存在するが，それは一次的なものではないようだ。

13.3.2　ワーキングメモリの役割

そうすると，このことは，意識的な意思決定とは無関連であることになるのだろうか。まさか，そんなことはない。例えば，冷たいプールに飛び込むことを考えてみよう。あなたは必ず飛びこむと誓っているが，それでも水際でためらうだろう。そして，突然，自分が水の中にいることに気づくことになり，いつ飛び込むかに関する最終的な意思決定を行った記憶はないだろう。意識的アウェアネスは関連するが，行為のタイミングにとっては決定的ではない。

もちろん，われわれの行動の一部が環境刺激に制御されているという事実は，これが説明のすべてであることにはならない。社会心理学における最近の研究路線についてのもう少し手のこんだ評価に，Gilbert（2002）の主張がある。彼の示唆によれば，判断は一般に非意識的なシステムの産物である。このシステムは，不足気味な証拠に基づきルーチン的にすばやく働き，その後で，その近似を意識性にすばやく受け渡し，ゆっくりと慎重に調整される。つまりは，われわれの判断の多くはすばやく自動的である一方で，反省と修正が可能であり，その過程はワーキングメモリに大きく依存するであろう。

Gilbert は彼の論点を説明するために，Willy という子どもがおばの値のつけられないほど貴重な明朝時代の花瓶を割ってしまうという仮説的状況を参照している。彼が指摘するように，Willy の行為に対する若いおばの態度は，彼がほこりを払ってお手伝いをしようとしていたのだと考える場合には，パチンコの練習をするのに手頃な標的として使おうとしていた場合とは違っているだろう。つまりは，意識性の機能のひとつは，彼が「推論的修正」と名づけたこと

を可能にし，初期の判断を付加的な文脈情報に基づいて修正することである。主体性を信じる気持ちにおける文化差の議論でわかったように，社会によっては文化的変数に置かれる強調の程度は異なるが，社会的文脈にあまり敏感でない文化出身の人でも，花瓶が割れる2つのシナリオの間に少なくとも何らかの区別はするだろう。この後者の再考の過程こそが，ワーキングメモリの貯蔵と実行容量に極めて大きく依存するだろう。

Gilbertと共同研究者による複数の実験は，直後の印象の修正が認知資源——中央実行系の関与の証と仮定される——に依存する程度を調べている。Gilbert et al. (1988) は，被験者に若い女性がインタビューされているビデオを見せたが，音声は切ってあった。彼らの課題は，彼女のパーソナリティを判断することであり，特に，彼女が性格上，不安の高い人であるかどうかを判断した。ビデオでは，彼女は確かにやや高いレベルの不安を表しているように見えた。被験者にはさらにもうひとつの手がかりが与えられていた。すなわち，彼女が性的ファンタジーという潜在的に恥ずかしく，ストレスフルなトピックについてインタビューされていることを示す字幕か，より中立的な主題（世界旅行）について尋ねられていることを示す字幕が与えられた。そのような一連のトピックが被験者に知らされた。一方の群では，これらはすべて不安喚起的トピックであり，他方の群では，すべて中立的トピックであった。標準的なベースライン条件のもとでは，被験者は自分の判断を字幕に基づいて修正し，恥ずかしいトピックについてインタビューされていると仮定したときには，話し手は全般的にあまり不安の高くない人であると判断した。しかし，第二の条件では，被験者には様々なトピックを理解し，覚えるという付加的な課題を与えた。この群は，後のテストでトピックについての多くを再生することができたが，インタビューされている人のパーソナリティを評価する際に，それらのことをあまり考慮しない傾向にあった。彼らは明らかに酌量できる情報を持っていたが，それをあまり使わない傾向にあった。おそらく，彼らは，補助的情報を使ってビデオを解釈することよりも，記憶課題に注意を向けていたからである。

別の研究において，Gilbert et al. (1992) が明らかにしたところでは，ビデオテープの見た目の質を劣化させて課題を難しくすると，被験者が酌量できる情報を考慮に入れる程度が低下した。しかし，直後に判断を行う代わりにわずかの間再考させると，酌量できる情報が考慮され，インタビューを受けている若者についての文脈により敏感な判断がなされた。このことが示唆するところ

では，酌量できる環境を考慮に入れられないのは，不適切な初期の処理ではなく，関連情報を組み合わせる能力が欠けているためである。後の研究において，Gilbert & Gill (2000) が明らかにしたところでは，被験者の自身のパーソナリティについての自己評価は，タイムプレッシャーのもとで反応しなければならない場合には，バックミュージックの影響を受けることがあった。これは，被験者に再考する時間を与えると消失する効果である。再び，われわれは中央実行系に過負荷がかかっているときには環境の手がかりによって自動的に影響されるが，それほど負荷の高くない条件のもとでは環境手がかりはワーキングメモリの重要な役割を妨げないことが示唆された。

　Gilbert (2002) は，被験者が新たな言明を真か偽か分類することに関して，容量限界のある実行システムが示す同様の効果を示した。彼が指摘するように，このことは，理解の本質と信念との関係性に関する，Descartes と Spinoza の間の古典的な哲学的相違に関連する。Descartes が主張するのは系列的過程であり，これによると，人はまずある言明を完全に理解した後でのみ，証拠に基づいてそれが真であるか偽であるか判断する。対照的に，Spinoza の示唆によれば，われわれはいったん何かを理解したなら，それを潜在的には信じることになり，証拠が誤りを示唆した場合には，後になって初めて信念を修正する。Spinoza が正しければ，注意資源を減らすことはこの後期の修正過程を妨げ，タイムプレッシャーのもとでは，言明が真であると受け入れる方向へのバイアスを生じるはずである。これは，Gilbert (2002) が観察したところである。

　Gilbert が指摘するように，われわれは世界について判断する際にポジティブ・バイアスを持ちやすい。また，Wason & Johnson-Laird (1972) が観察したように，世界についての情報を求めたり，科学者として仮説を検証したりするときには，自分の仮定の確証を求めがちであり，反証材料を検証するという，より効率的な方略を追究しない。概して，これは世界がどのように動作するかについてのわれわれの仮定が通常は正しいとするならば，賢明な方略であろう。しかし，そのことは潜在的にはわれわれを広告主や利己的な政治家による操作に非常に弱くするので，注意要求的な実行過程を用いてそのようなメッセージを評価する準備をしておく必要があるかもしれない。ここで，われわれの世界の見方とそこでの行為に対する何らかの形の実行制御を仮定してはどうだろう。そのようなシステムはどのように動作するのだろうか。

13.4 ワーキングメモリと自己制御

　以下のセクションは，自己制御はワーキングメモリ（特に，中央実行系）の重要な機能であるという私の仮定を表している．認知心理学者は制御メカニズムの研究を始めているが（例えば，以前の章で論じた抑制効果の分析を通して），これは比較的最近の展開である．対照的に，自己制御の問題は，社会心理学者によって 20 年以上にわたって研究されている．以下のセクションでこの研究の一部を述べる．

13.4.1　自己制御のフィードバックループモデル

　Carver & Scheier（1981）が提唱した自己制御のモデルは，Miller et al.（1960）が提唱した TOTE（Test-Operate-Test-Exit）モデルに似ている．これは，達成すべき一連の基準，構成要素的目標，理想，そのような目標を達成する一連の操作や過程を仮定する．そのような操作の結果をモニターして，それらが関連する基準にどの程度近いかを調べる．自己制御の失敗は，これらの様々な段階のいずれかでの障害から起こる．第一段階が失敗するのは，人が不釣り合いな目標，おそらくは不相応に大胆な目標を抱くためである．すでにわかったように，第二段階にかかわるモニタリングの過程は注意を必要とし，妨害やアルコールの影響など，他の要因によって妨げられる．第三に，制御は操作のレベルで破綻するかもしれない．ダイエットをしてお腹を空かせている人は，正面のグリルの上で，いいにおいをさせてジュージューいっているチーズバーガーの売り込みに我慢できないかもしれない．このレベルでの失敗は，意志の強さという概念とたいして違わない，ある種の強さの概念を示唆する．

　Baumeister & Heatherton（1996）は，このモデルを，自己制御の失敗という実際的に非常に重要な問題の分析の基盤として用いた．彼らが指摘するように，膨大な数の社会問題は，自己制御の失敗から起こったものと見ることができる．わかりやすい例としては，アルコール依存，薬物中毒，肥満，喫煙，ギャンブル依存がある．そのため，自己制御とその破綻にかかわる過程の理解には，計り知れない実践的意義がある．Baumeister & Heatherton は，そのレヴューを，行動が**統制されている**（*under-regulated*）場合と**統制されていない**（*misregulated*）場合とに分けている．

13.4.2 統制を受けるために生じる制御の失敗

　ある種の統制の失敗は，既存の習慣が継続を黙認する，単純な**慣性**から生じる。Norman & Shallice（1986）モデルの中では，これは，既存のスキーマや習慣が，SAS を通して働きかける長期的な意図を打ち負かす状況に相当する（土曜日の朝に買い物に行こうとしているときに，オフィスへの習慣的なルートが間違った方向に向かわせるときのように）。単純な慣性は，おそらく，最も一般的な制御の誤りの原因のひとつである。例えば，多くの喫煙者は，短期的な経済的コストは言うに及ばず，潜在的な長期にわたる身体的リスクに十分に気づいているが，それでも自分の習慣を維持している。他ならぬこのコインの反対側は，Baumeister & Heatherton が「**超越**」と呼んだものである。超越とは，短期的な目標（朝の最初の一服の喜びなど）の魅力が健康に生き続けるという長期的目標によって覆されたり乗り越えられたりする幸福な状態である。このことは，SAS，または，ワーキングメモリの用語で言えば，中央実行系の働きの成功を示すと仮定される。Norman & Shallice モデルの中では，この３つ組の第三のメンバー（彼らは**黙認**（*acquiescence*）と名づけている）が現れるのは，中央実行系の働きに反映されるような超越の力が一時的に行動を制御する力を失うときである。この状況は第 14 章で検討する渇望のセクションでより詳細に論じる。

　彼らが指摘するように，この失態を概念化する２つの方法がある。すなわち，抑えがたい衝動として捉えるか，一時的な過失として捉えるかである。より厳密に考えると，彼らの示唆によれば，抑えがたい衝動の理論は，完全に説得力のある説明であるとはとても思えない。喫煙のような単純なものでさえ，適切な時と場所を意識することが必要であり，このごろは必ずしも簡単ではない。彼らが指摘するように，「単純にだらだらして，受動的になり，起こるに任せる」ことだけが問題なのではない。Marlatt & Gordon（1985）は，強迫的ギャンブラーの事例を引用している。彼はサンフランシスコからシアトルへの出張の直前に妻とけんかした。シアトルへ向けて真北に車を走らせる代わりに，彼は「観光ルート」を通ってリノ（真東）のカジノ街を経由することに決め，そこで停車した。駐車メーターのための金が必要になり一番近くの建物へ行くと，そこはたまたまカジノだった。運試しに一回だけ賭けることに決めたのだが，彼が出てきたのはおよそ３日後だった。このエピソードは，一回きりのつかの間の過失以上のものを明らかに表しており，おそらく，強力な衝動か

ら持続的な圧力を受けた場合の一連の過失として最もよく理解することができる。彼はたぶんどの時点でもギャンブルをしようという意図的に明確な選択をしなかったが，受動的な被害者と見なすこともできない。そのような環境のもとでは，自己制御に対するコストがあるように見える。また，非常に多くの場合，いったん最初の過失が起こったら，さらなるすべての束縛を投げ捨てる傾向があるらしく，この事例では3日間のギャンブル三昧を引き起こすことになった。

　対人暴力は，多くの場合，同様のパターンにしたがうようだ。欲求不満と怒りが暴力の起こる程度まで蓄積し，状況は自己制御の程度を低下させるアルコールの力によって激化することが多い。これは，抵抗しがたい衝動の解釈にとって，最も説得力のある証拠であるようだ。すなわち，この解釈は，確かに法廷の中では罰を軽減する申し立てとして頻繁に用いられる。しかし，ここでも，抑えきれないと見なされるものは，社会的規範によって決まるように思われる。Bing（1991）の報告によれば，10代の都市ギャングの間でのある種の侮辱的言動は，他の言動とは異なり，暴力を正当化するものとして一般に受け入れられる。殺人率は他の場所よりもアメリカ南部で高いが，それは口論の結果についてのみである（Nisbett, 1993）。これは旅行者にとって役立つ情報だろう。「アモック状態」での犯罪——自己制御を失って善良な第三者を攻撃したり殺害したりすること——は，マレーシアでは，ストレスから生じる抑えがたい衝動の理解可能な結果として，伝統的に受け入れられていたが，英国式の裁定がそれほど寛大でない見解を採り，抑制不能性にかかわらず重い刑罰を科すようにすると，発生率は急速に低下した（Carr & Tan, 1976）。

　暴力的な英国の犯罪者の研究から，抑えきれない衝動への抵抗可能性についての同様の結論に達したのは，Berkowitz（1978）である。彼が述べた事例は，例えば，夫が妻の愛人をこぶしで殴り，ビンを割ってから，これを使うと目の前の男が死ぬことに気づいてビンは捨てて，愛人を殴り続けて気絶させたというものである。そこで，一般には，強力な動因は制御を失わせるが（その後，エスカレートする），抑制不能性については，法廷弁護での人気にもかかわらず，それほど抑えきれないものではない。

13.4.3　自己制御における個人差

　自己制御の評定と社会的適応の間のポジティブな関連の報告は多い。例えば，Maszk et al.（1999）によれば，自己制御が優れていると評定された子ど

もは，社会的地位が高く，同級生から人気がある。縦断的研究によって，自己制御の評定が低いことは，後の非行の傾向と結びつくことが明らかにされた (Pulkkinen & Hamalainen, 1995)。Gottfredson & Hirschi (1990) の主張によれば，成人における多くの反社会的行動と攻撃性の根源には自己制御の乏しさがあり，Avakame (1998) もこの結論を支持している。

13.4.4　制御の自己評定

多くの自己評定質問紙は，自己制御を測定することを意図した下位尺度を含んでいる。Gramzow et al. (2000) による質問紙研究は，感情的苦痛と極めて強く関連のある要因を研究した。彼らによれば，自己制御，自我強度，「忍耐力」の測度は，感情的苦痛と強力にネガティブな関連があった。自己一貫性や自尊心などの，現実自己と理想自己の不一致によって測定されるものとしての自己の他の諸側面は，感情的ウェルビーイングとそれほど密接な関連はなかった。

このことに促されて，Tangney et al. (2004) は，36項目（または，その短縮版では13項目）の質問紙を開発した。被験者は，単に，自身についての一連の単純な記述が当てはまるか否かを答えればよかった。記述は以下のようなものであった。

　私はなまけものである。
　自分にとってよくないことはしたくない。
　考えもなく行動することがある。
　私は簡単にはへこたれない。

最初の研究では，彼らは350名の学生からデータを集めた。この学生たちには，社会的望ましさ，すなわち回答者が他者を喜ばせることを好む程度の測度を含む，いくつかの他の測度も実施した。社会的望ましさと自己制御の測度の間の相関は，0.54～0.60の範囲であった。自己制御の優れた人は，全般的に他者に好かれることを好むことは本質的にあり得るが，これは明らかに解釈上の問題を提起している。社会的望ましさは，単純に，自己制御の質問に対して，検査者が気に入りそうだと回答者が考えた回答をする傾向を反映しているかもしれないからである。このため，Tangney et al. は，共分散分析を用いて社会的望ましさを統制してから，以下に述べる，他の相関に関しての結論を導

き出した。

 一般に，この尺度には質の高い信頼性があった（13項目に減らしたときでもそうであった）。その妥当性は，いくつかの他の測度との関連によって評価された。これらが示すところでは，自己制御が高いと自身を評定した人は，摂食障害や酒浸りなどのアルコールの問題をあまり報告しない傾向にあった。被験者は標準的なパーソナリティ検査も行っており，この検査でいわゆる「ビッグファイブ」パーソナリティ因子を評価した。社会的望ましさを共変量として除いた後では，自己制御は，誠実性，感情的安定性，ポジティブな対人関係，そして対立的でなく協力的な家族関係と関連があった。最後に，高得点者は，低得点者よりも，平均して高い学業成績を報告する傾向にあった。

 Tangney et al. の知見は明らかに有望であり，この路線の研究を続ける価値があることを示唆しているが，すべての測度が自己報告に基づいているという事実は，現時点でのこの検査の重要性を制限する。幸いなことに，これは極めて短く簡便な測度であるので，追加のデータがすでに他の研究室から蓄積され始めている。自己制御測度で高い得点を取った上司は，より信頼できると部下に判断される (Cox, 2000)。Engels et al. (2000) が，高得点者は少年非行と青年期のアルコール乱用が低い傾向があると観察した一方で，Finkel & Campbell (2001) は，高得点者は優れた対人関係を持っていることも見出されると報告している。Tangney et al. が扱った最後の問題は，自己制御と適応の関係性は直線的であるか，または過度の自己制御は不適応を生じるのかという，すなわち，制御フリークの問題である。彼らは自身の研究ではこの証拠を見出していないが，明らかに，この問題はさらに広範に調べる必要がある。

 結論としては，証拠の大部分は自己報告か評定に基づいているが，人によって自己制御の程度が異なるという常識的発想について，それなりに説得力のある論拠になっていると思われる。現在利用可能な証拠は，自己制御は極めてポジティブな社会的特性であり，相当の理論的重要性と実際的重要性のある認知的制御過程の働きを適切に反映している可能性があることを示している。

13.4.5　自己制御：筋肉のアナロジー

 人によって自己制御の能力が異なることを受け入れたとしよう。そのような個人差の背後にあるメカニズムはどんなものだろうか。Muraven & Baumeister (2000) は，自己制御の能力は筋肉の働き方と共通するところが多いことを示唆しており，このために，行為を決定する制御面ではなく，エネルギー面

を暗に強調している。彼らの示唆によれば，この能力は，目標設定やモニタリングなどの他の成分よりは，制御システムの「操作」段階を反映する。彼らは３つの仮定を設けている。第一には，自己制御には資源限界があり，第二には，一度に制御できる行動の数には限界がある。このどちらも，（例えば，注意容量によって）情報限界のあるシステムに等しく十分に適用できる。第三の仮定にこのことは当てはまらない。すなわち，このシステムには，筋肉の疲労と同じように，消耗をもたらすという事後作用（after effect）があると仮定する。彼らのさらなる仮定によれば，これは，短期的な誘惑にかかわらず行為を維持することが必要な課題に特有のものである。そのような誘惑は欲望を反映すると仮定される。そのため，重要なのは，関与する課題の全体的な難しさではなく，状況の快楽的特徴である。最後に，彼らの観察によれば，筋肉を強化するのとまさに同じように，自己制御の能力を増やすことが可能である。Muraven & Baumeister は，これらの仮定のそれぞれについての証拠を提示している。

13.4.6　強度減少

　Muraven et al. (1998) は，被験者が２つの連続的な課題を遂行する研究を述べている。どちらの課題も自己制御を伴うときには，第二の課題は，そうでない場合ほどにはうまく遂行されなかった。例えば，被験者は刺激的なビデオを見ている間，何であれ目に見えたり，音を立てるような反応をしないよう教示された。その後，彼らは見かけ上は別の研究に移り，できるだけしっかりと長くハンドルを握るように求められた。ビデオに対するどんな感情反応も抑制するよう求められていた被験者は，統制群の被験者よりも，ハンドルを握り続けることができなかった——手が疲れたのである。この効果は，単純な気分効果であるとは思われない。ビデオが悲しく苦痛なものであれ，明るく楽しいものであれ，事前に抑制すると握り続けられなくなる。別の研究では，被験者に指定したトピック（たとえば，白熊など）について考えることを**避ける**ように教示した。この課題は達成困難であることを Wegner (1994) が明らかにしている。この操作は，再び，後続する無関連な課題（実際には解けないパズルを解く試み）の持続性を減少させた。

　環境的ストレッサーのネガティブな事後作用も，自己制御の能力を消耗させる。予想がつかない騒音にさらされた被験者は，後に，静かな条件のもとで行った校正読み課題をあまりよく遂行できなかった。また，騒音にさらされた

被験者は，欲求不満耐性が低くなることが明らかにされている。しかし，必要な場合には騒音を切ることができるボタンを被験者に与えると，被験者が実際にはボタンを押すことを選ばなかったときでさえ，この効果は減少した（Glass et al., 1969）。制御できないことは，Seligman が「学習性無力感」と名づけたもの——被験者がまるで制御することをあきらめたかのように受動的になること——を誘発しやすい（Seligman, 1975; Hiroto & Seligman, 1975）。他のストレッサーにも同様の効果がある。例えば，Sherrod（1974）は，女子高校生における超過密効果（overcrowding effects）を研究した。8名の生徒のグループを作り，小さな部屋か広々とした部屋で待った後で，一連の解けないパズルに取り組んでもらった。過密性はパズル課題の持続性を減少させた。ひどい悪臭を提示した後のパフォーマンスに対する同様の効果は，Rotton（1983）が実証している。

そのようなストレスの事後作用ははっきり表れるし，また，筋の消耗のアナロジーと一致するものではあるが，Glass らでは予想できない騒音に，Rotton では悪臭にさらしたことが，被験者の意志力を全般的に激減させたのではなく，単に心理学実験に協力する気持ちをなくさせたと仮定することも，同じくらい妥当に思われる。別の人がテストし，2つの実験が別々のものであると見せるために，研究者があらゆる努力を重ねたとしても，どちらも心理学者の一般的な特徴，つまり，ボランティアの被験者に理不尽な要求をする意思を反映するものと見なされやすい。したがって，被験者は単純に実験者と被験者の間の暗黙の契約関係から離脱したのかもしれない。

この友好関係の取り消し仮説を検証することは難しいが，Schmeichel et al.（2003）が取り組んでいる。彼らの示唆によれば，自我消耗，すなわち，自己制御を支える過程の疲労は，被験者にそれなりに重い実行負荷をかける認知課題に限って影響を及ぼすはずである。彼らが述べた2つの実験では，実行負荷をかけると仮定される課題とそれほど負荷をかけないと仮定される課題を比較した。ある研究では，被験者に，感情的な映像を見せ，自由に反応することを認めるか，あらゆる感情を抑制するよう求めた。この後で，彼らはいずれも知的な種類の課題を2つ遂行した。ひとつは認知的推定検査で，患者の実行過程を測定するために開発されたものであった。この検査は，被験者に一般的知識と問題解決スキルの組み合わせを用いて，「シャツにアイロンをかけるにはどのくらい時間がかかりますか」，「スイカには種がいくつありますか」のような新規な質問に対するおよその回答を考え出すことを求める。第二の検査は，

語彙検査を遂行したり，「風の町として知られているのはどこの町ですか」などの質問に回答するのに必要な，結晶性知識の検査を含むものであった。どちらも知能と相関する傾向にあるが，前者のみが実行過程のアクティブな適用を要求する。彼らは推定検査でのみ2つのグループ間に有意な差を見出した。感情を抑制していた人は成績が低かった。第二の検査の時点での自己報告感情の測度は，グループ間の差を示さなかった。

　Schmeichel らは，自分たちの結果を自我消耗の点から解釈し，自我消耗は被験者のアクティブな認知処理に携わる能力やそれをする意思を低下させるのに対して，より自動的な過程にはそれほどの効果を持たないと論じ，以下のように結論した。

> 自己が事前の統制〔能力の〕酷使によって消耗しているとき，ある心的過程は損なわれるが，他の心的過程は影響を受けない。Baddeley（1986, 1996）のワーキングメモリモデルによると，自我消耗は中央実行系の制御の働きを妨げる。
> 　　　　　　　　　　　　　　　　　　　　　　　（Schmeichel et al., 2003, p. 43）

　さらに彼らの指摘によれば，課題の複雑性と実行負荷は自我消耗に対する感受性に影響を及ぼす一要因だが，そのような負荷は必ずしも認知的なものである必要はない。自我消耗の明確な効果は，握力計を握り続けるというような単純な課題でも検出されてきた（Baumeister et al., 1998）。そのような課題は，認知的に負荷のかかるものではないが，行動に対する制御を伴っており，この制御を他のより魅力的な行為（疲労が蓄積したら握った手を離すなど）と競り合って持続しなければならない。

　私も納得できる議論だが，Schmeichel らの主張によれば，彼らの結果は感情の変化のせいとは言えない。また，彼らによれば，動機づけの解釈は，先に紹介した2種類の課題が示す違いと一致せず，2つの対照的な課題を被験者が遂行する順序効果は得られないという結果とも一致しない。私は Baumeister が自我消耗そのものではなく，動機づけの変化に基づく解釈をなお排除していることにはあまり納得できない。そのため，私はこの研究は動機づけという重要だが困難な問題に取り組み始めていると思うが，問題を解決するにはさらなる研究が必要であろう。

　しかし，いくつかのフィールド研究からの裏づけとなる証拠が存在するようだ。これらの研究については，非共感的で要求の厳しい実験者に対する敵意

は，納得のいく説明を提供しない。現実世界の多くの状況では，一定期間のストレスは自己制御を維持する能力を阻害する。自己制御の能力は，喫煙（Cohen & Lichtenstein, 1990），ヘロイン中毒（Marlatt & Gordon, 1980），アルコール依存の飲酒（Hodgins et al., 1995）などのいずれであれ，望ましくない習慣をやめようとしている人の再発によって測定された。一方，つきあい程度に飲む人でさえ，思考を抑制するように要求された期間の後ではふだんよりもたくさん飲む傾向にあった（Muraven et al., 1999b）。

13.4.7　気分統制

Muraven & Baumeister によれば，ポジティブな気分を維持しようとすることも，特に，外的事象が自己制御を難しくするときには，自己制御に過度な負荷をかける。例えば，ダイエットの方針が崩れるのは，いやな気分の後のことが多い（Greeno & Wing, 1994）。Baucon & Aiken（1981）による食行動研究では，ダイエットしている被験者とダイエットしていない被験者が実験に参加して，初めにパズルに取りかかった。パズルで失敗すると，後で機会が与えられたときに，ダイエットしている人はより多く食べたのに対して，ダイエットしていない人には正確に逆の効果が見られた。この交互作用は，欲求不満と食欲の関係に基づく単純な解釈を排除する。

13.4.8　ビジランス減退

Muraven & Baumeister は，自分たちの概念を古典的なビジランス課題（被験者は一定期間注意を持続しなければならない）で報告されるパフォーマンスの低下と関連づけている。この見解と一致する観察によれば，適切な初期の期待値があれば（Colquhoun & Baddeley, 1964），単純な知覚的検出課題は，古典的に示されているような，時間経過に伴うパフォーマンスの低下を示さない。しかし，被験者がワーキングメモリにそれぞれの刺激を保持し，次の項目と比較する必要のあるときには（例えば，２つの連続する視覚刺激が同じ長さか判断する）低下が起こる（Davies & Parasuranam, 1982; Parasuranam, 1984）。この効果は，アルツハイマー病の患者——実行障害を示すが，それでも比較的優れた注意が持続する傾向がある（Baddeley et al., 1999; Perry et al., 2000）——や注意欠陥多動性障害であると診断された子ども——自己制御の低下を反映すると仮定される（Barkley, 1977a, b）——において特に顕著である。

13.4.9 訓練効果

Muraven et al. (1999a) は，ボランティアの被験者に2週間の自己制御訓練のプログラムを実施した。あるグループは姿勢をよくしようとし，第二のグループは気分統制を訓練したのに対して，第三のグループは食事日誌を続けるというつまらない雑務を割り当てられた。2週間の終わりに，訓練被験者と統制被験者をハンドル握り締め課題を用いて持続性についてテストした。いずれかの訓練プログラムに参加していた被験者は，平均的に，統制被験者よりも長く握り続けた。自己制御の筋アナロジーとは一致するが，Muraven らが認めるように，他の解釈も可能である。これらの解釈の中には，自信の高まり（おそらくは，学術的な環境にかかわっていたという強い感覚）があり，おそらく，この要因は認知的不協和の回避と関連している。すなわち，「私はこの努力のすべてを私に求められたことに傾けたので，それはよい行いのはずである」(Festinger, 1957)。

しかし，神経心理学的患者の注意訓練の研究において，おおまかに支持を与える証拠が存在する。これらによると，自己制御を伴う課題に対する訓練は，患者が（訓練したものとは無関連な）他の負荷の高い課題を遂行する能力を高めるようだ (Ball et al., 2002; Klingberg et al., 2005)。このことは，記憶など，他の認知障害に対する訓練とは対照的である。記憶障害の場合，記憶術的訓練が記憶パフォーマンスを向上させるという証拠はほとんど見られない (Cicerone et al., 2005)。

13.4.10 代わりとなる説明

筋アナロジーは，自己制御の性質を調べる実験を生み出すことに有効であったようだ。しかし，これらの研究の多くには対立仮説も成り立つように思われる。Muraven & Baumeister は，これらの一部を考察した。例えば，自己制御を要求する課題が被験者の気分に影響を及ぼし，気分が今度は事後のパフォーマンスに作用していた可能性がある。彼らの指摘によれば，複数の研究が気分評定を含んでいるが (Glass & Singer, 1972; Green & Rogers, 1995; Muraven et al., 1998)，負荷の高群と低群の間に差を見出さなかった。また，少なくともひとつの研究は自己評定と生理学的測度の両方を用いてみたが，いずれにも何の効果も検出しなかった (Spacapan & Cohen, 1983)。

エネルギーと労力という概念よりも，情報と制御の概念を多く用いる認知心

理学者にとって，最も明白な解釈は，自己制御の消耗というよりは，注意の低下の観点からなされるように思われる。自己制御はたいていは注意を持続させるための多大な能力またはやる気を通してその効果を及ぼすので，これらの解釈を分離することは容易ではないだろう。実際，妨害に抗しての持続的注意というまさにその概念が，何らかの形のさらなる説明を要求するように思われる。これまでの中央実行系についてのわれわれの考察はすべて，行動がどのように制御されるのか，なぜ他の行為ではなくある行為を選ぶのか，その行為は後にどのように調節されるのかに関するものであった。しかし，そもそもなぜわれわれは行動するのかという決定的な問題が残されたままである。それを制御するのは何なのか。明らかに，あるシステムの中での情報の流れを特定することのみによる制御の説明を補う必要がある。その説明には，エネルギーベースの概念を導入して，心的エネルギー（Freud, 1904），動因（Hull, 1943），覚醒（Broadbent, 1958; Kahneman, 1973）などのアイデアが初期の理論的システムにおいて果たした役割を担わせることになるだろう。この問題に対するひとつの重要なアプローチは，感情とそれが認知に及ぼす影響についての研究を介したものである。これが次の2つの章のトピックとなる。

13.5　結　論

　本章では，ワーキングメモリの研究が社会心理学における研究から恩恵を受けるであろう，3つの領域の例を示すことを試みた。第一は，思考と行為が潜在的に制御される度合いに関係しており，なかでも，Barghと共同研究者の研究は，実行制御のNorman & Shallice（1986）モデルにおけるスキーマと習慣の果たす役割に特に関連している。第二は，社会的行動がこのモデルの中の注意限界のある監督的注意システムを反映する仕方に関係しており，GilbertとBaumeisterの研究が特に関連している。第三の問題は，認知心理学の中でのエネルギーまたは動因の概念の明確な必要性に関係している。この必要性は，後の章でさらに論じる。

　しかし，本章がワーキングメモリに直接的に関連する研究を実質的に含まないことに読者は気づいたことだろう。関係がそれほど重要なものであるならば，なぜこのようなことになるのだろうか。私自身の見解では，その答えは文化的なものである。ワーキングメモリに対する応用実験的アプローチは，英国

で最も強力である。英国では，社会心理学の伝統は集団レベルに焦点を当てており，認知心理学と極めて密接に関連する北アメリカの実験的アプローチを拒絶する傾向がある。本章がこのギャップの橋渡しを促す何事かをなしえたとしたら，その目的を果たしたといえるだろう。

第14章

ワーキングメモリと情動 I
恐怖と渇望

　前世紀の初期には，心理学は認知心理学，欲求心理学，動能心理学という3つの関連はするが別々の分野からなると仮定されていた。欲求（orectic）は情動（emotion）の研究を表すために用いられた用語で，動能（conative）は意思の研究を表す用語であった。前世紀の後半，人間の実験心理学の中では情報処理メタファーの発展に基づく認知心理学が支配的であった。この結果，動機づけという同じくらい重要なトピック——なぜ他のことでなく，ある特定のことを行うのかというトピック——を追いやって制御というものが重視されるようになった。実際，われわれは一体なぜ何かをするのだろうか。

　こうした視点の欠如は，主として，情動と意思を実験室の中で研究することの難しさのためではないかと思う。例えば，情動の神経生物学的基盤についての研究は不足している。それらは最近までは主として動物研究によるものであったが，今もなお極めて生産的である（例えば，LeDoux, 1996 や Panksepp, 1998 を参照）。しかし，この研究は既に広げすぎた私の守備範囲と能力を越えている。その代わりに，私は複数成分ワーキングメモリモデルに明らかに関連すると思われる研究に集中することを計画し，臨床との明らかな関連性を持つ2つの情動（すなわち，不安と抑うつ）に注目して，私の領域を人間の研究に限ることにする。このことはなお極めて多くの多様な文献を積み残す。このため，本書の前半部と同じように，私のレヴューは私自身の経験と興味によって（あるいは間違った方向にか）導かれたものとなるだろう。このことは，外洋ダイビング研究への関与から発生した，危険な環境におけるパフォーマンスに対する〔私の〕初期の関心に加えて，情動の問題を抱える患者の研究を介して認知と情動とを関係づけるというさらに大きく広がった関心を反映している。ここでの私のかかわりは間接的なもので，自分のケンブリッジユニットの中に研究志向の臨床心理学者のグループを立ち上げた。彼らによる臨床心理学と認

知心理学の橋渡しの成功は，彼らが創刊した雑誌である**『認知と情動』**（*Cognition and Emotion*）を通して，また，極めて大きな影響があったと私が理解している本の2つの版——**『認知心理学と情動障害』**（*Cognitive Psychology and Emotional Disorder*）（Williams et al., 1988; Williams et al., 1997）——に表れている。やがて明らかになるように，私自身の見解は私のかつての同僚たちに強く影響されており，次の2つの章を書く際にはバランスの取れた見解を取り上げ，後続研究と他の理論家に十分に重きを置くようにしたつもりだが，完全に成功したと仮定するのは浅はかであろう。

定義から始めなくてはならない。私は生理学的状態としての情動（emotion）とその心理学的対応物としての情動（emotion）の区別は受け入れるが，LeDoux（1996）とは違って，心理学的状態に対して彼の「感情（feeling）」という用語を使うことには賛同しない。その代わりに，一般的な用法に基づいて，情動という用語を心理学的状態に対しても使う。まれに，情動の生理学的側面を論じるときには，確実に曖昧さがないように努めるつもりである。私自身の興味に合わせて，比較的激しい情動が認知に及ぼす効果を論じることから始めたい。

14.1 激しい情動における認知

激しい情動を経験している最中に，落ち着いて，忍耐強く，理路整然と考えることが難しいのは自明であるので，「彼は怒りで我を忘れた」とか「彼女は悲しみのあまり正気を失った」といった表現がある。極端な情動が思考に与える影響を巧みに説明したのが Phillip Roth である。彼は86歳の父親にかなり進行した脳幹部腫瘍が見つかったときの自分の反応を記録している。手術は可能だがさらなる痛みと苦しみを生み出す可能性がある一方で，何もしないことは父親の状況がだんだんとさらに悪化するのをただ待つことを意味する。「私は読めない。確かに，書けないし——つまらない野球の試合を見ることさえできない。全然考えることができない。何もできない」（Roth in *Patrimony*, 1991, p. 129）。

私の知る限り，この状態についての実証研究はほとんどない。これは意外ではない。なぜなら，この状態にあるとき，Roth の選ぶ活動の中で，心理学実験への参加を買って出ることが上位に来るかどうか疑わしいからである。しか

し，もうひとつの強力な情動，すなわち，恐怖の効果についての研究はなされている。そのような効果は，明らかに，兵士の戦時活動や同じくらい危険だがそれほど攻撃的ではない仕事（爆発物処理や火事と闘う消防士の仕事）のパフォーマンスにとって相当に重要である。戦闘や火事の最中に実験データを集めることは実践が難しいが，危険をシミュレートしたり，意図的だが命にかかわるスポーツ活動に伴う危険を用いた複数の研究がなされている。

おそらく，これらの研究のうち最も極端なものは，倫理委員会が研究の標準的な要件となる前に合衆国の軍隊が行った一連の実験である。Berkun et al. (1962) は，無線送信機であると伝えられた装置を作った。軍事演習の最中，その装置は故障するが，再起動のための取扱説明書を添付してあった。説明書は複雑で，実際，複数の独立の段階を含み，それぞれが得点化可能な下位検査となっていた。非ストレスフルな環境か，ストレスフルな環境のもとで，装置が「故障する」一連のフィールド実験を実施した。ストレッサーは，ある場合には放射線事故のシミュレーション，他の場合には，不運な被験者が戦友の一人を爆破してしまったと信じこまされるというハプニングであり，救援を求めて緊急に無線連絡する必要があった。この後者の条件の，ある不運な被験者はパニックになり，現場を去ろうとして，茂みの中で待ち伏せていた実験者に戻るように命令された。兵士は後にこの出来事が自制心を取り戻させたと報告した。第三の信じがたい実験では，飛行中の部隊に，墜落しそうだということを告げ，適正な保険を得るには，衝撃対策を施したコンテナに収納する書類に記入する必要があると告げた。ここでも，書類は実際には一連の認知検査からなった。驚くには当たらないが，それぞれの実験の不運な被験者は，生命を脅かすストレスのもとにいたときに，統制条件のもとにいる同様の集団よりも，はるかに低い成績を示した。

極度のポジティブ情動の認知的効果はどうなのだろうか。これらは，極度の恐怖ほどには研究されていないようだ。しかし，ノービスのスカイダイバーがうまく着地した後の高揚感は，少なくともジャンプ前の不安と同じくらい阻害的であることを示唆する証拠がある（Macdonald & Labuc, 1982）。一方，躁うつ病患者からのデータによれば，躁の間には抑うつの段階と少なくとも同じくらい深刻に認知が阻害される（Bulbena & Berrios, 1993; Murphy et al., 1999）。

14.1.1 認知障害の性質

　Berkun et al.（1962）による研究は，極端なレベルの恐怖に関するものであった。他の，おそらくはもう少しポジティブな情動は，質的に同様の効果を生じるのか，また，その効果は常にパフォーマンスを阻害するのだろうか。これは，おそらく事実ではない。例えば，Murphy et al.（1999）の研究によれば，躁患者は記憶やプランニングの検査で劣るのに対して，抑うつは注意の切り替えが困難となる。

　恐怖の場合には，Yerkes-Dodson の法則が適用されるであろう。この法則は，パフォーマンスと覚醒水準の間に逆U字型の関係があると主張する。最適な覚醒水準は課題ごとに異なり，このポイント以下や以上の覚醒水準はパフォーマンスの低下を招く（Yerkes & Dodson, 1908）。そのため，速く走ることは，針に糸を通すことよりも高いレベルの恐怖でピークに達する傾向がある。また，最適な覚醒水準は課題の複雑さによって決定されることも示唆されている（Broadbent, 1971; Baddeley, 1972）。高い覚醒は走るなどの単純な運動課題や車の運転などの単純な制御システムの操作には最良だが，針に糸を通すとか，非線形的な遅延フィードバックを伴う追跡システムを操作するなどの繊細なあるいは習熟していないスキルには低い水準が最適である。この見解の証拠となるのが Walker & Burkhardt（1965）による実戦配置条件のもとでのミサイル制御パフォーマンスの研究である。彼らは3つのタイプの制御システムについて実戦の場でのデータを集めた。最も単純なものは遅延速度制御，次は加速に基づく制御，最も難しいものは加速と遅延の組み合わせを伴うものであった。3つすべてが低リスク条件では優れたパフォーマンスを生んだ。しかし，リスクの一般的重大さが2％の航空機損失数から5％，10％（作戦上容認可能と見なされる最大限のリスク）へと増加するにつれて，制御エラー率は単純な制御システムについては着実に，最も複雑なシステムでは劇的に増加した。

14.1.2 注意狭窄仮説

　高度な覚醒は注意の範囲を狭めることが示唆されている。これを支持したのは，ストレスフルな水中条件のもとと，同等の陸上課題でテストしたダイバーに関する研究である（Weltman et al., 1970; Weltman et al., 1971）。ダイバーには，中央の位置にある課題を遂行するとともに，同時に，周辺にときどき現

れる光シグナルを検出するよう求めた。ストレス下では，中央課題のパフォーマンスは維持されたが，周辺シグナルはあまりよく検出されなかった。ストレス下での注意の狭窄は，目撃証言に関する文献で顕著に現れる（いわゆる「銃器注目」効果）。強盗などの情動的に脅威を及ぼす状況を見た被験者や，血まみれの凶器を伴う犯行から逃げる人は，注意を脅威のソースに焦点化させており，非脅威条件のもとにいる被験者よりも，襲撃者の詳細を報告できない傾向がある（Loftus, 1979; Christianson & Loftus, 1991）。

　注意狭窄仮説に内在するのは，注意容量には限界があるため，より多くの注意がひとつのオブジェクトに焦点化すると，他のオブジェクトへの注意はそのぶん減少するという仮定である。したがって，Berkun et al.（1962）が研究した不運な兵士は，おそらく，どのようにしてこの恐ろしい状況から逃れられるか思いをめぐらすことに相当量の注意を充てていたのだろう。このタイプの説明は，一般に情動障害のある患者の記憶パフォーマンスは低い（Dalgleish & Cox, 2002）というよくある観察に適用され，Ellisによって資源配分モデルとして提唱されたものである（Ellis & Ashbrook, 1988; Ellis & Moore, 1999）。

　このモデルによれば，注意容量を使い果たす物事は情動の効果を激化させやすいといえる。これを直接的に検証したのがMacLeod & Donnellan（1993）である。彼らは特性不安（自己評定による不安傾向）が高いか低いかで選んだ2つの健常被験者群を用いた。被験者には，言語的推論課題を容易な同時的言語課題か（ゼロを繰り返す発話する），より負荷の高い課題（6つの数字を含む系列を繰り返し，系列は各繰り返しが終わるたびに変化する）とを組み合わせて遂行するよう求めた。予想通りに，高不安被験者はより成績が低く，負荷の高い二次課題の効果が増すことが示された。おそらくは，困難な二次課題が不安を誘発し，それがさらに注意容量を減少させたのであろう。

　私自身の研究（Baddeley, 1966d）は，窒素酔い（100フィート以上の深度で呼吸するときに起こる酩酊状態）が深海ダイバーに及ぼす効果に関するものであった。真鍮板の端から端までできるだけすばやくねじを移動させることを求める，単純な運動課題を用いてダイバーをテストした。彼らは陸上と水中（10フィートと，酔いがなければ100フィートの深度の両方）の両方でテストを受けた。第2の群は，まったく水のない条件のもとでテストを受け，ダイビング室の中で10フィートと100フィートに等しい圧力を受けた。われわれの発見によれば，課題を水中で行うことは被験者を減速させ，酔いの影響下で遂行するときも同様であった。しかし，ダイバーを100フィートの外洋でテストし，

これらのストレスを組み合わせると，パフォーマンスは単に水と深度の効果を加算して予想するよりも，はるかに大きく阻害された。

　この交互作用を起こしたのは何だったのか。われわれは後の実験で思いがけずその答えを発見した。われわれの最初の研究は，外洋上のボートの外で行われた。被験者はアマチュアダイバー（ケンブリッジ大学ダイビングクラブのメンバー）と，兵士（英国陸軍工兵隊――彼らは浅いダイビングの訓練は受けているが，「どこともなく」まっすぐ飛び込む必要のある外洋でのダイビングは経験したことがない）の混成部隊であった。後の追試も学生と軍人のダイバーを用いた。しかし，今回は，ダイバーは浅いポイントで水に入り，100 フィートのテスト地点に向けて徐々に底の方に行ったので，それほど脅威を与える経験ではなかった（Baddeley et al., 1968）。これらの条件のもとでは，水中で遂行することから予想される低下に加えて，酔いの効果は陸上の圧力室で観察されるものに比べて大きくないことが観察された。外洋酔いと深度の交互作用を生み出す重要な要因は不安の程度であったと思われる。

　われわれはこのことを後の研究において，スコットランド海岸沖のさらにストレスフルな条件のもとで直接的に検証した（Davis et al., 1972）。学生のダイバーを用いて，不安レベルを電気生理学的および主観的評定尺度によって測定した。これらの条件のもとでは，ダイバーは実際に深度に不安になり，今回も，水中でテストしたときにはさらに大きな深度の効果が見られた。したがって，交互作用は，十分に確立された窒素酔いからの認知的低下に，よりストレスフルな条件のもとで遂行するという難題が加わったことから生じたと仮定できる。海中 100 フィートにいるとき，何もまずいことはないと確認するのに注意の少なくとも一部を充てることは不合理ではない。

14.1.3　注意的焦点と侵入的思考

　しかし，重要なので注意しておくと，これらのストレスフルな条件のもとでさえ，すべての課題がそうした明確な交互作用を示すわけではない。後の研究は，空気か酔い作用の少ない酸化ヘリウムかのどちらかを吸っているアマチュアダイバーの外洋パフォーマンスを比較した。今回は 200 フィートでのパフォーマンスを調べた。200 フィートは，この時期には空気潜水の最大許容深度と見なされていた。真鍮版課題でのパフォーマンスは，再び，予想通り深度との交互作用を示したが，これは負荷の高い言語的推論課題の場合には見出されなかった（Baddeley & Flemming, 1967）。

この予想外の結果についての有力な説明は，Lavie（1995, 2000）による一連の研究である。これらの研究において彼女が明らかにしたのは，視覚処理を妨害する無関連な周辺刺激の影響は，中心課題の困難度が高くなるにつれて**減少すること**である。負荷の高い知覚課題では，注意は関連刺激にしっかりと焦点化する。しかし，容易な課題では，十分な予備の注意容量が残り，より周辺的で妨害となる恐れのある刺激を拾ってしまう。Lavie（1995, 2000）は視覚的注意を中心に扱っているが，この効果はもっと一般的なものであるようだ。注意が負荷の高い中心課題に焦点化しているときには，他のソースの情報について，心的環境か物理的環境を走査する確率が低くなるのだろう。おそらく，ダイバーの場合には，推論課題は，気がかりな環境的手がかりへの注意を減らすのに十分なほど夢中になれるものであった。実際，あるダイバーの場合には，推論課題によって空気漏れのために空気が抜けていることを軽視してしまい，直後にかなり危険な恐れのある急浮上をするはめになった。

進行中の課題に注意を焦点化させる負荷の高い認知課題のための容量は，ストレスの研究にとって興味深い示唆がある。というのは，パフォーマンス低下を測定するために開発されたまさにそのツールが，被験者に妨害的な侵入的思考の回避を促進し，低下を減らす効果を持っていたかもしれないからである。この可能性は，後でわかるように，そのような妨害的な思考の回避を促進することに関係している。

では，不安で侵入的な思考はどのように回避されるのだろうか。ひとつの手段は，非脅威的な課題に注意を焦点化させることであろう。その課題が十分に負荷が高ければ，無関連な思考をシャットアウトしてくれるだろう。これについての証拠はTeasdale et al.（1995）による研究である。この研究では，いくつかの課題を反復して遂行している途中で一定時間ごとに被験者に自身の思考について尋ねた。各々の課題について被験者が練習し自動的になるほど，無関連な思考の確率が高くなった。しかし，そのような思考は，さらに課題を付け加えると減らすことができた。この課題は，単純な意思決定をときどき求めるものであれば，負荷の高いものである必要はない。Teasdale et al. の結論によれば，継続的で妨害となる恐れのある思考の流れの展開は，中央実行系が継続的に利用可能かどうかによって決まる。そのような侵入的で無関連な思考系列は，健常被験者では（少なくとも比較的容易に）防ぐことができる。これに促されて，Levey et al.（1991）はこのアプローチに基づく不眠症の治療法を提唱した。この治療法では，心内音声的に単一の語をランダムなインターバルで

発話することによって，被験者に眠りを妨害するような思考の流れを防ぐよう求めた。空想上のヒツジを数えるという伝統的な方法では，自動化のために抑制効果がなくなってくるが，Levey et al. の方法ではランダムさを要求することでこれを妨げる。

14.1.4　ワーキングメモリと不安仮説

情動が認知と干渉するメカニズムは，厳密にはどのようなものなのだろうか。ひとつの説明は，Michael Eysenck の**処理効率理論**（*processing efficiency theory*：Eysenck, 1992）である。この理論は，容量限界のあるワーキングメモリシステムを仮定する。脅威条件下では，このシステムは，うまくいかないかもしれないことに頭が一杯となり，進行中の課題のための容量が少なくなる。しかし，より多く努力すれば，効率は維持される。努力してもパフォーマンスが十分に維持されないときには，新たな方略が採用される。これにも失敗した場合には，認知的低下が生じる（Eysenck & Calvo, 1992）。不安の高い被験者は，潜在的な脅威からの注意力散漫により悩まされ，ストレス下では，**心配仮説**（*worry hypothesis*）と呼ばれる認知的問題を示し始めることがある。これを検討した一連の研究では，被験者に文章を処理して後で再生することを求めた。そして，自己評定特性不安が高い学生と低い学生との被験者間で比較を行った。Calvo et al.（1994）の発見によれば，不安な被験者は，理解のレベルを維持できたが，読んでいる間の再帰的眼球運動を多く行うことで理解レベルを維持していた。単語を一語ずつ提示してこの方略を不可能にした場合には，不安な被験者はなお理解のパフォーマンスを維持したが，より遅く反応し，特に，無関連な音声を無視する条件においてより明瞭な構音を示した（Calvo et al., 1993）。しかし，単一語提示と無関連言語音および構音抑制を組み合わせることによって再帰的眼球運動と心内音声化リハーサルの両方を妨げると，明確な差が現れ，高不安被験者はパフォーマンス低下を示した（Calvo & Eysenck, 1996）。

14.1.5　抑制の役割

先ほど述べた実験では，被験者は不安の破壊的効果を埋め合わせるためのコーピング方略（coping strategies）を発展させた。しかし，コーピングのもうひとつの手段は，不安を抑制することである。このような不安への対処は，やや安定したパーソナリティ特性を反映するようで，質問紙測度を用いて信頼

性のある検出ができるようだ。そのような被験者は**抑制者**（*repressors*）と呼ばれ，ストレスの恐れのある状況でテストされると（例えば，公衆の面前で講演する前），比較的低いレベルの不安を**報告する**一方で，同時に，生理学的測度によって指標化されるような，不安の明らかに客観的なサインを示す傾向がある（Newton & Contrada, 1992; Weinberger, 1990）。このことは，そのような被験者が自分の経験について単に嘘を言っているのか，本当に不安な思考や感情を抑制できているのかという当然の疑問をもたらす。これを検討したのがDerakshan & Eysenck（1998）である。彼らの研究は，慎重に選んだ被験者のサンプルによって軽度の同時的認知負荷と重度の認知負荷との両方のもとで推論課題を実施した。

一次課題は，ワーキングメモリに強く依存することが知られているもので，被験者は2つの文字の順序を記述した文を真偽判断しなければならなかった（例えば，**AのまえにBは来ない—AB**: Baddeley, 1968a; Baddeley & Hitch, 1974）。高負荷条件では，推論課題に反応すると同時に6つの乱数からなる系列を聞き，実験者に向かって繰り返すよう被験者に求めた。一方，低負荷条件では，単純に6つの0を聞き，実験者に向かって繰り返した。彼らは自己評定不安の高い被験者か低い被験者を選び，各群を不安を抑制する傾向が高い群と低い群に分け，結果として4群を設けた。すべての群が高い同時的記憶負荷条件と低い同時的記憶負荷条件のもとで推論課題を行った。

予想通り，低負荷のもとでは群間のパフォーマンスのレベルに差は見られなかった。一方，負荷の高い二次課題を課すと，自己評定と生理学的反応の両方から見て不安な被験者群のパフォーマンスは明らかに低下した。しかし，重要な比較は4番目の群，すなわち，生理学的に不安な抑制者に関係している。この場合，彼らのパフォーマンスは，主観的報告と一致した。すなわち，不安の明確な生理学的サインを示しているにもかかわらず，彼らのパフォーマンスは非不安群のそれと似ていた。抑制者は実際に自分の不安をうまく抑制していたのであり，単に自分の感情を偽っていたのではないと思われる。そのことは，今度は，不安な人に不安を抑制するよう訓練できるのか，という興味深い問題をもたらした。おそらく，不安状態についての何らかの形の認知療法は，思考制御の訓練，そして，実際には抑制の訓練と見なせると言えよう。

この問題についてさらに証拠となるのは，スカイダイビングなどの危険なスポーツに自ら参加する人々の不安についての研究である。Epstein（1962; Fenz & Epstein, 1962）は，初心者と熟練したスカイダイバーを研究し，ジャ

ンプ前後の様々な段階での彼らの皮膚電位反応とジャンプに対する自己評定の意気込みを記録した。初心者はジャンプが近づくにつれてだんだんと覚醒が高まり意気込みが薄れていき，ジャンプ後にはこのパターンが逆転した。熟練したジャンパーは不安を示したが，それはジャンプの時点では見られなかった。Epsteinはこの過程を学習の過程に帰属しており，訓練により不安がジャンプの間じゅう抑制されるようになったとしている。進化論的観点からすると，「冷静であること」を学習する能力には利点があるようだ。Spence (1937) によって動物学習のために開発された弁別モデルによるEpsteinの示唆によれば，抑制の分布は不安のそれよりも狭く集中的なので，不安の最大値はジャンプ時から離れた時点にずれることになる（ピークシフトとして知られる現象）。Epsteinの得た結果は興味深いが，訓練の効果を表しているということも，あるいは，抑制者だけが耐えられるというような，選択的な逸脱を反映していることもありうる。これらの可能性に決定を下すひとつの手段は，縦断研究である。

これまでの証拠は，ネガティブな思考は，そして，おそらく強力にポジティブな思考も，ワーキングメモリを占有するという見解と一致する。それらは中央実行系とエピソード・バッファの両方の働きに影響して，他の認知課題のパフォーマンスを妨害する傾向がある。さらに，スカイダイビングなどの具体的な状況やより一般的なパーソナリティ特性の双方と関連する不安の抑制を学習することは可能であるように思われる。しかし，不安が制御されず相当の苦痛を招いたり，認知能力の複合的低下と社会的活動の破綻が相まって苦痛が一層大きくなることは誰にでも少なからず起こりうる。

14.2 不安と認知の臨床研究

Williams et al. (1997) は，いずれも不安にひどく苦しんできた2名の患者を記述している。患者M.M.には，鳥への特異的な恐怖症があった。彼女の仕事は小型飛行機格納庫での作業に関するものだった。ときどき，鳥が飛び込んできて閉じ込められると，彼女は取り乱し，涙ぐむことになった。彼女は生きた鳥も死んだ鳥も恐れており，鶏肉を吊ってあるかもしれない市場や肉屋を通り抜けることを避けていた。彼女の恐怖は，環境の中の鳥と解釈できるかもしれない，関係のうすい刺激にも広がった（例えば，道路の上で羽ばたく姿——

実際には，ビニールシートの端切れだとわかるかもしれない）。

　第二の患者 T. S. は，全般性不安障害（general anxiety disorder：GAD）を患っていた。こうした患者は，高いレベルの不安をおぼえるだけでなく，自分の不安をあまり制御できず，健常母集団の不安よりも非現実的で，それを訂正することがむずかしい（Craske et al., 1989）。T. S. は溶接工として造船所で働いていたが，慢性的な不安のために，あるときから働くことができなくなった。このことは，同僚集団の中にいるときに常に震えと発汗を起こした。この恐慌状態は，彼の社会的関係に支障をきたすだけでなく，仕事の質にも影響を及ぼし始め，このことがまた彼の不安を増した。職場の外では，彼は自分が新聞の悪いニュースに異常に敏感であり，自分に直接に関係のない例でさえほとんど即座に見つけてしまうことに気づいた。それらの話題は，彼の妻や彼自身に起こるかもしれない悲劇についての思考をかき立てるのである。これは彼の妻の精神的負担となり，そのことがさらに彼の不安を増した。

14.2.1　不安患者における注意バイアス

　Williams et al.（1997）は，認知心理学の技法と概念を情動一般の研究に応用する（より具体的には，情動障害のある患者の問題に応用する）という彼らのプロジェクトの重要な部門として，そのような患者に注目した。彼らの示唆によれば，前述の不安状態の重要な要素は，患者が自分の注意を恐怖の対象や状況に**向けて**バイアスをかける傾向から生じる。そのようなバイアスは，いくつかの任意のモダリティー（視覚，聴覚，触覚）を通して働くことがある，と彼らは主張する。このバイアスは不随意的だが，適切な治療法を前提とすれば，随意的制御の対象となる可能性がある。彼らの示唆によれば，不安は，患者の周囲の状況を介して外的に，または，思考や記憶の結果として内的に，環境からトリガーされる。これは，潜在的な危険に気づくことで個体を保護し，脅威が最大限になったときに余分なビジランスを利用するための，健常な反応の誇張されたものである。さらに，彼らは情動に基づくバイアスはネガティブな感情に限定されないことを認めている。例えば，ちょうど家を買おうとしているときには，至る所に「売り出し中」の表示があるのに気づきやすく，住もうとしていない土地を旅行しているときでさえそうなる。同様に，新しい車を買ったときには，どこを運転していようと，同種のモデルに気づきやすくなる。

　このタイプの注意バイアスの証拠は以前から利用可能である。例えば，Parkinson & Rachman（1981）は，扁桃腺摘出手術を受けようとしている子どもの母親を研究した。彼らは2つの群を研究した。ひとつの群は子どもが手術を受けたばかりで，もうひとつの群は手術が差し迫ってはいなかった。母親には，音楽の中に埋め込まれた単語を検出することを求めた。単語は3つの異なるタイプから構成された。直接関連（例えば，bleeding〔出血〕，injection〔注射〕，operation〔手術〕），音響的に似ているが関連しない第二のタイプ（breeding〔飼育〕，inflection〔屈折〕，operatic〔芝居がかった〕），第三の統制セット（newspaper〔新聞〕，bird〔鳥〕，uniform〔制服〕）であった。子どもを施術された母親は，直接的に関連する単語の検出が高く，音響的に類似する単語の検出は中程度であることを示したが，統制単語に関しては非施術群と異ならなかった。

　他の研究は両耳分離聴取手続きを用いた。被験者は一方の耳に与えられた単語を口頭で反復し，他方の耳への単語は無視する。これらの条件のもとでは，過食症の被験者は，摂食障害を持たない健常被験者よりも，非注意チャンネルに提示された「fat〔太った〕」という単語を聴き取りやすかった（Schotte et al., 1990）。しかし，病院不安研究と摂食障害研究のどちらも，不安の効果ではなく，単に一般的な反応バイアスを反映していることがありうる。例えば，重要な単語の検出閾が低いのは，もしかしたら，それらの語が実験群の経験においてより頻繁に重要な意味を持つためかもしれない。

14.2.2　反応バイアスの問題

　この反応バイアスの問題を回避しようとして，Mathews & MacLoed（1986）は，重要な単語をどの時点でも反応として要求しない実験デザインに移行した。被験者には，中立的な視覚刺激の系列に手動で反応するよう求めた。同時に，一方の耳に提示される単語を繰り返しながら，反対の耳への単語を無視することを求めた。非注意単語は中立的であるか脅威的であるかで，不安被験者と非不安被験者の両方をテストした。どちらの群も非注意単語を報告できなかったが，これらの語が脅威語であったときには，不安群では視覚的に提示した中立ターゲット画像に対する反応時間が遅延した。このことから，不安被験者にとっては，情動語の遮断は注意を要することが示唆された。情動語を発話せよとの要求はなかったので，反応バイアスは，知覚的敏感性の違いに基づく説明ほどには説得力がないと思われる。

　視覚提示を用いた研究における反応バイアスの問題を回避する巧妙な方法と

して，Mathewsと共同研究者が広く用いたドットプローブ法がある。MacLeod et al. (1986) は，被験者に2つの単語を提示し，一方が他方の上に来るようにした。[*] 被験者の課題は上の単語を音読することであった。単語が消えたすぐ後に，ときどきドットが現れて，被験者はこれに対してボタンを押してできるだけすばやく反応することになっていた。高不安および低不安患者を上位置か下位置に現れる脅威語を含む材料でテストした。重要な問題は，ドットに反応するのにどのくらい長くかかるかということであった。すべての被験者は，ドットが上位置（直前に音読した位置）に現れた場合にはすばやく反応した。脅威語が上位置に現れたときには，不安被験者は統制群よりもすばやく反応した。しかし，脅威語が下位置に現れた場合，彼らは上ドットに遅く反応した（統制被験者はそうでなかった）。そのため，彼らの注意は脅威語の方へ引き寄せられていたものと思われる。これは，ドット刺激もマニュアル反応もそれら自体は中立的であるにもかかわらず生じた効果である。

　単純な反応バイアスによる解釈へのさらなる反証は，MacLeod & Mathews (1988) による研究から得られる。彼らはドットプローブ課題を用い，単語には中立語と試験関連語を用いて高低不安の医学生をテストした。試験に関係ない期間中にテストしたときには，どちらの群も単語の種類の効果を何も示さなかった。しかし，試験の一週間前にテストすると，不安学生は試験関連語の直後にその位置に現れたドットにすばやく反応することが明らかになり，まるで彼らの注意は不安のソースに引き寄せられていたかのようであった。一方，統制学生は反対の効果を示しており，試験関連語の後の反応がやや遅く，まるでそれを避けているかのようであった。Mogg et al. (1990) が明らかにしたところによると，アナグラム（実際には解決不能なもの）を解こうとして生じる極めて短期的なストレスでさえ，ドットプローブ課題を用いた脅威語の方向にバイアスをかける。

14.2.3　情動的ストループ課題

　ドットプローブ課題は巧妙だが，単一のパラダイムに頼りすぎないことは重要である。幸いにも，同じ問題に対するストループ検査の修正版を用いた別のアプローチが開発された。古典的なストループ課題では，被験者にいくつかの単語の印刷してある色を呼称するように求める。単語自体が色の名前になって

---

[*]（訳注）　2つの単語を画面の上下に配置した。

いるのだが，重要なのは，印刷色がその名前と矛盾した条件である（例えば，**赤**という単語を緑のインクで印刷した）。この葛藤条件のもとでは，印刷色を呼称するには，非色単語のインク色を呼称するよりも長くかかる。非色単語の呼称の方は，xxx というような文字列の印刷色を呼称するよりも長くかかる。**情動的ストループ**課題は，単語を色の名前ではなく，潜在的な情動的意味によって選んだ変形版である。

例えば，Watts et al.（1986）によれば，クモに過大な恐怖を抱く人は，「失敗」や「苦痛」などのより一般的な不安語よりも，「網状の巣（web）」や「毛むくじゃら」などのクモ関連語の印刷色を音読するのに長くかかる。Mathews & MacLeod（1985）は，この効果がどのくらい特定的であるのかに関心を持った。彼らがテストした高不安の人々は，一次的な不安が社会的であるか，潜在的に物理的な脅威に関連しているかのいずれかであった。彼らは異なる反応パターンを見出しており，それぞれの群は自身の不安のソースと関連する単語に特に敏感であった。同様の関係は，服毒を試みたことのある人の薬物の過剰摂取関連語と一般的不安語についても見出されているのに対して（Williams & Broadbent, 1986），Hope et al.（1990）による2つの異なる患者群では社会的恐怖語との関連性から選んだ単語とパニック発作関連語の間に同様の解離が見出された。

しかし，ストレスフルな単語や中立的な単語の意識的アウェアネスは，情動的ストループ効果が起こるのに必要でないことに注目すべきである。例えば，不安関連語をわずか20ミリ秒間提示した後に，課題の色音読作業を続けただけで，不安患者の色音読反応を十分に遅延させる（MacLeod & Rutherford, 1992; Mathews & MacLeod, 1994）。そのような効果は，抑うつ状態にあるが不安ではない患者には起こらなかった（Mogg et al., 1993）。

最後に指摘しておくべきだろう。われわれは利用可能なデータを情動刺激が特異的に注意を引きつける証拠として解釈してきた。しかし，これらの結果は，おそらくは，抑制過程の妨害によって，情動が注意の停止を難しくすると仮定しても説明できる（Fox, 1994; Fox et al., 2001）。心配仮説による一般的な混乱についての考えはこれらの2つの解釈でほぼ同じだが，より詳細なモデルのレベルでは異なる意義が出てくる。これらを次に論じる。

14.3 不安と認知の影響をモデル化する

恐怖，不安，注意の関係性の一側面については，極めて広い合意が得られているようである。すなわち，潜在的な危険を検出するための早期警告装置としての進化論的機能である（Oatley & Johnson-Laird, 1987）。Öhman（1993, 1996）は，脅威に対する急速な前注意的定位の進化論的性質について説得力のある主張を行い，特定の潜在的に有害な刺激（ヘビや毒キノコなど）は，あまり害のない中立的な自然の刺激（花など）よりも，すばやく検出されること，さらには，回避反応と容易に条件づけ可能であることを明らかにしている。LeDoux（1996）は，恐怖のソースに対する反応と結びついた神経経路をエレガントに切り出し，2つの別々の経路を示した。どちらも情動反応を取り扱う扁桃体に至るのだが，一方は直接的で極めて高速であるのに対して，他方は皮質を経由する間接的ルートを取る。これらはそれぞれ前意識的処理と意識的処理に対応するように思える。

不安障害を理解し治療することは臨床的に重要であるため，不安と認知機能の関係性を説明することには多大な関心が寄せられている。最も初期の，そして，確実に臨床的に大きな影響のある解釈は，Beck（1976）の主張である。この解釈は不安と抑うつの両方についての認知療法の発展を導いた。これは抑うつの治療において特に影響力が大きいので，次の章で論じよう。

14.3.1 不安とパフォーマンスの認知モデル

Williams et al.（1988, 1997）は，近年の認知心理学の発展による直接的な影響を受け，感情と認知の相互作用の説明を提唱している。彼らは前意識的検出システムに評価システムが追従すると主張している。評価システムの知らせる脅威の度合いによって，刺激は注意を向けられたり抑制されたりする。評価過程には個人差があり，不安特性の高い被験者は潜在的な脅威に焦点化しやすいのに対して，この特性の低い被験者は脅威を無視する。しかし，この後者の仮定は進化論的視点からすると怪しいことが示唆されている。この仮定は，そのような人々はどんなに大きな脅威であっても一貫してそれを無視し続けることが予想されるからである（Mathews & Mackintosh, 1998; Mogg & Bradley, 1998）。このアプローチは，抑うつと不安の両方を持つ患者が脅威刺激の前注

意的検出について，不安は高いが抑うつではない患者が示すのと同じ傾向を示すと仮定するようだが，これは事実ではないだろう（Bradley et al., 1995; Mogg & Bradley, 1998）。

　これらの問題を回避するため，Mogg & Bradley（1998）は，Williams らのモデルの修正版である，認知-動機づけ仮説を提唱している。この仮定によれば，刺激はポジティブかネガティブかという感情価と動機づけ成分の両方を持っている。不安は，動機づけ的に嫌悪され，注意レベルの上昇，脅威に対するすばやい反応，自律的活性化の増加を生じる。Williams らと同じように，2つの段階が仮定される。ひとつは潜在的に脅威を及ぼす刺激の検出と評価を伴う段階，もうひとつは後続の認知処理を展開し動員することにかかわる段階である。Williams らとは違って，特性不安や状態不安の影響は評価過程におけるバイアスを通して作用すると解釈する。不安の高い被験者は，潜在的な脅威に注意を引きつけられる閾値が低い傾向があるだろう（図 14.1 を参照）。脅威の程度と注意を引きつけられる可能性を関連づける関数についてさらに仮定が加えられ，わずかにネガティブな刺激は，アクティブに無視される傾向にあるとされた。彼らの示唆によれば，脅威の度合いが低いと注意の抑制が生じるという明らかに逆説的な傾向には2つのポジティブな機能がある。第一に，注意の焦点化を促進し，すべての軽いネガティブ刺激が処理を要求する傾向を阻止することである。彼らが示唆する第二の機能は，結果的に認知にわずかにポジティブにバイアスがかかる傾向である。このことは，ネガティブな感情が活動を減少させる傾向を前提とすると，進化論的な利点となる。この仮定に関連して，不安は行為を促す嫌悪的感情状態であるのに対して，抑うつは無動機的であると主張される。Mogg & Bradley のモデルには次の章でも立ち戻るつもりである。

14.3.2　不安と長期記憶

　不安の高い被験者は不安喚起刺激に対して注意が偏っていることを考えると，後の再生にも同様のバイアスが予想されるだろう。しかし，自伝的記憶（Levy & Mineka, 1998; Wenzel et al., 2002）にも，実験的に提示した材料（Mogg et al., 1987; Sanz, 1996）の再生にも，そのようなバイアスについての頑健な証拠はほとんど見られない。パニック障害患者では脅威関連語の再生が高まるという証拠があるが（例えば，McNally et al., 1989），MacLeod & Mathews（2004）による不安と記憶に関する広範な文献についての最近のレ

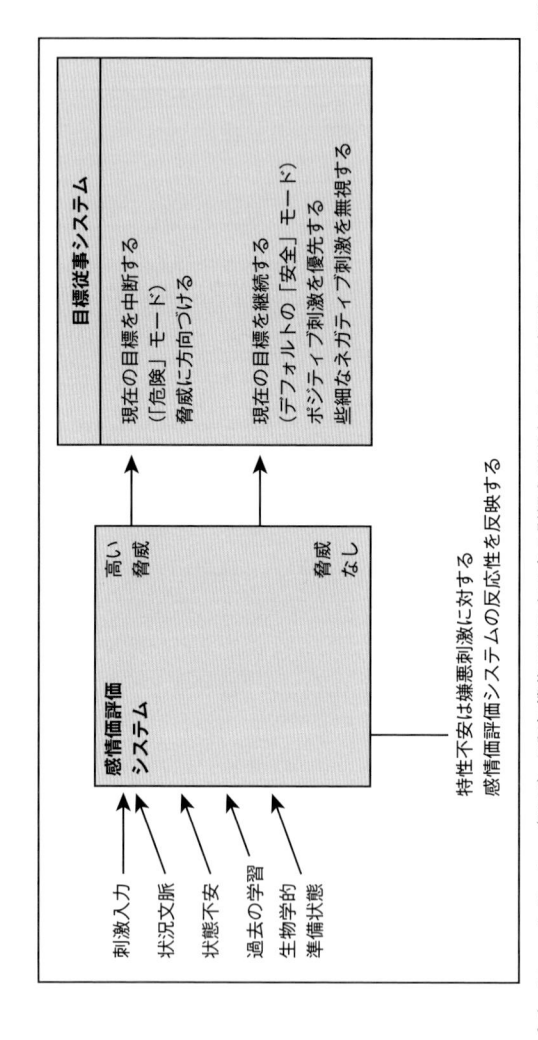

図 14.1 Mogg & Bradley(2005)が認知機能に及ぼす不安の影響を説明するために提唱したモデル。Mogg & Bradley(2005). A cognitive-motivational analysis of anxiety. *Behaviour Research and Therapy*, 36(9), 80. からのもの。Elsevier から許諾を得て再掲した。

ヴューによる結論では,「ほとんどの実験研究は,不安の高い人が……情動的に脅威を及ぼす材料に対して,一貫して再生や再認記憶の高まりを示すことを実証するのに失敗している」(MacLeod & Mathews, 2004, p. 180)。

14.4 依存と渇望

極端な情動が認知に及ぼす効果を論じる際に,同様のパターンがポジティブな情動(うまくジャンプを終えた初心者のスカイダイバーが感じる高揚感など)とネガティブな情動(ジャンプの前の不安など)の両方で働くことをわれわれは示唆した。しかし,これまでに取り上げた事実上すべての詳細な分析は,恐怖と不安の研究に限られていた。これは確かに最も広く分析された領域であるが,新たな証拠のソースを提供するものとして渇望(craving)の研究がある。渇望は依存に結びつきやすい極端な形の欲望であり,依存は実用的関心が甚大で今なお高まりつつあるもうひとつの問題である。

ここでの目的のために,依存という用語は生理学的依存性を指すのに用い,渇望という用語はこれに結びついた心理学的状態を指すのに用いる。恐怖の場合と同じように,両者は相関するが分離可能である。唾液分泌や心拍増大などの生理学的食欲のサインは,主観的に評定された食べ物,アルコール,薬物に対する欲望とやや低い相関を示す(Monti et al., 1993; Maude-Griffin & Tiffany, 1996)。さらに,生理学的手がかりは常にはそれほど特異的なわけではなく(Schachter & Singer, 1962; Marshall & Zimbardo, 1979),潜在的な共通成分の存在を示唆している。Garavan et al. (2000) は,fMRIを用いて,コカインに関する映像か,ポルノ映像のいずれかを見ているコカイン依存の被験者の脳活動を研究した。彼らは2つの映像について同様の活性化のパターンを見出した。

14.4.1 渇望と認知

渇望は不安の鏡映像と見なすことができる。一方は脅威のソースにむけて注意にバイアスをかけ,他方は欲望の対象を喚起する刺激に過度の注意を生じさせる。渇望は単純に被験者に欲望する対象や薬物のイメージを形成するよう教示することによって誘発でき(Cepeda-Benito & Tiffany, 1996; Zwaan & Truitt, 1998),〔このときの〕イメージの鮮明性の評定は事後に報告された衝

動のレベルと相関する（Tiffany & Hakenewerth, 1991; Drobes & Tiffany, 1997）。

　不安の場合と同じように，渇望は注意のバイアスを誘発することがある。前に述べたドットプローブ技法を用いて，Mogg et al.（2003）が示すところでは，ニコチンを奪われた喫煙者は，中立的なイメージのそばに配置した刺激を検出するよりも，喫煙関連画像が直前に提示されていた位置のそばに配置された刺激を検出しやすかった。これは，報告された渇望の強度と関連することが明らかにされている効果である（Walters et al., 2003）。不安の場合と同じように，そのようなバイアス効果は前注意的であるように思われる。この効果は，関連画像にパターンマスク（何らかの画像が提示されたという意識的アウェアネスを妨害する）を後続させた条件のもとでも得られるからである。

　認知的パフォーマンスが渇望によって乱されることは，多数の研究が明らかにしてきた。例えば，痩身ダイエットをしている人には，認知的パフォーマンスの低下が見出される。当初はこれらの効果は血糖値の低下を反映していると考えられたが（Benton & Sargent, 1992），この考えは後に反証された（Green & Rogers, 1995; Green et al., 1997）。Greenと共同研究者によれば，むしろダイエットに伴って，食物や体形に心を奪われることが，被験者の限界のあるワーキングメモリ容量を占有するためパフォーマンスが低下しているようだ。

　Green & Rogers（1998）は，Baddeley & Hitchのモデルを基にダイエット被験者と統制被験者とを比較し，文字の直後系列再生とロンドン塔推論課題での阻害を見出すとともに，音韻ループシステムと視空間スケッチパッドシステムの通常通りの方略的使用を見出した。Vreugdenburg et al.（2003）による後続研究は，現在ダイエットしているかどうかのみが異なるよう慎重に〔特性を〕一致させたグループにおいて，認知的パフォーマンスと没入的思考のレベルの両方を測定した。ダイエッターは，計算を構音抑制か乱数生成と組み合わせた二重課題パラダイムにおいても音韻ループ課題においても成績の低下を示した。相関分析が示すところでは，ダイエット状態による分散の53%〜96%は，ダイエッターの報告した没入的思考の程度に帰属できた。Baddeley & Hitchモデルは渇望の研究にとっての有用な基盤を与えるという，Greenと共同研究者による示唆は，Kavanagh et al.（2005）によってさらに精緻化され，彼らが精緻化侵入理論（elaborated intrusion theory：Kavanagh et al., 2005）と名づけた欲望と葛藤の一般理論になっている。

14.4.2 渇望の精緻化侵入理論

　この理論はある不可解な臨床的主張の思弁的解釈に由来する。その主張とは，すなわち，心的外傷後ストレス障害に伴う，心をかき乱すフラッシュバックは，患者が療法家の動く指を見るという手続きによって低下するというものである。われわれの主張では，このことは，視空間スケッチパッドに及ぼす眼球運動の効果に関連しており（Baddeley, 1986; Postle et al., 2006），おそらく，この効果によって患者は悩ましいイメージの鮮明性を減らすことができる（Baddeley & Andrade, 2000）。Andrade et al.（1997）は，健常被験者においてイメージ喚起を用いて，これが実際に事実であることを確証した。この結果は，後に van den Hout et al.（2001）によって再現された。

　私自身はこの時期以降このプロジェクトに関与していないが，Andrade と Kavanagh は共同研究を続けており，その研究は依存と渇望に対する Kavanagh の関心に広がっていき，一連の実証研究から，欲望と欲望が認知機能を妨害する力についての理論を導いた。この妨害の重要な側面は，ワーキングメモリ内の精緻化侵入の存在であると仮定される。このモデルは Eysenck の心配仮説に似ているが，不安でなく食欲の衝動に注目しており，より詳細に説明されている点で異なる。

　この理論が基盤とする仮定によると，欲望は食物，アルコール，タバコ，愛する人の何であれ，自動的に侵入的思考を引き起こすもととなる。このことは，空腹のつらさの場合のような生理学的手がかりによっても，食物のにおいなどの外的手がかりや食堂で皿がガチャガチャ鳴る音などの認知的連想によっても起こる。これは2つの効果を持つと仮定される。ひとつは自動的で快や安心に結びつくもの，2つめは認知的に媒介され，手がかりに対する精緻化を伴うものである。例えば，前もって食事について考えるというような，一般的にはイメージを伴う過程である（視覚的なイメージに限らないこともある）。そのような精緻化は，心配による妨害の場合のように，結果的に，より建設的な思考に取って代わることによってワーキングメモリの操作と干渉する。感覚的イメージはターゲットの特徴を擬似体験し，さらにシミュレーションを促し，これが一時的な情動的報酬となる。しかし，それは肉体的あるいは情動的欠乏への気づきを増幅し，欲求不満をより長引かせる。

　Kavanagh et al.（2005）は，いくつかの研究に基づいて彼らの理論を支持している。May et al.（2004）による，渇望と結びついた感情についての自己報

告研究が見出した2つの最も一般的な報告は,「私は空腹／渇きを感じる」といった生理学的な手がかりに基づくものか,そうでなければ,「私は突然そのことについて考えた」と予告なしに現れるというものであった。後者のタイプの報告は,被験者は刺激に気づかないか,それを忘れていることを示唆する。この結論を支持したのは,アルコール乱用者の研究で,彼らに過去24時間の飲酒についての思考のソースを報告するよう求めると,92％の場合,その考えは「いま浮かんだばかりだ」と主張した。

対照的に,精緻化段階は,一般的には,イメージに依存するように思われる (Salkovskis & Reynolds, 1994; May et al., 2004)。Kemps et al. (2004) は,ダイエットしている女性か統制被験者に,食物に関連するイメージを生成して,その鮮明さを評定することを求めた。イメージは渇望の報告の程度を増加させたのに対して,同時的視覚的ワーキングメモリ課題は鮮明さと渇望のレベルの両方を低下させた。渇望とイメージの相互作用についてのさらなる証拠となるのが Panabokke et al. (2004) による研究である。彼らによれば,無関連な視覚的イメージ（テニスの試合など）を形成するよう要求すると,喫煙を剥奪された被験者の渇望が減った。不安や心配の場合と同じように,そのような精緻化侵入は,プローブ検出課題における反応時間の増加 (Franken et al., 2000) や複雑な文の処理 (Zwaan & Truitt, 1998) によって測定されるように,潜在的にはワーキングメモリを阻害する。この効果は,特に低ワーキングメモリスパンの被験者で明確である。

望む物をイメージすることの初期のポジティブな効果にもかかわらず,充足がなされないと,不安,欲求不満,怒りといったネガティブな情動の効果をすぐさま導く。このことは,一般的には,脳の扁桃体と前帯状領野にかかわっており (Kilts et al., 2001),タバコ (Zinser et al., 1992),コカイン (Powell et al., 1992) を含む,いくつかの種類の渇望で同様のパターンを生じさせる。引き起こされたネガティブな気分が今度は剥奪手がかりをより利用可能にし,患者にストレスフルなテストを遂行することを要求したときに,渇望する物に関連する手がかりへの感度を増加させる。

14.5 結 論

危険と高揚,不安と渇望の効果についてわれわれはレヴューしたが,それら

はすべてワーキングメモリを妨害することができるようだ。そのメカニズムは細部では違っているようだが，それぞれの場合において，その効果は注意に基づいているように思われる。ときどき前注意的に検出される手がかりは，精緻な思考パターンを導くので，進行中の課題のために利用可能なワーキングメモリの処理容量を減らす。そのような解釈は，複数成分モデルに容易に取り入れることができる。脅威を及ぼす可能性のある刺激は中央実行系へのアクセスを獲得し，中央実行系を乱すことがあると解釈できる。渇望の場合には，侵入的思考は本質的にはポジティブなものであり，エピソード・バッファ内でさらなる精緻化を生じる。このことは，ワーキングメモリと情動の関係性についての一元的な総合的解釈という希望を与えるように思われる。この結論に到達するには，多大な実用的重要性をもったさらなる情動の混乱，すなわち，抑うつを考察すべきであろう。ワーキングメモリの複数成分モデルの中に情動を取り入れる方法という問題に取り組む前に，次の章では抑うつについて論じよう。

第15章
ワーキングメモリと情動 II
抑うつと行為の源

　前章で見たように，ワーキングメモリが不安によってどのように妨害されるかに関してはかなりの合意が見られる。進化論ベースの警告システムは，潜在的な脅威のソースを（たいていは前注意的に）検出でき，進行中の思考過程の中断をもたらす。そのようなモニタリングシステムを持つことは明らかに有益であるが，全般性不安障害（general anxiety disorder：GAD）のように閾値が過度に低く設定されているときや，恐怖症のように不適切な学習によって以前は中立的であった刺激が不安を引き起こす特性となった場合，システムは正しく働かず，日常的認知にとって大きな問題を起こすことがある。すでに明らかなように，注意も妨害されることがあり，食欲刺激が十分に強力であれば，きびしいダイエッターの食物に対する渇望や依存症者の薬物に対する渇望と同様に，認知処理は食欲刺激に取って代わられる。これらの知見はワーキングメモリの複数成分モデルを他のモデルから区別して支持するものではないが，このシステムでうまく説明できるし，Kavanagh et al.（2005）の欲望と渇望の分析などは，このモデルに直接に影響を受けている。私の当初の期待は，抑うつにおいて明らかになる認知障害も同じパターンに合致するだろうというものだった。不安と抑うつが頻繁に共起することは確かである（Mogg & Bradley, 2005）。もちろん，そのことは，それらが共通のメカニズムを持つことや因果関係があることを必ずしも意味しない。

15.1　不安と抑うつの効果の比較

　GAD に反映されるような不安の効果は，以下のようにまとめることができる。不安は前意識的なレベルと意識的なレベルの両方で注意に大きな影響を持

つ（Öhman & Soares, 1994）。不安は潜在的な脅威のソースに外的に焦点化させる傾向がある。また，活力を吹き込み，おそらくは，生体が闘争か逃走へと準備できるようにする。したがって，その進化論的な価値は明らかである。最後に，長期記憶にはほとんど影響しないが，例外として，心的外傷後ストレス障害などの極端な条件のもとでは，鮮明な侵入記憶を生じることがある。抑うつはどの程度これらの特徴を共有するのだろうか。

　抑うつは注意には不安ほど効果を持たないようであり，前注意的効果の証拠はほとんどない。不安とは違って，抑うつは内的に焦点化させる傾向があり，ネガティブな思考の反芻が顕著な特徴であり，活力を奪い，行為よりも無気力を促す傾向がある（Nolen-Hoeksema et al., 1993; Pyszczynski & Greenberg, 1987）。しかし，抑うつは不安よりも大幅に長期記憶に影響を及ぼす。最後に，多くの進化論的説明が提唱されているが，その進化論的な価値は明白とはいえない。これらの違いを表15.1にまとめてある。これらを順に論じよう。

15.1.1　注意と抑うつ

　前章で見たように，不安が認知に及ぼす影響のほとんどは，その注意過程および前注意過程へのインパクトから起こるもので，実行制御を中断させるものである。抑うつにおける注意の妨害についての証拠が確かに存在するものの，その効果はそれほど顕著ではないようだ。このことから，Williams et al.（1997）は，不安研究からの知見パターンとは対照的に，抑うつは注意に対して際立った頑健な効果は持たないと主張した。

　若干異なる見解を取るのがGotlibと共同研究者らである。彼らは多数の研究から抑うつ患者の注意バイアスについての証拠を得た。Gotlib et al.（2004b）の実験では，悲しい顔，怒り顔，中立顔を1000 ms，統制被験者と抑うつ患者，およびGAD患者に提示した。抑うつ患者は，悲しい顔により多くの注意を向けた。これとは対照的に，Mogg et al.（2000）による初期の研究は，より短

表15.1　不安と抑うつの主な違いのまとめ

恐怖と不安	抑うつ
多大な，前注意的および注意的な認知の阻害	弱い，純粋に後注意的効果
主に妨害による学習への効果	イニシアチブの欠如に帰因する学習の阻害
検索に対する気分適合阻害の証拠はほとんどない	多大な気分適合性
進化論的文脈は明確	進化論的文脈は賛否両論

い 500 ms の提示を用いて何の効果も見出さなかった。後続研究（Gotlib et al., 2004a）は，情動的ストループ課題のパフォーマンスによって測定しても注意に及ぼす抑うつの効果は見出されなかったが，抑うつ患者では悲しい顔に向かう注意バイアスに加えてネガティブな記憶バイアスを観察した。しかし，記憶の効果と注意の効果は相関しておらず，彼らはこの結果を，Beck (1976) や Bower (1981) の一元論的見解というよりは，Williams et al. (1997) の主張する不安と抑うつに及ぼす注意の効果の区別を支持するものとして解釈している。Gotlib らは，不安が注意に及ぼす**前注意的**効果（脅威を及ぼす刺激を閾下提示したときでも検出可能）と情動関連刺激に向かう**後注意的**バイアス（抑うつでも起こる）の区別を提唱している。後注意的バイアスは，刺激提示をより長くする必要があり，GAD 患者と抑うつ患者の両方で見出される。

　Mogg & Bradley (2005) は，抑うつと GAD の研究の最近のレヴューから大体よく似た結論に達した。このレヴューは，前章で述べた，2つの頻繁に用いられる注意課題である情動的ストループ課題と視覚的プローブを中心としている。彼らは GAD におけるマスクなし情動的ストループ課題パフォーマンスの研究を 10 本同定したが，そのすべてが予想通りのバイアスを示していた。抑うつにおける同様の9つの研究のうち，4つのみが効果を示した。これらのうちの3つは自己関連ネガティブ材料を伴った。彼らは GAD 患者と抑うつ患者を比較したマスクつき情動的ストループ実験を2つだけ報告している。どちらも不安患者ではバイアスを示したが抑うつ患者では示さなかった。大体において同じようなパターンが視覚的プローブ課題でも現れ，12 の不安研究のうちの 10 が効果を示したのに比べ，抑うつでは 11 のうち2つが効果を示した。

　そのような明確な区別が特に顕著であるのは，GAD と抑うつは臨床的並存疾患率が極めて高いことを考慮した場合である。ある臨床研究では，大うつと診断された患者の3分の2は不安神経症とも診断され，GAD を持つ患者の3分の1は抑うつであるとも診断される（Brown et al., 2001）。実際，抑うつと GAD を比較した Mogg ら自身の研究の患者は，同等レベルの不安神経症を示し，抑うつでもあるかどうかについてのみ違っていた（Bradley et al., 1995; Mogg et al., 1993, 2000）。それでは，抑うつ患者は，GAD 患者と同じくらい不安であるとしたら，なぜバイアス効果を示さないのだろうか。Mogg & Bradley (2005) は，多数の可能な説明を考察して棄却し，代わりに，抑うつ関連動機づけ障害を選び，抑うつ患者と不安患者は実際にはネガティブな刺激に向かうバイアスを持っているが，その後の「目標関与反応」が抑うつでは相

対的に弱いと主張した。

　彼らによれば，Williams et al.（1997）の見解は，GAD 患者における潜在的な脅威のソースに対する外的焦点と抑うつにおける内的焦点の違いを仮定すれば支持できる。しかし，彼らは脅威のソースは内的焦点化バイアスと外的焦点化バイアスの両方を引き起こすはずであるという理由でこれを棄却する。私はこの議論に完全には納得していない。抑うつ患者にとっての脅威の主要なソースが内的に表象されるなら（例えば，彼らの既に低い自尊感情を脅かすもの），このことは，たぶん実験者が採用した外的手がかりというよりは，患者の内的世界と強く結びついた不安を招くだろう。この解釈に一致する事実としては，自己記述的ネガティブ刺激（おそらくは内的焦点を反映する）を取り上げたのは，抑うつにおけるバイアス効果を示す 6 つの研究のうち 3 つであるのに対して，GAD におけるバイアスの 20 の実証〔研究〕の中では 1 つのみであった。

　結論として，詳細はなお論争中だが，Williams et al.（1996），Gotlib et al.（2004a, 2004b），Mogg & Bradley（2005）は，GAD の注意に及ぼす頑健な前注意的効果と，抑うつ患者にときおり見られるはるかに軽度の後注意的バイアス効果とを区別する必要があるという点で一致しているようだ。

15.1.2　抑うつによる記憶の妨害

　抑うつに陥っている患者は，日々，想起の問題を頻繁に訴える（Blaney, 1986; Watts, 1993）。そうした患者は学習が苦手であるという客観的な証拠もある。古典的な研究において，Cronholm & Ottosson（1961）は，抑うつ患者と統制被験者が散文の一節や単語と形態の対を学習する能力を調べ，患者には明確な障害を見出した。Rude et al.（1999）は，展望記憶の実験に類する方法で，ある行為の遂行を後で思い出すよう患者に求め，抑うつによってパフォーマンスが阻害されることを見出した。抑うつ患者は頻繁に記憶の問題を訴えており，その訴えの発生率は抑うつのレベルと相関する（Scogin et al., 1985）。しかし，Kahn et al.（1975）による研究では，患者の記憶の**訴え**の頻度は抑うつのレベルと相関するが，訴えのレベルは**客観的な**記憶パフォーマンスの測度とは相関しなかった。

　なぜ抑うつは学習や記憶と干渉することになるのか。Ellis & Ashbrook（1988）は，彼らが資源配分モデル（resource allocation model）と名づけた解釈を提唱している。これは，不安によるパフォーマンスの阻害を説明するために提唱された心配仮説と少々似ている。彼らの主張によれば，侵入的な抑うつ

思考は患者の限られた処理容量の一部を消費するので，学習が阻害される。対立的な見解を主張したのは Hertel & Hardin（1990）である。彼らの主張によれば，抑うつ患者はまったく創造力を欠いているので，アクティブな方略を用いてパフォーマンスを高めない傾向がある。この解釈に一致する証拠は，抑うつの効果と学習すべき材料の性質の間の交互作用を示した多数の研究から得られる。例えば，Weingartner et al.（1981）は，構造化していない単語リストについて抑うつによる障害を見出したが，これは構造を与えると消失した。それはおそらく，構造が欠けていると，学習に必要なアクティブな体制化（Tulving, 1962; Mandler, 1967）を課す際にイニシアチブが必要になるからである。同様に，Potts et al.（1989）によれば，アクティブな精緻化の可能性を持つ材料を与えると，抑うつ患者よりも統制被験者により有利となる。Hertel & Rude（1991）によれば，材料の中に明確な構造を与えると，以前に抑うつ被験者が示した成績低下がみられなくなった。

　Hertel のイニシアチブ仮説は，心的エネルギーなど何らかの形式のダイナミックな概念を必要とするようである。これらは，その重要性を強調した Broadbent（1971）と Kahneman（1973）の努力にもかかわらず，残念ながら認知心理学からは消え去ったように思われる概念である。エネルギーの減少から生じる学習と記憶における一般的阻害へのこの説明は Ellis の資源配分モデルとは対照的であり，認知的妨害効果とは事実上何であるかを仮定する点で心配仮説に似ている。これらの競合する解釈は，おそらくは，前に述べた，心配仮説を検証するために用いられた技法によって検証される可能性がある（Calvo & Eysenck, 1996; Derakshan & Eysenck, 1998）。ここで，Ellis のモデルはおそらく Hertel のイニシアチブ仮説の欠如とは異なる予測を行うだろう。私の知る限りでは，これらの路線の検討はまだ精査されていない。

15．1．3　情動的材料の記憶

　おそらく，記憶と抑うつの最も集中的に研究された特性は，気分一致効果である。この効果によると，抑うつ気分はネガティブな記憶の検索を促進する。気分一致効果が臨床的に重要であるのは，これが自伝的記憶のアクセス可能性にも適用されるからである。ネガティブな調子の記憶への検索にバイアスをかけることによって，気分一致効果は抑うつを悪化させ，下降スパイラルを引き起こす。Teasdale et al.（1980）は，Velten（1968）技法を用いて学生の被験者の気分を操作した。この技法は，被験者に一連の文を共感的に読むよう求

め,各々の文と一致する気分(mood)を感じるよう促すものであった。それらの文は,「物事は私がそうあってほしいと思うほどに良くはない」というマイルドな抑うつから,「人生をふりかえると,私は自分が本当に価値のある何かをやり遂げられたのか疑問に思う」という非常に抑うつなものにわたった。ポジティブな気分を誘発することを目的とした文は,「総じて,私は物事の進み方に極めて満足している」から,「人生はとても充実して興味深く,生きることはすばらしい」というものまでがあった。この技法は,主観的自己報告によって測定したときにも,書くスピードや発話速度などの客観的測度に反映させたときにも有効であるように思われる(Clark, 1983)。

　快な経験や不快な経験を再生し,心に浮かんだ最初の記憶を産出するよう求められると,幸福な気分は幸福な回想を促進し,その逆も真である。これは,多数の研究者が再現してきた結果である(Bower, 1981; Madigan & Bollenbach, 1982; Snyder & White, 1982)。気分に日周的変動のある患者を用いたときも同様の効果が見出されており,不幸な記憶は高レベルの抑うつのもとで再生されやすかった(Clark & Teasdale, 1982)。この結果はより典型的な抑うつ患者を用いて再現された(Clark & Teasdale, 1985)。このパターンは,ベースライン条件のもとでポジティブな回想バイアスを生じる傾向のある健常被験者のそれとは対照的である(Blaney, 1986)。

　頑健な気分**一致**効果は情動的な調子の再生材料に依存することに注目されたい。これと対照的に,気分**依存**効果では,**中立**語の再生が高まるのは学習時の情動状態を再生時に復元したときであるが,これはそれほど頑健でない現象である(Bower et al., 1981; Schare et al., 1984)。しかし,気分依存は,中立語が自己参照的であると起こることがある(Gotlib & Hammen, 1992; Williams & Scott, 1988)。ごくわずかに見られる抑うつにおける注意バイアスの報告が,主として自己参照的材料を用いていることは興味深い。

15.1.4　抑うつと自己評価

　抑うつのさらなる特徴は,自己と外界の評価に及ぼすそのネガティブな影響,そして,その結果として選択と行為に及ぼす影響である。このことは,健常被験者を不幸な気分,中立的な気分,幸福な気分に誘導することによって,多数の研究で実験的に検討されている。低い気分は人生全般に対する満足度(Schwarz & Clore, 1983; Schwarz et al., 1987)や自身の社会的スキルのレベルに対する満足度を低下させる。抑うつ気分は,将来の楽しみをよりリスキー

なものに見せ (Johnson & Tversky, 1983), 過去の失敗を自身の力不足に帰属させる (Forgas et al., 1990)。Schwarz & Clore (1983) は，人生満足度の推定に及ぼす天気の効果を調べた。被験者には晴れか雨の最中に電話をして，人生に対する全般的な満足度について尋ねた。晴れの日は一貫して高い評定を生じたが，この効果は最初に天気について尋ねると消失した。したがって，そうした潜在的な気分のソースは顕在的にすれば回避できるようだ。別の実験において，Schwarz & Clore (1983) は，ポジティブなライフイベントかネガティブなライフイベントの再生を求めることによって気分を誘導した。再び，このことは，被験者による人生満足度についての事後評定に影響した。しかし，この効果は，人生満足度評定を行う前に，再生をどんなふうに感じたか明示的に尋ねた群では見られなかった。われわれが意識していれば，気分効果は回避できるように思われる。

　気分のネガティブな効果は，暗い気分を誘導する特定の文脈に限定されない。Johnson & Tversky (1983) によれば，将来のガンによる死亡のリスク推定値は，火事による死亡の話によって，ガンによる死亡の話と同じくらいに増加した。同様に，Kavanagh & Bower (1985) によれば，失恋を想像すると，被験者がヘビにうまく対処できるという推定値も，今後10回のデートを楽しめるという推定値も同じくらいに低下した。

　気分は，起こったイベントの解釈にも影響する。Forgas et al. (1990) は，ビデオ映像を用いて幸福な気分，悲しい気分，中立的な気分を誘発してから，被験者に過去の期末試験について質問し，その結果を能力，努力，運，状況のいずれの要因が原因であると思うかたずねた。その後，一般的な学生についても同様の判断を行ってもらった。中立的な気分のもとでは，自分の失敗を責めるよりも成功をより多く認めるという特徴的なパターンが現れた。この傾向は，架空の一般的な学生には適用されないものであった。幸福な気分では，自分も一般的な学生も失敗よりも成功を招いたと被験者は仮定した。しかし，嫌な気分を誘発したときには，被験者は失敗について自身を責める傾向にあったが，この厳しい判断は一般的な学生の失敗には適用されなかった。このことは，以前に論じた，抑うつは自分自身とその限界に内的に注意を方向づけるという傾向と一致する。

15.1.5　ネガティブ思考と反芻

　気分依存の証拠から予想されるように，反芻する（繰り返し考える）患者は

抑うつがより持続する傾向にある（Nolen-Hoeksema, 1991）。ある自然災害（具体的には，地震）に反応した学生の研究において，Nolen-Hoeksema & Morrow（1991）によれば，より反芻的なスタイルの学生は，抑うつの初期レベルにかかわらず，イベントの10日後も7週間後も有意に抑うつに陥りやすかった。Fennell et al.（1987）は，抑うつ傾向の被験者と統制被験者の自発的な抑うつ思考の生成を調べた。被験者には，スライドに示す一連の画像を記述するか，単に光点に注目するよう求めた。ときどき，彼らの思考と抑うつレベルについて尋ねた（抑うつレベルについては，運動のスピードによっても測定した）。光点を見つめるときは，抑うつ思考はプローブテストの56％で起こり，一般的には刺激や環境とは独立であった。妨害的な課題，すなわち，画像の記述を行ったときは，そのような思考は10％に減った。この活動は，自己評定と運動スピードの両方によって測定した抑うつレベルも低下させた。このことから，抑うつという状態は積極的に維持されるものであり，そのため，諸活動によって妨害できることが示唆された。これは，前章で述べた，非抑うつ被験者における刺激独立の思考についてのわれわれの研究と一致する。それらの研究は，ワーキングメモリの中央実行系成分はそうした反芻の予防と妨害の両方にとって重要であることを示した（Teasdale et al., 1993, 1995）。

　まとめると，抑うつは不安ほどには注意に影響を及ぼさないが，記憶の乏しさの訴えとはよく結びついている。これは，直接的な記憶障害ではなく，学習時のイニシアチブの欠如を反映するように思われる。長期記憶からの検索は気分一致による影響を受けるが，このことは，反芻を長引かせ，さらに抑うつ的な気分に陥らせて，現在の状況や将来のプランの評価にネガティブな影響を及ぼす傾向がある。

15.2　抑うつの心理学理論

　抑うつの心理学的解釈は，4つの大きなカテゴリーに分かれ，そのそれぞれが問題の異なる側面（すなわち，精神分析的，行動的，制御ベース，認知的）を重視している。精神分析的アプローチの発端は，抑うつは喪失や近しい者との死別によって促された怒りが患者によって内側に向けられたときに生じるというFreud（1917/1986）の主張である。行動理論は，引きこもりや非活動性を導く抑うつを社会的強化の低さが原因であるとする傾向がある。この場合，

抑うつ反応には友人や家族からの共感による潜在的な報酬が与えられる（Coyne, 1976; Lewinsohn, 1975）。制御理論アプローチもまた適切なフィードバックループに組み込まれることに関係している。その著名な例は，**学習性無力感**という概念である。動物や人はどんな行為を取るかにかかわらず予測不能な形で生じるネガティブな結果に直面すると，見かけ上解決不能な問題に対して受動的で無力な反応を取るようになるが，これは抑うつに顕著な反応である（Seligman, 1975）。オリジナルのバージョンは人間の抑うつの適切なモデルとしては疑問視されてきたが，別の形式の制御理論が発展してきている（Abrahamson et al., 1978; Pyszczynski & Greenberg, 1987）。しかし，近年，最も影響力のある理論的アプローチは，Beck（1976）の抑うつの認知理論である。

　Beckの理論は，主に臨床的観察に基づき，抑うつは3つの構成要素からなると主張する。これらの第一は，自動的思考の存在である。自動的思考とは，患者にとって外的事象によって誘発されたのではないように思われ，たいていは何の疑問もなく受け入れられる。直前の章で論じた，渇望における同様の自発的思考の生起との類似性に注意されたい。自発的思考のネガティブな性質は，気分を乱し，精緻化思考を下降スパイラルに導く傾向がある。この下降スパイラルは，モデルの第二の段階で，自己（例えば，「私はできそこないだ」），周囲の世界（「この地位は負け犬のものだ」），将来（「物事はどんどん悪くなっていくだけだ」）というネガティブな見方を含む。このことには，系統的な論理的誤り（例えば，友人の電話のし忘れを不和の証拠として解釈する），過剰一般化（「私はこの友人を失った，私は常に友人を失う」），白黒つけたがる思考（「この友人を失ったら，もう私は死ぬかもしれない」），その他多くの諸々が付随する。第三の，そして，決定的な構成要素は，抑うつスキーマ（depressogenic schemata）の存在である。これは，世界と世界が構造化され自己と関係する仕方についての根強い仮定である。これらは破壊的にネガティブであり，Beckによると，一般的には子どものころに獲得されると仮定される。彼の理論の核心は，そのような長期持続的でネガティブなスキーマに原因があるとしたところにある。

　Beckの見解は，後の抑うつの認知療法の発展を通して大きな影響力を及ぼしてきた。この理論によって，患者はネガティブな仮定を同定し，テストし，そのうちに抑うつの下降スパイラルを回避する手段を発展させ，自分自身についてのネガティブでない表象を作り出すことを促された（Beck, 1976）。しかし，Beckの研究が抑うつの治療に大きな向上をもたらしたことには疑いがな

い一方で，基礎となる理論は以下のような多数の困難に陥っている。

1. 機能不全のネガティブな信念は，抑うつの原因ではなく結果であることを示唆する証拠がある。治療が認知ではなく行動に焦点を当てる場合でも（Imber et al., 1990; Rehm et al., 1987），患者が回復するとそれらの信念は変化する傾向にあるからである（Simons et al., 1984）。
2. 態度は，おそらく，機能不全の内在的スキーマを基盤にし続けるが，抑うつ患者が回復すると健常に戻るように思われる（Teasdale, 1988）。
3. この理論は抑うつを引き起こす社会的・環境的要因の重要性についてほとんど何も語らない（Brown & Harris, 1978; Coyne & Gotlib, 1983）。
4. また，この理論は，抑うつのレベルにおける日周的・季節的変動や薬理学的処置の効果の例に反映されるような，遺伝的・生物学的要因の重要性を無視する。
5. この理論は，「冷たい」認知と「温かい」認知の区別を無視する。患者は自分の見方が非合理的であること，また，自分が本当に救いようもなく不適切ではないことは**わかっている**かもしれないが，それでも，これらの判断が正しいとは**感じない**。

2つのレベルの認知処理の区別は，Barnard（1999）の認知処理の相互作用的認知サブシステム（Interactive Cognitive Subsystems：ICS）モデルの核心に位置する。このモデルはもともと言語処理の説明を行うために発展したものだが（Barnard, 1985），その後，人間とコンピュータの間の相互作用に適用され，後にTeasdaleとの共同研究において，抑うつを説明するものとして展開された（Teasdale & Barnard, 1993）。ICSモデルは少々複雑であり，それ自体の中に複数成分ワーキングメモリの一形式（少々詳しく特定すれば，実際に私自身のモデルにマップできる）を含むものと見ることができる。中央成分または実行成分は，命題システム（propositional system）と含意システム（implicational system）の2つに分割される。**命題**システムは，意識的アウェアネスから使用可能であり，顕在的な，比較的に情動フリーな「冷たい」認知にかかわっている。このシステムは第二の成分である**含意**システムとリンクしている。含意システムは，「温かい」認知にかかわっており，他の事柄の中でも情動に結びついた身体からの手がかりとリンクしている。私はこの区分を必要なものと見なしており，これがワーキングメモリの現在の複数成分モデルに欠け

ていることは，このモデルの応用範囲の明らかな限界を反映している。

　しかし，私はICSモデルについていくらかの留保をしておきたい。その第一は，すべての周辺的な感覚ベースのサブシステムについて同等のアーキテクチャを仮定している点である。この仮定がおそらくエレガントな計算論的解を提供することは私にもわかるが，そのことは，例えば音韻ループと視空間スケッチパッドを区別する実証的証拠に対応するとは思えないし，これらのサブシステムの働きについてさらに理解を進めてくれるようにも思えない。第二の問題はこのモデルの複雑さに由来する。それぞれが複数レベルで働き，そのすべてが互いに相互作用するこれほど多くの成分を仮定すると，このモデルが厳密にはどのように働くのかを明確に理解することが難しくなる。実際，おそらく唯一妥当なやり方は，モデルに基づいてプログラムを動作させて予測することであろう。そのことは，今度は，パラメータについての多くの仮定と私や，そしておそらくこのモデルの多くの潜在的ユーザーが保有するよりも相当に多くの計算論的知識を必要とするだろう。

　これに代わっておそらくICSとその精神において似ているがずっと単純なモデルを私は提案したい。このモデルは，Beckの観察の精神と一致するが，彼のネガティブスキーマの優位性についての仮定は受け入れない。このモデルは，神経生物学的要因と薬理学的要因の影響と矛盾せず，抑うつの進化論的意義に対する合理的説明と結びついている。最後に，私はこれが新たな定式化を表していると考えるが，その成分のほとんどは認知と情動に対する他のアプローチの一部を既に形成していることを強調したい。

15.3　行為の源

　恐怖と抑うつの決定的な違いのひとつは，恐怖はエネルギーを与えるのに対して，抑うつは無気力（apathy）を促すことである。この違いを理解しようとするなら，動機づけならびに動機づけが行動を駆動し，制御する能力についての理論が必要である。先に記したように，これは認知心理学では1970年代に覚醒の概念が流行らなくなって以降は放棄された分野であった。これは，少なくとも部分的には，覚醒という概念はシステムの全体的な警戒状態についての単純な測度という以上に発展させることが困難であったためである。恐怖，欲望，優れたスポーツ大会を見ることの興奮は，すべて高いレベルの覚醒と結

びついていそうだが，重要な点で違っていそうでもある．さらに，緩やかなレベルの覚醒を前提とすると，この理論はなぜわれわれが他のものでなくあるものを選んだのかを教えてくれない——つまり，これは動機づけの理論ではない．認知心理学が行為についての一般的な説明を与えようとするなら，情報処理の理論と動機づけおよび意思決定（volition）による制御を一体化する必要がある．

15.3.1　バランスの取れた世界仮説

　意思決定の問題を 250 年以上前に極めて明確に設定したのは，偉大な経験論哲学者である David Hume であった．彼の見解は，優れたスタート地点となり，今なお最も有望な解と思われるもの，いわゆる**バランスの取れた世界**仮説（*balanced world* hypothesis）と私が呼ぶものを明快に説明した．この説の仮定では，われわれが知覚し，再生する世界は感情的に中立的なものではなく，その特性はポジティブまたはネガティブなトーンを帯びている．Hume の主張によれば，「理性は情熱の奴隷であり，かつ，そうあるべきであり，それらに仕えしたがう以外の何らかの他の地位を装うことは決してできない」（Hume, 1739/1978, p. 415）．制御のメカニズムは，感情が「任意の対象からの苦痛や快の予想」（Hume, 1978, p. 414）を反映する能力に由来すると彼は提案する．結果的な衝動は，「理性から起こるのではなく，理性によって方向づけられるに過ぎない」．

　Hume がさらに続ける説明によると，情動によって，彼は怒り，恐怖，熱情などの極端な情動を指すだけでなく，「特定の穏やかな欲望や傾向もあり，それらは本当の情熱（passion）なのだが，心の中にほとんど情動を生み出さず，直接の感触や感覚によってよりも，その結果によってわかる」（Hume, 1978, p. 407）と示唆している．彼は博愛と敵意，牛への愛，子どもへの思いやり（彼はこれらを推論と間違われやすい情動として記述している）を例として引いている．彼はこれらの「静かな情熱」と自分を傷つける者を罰したい欲望などのより暴力的な情熱とを比べ，心の強さを「静かな情熱が暴力的な情熱を上回る」（Hume, 1978, p. 418）ことから起こるものとした．最後に，彼が強調するのは，これらの情熱は複雑であるため，前もって正しいやり方を選ぶことが困難であることであり，「これらの気分のバリエーションから，情動と情熱とが一致しない場合，人間の行為と問題解決に関する意思決定が非常に困難になる」（Hume, 1978, p. 418）と結論している．

つまり，Humeの主張によれば，われわれの行為はポジティブ，ネガティブ両方の欲望によって決定され，これらはわれわれを取り巻く世界に反映される。彼が強調するのは，これらは強力な感情とは感じられないかもしれず，心の強さや自己制御は，ポジティブだが弱い感情がより手におえない情熱に打ち負かされることを回避する能力を反映するということである。18世紀の哲学者として，Humeは自身の理性や内観に頼ることを余儀なくされていた。このトピックについてここ2世紀の間に蓄積されてきた実証的な証拠の量は目覚しいものではないが，思うに，Humeの見解が支持される傾向にある。

　その重要性にもかかわらず，何が行動を駆動するかという問題は，長年，認知心理学と認知神経心理学において相当に軽視されてきた。この軽視は，幸いなことに，今では是正され始めている。この関心の復活に強い影響を及ぼしたのがAntonio Damasioの研究（1994）である。彼は『デカルトの誤り』という本でこの問題に取り組んだ。この本は，19世紀の鉄道作業長Phineas Gageの古典的な事例の考察から始まる。この人は，不運にも，爆破によってとがった鉄の棒を眼窩と脳の前頭葉全体に打ち込まれるという事故に巻き込まれた。彼はこの恐ろしい事件からことのほか順調に回復し，明らかな知的障害はほとんど見られなかったが，性格に重大な変化が生じた。彼を治療した医師による説明（Harlow, 1868）は，「均衡の取れた心……そつがなく，頭の切れるビジネスマン，非常にエネルギッシュで粘り強い」人物が今では「気まぐれで無礼……制止やアドバイスが彼の欲望に沿わないときにはそれらに我慢がならない，ときには頑迷に意固地だが移り気で煮え切らない」人物に変貌した——つまり，「GageはもうGageではなくなった」——ことを記述している（Damasio, 1994, p. 8に引用されているHarlow, 1868）。

　Gageはそのような事例の最もよく知られた例だが，彼は決して稀な例ではない。Damasioは自身の患者であるElliotの例を述べている。彼は非常に有能なビジネスマンだが，前頭葉の脳腫瘍の切除後，Gageが示したものと非常によく似た行動パターンを呈した。彼は知的にはなお優秀であり，神経心理学検査全般を見かけ上は容易に通過した。彼は社会的スキルと言語スキルをすべて保っており，復職したのだが，悲惨な結果となった。彼はかつての優れたセンスと判断をすべて失い，続いてその後の仕事や個人的関係も損ないつつある。なぜだろうか。この問題を理解するため，Damasioは**ソマティックマーカー仮説**（*somatic marker hypothesis*）を提唱した。この仮説は，Humeのかつての見解と多くの点で共通するものだが，Damasioの豊富な神経心理学的経験

からの証拠によって，また，提案されている神経解剖学的メカニズムによって裏打ちされている。しかし，目下の目的のため，われわれはこの仮説の心理学的レベルでの意義に注目することにしよう。

　Damasio は，Hume と同じように，行動を駆動したり，誘導したりすることにおける情動の重要性をまず強調する。また，Hume が「穏やかな情念（calm passion）」と名づけたものの重要性を強調する。Damasio は，身体的・肉体的特徴から定義される**情動**（*emotion*）と意識的に検出可能な対応物である**感情**（*feeling*）とを区別する。ソマティックマーカー仮説によれば，行為を誘導するのはこれらの感情であり，ネガティブな「目覚まし時計のベル」やポジティブな「誘因の灯台」として機能する。それによれば「ソマティックマーカーは二次的な情動から生成した感情の特殊な例であり……特定のシナリオのもつ将来の結末の予測に関する学習と結びついている」（Damasio, 1994, p. 174）。

　Hume と同じように，Damasio は学習の重要性を強調し，さらに，「ネガティブまたはポジティブな特定の表象から生じた身体状態は，表象されているものの価値のマーカーとしてだけでなく，持続的なワーキングメモリと注意の増幅器として働く」（Damasio, 1994, pp. 197-198）と示唆している。したがって，Damasio は，行動を維持することの重要性を強調する。彼はさらにこの論点を展開し，「したがって，事実に関する知識から生成したシナリオの広大な展望にわたる推論の過程には，3人の脇役が存在する。すなわち，**自動化された身体状態**とそのバイアスメカニズムに加えて，**ワーキングメモリと注意**である」（Damasio, 1994, p. 198，強調は著者による）と主張する。したがって，Damasio は，ワーキングメモリの貯蔵容量とその注意制御の両方の重要性に大きな重みを置いている。

　したがって，Damasio は，意思を一連の対象と選択肢——そのすべてはポジティブかネガティブの感覚または感情価で満たされている——から構成される世界を航行するという観点から解釈する。そのような見解についての証拠は何であろうか。Damasio（1994）が引用した証拠は，大部分は神経心理学的である。彼は適正なソマティックマーカーシステムがないと情動を用いて判断することができなくなると示唆しており，多くの課題においてそうした身体ベースの直感が重要であることを強調している（会議の日程を選ぶなどの小さな問題から，誰と結婚するかなどの重大な意思決定まで）。彼が記述しているのは，前頭葉損傷の結果，この能力を失った患者の行為である。この患者には，次回の予約について2つの候補となる日程を伝えた。患者は自分の手帳を開くと，

それぞれの日程の可否を挙げはじめ、たっぷり30分ほどそれぞれの日程を順番に組み合わせて評価した。ある時点でDamasioが一方の日程を提案すると、「それでいいです」との応答が返ってきた。

　すべての可能性を合理的に比較評価し組み合わせることは、もちろん、重要な活動だが、どちらの日程にするかの単純な選択を行えないとすれば、このことは重大なハンディキャップとなりうる。どのような過程がそうした能力を下支えするのだろうか。明白に必要なものが2つある。ひとつは、ワーキングメモリに情報を維持し、操作する能力に関係する。もうひとつは、様々な選択肢のポジティブおよびネガティブな特徴の評価を可能にする、快楽判断（hedonic judgment）過程である。抑うつはこの快楽判断と評価のシステムの機能不全を反映していると私は考える。

15.4　ワーキングメモリと抑うつ

　快楽検出器仮説が仮定するシステムは、ワーキングメモリのエピソード・バッファ成分内のオブジェクトや表象からのポジティブまたはネガティブな連合を目立たせることができる。これは複雑な刺激配列を平均し、ガイガー・カウンターがオブジェクトや配列の位置を示すのと同じような方式で、すばやく総計できると仮定される。しかし、ガイガー・カウンターとは違って、ポジティブな感情価とネガティブな感情価の両方を検出できると仮定しておこう。そこで、これはよい特徴とわるい特徴を併せ持つ複合的な状況を評価できる。このシステムは注意によって制御された結果、選択された単一のオブジェクトと配列全体のいずれをも評価すると仮定する。例えば、ある家を買うかどうかを意思決定する際、われわれは最初に全体的にポジティブな印象を抱くが、いくばくかのネガティブな感覚も伴うかもしれない。家の諸側面を個別に考察することによって、これらがどのくらい重要かを判断できるだろう。例えば、ネガティブな構成要素の焦点は、簡単に変えることのできる装飾なのか、そうはできない不快な眺めなのか。

　評価されるオブジェクトは外的環境にあることもあれば、内的に生成されたもののこともあるが、どちらの場合もワーキングメモリに保持される。これにより、今見ている家と過去に見た家を比較できる。意思決定が複雑であるとき、具体的な構成要素に注目することや、ワーキングメモリに長期記憶から他

の証拠を呼び出すことが必要になるだろう。

　そのような実行処理は負荷が高くなりがちであり，まさしくDamasio（Shallice & Burgess, 1991; Burgess et al., 2000）が論じたような患者で阻害されている種類の多重課題を必要とする。多くの日常的選択は，すばやく，おそらくは自動的であるのに対して，2つの家のどちらを買ったらよいかなどの複雑な意思決定は，明らかにワーキングメモリと長期記憶の両方に大きく依存する傾向がある。そのような意思決定が困難に陥りやすいのは，それらがワーキングメモリに過度に頼って，評価しなければならない複合的な刺激配列を処理し，その結果を保持しつつ他の複合的な配列を準備して，それらの結果を比較するためである。

　ここで提唱する快楽評価システムは，5つの決定的な特徴を持つ。すなわち，

1．感情価尺度の中立点
2．感度（その水準からの変化を検出する能力）
3．判断を貯蔵する能力
4．貯蔵された複数の選択肢を弁別する能力
5．安定性

である。これらのいずれかまたはすべてが人によって異なる。読み取りがポジティブになる中立点が遺伝のために慢性的に高い水準に設定される場合，憂うつ質と呼ばれてきたものとなる。例えば，ある古い友人の場合，テニュア*を勝ち取ったという明らかにポジティブなニュースを聞かされて，「ああ，今は異動したくないのに」と反応した。これと反対の環境は，どんなときも陽気で楽観的な人物を生み出すだろう。感度の低さは複数の快楽水準の弁別を失敗させ，結果的に，Damasioの患者が示すような社会的適応の問題——快楽評価の問題から起こりうる障害（ただし，原理的には，実行，貯蔵，処理のいずれかの障害にも由来する）——をもたらすことになる。最後に，システムの安定性は個人によって異なり，短期的もしくは長期的な期間で気分の変動が起こる。

　この複合的な快楽誘導システムの適用が特に難しくなりそうなのは，未来の

＊（訳注）　アメリカの大学における終身雇用資格。

行為のためのプランを評価するのに用いるときである。そうしたプランは，必然的に正確さ，快楽に関して信頼できる詳細を欠いており，比較評価を難しくする。したがって，前頭葉に損傷のある患者がこれを解決しがたいと感じることはまったく驚くに当たらない。というのは，彼らは方略生成と多重課題の両方に大きな問題を抱える傾向があるためである (Shallice, 1988; Shallice & Burgess, 1991)。この効果を例証したのが Alderman (1996) による研究である。この研究は，トークン経済システムによる，脳損傷患者の行動上の問題のリハビリプログラムに関するものであった。この研究は，社会的に適切な行動にトークン（後で特典として現金化できる）で報酬を与えた。ほとんどの患者にはこの方式が有効であったが，あるサブサンプルはそうでなかった。そうした患者における最も顕著な認知障害は，二重課題を遂行できないことである。このタイプの課題は Baddeley et al. (1997) が日常生活において実行機能障害行動を示す，前頭葉損傷のある患者の下位集団で損なわれていることを発見したものである。適切な社会的行動を維持することは，それ自体，二重課題活動であると言いたくなる。社会的活動では自分自身の目標を保持しながら，他者の意図と欲求を覚えておくことが重要なのだ。しかし，われわれの結果は，二重課題遂行と適切な社会的行動は，脳の解剖学的に互いに近い部分に依存しているため，機能的には独立であるが，同時に損傷を被りやすいことを意味しているだけなのかもしれない。

　しかし，健常な人々でさえ，起こりうる未来の展開の快楽的影響を推定することは不得意である。これを研究したのが実験室実験とフィールド研究の両方を用いた Gilbert et al. (1998) である。この研究では，テニュアを取得できるかどうかという時期の研究者に対して，その結果がわかってからの一年後に彼らがどのように感じていそうか，結果がポジティブな場合とネガティブな場合に推定するよう求めた。幸いにも，テニュアを得ることに失敗した人々は彼らが予想したよりも一年後に相当に快活であったのに対して，テニュアを得た人々は彼らが予想したほど大喜びではなかった。Gilbert らはこの結果を，評価の中心をなす決定に加えて，人生に対する満足に影響し，それを媒介する豊富な変数を未来の意思決定に含めることができないという観点から解釈している。

　おそらく，われわれはそのような運命による痛手に対抗して自尊心を守るための恐るべき技法を備えていることも注目に価する。これらに含まれるのが，成功したときはそれを自分の手柄にするが，失敗の責任は否定して (Zuckerman, 1979），失敗を忘却し，成功や賞賛を思い出すことを常に選択的に行うことである（Crary, 1966; Mischel et al., 1976）。われわれは容易に賞賛を受け入れるが，批判には懐疑的な傾向があり（Wyer & Frey, 1983; Kunda, 1990），たいていは，そのような批判を批評家の側の偏見のせいにする（Crocker & Major, 1989）。

われわれの自尊心を鼓舞するためのこの恐るべき方略を前提とすると，おそらく，われわれの自己知覚が，友人や同僚が報告する見解と極めて高い相関を示さないことは，意外ではない。これは，われわれが他者に注目されることを期待しないという内的な美徳に気づいているからなのだろうか。たぶんそうではない。というのは，われわれは彼らの見解が自分のものと似ているだろうと誤った予測をするからである（Shrauger & Schoeneman, 1979）。

Taylor & Brown（1988, 1999）の主張によれば，われわれ自身に対する過度に楽観的な見解は健康的なものである。

> ネガティブで，曖昧もしくは根拠のないフィードバックについて，ポジティブな自己認識，自己効力感の信念，将来の意志に対する楽観的認識を持って反応する人は，同じ情報を正確に受け止めて自己，世界，未来に対する自身の見解に統合する人よりも，われわれの考えでは，幸福であり，面倒見がよく，生産的である。
>
> （Taylor & Brown, 1999, p. 60）

すべてうまくいくという楽観主義者のごとき確信は，複雑で完全に慈悲深いわけではない世界への対処に成功するためのレシピではなさそうだが，明るい側面を探そうとする少しばかりの傾向は，反対方向のバイアス（抑うつにおいて反芻と無行動に陥らせるようなバイアス）よりも元気にしてくれる（Pyszczynski & Greenberg, 1987）。つまりは，快楽検出システムにおけるある程度ポジティブなバイアスがおそらくは好都合である。

15.4.1 快楽検出器と抑うつ

私の考えでは，抑うつは快楽検出システムの中立点の設定が不適切なことを反映している。これは，おそらく2つの効果を持つ。第一の効果は，反芻とネガティブな感情の原因探索に関するものである。このことは，第二の帰結を生む。すなわち，致命的な気分適合性の効果であり，これによって，沈んだ気分

がネガティブな記憶に向かうバイアスを引き起こすために，抑うつが深まる。

　快楽の閾値は生物学的に設定されるが，外部イベントによる影響も受けると仮定される。内発性抑うつ患者は，ポジティブな感情価の手がかりに対して慢性的に高い閾値を持つと仮定されるので，世界は一般によりネガティブな仕方で評価される。このことは，神経薬理学的に媒介されると仮定されるため，薬物療法が有効な可能性がある。安定性の度合いは個人間でも異なり，快楽の中立点を日ごとに（Clark & Teasdale, 1982），あるいは季節性感情障害のように季節のバイアスで変動しやすくさせるのに対して，その範囲もまた単極性抑うつにおけるように緩やかなものから高い閾値の範囲まで変化したり，躁うつにおけるように極めて高いものから極めて低いものへ変化することもある（Bulbena & Berrios, 1993; Murphy et al., 1999）。

　快楽システムの機能は，環境（過去の経験と将来のプランを含む）を評価することである。これらがネガティブであるとき，シグナルはもちろんネガティブとなり，反芻と問題に対する解決の探索を促す。問題が解決できない場合には，すべてのオプションはネガティブとなり，**学習性無力感**の状態が起こり，抑うつ的な消極性を生む（Seligman, 1975）。明らかな外部の原因がない場合には，システムは内的な説明を探し，自責を招く可能性があり，Beck（1976）が観察したように，ポジティブではなくネガティブな自己スキーマの検索を促し，さらなる抑うつをもたらす。

　学習性無力感仮説を用いる以外の方法で，快楽検出器仮説は抑うつを伴うような無気力の程度を説明できるだろうか。私はできると考える。快楽価仮説によれば，ポジティブな行為はDamasioが「誘因の灯台」と名づけたものに依存する。これらがあまり明るく輝いていないと知覚される場合，ポジティブな誘因はだんだんと低下し，前向きに行為しようとする衝動もいっしょに低下する。

　抑うつに対する薬理学的処置は，おそらく，中立点を内発的にリセットするように作用するのに対して，認知療法は，反芻の下降スパイラルを妨げるように作用し，患者がネガティブな記憶ではなくポジティブな記憶の検索を促し，不適切にネガティブな世界の解釈を検証したり，退けることを助ける（Williams, 1984）。このことは，薬物療法よりも長くかかるかもしれないが，患者に未来に対処するための方略を授け，再発率を減らすという利点がある（Teasdale et al., 2000）。薬理学的療法と心理学的療法を組み合わせると，深刻な抑うつに対する最も効果的な処置となるだろう。

15.5 情動と複数成分モデル

情動が複数成分ワーキングメモリの働きに影響することを前提とするならば，それはモデルにどのように組み込めるだろうか。不安の効果は前注意的に働くことがあるのを考えると，ワーキングメモリを迂回できる脅威検出システムを仮定しなければならない。しかし，ワーキングメモリは選択肢を評価し，適切に反応するのに重要なツールであると思われるので，明らかに，ワーキングメモリを経由して働く第二のルートを持つ必要がある。この二成分解は，もちろん，LeDoux（1996）と他の人々のエレガントな神経生物学的研究と完全に一致する。

われわれの主張によれば，抑うつは快楽検出と評価のシステムに決定的に依存しており，このことは，快楽的な価値を持つ情報を保持し，操作する能力とともに，意識において，そしておそらくは，潜在的な意思決定においても中心的な役割を果たす。現行のモデルの中では，中央実行系は注意システムであると仮定されており，固有の貯蔵能力を持たないのに対して，音韻ループや視空間スケッチパッドは価値づけされた情報を取り扱い，操作するために十分完備されてはいない。刺激や状況の価値は少なくとも大部分が先行経験に依存すると考えるなら，意思決定中の保持の能力と合わせて，これを担当する当然の成分はエピソード・バッファであろう。修正版のワーキングメモリモデルを図15.1に示した。脅威に関する情報を a の矢印，ポジティブな感情価の情報を b の矢印，ネガティブな情報を c の矢印で示してある。

15.5.1 モデルの展開

単純な快楽検出器仮説が理論的に有益であることを明らかにしようとするなら，その作用を研究する手法——できれば単純で頑健なもの——を開発することが重要である。どんな選択肢があるだろうか。

近年この分野で普及した手法は，Damasio のソマティックマーカー仮説を検証するために Bechara et al.（1994, 1997）が開発した，アイオワギャンブル課題（Iowa gambling task：IGT）である。この課題で被験者は4つの山の1つからカードを選ぶよう求められる。このうちの2つの山には高利益を生むカードと高損失のカードが混ぜられており，これらの山は，利益は中程度だが

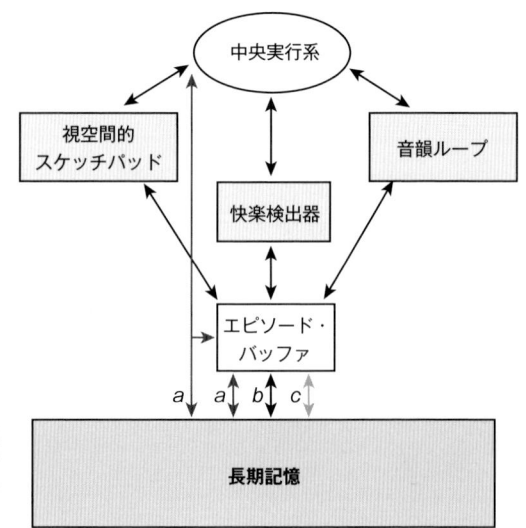

図 15.1 ワーキングメモリに対する情動的要因の影響を含めた，Baddeley（2000a）のワーキングメモリモデルの応用。a の矢印は脅威検出，b の矢印はポジティブな感情価，c の矢印はネガティブな感情価を示す。

損失が少ない他の2つの山よりも〔長期的には〕不利な選択となる。多くの人々は当初，高利益だが損失も大きいカードの山を選ぶが，後になるともっと長期の利益をもたらす方に切り換える。これができない患者は，日常生活を適切に送る上で問題を示す傾向がある。第一に，この課題は比較的複雑であり，第二に，新しい価値基準を獲得し，使用することに関するものであるのに対して，われわれが当初必要としたのは，既存の価値基準を評価するシステムを測定する手法である。

　われわれは検出器の働きを測定する過程において，暫定的な第一段階にたどり着いた。この課題は，被験者に刺激の系列を提示して，単純に感情価判断を求める。われわれの仮説によると，快楽検出器の中立点を変化させる変数は，ポジティブおよびネガティブ判断の割合に反映される。この手法がうまくいけば，感覚システムを扱うのと同じ仕方で快楽検出器を取り扱うことが望める。

　例えば，内的刺激と外的刺激のいずれか，または，その両方を判断するときの検出器の働きが，気分の影響を受けるかどうかをわれわれは調べている。もし影響を受けるなら，この気分効果は感情価の範囲全体に適用されるのであろうか。例えば，沈んだ気分は尺度全体をシフトさせてネガティブ刺激が非常にネガティブになるようにしたり，ポジティブ刺激があまりポジティブでなくなるようにしたり，また，この過程はネガティブ気分が自伝的記憶に及ぼす影響

と同様に，段階的なのであろうか。われわれのモデルには情動を貯蔵するための別個のSTMシステムが必要なのか，それとも，私が考えているように，感情価はLTMへのリンクを通して間接的に伝えられるのであろうか。それに関連して，時間経過を通しての気分の持続性はアクティブな貯蔵を要求するのか，もしそうなら，このアクティブな貯蔵はワーキングメモリに依存するのか，という問いもある。再び，LTMにおける活性化と潜在的な神経生物学的レベルでの感情の継続的保持の両方が，この役割の強力な候補ではないかと私は思う。しかし，情動のこれらの諸側面がなかったとしても，ワーキングメモリが情動によって，どのように影響を受けるかについての適切な理論を発展させようとするなら，進めるべき実り豊かな方向性の研究が多数存在するだろう。

15.5.2 進化論的観点

　不安や恐怖が認知に及ぼす影響について一般に受け入れられた解釈がもつ魅力的な特徴は，進化論的文脈の中でのその適切性である。潜在的な脅威を検出するシステムがワーキングメモリへの前注意的アクセスおよび注意媒介的アクセスを得るはずだ，と仮定することは理に適っている。これには明らかに生存上の価値があるが，不適切に作用した場合には，正常な機能性と干渉する恐れがある。だが，抑うつが担う種の生存にとっての利点とは何だろうか。

　多くの進化論的仮説が提唱されている。これらには，抑うつを援助の求めとして（Lewis, 1934），生体が努力と資源を節約する手段として（Thierry et al, 1984），喪失や死別に対する反応として（Freud, 1986; Oatley & Johnson-Laird, 1987），社会的葛藤を起こすものとして見るもの（Price et al., 1994）がある。この文献のレヴューはMesse（2000）である。彼は抑うつのさらなる解釈を付け加え，抑うつは到達不可能な目標からの撤退を促進するメカニズムであると主張している。

　しかし，これらのすべては抑うつと十分に結びついた状況を描き出しているが，いずれかの解釈を優位にするような明確な証拠はほとんどない。さらに，それらは一般的には環境的な影響に焦点を当てており，生物学的なメカニズムと密接にはリンクしていなかったり，内発性抑うつや一部の例での時間とともに（日によって，あるいは，季節ごとに）変動する傾向を説明できない傾向がある。

　快楽検出器仮説は，進化論的文脈の中で，少なくとも，その競合仮説と同じ程度には適切だ，と私は考える。選択と行為の動機づけ的な制御にとって中心

的なメカニズムは明らかに進化論的な価値があり，抑うつにおける機能不全によって潜在能力をかなり損失することに見合う．

15.6　情動：広範な見解

本章は最も書くのが難しい章であった．この章は，不安が認知に及ぼすインパクトに反映されるように，ワーキングメモリと情動の間の比較的明確な関係のように思われたものを拡張する試みとして始まった．抑うつに適用すると，この単純なモデルはうまく機能しないように思われ，それを何とかしようと試み，私は快楽検出器仮説を考案した．次いで私はこのことについて私自身よりもずっと博識な共同研究者らと議論を続け，このアイデアは概して妥当であり，比較的斬新で発展させる価値があると励まされることになった．また，彼らが私が読むべきものを示唆してくれたことも助けになった．急速に明らかになったのは，関連する文献の範囲は膨大で，多様であり，急速に発展中であることだ．本章を綿密で専門的なレヴューに基づいて書こうという見通しは急速に後退し始めた．本書の残りでは，私は初期のもくろみをそのままにとどめるが，より本格的な扱いにした方がよい2つの領域に言及する短い追記を加えることに決めた．

15.6.1　情動の心理学理論

まず，情動の研究と認知の研究の相互作用がないと嘆く際，私は少々自文化中心主義的であり，認知心理学に向かう情報処理アプローチ——複数成分モデルはその中で発展してきた——に専念する．他の伝統の中では，ヨーロッパ（例えば，Scherer, 1984; Frijda, 2004)，北アメリカ（例えば，Leventhal, 1980; Lazarus, 1982; Zajonc, 1984）ともに，情動についての極めて健全な関心を維持してきた．私自身の努力とは違って，これらのアプローチの多くは，情動は単純にポジティブであったり，ネガティブであったりするのではなく，むしろ，一連の複雑で微妙な差異から構成されるという事実を捉えようとしてきた．これらは，Humeが主張するように，恐怖や怒りなどのより劇的な情動と同様に行動をガイドする際に重要な情動である．私はこの多様性を私自身のどちらかといえば単純に割り切った主張と一致させつつ捉える，ひとつのフレームワークだけを簡単に述べたい．

Leventhal & Scherer（1987）が提唱するモデルでは，情動は単純で反射のような行動から精緻な認知-情動パターン（処理の潜在的なレベルと顕在的なレベルの間の，そしてそれぞれのレベル内での複雑な相互作用を伴う）にわたる。彼らは情動と認知の理論を一体化させようとしており，「情動と認知のメカニズムの独立性の程度にかかわらず，情動の理論は特定の情動を生じる過程の性質と認知的内容の型を取り上げない限りは未発達のままに留まる」（Leventhal & Scherer, 1987, p. 13）と述べた。彼らのモデルは，(1)新規性チェック，(2)本能的快感チェック，(3)目標／要求の重要性チェック，(4)対処可能性チェック，最後に，(5)規範／自己適合性チェックからなる5つの評価段階を仮定している。前に示唆した単純な快楽評価過程は，これらのうち第二の過程に大体一致するように思われる。この過程は，刺激イベントが快であるか，また接近すべきかを決定し，不快であれば回避を促すもので，生得的な特徴検出と学習性の連合の両方に基づく過程である。

これらの5つの判断段階は，次に，感覚運動的，スキーマ的，概念的の3つの処理レベルの各々で適用される。このフレームワークの15のセルすべてを述べるのではなく，第二の段階——快楽検出器についての私の概念に最も近い本能的快感のチェック——に適用したときのその応用例を挙げよう。感覚運動レベルでは，生得的選好と気晴らしが働き，例えば，痛みや突然の騒音の回避や，空腹の生体にとっての食物の魅力がある。より高次なスキーマレベルの評価は，例えば，食物や安全性と連合した場所の魅力，敵と連合した場所の回避など，学習性の選好や嫌悪に基づく。概念的レベルでは，評価は予期したり，間接的に導出されたポジティブ情報やネガティブ情報の再生に基づく（例えば，敵のいないルートを通って，その時期に熟した果物が豊富な場所へ移動することを選ぶ）。現時点では，私自身の単純化された推測はこのずっと豊かなフレームワークとおおまかに一致すること，私自身の見解が発展させるべきもの〔と思われる〕なら，この文献とより密接にかかわれば得るところがあることを記しておくにとどめる。

15.6.2　情動への神経生物学的アプローチ

先に記したように，情動に関する研究の多くは，過去には動物研究によっていたが，今では状況は変わり，人間における情動の研究が急速に増加しつつある。この理由は，明らかに神経イメージングの発展である。神経イメージングは情動の効果について，純粋に行動主義的な手法を用いて可能になるよりも，

はるかに洗練された分析を可能にする。第二の理由は，私自身の判断としては，Damasio の研究によって促された情動への関心に由来する。彼の研究は，日常認知にとっての情動の重要性を強調し，情動がソマティック刺激（somatic stimuli）とリンクしており，明確に特定された脳領域を通して作用すると主張している。最後に，アイオワギャンブル課題（IGT）の開発は，ソマティックマーカー仮説の予測を検証するための実験的方法を提供した。しかし，Damasio の仮説は批判を免れていない。この仮説は先ほど述べた快楽プロセッサ仮説の基礎となるので，これらの批判を手短に論じて，私自身の見解にとっての意義も併せて論じる。

15.6.2.1　ソマティックマーカーは本当に身体的か

これは容易に答えられる問いではない。Öhman & Soares (1994) と Parra et al. (1997) は，自動的覚醒の高さとマスク条件づけパラダイムにおいて被験者がショックを予測する能力の間に相関を見出さなかった。しかし，Katkin et al. (2001) による後の研究によれば，自身の心拍を判断できる下位集団は，マスク手がかりを用いてショックが起こるかどうかを「推測」する成功率と正の相関を示しており，「第六感」の判断は本能に基づいているという主張に沿っている。

他の人々は，身体フィードバックが損なわれた患者を研究し，彼らの情動判断の能力を測定した（IGT パフォーマンスを含む）。結果はこれまでのところ仮説を強力に支持している（North & O'Carroll, 2001; Heims et al., 2004）。しかし，自律的フィードバックは，いくつかの異なる生理学的ルートに基づいており，すべてのフィードバックが当該の研究において除かれていたことを確認するのは難しい（Craig, 2002）。さらに，そうした患者は，一般的には，健常な自律的フィードバックを伴って生育しており，快楽価値を学習することが可能であり，おそらくは，それらをより直接的な本能的手がかりの代わりとして用いている。

他のソースの証拠には，健常被験者における IGT の自律的成分を示唆する皮膚電気反応や IGT に失敗する患者の皮膚電気反応の異常性など，自律的反応の存在がある（Bechara et al., 1997; Blair & Cipolotti, 2000）。概して支持的な証拠は，前頭葉の眼窩前頭前野が情動と意思決定の両方にとって重要であるという Damasio の主張と関連した神経イメージング研究からも蓄積されている。

15.6.3 眼窩前頭皮質は重要か

眼窩前頭皮質がソマティックマーカーシステムの働きにとって中心的であるという Damasio の主張は，彼の典型的患者において脳損傷の領野を観察したことから得られた。これらは，もちろん，むしろ少数で，明らかに再現が必要である。眼窩前頭（OBF：orbitfrontal）皮質の損傷に関連した意思決定の障害についての実例が多数存在する一方，そうした多くの患者は前部背側皮質と帯状回を含む他の領野にも損傷を負っている（Bechara et al., 1994, 1997, 1998）。Manes et al.（2002）は，この問題を回避するため，軽い OBF 欠損のある患者と背側および背内側患者，大きな前頭欠損を持つ患者を比較した。OBF 患者は，3つの意思決定課題を統制レベルで遂行したが，その遂行は遅かった。これに対して，背側および背内側患者は IGT で障害を示し，大きな前頭欠損のある群も同様であった。Manes らは，前部前頭皮質の腹側と背側の両側面がおそらくは IGT パフォーマンスに関与すると結論づけた。

前頭前部皮質の重要性についての他の証拠は，神経イメージング研究から得られる。例えば，Coricelli et al.（2005）は，fMRI を用いて，賭けに失敗したことに被験者が気づいた後の「後悔」を研究し，内側眼窩前頭領域と扁桃体の活動が高まることを見出した。この領野の活性化は，躁病患者の感情ベースの意思決定にも敏感であり（Elliott et al., 2004），抑うつ患者における気分適合処理バイアスにかかわる複数の前頭領野のひとつであることが示されている（Elliott et al., 2002）。そのため，一般に，快楽ベースの意思決定における眼窩前頭皮質の有望な役割についての証拠が蓄積されつつあるようだ。この眼窩前頭皮質の働きはおそらくは複数の他の領域と連動しており，これらの領域のひとつに扁桃体がある。この構造は恐怖反応の獲得と関係していることが古くから知られており（LeDoux, 1996），より最近には，抑うつ患者の情動的表情への反応と関係することも明らかにされている（Sheline et al., 2001）。

しかし，正の報酬を含む，さまざまな情動における扁桃体の重要性については，動物研究からの証拠もある。Wutz & Olds（1963）が明らかにしたところでは，動物は扁桃体への電気刺激を伴う強化に対してバーを押すことを学習する。後の欠損研究も，正と負の両方の強化において扁桃体のかかわりを示唆している（Everitt et al., 2003; Kelley, 2004）。このことは Knapska et al.（2006）による最近の研究も確証している。彼らは免疫標識技法を用いて，食欲と嫌悪学習に選択的に反応する扁桃体の領域が別であることを見出した。これまでは

証拠の大部分は動物研究に基づいていたが，人間の正と負の快楽学習と快楽評価の両方において扁桃体の役割を仮定することには説得力がある。結論としては，情動と意思決定における具体的な解剖学的領域の役割は詳細には理解できていないが，Damasioの主張は総じて支持されつつあるように思われる。

15.6.4 アイオワギャンブル課題

IGTはソマティックマーカー仮説の適用範囲を拡張する上で重要な役割を果たしたが（Bechara et al., 1994, 1997, 1998），一方，この課題は少々複雑であり，特定の環境のもとでは，単純なソマティックマーカー獲得の測度を提供するというよりは，ワーキングメモリに依存することが示唆されている。Bechara et al. (1998) は，IGTの障害を示す患者が実行ワーキングメモリ課題で失敗しないことを根拠に，この解釈を退けている。しかし，残念ながら，彼らが用いた唯一のワーキングメモリ課題は，遅延マッチング手続きであった。この課題は動物研究の文献ではワーキングメモリのテストと見なされるが，私の知る限りでは，人間の実行機能の適切な神経心理学的測度であるとは証明されていない。たとえこの課題が人間の前頭葉損傷を検出するのに適切であることが明らかにされたとしても，第7章と第8章で示したように，いかなるものであっても単一の課題を実行能力の適切な測度と見なすことは賢明でない。さらに，彼らの研究の集団サイズは小さく，前頭欠損を持つ患者のパフォーマンス障害は周知のように不安定であった（Rabbitt, 1997）。

IGTにおけるワーキングメモリの関与についてのポジティブな証拠をHinson et al. (2002, 2003) が提示したのに対して，Maia & McClelland (2004) はIGTが基盤とする仮定を批判している。ゆえに，IGTはこの分野の研究を刺激したことは有益であったが，批判にさらされている。もちろん，何らかの単一の実験課題がソマティックマーカー仮説と同じくらい重要であるかもしれない理論を適切に検証できると仮定することには無理がある。疑いなく，他の，そしてなるべくならより単純な手法が，やがては発展することだろう。

私自身のバージョンのソマティックマーカー仮説にとって，IGTを取り巻く論争はどのくらい深刻だろうか。私の見解としては，まったく深刻ではない。すなわち，私の主張の基盤となる快楽価値仮説は，何らかの単一の実験測度の妥当性に依存しない。しかし，他のなるべくより単純な測度を開発する必要があるだろう。これらは，快楽判断，ワーキングメモリにおける快楽特徴の貯蔵と操作の直接的測度を含むはずである。これらは新たな快楽学習のための

能力を研究するために考案された，IGT のような測度とやがて組み合わせることができるだろう．

15.7　結　論

　恐怖，渇望，抑うつはすべて，ワーキングメモリを妨害する．その妨害は，生理学的情動刺激の心理学的感情への変換はワーキングメモリによって媒介されるという，Damasio や LeDoux による主張を支持するような仕方のものである．恐怖と渇望の場合には，妨害が起こるのは潜在的な情動手がかりが顕在的な精緻化を促すためである．この精緻化は，ワーキングメモリの貯蔵成分と実行成分の両方を含む過程である．抑うつの場合には，この効果は原則的には快楽検出器と比較メカニズムを通して作用し，これらのメカニズムが動機づけによる行為の制御を支えると仮定される．比較器の中立点を不適切に設定すると，自己永続的なフィードバックループを生じ，これにより，状況評価と自伝的記憶の両方が次第によりネガティブになる．この過程は，「誘因の灯台」がかすむにつれて，反芻の傾向によって悪化し，不活動状態を促す．

　快楽検出器仮説には，抑うつに対する生物学的アプローチと心理学的アプローチを広範で有望な進化論的文脈の中で関係づけるという利点がある．より詳細なモデルを開発できるかどうか，もしできるなら，そのモデルが最終的にさらなる治療法の開発に貢献できるのかどうかは今後の課題である．

第16章
意識性

　おそらく，認知心理学の，そして，より一般的には認知科学の中で，過去20年を通しての最大の変化は，意識性を正当かつ制御可能な科学的問題として受け入れたことである。20世紀の大半，この領域は心身問題という哲学的論争に巻き込まれ，内観主義の実証上の限界に抑え込まれていた。より最近では，これらのいずれもがもともと恐れられていたような根本的な障害ではないことがだんだんと明らかになってきた。さらに，盲視（blind sight）や潜在記憶などの現象——これらにおいて，知覚や再生が知覚者や想起者の意識的経験と明らかに食い違う仕方で進行する——を説明することへの要請は，意識的アウェアネスの研究を実証的な心理学へ呼び戻す必要性を強く訴えてくる。

　もちろん，このトピックに対する擬似神秘的アプローチを採用する者もなお存在するが（Eccles, 1976; Penrose, 1994），他の人々の主張によれば，なぜわれわれが特定の意識的経験を持つのか，あるいは，なぜわれわれが経験するようなクオリアを持つのかを理解しようとするなら，まったく新しいタイプの科学が必要である。後者の見解のよい例が，色覚異常の視覚科学者という仮想の事例からの議論である。この研究者は，色覚について知りたいことのすべてを十分に突き止めるだろうが，それでも，その背後にあるシステムを正常な色覚を持つ彼の共同研究者らと同じ仕方では理解しないと思われる。しかし，この状況が蝶の飛行を研究する人の場合とどう違うのかは私には明らかでない。彼の理解がどんなに適切であろうと，彼が花から花へひらひらと舞うことはなさそうである。彼の知識は顕在的であり，蝶が飛ぶことを可能にするのに必要なおそらくは潜在的な知識とはまったく異なるだろう。私自身の見解では，科学の課題は世界を顕在的に理解することであり，意識性の明示的な理解は単にその課題の一部でしかない。

16.1 意識性に対する実践的アプローチ

　私の推測としては，意識性は，進化の過程から生じたひとつの，あるいはいくつかの生物学的問題に対する他ならぬ自然な解答である。この意識性の理解に対する実践的かつ実証的なアプローチは，認知心理学および神経科学にとって今日利用可能な技術的・実験的方法を考えると，発展性があり有益なものであると思う。

　意識性についての詳細な議論は，ワーキングメモリについての本レヴューの範囲を超えている。より哲学的な諸側面についての議論は，Marcel & Bisiach (1988)，Dennett (2001)，Gray (2004) にあり，一方，この分野についてのより一般的な概観は Baars (1997) から得られる。しかし，年を経てますます明らかになったが，意識的アウェアネスは，実行制御と密接に関連しており，そのためにワーキングメモリの働きとも密接に関連するように思われる。ワーキングメモリの複数成分モデルは，もともとはホムンクルス的な中央実行系を仮定することによって，意識的アウェアネスの問題を回避していた。しかし，より最近には，意識的アウェアネスはワーキングメモリの枠組みの中で直接取り上げられており，当初は研究すべき現象として (Baddeley, 1993; Baddeley & Andrade, 1998)，後には，エピソード・バッファの概念におけるその中心的な役割を通して取り上げられた。この後に続く概説は，意識性というトピックについての私自身の現在の見解を反映している。その見解は，これから明らかになるように，Baars (2002a) が**グローバル・ワークスペース仮説**として記述したものと類似している。この仮説の仮定によれば，ワーキングメモリはいくつかの機能を担うために進化してきた。その機能の中には，特に，多くのばらばらなソースからの情報を結集し，現在の状況を理解することにも，未来の行為をプランすることにも使えるワークスペースを与えることが含まれる。

　Baars はそうした見解を独立に擁護する少なくとも 1 ダースのソースを挙げている。そのうち Dennett (2001) の主張によれば，意識性は，「グローバル・ワークスペースとよばれるワーキングメモリを備えたスペシャリストの分散型社会」を表しており，「その内容はシステム全体に分散できる」(Dennett, 2001, p. 42)。しかし，意識性について論じる際には，この概念の 2 つの側面を区別することが有効である。すなわち，一方の側面はその活性化，覚醒とい

う側面に関係するのに対し，他の側面はその方向づけと制御に関係する。以下，これらを個別に論じよう。

16.2　中核意識性

中核意識性（core consciousness）という用語を提唱したのは Damasio (1999) である。この語は意識性の状態と無意識の状態を対比することによってうまく捉えることができる。この意味での意識性は，深い睡眠，深い昏睡，深い知覚麻痺に陥っているときには存在しない。深さを明確に特定しなければならないことは，中核意識性が全か無かの状態ではないことを暗に意味する。睡眠，昏睡，覚醒状態の基本的な違いは，脳幹上部，視床下部，視床の働きを反映すると思われる。深い睡眠のもとでは，あらゆるアウェアネスが不足しているようだ。急速眼球運動（REM）睡眠などの他のレベルの睡眠では，後になってときどき再生できる夢の存在が，何らかの形の意識性を明らかに示しており，これは脳の電気活動にも反映される状態である。

昏睡の深さは医学的に重要な変数であり，例えば，頭部損傷の場合には，回復の見込みと相関する（Teasdale & Jennett, 1974; Brooks et al., 1987）。無意識性の深さを慎重にモニターすると，患者が回復しているか，衰弱しているかの重要な指標となることがある。しかし，どちらの過程も極めて漸進的であり，容易には観察されないことが多い。これを促進するため，Wilson et al. (2001) は，ある程度のばらつきはあるものの，機能は大体同じ順序で回復する傾向があるという事実に基づいて，ウェセックス頭部損傷モニター（Wessex Head Injury Monitor：WHIM）という尺度を開発した。

患者は昏睡から回復してもなお，周囲に極めて無意識的であるように見えることがある。**持続的植物状態**（*persistent vegetative state*）として知られる状態———一般的には，上部脳幹と視床下部への損傷を反映する———は，健常な睡眠／覚醒サイクルを伴うが，患者が自分の周囲を意識しているという証拠は示さない。これを**閉じ込め症候群**（*locked-in syndrome*）と区別することは重要である。閉じ込め症候群では，不運な患者は何が起こっているかは完全に意識しているが，麻痺状態のために反応することができず，例外は，一般的に，わずかに眼球を動かすことくらいである。この最小限の反応を用いて，根気が要るが効果的なコミュニケーションの手段を開発できる。

持続性植物症候群では，患者は意識することもないし，行為を制御することもできない。このことは，患者の心的空白期間の後に続く**てんかん性自動症**(*epileptic automatism*)として知られる形の無意識性とは対照的である。空白の間は，患者の眼はどんよりと曇り，じっとしたままである。この状態の後，意識的アウェアネスが欠如したときに起こると思われる，極めて複雑で体制化された行動が続く。すなわち，患者は立ち上がり，部屋を横切り，ドアを開けて出て行き，その後で意識性を回復するが，直前の数分についての記憶はない。このことは，一般的には，帯状皮質かつ／または視床に影響を及ぼすてんかん活動と関係している。

　意識性なしで行為できるのとちょうど同じように，行為なしで意識することがある。これは，帯状皮質への損傷を反映することの多い状態である。一例は無動性無言症（akinetic）であり，この症候群では，患者は完全に意識があるが，活動を開始することができない。回復すると患者は自分の経験をうまく報告できることがある。このことは，この症候群が運動麻痺によるものではなく，行為を開始する能力の障害であることを示唆する。Baddeley & Wilson (1986) は，そのような，ある患者の自伝的記憶の研究を試みた。われわれの手続きは，言語的手がかりの系列を提示して，手がかりによって思いついた個人的な回想を患者に求めるものであった。われわれが彼に与えた12個の手がかりのうち，1つだけが反応を喚起した。**犬**という手がかりに対して，彼は「シーリーハム」（犬の一品種）と応えた。一週間後，われわれは手がかりセットに対して正確に同じ単一の反応を得た。彼の妻に尋ねたところ，彼がかつてシーリーハム犬にかまれていたことが確認された。これは，彼に言語的反応を促すのに十分なほど鮮明なハプニングだったのであろう。

16.3　麻酔下の意識性

　意識的アウェアネスを健常被験者において操作するひとつの手段は，麻酔によるものである。これは，外科手術中の患者による，見かけ上は意識があるように見えないにもかかわらず意識は残っているという多数の報告を受けて，相当の実践的重要性のある分野となった。極めて望ましくないことだが，このことは，患者にドラッグの「カクテル」を与えることで可能となっている。この「カクテル」は，意識的アウェアネスの抑制と苦痛の軽減だけでなく，筋弛緩

薬としても作用することを目的としたものである。これは，患者がなお意識はあるが，行為はできない（ゆえに，この事実を伝えることはできない）状態にする効果がある。また，ほとんどの麻酔薬は第三の鎮痛化合物を含んでおり，この化合物は，一般的には，麻酔下で経験した事柄に関する健忘を引き起こす。そのため，麻酔下での意識性についての少数の報告はたぶん過小評価されているだろう（John et al., 2001）。

多数の研究が，顕在記憶パラダイムか潜在記憶パラダイムを用いて，外科手術中に起こるイベントについての記憶を検出しようとしてきた（Andrade, 1995, 2005 を参照）。初期の研究は歯科治療時の麻酔を用いた。治療中に，実験者は「ストップ——彼の色はよくないな——彼の唇は青すぎる」というフレーズを必ず発話した。この警戒メッセージを提示された 10 名の患者は後で誰もこのメッセージを自発的には再生しなかったが，催眠のもとでは 4 名が逐語的に再生し，他の 4 名は断片的な再生を示した。後続研究は，一般的には，これほど劇的ではない材料を用いて，より雑多な結果を生んだ。Andrade（1995）は，単語対を提示して，後で再生をテストした 8 つの研究を引用しているが，そのうち 2 つの研究のみがポジティブな結果を示している。他の研究は，麻酔薬の健忘効果の影響を受けにくいので，保持のテストに潜在的手法を用いた。例えば，ある事例では，被験者は麻酔下で，回復したら耳たぶを引っ張ることで再生を示すようにと教示された。実施されたそのような 9 つの研究のうち，3 つはポジティブな結果を得た。わずかながら，より強力な証拠となるのは，患者に外科手術下ではげましの暗示を与えた研究である（「あなたはよくなりますよ」，「あなたは手術後にすぐに起き上がりたくなる」など）。ここで，17 の研究のうち 12 では，ポジティブな暗示を与えた患者において，わずかに優れた回復の証拠が見出された。

これらの研究のほぼすべてにある問題は，麻酔薬の度合いである。明らかに，麻酔科医は，患者に必要以上の過剰投与をしたくないし，鎮静作用のレベルが手術中に変動する——おそらくはある時点では極めて弱くなる——と仮定することは極めて合理的である。そのため，後の研究は麻酔のレベルを継続的にモニターしようとした。Andrade et al.（1994）は，健常なボランティア被験者を用いた研究において，イソフルラン剤の投与を系統的に変化させた（治療を受けているわけではないので，付加的な筋弛緩薬や鎮痛薬は与えなかった）。彼らの課題は，聴覚提示の単語の系列を聞いて，同じ単語が繰り返されたときに手動で反応することであった。そうした反応は，もちろん，筋弛緩剤

を含む，通常の条件の外科的麻酔のもとでは可能でない。単語が直後に繰り返されたときには，最低レベルのイソフルランを投与された被験者は常に検出したが，対照的に，二倍の投与量の被験者は40％の検出率であった。16の介在単語の遅延後では，薬物なし条件の被験者は60％の反復を検出したのに対して，低投与の被験者は30％，高投与の被験者はこの遅延反復条件ではまったく検出しなかった。

　麻酔の深さは，叫ぶとか被験者の名前を使うなど，覚醒水準を高めることが期待されるような刺激によってある程度減らすことができる。外科的切除によって起こりそうな効果をシミュレートする試みにおいて，Andradeらは，被験者が反応するのをやめたときに軽い電気ショックを流した。このことは，一般的には，明確だがわずかな反応の回復を喚起した。

　この研究の主な効用は，アウェアネスのレベルの電気生理学的測度を正当化しようと試みたことであった。一般に，その結果は有望なものであり，アウェアネスは行動測度によってモニターできること，そうした測度は脳の電気生理学的活動と密接に結びついていることが示唆された。近年では，事後に記憶があるのは意識性の深さが周期的に変動した際にその材料が処理されたためであると結論する前に，麻酔の深さをモニターする必要があるということが一般的に受け入れられている。これらの予防措置を採用したときに，麻酔中の知覚的プライミング（例えば，語幹完成によって測定される）についての優れた証拠となるだろう。単語リストを麻酔下で提示し，後で被験者に，与えられた語幹で始まる単語を「推測」するよう求めた。先行提示は，健忘患者においてさえ，後の「推測」にバイアスをかけた。例えば，「taste」という単語を提示したとすると，事前に麻酔をかけてあった患者は，語幹 TA＿＿ をプライミングがないときには多く見られる反応である「table」よりも「taste」という単語で完成させることが多かった。しかし，2つの先行提示された無関連な単語を連合させる能力についての証拠は見られないように思われる（Andrade, 2005; Deeprose & Andrade, 2006）。

　われわれの意識的アウェアネスの状態が，通常の日常生活の条件のもとでさえ変動しがちであることは明らかである。まず目覚めたときにはうとうとしやすく，警戒の水準は昼前まで増していき，疲れるとある時点で低下していく（Folkard, 1996）。同様に，外的環境は，われわれの覚醒水準に影響を及ぼすことがある。おそらく退屈な講義を聞き流しているときには低く，獰猛な犬などに脅かされているときには極度に高くなるだろう。また，覚醒水準は特定の精

神病患者においては劇的に違っている。健常母集団の中では，一部の人は多大な心的・身体的エネルギーを持つ傾向があるのに対して，他の人はいつも不活発である。しかし，私の知る限りでは，この明らかに重要な現象は，覚醒がまだ認知心理学の中でポピュラーなトピックであった1960年代以降，認知心理学者によってあまり研究されないできたように思われる（Broadbent, 1971; Kahneman, 1973）。そろそろこのトピックを再訪する時であろう。

16.4　意識的制御とグローバル・ワークスペース仮説

　ワーキングメモリのほとんどすべての研究は，完全に意識のある被験者を用いて行われたものであり，意識性の全体的水準というよりは，意識性の制御と利用に関心のあるものである。このことは，私が有力なアプローチと見なし，以前に言及したグローバル・ワークスペース仮説に確実に当てはまる。この仮説を以下に述べるが，Baars（2002a）によるこのアプローチについての最近のレヴューに特に頼るつもりである。彼は複数の下位仮説を区別しているが，これらを順に考察する。

1．**顕在的処理はグローバル・ワークスペースを要求する**。Baarsが引用している，Dehaene et al.（2001）による研究は，fMRIを用いて通常の条件と逆向マスク条件（被験者が刺激語を報告できなくなる）のもとで視覚提示した単語の処理を調べている。通常の知覚は視覚頭頂および前頭領野に広範な活性化を起こしたが，これらの領野はマスクが単語の意識的アウェアネスを妨げたときには，活性化しなかった。そのような結果は，Baarsの第二の指摘と一致する。すなわち，
2．**意識的知覚は，脳全体に及ぶ情報への幅広いアクセスを可能にする**。実行過程は意識的に処理した情報をいくつかの異なる符号化から利用できるのに対して，潜在的コード化（マスク知覚プライミングで起こるような）は，関係するモダリティーに限定的になりがちである。
3．**ワーキングメモリは意識性に依存する**。これもまた私自身のワーキングメモリに対する現在のアプローチの主要な仮定である。エピソード・バッファにおける意識性の役割を参照することに加えて，Baarsは6つのワーキングメモリ課題の最中のEEGを調べた，John et al.（2001）による最近の研究

を引用している。もちろん，解釈は，特定の電気生理学的反応が実際に意識的アウェアネスのマーカーであるという仮定に依存する。

4. **意識性は材料の新規な組み合わせを可能にする**。このことは，もちろん，エピソード・バッファに帰属される主要機能のひとつである。特筆すべきことに，個々の単語は閾下でプライムできるが，複数の単語の組み合わせは，マスクしたり，分離聴取研究の非注意チャンネルに提示したとき（Greenwald & Liu, 1985）や，先に言及したように，麻酔下では（Deeprose & Andrade, 2006），プライムできないように思われる。意識的な言語理解のエッセンスは，もちろん，発話の中での単語の組み合わせから意味を導出することである。すなわち，このことは言語理解が少なくとも最低限の意識的アウェアネスを必要とすることを示唆するが，第9章で示唆したように，中央実行系には最小限の要求しか行わないようである。

5. **意識性は顕在的学習とエピソード記憶にとって本質的である**。優れた記憶術方略は，過去には結びつきのなかった材料を意識的操作（例えば，視覚的イメージを相互作用させる）によって統合する能力に依存する。過去に無関連であった刺激をひとつにまとめるというこの問題は，エピソード・バッファを下位成分と下位過程に分析する試みにおいて中心的な役割を果たすだろう。

　　学習は無意識的に起こることがあるのかという問題は依然として未解決のままである。睡眠中または深い麻酔中の学習についての証拠は，意識性の深さをモニターしていない研究によっている（Andrade, 1995）。もちろん，学習者が学習していることの詳細な性質に意識的には気づかない潜在学習については豊富な証拠がある。例えば，母語の文法獲得は規則の明らかな習得を伴うが，それらの規則が何であるかは必ずしもわかっていない（Reber, 1993）。しかし，そうしたすべての事例において，無意識的であるのは材料そのものではなく，材料の中で作用するいくつかの関係であることを特筆しておく。どちらも，基本的材料の容量によっては意識的アウェアネスに達するように思われる（レヴューとして，Shanks & St. John, 1994; Baddeley, 1998b, 第19章を参照）。

6. **意識性は運動制御のモニタリングと調整を可能にする**。われわれの行動の大部分は，直接の意識的アクセスには速すぎるほどのフィードバックループに依存しており，多くの複雑な運動スキルの場合にそうである。しかし，行動が破綻するときには，意識的制御が介在して別の解を与えることができ

る。そのため，水面下のターゲットを狙うよう求められた被験者は，最初は水の屈折効果のためにうまく遂行できないが，まもなく屈折を意識的に考慮してパフォーマンスを改善できる（Judd, 1908）。優れたスポーツのコーチは，熟練した運動行動（ゴルフクラブのスイングなど）における問題を同定でき，それらを修正するために意識的制御を利用できるだろう。そして，後に，変化した行為を練習によってますます自動的にし，最終的にはそれが最小限の注意で働くようにするだろう。Haier et al. (1992) は，この過程をコンピュータゲームのテトリスについて豊富な訓練を受けた被験者で実験的に実証するとともに，同時に脳活動をモニターした。当初は，ゲームをプレイするときには脳の広い領野が極めてアクティブであった。そして，2週間の練習の後では，活性化のレベルはずっと低くなり，注意要求が減少するという仮説と一致する結果となった。

16.4.1 意識性の劇場

Baars (1997, p. 43) の示唆によれば，「認知についてのすべての統一的理論は，今日では，劇場のメタファーを伴う」。Baars自身が提唱したバージョンは，その中心にワーキングメモリを位置づけている。Baarsはワーキングメモリを様々な認知的俳優が演技し，注意のスポットライトが照らすステージになぞらえている。ステージのあまり照らされなかった箇所は，現在は焦点的注意を向けられていない直後記憶の諸側面を表す。「俳優」は3つのタイプの入力から情報を作り上げる。すなわち，(1)聞く，感じる，触れるなどの顕在的な感覚，(2)自己生成的な擬似感覚情報，(3)基本的に全く感覚的でない（ただし，視覚的連合や言語的連合を持つかもしれない）概念である。これらの様々な情報構成要素からなる行為は，シーンの裏側で「ディレクター」（自己），「スポットライト・コントローラ」を含む複数の実行過程によって制御されるが，どちらもいくつかの局所的な文脈の影響を受ける。最終的には，ワーキングメモリのステージとその演技者は，やや雑多な記憶システム，インタープリタ，自動的過程，動機づけシステムから構成される無意識の観客によって見られる。

このアナロジーは少々不自然なものに思われるが，Baars (1997) はそれをうまく用いて，一般読者のための意識性の研究についての現在の知識の広い概観の基盤としている。あらゆるメタファーには当然のことながら限界があるが，Baarsの劇場には2つの大きな利点がある。これらの第一は，意識性と相互作用する要因のまったくの複合性に加えて，注意制御の主たる重要性を反映

するその機能である。第二に，これをわかりやすいメタファーを使って行っている。それは，Patrick Rabbitt が「心の劇場が町で唯一の見せ物だった」時代として，極度の高齢を簡潔に定義したことに反映されている。

　この劇場のメタファーは，科学理論を発展させるためにどの程度有効なのだろうか。答えは確かに科学ユーザーによるだろう。私自身の場合，私が変化させたい，または，少なくとも精緻化したい多数の概念特徴がある。すべての重要な俳優を単純に異なるソースの情報を反映するものと見なせば，例えば，われわれがそうしたソースを視空間的なものと聴覚-言語的なものに分割した歩みを無視することになる。もちろん，俳優のメタファーは十分に柔軟であり，多くの解釈を可能にするが，何らの現実的な制約がないことはその説明的価値を減らすことになりかねない。最後に，「無意識の観客」に割り当てられた非常に受動的な役割については残念に思う。

　では，私は劇場をどんなふうに再編成するだろうか。誰を残して，誰を首にするのか。まず，あらゆる参加者を残したいとは思わない。Baars はすべての構成要素の重要性を見事に正当化したと思う。しかし，私はアクティブな見せ物とやや受け身の観客という劇場のアナロジーからもっと相互作用的なものにメタファーを変更したい。私はワーキングメモリを何事か**なす**ために作られるシステムの核心にあるものと見ている。さらに，すべての参加構成要素は相互依存的であり，それぞれの重要性は特定の環境に依存すると提案する。それゆえに，私は**政府**のメタファーを選ぶ。

　われわれの例として近代国家を用いるなら，ワーキングメモリは，世界にとって明らかな政府の諸側面に相当する。すなわち，法の整備と執行，他の政府との相互作用の仕方に関する意思決定，経済政策の変更などなど。もちろん，これらのすべては莫大な量のあまり目に触れない基本的な活動に基づくことが多い。したがって，法は政府によって制定されるが，それらの施行は行政事務，地方政府（それ自体，情報伝達および輸送システムに依存している），医療サポートシステム，そして，もちろん，有権者や全体主義システムの場合には軍隊によっている。政府と同じように，意識的ワーキングメモリは一見比類なく重要であるように見えるが，政府と同じように，その働きを支える多くの潜在的活動との相互作用に決定的に依存している。では，認知機能から国家の機能（軍隊，輸送，医療，産業など）への明確なマッピングはできるのか。意識性の制御と政府のどちらもが多くの異なる下位成分を含むことを見て取れるのを除くと，疑問が残る。それらの下位成分は，大きさと制御の方法が様々

であり，大なり小なり実行制御という顕在的なソースの影響を受け，さらに，下位成分相互に，また，中央制御器と影響を及ぼし合う。それらの複雑性は，もちろん，研究が不可能であることを意味してはおらず，単純に，容易な答えを期待すべきではないことを意味している。

だが，政府を構成するものとは何か。ここで，私はおそらくは諸活動を担当する委員会のような誰かまたは何かがあると仮定する点では，Baars に賛同したくなる。Baars と同じように，少なくとも現在のところは，この役割を伝統的だが，憲法上制約された上級大臣——通例，自己として知られる——に割り当てることに満足している。

16.5　認知的ワークスペースの神経基盤

Baars が強調するように，意識性がグローバル・ワークスペースとして働くシステムの一部を形成するというアイデアは，近年ますます支持を呼んでいる。結果として，脳がどのように意識性を実現するのか，これが担う機能は何かに関して，今日ではますます具体的な仮説を発展させることが可能になりつつある。このことの優れた一例は Dehaene & Naccache（2001）による，『認知』（*Cognition*）という雑誌の意識性に関する特集号の序文である。

Dehaene & Naccache は，いくつかの基本的仮定から始めている。まず，彼らの主張では，かなりの情報処理が意識性の介入**なし**で可能だが，意識性が関与するときには注意が必要とされる。そのとき，注意資源は，意識性がその３つの基本的な機能を遂行することを可能にする。すなわち，(1)情報保持の期間を引き延ばすこと，(2)異なるソースからの情報を新規な仕方で組み合わせることを可能にすること，(3)自発的行動の生成である。これら３つがワーキングメモリの中央実行系成分とエピソード・バッファ成分の協調的な働きに帰属される機能と極めて密接に重なり合っていることは特筆に値するだろう。

Dehaene & Naccache は，続いて彼らの基本的仮定の証拠をレヴューしている。われわれはこれらすべてについての証拠を他の箇所で提示するが，仮定の重要性を考えると，いくらか重複して述べても許されるだろう。さらに，彼らのより神経生物学的な強調にふさわしく，Dehaene & Naccache が引用している証拠のほとんどは，神経心理学的研究，神経イメージング研究，電気生理学的研究から得られたものであるので，他で提示した認知心理学と社会心理学に

基づく証拠を補完してくれる。

16.5.1 認知的処理は意識性なしで可能である

この仮定について，Dehaene & Naccache は，神経生理学的証拠，特に，盲視という証拠に大きく依存している。盲視においては，皮質性の盲を持つ患者が自分の見えない領域の刺激に適切に反応できるように見えるが，アウェアネスは否定する（Weiskrantz, 1997）。同じような現象は，今では広い範囲の分野（オブジェクト認識，色覚，言語，知覚，読解，健忘を含む）で実証されている（Köhler & Moscovitch, 1997 を参照）。具体的な例は，相貌失認の分野から得られる。相貌失認は，脳損傷を負った患者が，まったく知らない人の写真に比べて身内の写真にまったく親しみをおぼえないが，それでも違った皮膚電気反応を示すというものである（Bauer, 1984）。アウェアネスなしの処理のさらなる証拠となるのが半側無視の患者の研究である。この人は，右半球の損傷の後，左視野に提示されたオブジェクトに気づかないようだった。例えば，無視領域に提示した単語（例えば，**医者**）を患者は報告できない。しかし，損傷のない視野に提示した，関連する単語（例えば，**看護師**）の処理を十分にスピードアップした（McGlinchey-Beroth et al., 1993）。これは，意識的には報告できないマスク単語の意味処理の初期の証拠（Marcel, 1983）を拡張した結果であると言えよう。

16.5.2 意識性には注意が必要である

長年知られてきたことだが，視覚的に提示したオブジェクトは，視野の注意を向けた部分の外側に位置するときには報告されない（Treisman & Gelade, 1980）。この論点を強調したのが Mack & Rock（1998）である。彼らは被験者に指定した視覚的位置で負荷の高い視覚的弁別課題を遂行することを求めた。これらの環境のもとでは，被験者は負荷の高くない条件のもとなら容易に検出される刺激（例えば，中心窩における大きな黒い円）に気づかない。このことから，Mack & Rock（1998, p. ix）は，「注意なしでは意識的知覚は生じないように思われる」と結論した。

関連する現象に**注意の瞬き**（*attentional blink*）がある。この現象を見出すには，被験者に高速に提示される視覚刺激の系列を与え，ある特定のタイプの項目（例えば，動物）を報告するよう教示する。被験者は非常に速い提示速度でもこれを行えるし，（十分に離れていれば）2つ以上のターゲット項目を同

定できる。しかし，2番目の項目が1番目の項目のすぐ後に現れると，検出はずっと少なくなる（Raymond et al., 1992）。それはまるで被験者の注意が1番目のターゲットに短期的に捕われて，そのために直後のターゲットが見失われたかのようである。注意の重要性のさらに劇的な例証は，**変化盲**という現象である。このパラダイムでは，道を歩いている被験者が立ち止まって，通りかかった人（実験者）と会話を始める。間仕切りを運ぶ2人の人（共犯者）がそこに現れて，被験者とその対話者（実験者）の間を横切る。実験者が間仕切りで見えなくなっている間に，劇的な物理的変化が起こる（例えば，実験者が大きな帽子をかぶる）。被験者はこのことにほとんどといっていいほど気づかず，変化について話すと簡単には信じない（O'Regan et al., 1999 を参照）。しかし，帽子がいかに大きくとも，被験者が実験者の頭の状態に注意を向けていなかったならば，その変化した見かけには気づかないだろう。

16.5.3　いくつかの認知的操作は意識性を必要とする

1. **情報を保持する**。Sperling（1960）がアイコニックメモリの古典的研究において示したように，われわれは12文字からなる配列への**初期**アクセスを行っているが，焦点的注意を通しておよそ4つだけしか保持できず，これらの項目がリハーサルの対象となる。Fuster（1954），Fuster & Alexander（1971），Goldman-Rakic（1957）が明らかにしたところでは，視覚刺激の位置を想起する能力（数秒後にその刺激に向けて眼球運動を行うためのもの）は，前頭皮質——人間のワーキングメモリの制御に大きくかかわる領野——内の細胞の持続的活動に依存する（第12章を参照）。
2. **新規な組み合わせには意識性が必要である**。この能力は，われわれがエピソード・バッファと中央実行系システムの働きによると考えたものだが，Merikle et al.（1995）による巧妙な実験において研究された。彼らが行ったのはStroop課題の変形版であり，被験者にできるだけすばやく色パッチの名前を挙げることを求めた。各パッチには色単語が先行した。単語が色パッチと一致しているときには色命名課題が速まり，不一致のときには遅くなった。赤と緑の2色が用いられた。ある条件では，手がかりの75％が不一致であった。これらの環境のもとでは，被験者はバイアスに気づいて，手がかりを用いてより頻繁な不一致反応をスピードアップするように思われた。そのため，赤という単語にいつものように緑のパッチが後続した場合，被験者

はそうしたミスマッチがめったに起こらない場合よりも「緑」という正しい反応をすばやく行った。

次の条件では，色単語プライムはパターン〔刺激〕によって直後にマスクされ，被験者は何の単語を提示されたのかを報告できないようにされた。マスキングにもかかわらず，古典的なストループ効果は起こり続け，不一致単語は色命名を遅らせた。このことは，アウェアネスがないにもかかわらず，その単語が処理されたことを示している。しかし，これらの環境のもとでは，被験者は不一致手がかりが75％の確率で現れる条件で方略的に有利とはならなかった。Merikle & Joordens (1997) は，プライムをマスクしないが注意の焦点の外側に提示するときのバイアスについて，同様の方略的優位性が得られないことを実証している。

最後に，特筆すべきは，盲視の患者は盲領域内の刺激に応じた行動をまったく始動できないことである。彼らはあるレベルではそうした刺激についての情報にアクセスできるという証拠があるにもかかわらず，それらの情報を方略的に用いることはできない。同様に，健忘患者は健常な潜在学習を十分に発揮できるが，自分が学習した事柄がわからないので，それを意図的に用いることはできない。このことは彼らが通常の生活を営む能力に大きな影響を及ぼし，心的ワークスペースの効率的な働きにとっての顕在的知識の重要性を強調している。

16.5.4　理論的枠組み

Dehaene & Naccache は，彼らの解釈枠組みを3つの基本的な仮定の上に置いた。(1)心はモジュールである。(2)意識性はモジュールでない。(3)注意を使って神経過程を動員したり，増幅したりできる。これらについて順に論じる。

16.5.4.1　心のモジュール性

Dehaene & Naccache の主張によれば，「複数の心的操作を伴う特定の過程を無意識的に進行させることができるのは，要求された操作の各々を遂行するために，適切に相互結合したモジュールシステムの集合が利用可能な場合だけである」(Dehaene & Naccache, 2001, p. 12)。例えば，彼らの示唆によれば，マスクされた恐怖顔が無意識的プライミングを生じることができるのは，上丘，視床枕，右扁桃体（顔に情動プライミングが起こることを助長する）に専用の神経システムが存在するからである（Morris et al., 1999）。さらに彼らの

仮定では，多くのそうしたシステムは並列的に働いており，それらは情動的プライミングや姿勢制御などの基本的機能から，複合的な高次の認知処理に基づく読解などの学習したスキルの操作まで，いくつかの異なるレベルで存在する。

16.5.4.2　非モジュール的な意識性

この広範囲のモジュール的な潜在的過程とは対照的に，彼らの主張では，意識的な心はモジュール的ではなく，「分散的神経システム，すなわち，遠距離の結合性を伴う「ワークスペース」から構成され，潜在的には複数の特殊化した脳領野と調和的だが多様な様式で相互結合できる」(Dehaene & Naccache, 2001, p. 13)。このシステムはそれ自体モジュールではないが，モジュールである多くのシステムの間に結合を作るように働く。彼らは，グローバル・ワークスペースが適切に働くには，少なくとも5つのタイプのシステムを相互結合させなければならないと提案する。

1. 高次の知覚システム
2. 運動システム
3. 長期記憶
4. 評価過程
5. 注意制御

近々訪問したいと伝える古い友人からの手紙を読むという例を考えてみよう。ページ上の単語を同定するには視知覚が，眼球を適切に移動させるには運動制御が必要である。文の解釈には語彙記憶，意味記憶を含む，様々なタイプの長期記憶へのアクセスが必要であり，そしておそらくは手紙の意味を了解するには自伝的記憶とエピソード記憶が必要である。このことは，次に評価的成分――友人と再会するという快い期待であればよいが――をもたらすだろう。最後に，この過程全体が注意制御に依存しており，あなたが手紙を読んでその意味を解釈するという課題に集中し，単に古き時代への夢想にふけるだけに終わらないことを可能にしている。

16.5.4.3　神経過程の注意制御

これは Dehaene & Naccache が行った第三の主要な仮定に発展するものである。この仮定は，注意が神経過程を準備し，増幅する能力に関係する。彼らの主張によれば，「トップダウンの注意の増幅は，モジュール過程を一時的に動員し，グローバル・ワークスペースにとって，したがって，意識性にとって利用可能にするメカニズムである」(Dehaene & Naccache, 2001, p. 14)。彼ら

の主張によれば，処理が意識的になるのはその処理が増幅され，最小限の期間保持された場合のみである。現在のワーキングメモリモデルの中では，このことは，中央実行系を利用してエピソード・バッファにおける貯蔵を確実なものにすることと見なせる。この過程は多くの異なるモジュールシステムを通して起こるので，彼らの示唆によれば，「ワークスペースシステムのはっきりとした解剖学的描写がなされていないこと」(Dehaene & Naccache, 2001, p. 14)はもっともである。これは，エピソード・バッファを支える仮定とも似た見解である (Baddeley, 2000a)。

16.5.5　自己感覚

Dehaene & Naccache は，その枠組みの中に自己感覚も組み込んでいる。彼らの主張によれば，各自の脳はそれ自体についての異なるレベルの多重表象を持っている——それらは，基本的な皮質下恒常性メカニズムから体勢，運動感覚，運動レベルでの身体についての表象，自分の身体や顔の概念についての個人的表象，自伝的記憶やエピソード記憶などの長期記憶表象にまで広がっている。これらの各々が別々のモジュールシステムと見なされるが，それらは意識性のグローバル・ワークスペースを通してアクセス可能にでき，そのワークスペースの中で他のモジュールと相互作用することが可能になる。そうした表象は，推論や言語的な操作によって働かせることができるので，将来の行為をプランするのに使うことができる。ささいな例を取り上げると，プディングのお代わりを頼むかどうかの意思決定は，身体の状態（「お腹はいっぱいだが，これはうまい」），社会的要因（「僕はがつがつしているように見えるかな。いや，単に僕が奥様の料理にどれだけ感謝しているかを示しているんだ」），将来のプランニング（「食べるのを抑えた方がいいとしても，今始めることが正しいといえるのか」），行為（「うん，お願い」）によって影響を受けるだろう。これらの自己についての多層表象（それぞれを活性化，保持，操作できる）は，反省的な，すなわち高次の意識性の能力の基盤となっている可能性がある。

16.6　意識性とワーキングメモリ

本章は，これまで，意識性をどのように説明するかというとてつもなく挑戦的な問題に取り組むための特別なアプローチに専念してきた。そのアプローチ

が基づく仮定によれば，意識性は心的ワークスペースとして機能し，また，意識性に伴う現象学的経験はその機能の重要な構成要素を提供しており，異なるレベルの表象を可能にし，それらの表象によって複数の刺激を同時に登録することが可能となる。多重レベルの利用可能性は，再帰性の能力，すなわち，あるレベルの内容を他のレベルで表象し，操作する能力と結合される。これが提供する極めて強力なメカニズムは，環境を登録し，それを過去の経験と関連づけ，今度は過去の経験を用いて現在をモデル化し，そのモデルを用いてシミュレートすることにより将来を予測し，さらに行為のプランを可能にする。そうしたシステムの核心にあるのは，情報の一時的貯蔵と操作の能力――ワーキングメモリの代表的特徴――である。

　ワーキングメモリの複数成分モデルは，意識性の本質に比べるとずっとささやかな問題に答える試みから発展した。われわれは独立の長期貯蔵システムと短期貯蔵システムを持つ必要があるのか，もしそうなら，それらが担う機能は何かという問題から取りかかった。現象学にはまったく言及しなかったが，私は視空間スケッチパッドを視覚的イメージの現象学的経験の座，中央実行系を何らかの形の心的ワークスペースの注意制御機として考えていたことを認めなければならない。したがって，われわれは意識性に関係する基本的問題のうちの２つについて潜在的に仮定していた。すなわち，クオリア（バラの特定の赤さなどのような，意識的経験についての哲学用語）の性質についてであり，同時に，行為の顕在的制御にかかわるシステムについてである。

　意識的アウェアネスにおけるワーキングメモリの役割に取り組むわれわれのやや暫定的な試みは，第５章で述べた，視覚イメージと聴覚イメージにおけるワーキングメモリの補助的視空間的および音韻的サブシステムの役割を検討した一連の実験から始まった（Baddeley & Andrade, 2000）。われわれは鮮明性についての主観的判断から整合的かつ有意味なデータを得られること，われわれの当初の疑問に暫定的な答えが与えられることがわかって喜んでいた。少々意外なことには，関連する音韻的および視空間的サブシステムは視覚的イメージにおいては比較的小さな役割しか果たさない（一時的な情報の保持が必要なときを除く）ことがわかった。その時点でのわれわれの実行系の概念には，明示的な貯蔵能力がなかったので，この理論的ギャップを埋めるのにはあまり適していなかった。このことは，われわれがワーキングメモリの新たな成分であるエピソード・バッファを仮定することを促した複数の結果のひとつであった。

このバッファが初期の中央実行系の概念と異なるのは，主に多次元的な貯蔵装置であり，実行系によってアクティブに制御される点である。第9章で述べたように，われわれは現在，われわれの仮説的なバッファシステムの働きにおける実行制御の重要性を検討しており，当初期待していた以上に強力な自動的制御を見出しているところである。このバッファは表象の保持について容量限界のあるシステムであり，その容量は多次元的なチャンキングによって増やせる可能性があるように思われる。われわれは現在，そのようなチャンクの生成が，注意限界のある実行資源へ負荷をかけることなく，自動的になる条件を調べている。この問題に対する答え（あるいは，おそらく一連の答え）にかかわらず，多次元的貯蔵システムという概念はワーキングメモリモデルの必須の成分であり続けると予想される。

　意識性の第二の主要な特徴——容量限界のあるワークスペースとして働くその能力——は，ワーキングメモリのオリジナルの複数成分モデルのより顕在的な役割である。実際，「ワーキングメモリ」という用語を選んだのはその機能的特徴を強調するためであった。しかし，われわれのモデルが過去に記述された意識性のモデルと異なるのは，ほぼ確実に顕在的には意識されない複数の成分を含む点である。例えば，音韻ループはリハーサルに依存し，リハーサルは既存の言語習慣と構音過程を反映し，それらの一部は，すべてではないけれども顕在的には意識に反映できないだろう。音韻ループの利点のひとつは，リハーサルを最小限の意識的制御で進めることにより，アウェアネスを用いて処理の他の諸側面を最大限に活用できるようにすることである。そのため，私は意識的アウェアネスに今あるイベントの表象をエピソード・バッファと同一視したい気持ちがあるが，エピソード・バッファに備わるメカニズムの大部分はおそらく一般的にそれ自体意識的操作に開放されていない。この主張において，私はこれまでに述べた意識性に対するアプローチを批判しているのではなく，むしろ，別の強調点を指摘しているのである。私が先に述べた研究は，意識的アウェアネスと制御を理解するという魅力的で重要なトピックに注目していた。私自身の場合は，情報の貯蔵と操作を行うシステムに注目しており，そのシステムは，われわれの意識的アウェアネスの能力を支えると仮定される構成要素をたまたま（ただし，重要なことに）含んでいる。反省的アウェアネスの能力は，複雑で変化する世界に柔軟かつ創造的に対応する能力にとって重要である。しかし，それは複合的なシステムのひとつの構成要素にすぎない。すなわち，思考に捉われ続けている生物はそれほど長くは生き延びない。実際的

であるには，思考は行為を導かねばならないが，常にそうとは限らない。ときには，行為を抑制した方がよいが，われわれの行為の多くは意識的モニタリングなしで進行するように思われる。思考と行為の複合的で微妙な関係性が次章のトピックとなる。

第17章
多重レベルの行為制御

　本章では，意識性という高次の分野からどのように運動を制御するかという，見かけ上はより日常的な問題に移行する。**見かけ上**は日常的と言ったのは，第一に，アクティブな運動の制御は豊かで興味深い研究領域であること，第二に，思考は行為とどのように関係するかという中心的な問題の一部を含んでいることに納得してもらいたいからである。

　運動制御の研究は，近年，極めてアクティブな領域になっているが，大部分の研究は生体力学的なレベルに集中するか，ネオギブソニアン・アプローチに後押しされたものであり，スキーマなどの内的表象やShalliceの監督的注意システム（SAS）などの認知概念とのかかわりを持つものはほとんどない（Kelso, 1995; Shaw, 2003; Turvey, 2004）。これは，知覚-筋レベルでの詳細な分析は重要でないと言っているのではなく，単に，グラスと飲み物を手に取るといった見かけ上単純な課題のパフォーマンスを説明するのにさえ高次の分析が必要であると示唆しているのである。

　行為の障害は，最近の神経心理学的研究の豊富で興味深い領域をなしている。いくつかの利用可能な証拠をまずレヴューし，その後でFrith et al.（2000）の提唱した解釈を述べる。彼らは制御の自動的ソースと非自動的ソースの区別に大きく依存している。彼らが主張する理論は，運動制御を乗り越えて行為の制御を一般的にカバーすることを目指しており，行為の形式として社会的行動をも含む。本章では，潜在的制御の重要性というBarghのテーマとおよそ一致する証拠のソースから論じて，この解釈が不十分であるように思える証拠を考察することに進み，Frith et al.（2000）のモデルの概略に至る予定である。

17.1 行為の潜在的制御

われわれは自分の行為を欲求によって制御された意図的で顕在的なものと考える傾向がある。これとは対照的に，Bargh & Ferguson（2000）は自動的反応にとっての外的手がかりを強調する。Barghが論じたタイプの潜在的手がかりが，実際に運動の制御において重要であることを示唆する豊富な証拠がある。Frithらの主張では，行為の制御に問題のある患者に基づく神経心理学的証拠は，われわれの行為が通常どのように制御されるのかについて重要な洞察を与えてくれる。以下の例を考えてみよう。

17.1.1 脳刺激法と運動

Bargh & Fergusonが記したように，皮質の適切な領野を興奮させると，行為を生み出すことができる（Penfield, 1958）。意識のある患者の中央視床核を刺激すると，拳を握り締める行為が起こる（患者はなぜこの行為を行ったかわからなかった）。このことは，もちろん，刺激がシステム全体の中に介入すること，アクティブな開始の要求がなくても運動に影響を及ぼすことが可能であることを意味しているにすぎない。ここから明らかになるように，腕の伸筋や屈筋を振動させることで，同じ効果をもっと末梢的なレベルで生み出すこともできる。

17.1.2 利用行動

前頭葉に両側性損傷のある患者は，ときどき，目前の刺激状況に過度に駆り立てられたように見える行動を示す。テーブルの上のマッチ箱を見ると，そうした患者は自発的にマッチを取り出して擦る。臨床家のコーヒーのカップが机の上にあると，彼らは極めてうれしそうにそこから飲む。それが誰のコーヒーか尋ねると彼らは正しく答え，なぜ飲んだのかと尋ねると，平然とのどが渇いていたからと返答する。

利用行動を最初に詳しく研究したのはL'Hermitte（1983）であった。彼はこのタイプの社会的に異常な行動の衝撃的な例を記述している。あるとき，彼は52歳の婦人を診た際，多数の医療器具を机の上に残していた。彼女が注射器を手に取ったので，大胆なL'Hermiete医師がすぐにジャケットとシャツを

脱ぐと，彼女は彼に注射した。別のときには，医師のアパートを訪れていたある患者に寝室を見せた（シーツはめくってあった）。彼は即座に服を脱ぎ，かつらを取って，ベッドに入った。

　利用行動について，その後の系統的研究を記述したのが Shallice et al.（1989）である。彼らは利用行動が前頭葉損傷に伴う実行機能障害症候群の症状のひとつであることを確立した。利用行動の特徴として，患者はその行為を否認しないか，避けられないことであると主張し，合理的なことを行ったのだと正当化する。その行為は，一般的には，刺激状況の諸側面に強力にリンクした，よく学習されたパターンの一部である。このリンクが低次のもの（マッチを擦るなど）となるのは，患者が単純に Gibson（1979）がオブジェクトの**アフォーダンス**（その潜在的利用可能性）と名づけたものを反映するときである。そうしたアフォーダンスには極めて複雑な行動が含まれる（注射器の事例など）。もちろん，対象が健常被験者にとってもアフォーダンスを持っているという事実が重要である。そうしたアフォーダンスは，豊かで複雑な環境の中で効率的に働く能力において重要な役割を果たす。しかし，おそらく，健常者の場合には，アフォードされた行動の社会的に不適切なトリガーは，社会的慣習や他のより高次なプランやスクリプトによる行為が優先することによって抑制される（例えば，「ベッドに入る」スクリプトよりも，「他の人の家を見て回る」スクリプトが優先する）。

17.1.3　トゥレット症候群

　この条件では，行動は患者の制御の埒外にある強力な刺激によって駆り立てられたかのように行われる。患者は散発的な，明らかに意味のない運動をする（チック）衝動，無関連な語（たいていは，わいせつなもので患者をかなり狼狽させる）を発する衝動を制御できない。行動はかなりの努力によって抑制できるが，反応へのプレッシャーが明白に蓄積するにつれて現れる傾向がある。患者は一般的には自分の行動が不適切であることを十分に意識しているが，回避できないことがわかる。

17.1.4　行為のスリップ

　環境が不適切な行為を招くきっかけとなるのは，もちろん，前頭葉損傷のある患者に限られない。Reason & Mycielska（1982）は，そのような上の空状態（mental lapses）を主に日記と自己報告を用いて少々詳しく研究した。典

型的な例には，土曜日の朝に車でスーパーマーケットに出かけたところ，職場に向かっていたことに気づいたというものがある。William James (1890) は，L'Hermite の患者のそれと大きく違わないが，それほど突飛ではない例を記述している。当人は，ディナーのために着替えようと階段を上り，普段着を脱いだのだが，うっかり寝巻きを着てベッドに入ってしまった。

　Norman & Shallice の実行制御の SAS モデルは，もちろん，前頭葉損傷のある患者の行動に加えて，明確にこうした行動を説明するために開発された。彼らの示唆によれば，そうした行為のスリップは，外的環境刺激による行動の制御を反映している。これは，Bargh & Furguson の見解と完全に一致する解釈である。しかし，そうした上の空の例は患者の利用行動とは異なる。エラーを犯した人は通常の顕在的な行為の注意制御からこのように逸脱した行為に当惑することが多いのに対して，患者は自分の行動をまったく正常なものと見なしているように見える。

17.1.5 盲視

　これまでに引用したすべての例において，被験者は自分の行動に手がかりを与えた刺激を意識しており，関係はあるが不適切な反応を抑制できないことから生じる問題を抱えていた。Marcel (1998) による興味深い研究によれば，顕在的アウェアネスは，この手がかり機能が現れるのに必要ではない。Marcel は，**盲視**の患者 G.Y. による一連の実験を記述している。この条件が成立するのは，皮質の後頭葉への損傷の結果，患者に視野の一部が見えなくなったときである (Weiskrantz, 1986)。そうした患者は，見えない視野にあるものを見ることができないと言うが，見当をつけるよう求められれば刺激の存在を十分にチャンスレベル以上に検出できる。

　Marcel は，G.Y. が盲領野内のオブジェクトに手を伸ばして触れる能力を研究した。患者はこのことができるだけではなく，オブジェクトの形態が様々であるときには，G.Y. は自分の手を適切に合わせ，縦置きの棒と横置きの棒では違ったふうに握りこぶしを作ることができた。この事実にもかかわらず，この患者はオブジェクトの形態や向きを意識的に報告することはできなかった。それはまるで十分に適切な調節ができるほど手が「わかっている」かのようであったが，この知識は意識的アウェアネスには到達できなかった。その後の研究 (Marcel, 2003) は，この患者がオブジェクトの形態の手がかりとして触れる直前に採用していた自分の手の形を用いることができるかという問いに取り

組んだ。しかし，G.Y.はつかんだオブジェクトの形態を報告できるが（おそらく触感的・触覚的手がかりを用いて），手が正しい形を取った後で（接触がなされる前に）この過程を中断させた場合，患者は手の向きをつかもうとしているオブジェクトの形態を予測するための手がかりとして用いることができない。この観察は，この後論じる他の証拠とも一致して，われわれは慣れ親しんでいるが，複雑な行為系列を遂行するのに用いている詳細な情報に対して十分に意識的アクセスができないことを示唆している。

17.1.6 病態失認

盲視は明らかに無意識的な情報の利用の一例を与えるのに対して，病態失認では反対のことが起こる。病態失認では，患者は，たとえ運動していなくても，また，実際には問題の四肢が運動できなくても，運動を行ったと主張する。認知障害のある脳損傷患者は，自分の問題に気づかないことがよくあるが，ときには自分ができないことに見たところはまったく気づかないままでいることもある。このことは，Freud派の否認*を反映しているようには思われず，一般的には，脳の右半球の損傷と関連している。そのため，この現象はほぼ常に（右でなく）左の手足に作用し，心理力動的な原因ではなく器質的な原因を示唆している。Bisiach & Geminiani (1991) は，脳損傷の結果として腕を動かす能力を失ったが，目隠しをされたときに腕を受動的に動かされたことを感知する能力のある患者たちのことを記述している。腕を動かすように頼むと彼らはそうした（誤って）主張する。足の麻痺した（まったく歩くことができない）病態失認の患者は，自分で階段を上がろうとしているところだとか，バスに駆け込めると断言するだろう。

病態失認は，運動行動にまったく限定されない。健忘においても珍しくはなく，私が研究したある重度の健忘患者は，既に何回も言ったことを忘れて，自分の記憶に誇りを持っていると言っては実験を中断し続けた。実際，患者は明らかに見えないことがはっきりしている条件でさえ否認する（Anton, 1899）。そのため，運動の障害についての病態失認は存在するが，これは行為の制御不備に限られないので，おそらくはここでの説明よりももっと包括的な説明が必要であろう。

ここで挙げた例の多くは，観察者にとっては特異な行動を反映しているが，

---

* （訳注） 防衛機制の一種。

本人にとってはそうでない。そのため，これらの事例は興味深い解釈上の難問を呈する一方で，行動は環境や内的手がかりに対する被験者の反応を反映するという Bargh & Ferguson の主張を大筋で支持するものと見なすことができる。この見解は，次に述べる現象を考えると支持することが容易でない。遂行した行為が観察者と患者（または，本人）の両方にとって特異である事例を述べよう。これらの事例は，一方は顕在的で他方は潜在的な，そして，たいていは患者にとって「望ましくない」，葛藤するように見える2つ以上のレベルの制御を含む。幻肢という奇妙な現象から始めよう。

17.1.7 幻　肢

　手足を切断された患者は，それがもう存在しないことが視覚的に明らかであっても，その手足を経験し続ける。したがって，これは何らかの形の錯覚である。この錯覚は，その手足が痛みやかゆみを感じ続けたりすることがあるので（もちろん，それを掻くことはできない），非常に不快なものとなる（Ramachandran & Hirstein, 1998）。患者は最初は幻肢を「動かす」能力を持っているが，たいていはこの見かけ上の能力を時間とともに失う。また，身体の他の部分（顔など）の刺激が幻肢への接触として感じられることも事実である。Ramachandran は，感覚の身体の他の部分への異常なマッピングが起こるのは神経の再生のためであるとした。これによると，現在失われた腕や指にかつてリンクしていた皮質の領野は，身体の他の部分を補助する神経システムに取って代わられ，失われた手足を以前に支えていた領野に隣接する皮質領野によって制御される。

　もうひとつの特異な知覚的経験に過剰肢というものがある。Hari et al. (1998) が記述した左腕に障害のある患者は，障害のある腕をよそを見ながら動かすように教示されたときは常に2本の左腕を感じた。一方の腕は最初の腕の場所にあるように思われ，他方は新しい位置にあるように思われた。腕を見たり，腕に触れたりすると，「古い」腕が消失した。この患者は，運動させるときに腕の位置を更新できないように見えたが，補足運動野（SMA）と右前頭葉に損傷があり，脳梁――脳の2つの半球間のコミュニケーションを促進する構造――の先天的異常を示す証拠もあった。

　さらに，第三の知覚障害に**他人の手**（*alien hand*）というものがある（Banks et al., 1989）。これは脳梗塞の場合に起こることがあり，一方の手や腕が麻痺する。ときどき，患者は問題の腕や手があることを否認し，それをしまおうと

し，ときに誰か他の人の腕や手を縫いつけたと医師を責めることさえある．病態失認の場合と同じように，これは一般的には右半球の損傷と結びついている．

これまで論じてきた事例は，すべて特異な知覚を含み，それは見聞きした観察者と同じくらい患者にとっても奇妙な経験である．さらに奇妙なのは無秩序な手（anarchic hand）として知られる状態であり，この場合，異常性は知覚を超えて行為にまで広がり，患者の手はまるでそれ自身の意思を持つかのように振舞う．

17.1.8 無秩序な手

Della Sala et al.（1994）は，文献と彼ら自身のファイルによる39の事例からの証拠をレヴューしている．彼らは特徴的な事例であるG. P. が家族と食事をしていたところについて述べ，神経学者の関心を引いた．食事の途中，彼女の左手は突然伸びて隣の人の皿から魚の骨の山をつかんだ．そして，その手は続いてそれらを患者自身の口に押し込み，彼女をたいへん狼狽させた．食事の後，いたずら好きな手は彼女の兄弟のアイスクリームに伸びた．そこで患者はもう一方の手で制御しようとし，アイスクリームを床に落としてしまった．他の事例には，Parkin（1996）の述べた患者がある．彼女は2つの手の間の葛藤を何度も経験した．そのため，あるときには，右手が服にボタンをかけようとしているときに，左手はそれを外すのに忙しかった．右手がテレビのチャンネルを選ぼうとしていると，左手がそれに干渉してチャンネルを変えた．さらに極端な事例を述べたのがBanks et al.（1989）である．患者の無秩序な手は彼女を絞め殺そうとし，ときには睡眠中にさえそうするので，彼女が眠るときには手を縛りつける必要があった．

これらの異様な行為は，心因性もしくはFreud的な解釈を示唆するように思われる一方で，「無秩序な手」の反対側にある前頭葉の内壁の特異的な病変から生じているように思われる．行為制御の多くの障害と同じように，SMAの関与が示唆されており，より一般的な皮質損傷の証拠も少なくない．

これまで論じたほぼすべての事例において，異常な知覚や行動は，何らかの種類の脳損傷と結びついていた．最後の例は，健常な人々における運動制御に作用する錯覚に関係する．

17.1.9 手と目が一致しないとき

Goodale et al. (1986, 1991) は, Tichener の錯視を利用して, 手による制御と目による制御の潜在的な葛藤を調べた。この錯視は, 円などの対象の見かけ上のサイズが文脈によって影響を受けるという事実によっている。そのため, サイズの等しい2つの中心円, すなわち, 小さな円に囲まれている中心円と大きな円に囲まれている中心円を与えられると, 後者の円が小さく見える。Goodale らは, ディスクの配列として提示することで錯視を部分修正して, 被験者には中心のディスクを取り出すよう求めた。これらの環境のもとでは, 手がつかもうとして開く程度は, ディスクの**正しい**サイズに適合したもので, 知覚されたサイズに適合したものではない。そのため, 手は意識的知覚が与える以上に信頼できる証拠のソースであると思われる。指がディスクにまだ触れないうちは, 情報はおそらく視覚的だが潜在的である。これは, もちろん, 前に述べた盲視患者——意識的には報告できない対象をつかむのに適切な形に手を調整できる (Marcel, 1998) ——を思い起こさせる。

17.2 運動制御のモデル

第二次世界大戦中に Kenneth Craik が始めた伝統の中で (Craik, 1947), Frith et al. (2000) は, サーボ工学からの概念を用いて, 行為の制御モデルを作った。彼らが基礎として用いた運動制御のモデルは, Wolpert et al. (1995) が提唱したもので, 2つの基本概念を伴っていた。すなわち, 達成すべき状態を表象する**予測**の概念と望ましい成果に達するのに必要な運動コマンドを提供する**制御**の概念である。また, 彼らはシステムの少なくとも3つの状態の存在を主張している。

17.2.1 予測過程と運動制御

予測子 (*predictors*), すなわち, フォワードモデルは, 運動を予測し, 運動中に必ず生じる感覚的変化を補償するのに必要である。目を動かすとき, 網膜上の興奮のパターンは変化する。そこで, 運動コマンドの遠心性のコピーを用いて世界の知覚は修正される。もしわれわれが運動を可能にするこの能力を持っていなかったら, 世界は不安定に見え, われわれの眼が動くにつれて移動

する。このことを実証するのは容易であり，まぶたをそっと押すことで目を動かしてみればよい。これらの条件のもとでは，世界は〔運動と〕同時に移動するように見える。この場合の目の運動は不随意的であるので，運動の遠心性のコピーはシステムに伝わらない。随意運動はそうした遠心性情報をシステムに送り，運動の効果を取り除き，視線を移動させながらグラスを手に取るなどの課題の正確さを維持できるようにする。

　Wolpertらの仮定によれば，行為はシステムに流れる感覚情報が実際に予想されたとおりであることをチェックすることによって**モニター**され続ける。予想と観察されたフィードバックの間に不一致が生じた場合，行為を補うように修正する必要があるだろう。そのため，グラスがわずかな斜面の上にあり滑り始めた場合，腕はさらに伸びてこれをつかむことができる。そうした修正には，別のタイプの過程構成要素，すなわち，**制御器**(*controllers*) が必要となる。

　制御器はフォワードモデルというよりはその逆モデルに関係する。それらは運動コマンドを与え，望ましい運動の最終地点に関する情報を受け取り，それを実現するのに必要な関節コマンドと筋肉コマンドをはじき出す。Wolpertによれば，それらは彼が「分割統治方略」と呼ぶものを用いる (Ghahramani & Wolpert, 1997; Wolpert & Kawato, 1998)。彼の仮定では，複数の制御器が存在しており，その各々が特定の感覚運動文脈に注意深く調整される。それらはおそらく階層的に体制化された基本原理に基づいていっしょに作動し，2つ以上のサブプログラムが適切であるかもしれないときには，葛藤解決過程を用いるものと仮定される。

　2つの別個の過程が提唱されている。まず第一に，Gibson (1979) が対象の「アフォーダンス」と呼んだものが行為を形成するために用いられる。アフォーダンスは，特定の仕方で用いられるという，オブジェクトの持つ可能性である。したがって，椅子は座るというアフォーダンスを提供するが，テーブルや上に立って高い棚に手を届かせるものとして使うこともできる。そのため，アフォーダンスは，単純な刺激特徴（または，実際のオブジェクト）よりも相当に豊かで複雑であり，実現するときには生体の過去の経験の創造的な利用法を反映する可能性が高い。例えば，卵をつかむという課題を考えてほしい。その形態は握りの性質を決定し，おそらく，指はすべすべした表面のせいで卵を落とさないように卵を包み込む。卵の壊れやすさについての知識も握りをどのくらい固くするかを決定するだろうし，もちろん，このことは主体が期待する卵

の重さによっても決定される。予測と運動の成果の不一致も行為を修正するのに用いられる。そのため，卵が何らかの極度に重い金属でできているとわかった場合には，握りはきつくなる。

　運動の制御は，少なくとも5つの独立の表象に依存すると仮定される。まず第一に，**望ましい状態**が表象される。第二に，**予測される状態**がこのことのモニターを可能にする。この状態に達するために，必要な**運動コマンド**がシステム内に登録されねばならず，そして，適切な**運動フィードバック**も登録される。最後に，特定の時点でのシステムの実際の状態は，運動コマンドと結果としての感覚フィードバックとの一致度を**チェック**することによって得られる。

17.2.2　アウェアネスの役割

　この情報のすべてが主観的なアウェアネスにとって必ずしもアクセス可能になるわけではない。環境内の刺激が提供するアフォーダンスは，運動コマンドと同じように，意識的反省にとってはまったくアクセス不能であろう。Goodale et al. (1986, 1991) は，被験者が反応しているときにターゲットがときどきジャンプする指差し課題を研究した。被験者は指差しに適応したが，自分が行った調整には気づかないように見えた。

　もちろん，われわれが自分の運動を意識**できる**，すなわち，実際に起こった運動だけでなく，運動を想像した場合にも意識できるという証拠は豊富にある。メンタルトレーニングの場合，バスケットボールのシュートなどのスキルを繰り返し想像すると，パフォーマンスが向上することがある (Feltz & Landers, 1983)。そうしたメンタルトレーニングは身体的な変化を起こすことがある（足の運動を想像すると心拍と呼吸が増すなど，Decety et al., 1991)。レバーの移動を想像すると，実際の移動のときに活動するのと同じ脳の領野が活性化する (Stephan et al., 1995)。同様に，レバーの移動に備えて準備状態を保つことは，移動を想像するのと同じ脳の領野に関与し (Jeannerod, 1994)，SMA に主に関与する (Stephan et al., 1995)。

　しかし，運動制御システムの現在の状態についての知識は潜在的であることが多い。フィードバックが予想通りであるとき，被験者はそのことに気づかない。しかし，望ましい状態と予想される状態の不一致にはずっと気づきやすい。このことの興味深い例は，くすぐりの場合に生じる。この場合，他人にくすぐられた人は，予測不能な触覚興奮の連発に敏感に気づく。この興奮は自分自身をくすぐろうとすると予測不能ではなくなり，くすぐりの効果は劇的に減

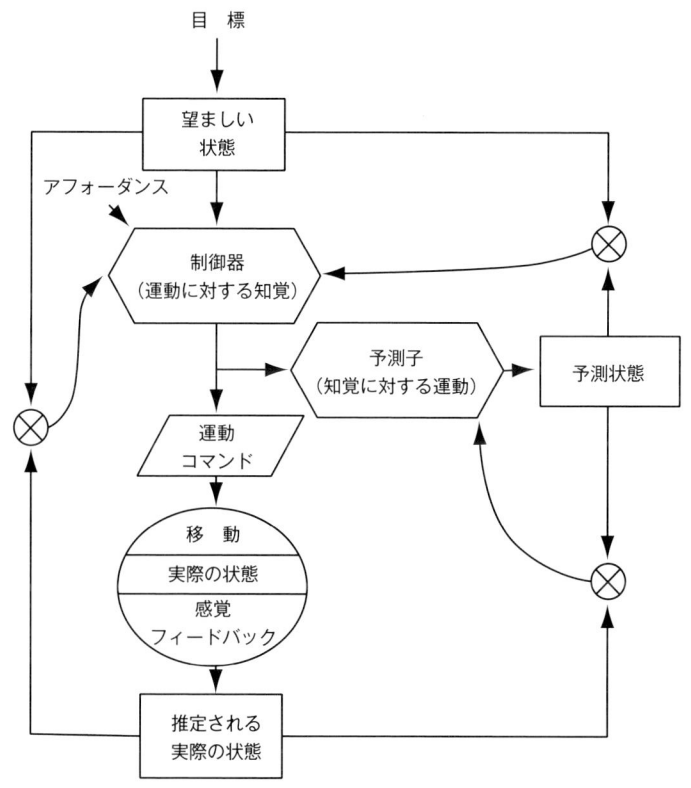

図 17.1 Frith et al. (2000) が提唱した，行為の制御の解釈の基礎を形成する工学原理に基づく運動制御システムの基本的構成要素。Frith et al., Abnormalities in the awareness and control of action *Philosophical Transactions of the Royal Society in London B*, **355**, 1773. Figure 1 に基づく。Royal Society からの許諾を得て再掲した。

少する（Weiskrantz et al., 1971）。Blakemore et al. (1998) は，Weiskantz の研究を拡張して，自己くすぐりの運動と触覚の伝達の間に短い予測不能な遅延を導入すると，くすぐられる感覚が再発することを示した。

　図 17.1 は，Frith らが提唱した運動制御システムを示している。オムレツを作ろうとして，卵を手に取りたいと想像してみよう。目標は卵を割ることである。そこで，行為の望ましい状態は，あなたが卵をつかみ，ボウルの縁で卵を割る準備をすることにもっていくと仮定しよう。運動制御器が一連の下位行為を設定し，卵とその位置の知覚を手を伸ばしつかむ運動に結びつける。これらは次に腕や手の実際の状態と位置を考慮した運動，そして進行中の感覚フィー

ドバックが伴う運動を導く運動コマンドを必要とする。このことは，今度は，その行為のパフォーマンスを考慮して，予測状態を推定するのに用いられる。制御器は，卵の形態やその見込み上の重さと壊れやすさを含む，アフォーダンス群による影響を受ける。目標達成の首尾は3つの時点でモニターされる。それぞれの時点が図17.1に十字で記されている。これらのうちのひとつは，望ましい状態と推定される実際の状態（感覚フィードバックと組み合わせて連続した運動コマンドから間接的に導出される）を一致させる。腕が伸び手が卵をつかむ形を取ると，実際の状態と望ましい状態の相違は目標が達成される点まで減少していく。

卵がわずかな斜面にあって自分と反対側に転がり始めていると仮定してみよう。私の手の予想される位置はもはや望ましい状態と一致しない。その不一致は腕をさらに伸ばすことによって制御器を調整する。また，このことは，望ましい状態と予測される状態の不一致が消失する点へと予測子を修正する。

比較の第三のポイントは，メンタルトレーニングがパフォーマンスを向上させる筋道を明示的に説明するためにFrithらによって加えられた。バスケットボールのシュートを練習することを考えてみよう。あなたの想像上の位置と望ましい状態（ボールを輪の中に入れること）は，必要な運動コマンドを潜在的に活性化させ，この流れからの予測を過去に経験した感覚フィードバックに照らし合わせてチェックすることによってリンクされるだろう。このことはスキルを向上させる最もすばやい手段ではないが（適切な予測はもちろん膨大な過去経験に依存するため），実際にうまくいくという明確な証拠がある（Feltz & Landers, 1983）。モデルにおいて過去経験への依存を前提とすると，Frithらはおそらく新規なスキルにはメンタルトレーニング効果を予測しない。

17.2.3 知覚と行為の障害
17.2.3.1 失行症

Frithらは，モデルの働き方を知覚と行為制御の一部の異常性という観点から説明している。**視覚性運動失調**（*optic ataxia*）という用語——ときにBalint症候群としても知られる——は，オブジェクトを完全にはっきり見ることはできるが，それらをつかむことができない患者を指している。患者は概して適切に運動するが，それを極めて不器用に行う。例えば，手はオブジェクトをつかむときに開きそこなったり，不適切な向きや位置に置かれたりする（Jeannerod et al., 1994）。Frithらは，これを文脈を利用して詳細な運動を微調整でき

ない（彼らのモデルの中のアフォーダンスのレベルでの失敗）ためであるとしている。興味深いことに，患者はときどきオブジェクトについての先行知識を直接の知覚情報の代用として用いることができる。例えば，ある患者は口紅を手に取ることはできたが，同じ大きさのシリンダーをつかむことはできなかった（Jeannerod et al., 1994）。一時的貯蔵もこの結合に有益なことがある。Milner et al.（1999）による研究は，2つの事例を対比させている。患者 D. F. はオブジェクトをつかむことはできるが，それらを再認することはできなかった。しかし，短い遅延があると記憶に頼らざるを得ず，彼女の把握能力を完全に損なった。正反対のパターンが視覚性運動失調患者で現れた。この人は短い遅延の後に把握行動が向上した。おそらく，記憶の中の情報は，欠損のある感覚情報よりも正確であった。

実際，随意的運動を開始し，かつ（または）制御する能力を妨害する失行症は多い。これらは構音の困難（失語症患者が正しい順序で発話音を産出できない）から着衣失行（患者はズボンやシャツの着方を思い出せない）までの範囲にわたる。それらは手がかりの性質にも依存するので，一部の患者は「髪を梳け」などの教示にしたがうことはできるが，行為をまねることはできない（De Renzi, 1982; Shallice, 1988）。

Frith らは，視覚性運動失調の事例（環境の提供するアフォーダンスが適切に利用されない）を無秩序な手の事例（ぐれた肢体が患者の目標と一致しない行為をするが，それらの行為は刺激状況のアフォーダンスに対して正確かつ適切に調整されている）と比較している。どちらの手も，環境からの入力には敏感なまま，関連するアフォーダンスに反応できるが，視覚性失調患者が失敗するのは視覚情報を用いて行為を適切に誘導できないからであるのに対して，無秩序な手の患者はトップダウン制御ができないために手の活動から切り離されていると感じる。

17．2．3．2　補足運動野の役割

Della Sala et al.（1994）が記したように，無秩序な手の兆候を示す患者は，一般には，SMA（異なる運動間の協調にかかわる高次の運動制御領野）に片側性の損傷がある。対照的に，失行症事例における損傷は，一般的には，頭頂葉——正確な個々のリーチ運動と把握運動を行う能力にかかわる領野（Passingham, 1998）——に対してのものである。Mushiake et al.（1991）は，サルを光に応じてボタンの系列を押すか，記憶からの同じ運動系列に応じて実行するかのいずれかについて訓練した。外的に手がかりを与えた反応は大部分は一

次運動皮質を活性化させたのに対して、想起した運動はより強力にSMAの活性化と結びついていた。

17.2.3.3 無秩序な手と幻肢

無秩序な手はたいていSMAの損傷と結びついていることが思い出されるだろう。この症候群は、SMAの欠損側によって支配される手や腕の運動制御に対する望ましい目標状態に欠陥があると解釈できるのに対して、他方の腕はなお制御できる。利用行動は、広範囲な抑制制御の欠如の結果であり、このために、システムは健常な事例よりもはるかに多くアフォーダンスによって駆動すると仮定される。健常な人での同様の事例は、行為のスリップである。これは、注意をそらされたとき、すなわち、システムに対して強力な目標志向的抑制制御が適用されないときに起こりやすい。これらの環境のもとでは、強力な基盤のある習慣的アフォーダンスが現在の目標プランを差し置いて望ましくない行為へのスリップを起こす。

Frithらは、以下のように仮定して幻肢現象を解釈した。すなわち、神経学的可塑性が皮質の再体制化を起こしており、なくなった肢体をかつて扱っていた領野は身体の他の部分からの体性感覚的フィードバックに引き継がれる。患者がときどき自分の肢体を動かせると感じるのは、予測される状態に供給する運動コマンドの出力に彼らがまだ敏感だからである。肢体が動かないことを繰り返し認識すれば、最終的には、この連合は消えて、幻肢を動かせるという錯覚上の能力は次第に消失する。

17.2.3.4 病態失認

通常以上の数の肢体を経験する患者の事例もまた、運動コマンドからの情報と感覚フィードバックからの情報の統合の失敗（肢体の位置に関する2つの矛盾するメッセージを生む）という観点から説明できる。肢体に触れると、問題の知覚状態の一方を優勢にする追加の情報となる。

病態失認の場合には、肢体の麻痺のためにできないはずの行為を遂行していると患者は主張する。例えば、左腕が麻痺している患者は、拍手ができると主張して、片手で手をたたく運動を行い、この行為を通常通り行ったと主張した（Ramachandran, 1996）。これは、よく左側空間の半側無視（患者は左視野かつ／または左の運動領域にある項目やオブジェクトに注意を向けることができない）と連動して起こる。このことは、通常、右半球の損傷と関係がある。疾病失認の重要な特徴は、できないという明らかな証拠があるにもかかわらず、拍手する、階段を上るなどの行為を遂行できるという患者の信念である。すな

わち，できないことがわからないか，または，できないとの認識を学習できないことは，運動制御以外の過程の関与を示すものであろう。病態失認が他の障害でも（健忘や盲目でさえ）起こることは，利用可能な証拠の評価に関与する，より一般的なシステムのかかわりを示しているように思われる。そうした機能は，たいていは右前頭領域に原因がある（Owen, 1997）。

もちろん，Frith らが提唱した行為制御のモデルは，運動制御の研究に非常に密に結びついている。しかし，彼らの示唆によれば，このモデルはもっと広く適用されるだろう。このよい例は，U. Frith（1989）による，統合失調症の陽性症候群として知られている一部の奇妙な信念，帰属，ときには行為を説明する試みである。

17.2.4 幻覚と妄想

これまでに述べた主体性と制御についてのほぼすべての知覚的錯覚と運動的錯覚は，物理的脳損傷か健常被験者における知覚的フィードバックの操作の結果であった。しかし，主体性の知覚障害の証拠のもうひとつのソースを無視しないことが重要である。それらは，統合失調性に結びついた，より衝撃的な陽性症候群の一部を形成する，幻覚と妄想において見出される。

統合失調症の症候群は，一般に，陽性と陰性という2つのカテゴリーに分かれる。陽性症候群は，迫害妄想と誇大感覚，視覚的幻覚（幻視）または聴覚的幻覚（幻聴），離人感覚と主体性の妄想などの行動と経験の歪みを伴う。主体性の妄想とは，患者が自分が外部の力によって制御されていると感じる妄想である。陰性症候群には，抑うつ感情，注意にまで広がる認知処理の阻害が含まれ，エピソード記憶の阻害も含まれることが多い（Frith, 1992; McKenna et al., 2002）。

17.2.4.1 幻 聴

統合失調症患者は，よく「頭の中で」声を経験するようである。その声はたいていは患者について批判的な意見を述べ，より広範な妄想となることもある。例えば，Baddeley et al.（1996）が論じたある患者は，彼の脳と様々な内的器官は「天使」によって取り除かれていたと信じていた。なぜこのように考えるのか問われると，彼は自分の頭と身体の苦痛に言及した。さらになぜ苦痛を普通の頭痛のせいにしないのかと強く尋ねると，それは天使が告げたことだからと主張した。彼にはやや別のなまり（BBC 英語）で話す，よい天使もいた。

幻聴は不規則に変化するノイズを提示すると増加し，より明確な構造をもった刺激（発話や音楽など）の提示や患者にそれらを声に出して読み上げるよう求めると減少することを示唆する証拠がある（Margo et al., 1981）。蓄積されつつある証拠によれば，患者は実際に自分で声を心内音声的に（つまり，音韻ループを経由して）生成している。ランダムノイズは，言語として解釈できる入力となるのに対して，構造的にまとまりのある音楽や発話，構音抑制は，心内音声の生成のサイクルを妨害し，幻聴を防ぐ（McGuire et al., 1993）。

17.2.4.2 思考伝播

思考伝播——患者が自分は他者の願望によって制御されていると信じる——は，直後言語再生と干渉する。このことは，音韻ループの潜在的活性化が関与するならば，予想通りである（David & Lucas, 1993）。神経イメージング研究は幻聴における Broca 野の関与を示唆しており，ここでも，それらは患者によってアクティブに生成されるという見解と一致する（McGuire et al., 1993）。要約すると，幻聴は，聴覚的な疑似言語的経験を意味し，自己生成されたものだが外的なものとして知覚され，患者を制御しようとする外部の主体を反映するものと解釈されることが多い。Frith（1992）は，それらを，自己モニタリングの障害を反映する，より一般的なカテゴリーの制御妄想の一部と見なしている。

17.2.4.3 制御妄想

制御妄想には2種類ある。第一のタイプでは，患者は自分が外部のイベントに影響を及ぼしていると誤って信じる。イギリスのヨークシャーに住んでいたある患者の例では，彼の思考がオーストラリアの多数の人々の行動に影響を及ぼすと確信していた。より一般的なのは第二のタイプである。この場合，患者は自分が他者によって制御されていると感じる。このことは，全般的な受動性の感覚と結びついており，ある患者は「私の指がペンをつまむが，私は指を制御していない。指が動くことは私にはどうしようもない」（Frith, 1992 を参照）とコメントしている。外的制御のソースは，特定の個人だと考えられるかもしれない。「Eamonn Andrews（TVパーソナリティ）の思考が私の心の中に入ってくる。彼は私の心をスクリーンのように扱い，彼の思考を私の心に投影する」（Frith, 1992）。ときどき，そうした思考の挿入は，神や悪魔などの強力な人物像によって潜在的に有害な示唆がなされるときなどには，さらに深刻になることがある。

Christopher Frith（1992; Frith et al., 2000）は，幻聴と主体性の妄想の両方

を彼の行為制御の一般理論の一部として説明している．彼の示唆によれば，それらは自己モニタリングの失敗を表しており，幻聴は患者自身のしばしば混乱した思考過程を表している．これは心内音声化を生じさせ，その音声は適切なフィードバック過程に問題があるために自己生成したものとして認識されない．患者はこれらの奇妙な経験を意味づけようとして妄想世界を作り出す．幻聴の場合には，それらは，一般的に，悪い天使や悪魔などの超自然的な存在か，強力な政府機関のいずれかが原因であるとされる．患者は通常自分の心が先端技術的手段によって制御されていると信じている（この場合，制御しているのは警察か国家であると考えられることが多い）．前頭葉損傷のある患者の作話とは対照的に（Baddeley & Wilson, 1986），妄想は概して安定しかつ一貫しているように思われ，妄想患者は全般的な実行障害の兆候を非妄想患者よりも多く示すわけではない（Baddeley et al., 1996）．

Frith の示唆によれば，幻覚と制御妄想の個人的・社会的内容は，一般的な神経成分の働きを反映しており，彼女はこれを他の人が考えていることを直観する能力――「心の理論」によるものとされることもある（U. Frith, 1989）――とも関連づけている．このことは，他者の行動を予測するために，自分を他の人の立場に置いて，彼らが知っていることと知らないことを考慮する能力の基礎になっている．自閉症において特に阻害されるのはこの能力であり，たとえ知的機能のレベルが高いときでもこの点は損なわれている（U. Frith, 1989）．

彼女の主張によれば，心の理論メカニズムはフォワードモデル化方略を可能にし，これによって，われわれは他者の行動を予測できる．神経イメージング研究からの示唆によれば，理解するために自分を他者の立場に置く必要性を強く要求する文章を読むことには中前頭領野の活性化が伴う．この部位は，統合失調症患者の幻覚と妄想の活動にアクティブにかかわる領野でもある（Frith, 1992; Silbersweig et al., 1995）．

17.3　ワーキングメモリにとっての運動制御の意義

幻覚，妄想と運動制御の錯覚の実例がもともと興味深いとしても，また，Frith らによる Wolpert のモデルの修正がこの不可解な多数の現象群の理解に向けての有望なきっかけとなるとしても，なぜそのことはワーキングメモリに

関連するのだろうか。これに答えるため，Bargh & Ferguson (2000) の，社会的行動は主として自動的過程によって制御されるというレヴューに戻ろう。彼らの示唆によれば，意識的に媒介された行為が別の仕方で制御されると仮定する理由はない。

目標を誘発できる可能性を実証しておいた上で，Bargh & Ferguson は，「これらの制御的過程はそれ自体確定的な，自動的に働く目標構造によって制御されている」(Bargh & Ferguson, 2000, p. 939) という理由から，自動的過程と制御的過程の区別を認めない。彼らはさらに，標準的な心理学実験では，「実験状況は，被験者が実験者に権利をゆだね，その行いを制御することを要求する」(Bargh & Ferguson, 2000, p. 939) ことを示唆し，ここでの制御がいっそう外的であると結論している。被験者が具体的な行為を行い，未来の行為のプランを作るときでさえ，彼らの行動は「環境への制御の委譲」として定義でき，意図された環境的イベント手がかりが現れたときに，新規かつ非習慣的な行動が自動的かつ非意識的に成立する (Gollwitzer, 1993, p. 174)。Bargh & Ferguson は，その背後にある内的メカニズムが複雑であることを否定しないが，潜在的な過程と外的な刺激制御を行動全体を表すものとして強調することによって，彼らのレヴューは行為制御のきわめて割り切った刺激固定的な見解を促している。この見解は，彼らの自動性の重視と"制御"と"決定論"という用語の頻繁な使用によって強調されている。

私の考えでは，単純なリーチおよび把握行動の説明をするのに必要な概念およびメカニズムの価値と複雑性は，純粋に自動的な過程を強調しすぎないようにすることの重要性を際立たせる。それでは，行動のより一般的な実行制御に効果的に適用される，運動行動から学べる教訓とは何であろうか。

1. **複合性** ここで述べた範囲の障害と妄想が明確にするのは，これに関与するシステムはきわめて複合的で多くの点で分割できる——視覚性運動失調における運動の細かい調整から，病態失認における大まかな運動障害を認めることの失敗にまでわたる。
2. **制御は複数レベルである** パフォーマンスは，運動失調における受容器を適切に調整することの失敗から，患者が自分は余分な手足を持っていると信じるような知覚障害，適切な形態を得るために十分な情報が手にあるにもかかわらず，意識的アウェアネスにとって利用可能でないためにこの情報を使って行動をプランすることができない盲視までの，いくつかの異なるレベ

ルのいずれかで分割できる。
3. **構成要素間の相互作用** 通常の条件のもとでは，様々な構成要素が効率的にいっしょに働くので，調節の必要性が明白になることはめったにない。その必要性は，失認の多くの事例——欠損の部位によって，問題はオブジェクトを同定することには起こるが，手を伸ばすことには起こらなかったり，その逆に適切に手を伸ばすことができても，同定ができなかったりする——において明白になる。他の事例で，ある患者は行為を模倣することはできるが，要求に応じて行うことはできないのに対して，他の患者は環境刺激には反応できるが，模倣はできない。
4. **アウェアネスの重要性** これは，データがおそらくは最も強くBargh & Fergusonの主張と食い違う論点である。Frithらが観察したように，アウェアネスの有無だけでなく，その特徴も考えなければ，データを合理的に説明することは不可能であるように思われる。無秩序な手の兆候を示す患者は，制御できない手の悪ふざけをよく意識できているだけに，おおいにまごつくことになる。意識的アウェアネスへの異なる入り口を持つそれぞれ別のレベルの制御を仮定しなければ，健常な手と無秩序な手の両方の制御を説明するのは容易ではない。
5. **主体性の感覚は一元論的ではない** 無秩序な手の兆候を示す患者は，両方の手の行為に気づいているが，起こっていることを制御できるという主体性の感覚は，一方だけにあり他方にはない。ただし，どちらの手もまとまりのある行為を同時に遂行しており，実際に直接的な葛藤に陥ることがある。

Frithらのモデルは，発展の初期段階にあるが，しかし，彼らが示唆するように，実行制御についてひとつの可能な解釈をより一般的に提供している。それは，データの複雑性と複数の異なるレベルでの制御の必要性を含む，データの複数の重要な特徴を捉えている。著者らがアウェアネスの役割についての強い仮定を行う必要があると気づいたことは，社会心理学文献の大部分が自動性を強調することに重要な修正を加える。アウェアネスそれ自体が単純かつ一元論的である必要はないと仮定する意図も，このモデルの潜在的に重要な側面である。習慣と自動的過程の重要性の認識，また，行為制御にとっての抑制過程の重要性の強調は，もちろん，Norman & Shallice (1986) の行為制御のSASモデルと一致しており，これらは，ワーキングメモリの中央実行成分をモデル化しようとするわれわれ自身の試みの特徴でもある。

17.4 結　論

　行為の制御が複合的であり，いくつかの異なるレベルで働くことは明らかである。そのことは，Bargh & Ferguson の決定論的立場にとっての問題となるだろうか。彼らは確かに制御の複合性を認めているし，進化はわれわれの制御過程を効果的に形成してきたこと，脳損傷や疾病はそれらのスムーズな運用と干渉することを認めている。私の見解では，彼らの一元論的な潜在的制御の見解にとっての決定的な問題は，Della Sala の無秩序な手の患者の事例に要約される。彼女の「いい子の」右手も，魚の骨を盗んだりする「いたずらっ子の」左手も，環境的手がかりを用いて食べ物を正確につかみ，彼女の口に持っていくことができるという点においては，十分に制御されている。しかし，右手だけが考えの及ぶ（つまり，意識的制御のもとにある）統合された高次の目標によって統率されるようだ。

第18章
ワーキングメモリ研究の広がり
生命，宇宙，そして万物について

　私は，この本を5年ほど前に書き始めた。私の前著（1986年の『ワーキングメモリ』）の出版以来蓄積されてきた多くの文献を丁寧に読む時間がないことはわかっていたが，ワーキングメモリについての私自身の今の考えをまとめて理論化し，そしてそれらをより広い文脈の中に位置づける，そのような改訂版の執筆を試みようとしたのである。執筆が進むにつれ，ぼんやりとしか覚えていない研究結果を確認し，また，さらに膨大な文献にあたらなければならないことがわかってきた。広範な文献の閲読作業は，問題意識をさらに深化させた。それだけでなく，結果的に，この本が前書の単なる改訂版ではなく，まったく別のものとなることが明らかになったのである。

　ワーキングメモリという概念を広い文脈に位置づけるために，私はさらに広く読み，社会心理学や臨床心理学などの分野との新たな関係を見出し，発展しつつある多くのアイデアが心の哲学の古典的問題と強く共鳴することに気づくようになった。私は哲学への強い関心を持って研究生活を始めた。実際，私は哲学の学位を請求することを考えていたが，後になって，哲学者として生計を立てていくのは難しかろうと考えて心理学を選んだのである。さらに，英国における哲学はケンブリッジ大学における Wittgenstein とオックスフォード大学における Austin の影響のもとで言語分析がますます支配的になりつつあった。このアプローチは，私には次第に無益であると感じられるようになった。結果的に，私は哲学を，少なくとも，心の哲学を，どちらかといえば無益な言語規則のもとで戦わされる安楽椅子的哲学のゲームに過ぎないと見なすようになった。

　最近になって，私の研究やその他の認知科学の研究が，多くの哲学的仮定に無意識に影響を受け，そうした仮定に基づいていることがわかってきた。この点は，私自身の例では，意識的アウェアネスの役割がどの程度まで視空間的イ

メージにとって重要なのかという問いに最もよく現れている（Baddeley, 1993; Baddeley & Andrade, 1998）。自分自身の再教育のため，私は Magee（1987）による本を再読することにした。この本は，著名な現代の哲学者が招待され，古典的な哲学者や学派について解説し議論するという，シリーズもののテレビ番組に基づいたものであるが，認知神経科学の今日の多くの問題が，われわれの哲学的先人によって予見されていたことを示しており，私は大変勇気づけられるとともに驚かされた。さらに私は，ある哲学的視点に対して私自身が共感的である一方，別のアプローチには共感できないということがわかった。前者は，ひょっとしたら驚くべきことでもないかもしれないが，英国の観念連合主義者，特に Locke や Hume の考えであり，後者は Hegel や Sartre のものであった。その他にも，潜在的知識の重要性に関する Heidegger による優れた議論など，2，3の驚くべきものがあった。

　振り返ってみると，私はこのようなことに対して驚くべきではなかったのかもしれない。古典的な心の哲学は，おそらく観察や自己観察に基づいた証拠による推論から成り立っており，そうした観察は，私自身の，そして私の多くの同僚たちのアイデアの源でもあるからだ。もちろん，現在の私たちは，哲学的先人とは異なり，多くの客観的な技術を利用でき，そうした技術によって，われわれの直感を実証的に検証できるとともに，われわれのアイデアを理論的に発展させるために多くの複雑な概念的ツールも利用できる。この最終章では，私の古い哲学上の関心事をたどり，進化的視点からワーキングメモリの位置づけについて述べる。そして，心の哲学と実証的なワーキングメモリ研究の合流点について論じてみたいと思う。

18.1　進化的観点

　心理学への進化的アプローチは，現在，はやりであるとともに議論の的でもある。流行しているのは，このアプローチが心理学をより広い生物学的な文脈に位置づけることを可能にするからであり，また，特定の機能や行動が進化的に見て有利であるとか不利であると示唆することで，古い問題に挑むための新しい方法についての手がかりを提供してくれるからである。例えば私の例をあげると，音韻ループの進化的価値に関する旧友からの質問は，言語獲得装置としての音韻ループという，とても生産的な研究領域を導いた（第2章を参照）。

抑うつに関する章からもわかるように，進化的枠組みは実りあるものであることが示されてきている。もちろん，私自身の進化的な説明が，抑うつに関する他の説明よりも生産的であるかどうかが検証されるのにはもう少し時間がかかるだろう。

　一方で進化的説明には批判も多い。進化的説明は，ゾウの鼻がどうして長いのかとか，ヒョウの斑点はなぜあるのかなどについての，Rudyard Kipling による子ども向けの楽しいお話と似ているため，「なぜなぜ物語（Just so stories）」として，しばしば嘲笑を誘うのである。つまり，こうした説明は，進化論と結びつけられることによって偽りの科学的根拠（a spurious air of respectability）を与えられた純粋な作り話として批判されるのである。そして，進化的説明のひとつの問題は，実証的に検証するのが難しいところにある。私は，**ホモ・サピエンス**はワーキングメモリを持ったことによってネアンデルタール人よりも決定的に有利となったという旧人類学者，Coolidge & Wynn (2001, 2004) による示唆は大変面白いとは思うが，これを検証するのは非常に難しいだろうと思う。

　しかしながら，進化的説明にはもうひとつの利用方法がある。こうした説明は，研究領域を統合したり，まとめたりするための有効な枠組みとなり得るのである。これがこのセクションの目的である。つまり，広い進化的枠組みの中でワーキングメモリが果たす生物学的機能を問うことにより，ワーキングメモリを認知的文脈の中に位置づけるのである。次のような問いを考えてみよう。もしもあなたが，複雑で変化に富む物理的環境を生き延びることができるホモ・サピエンスのような生物をデザインするとしたら，どのような認知能力がその生物に必要であると考えるだろうか。また，それはなぜだろうか。ここでの私の目的は，知性の創造を擁護することではなく，むしろ，極めて一般的なリバースエンジニアリングに耽ること，おそらくは進化過程で解決する必要のある問題の文脈において，単に心を考察するだけである。

　新しい生体をデザインするひとつの手段は，生態学的ニッチを選び，その生体がそれらの環境の中で対処できるよう慎重に設計することである。このことは，明らかに，われわれよりもずっと長く栄えてきたサメ，クラゲ，多くの昆虫の場合に極めて成功した進化方略である。ニッチが維持されることを前提とすれば，生体は繁栄し続けるだろう。これと逆の方略がホモ・サピエンスの場合には進化してきたと思われる。ホモ・サピエンスは，柔軟性のために作られたかのようであり，非進化論的な解決策を用いることによって（言語の発達や

道具を作り，それらを複雑な機械に精緻化する能力による解決など），広い範囲の急速に変化する環境に適応できる。われわれの課題は，おおまかに言えば，どんな種類のシステムがこのことを達成できるかを考えることである。

　移り変わる外界の状況に対して柔軟な適応ができるためには，まず，外界の情報を取り入れる必要がある。われわれは確かに，視覚，触覚，聴覚といった感覚チャンネルを通して，このことを達成している。さらにそれぞれの感覚チャンネルは，複数の異なるサブチャンネルから構成されている。例えば，視覚の場合，形，色，運動，そして場所といった情報について個別の経路が存在する。

　私は，素朴実在論者として，次のように考えている。そのような感覚チャンネルは，外界に存在するオブジェクトから別々の情報を受け取るが，外界を理解するためには，種々のチャンネルからのデータをひとつのまとまりのあるオブジェクトの表象へと再統合することができなければならない。第8章で述べたように，ワーキングメモリのエピソード・バッファは，そのような複雑な刺激を組み立て直すとともに，他の情報源からの知識と統合し，また，それらを意識的アウェアネスの対象とするための媒体として機能するのではないかと仮定される。

　われわれの生物に利用可能な情報をフルに活用させたいなら，何らかの形の学習が必要である。おそらく，このことを実現する最も単純な手段は，証拠の漸進的蓄積を通して，その基本的な知覚的特徴の観点からみれば，世界は概して安定した場所であることを利用することである。潜在学習メカニズムは，そのような知識の蓄積の優秀かつ経済的な基盤となり，このことには，一般に，ワーキングメモリは最小限にしか関与しない（Squire, 1992; Schacter, 1994; Baddeley, 1998b, 19 および 20 章）。

　しかし，そうしたシステムは，環境の変化に対処する際にはそれほど効果的ではない（長年安全な旅行ルートだったが，今回の旅で好戦的な敵に占領されたことを知る場合など）。単純に，利用可能なすべての先行情報を平均化すると失敗するのに対して，この1回の出来事を思い出す能力は，直近の脅威を回避させるだけでなく，これは一度だけの非典型的な出来事にすぎないという仮説を形成することも可能にする。この仮説を慎重に検証して結果を将来のプランニングに用いることができる。この過程全体が，もちろん，エピソード記憶，すなわち，ある経験をその時間的・物理的文脈に結びつけ，その経験を時間と場所に位置づける能力を要する（Tulving, 1989; Baddeley et al., 2002b）。

ワーキングメモリはそのようなエピソード記憶の符号化に必要であるのに対して，検索にはそれほど明確にはかかわっていないが，検索した情報の事後評価にはほぼ間違いなく役割を果たしている（Baddeley et al., 1984b; Craik et al., 1996; Naveh-Benjamin et al., 2000）。

　ここまでのところ，われわれの〔仮想の〕生物は世界を知覚し世界について学習することができ，特定の出来事を想起することができるが，行動することはできない。この生物には，明らかに，運動システムとその制御の方法が必要である。この制御の一部は自動的であるだろう（われわれの目が動くターゲットを自動的に追跡したり，呼吸が肺の中の二酸化炭素のレベルに反応したりするときのように）。しかし，単純な反応から計画的な行為に進めたいなら，プランニングのための装置とプランを保持し操作するためのシステムが必要である。プランニングは，基本的には，将来起こることの予測にかかわる。このことを実現する自明の手段は，過去に起きた出来事をシミュレートすることである。そうしたシミュレーションには，貯蔵システムに加えて知覚とLTMの両方へのリンクが——つまり，ワーキングメモリが——必要である。可能性のある多くのプランを必要とするなら，前に戻って代案を熟考できることが望ましい。これは，ワーキングメモリの貯蔵と反省的能力の組み合わせに支えられ，意識性という媒体を通して働く過程である。

　したがって，ワーキングメモリは，知覚と行為，学習と注意のインターフェイスになり，生物の柔軟性を大幅に高める。そうした説明によると，Baars(1997)の提唱した舞台メタファーを用いれば，ワーキングメモリは単に主演俳優であるのではなく，ショー全体である。最後の数章が示したことを期待しているのだが，これは事実からはほど遠いと私は信じる。ワーキングメモリの貯蔵能力は小さく，意識的に媒介された行為は遅くなりがちである。可能な限り，われわれの生物は自動的に機能することが好ましい。この極めて多様で複雑な自動的過程の集合が，情報の過負荷や，新規な過程の要求によって，あるいは将来のプランニングの必要性のために，失敗したように思えるときはいつでも，われわれの容量限界のあるワーキングメモリが全般的な見直しを行い，介入をする。

　そこで，何らかの形式のワーキングメモリは，われわれの仮説上の生物学的進化を遂げた生物にとって極めて有用な多目的装置の一部を提供する。複数成分モデルは，そうした装置を概念化するためのひとつのアプローチを表現している。

18.2　いくつかの哲学的意義

18.2.1　意識性

　本書が展開するにつれて，私のアイデアは心の哲学の3つの伝統的領域，すなわち，意識性の問題，自己というものの本質，自由意志の問題に踏み込んでいることがしだいに明らかになった。意識性の問題は，私自身の見解に基づいて第16章で既に論じた。意識性は，次のような特定の問題に取り組む手段として進化してきた。すなわち，(1)感覚からの情報を統合された表象にバインドすること，(2)これらをさらに長期記憶からの情報とバインドすること，(3)グローバル・ワークスペースとして機能すること，という問題である。Baarsの研究をより徹底的に読み始め（Baars, 1997, 2002a, 2002b），Dehaene & Naccache（2001）——第13章で広範囲に用いた研究——によるすばらしい論文をたまたま見つけたとき，私はそのような見解を模索しているところだった。しかし，おそらく，意識性の問題に関心がある一部の認知科学者——スタンフォード高等研究センターでの私の最近の共同研究者であるJeffrey Gray（Gray, 2004）を含む——を困らせるであろう，ある論点に立ち戻ることには価値がある。それは，**クオリア**——感覚の現象的経験についての哲学用語（例えば，バラ特有の赤さやスティルトンチーズ独特の味）——の問題である。

　私はクオリアに特別な地位を認める理由がわからないという点で，Grayや多くの他の人々とは違っていることを白状しなければならない。私自身の見解は，以下のようなDehaene & Naccacheによる示唆にかなり近い。

> 知覚的アウェアネスの内容は，複合的で，ダイナミックで，記憶したりそっくりそのままを他者に伝えたりできない多面的な神経状態である。これらの生物学的属性は，意識的経験の「クオリア」についての哲学者の直感をもしかすると実証できるように思われる。ただし，それらが完全に理解されるには相当の神経科学的研究が必要である。
>
> 　　　　　　　　　　　　　　　　　　　（Dehaene & Naccache, 2001, p. 30）

　つまり，クオリアは単に生物学的環境の一特徴にすぎない。もちろん，皆がこの見解を取るわけではない（Gray, 2004）。

意識的アウェアネスの現象的諸側面の研究は，神経イメージングが特に生産的になり得る領域である。特定の知覚対象（percept）の主観的報告に伴う，客観的に観察された活性化の特定のパターンを同定し，このことが一定数の被験者を通して当てはまることを示せるなら，それらの被験者は概して等しい経験をしていたと仮定することは妥当と言えるだろう。そうなれば，その活性化のパターンを新たな被験者におけるそうした経験の有無の証拠として利用できる。

　このよい例は，視野闘争の場合に生じる。視野闘争では，ある刺激（例えば，テーブル）を一方の目に，別の刺激（おそらく，魚）を他方の目に提示する。被験者は，一般的には，テーブルが見えたり，魚が見えたりすると報告するが，両方を同時に報告することはない。人間の被験者を神経イメージング研究でテストすると，単一の知覚対象と闘争状況における優勢な知覚対象について極めてよく似たパターンの下部側頭葉活性化が見られる（Tong et al., 1998）。しかし，被験者が見えの交替を指摘するとき，広範囲にわたる付加的な前頭部活性化が起こる（Lumer et al., 1998）。同様のパラダイムは，2つの闘争するパターンのそれぞれに対して異なる反応をするよう訓練された覚醒したサルの脳を記録する際に用いることができる。視覚処理の低次の領野（V_1～V_5）はいずれの刺激にも等しく反応するのに対して，下部側頭皮質は2つの異なる活性化のパターンによって反応する。これらのパターンは，行動上で「報告」される2つの知覚経験のそれぞれと関連していた（Leopold & Logothetis, 1999）。

　神経生理学的証拠を用いて現象〔的側面〕の問題に光を投げかけたもうひとつの例は，再認の研究においてなされた，現象的経験に基づく区別に関係する。すなわち，何かを**思い出せる**（remembering）ことと何かを**わかる**（knowing）ことの区別である。思い出せることは，イベントの主観的な「再体験」と結びついており，一般的には，関係のある細部を想起する能力を伴う。対照的に，ある出来事が起こったとわかることは，この「心的タイムトラベル」の感覚を欠いている（Tulving, 1989; Gardiner, 2001）。再生には障害があるが再認は比較的に維持されているという，非典型的な健忘症の若い男性 Jon の研究では，彼は「思い出せる」判断を正しく行えないことがわかった（Baddeley et al., 2001c）。彼は回想経験を検索していないように見え，そのことばを単に反応の正確さの確信度を示すために用いていたように思われる。

　Düzel et al.（2001）による後の研究は，事象関連電位を用いてこの結論を

支持した。Jon は健常被験者における「わかる」反応と典型的に連合している活性化のパターンについての明確な証拠を示し，「思い出せる」パターンの証拠を示さなかった。最後に，Maguire et al. (2001) による PET[*] 研究は，「思い出せる」という経験に特徴的な，関係のある回想を喚起する1つか2つの自伝的出来事を何とか同定した。これらは特徴的な「思い出せる」活性化パターンと連合していたが，他の記憶はそうでなかった。異なる記憶経験と連合した活性化のパターンについて多くを知るにつれて，神経イメージングは，人間の記憶の背後にある複合的な現象学的経験に基づく過程の分析のため，ツールとしてますます一般的になるのではないかと思う。

　意識性へのアプローチを論じるといつも典型的に持ち上がる疑問は，動物には意識があるのか，もし動物にあるなら機械は意識を持てるのか，というものである。私は動物の場合は概念的には比較的に簡単であると思う。私は単純で一元論的な機能として意識があるとは思わないが，問題に対する複数の成分からなる生物学的解決と見なせると思う。少なくとも一部の動物は，ある種の知覚的バインディングシステム——感覚情報を統合し表象することのできるエピソード・バッファ——を持つという意味で，意識がありそうに思われる。そのシステムが複数の異なる感覚からの情報の統合も可能にすることは十分ありうる。このことは，動物がエピソード記憶を持つかもしれないという，増加しつつある証拠によって確かに示唆されている。このエピソード記憶は，エピソードの「何が」，「どこで」，「いつ」が統合された記憶という意味におけるエピソード記憶であり，建設的で目的をもって行為するのに利用できる（この問題の考察については，Clayton et al., 2002 を参照）。反省的意識の能力は動物界ではそれほど普及していないと思うが，私は顔の上のシール（spot-on-the-face）パラダイムはヒト以外の一部の霊長類がもつそのような能力の一応の証拠として認めている。この課題では，小さな粘着シールを被験者の顔の上に貼る。被験者は後でシールを鏡で見ることができる。霊長類を含むほとんどの動物は，シールが自分の顔の上にあることが「わかる」ようには見えないが，一部の類人猿は一貫してそれがわかるようであり，シールをすぐに取り除く（Gallup, 1970）。

　機械についてはどうか。複数の異なるソースからの情報を統合する能力，グローバル・ワークスペースとして機能する能力，そしておそらくは反省的に機

---

[*]（訳注）　fMRI の誤りでないかと思われる。

能する能力など，意識性についてのある程度明確な諸側面は，機械によって十分に達成可能ではないかと思う。しかし，これが意識性であるとの主張には私は疑いを持っている。というのは，私は意識性は他の機能も含むと思うからである。たとえこれらの検証がさらに達成されたとしても，そのことは機械がわれわれ自身のものとまさしく同じような意識性を持つということを必ずしも意味しない。それは，機能はさまざまな方式によって実現されるからである。KasparovとBig Blue[*]は，どちらも恐るべきチェスプレイヤーだが，それらの結果を実現する仕方は大きく違っている。だが，機械はそもそもわれわれが通常そのことばを理解する仕方で意識を持つことができるだろうか。人間の脳を一種の機械と見なすことを前提とするなら（絶大な巧妙さと複雑性を備えた機械だが），自然が進化させた「ウェットウェア」の代わりにハードウェアを用いて，同じ生物学的問題が同様の仕方で解決される可能性を否定することは傲慢，かつ／または，つじつまが合わないであろう。だが，そのことは，近い将来には起こりそうにないと思う。

18.2.2　自　己

意識性と行為の関係とは何か。第16章では，私はBaarsに賛同して，この関係は自己によって与えられるとした。この複雑かつ誤解されやすい概念は，意識性と同じように，認知心理学からは長年遠ざけられていたが，社会心理学において強力な復権がなされ（Baumeister, 1998），自伝的記憶の理論によって（Conway, 2002），また，Ulric Neisser——彼の古典的なテキスト（Neisser, 1967）は後に認知革命として知られるようになったアプローチを広める上で重要な役割を果たした——の努力のおかげで，認知研究に少々暫定的な回帰を果たしている。Neisserは，「想起する自己」（Neisser & Fivush, 1994）という観点を含む，自己の異なる諸側面についての一連のワークショップを組織した。ここでの目的のため，ワーキングメモリにおける自己の役割に議論を限定し，行為の始動と制御に特に注目する。

この目的のため，われわれはDamasio（1999）の提唱する**中核自己**（*core self*）と**自伝的自己**（*autobiographical self*）の区別を受け入れる。中核自己は，知覚的かつ自己生成的な意識的入力の多重レベルの流れであり，複数成分ワーキングメモリの枠組みでは，エピソード・バッファとして同定される中核意識

---

[*]（訳注）Deep Blueの誤りではないかと思われる。

性に反映される。エピソード・バッファの場合と同じように，Damasio によれば，中核意識性は，多くの独立したソースに決定的に依存する。これらの一部には生理学的な基盤があり，Damasio はそれらを**原自己**（*proto self*）と呼んでいる。

中核自己は，行為し，自身の行為に反応することができる。われわれは自分の行為と知覚対象がリンクする状況を実際に経験していると保証しがたいことがあるかもしれない。第 17 章で見たように，行為とフィードバックが乖離すると，われわれは，麻痺した腕の持ち主ではないと言う片麻痺患者の場合のように混乱したり，無秩序な手の患者の場合のように意識的に制御できない手の行為に覚えがないと言うだろう（第 17 章を参照）。

ワーキングメモリモデルの中では，直接的かつ反省的に行為する能力は，エピソード・バッファをはるかに超えて関与してくる。それは確実に中央実行系の注意制御能力を要求し，ときには，おそらく，音韻および視空間サブシステムも関係する。後者の論点は，統合失調症における思考吹入の場合に明らかになる。思考吹入では，患者は声が自分についてコメントしており，おそらくは特定の行為をするよう自分に指示していると信じている。これは，心内音声化を伴い，音韻ループに加えて実行過程のかかわりも示唆するように思われる過程である（第 17 章）。

明らかに，自己は単純な行為制御システムをはるかに超えたものである。行為は，慣習，信念，態度（自伝的自己を形成する）といった複雑で歴史に基づく集合体を基礎とする傾向がある。このシステムは安定しているが，継続的に発展・変化し，自伝的記憶に大きく依存する。それは潜在的に貯蔵されるが，より一般的な意味記憶やエピソード記憶と同じように，その内容とその産物は意識的反省にとって利用可能である。

自伝的自己は単純な一元論的システムではなく，多重自己を反映するものと見なす方が適切である。多重自己とは，Goffman（1959）が彼の役割の概念において発展させた概念である。例えば，メアリは母親でもあり，娘でもあり，妻でありかつ女友達であり，ビジネスウーマンでゴルファーでもあり，これらの役割のそれぞれにおいていくらか違って見える。そのような役割は，もちろん，葛藤することもある。彼女は母親の病床に駆けつけるべきか，娘の運動会に出席すべきか。上司とゴルフをプレイしているとき，どのくらい攻撃的であってよいか。様々な役割が一貫していれば人生はもちろん簡単になるし，われわれは「統合性」を示す人々を高く評価する傾向がある（ただし，おそらく

彼らは政府高官には選出されない)。まとまりの欠如は極端な場合には病理的な状態を生じることがある。このことは，ジキル博士とハイド氏についてのRobert Louis Stevensonの説明によって虚構として例示されている。この説明は，Dean Brodieの実際の話をもとにしている。彼は見かけ上は著しく立派なエジンバラの住人だが，同時に人を操るのがうまい精神異常の犯罪者でもあった。われわれは次のセクションで自己の多重性に立ち戻るつもりだが，そうする前に，少なくとももうひとつ別の自己の概念，すなわち，**成立自己** (*enacted self*; Baddeley, 1994) ——他者によって知覚されるものとしての自己——に言及すべきではないかと思う。

　われわれはかつて自己を純粋に個人内の概念として論じていた。しかし，Goffmanの役割概念が意味する劇場のアナロジーは，少なくとも，俳優と同じようにその役割を知覚したり，しなかったりする観客がいることをほのめかしている。政治家の場合のように，彼らは見かけを実際よりも重要なものと見なしているのではないかと私は疑っている。さらに，われわれの自分自身についての見方は，他者による見方とたいていは一致しない（第13章を参照）。他者の見解は必然的に，われわれの行為や発言の評価に基づいており，それはそれほど十分ではないが，おそらく，われわれの自己本位な内観よりもずっと信頼できる証拠のソースである。

　しかし，自己知覚と他者の見解との間の不一致を強調し過ぎることは誤りだろう。実際，ある目的のためには，われわれは他者の判断を自分の判断よりも妥当なものとしてしっかりと受け入れることがある。例えば，ゴルフスイングについての専門家の見解は，ゴルファーにとって直接的に利用できない重要な情報を与えてくれる。しかし，他者によるわれわれ自身についての知覚は，これよりもずっと深くに及ぶ。このことは，R. J.の事例に反映されている。彼は両側性前頭葉損傷の患者で，重度の健忘症が残った。作話の傾向があるが，魅力的で陽気であった（Baddeley & Wilson, 1988）。数カ月後に彼を再検査したとき，彼は小さな発作に見舞われていた。このさらなる外傷により，気の毒にも，彼は感傷的で支離滅裂な人物に変わり，一人の統合された人物として表現することが困難になった。われわれが彼の妻に話しかけると，彼女は，今日は夜も遅く，彼は疲れていること，朝一番なら，かつてのR. J.が現れることもあると指摘した。それはまるでわずかの追加的な脳損傷が，彼が自己を作り上げる複数要素をもはやまとめられなくする条件を作り出したかのようであった。彼が諸要素をまとめる十分なエネルギーがある短い期間，彼の成立自己は

再びよみがえり，認識可能となった（Baddeley, 1994）。

　R. J. は単に自伝的記憶を失ったにすぎないのだろうか。私はそうではないと考える。すなわち，彼の最初の頭部外傷は，彼の自伝的記憶を激しく損なったが，彼の妻の判断によると彼のパーソナリティには変化はなかった。さらに，頭部外傷後の大きな問題のひとつは，それに関連した逆向性健忘ではなく，患者が変わってしまった，「これは私が結婚した人ではない」という配偶者の感覚であった。このことは，配偶者はよく感じるが，患者には感じられない。これは，自伝的自己ではなく成立自己に変化があったことを示唆している。自己報告の妥当性その他は，もちろん，パーソナリティの研究に直接的につながるが，私の現在の責任範囲を超えたトピックである。

18.2.3　行為と自由意志

　それでは，意識性と複数レベルの自己を仮定するなら，この考えからどのようにして行為が産出されるのか。私が提案する答えは，私が既に書いた多くの中に含まれている。Norman & Shallice（1986）が最初に行った区分に一致した私の提案では，膨大な量のわれわれの活動は環境手がかり，既存の習慣，スキーマに基づいて自動的に制御され，必要なときには自動的な葛藤解決過程に補助される。しかし，環境手がかりと習慣の存在はなぜ別のことでなくこのことをするのかを説明はするが，なぜわれわれはそもそも何かをすべきなのだろうか。またしても，エネルギーと動機づけの概念を認知心理学に再導入する必要が明らかにあると私は主張したい。

　しかし，たとえ動機づけの初歩的理論を仮定したとしても，そのことは，非習慣的な意思決定メカニズム（中央実行系や監督的注意システム）がどのように働くかという問題をなお残す。働いているという事実は第17章で十分に示した。ここで取り上げた事例によれば，手を伸ばしてつかむといった単純な行為でさえも，複数の異なる，潜在的には両立しないレベルで制御されることは明らかである。その結果，錯覚による視覚的手がかりは運動システムによって無効にされ，無秩序な手の場合には，意識的に制御される手の行為は，他方の手の無意識的な介入によって打ち消される。

　見かけ上は単純な行為が複数の異なるレベルで制御されるという事実は，呼吸するという行為によってうまく例えられる。明らかに，呼吸は無意識的なレベルで働く。そうでなければ，われわれは寝ている間に窒息死するだろう。あるレベルの制御は肺の中の二酸化炭素のレベルによって自動的に発揮されるが，

このことは，シュノーケリングのとき——水面下で呼吸したくなる誘惑に（実に，浮上後，まず水がシュノーケルから排除されるまで）抵抗することが重要なとき——などには無効にすることができる。19世紀の神経学者 Hughlings Jackson が指摘するように，制御システムには階層があるように思われ，より基礎的で自動的なシステムは高次のシステムによって覆されうる（Kennard & Swash, 1989）。もちろん，これには限界がある。われわれは自分の呼吸を止めて自殺することはできないようだ。なぜなら，無意識が介入し，自動的な呼吸の制御が回復するからである。見かけ上は呼吸と同じくらい単純な行為も複数レベルで制御されていると仮定すると，SAS に単純な因果連鎖を無効にさせるほど複雑な選択肢を期待するといった誤りを犯すべきではない。

　第15章で述べたように，最初に Hume（1739/1978）が提唱し，Lewin（1951）がさらに探究し，Damasio（1994）が再導入した方針に従うことに私は喜びを感じている。この方針によれば，世界にはポジティブな価値とネガティブな価値が染み込んでおり，行為はこの配列を通してポジティブな結果を最大化し，ネガティブな結果を最小化するようにかじ取りする。このことは，もちろん，価値を平均化する時間尺度の問題を引き起こす。今そのチョコレートを食べることは私に即時的な喜びをもたらすが，自分の長期的な健康を維持するには食べる量を切り詰める必要があると私は信じているので，長期的な罪悪感も生むだろう。チョコレートを食べるかどうかを私はどのようにして意思決定するだろうか。おそらく，私は葛藤する誘因を解決する手段を見つけるか，さもなければ，2 つの干し草の山の間で等距離を取る Buridan のロバのように平衡状態に陥ったまま，飢えることになるだろう。この状況では，基礎的な葛藤解決アルゴリズムが始動し，深い熟慮に沈みつつ，気づいてみると自分がチョコレートを食べていたことになるのではないかと思う。

　今の例の代わりに，痛ましくも時事問題となっている，自爆テロについて考えてみよう。彼の場合，自分を殺すというその行為は非合理的に見えるかもしれない。このことは，もちろん，彼が自分の行為は楽園につながっていくと信じているのなら非合理的ではなく，この目標を達成するために多数の罪のない人々を殺すという汚名に耐える覚悟ができている。われわれの長期的目標の多くと同じように，これらは社会的に獲得された信念に基づいており，同一の信念システムを共有する，堅く団結した集団の一員であることによって強化されることは疑いない。

　楽園の約束に基づく行為は，もちろん，そう利他的ではない。しかし，個人

の一時的または長期的利益に結びつかず，実際にはおそらく彼らの全滅を招くという意味で，行動が利他的に見える状況は存在する。多数の動物種において親は子孫を死から守るが，これにはわれわれ自身にも当てはまると思う。さらに，あの世を信じることは，兵士が戦闘やそれほど攻撃的でないが不発弾処理や地雷撤去などの危険な分野において，自分の生命を危険にさらすための条件であることを疑う理由はない。これらの例によれば，信念や社会的制約は，よかれ悪しかれ，行動の非常に強力な決定因となることがある。人が自由意志を持つと言う場合，彼らの行為が自分たちの個人的アイデンティティ，すなわち，自己を構成する信念，欲求，態度，習慣のバランスによって潜在的に決定されると私は主張する。心から反社会的信念を受け入れるように説得される人がいるという事実は，もちろん，彼らが自由意志を欠いていることを意味しない。

自由意志という概念は，自分の行為を制御する能力を仮定している。制御が何らかの仕方で危うくなるのはどんな場合か。最近，ある早朝に高速道路に沿ってトレーラーを牽引していた運転手に起こった事例を取り上げてみよう。天候条件は悪く，彼はほとんど寝ていなかった。彼の車両は道路が線路に接するちょうどその箇所で突然道路からはずれた。車両は境界を超えて運行中の旅客列車の進路に突っ込み，何人もの死者を出した。彼は有罪だろうか。法廷はイエスと判定した。彼は不適切な状態で運転していて，眠り込んでいたと陳述しており，しかも，特定の危険な条件のもとでそうしたからだった。しかし，彼の責任のレベルは，彼が意図的にそうした行為をしていた場合とは大きく違っている。これは，おそらく後の判決に反映された事実である。

人がもし「精神を病んでいる」としたらどうなるだろうか。このことばは，もし囚人が「自分の行為に責任がある」と見なされた場合，第一級殺人の有罪判決を受け，必ず絞首刑となっていたかつての英国で用いられていた。正気でない殺人者は自由意志を持っているだろうか。彼は犠牲者が悪魔の化身であると思い込んでおり，この悪霊から世界を解放するという英雄的行為を行っていたのだと考えてみよう。この場合，殺人者はなお選択する自由を持っていたが，社会が行動することを確かにそして明白に要求するような，極めて病的で危険な個人的信念に導かれたのだ。次に何が起こるはずなのかということは，判断を下す社会，その市民を守ろうとする欲求，加えて，人を悪人と善人に分類し，罰を要求する社会的傾向を特徴づける信念を反映するだろう。

このすべてにワーキングメモリで対処することはできるのか。われわれの法

体系全体に潜在するのは，どのようにしてなぜ行為が生じるのかという問題であり，「抑えがたい衝動」や「健全な精神」などの概念は単にこの事実を代表するだけにすぎない。思考と行為におけるワーキングメモリの役割をカバーする，優れた理論は，われわれの倫理的問題を解決しないが，われわれの思考を明確にする助けになるだろう。

18.2.4　3つの願い

実験心理学者，実践的経験論者としては，アマチュアの哲学的思索のおぼえがきで〔本書を〕終えることは奇妙に感じられる。単なるお話を超えて生命，宇宙，万物についての熟考に進んだとしたら（Adams, 1979），次は何か。多くの伝統的なおとぎ話の基本要素，すなわち，3つの願いはどうだろうか。ワーキングメモリの未来についての私の3つの願いは何か。ここでは，以下のものとなろう。ひとつはどちらかといえばささやかな懇願で，2つめは見込みのない設備要求，3つめは，より壮大だが，おそらくはより見込みのありそうなものである。

18.2.5　方　略

人は驚くほど柔軟であり，一般的な心理学実験におけるように，扱いにくい新しい問題に直面すると何らかの解を見つけようとする。認知心理学の中では，この問題は，被験者が，理論の仮定するシステムや過程を信用することなしに観察結果を生み出す，いくつかの可能な方法を系統的に生み出し，検証することによって対処される。神経イメージングで認知を研究するという刺激的な新しい技法を用いた研究では，現在，単純に高価すぎて必要な数の研究を要求できない。そこで，私は，他の人が用いてその機能のおかげであるとしている技法に単に頼るのではなく，重要な研究を行う前にこれらの代替方略を除外したいと願っている。

複数の神経イメージング実験を行う能力がない場合，被験者が用いている方略の種類は何であるかについての優れたルーチン的な測度を開発することが重要である。例えば，当該の課題で音韻ループが用いられているか否かを判断することは難しすぎて証明できないということでは困る。それでは，われわれは方略を検出するための神経イメージングの使用法という基本的問題を探究できるのだろうか。

18.2.6　安価な神経イメージング

　神経イメージングは，人間の認知を理解するための貴重なツールを提供し，継続的に洗練されている。しかし，残念なことに，高価なツールでもあり，これは2つの問題を起こしている。第一の問題は上述の通りで，単に高価すぎて完璧な研究を生み出せないことである。技術進歩のめまぐるしい速さを考えれば，より安価な神経イメージング法が現れることを私は確信している。しかし，残念ながら，従来よりも大きな助成金を取るようにとの所属機関のプレッシャーがあり，従来よりも高価な研究を行うこと，「ビッグ・サイエンス」の一部となることに報酬が与えられる結果となる。ますます洗練された有用な方法の追及は，明らかに，神経科学の発展にとって重要である。しかし，同じくらい重要なのは，日常的に使って既存の方法論の信頼性と妥当性を増すことのできる，低コストな方法の普及である。それでは，単純だが頑健な，安価な神経イメージング技法を持つことはできるのだろうか。

18.2.7　動機づけ

　今までに明らかになっているように，私は認知心理学は情報処理分野が大いに生産的になるにつれて発達してきたと考えている。**欲求**心理学（*orectic* psychology）と**動能**心理学（*conative* psychology）という他の2つの領域，すなわち，情動と意思の研究は，第14章と第15章で論じたように，比較的軽視されてきた。われわれが進歩し続けようとするなら，認知を超えて，行動がどのように制御されるかだけでなく，なぜ制御されるのかを理解しようとすることが明らかに重要である。

　なぜわれわれは何かを行うのか。われわれには心的エネルギーと物理的エネルギーの理論が必要である。この理論は，現実に現れる個人差の理解を含むはずである。なぜ一部の人は他の人よりもずっと多くのエネルギーを持っているのか。最後に，われわれにはエネルギーの病理学を理解することが必要である。この病理学には，その失敗の生理学的および心理学的決定因とこれらをどのように回復できるかが含まれる。

18.3　エピローグ

　これらの，生命，宇宙，万物についての非日常的な思索とわれわれのスタート地点——子音系列の再生における音韻的類似性の役割といった日常的な研究——の間の関係はどんなものだろうか。あるレベルでの答えは，カリフォルニアの湾岸地域のうきうきするような蒸気を吸い込んで過ごした一年がそれである。そのときには，高等研究センターが刺激的な共同研究者に加えて考える時間も与えてくれたが，書き終えることはできなかった。私の5年間の旅の終わりに際して，詳細な実験から思索的な結論の間に関連が存在するという確信を少なくとも感じてはいる。この年月の間の洞察と発見は，当時感じたよりはずっとオリジナルなものでないことが判明した。例えば，少なくとも，高等研究センターの2名の共同研究者はだいたい同じようなアイデアを持って登場したように思われる。われわれは皆同じ時代精神を背負っていたのではないかと私は思う。そこで，私の結論は以下のようなものである。以前には哲学の領域に限られると思われていたいくつかの問題は，原則的には解決可能であり，さらに，現在は，認知心理学と認知神経科学によって取り組まれ，ある程度成功している。

　幸いにも，私はワーキングメモリという概念がこの発展において有効な役割を果たしていることを確信し続けていると言える。もちろん，ワーキングメモリに対する私なりの複数成分アプローチは，利用可能な唯一のモデルではまったくない。しかし，このアプローチには多数の強みがある。基本的なモデルは単純で，容易に理解され，いくつかの十分に試された実験技法を備えており，これらの技法は基礎と応用両方の広い範囲の領域を通して容易に適用できることが明らかになっている。このアプローチには，より大胆な思弁ほどには理論的に刺激的でないという欠点があるが，30年以上を経ても実証的および理論的発展に関して極めて生産的であり続けるように有機的に発展することが可能になっている。

　複数成分モデルは，明確な予測を持たないことに対して何人かの私の若い共同研究者から（Andrade, 2001），また，その複雑な問題を単純に具体化することに対して他の人々から（Macken & Jones, 2003; Parkin, 1998）批判を受けている。私はこれらの批判を私が採用した理論的スタイルの当然の対価として喜

んで受け入れる。中央実行系やエピソード・バッファなどのホムンクルス的概念の重要な特徴は，それらが重要な問題を比較的単純な概念的枠組みの中に縮約していることである。そのような概念の成功は，究極的には，それらが実証研究を刺激し，結果としてのデータをまとめる性能によって決まる。

　問題が認知心理学者が直面しているものと同じくらい難しい場合，われわれはぱっとしない進展であってもしっかりと受け入れる覚悟をしなければならず，同時に，以前には扱えなかった問題に取り組めるようにする新たな技法の発展の可能性に注意していなければならない。認知心理学は，私自身の研究経歴の途上にもそのような多数の発展から得るところがあった。その中でも私が最も重要と考えるのは，いわゆる認知革命を支えたコンピュータ・メタファーの採用である（Broadbent, 1958; Craik, 1943, 1948; Neisser, 1967）。これにはいくつかの刺激的な概念的大躍進が続いたが，生み出された刺激の程度は貢献の度合いを必ずしも予測するとは限らない。

　変形文法（Chomsky, 1957），数理モデリング，人工知能，コネクショニズムと並列処理モデルの適用は，すべて，人間の認知の複雑性についてのわれわれの理解に真に貢献したし，貢献し続けている。それぞれの場合において，新規なアイデアは，分野を刺激し，画期的な変化を生みだした。神経イメージングは神経科学者のもつ技術の引き出しに強力な新たなツールを付け加えるものと思われる。しかし，そうしたツールは，そのユーザーが優れているのと同じ程度だけ優れているにすぎない。そこで，優れた実験方法論をもち，そうした技法の発展をガイドでき，それらを重要で扱いやすい問題に向けることができるような，十分に根拠のある理論的枠組みを持つことが重要となる。ワーキングメモリの複数成分理論は，過去，この機能を担ってきた。私は未来においてもそうであり続けることを信じている。

文　献

Aaronson, D. (1968). Temporal course of perception in an immediate recall task. *Journal of Experimental Psychology*, **76**, 129-40.

Abrahamson, L. Y., Seligman, M. E. P. & Teasdale, J. D. (1978). Learned helplessness in humans: Critique and reformulation. *Journal of Abnormal Psychology*, **87**, 49-74.

Adams, A. M. & Gathercole, S. E. (1996). Phonological working memory and spoken language development in young children. *Quarterly Journal of Experimental Psychology*, **49A**, 216-23.

Adams, A.-M. & Gathercole, S. E. (1995). Phonological working memory and speech production in preschool children. *Journal of Hearing and Speech Research*, **38**, 403-14.

Adams, D. (1979). *The hitchhiker's guide to the galaxy*. London: Pan.

Alberoni, M., Baddeley, A. D., Della Sala, S., Logie, R. H. & Spinnler, H. (1992). Keeping track of conversation: Impairments in Alzheimer's disease. *International Journal of Geriatric Psychiatry*, **7**, 639-46.

Alderman, N. (1996). Central executive deficit and response to operant conditioning methods. *Neuropsychological Rehabilitation*, **6**, 161-86.

Allen, R., Baddeley, A. D. & Hitch, G. J. (2006). Is the binding of visual features in working memory resource-demanding? *Journal of Experimental Psychology: General*, **135**, 298-313.

Alloway, T. P., Gathercole, S. E. & Pickering, S. J. (2006). Verbal and visuospatial short-term and working memory in children: Are they separable? *Child Development*, **77**, 1698-716.

Allport, A., Styles, E. A. & Hsieh, S. (1994). Shifting attentional set: Exploring the dynamic control of tasks. In C. Umilta and M. Moscovitch (Eds.), *Attention and performance XV* (pp. 421-62). Cambridge, MA: MIT Press.

Allport, D. A. (1984). Auditory-verbal short-term memory and conduction aphasia. In H. B. D. G. Bouwhuis (Ed.), *Attention and performance X: Control of language processes* (pp. 313-26). London: Lawrence Erlbaum Associates.

Allport, D. A., Antonis, B. & Reynolds, P. (1972). On the division of attention: A disproof of the single channel hypothesis. *Quarterly Journal of Experimental Psychology*, **24**, 225-35.

Anderson, M. C. & Bjork, R. A. (1994). Mechanisms of inhibition in long-term memory: A new taxonomy. In O. Dagenbach & T. H. Carr (Eds.), *Inhibitory processes in attention, memory and language* (pp. 265-325). San Diego, CA: Academic Press.

Anderson, M. C., Bjork, E. L. & Bjork, R. A. (2000). Retrieval-induced forgetting: Evidence for a recall-specific mechanism. *Psychonomic Bulletin and Review*, 7, 522–30.

Andrade, J. (1995). Learning during anaesthesia: A review. *British Journal of Psychology*, 86, 479–506.

Andrade, J. (2001). *Working memory in perspective*. Hove: Psychology Press.

Andrade, J. (2005). Does memory priming during anaesthesia matter. *Anesthesiology*, 103, 919–20.

Andrade, J., Kavanagh, D. & Baddeley, A. (1997). Eye-movements and visual imagery: A working memory approach to the treatment of post-traumatic stress disorder. *British Journal of Clinical Psychology*, 35, 209–23.

Andrade, J. & Meudell, P. R. (1993). Is spatial information encoded automatically in memory? *Quarterly Journal of Experimental Psychology*, 46A, 365–75.

Andrade, J., Kemps, E., Werniers, Y., May, J. & Szmalec, A. (2002). Insensitivity of visual short-term memory to irrelevant visual information. *Quarterly Journal of Experimental Psychology*, 55A, 753–74.

Andrade, J., Munglani, R., Jones, J. G. & Baddeley, A. D. (1994). Cognitive performance during anaesthesia. *Consciousness and Cognition*, 3, 148–65.

Anton, G. (1899). Über die Selbstwahrnehmung der Herderkrankungen des Gehirns durch den Kranken bei Rindenblindheit und Bindentaubheit. *Archiv für Psychiatrie und Nervenkrankheiten*, 32, 86–127.

Archibald, L. M. & Gathercole, S. E. (2006a). Short-term and working memory in specific language impairment. In T. P. Alloway & S. E. Gathercole (Eds.), *Working memory and neurodevelopmental disorders* (pp. 139–60). Hove: Psychology Press.

Archibald, L. M. D. & Gathercole, S. E. (2006b). Visuospatial immediate memory in Specific Language Impairment. *Journal of Speech Language and Hearing Research*, 49, 265–77.

Atkinson, R. C. & Shiffrin, R. M. (1968). Human memory: A proposed system and its control processes. In K. W. Spence (Ed.), *The psychology of learning and motivation: Advances in research and theory* (vol. 2, pp. 89–195). New York: Academic Press.

Attneave, F. (1960). In defense of humunculi. In W. Rosenblith (Ed.), *Sensory communication* (pp. 777–82). Cambridge, MA: MIT Press.

Avakame, E. F. (1998). Intergenerational transmission of violence and psychological aggression against wives. *Canadian Journal of Behavioral Sciences*, 30, 193–202.

Avons, S. E., Wright, K. L. & Pammer, K. (1994). The word-length effect in probed and serial recall. *Quarterly Journal of Experimental Psychology*, 47A, 207–31.

Awh, E., Jonides, J. & Reuter-Lorenz, P. A. (1998). Rehearsal in spatial working memory. *Journal of Experimental Psychology: Human Perception and Performance*, 24, 780–90.

Awh, E., Jonides, J., Smith, E. E., Schumacher, E. H., Koeppe, R. A. & Katz, S. (1996). Dissociation of storage and retrieval in verbal working memory: Evidence from positron emission tomography. *Psychological Science*, 7, 25–31.

Awh, E., Jonides, J., Smith, E., Hillyard, S., Anllo-Vento, L., Frank, L., Love, T., Buxton, R., Wong, E. & Swinney, D. (1997). Attention modulation of visual responses due to

rehearsal in spatial working memory. *Society for Neuroscience Abstracts*, **23**, 657-713.
Baars, B. J. (1997). *In the theater of consciousness*. New York: University Press. (バース, B. 苧阪直行（監訳）(2004). 脳と意識のワークスペース 協同出版)
Baars, B. J. (2002a). The conscious access hypothesis: Origins and recent evidence. *Trends in Cognitive Sciences*, **6**, 47-52.
Baars, B. J. (2002b). The illusion of conscious will. *Trends in Cognitive Sciences*, **6**, 268-9.
Baddeley, A. D. (1963). A Zeigarnik-like effect in the recall of anagram solutions. *Quarterly Journal of Experimental Psychology*, **15**, 63-4.
Baddeley, A. D. (1966a). Short-term memory for word sequences as a function of acoustic, semantic and formal similarity. *Quarterly Journal of Experimental Psychology*, **18**, 362-5.
Baddeley, A. D. (1966b). The influence of acoustic and semantic similarity on long-term memory for word sequences. *Quarterly Journal of Experimental Psychology*, **18**, 302-9.
Baddeley, A. D. (1966c). The capacity for generating information by randomization. *Quarterly Journal of Experimental Psychology*, **18**, 119-29.
Baddeley, A. D. (1966d). Influence of depth on the manual dexterity of free divers: A comparison between open sea and pressure chamber testing. *Journal of Applied Psychology*, **50**, 81-5.
Baddeley, A. D. (1968a). A 3-min reasoning test based on grammatical transformation. *Psychonomic Science*, **10**, 341-42.
Baddeley, A. D. (1968b). How does acoustic similarity influence short-term memory? *Quarterly Journal of Psychology*, **20**, 249-64.
Baddeley, A. D. (1971). Language habits, acoustic confusability and immediate memory for redundant letter sequences. *Psychonomic Science*, **22**, 120-1.
Baddeley, A. D. (1972). Selective attention and performance in dangerous environments. *British Journal of Psychology*, **63**, 537-46.
Baddeley, A. D. (1976). *The psychology of memory*. New York: Basic Books.
Baddeley, A. D. (1986). *Working memory*. Oxford: Oxford University Press.
Baddeley, A. D. (1990). The development of the concept of working memory: Implications and contributions of neuropsychology. In G. Vallar & T. Shallice (Eds.), *Neuropsychological impairments of short-term memory* (pp. 54-73). Cambridge: Cambridge University Press.
Baddeley, A. D. (1993). Working memory and conscious awareness. In A. F. Collins, S. E. Gathercole, M. A. Conway & P. E. Morris (Eds.), *Theories of memory* (pp. 11-28). Mahwah, NJ: Lawrence Erlbaum Associates.
Baddeley, A. D. (l993a). Short-term phonological memory and long-term learning: A single case study. *European Journal of Cognitive Psychology*, **5**, 129-48.
Baddeley, A. D. (1994). The remembered self and the enacted self. In U. Neisser and R. Fivush (Eds.), *The remembering self: Construction and accuracy in the self-narrative* (pp. 236-42). Cambridge: Cambridge University Press.
Baddeley, A. D. (1996). Exploring the central executive. *Quarterly Journal of Experimental*

Psychology, **49A**, 5–28.

Baddeley, A. D. (1997). *Human memory: Theory and practice* (2nd edn). Hove, Sussex: Psychology Press.

Baddeley, A. D. (1998). The central executive: A concept and some misconceptions. *Journal of the International Neuropsychological Society*, **4**, 523–6.

Baddeley, A. D. (2000a). The episodic buffer: A new component of working memory? *Trends in Cognitive Sciences*, **4**, 417–23.

Baddeley, A. D. (2000b). The phonological loop and the irrelevant speech effect: Some comments on Neath. *Psychonomic Bulletin and Review*, **7**, 544–9.

Baddeley, A. D. (2003a). New data: Old pitfalls. Comment on Ruchkin et al. *Behavioral and Brain Sciences*, **26**, 729–30.

Baddeley, A. D. (2003b). Working memory: Looking back and looking forward. *Nature Reviews Neuroscience*, **4**, 829–39.

Baddeley, A. D. & Andrade, J. (1994). Reversing the word-length effect: A comment on Kaplan, Rochon and Waters. *Quarterly Journal of Experimental Psychology*, **47A**, 1047–54.

Baddeley, A. D. & Andrade, J. (1998). Working memory and consciousness: An empirical approach. In M. A. Conway, S. E. Gathercole & C. Cornoldi (Eds.), *Theories of memory II* (pp. 1–24). Hove, Sussex: Psychology Press.

Baddeley, A. D. & Andrade, J. (2000). Working memory and the vividness of imagery. *Journal of Experimental Psychology: General*, **129**, 126–45.

Baddeley, A. D. & Flemming, N. C. (1967). The efficiency of divers breathing oxy-helium. *Ergonomics*, **10**, 311–9.

Baddeley, A. D. & Gathercole, S. (1992). Learning to read: The role of the phonological loop. In J. Alegria, D. Holender, J. Junca de Morais & M. Radeau (Eds.), *Analytic approaches to human cognition* (pp. 153–67). Amsterdam: Elsevier Science Publishers.

Baddeley, A. D. & Hitch, G. J. (1974). Working memory. In G. A. Bower (Ed.), *The psychology of learning and motivation: Advances in research and theory* (Vol. 8, pp. 47–89). New York: Academic Press.

Baddeley, A. D. & Hitch, G. (1977). Recency re-examined. In S. Dornic (Ed.), *Attention and performance VI* (pp. 647–67). Hillsdale, NJ: Lawrence Erlbaum Associates.

Baddeley, A. D. & Hitch, G. J. (1993). The recency effect: Implicit learning with explicit retrieval? *Memory and Cognition*, **21**, 146–55.

Baddeley, A. D. & Hull, A. J. (1979). Prefix and suffix effects: Do they have a common basis? *Journal of Verbal Learning and Verbal Behavior*, **18**, 129–40.

Baddeley, A. D. & Larsen, J. D. (2007a). The phonological loop unmasked? A comment on the evidence for a 'perceptual-gestural' alternative. *Quarterly Journal of Experimental Psychology*, **60**, 497–504.

Baddeley, A. D. & Larsen, J. D. (2007b). Rejoinder: The phonological loop: some answers and some questions. *Quarterly Journal of Experimental Psychology*, **60**, 512–8.

Baddeley, A. D. & Lieberman, K. (1980). Spatial working memory. In R. S. Nickerson (Ed.), *Attention and performance VIII* (pp. 521–39). Hillsdale, NJ: Lawrence Erlbaum Associates.
Baddeley, A. D. & Logie, R. H. (1992). Auditory imagery and working memory. In D. Reisberg (Ed.), *Auditory imagery* (p. 171–97). Hillsdale, NJ: Lawrence Erlbaum Associates.
Baddeley, A. D. & Logie, R. H. (1999). Working memory: The multiple component model. In A. Miyake & P. Shah (Eds.), *Models of working memory: Mechanisms of active maintenance and executive control* (pp. 28–61). Cambridge: Cambridge University Press.
Baddeley, A. D. & Scott, D. (1971). Short-term forgetting in the absence of proactive interference. *Quarterly Journal of Experimental Psychology*, **23**, 275–83.
Baddeley, A. D. & Warrington, E. K. (1970). Amnesia and the distinction between long and short-term memory. *Journal of Verbal Learning and Verbal Behavior*, **9**, 176–89.
Baddeley, A. D. & Wilson, B. (1985). Phonological coding and short-term memory in patients without speech. *Journal of Memory and Language*, **24**, 490–502.
Baddeley, A. D. & Wilson, B. (1986). Amnesia, autobiographical memory and confabulation. In D. Rubin (Ed.), *Autobiographical memory* (pp. 225–52). New York: Cambridge University Press.
Baddeley, A. D. & Wilson, B. (1988). Frontal amnesia and the dysexecutive syndrome. *Brain and Cognition*, **7**, 212–30.
Baddeley, A. D. & Wilson, B. A. (1993). A case of word deafness with preserved span: Implications for the structure and function of short-term memory. *Cortex*, **29**, 741–8.
Baddeley, A. D. & Wilson, B. A. (2002). Prose recall and amnesia: Implications for the structure of working memory. *Neuropsychologia*, **40**, 1737–43.
Baddeley, A. D., Baddeley, H., Bucks, R. & Wilcock, G. K. (2001a). Attentional control in Alzheimer's disease. *Brain*, **124**, 1492–508.
Baddeley, A. D., Bressi, S., Della Sala, S., Logie, R. & Spinnler, H. (1991). The decline of working memory in Alzheimer's disease: A longitudinal study. *Brain*, **114**, 2521–42.
Baddeley, A. D., Chincotta, D. & Adlam, A. (2001). Working memory and the control of action: Evidence from task switching. *Journal of Experimental Psychology: General*, **130**, 641–57.
Baddeley, A. D., Chincotta, D., Stafford, I. & Turk, D. (2002a). Is the word length effect in STM entirely attributable to output delay? Evidence from serial recognition. *Quarterly Journal of Experimental Psychology*, **55A**, 353–9.
Baddeley, A. D., Cocchini, G., Della Sala, S., Logie, R. H. & Spinnler, H. (1999). Working memory and vigilance: Evidence from normal ageing and Alzheimer's Disease. *Brain and Cognition*, **41**, 87–108.
Baddeley, A. D., Conway, M. A. & Aggleton, J. (2002b). *Episodic memory*. Oxford: Oxford University Press.
Baddeley, A. D., de Figueredo, J. W., Hawkswell-Curtis, J. W. & Williams, A. N. (1968). Nitrogen narcosis and performance underwater. *Ergonomics*, **11**, 157–64.

Baddeley, A. D., Della Sala, S., Papagno, C. & Spinnler, H. (1997). Dual task performance in dysexecutive and non-dysexecutive patients with a frontal lesion. *Neuropsychology*, **11**, 187-94.
Baddeley, A. D., Emslie, H., Kolodny, J. & Duncan, J. (1998a). Random generation and the executive control of working memory. *Quarterly Journal of Experimental Psychology*, **51A**, 819-52.
Baddeley, A. D., Gathercole, S. E. & Papagno, C. (1998b). The phonological loop as a language learning device. *Psychological Review*, **105**, 158-73.
Baddeley, A. D., Grant, S., Wight, E. & Thomson, N. (1973). Imagery and visual working memory. In P. M. A. Rabbitt & S. Dornic (Eds.), *Attention and performance V* (pp. 205-17). London: Academic Press.
Baddeley, A. D., Hitch, G. J. & Allen, R. J. (2009). Working memory and binding in sentence recall. *Journal of Memory and Language*, **61**, 438-56.
Baddeley, A. D., Lewis, V. & Vallar, G. (1984a). Exploring the articulatory loop. *Quarterly Journal of Experimental Psychology*, **36A**, 233-52.
Baddeley, A. D., Lewis, V., Eldridge, M. & Thomson, N. (1984b). Attention and retrieval from long-term memory. *Journal of Experimental Psychology: General*, **113**, 518-40.
Baddeley, A. D., Logie, R., Bressi, S., Della Sala, S. & Spinnler, H. (1986). Dementia and working memory. *Quarterly Journal of Experimental Psychology*, **38A**, 603-18.
Baddeley, A. D., Logie, R., Nimmo-Smith, I. & Brereton, N. (1985). Components of fluent reading. *Journal of Memory and Language*, **24**, 119-31.
Baddeley, A. D., Papagno, C. & Vallar, G. (1988). When long-term learning depends on short-term storage. *Journal of Memory and Language*, **27**, 586-95.
Baddeley, A. D., Thomson, N. & Buchanan, M. (1975). Word length and the structure of short-term memory. *Journal of Verbal Learning and Verbal Behavior*, **14**, 575-89.
Baddeley, A. D., Thornton, A., Chua, S. E. & McKenna, P. (1996). Schizophrenic delusions and the construction of autobiographical memory. In D. C. Rubin (Ed.), *Remembering our past: Studies in autobiographical memory* (p. 384-428). New York: Cambridge University Press.
Baddeley, A. D., Vallar, G. & Wilson, B. A. (1987). Sentence comprehension and phonological memory: some neuropsychological evidence. In M. Coltheart (Ed.), *Attention and performance XII: The psychology of reading* (pp. 509-29). London: Lawrence Erlbaum Associates.
Baddeley, A. D., Vargha-Khadem, E. & Mishkin, M. (2001c). Preserved recognition in a case of developmental amnesia: Implications for the acquisition of semantic memory. *Journal of Cognitive Neuroscience*, **13**, 357-69.
Baker, S. C., Rogers, R. D., Owen, A. M., Frith, C. D., Dolan, R. J., Frackowiak, R. S. & Robbins, T. W. (1996). Neural systems engaged by planning: A PET study of the Tower of London task. *Neuropsychologia*, **34**, 515-26.
Ball, K., Berch, D. B., Helmers, K. E., Jobe, J. B., Leveck, M. D., Marsiske, M., Morris, J. N.,

Rebok, G. W., Smith, D. M., Tennstedt, S. I., Unverzaat, E. W. & Willis, S. I. (2002). Effects of cognitive training intervention with older adults: A randomised control trial. *Journal of the American Medical Association*, **288**, 2271–81.

Baltes, P. B. & Lindenberger, U. (1997). Emergence of a powerful connection between the sensory and cognitive functions across the adult lifespan: A new window to the study of cognitive ageing? *Psychology and Ageing*, **12**, 12–21.

Banks, G., Short, P., Martinez, J., Latchaw, R., Ratcliff, G. & Boller, E. (1989). The alien hand syndrome: Clinical and post mortem findings. *Archives of Neurology*, **46**, 456–9.

Bargh, J. A. & Chartrand, T. I. (1999). The unbearable automaticity of being. *American Psychologist*, **54**, 462–79.

Bargh, J. A. & Ferguson, M. J. (2000). Beyond behaviorism: On the automaticity of higher mental processes. *Psychological Bulletin*, **126**, 925–45.

Bargh, J. A., Chen, M. & Burrows, I. (1996). Automaticity of social behavior: Direct effects of trait construct and stereotype-activation on action. *Journal of Personality and Social Psychology*, **71**, 230–44.

Barkley, R. A. (1977a). *ADHD and the nature of self-control*. New York: Guilford Press.

Barkley, R. A. (1977b). Behavioral inhibition, sustained attention and executive functions: Constructing a unifying theory of ADHD. *Psychological Bulletin*, **121**, 65–94.

Barnard, P. J. (1985). Interactive cognitive subsystems: A psycholinguistic approach to short-term memory. In A. Ellis (Ed.), *Progress in the psychology of language* (vol. 2, pp. 197–258). London: Lawrence Erlbaum Associates.

Barnard, P. J. (1999). Modelling working memory phenomena within a multiprocessor architecture. In A. Miyake & P. Shah (Eds.), *Models of working memory: Mechanisms of active maintenance and executive control* (pp. 298–339). Cambridge: Cambridge University Press.

Bartlett, E. C. (1932). *Remembering: A study in experimental and social psychology*. New York: Cambridge University Press.（バートレット, F. C.　宇津木保・辻正三（訳）（1983）．想起の心理学——実験的社会的心理学における一研究　誠信書房）

Basso, A. H., Spinnler, G., Vallar, G. & Zanobia, E. (1982). Left hemisphere damage and selective impairment of auditory verbal short-term memory. A case study. *Neuropsychologica*, **20**, 274.

Baucon, D. H. & Aiken, P. A. (1981). Effect of depressed mood on eating among obese and nonobese dieting persons. *Journal of Personality and Social Psychology*, **41**, 577–85.

Bauer, R. M. (1984). Autonomic recognition of names and faces in prosopagnosia: A neuropsychological application of the Guilty Knowledge Test. *Neuropsychologia*, **22**, 457–69.

Baumeister, R. F. (1998). The self. In D. T. Gilbert, S. T. Friske & G. Lindzey (Eds.), *Handbook of social psychology* (4th edn, pp. 680–740). New York: McGraw-Hill.

Baumeister, R. F. & Heatherton, T. F. (1996). Self-regulation failure: An overview. *Psychological Enquiry*, **7**, 1–15.

Baumeister, R. F., Bratslavsky, E., Muraven, M. & Tice, D. M. (1998). Ego-depletion: Is the

active self a limited resource? *Journal of Personality and Social Psychology*, **74**, 1252-65.
Bayliss, D. M., Jarrold, C., Baddeley, A. D., Gunn, D. M. & Leigh, E. (2005). Mapping the developmental constraints on working memory span performance. *Developmental Psychology*, **41**, 579-97.
Bayliss, D. M., Jarrold, C., Gunn, D. M. & Baddeley, A. D. (2003). The complexities of complex span: Explaining individual differences in working memory in children and adults. *Journal of Experimental Psychology: General*, **132**, 71-92.
Bechara, A., Damasio, A. R., Damasio, H. & Anderson, S. W. (1994). Insensitivity to future consequences following damage to human prefrontal cortex. *Cognition*, **50**, 7-15.
Bechara, A., Damasio, H., Tranel, D. & Damasio, A. R. (1997). Deciding advantageously before knowing the advantageous strategy. *Science*, **275**, 1293-5.
Bechara, A., Damasio, H., Tranel, D. & Anderson, S. W. (1998). Dissociation of working memory from decision making within human prefrontal cortex. *Journal of Neuroscience*, **18**, 428-37.
Beck, A. T. (1976). *Cognitive therapy and the emotional disorders*. New York: International Universities Press. (ベック, A. T. 大野裕(訳)(1990). 認知療法——精神療法の新しい発展　岩崎学術出版社)
Bellugi, U., Wang, P. P. & Jernigan, T. I. (1994). Williams' syndrome: An unusual neuropsychological profile. In S. H. Broman & J. Grafman (Eds.), *Atypical cognitive deficits in developmental disorders: Implications for brain function* (pp. 23-56). Hillsdale, NJ: Lawrence Erlbaum Associates.
Benton, D. & Sargent, J. (1992). Breakfast, blood glucose and memory. *Biological Psychology*, **33**, 207-10.
Benton, S. I., Kraft, R. G., Glover, J. A. & Plake, B. S. (1984). Cognitive capacity differences among writers. *Journal of Educational Psychology*, **76**, 820-34.
Berkowitz, I. (1978). Is criminal violence normative behavior? *Journal of Research in Crime and Delinquency*, **15**, 148-61.
Berkun, M. M., Bialek, H. M., Kern, R. P. & Yagi, K. (1962). Experimental Studies of Psychological Stress in Man. *Psychological Monographs: General and Applied*, **76**(Whole no. 534), 1-39.
Beschin, N., Basso, A. & Della Sala, S. (2000). Perceiving left and imagining right: Dissociation in neglect. *Cortex*, **36**, 401-14.
Beschin, N., Cocchini, G., DellaSala, S. & Logie, R. H. (1997). What the eyes perceive, the brain ignores: A case of pure unilateral representational neglect. *Cortex*, **33**, 3-26.
Betts, G. H. (1909). *The distribution and functions of mental imagery*. New York: Teachers College, Columbia University.
Bing, L. (1991). *Do or die*. New York: Harper Collins.
Bireta, T. J., Neath, I. & Surprenant, A. M. (2006). The syllable-based word length effect and stimulus set specificity. *Psychonomic Bulletin and Review*, **13**, 434-8.
Bisiach, E. (1993). Mental representation in unilateral neglect and related disorders. *Quar-*

terly Journal of Experimental Psychology, **46A**, 435-61.
Bisiach, E. & Geminiani, G. (1991). Anosognosia related to hemiplegia and hemianopia. In G. P. Prigatano & D. L. Schacter (Eds.), *Awareness of deficit after brain injury* (pp. 17-52). New York: Oxford University Press.
Bisiach, E. & Luzzatti, C. (1978). Unilateral neglect of representational space. *Cortex*, **14**, 129-33.
Bjork, E. I. & Healy, A. F. (1974). Short-term order and item retention. *Journal of Verbal Learning and Verbal Behavior*, **13**, 80-97.
Bjork, R. A. (2000). Learning versus performance: Current implications of an old distinction. *International Journal of Psychology*, **35**, 1.
Bjork, R. A. & Whitten, W. B. (1974). Recency-sensitive retrieval processes. *Cognitive Psychology*, **6**, 173-89.
Blair, R. J. & Cipolotti, L. (2000). Impaired social response reversal. *Brain*, **123**, 1122-41.
Blalee, J., Austin, W., Cannon, M., Lisus, A. & Vaughan, A. (1994). The relationship between memory span and measures of imitative and spontaneous language complexity in preschool children. *International Journal of Behavioral Development*, **17**, 91-107.
Blakemore, S. J., Wolpert, D. M. & Frith, C. D. (1998). Central cancellation of self-produced tickle sensation. *Nature Neuroscience*, **1**, 635-40.
Blaney, P. H. (1986). Affect and memory: A review. *Psychological Bulletin*, **99**, 229-46.
Bor, D., Duncan, J., Wiseman, R. & Owen, A. M. (2003). Encoding strategies dissociate prefrontal activity from working memory demand. *Neuron*, **37**, 361-7.
Boring, E. G. (1929). *A history of experimental psychology*. New York: Appleton-Century.
Bourke, P. A., Duncan, J. & Nimmo-Smith, I. (1996). A general factor involved in dual-task performance decrement. *Quarterly Journal of Experimental Psychology*, **49A**, 525-45.
Bower, G. H. (1981). Mood and memory. *American Psychologist*, **36**, 129-48.
Bower, G. H., Gilligan, S. G. & Monteiro, K. P. (1981). Remembering information about one's self. *Journal of Research in Personality*, **13**, 420-32.
Bradley, B. P., Mogg, K., Millar, N. & White, J. (1995). Selective processing of negative information: Effects of clinical anxiety, concurrent depression and awareness. *Journal of Abnormal Psychology*, **104**, 532-6.
Brandimonte, M. A., Hitch, G. J. & Bishop, D. V. M. (1992). Verbal recoding of visual stimuli impairs mental image transformations. *Memory and Cognition*, **20**, 449-55.
Braver, T. S., Cohen, J. D., Nystrom, J. E., Jonides, J., Smith, E. E. & Noll, D. C. (1997). A parametric study of prefrontal cortex involvement in human working memory. *Neuroimage*, **5**, 49-62.
Bregman, A. S. (1990). *Auditory scene analysis: The perceptual organization of sound*. Cambridge, MA: MIT Press.
Brener, R. (1940). An experimental investigation of memory span. *Journal of Experimental Psychology*, **26**, 467-83.
Broadbent, D. E. (1958). *Perception and communication*. London: Pergamon Press.

Broadbent, D. E. (1971). *Decision and stress.* London: Academic Press.

Broadbent, D. E. & Broadbent, M. H. P. (1981). Recency effects in visual memory. *Quarterly Journal of Experimental Psychology,* **33A**, 1-15.

Broadbent, D. E., Cooper, P. J., Fitzgerald, P. F. & Parkes, K. R. (1982). The cognitive failures questionnaire (CFQ) and its correlates. *British Journal of Clinical Psychology,* **21**, 1-16.

Brodmann, K. (1909). *Vergleichende Lokalisationslehre der Grosshirnrinde in ihren Prinzipien dargestellt auf Grund Des Zellenbaues.* Leipzig: Barth.

Brooks, I. R. (1967). The suppression of visualization by reading. *Quarterly Journal of Experimental Psychology,* **19**, 289-99.

Brooks, I. R. (1968). Spatial and verbal components in the act of recall. *Canadian Journal of Psychology,* **22**, 349-68.

Brooks, N., Campsie, I., Symington, C., Beattie, A. & McKinlay, W. (1987). The effects of severe head injury on patient and relative within several years of injury. *Journal of Head Trauma Rehabilitation,* **2**, 1-13.

Brown, G. D. A. & Hulme, C. (1995). Modelling item length effects in memory span: No rehearsal needed? *Journal of Memory and Language,* **34**, 594-621.

Brown, G. D. A. & Hulme, C. (1996). Non-word repetition, STM and word age of acquisition: A computational model. In S. E. Gathercole (Ed.), *Models of short-term memory* (pp. 129-48). Hove, Sussex: Psychology Press.

Brown, G. D. A., Neath, I. & Chater, N. (Unpublished). *SIMPLE: A local distinctiveness model of scale-invariant memory and perceptual identification.* Unpublished manuscript.

Brown, G. W. & Harris, T. (1978). *Social origins of depression.* London: Tavistock.

Brown, I. D., Tickner, A. H. & Simmonds, D. C. V. (1969). Interference between concurrent tasks of driving and telephoning. *Journal of Applied Psychology,* **33**, 419-24.

Brown, J. (1958). Some tests of the decay theory of immediate memory. *Quarterly Journal of Experimental Psychology,* **10**, 12-21.

Brown, T. A., Campbell, I. A., Lehman, C. I., Grishman, J. R. & Mancill, R. B. (2001). Current and lifetime co-morbidity of DSM-IV anxiety and mood disorders in a large clinical sample. *Journal of Abnormal Psychology,* **110**, 585-99.

Bruyer, R. & Scailquin, J. (1998). The visuospatial sketchpad for mental images: Testing the multicomponent model of working memory. *Acta Psychologica,* **98**, 17-36.

Buckner, R. I., Koutstaal, W., Schacter, D. L., Dale, A. M., Rotte, M. & Rosen, V. (1998). Functional-anatomic study of episodic retrieval: II. Selective averaging of event-related fMRI trials to test the retrieval success hypothesis. *Neuroimage,* **7**, 163-75.

Bulbena, A. & Berrios, G. E. (1993). Cognitive function in the affective disorders: A prospective study. *Psychopathology,* **26**, 6-12.

Burgess, N. & Hitch, G. J. (1992). Towards a network model of the articulatory loop. *Journal of Memory and Language,* **31**, 429-60.

Burgess, N. & Hitch, G. J. (1996). A connectionist model of STM for serial order. In S. E.

Gathercole (Ed.), *Models of short-term memory* (pp. 51-72). Hove, Sussex: Psychology Press.
Burgess, N. & Hitch, G. J. (1999). Memory for serial order: A network model of the phonological loop and its timing. *Psychological Review*, **106**, 551-81.
Burgess, P. W. & Shallice, T. (1996). Response suppression, initiation and strategy use following frontal lobe lesions. *Neuropsychologia*, **34**, 263-72.
Burgess, P. W., Veitch, E., Costello, A. & Shallice, T. (2000). The cognitive and neuroanatomical correlates of multitasking. *Neuropsychologia*, **38**, 848-63.
Calvo, M. G. & Eysenck, M. W. (1996). Phonological working memory and reading in test anxiety. *Memory*, **4**, 289-305.
Calvo, M. G., Eysenck, M. W., Ramos, P. M. & Jimenez, A. (1994). Compensatory reading strategies in test anxiety. *Anxiety, Stress and Coping*, **7**, 99-116.
Calvo, M. G., Ramos, P. & Eysenck, M. W. (1993). Test anxiety and reading: Efficiency vs effectiveness. *Cognitiva*, **5**, 77-93.
Cantor, J. & Engle, R W. (1993). Working-memory capacity as long term memory activation: An individual-differences approach. *Journal of Experimental Psychology: Learning, Memory and Cognition*, **19**, 1101-14.
Caplan, D. & Waters, G. S. (1994). Articulatory length and phonological similarity in span tasks: A reply to Baddeley and Andrade. *Quarterly Journal of Experimental Psychology*, **47A**, 1055-62.
Caplan, D. & Waters, G. S. (1995). On the nature of the phonological output planning process involved in verbal rehearsal: Evidence from aphasia. *Brain and Language*, **48**, 191-220.
Caplan, D. & Waters, G. S. (1999). Verbal working memory in sentence comprehension. *Behavioral and Brain Sciences*, **22**, 77-126.
Caplan, D., Rochon, E. & Waters, G. S. (1992). Articulatory and phonological determinants of word-length effects in span tasks. *Quarterly Journal of Experimental Psychology*, **45A**, 177-92.
Carlesimo, G. A., Perri, R., Turriziani, P., Tomaiuolo, F. & Caltagirone, C. (2001). Remembering what but not where: Independence of spatial and visual working memory in the human brain. *Cortex*, **37**, 519-34.
Carlson, R. A. (1997). *Experienced cognition*. Mahwah, NJ: Lawrence Erlbaum Associates.
Carr, J. E. & Tan, E. K. (1976). In search of the true amok: Amok as viewed within the Malay culture. *American Journal of Psychiatry*, **133**, 1295-9.
Carroll, J. B. (1993). *Human cognitive abilities*. New York: Cambridge University Press.
Carver, C. S., & Scheier, M. F. (1981). *Attention and self-regulation: A control theory approach to human behavior*. New York: Springer-Verlag.
Case, R. D., Kurland, D. M. & Goldberg, J. (1982). Operational efficiency and the growth of short-term memory span. *Journal of Experimental Child Psychology*, **33**, 386-404.
Catani, M., Jones, D. K. & ffytche, D. H. (2005). Perisylvian language networks of the

human brain. *Annals of Neurology*, **57**, 8-16.

Cepeda-Benito, A. & Tiffany, S. T. (1996). The use of a dual-task procedure for the assessment of cognitive effort associated with cigarette craving. *Psychopharmacology*, **127**, 155-63.

Cermak, L. S. & O'Connor, M. G. (1983). The anterograde and retrograde retrieval ability of a patient with amnesia due to encephalitis. *Neuropsychologia*, **21**, 213-34.

Chartrand, T. L. & Bargh, J. A. (1999). The chameleon effect: The perception-behavior link and social interaction. *Journal of Personality and Social Psychology*, **76**, 893-910.

Cheesman, J. & Merilde, P. M. (1984). Priming with and without awareness. *Perception and Psychophysics*, **36**, 387-95.

Chen, M. & Bargh, J. A. (1999). Consequences of automatic evaluation: Immediate behavioral predispositions to approach or avoid the stimulus. *Personality and Social Psychology Bulletin*, **25**, 215-24.

Choi, I., Nisbett, R. E. & Norenzayan, A. (1999). Casual attribution across cultures: Variation and universality. *Psychological Bulletin*, **125**, 47-63.

Chomsky, N. (1957). *Syntactic structures*. The Hague: Mouton.

Christianson, R. A. & Loftus, E. F. (1991). Remembering emotional events: The fate of detailed information. *Cognition and Emotion*, **5**, 81-108.

Cicerone, K. D., Dahlberg, C., Malec, J. F., Langenbahn, D. M., Felicetti, T., Kneipp, S., Ellmo W., Kalmar, K., Giacino, J. T., Harley, J. P., Laatsch, L., Morse, P. A. & Catanese, J. (2005). Evidence-based cognitive rehabilitation: Updated review of the literature from 1998 through 2002. *Archives of Physical and Medical Rehabilitation*, **86**, 1689-92.

Clark, D. M. (1983). On the induction of depressed mood in the laboratory: Evaluation and comparison of the Velten and musical procedures. *Advances in Behaviour Research Therapy*, **5**, 27-49.

Clark, D. M. & Teasdale, J. D. (1982). Diurnal variation in clinical depression and accessibility of memories of positive and negative experiences. *Journal of Abnormal Psychology*, **91**, 87-95.

Clark, D. M. & Teasdale, J. D. (1985). Constraints on the effects of mood on memory. *Journal of Personality and Social Psychology*, **48**, 1595-608.

Clark, H. H. (1973). The language-as-a-fixed-effect-fallacy: A critique of language statistics in psychological research. *Journal of Verbal Learning and Verbal Behavior*, **12**, 335-59.

Clayton, N. S., Griffiths, D. P., Emery, N. J. & Dickenson, A. (2002). Elements of episodic-like memory in animals. In A. D. Baddeley, M. Conway & J. Aggleton (Eds.), *Episodic memory* (pp. 232-48). Oxford: Oxford University Press.

Cocchini, G., Logie, R. H., Della Sala, S. & Baddeley, A. D. (2002). Concurrent performance of two memory tasks: Evidence for domain-specific working memory systems. *Memory and Cognition*, **30**, 1086-95.

Cohen, J. D., Perlstein, W. M., Braver, T. S., Nystrom, L. E., Noll, D. C., Jonides, J. & Smith, E. E. (1997). Temporal dynamics of brain activation during a working memory task.

Nature, **386**, 604-8.
Cohen, S. & Lichtenstein, E. (1990). Perceived stress, quitting smoking and smoking relapse. *Health Psychology*, **9**, 466-78.
Colle, H. A. (1980). Auditory encoding in visual short-term recall: Effects of noise intensity and spatial location. *Journal of Verbal Learning and Verbal Behavior*, **19**, 722-35.
Colle, H. A. & Welsh, A. (1976). Acoustic masking in primary memory. *Journal of Verbal Learning and Verbal Behavior*, **15**, 17-32.
Collins, A. M. & Loftus, E. F. (1975). A spreading-activation theory of semantic processing. *Psychological Review*, **82**, 407-28.
Collins, A. M. & Quillian, M. R. (1969). Retrieval time from semantic memory. *Journal of Verbal Learning and Verbal Behavior*, **8**, 432-8.
Colquhoun, W. P. & Baddeley, A. D. (1964). Role of pre-test expectancy in vigilance decrement. *Journal of Experimental Psychology*, **68**, 156-60.
Coltheart, V. & Langdon, R. (1998). Recall of short word lists presented visually at fast rates: Effects of phonological similarity and word length. *Memory and Cognition*, **26**, 330-42.
Conrad, R. (1960). Serial order intrusions in immediate memory. *British Journal of Psychology*, **51**, 45-8.
Conrad, R. (1964). Acoustic confusion in immediate memory. *British Journal of Psychology*, **55**, 75-84.
Conrad, R. (1965). Order error in immediate recall of sequences. *Journal of Verbal Learning and Verbal Behavior*, **4**, 161-9.
Conrad, R. (1967). Interference or decay over short retention intervals? *Journal of Verbal Learning and Verbal Behavior*, **6**, 49-54.
Conrad, R. & Hull, A. J. (1964). Information, acoustic confusion and memory span. *British Journal of Psychology*, **55**, 429-32.
Conway, A. R. A. & Engle, R. W. (1994). Working memory and retrieval: A resource-dependent inhibition model. *Journal of Experimental Psychology: General*, **123**, 354-73.
Conway, A. R. A., Cowan, N. & Bunting, M. F. (2001). The cocktail party phenomenon revisited: The importance of working memory capacity. *Psychonomic Bulletin and Review*, **8**, 331-5.
Conway, M. A. (2002). Sensory-perceptual episodic memory and its context: Autobiographical memory. In A. Baddeley, M. Conway & J. Aggleton (Eds.), *Episodic memory* (pp. 53-70). Oxford: Oxford University Press.
Conway, M. A., Collins, A. F., Gathercole, S. E. & Anderson, S. J. (1996). Recollection of true and false autobiographical memories. *Journal of Experimental Psychology: General*, **125**, 69-95.
Coolidge, F. L. & Wynn, T. (2001). Executive functions of the frontal lobes and the evolutionary ascendancy of Homo sapiens. *Cambridge Archaeological Journal*, **11**, 255-60.
Coolidge, F. L. & Wynn, T. (2004). Working memory, its executive functions and the emer-

gence of modern thinking. *Cambridge Archaeological Journal,* **15**, 5–26.

Cooper, R. P., Shallice, T. & Farringdon, J. (1995). Symbolic and continuous processes in the automatic selection of actions. In J. Hallam (Ed.), *Hybrid solutions* (Frontiers in artificial intelligence and application, pp. 61–71). Amsterdam: IOS Press.

Corbetta, M., Miezin, F. M., Shulman, G. I. & Petersen, S. E. (1993). A PET study of visuospatial attention. *The Journal of Neuroscience,* **13**, 1202–26.

Coricelli, G., Critchley, H. D., Joftily, M., O'Doherty, J. P., Sirigu, A. & Dolan, R. J. (2005). Regret and its avoidance: A neuroimaging study of choice behavior. *Nature Neuroscience,* **8**, 1255–62.

Coslett, H. B. (1997). Neglect in vision and visual imagery: A double dissociation. *Brain,* **120**, 1163–71.

Courtney, S. M., Ungerleider, I. G., Keil, K. & Haxby, J. V. (1997). Transient and sustained activity in a distributed neural system for human working memory. *Nature,* **386**, 608–11.

Cowan, N. (1992). Verbal memory span and the timing of spoken recall. *Journal of Memory and Language,* **31**, 668–84.

Cowan, N. (1999). An embedded-processes model of working memory. In A. Miyake & P. Shah (Eds.), *Models of working memory: Mechanisms of active maintenance and executive control* (pp. 62–101). Cambridge: Cambridge University Press.

Cowan, N. (2001). The magical number 4 in short-term memory: A reconsideration of mental storage capacity. *Behavioral and Brain Sciences,* **24**, 87–114.

Cowan, N. (2005). *Working memory capacity.* Hove: Psychology Press.

Cowan, N., Baddeley, A. D., Elliott, E. M. & Norris, J. (2003). List composition and the word length effect in immediate recall: A comparison of localist and globalist assumptions. *Psychological Bulletin and Review,* **10**, 74–9.

Cowan, N., Day, L., Saults, J. S., Keller, T. A., Johnson, T. & Flores, L. (1992). The role of verbal output time and the effects of word-length on immediate memory. *Journal of Memory and Language,* **31**, 1–17.

Cowan, N., Keller, T., Hulme, C., Roodenrys, S., McDougall, S. & Rack, J. (1994). Verbal memory span in children: Speech timing clues to the mechanisms underlying age and word length effects. *Journal of Memory and Language,* **33**, 234–50.

Cowan, N., Nugent, L. D. & Elliott, E. M. (2000). Memory-search and rehearsal processes and the word length effect in immediate recall: A synthesis in reply to Service. *Quarterly Journal of Experimental Psychology,* **53A**, 666–70.

Cox, S. P. (2000). *Leader character: A model of personality and moral development.* Doctoral Dissertation. University of Tulsa.

Coyne, J. C. (1976). Depression and the response of others. *Journal of Abnormal Psychology,* **85**, 186–93.

Coyne, J. C. & Gotlib, I. H. (1983). The role of cognition in depression: A critical appraisal. *Psychological Bulletin,* **94**, 29–34.

Craig, A. D. (2002). How do you feel? Interoceptors: The sense of the physiological condition of the body. *Nature Reviews*, **3**, 655-66.

Craik, F. I. M. & Lockhart, R. S. (1972). Levels of processing: A framework for memory research. *Journal of Verbal Learning and Verbal Behavior*, **11**, 671-84.

Craik, F. I. M. & Watkins, M. J. (1973). The role of rehearsal in short-term memory. *Journal of Verbal Learning and Verbal Behavior*, **12**, 599-607.

Craik, F. I. M., Govoni, R., Naveh Benjamin, M. & Anderson, N. D. (1996). The effects of divided attention on encoding and retrieval processes in human memory. *Journal of Experimental Psychology: General*, **125**, 159-80.

Craik, K. J. W. (1943). *The nature of explanation*. London: Cambridge University Press.

Craik, K. J. W. (1947). Theory of the human operator in control systems: I. The operator as an engineering system. *British Journal of Psychology*, **38**, 56-61.

Craik, K. J. W. (1948). Theory of the human operator in control systems: II. Man as an element in a control system. *British Journal of Psychology*, **38**, 142-8.

Crary, W. G. (1966). Reactions to incongruent self-experiences. *Journal of Consulting Psychology*, **30**, 246-52.

Craske, M. G., Rapee, R. M., Jackel, L. & Barlow, D. H. (1989). Qualitative dimensions of worry in DSM-III-R generalized anxiety disorder subjects and nonanxious controls. *Behaviour Research and Therapy*, **27**, 397-402.

Crocker, J. & Major, B. (1989). Social stigma and self-esteem: The self-protective properties of stigma. *Psychological Review*, **96**, 608-30.

Cronholm, B. & Ottosson, J. O. (1961). Memory functions in endogenous depression: Before and after electroconvulsive therapy. *Archives of General Psychiatry*, **5**, 193-9.

Crowder, R. G. (1976). *Principles of learning and memory*. Hillsdale, NJ: Lawrence Erlbaum Associates.

Crowder, R. G. (1978a). Audition and speech coding in short-term memory: A tutorial review In T. Requin (Ed.), *Attention and performance VII* (pp. 321-42). Hillsdale, NJ: Lawrence Erlbaum Associates.

Crowder, R. G. (1978b). Mechanisms of auditory backward masking in the stimulus suffix effect. *Psychological Review*, **85**, 502-24.

Crowder, R. G. & Morton, J. (1969). Precategorical acoustic storage (PAS). *Perception and Psychophysics*, **5**, 365-73.

D'Esposito, M., Detre, J. A., Alsop, D. C., Shin, R. K., Adas, S. & Grossman, M. (1995). The neural basis of the central executive system of working memory. *Nature*, **378**, 279-81.

Dale, H. C. A. (1973). Short-term memory for visual information. *British Journal of Psychology*, **64**, 1-8.

Dalgleish, T. & Cox, S. (2002). Mood and memory. In A. D. Baddeley, B. Wilson & M. Kopelman (Eds), *Handbook of Memory Disorders* (pp. 437-50). Chichester, UK: Wiley.

Damasio, A. R. (1994). *Descartes error: Emotion, reason and the human brain*. New York: Putnam.（ダマシオ，A. R. 田中三彦（訳）(2010). デカルトの誤り——情動，理性，

人間の脳　筑摩書房)
Damasio, A. R. (1999). *The feeling of what happens*. London: William Heinemann. (ダマシオ, A. R. 田中三彦 (訳) (2003). 無意識の脳, 自己意識の脳　講談社)
Daneman, M. & Carpenter, P. A. (1980). Individual differences in working memory and reading. *Journal of Verbal Learning and Verbal Behavior*, 19, 450-66.
Daneman, M. & Carpenter, P. A. (1983). Individual difference in integrating information between and within sentences. *Journal of Experimental Psychology: Learning, Memory and Cognition*, 9, 561-84.
Daneman, M. & Case, R. (1981). Syntactic form, semantic complexity and short-term memory: Influences on children's acquisition of new linguistic structures. *Developmental Psychology*, 17, 367-78.
Daneman, M. & Green, I. (1986). Individual differences in comprehending and producing words in context. *Journal of Memory and Language*, 25, 1-18.
Daneman, M. & Merikle, P. M. (1996). Working memory and language comprehension: A meta-analysis. *Psychonomic Bulletin and Review*, 3, 422-33.
Daneman, M. & Tardif, T. (1987). Working memory and reading skill re-examined. In M. Coltheart (Ed.), *Attention and performance XII* (pp. 491-508). Hove: Lawrence Erlbaum Associates.
Darwin, C. J. & Baddeley, A. D. (1974). Acoustic memory and the perception of speech. *Cognitive Psychology*, 6, 41-60.
David, A. S. & Lucas, P. (1993). Auditory-verbal hallucinations and the phonological loop: A cognitive neuropsychological study. *British Journal of Clinical Psychology*, 32, 431-41.
Davis, F. M., Osborne, J. P., Baddeley, A. D. & Graham, I. M. E. (1972). Diver performance: Nitrogen narcosis and anxiety. *Aerospace Medicine*, 43, 1079-82.
Davies, D. R. & Parasuranam, R. (1982). *The psychology of vigilance*. London: Academic Press.
De Renzi, E. (1982). *Disorders of space exploration and cognition*. Chichester: Wiley.
De Renzi, E. & Nichelli, P. (1975). Verbal and non-verbal short-term memory impairment following hemishperic damage. *Cortex*, 11, 341-53.
Deary, I. (2001). *Intelligence: A very short introduction*. Oxford: Oxford University Press. (ディアリ, I. 繁桝算男 (訳) (2004). 知能　岩波書店)
Decety, J., Jeannerod, M., Germanin, M. & Pastene, J. (1991). Vegetative response during imagined movement is proportional to mental effort. *Behavioural Brain Research*, 42, 1-5.
Deeprose, C. & Andrade, J. (2006). Is priming during anesthesia unconscious? *Consciousness and Cognition*, 15, 1-23.
Dehaene, S. & Naccache, L. (2001). Towards a cognitive neuroscience of consciousness: Basic evidence and a workspace framework. *Cognition*, 79, 1-37.
Dehaene, S., Naccache, L., Cohen, L., Le Bilan, D., Mangin, J.-F., Poline, J.-B. & Rivire, D. (2001). Cerebral mechanisms of word masking and unconscious repetition priming.

Nature Neuroscience, **4**, 1-37.
Della Sala, S. & Logie, R. H. (2002). Neuropsychological impairments of visual and spatial working memory. In A. D. Baddeley, M. D. Kopelman & B. A. Wilson (Eds.), *Handbook of memory disorders* (2nd edn, pp. 271-92). Chichester: Wiley.
Della Sala, S., Gray, C., Baddeley, A. & Wilson, L. (1999). Pattern span: A tool for unwelding visuo-spatial memory. *Neuropsychologia*, **37**, 1189-99.
Della Sala, S., Marchetti, C. & Spinnler, H. (1994). The anarchic hand: A fronto-mesial sign. In F. Boller & J. Grafman (Eds.), *Handbook of neuropsychology* (vol. 9, pp. 233-55. Amsterdam: Elsevier.
Dennett, D. C. (2001). Are we explaining consciousness yet? *Cognition*, **79**, 221-37.
Derakshan, N. & Eysenck, M. W. (1998). Working memory capacity in high trait-anxious and repressor groups. *Cognition and Emotion*, **12**, 697-713.
Di Vesta, F. J., Ingersoll, G. & Sunshine, P. (1971). A factor analysis of imagery tests. *Journal of Verbal Learning and Verbal Behavior*, **10**, 471-9.
Dosher, B. A. & Ma, J. J. (1998). Output loss or rehearsal loop? Output-time versus pronunciation-time limits in immediate recall for forgetting-matched materials. *Journal of Experimental Psychology: Learning, Memory, and Cognition*, **24**, 316-35.
Downing, P. E. (2000). Interactions between visual working memory and selective attention. *Psychological Science*, **11**, 467-73.
Drewnowski, A. (1980). Attributes and priorities in short-term recall: A new model of memory span. *Journal of Experimental Psychology: General*, **109**, 208-50.
Drobes, D. J. & Tiffany, S. T. (1997). Induction of smoking urge through imaginal and in vivo procedures: Physiological and self-report manifestations. *Journal of Abnormal Psychology*, **106**, 15-25.
Dror, I. E. & Kosslyn, S. M. (1994). Mental imagery and aging. *Psychology and Aging*, **9**, 90-102.
Duckworth, K. I., Bargh, J. A., Garcia, M. & Chaiken, S. (2002). The automatic evaluation of novel stimuli. *Psychological Science*, **13**, 513-19.
Duff, S. C. & Logie, R. H. (2001). Processing and storage in working memory span. *Quarterly Journal of Experimental Psychology*, **54A**, 31-48.
Dunbar, K. & Sussman, D. (1995). Toward a cognitive account of frontal-lobe function: Simulating frontal-lobe deficits in normal subjects. *Annals of the New York Academy of Sciences*, **769**, 289-304.
Duncan, J. (1984). Selective attention and the organization of visual information. *Journal of Experimental Psychology: General*, **113**, 501-17.
Duncan, J. & Humphreys, G. W. (1989). Visual search and stimulus similarity. *Psychological Review*, **96**, 433-58.
Duncan, J. & Owen, A. M. (2000). Common regions of the human frontal lobe recruited by diverse cognitive demands. *Trends in Neurosciences*, **23**, 475-83.
Duncan, J., Emslie, H., Williams, P., Johnson, R. & Freer, C. (1996). Intelligence and the

frontal lobe: The organization of goal-directed behavior. *Cognitive Psychology*, **30**, 257-303.

Düzel, E., Vargha-Khadem, F., Heinze, H. J. & Mishkin, M. (2001). Brain activity evidence for recognition without recollection after early hippocampal damage. *Proceedings of the National Academy of Sciences of the United States of America*, **98**, 8101-6.

Ebbinghaus, H. (1885). *Über das Gedächtnis*. Leipzig: Dunker. (エビングハウス, H. 宇津木保・望月衛 (訳) (1978). 記憶について――実験心理学への貢献 誠信書房)

Eccles, J. C. (1976). Brain and free will. In G. C. Globus, G. Maxwell & I. Savodnik (Eds.), *Conciousness and the brain: A scientific and philosophical enquiry* (pp. 181-98). New York: Plenum Press.

Egly, R., Driver, J. & Rafal, R. D. (1994). Shifting visual attention between objects and locations. *Journal of Experimental Psychology*, **123**, 161-77.

Elliot, D. & Madalena, J. (1987). The influence of premovement visual information on manual aiming. *Quarterly Journal of Experimental Psychology*, **39A**, 542-59.

Elliott, R., Ogilvie, A., Rubinsztein, J. S., Calderon, G., Dolan, R. J. & Sahakian, B. J. (2004). Abnormal ventral frontal response during performance of an affective go/no go task in patients with mania. *Biological Psychiatry*, **55**, 1163-70.

Elliott, R., Rubinsztein, J. S., Sahakian, B. J. & Dolan, R. J. (2002). The neural basis of mood-congruent processing biases in depression. *Archives of General Psychiatry*, **59**, 597-604.

Ellis, A. W. (1980). Errors in speech and short-term memory: The effects of phonemic similarity and syllable position. *Journal of Verbal Learning and Verbal Behavior*, **19**, 624-34.

Ellis, H. C. & Ashbrook, P. W. (1988). Resource allocation model of the effects of depressed mood states on memory. In K. Fiedler & J. Forgas (Eds.), *Affect, cognition and social behavior* (pp. 25-43). Toronto: Hogrefe.

Ellis, H. C. & Moore, B. A. (1999). Mood and memory. In T. Dalgleish & M. Power (Eds.), *The handbook of cognition and emotion* (pp. 193-210). Chichester: Wiley.

Ellis, N. C. & Beaton, A. (1993). Psycholinguistic determinants of foreign language vocabulary learning. *Language Learning*, **43**, 559-617.

Ellis, N. C. & Sinclair, S. G. (1996). Working memory in the acquisition of vocabulary and syntax: Putting language in good order. *Quarterly Journal of Experimental Psychology*, **49A**, 234-50.

Emerson, M. J. & Miyake, A. (2003). The role of inner speech in task switching: A dual-task investigation. *Journal of Memory and Language*, **48**, 148-68.

Engels, R., Finkenauer, C. & Den Exter Blokland, E. (2000). *Parental influences on self-control and juvenile delinquency*. Netherlands: Utrecht University.

Engle, R. W. (1996). Working memory and retrieval: An inhibition-resource approach. In J. T. E. Richardson, R. W. Engle, L. Hasher, R. H. Logie, E. R. Stoltfus & R. T. Zacks (Eds.), *Working memory and human cognition* (pp. 89-119). New York: Oxford University Press.

Engle, R. W., Cantor, J. & Carullo, J. J. (1992). Individual differences in working memory and comprehension: A test of four hypotheses. *Journal of Experimental Psychology: Learning, Memory and Cognition*, **18**, 972-92.

Engle, R. W., Carullo, J. W. & Collins, K. W. (1991). Individual differences in working memory for comprehension and following directions. *Journal of Educational Research*, **84**, 253-62.

Engle, R. W., Kane, M. J. & Tuholski, S. W. (1999a). Individual differences in working memory capacity and what they tell us about controlled attention, general fluid intelligence and functions of the prefrontal cortex. In A. Miyake & P. Shah (Eds.), *Models of working memory: Mechanisms of active maintenance and executive control* (pp. 102-34). Cambridge: Cambridge University Press.

Engle, R. W., Tuholski, S. W., Laughlin, J. E. & Conway, A. R. A. (1999b). Working memory, short-term memory and general fluid intelligence: A latent variable approach. *Journal of Experimental Psychology: General*, **128**, 309-31.

Englekamp, J. (1998). *Memory for actions*. Hove: Psychology Press.

Epstein, W. (1962). The measurement of drive and conflict in humans: Theory and experiment. In M. R. Jones (Ed.), *Nebraska Symposium on Motivation* (vol. 10, pp. 127-209). Lincoln: University of Nebraska Press.

Ericsson, K. A. & Kintsch, W. (1995). Long-term working memory. *Psychological Review*, **102**, 211-45.

Eriksen, B. A. & Eriksen, C. W. (1974). Effects of noise letters upon the identification of a target letter in a nonsearch task. *Perception and Psychophysics*, **16**, 143-9.

Everitt, B. J., Cardinal, R. N., Parkinson, J. A. & Robbins, T. W. (2003). Appetitive behavior: Impact of amygdala-dependent mechanisms of emotional learning. *Annals of the New York Academy of Sciences*, **985**, 233-50.

Eysenck, M. (1992). *Anxiety: The cognitive perspective*. Hove: Lawrence Erlbaum Associates.

Eysenck, M. W. & Calvo, M. G. (1992). Anxiety and performance: The processing efficiency theory. *Cognition and Emotion*, **6**, 409-34.

Farah, M. J., Hammond, K. M., Levine, D. N. & Calvanio, R. (1988). Visual and spatial mental imagery: Dissociable systems of representation. *Cognitive Psychology*, **20**, 439-62.

Farmer, E. W., Berman, J. V. F. & Fletcher, Y. L. (1986). Evidence for a visuo-spatial scratch pad in working memory. *Quarterly Journal of Experimental Psychology*, **38A**, 675-88.

Farrand, P. & Jones, D. M. (1996). Direction of report in spatial and verbal short-term memory. *Quarterly Journal of Experimental Psychology*, **49A**, 140-58.

Fazio, R. H. (1986). How do attitudes guide behavior? In R. M. Sorrentino & E. T. Higgins (Eds.), *Handbook of motivation and cognition, vol. 1: Foundations of social behavior* (pp. 204-43). New York: Guildford Press.

Feltz, D. L. & Landers, D. M. (1983). The effects of mental practice on motor skill learning and performance: A meta-analysis. *Journal of Sports Psychology*, **5**, 25-57.

Fennell, M. J. V., Teasdale, J. D., Jones, S. & Damlé, A. (1987). Distraction in neurotic and endogenous depression: An investigation of negative thinking in major depressive disorder. *Psychological Medicine*, **17**, 441-52.

Fenz, W. D. & Epstein, S. (1962). Measurement of approach-avoidance conflict along a stimulus dimension in a test of thematic apperception. *Journal of Personality*, **30**, 613-32.

Festinger, L. (1957). *A theory of cognitive dissonance*. Stanford, CA: Stanford University Press.（フェスティンガー，L. 末永俊郎（監訳）(1965). 認知的不協和の理論——社会心理学序説　誠信書房）

Fiez, J. A., Raife, E. A., Balota, D. A., Schwartz, J. P., Raichle, M. E. & Petersen, S. E. (1996). A positron emission tomography study of the short-term maintenance of verbal information. *Journal of Neuroscience*, **16**, 808-22.

Finke, R. A. & Slayton, K. (1988). Explorations of creative visual synthesis in mental imagery. *Memory and Cognition*, **16**, 252-7.

Finkel, E. J. & Campbell, W. K. (2001). Self-control and accommodation in close relationships: An interdependence analysis. *Journal of Personality and Social Psychology*, **81**, 263-77.

Fitts, P. M. & Posner, M. I. (1967). *Human performance*. Belmont, CA: Brooks/Cole Publishing Company.

Fleishman, E. A. (1965). The description and prediction of perceptual-motor skill learning. In R. Glaser (Ed.), *Training Research and Education* (pp. 137-75). New York: Wiley.

Fleishman, E. A. & Parker, J. F. (1962). Factors in the retention and relearning of perceptual-motor skill. *Journal of Experimental Psychology*, **64**, 215-26.

Fletcher, T. C., Frith, C. D., Grasby, P. M., Shallice, T., Frackowiak, R. S. J. & Dolan, R. J. (1995). Brain systems for encoding and retrieval of auditory-verbal memory: An in vivo study in humans. *Brain*, **118**, 401-16.

Folkard, S. (1996). Body rhythms and shift work. In P. Warr (Ed.), *Psychology at work* (4th edn). Harmondsworth: Penguin.

Forde, E. M. & Humphreys, G. W. (2002). The role of semantic knowledge in short-term memory. *Neurocase*, **8**, 13-27.

Forgas, J. P., Bower, G. H. & Krantz, S. (1984). The influence of mood on perceptions of social interactions. *Journal of Experimental Social Psychology*, **90**, 497-513.

Forgas, J. P., Bower, G. H. & Moylan, S. (1990). Praise or blame? Affective influences on attributes for achievement. *Journal of Personality and Social Psychology*, **59**, 809-19.

Fox, E. (1994). Attentional bias in anxiety: A defective inhibition hypothesis. *Cognition and Emotion*, **8**, 165-95.

Fox, E., Russo, R., Bowles, R. J. & Dutton, K. (2001). Do threatening stimuli draw or hold visual attention in subclinical anxiety? *Journal of Experimental Psychology: General*, **130**, 681-700.

Franken, I. H. A., Kroon, L. Y. & Hendriks, V. M. (2000). Influence of individual differences in craving and obsessive cocaine thoughts on attentional processes in cocaine abuse patients. *Addictive Behaviors*, **25**, 99-102.

Freud, S. (1904). Psychopathology of everyday life. In A. A. Brill (Ed.), *The writings of Sigmund Freud* (pp. 35-180). New York: Modern Library, 1938.（フロイト, S. 高田珠樹（訳）(2007). フロイト全集 7 日常生活の精神病理学 岩波書店）
Freud, S. (1986). Mourning and melancholia. In J. Coyne (Ed.), *Essential papers on depression* (pp. 48-63). New York: New York University Press.（フロイト, S. 中山元（訳）(2008). 喪とメランコリー 中山元（編）. 人はなぜ戦争をするのか──エロスとタナトス (pp. 99-136) 光文社）
Friedman, N. P. & Miyake, A. (2004). The relations among inhibition and interference control functions: A latent variable analysis. *Journal of Experimental Psychology: General*, **133**, 101-35.
Frijda, N. H. (2004). Emotions and action. In A. S. R. Manstead, N. Frijda & A. Fischer (Eds.), *Feelings and emotions: The Amsterdam symposium* (pp. 158-73). Cambridge: Cambridge University Press.
Friston, K. J., Harrison, L. & Penny, W. (2003). Dynamic causal modeling. *Neuroimage*, **19**, 1273-302.
Frith, C. D. (1992). *The cognitive neuropsychology of schizophrenia*. Hove, Sussex: Lawrence Erlbaum Associates.（フリス, C. D. 丹羽真一・菅野正浩（監訳）伊藤光宏ほか（訳）(1995). 分裂病の認知神経心理学 医学書院）
Frith, C. D. & Friston, K. J. (1997). Studying brain function with neuroimaging. In M. D. Rugg (Ed.), *Cognitive neuroscience* (pp. 169-96). Hove, Sussex: Psychology Press.
Frith, C. D., Blakemore, S. J. & Wolpert, D. M. (2000). Abnormalities in the awareness and control of action. *Philosophical Transactions of the Royal Society of London, Series B*, **355**, 1771-88.
Frith, C. D., Friston, K. J., Liddle, P. F. & Frackowiak, R. S. J. (1991). A PET study of word finding. *Neuropsychologia*, **29**, 1137-48.
Frith, U. (1989). *Autism: Explaining the enigma*. Oxford: Blackwell.（フリス, U. 富田真紀・清水康夫・鈴木玲子（訳）(2009). 新訂 自閉症の謎を解き明かす 東京書籍）
Fry, A. F. & Hale, S. (1996). Processing speed, working memory and fluid intelligence: Evidence for a developmental cascade. *Psychological Science*, **7**, 237-41.
Fry, A. F. & Hale, S. (2000). Relationships among processing speed, working memory and fluid intelligence in children. *Biological Psychology*, **54**, 1-34.
Funahashi, S., Bruce, C. J. & Goldman-Rakic, P. S. (1989). Mnemonic coding of visual space in the monkey's dorsolateral prefrontal cortex. *Journal of Neurophysiology*, **61**, 331-49.
Fuster, J. M. (1954). *Memory in the cerebral cortex*. Cambridge, MA: MIT Press.
Fuster, J. M. (2002). Physiology of executive functions: The perception-action cycle. In D. T. Stuss & R. T. Knight (Eds.), *Principles of frontal lobe function* (pp. 96-108). New York: Oxford Press.
Fuster, J. M. & Alexander, G. E. (1971). Neuron activity related to short-term memory. *Science*, **173**, 652-4.
Fuster, J. M. & Bauer, R. H. (1974). Visual short-term memory deficit from hypothermia of

frontal cortex. *Brain Research*, **81**, 393–400.

Fuster, J. M. & Jervey, J. (1981). Inferotemporal neurons distinguish and retain behaviorally relevant features of visual stimuli. *Science*, **212**, 952–5.

Gallup, G. G., Jr. (1970). Chimpanzees: Self-recognition. *Science*, **167**, 86–7.

Galton, F. (1880). Statistics of mental imagery. *Mind*, **5**, 301–18.

Galton, F. (1883). *Inquiries into human faculty and its development*. London: Macmillan.

Garavan, H., Pankiewicz, J., Bloom, A., Cho, J. K., Sperry, L., Ross, T. J., Salmeron, B. J., Risinger, R., Kelley, D. & Stein, E. A. (2000). Cue-induced cocaine craving: Neuroanatomical specificity for drug users and drug stimuli. *American Journal of Psychiatry*, **157**, 1789–98.

Garden, S., Cornoldi, C. & Logie, R. H. (2002). Visuo-spatial working memory in navigation. *Applied Cognitive Psychology*, **16**, 35–50.

Gardiner, J. M. (2001). Episodic memory and autonoetic consciousness: A first-person approach. *Philosophical Transactions of the Royal Society of London, Series B, Biological Sciences*, **356**, 1351–61.

Gathercole, S. & Pickering, S. (2001). Working memory deficits in children with special educational needs. *British Journal of Special Education*, **28**, 89–97.

Gathercole, S. E. (1995). Is nonword repetition a test of phonological memory or long-term knowledge? It all depends on the nonwords. *Memory and Cognition*, **23**, 83–94.

Gathercole, S. E. (1996). *Models of short-term memory*. Sussex: Psychology Press.

Gathercole, S. E. & Baddeley, A. D. (1989). Evaluation of the role of phonological STM in the development of vocabulary in children: A longitudinal study. *Journal of Memory and Language*, **28**, 200–13.

Gathercole, S. E. & Baddeley, A. D. (1990). Phonological memory deficits in language-disordered children: Is there a causal connection? *Journal of Memory and Language*, **29**, 336–60.

Gathercole, S. E. & Pickering, S. J. (2000). Working memory deficits in children with low achievements in the national curriculum at 7 years of age. *British Journal of Educational Psychology*, **70**, 177–94.

Gathercole, S. E., Frankish, C. R., Pickering, S. J. & Peaker, S. (1999). Phonotactic influences on short-term memory. *Journal of Experimental Psychology: Learning, Memory, and Cognition*, **25**, 84–95.

Gathercole, S. E., Lamont, E. & Alloway, T. P. (2006). Working memory in the classroom. In S. Pickering (Ed.), *Working memory and education* (pp. 220–41). London: Elsevier Press.

Gathercole, S. E., Pickering, S., Hall, M. & Peaker, S. (2001). Dissociable lexical and phonological influences on serial recognition and serial recall. *Quarterly Journal of Experimental Psychology*, **54A**, 1–30.

Gathercole, S. E., Pickering, S. J., Knight, C. & Stegmann, Z. (2003). Working memory skills and educational attainment: Evidence from National Curriculum assessments at 7

and 14 years of age. *Applied Cognitive Psychology*, **17**, 1-16.
Gathercole, S. E., Willis, C. S. & Baddeley, A. D. (1991). Nonword repetition, phonological memory and vocabulary: A reply to Snowling, Chiat and Hulme. *Applied Psycholinguistics*, **12**, 375-9.
Ghahramani, Z. & Wolpert, D. M. (1997). Modular decomposition in visuomotor learning. *Nature*, **386**, 392-5.
Gibson, J. J. (1979). *An ecological approach to visual perception*. Boston, MA: Houghton Mifflin.（ギブソン，J. J. 古崎敬（訳）(1986).生態学的視覚論——ヒトの知覚世界を探る サイエンス社）
Gilbert, D. T. (2002). Inferential correction. In T. Gilovich, D. Griffin & D. Kahneman (Eds.), *Heuristics and biases: The psychology of intuitive judgment* (pp. 167-84). Cambridge: Cambridge University Press.
Gilbert, D. T. & Gill, M. J. (2000). The momentary realist. *Psychological Science*, **11**, 394-8.
Gilbert, D. T., McNulty, S. E., Giuliano, T. A. & Benson, J. E. (1992). Blurry words and fuzzy deeds: The attribution of obscure behavior. *Journal of Personality and Social Psychology*, **62**, 18-25.
Gilbert, D. T., Pelham, B. W. & Krull, D. S. (1988). On cognitive busyness: When person-perceivers meet persons perceived. *Journal of Personality and Social Psychology*, **54**, 733-40.
Gilbert, D. T., Pinel, E. C., Wilson, T. D., Blumberg, S. J. & Wheatley, T. P. (1998). Immune neglect: A source of durability bias in affective forecasting. *Journal of Personality and Social Psychology*, **75**, 617-38.
Gisselgard, J., Petersson, K. M., Baddeley, A. D. & Ingvar, M. (2003). The irrelevant speech effect: A PET study. *Neuropsychologia*, **41**, 1899-911.
Glanzer, M. (1972). Storage mechanisms in recall. In G. H. Bower (Ed.), *The psychology of learning and motivation: Advances in research and theory* (vol. 5, pp.129-93). New York: Academic Press.
Glanzer, M. & Cunitz, A. R. (1966). Two storage mechanisms in free recall. *Journal of Verbal Learning and Verbal Behavior*, **5**, 351-60.
Glass, D. C. & Singer, J. E. (1972). *Urban stress. Experiments on noise and social stressors*. New York: Academic Press.
Glass, D. C., Singer, J. E. & Friedman, L. N. (1969). Psychic cost of adaptation to an environmental stressor. *Journal of Personality and Social Psychology*, **12**, 200-10.
Glasspool, D. W. (1995). Competitive queuing and the articulatory loop. In J. Levy, D. Bairaktaris, J. Bullinaria & P. Cairns (Eds.), *Connectionist models of memory and language* (pp. 5-30). London: UCL Press.
Glenberg, A. M., Bradley, M. M., Stevenson, J. A., Kraus, T. A., Tkachuk, M. J., Gretz, A. L., Fish, J. H. & Turpin, V. M. (1980). A two-process account of long-term serial position effects. *Journal of Experimental Psychology: Human Learning and Memory*, **6**, 355-69.
Glucksberg, S. & Cowan, G. N. (1970). Memory for nonattended auditory material. *Cogni-

tive Psychology, **1**, 149-56.

Goffman, E. (1959). *The presentation of the self in everyday life.* New York: Doubleday Anchor Books. (ゴッフマン, E. 石黒毅（訳）(1974). 行為と演技――日常生活における自己呈示 誠信書房)

Goldberg, T. E., Berman, A. F., Fleming, K. & Ostrem, J. E. A. (1998). Uncoupling cognitive workload and prefrontal cortical physiology: A PET rCBF study. *Neuroimage*, **7**, 296-303.

Goldman-Rakic, P. S. (1957). Circuitry of primate prefrontal cortex and regulation of behavior by representational knowledge. In F. Plum & V. Mountcastle (Eds.), *Handbook of physiology* (vol. 5, pp. 373-417). Bethesda: American Physiological Society.

Goldman-Rakic, P. S. (1988). Topography of cognition: Parallel distributed networks in primate association cortex. *Annual Review of Neuroscience*, **11**, 137-56.

Goldman-Rakic, P. S. (1996). The prefrontal landscape: Implications of functional architecture for understanding human mentation and the central executive. *Philosophical Transactions of the Royal Society of London, Series B*, **351**, 1445-53.

Goldman-Rakic, P. S. (1998). The prefrontal landscape: Implications of functional architecture for understanding human mentation and the central executive. In A. C. Roberts, T. W. Robbins & L. Weizkrantz (Eds.), *The prefrontal cortex: executive and cognitive functions* (pp. 67-86). Oxford: Oxford University Press.

Gollwitzer, P. M. (1993). Goal achievement: The role of intentions. *European Review of Social Psychology*, **4**, 141-85.

Goodale, M. A., Milner, A. D., Jakobson, L. S. & Carey, D. P. (1991). A neurological dissociation between perceiving objects and grasping them. *Nature*, **349**, 154-6.

Goodale, M. A., Pelisson, D. & Prablanc, C. (1986). Large adjustments in visually guided reaching do not depend on vision of the hand or perception of target displacement. *Nature*, **320**, 748-50.

Gooding, P. A., Isaac, C. L. & Mayes, A. R. (2005). Prose recall and amnesia: More implications for the episodic buffer. *Neuropsychologia*, **43**, 583-7.

Gotlib, I. H. & Hammen, C. L. (1992). *Psychological aspects of depression: Toward a cognitive-interpersonal integration.* New York: Wiley.

Gotlib, I. H. & McCann, C. D. (1984). Construct accessibility and depression: An examination of cognitive and affective factors. *Journal of Personality and Social Psychology*, **47**, 427-39.

Gotlib, I. H., Kasch, K. L., Traill, S., Joorman, J., Arnow, B. A. & Johnson, S. L. (2004a). Coherence and specificity of information-processing biases in depression and social phobia. *Journal of Abnormal Psychology*, **113**, 386-98.

Gotlib, I. H., Krasnoperova, E., Yue, D. N. & Joorman, J. (2004b). Attentional bias for negative interpersonal stimuli in clinical depression. *Journal of Abnormal Psychology*, **113**, 127-33.

Gottfredson, M. R. & Hirschi, T. (1990). *A general theory of crime.* Stanford, CA: Stanford

University Press.
Gramzow, R. H., Sedikides, C., Panter, A. T. & Insko, C. A. (2000). Aspects of self-regulation and self-structure as predictors of perceived emotional distress. *Personality and Social Psychology Bulletin*, 26, 206-19.
Grasby, P. M., Frith, C. D., Friston, K. J., Bench, C., Frackowiak, R. S. J. & Dolan, R. J. (1993). Fractional mapping of brain areas implicated in auditory verbal memory function. *Brain*, 116, 1-20.
Gray, C. M. & Singer, W. (1989). Stimulus-specific neuronal oscillations in orientation columns of cat visual cortex. *Proceedings of the National Academy of Sciences of the United States of America*, 86, 1698-702.
Gray, J. A. (1995). The contents of consciousness: A neuropsychological conjecture. *Behavioral and Brain Sciences*, 18, 659-722.
Gray, J. A. (2004). *Consciousness: Creeping up on the hard problem*. Oxford: Oxford University Press.
Green, M. W. & Rogers, P. J. (1995). Impaired cognitive functioning during spontaneous dieting. *Psychological Medicine*, 25, 1003-10.
Green, M. W. & Rogers, P. J. (1998). Impairments in working memory associated with spontaneous dieting behaviour. *Psychological Medicine*, 28, 1063-70.
Green, M. W., Elliman, N. A. & Rogers, P. J. (1997). The effects of food deprivation and incentive motivation on blood glucose levels and cognitive function. *Psychopharmacology*, 134, 88-94.
Greeno, C. G. & Wing, R. R. (1994). Stress-induced eating. *Psychological Bulletin*, 115, 444-64.
Greenwald, A. G. & Liu, T. J. (1985). Limited unconscious processing of meaning. *Bulletin of the Psychonomic Society*, 23, 292.
Grossberg, S. (1978). Behavioral contrast in short-term memory: Serial binary memory models or parallel continuous memory models? *Journal of Mathematical Psychology*, 3, 199-219.
Grossberg, S. (1987). Competitive learning: From interactive activation to adaptive resonance. *Cognitive Science*, 11, 23-63.
Grossi, D., Becker, J. T., Smith, C. & Trojano, L. (1993). Memory for visuospatial patterns in Alzheimer's disease. *Psychological Medicine*, 23, 65-70.
Guitton, D., Buchtel, H. A. & Douglas, R. M. (1985). Frontal lobe lesions in man cause difficulties in suppressing reflexive glances in generating goal-directed saccades. *Experimental Brain Research*, 58, 455-72.
Haggard, P. & Eimer, M. (1999). On the relation between brain potentials and the awareness of voluntary movements. *Experimental Brain Research*, 126, 128-33.
Haggard, P. & Magno, E. (1999). Localising awareness of action with transcranial magnetic stimulation. *Experimental Brain Research*, 127, 102-7.
Haier, R. J., Siegel, B. V., MacLachlan, A., Soderling, E., Lottenberg, S. & Buchsbaum, M. S.

(1992). Regional glucose metabolic changes after learning a complex visuospatial/motor task: A positron emission tomographic study. *Brain Research*, **570**, 134–43.

Hale, S., Myerson, J., Rhee, S. H., Weiss, C. S. & Abrams, R. A. (1996). Selective interference with the maintenance of location information in working memory. *Neuropsychology*, **10**, 272–85.

Hall, J. W., Wilson, K. P., Humphreys, M. S., Tinzmann, M. B. & Bowyer, P. M. (1983). Phonemic similarity effects in good vs. poor readers. *Memory and Cognition*, **11**, 520–7.

Hallet, P. (1978). Primary and secondary saccades to goals defined by instructions. *Vision Research*, **18**, 1279–96.

Hambrick, D. Z. & Engle, R. W. (2002). Effects of domain knowledge, working memory capacity and age on cognitive performance: An investigation of the knowledge-is-power hypothesis. *Cognitive Psychology*, **44**, 339–87.

Hanley, J. R. (1997). Does articulatory suppression remove the irrelevant speech effect? *Memory*, **5**, 423–31.

Hanley, J. R. & Bakopoulou, E. (2003). Irrelevant speech, articulatory suppression and phonological similarity: A test of the phonological loop model and the feature model. *Psychonomic Bulletin and Review*, **10**, 435–44.

Hanley, J. R. & Broadbent, C. (1987). The effects of unattended speech on serial recall following auditory presentation. *British Journal of Psychology*, **78**, 287–97.

Hanley, J. R. & Davies, A. D. (1995). Lost in your own house. In R. Campbell & M. A. Conway (Eds.), *Broken memories: Case studies in memory impairment* (pp. 195–208). Oxford: Blackwell.

Hanley, J. R., Young, A. W. & Pearson, N. A. (1991). Impairment of the visuospatial sketch pad. *Quarterly Journal of Experimental Psychology*, **43A**, 101–25.

Hari, R., Hännien, R., Mäkinen, T., Jousmäki, V., Forss, N., Seppä, M. & Salonen, O. (1998). Three hands: Fragmentation of human bodily awareness. *Neuroscience Letters*, **240**, 131–4.

Harlow, J. M. (1868). Recovery from the passage of an iron bar through the head. *Massachusetts Medical Society Publications*, **2**, 327–46.

Hartley, T. & Houghton, G. (1996). A linguistically constrained model of short-term memory for nonwords. *Journal of Memory and Language*, **35**, 1–31.

Hartman, A., Pickering, R. M. & Wilson, B. A. (1992). Is there a central executive deficit after severe head injury? *Clinical Rehabilitation*, **6**, 133–40.

Hasher, L. & Zacks, R. T. (1979). Automatic and effortful processes in memory. *Journal of Experimental Psychology: General*, **108**, 356–88.

Hasher, L. & Zacks, R. T. (1988). Working memory, comprehension and aging: A review and a new view. In G. Bower (Ed.), *The psychology of learning and motivation: Advances in research and theory* (vol. 22, pp. 195–225). New York: Academic Press.

Hatano, G. & Osawa, K. (1983a). Digit memory of grand experts in abacus-derived mental calculation. *Cognition*, **15**, 95–110.

Hatano, G. & Osawa, K. (1983b). Japanese abacus experts memory for numbers is disrupted by mechanism of action. *Journal of Clinical Psychology*, **58**, 61-75.

Hebb, D. O. (1949). *The organization of behavior: A neuropsychological theory*. New York: Wiley. (ヘッブ, D. O. 鹿取廣人・金城辰夫・鈴木光太郎・鳥居修晃・渡邊正孝 (訳) (2011). 行動の機構――脳メカニズムから心理学へ (上・下) 岩波書店)

Hebb, D. O. (1961). Distinctive features of learning in the higher animal. In A. Fessard, J. F. Delafresnaye & Council for International Organizations of Medical Sciences (Eds.), *Brain mechanisms and learning: A symposium* (pp. 37-46). Oxford: Oxford University Press.

Hebb, D. O. (1968). Concerning imagery. *Psychological Review*, **75**, 466-77.

Heims, H. C., Critchley, H. D., Mathias, C. J., Dolan, R. J. & Cipolotti, L. (2004). Social and motivational functioning is not critically dependent on autonomic responses: Neuropsychological evidence from patients with pure autonomic failure. *Neuropsychologia*, **42**, 1979-88.

Hendry, L. & Tehan, G. (2005). An item/order trade-off explanation of word length and generation effects. *Memory*, **13**, 364-71.

Henry, L. A. (1991). The effect of word length and phonemic similarity in young children's short term memory. *Quarterly Journal of Experimental Psychology*, **43A**, 35-52.

Henson, R. (2001). Neural working memory. In J. Andrade (Ed.), *Working memory in perspective* (pp. 151-74). Hove, Sussex: Psychology Press.

Henson, R. N. A. (1998). Short-term memory for serial order: The start-end model. *Cognitive Psychology*, **36**, 73-137.

Henson, R. N. A., Norris, D. G., Page, M. P. A. & Baddeley, A. D. (1996). Unchained memory: Error patterns rule out chaining models of immediate serial recall. *Quarterly Journal of Experimental Psychology*, **49A**, 80-115.

Hertel, P. T. & Hardin, T. S. (1990). Remembering with and without awareness in a depressed mood: Evidence of deficits in initiative. *Journal of Experimental Psychology: General*, **119**, 45-59.

Hertel, P. T. & Rude, S. S. (1991). Depressive deficits in memory: Focusing attention improves subsequent recall. *Journal of Experimental Psychology: General*, **120**, 301-9.

Heuer, F., Fischman, D. & Reisberg, D. (1986). Why does vivid imagery hurt colour memory? *Canadian Journal of Psychology*, **40**, 161-75.

Hinson, J. M., Jameson, T. J. & Whitney, P. (2002). Somatic markers, working memory and decision making. *Cognitive, Affective and Behavioral Neuroscience*, **2**, 341-53.

Hinson, J. M., Jameson, T. J. & Whitney, P. (2003). Impulsive decision making and working memory. *Journal of Experimental Psychology: Learning, Memory and Cognition*, **29**, 298-306.

Hinton, G. E. & Parsons, L. M. (1988). Scene-based and viewer-centered representations for comparing shapes. *Cognition*, **30**, 1-35.

Hinton, G. E. & Plaut, D. C. (1987). Using fast weights to deblur old memories. *Paper pre-*

sented at the Proceedings of the Ninth Annual Conference of the Cognitive Science Society, Seattle, WA.

Hintzman, D. L. (1967). Articulatory coding in short-term memory. *Journal of Verbal Learning and Verbal Behavior*, **6**, 312-6.

Hiroto, D. S. & Seligman, M. E. P. (1975). Generality of learned helplessness in man. *Journal of Personality and Social Psychology*, **37**, 1-11.

Hitch, G. J. & Baddeley, A. D. (1976). Verbal reasoning and working memory. *Quarterly Journal of Experimental Psychology*, **28**, 603-21.

Hitch, G. J., Halliday, M. S., Dodd, A. & Littler, J. E. (1989). Development of rehearsal in short-term memory: Differences between pictorial and spoken stimuli. *British Journal of Developmental Psychology*, **7**, 347-62.

Hitch, G. J., Towse, J. N. & Hutton, U. (2001). What limits children's working memory span? Theoretical accounts and applications for scholastic development. *Journal of Experimental Psychology: General*, **130**, 184-98.

Hodgins, D. C., el-Guebaly, N. & Armstrong, S. (1995). Prospective and retrospective reports of mood states before relapse to substance abuse. *Journal of Consulting and Clinical Psychology*, **63**, 400-7.

Holding, D. H. (1989). Counting backward during chess move choice. *Bulletin of Psychonomic Society*, **27**, 421-4.

Hope, D. A., Rapee, R. M., Heimberg, R. G. & Dombeck, M. J. (1990). Representations of the self in social phobia: Vulnerability to social threat. *Cognitive Therapy and Research*, **14**, 177-89.

Houghton, G. (1990). The problem of serial order: A neural network model of sequence learning and recall. In R. Dale, C. Mellish & M. Zock (Eds.), *Current research in natural language generation* (pp. 287-319). London: Academic Press.

Hsi, S., Linn, M. C. & Bell, J. E. (1997). The role of spatial reasoning in engineering and the design of spatial instruction. *Journal of Engineering Education*, **86**, 151-8.

Hull, C. L. (1943). *The principles of behaviour*. New York: Appleton-Century. (ハル, C. L. 能見義博・岡本栄一(訳)(1960). 行動の原理 誠信書房)

Hulme, C., Surprenant, A. M., Bireta, T. J., Stuart, G. & Neath, I. (2004). Abolishing the word-length effect. *Journal of Experimental Psychology: Learning, Memory and Cognition*, **30**, 98-106.

Hulme, C., Neath, I., Stuart, G., Shostak, L., Suprenant, A. M. & Brown, G. D. A. (2006). The distinctiveness of the word-length effect. *Journal of Experimental Psychology: Learning, Memory and Cognition*, **32**, 586-94.

Hulme, C., Roodenrys, S., Schweickert, R., Brown, G. D. A., Martin, S. & Stuart, G. (1997). Word-frequency effects on short-term memory tasks: Evidence for a redintegration process in immediate serial recall. *Journal of Experimental Psychology: Learning, Memory and Cognition*, **23**, 1217-32.

Hulme, C., Thomson, N., Muir, C. & Lawrence, W. A. (1984). Speech rate and the develop-

ment of short-term memory span. *Journal of Experimental Child Psychology*, **38**, 241-53.
Hume, D. (1739/1978). *A treatise of human nature*. Oxford: Oxford University Press. (ヒューム, D. 木曾好能他（訳）(2011). 人間本性論　第一巻〜　法政大学出版局)
Hummel, J. (1999). The binding problem. In R. A. W. F. C. Keil (Ed.), *The MIT encyclopedia of cognitive sciences* (pp. 85-6). Cambridge, MA: MIT Press.
Huttenlocher, J., Hedges, L. V. & Duncan, S. (1991). Categories and particulars: Prototype effects in estimating spatial location. *Psychological Review*, **98**, 352-76.
Igel, A. & Harvey, L. O., Jr. (1991). Spatial distortions in visual perception. *Gestalt Theory*, **13**, 210-31.
Imber, S. D., Pillconis, P. A., Sotsky, S. M., Ellcin, I., Wadcins, J. T., Collins, J. F., Shea, T. M., Leber, W. R. & Glass, D. R. (1990). Mode-specific effects among three treatments for depression. *Journal of Consulting and Clinical Psychology*, **58**, 352-9.
Intons-Peterson, M. J. (1996). Linguistic effects in a visual manipulation task. *Psychologische Beiträge*, **38**, 251-78.
Irwin, D. E. & Andrews, R. V. (1996). Integration and accumulation of information across saccadic eye movements. In T. Inui & J. L. McClelland (Eds.), *Attention and performance XVI: Information integration in perception and communication* (pp. 125-55). Cambridge, MA: MIT Press.
Jahanshahi, M., Dirnberger, G., Fuller, R. & Frith, C. D. (2000). The role of the dorsolateral prefrontal cortex in random number generation: A study with positron emission tomography. *Neuroimage*, **12**, 713-25.
James, W. (1890). *The principles of psychology*. New York: Henry Holt.
Jarrold, C., Baddeley, A. D. & Hewes, A. K. (1999). Dissociating working memory: Evidence from Down's and Williams' syndrome. *Neuropsychologia*, **37**, 637-51.
Jarrold, C., Baddeley, A. D., Hewes, A. K., Leeke, T. & Phillips, C. (2004). What links verbal short-term memory performance and vocabulary level? Evidence of changing relationships among individuals with learning disabilities. *Journal of Memory and Language*, **50**, 134-48.
Jarrold, C., Hewes, A. & Baddeley, A. D. (2000). Do two separate speech measures constrain verbal short-term memory in children? *Journal of Experimental Psychology: Learning, Memory, and Cognition*, **26**, 1626-37.
Jeannerod, M. (1994). The representing brain: Neural correlates of motor intention and imagery. *Behavioral and Brain Sciences*, **17**, 187-245.
Jeannerod, M., Decety, J. & Michel, F. (1994). Impairment of grasping movements following a bilateral posterior parietal lesion. *Neuropsychologia*, **32**, 369-80.
Jefferies, E., Frankish, C. & Lambon Ralph, M. A. (2006). Lexical and semantic influences on item and order memory in immediate serial recognition: Evidence from a novel task. *Quarterly Journal of Experimental Psychology*, **59**, 949-64.
Jefferies, E., Lambon Ralph, M. A. & Baddeley, A. D. (2004a). Automatic and controlled processing in sentence recall: The role of long-term and working memory. *Journal of Mem-*

ory and Language, **51**, 623-43.

Jefferies, E., Patterson, K., Jones, R. W., Bateman, D. & Lambon Ralph, M.A. (2004b). A category-specific advantage for numbers in verbal short-term memory: Evidence from semantic dementia. *Neuropsychologia*, **42**, 639-60.

Jersild, A. T. (1927). Mental set and shift. *Archives of Psychology*, Whole no. 89.

John, E. R., Prichep, L. S., Kox, W., Valdés-Sosa, P., Bosch-Bayard, J., Aubert, E., Tom, M., di Michele, F. & Gugino, L. D. (2001). Invariantreversible QEEG effects of anesthetics. *Consciousness and Cognition*, **10**, 165-83.

Johnson, E. J. & Tversky, A. (1983). Affect, generalisation and the perception of risk. *Journal of Personality and Social Psychology*, **45**, 20-31.

Johnston, R. S., Rugg, M. D. & Scott, T. (1987). Phonological similarity effects, memory span and developmental reading disorders: The nature of the relationship. *British Journal of Psychology*, **78**, 205-11.

Jones, D. M. (1993). Objects, streams and threads of auditory attention. In A. D. Baddeley & L. Weiskrantz (Eds.), *Attention: Selection, awareness and control* (pp. 87-104). Oxford: Clarendon Press.

Jones, D. M. & Macken, W. J. (1993). Irrelevant tones produce an irrelevant speech effect: Implications for phonological coding in working memory. *Journal of Experimental Psychology: Learning, Memory and Cognition*, **19**, 369-81.

Jones, D. M. & Macken, W. J. (1995). Phonological similarity in the irrelevant speech effect: Within- or between-stream similarity? *Journal of Experimental Psychology: Learning, Memory and Cognition*, **21**, 103-15.

Jones, D. M. & Tremblay, S. (2000). Interference in memory by process or content? A reply to Neath. *Psychonomic Bulletin and Review*, **7**, 544-58.

Jones, D. M., Beaman, P. & Macken, W. J. (1996). The object-orientated episodic record model. In S. Gathercole (Ed.), *Models of short-term memory* (pp. 209-38). Hove, Sussex: Psychology Press.

Jones, D. M., Farrand, P., Stuart, P. & Morris, N. (1995). Functional equivalence of verbal and spatial information in serial short-term memory. *Journal of Experimental psychology: Learning, Memory and Cognition*, **21**, 1008-18.

Jones, D. M., Hughes, R. W. & Macken, W. J. (2006). Perceptual organization masquerading as phonological storage: Further support for a perceptual-gestural view of short-term memory. *Journal of Memory and Language*, **54**, 265-81.

Jones, D. M., Hughes, R. W. & Macken, W. J. (2007). The phonological store abandoned. *Quarterly Journal of Experimental Psychology*, **60**, 505-11.

Jones, D. M., Macken, W. J. & Mosdell, N. A. (1997). The role of habituation in the disruption of recall performance by irrelevant sound. *British Journal of Psychology*, **88**, 549-64.

Jones, D. M., Macken, W. J. & Murray, A. C. (1993). Disruption of visual short-term memory by changing-state auditory stimuli: The role of segmentation. *Memory and Cogni-*

tion, **21**, 318-66.
Jones, D. M., Macken, W. J. & Nicholls, A. P. (2004). The phonological store of working memory: Is it phonological and is it a store? *Journal of Experimental Psychology: Learning, Memory and Cognition*, **30**, 656-74.
Jones, E. E. & Harris, V. A. (1967). The attribution of attitudes. *Journal of Experimental Social Psychology*, **3**, 1-24.
Jonides, J., Schumacher, E. H., Smith, E. E., Koeppe, R. A., Awh, E., Reuter-Lorenz, P. A., Marshuetz, C. & Willis, C. R. (1998). The role of a parietal cortex in verbal working memory. *Journal of Neuroscience*, **18**, 5026-34.
Jonides, J., Schumacher, E. H., Smith, E. E., Lauber, E. J., Awh, E., Minoshima, S. & Koeppe, R. A. (1997). Verbal working memory load effects regional brain activation as measured by PET. *Journal of Cognitive Neuroscience*, **9**, 462-75.
Jonides, J., Smith, E. E., Koeppe, R. A., Awh, E., Minoshima, S. & Mintun, M. (1993). Spatial working memory in humans as revealed by PET. *Nature*, **363**, 623-5.
Jordan, M. I. (1986). *Attractor dynamics and parallelism in a connectionist sequential machine*. Paper presented at the Eight Annual Conference of the Cognitive Science Society.
Judd, C. H. (1908). The relation of special training to general intelligence. *Educational Review*, **36**, 28-42.
Just, M. A. & Carpenter, P. A. (1992). The capacity theory of comprehension: Individual differences in working memory. *Psychological Review*, **99**, 122-49.
Kahn, R., Zarit, S. H., Hilbert, N. M. & Niederehe, G. (1975). Memory complaint and impairment in the aged. *Archives of General Psychiatry*, **32**, 1569-73.
Kahneman, D. (1973). *Attention and effort*. Englewood Cliffs, NJ: Prentice-Hall.
Kail, R. (1988). Developmental functions for speeds of cognitive processes. *Journal of Experimental Child Psychology*, **45**, 339-64.
Kail, R. (1992). Processing speed, speech rate and memory. *Developmental Psychology*, **28**, 899-904.
Kail, R. & Park, Y. (1994). Processing time, articulation time and memory span. *Journal of Experimental Child Psychology*, **57**, 281-91.
Kane, M. J. & Engle, R. W. (2000). Working-memory capacity, proactive interference and divided attention: Limits on long-term memory retrieval. *Journal of Experimental Psychology: Learning, Memory and Cognition*, **26**, 336-58.
Kane, M. J. & Engle, R. W. (2002). The role of prefrontal cortex in working-memory capacity, executive attention and general fluid intelligence: An individual differences perspective. *Psychonomic Bulletin and Review*, **4**, 637-71.
Kane, M. J., Bleckley, M. K., Conway, A. R. A. & Engle, R. W. (2001). A controlled-attention view of working-memory capacity. *Journal of Experimental Psychology: General*, **130**, 169-83.
Karlson, P., Allen, R. J., Baddeley, A. D. & Hitch, G. J. (2010). Binding across space and time

in visual working memory. *Memory and Cognition*, **38**, 292–303.

Katkin, E. S., Wiens, S. & Öhman, A. (2001). Nonconscious fear conditioning, visceral perception and the development of gut feelings. *Psychological Science*, **12**, 366–70.

Kavanagh, D. J. & Bower, G. H. (1985). Mood and self-efficacy: Impact of joy and sadness on perceived capabilities. *Cognitive Therapy and Research*, **9**, 507–25.

Kavanagh, D. J., Andrade, J. & May, J. (2005). Imaginary relish and exquisite torture: The elaborated intrusion theory of desire. *Psychological Review*, **112**, 446–67.

Kelley, A. E. (2004). Ventral striatal control of appetitive motivation: Role in ingestive behavior and reward-relating learning. *Neuroscience and Biobehavioral Reviews*, **27**, 765–76.

Kello, C. T. (2003). The emergence of a double dissociation in the modulation of a single control parameter in nonlinear dynamical system. *Cortex*, **39**, 132–4.

Kelso, J. A. S. (1995). *Dynamic patterns: The self-organization of brain and behavior.* Cambridge, MA: MIT Press.

Kemps, E., Tiggemann, M., Woods, D. & Soekov, B. (2004). Reduction of food cravings through concurrent visuo-spatial processing. *International Journal of Eating Disorders*, **36**, 31–40.

Kennard, C. & Swash, M. (1989). *Hierarchies in neurology: A reappraisal of Jacksonian concept.* London: Springer-Verlag.

Keppel, G. & Underwood, B. J. (1962). Proactive inhibition in short-term retention of single items. *Journal of Verbal Learning and Verbal Behavior*, **1**, 153–61.

Kieras, D., Meyer, D., Mueller, S. & Seymour, T. (1999). Insights into working memory from the perspective of the EPIC Architecture for modeling skilled perceptual-motor and cognitive human performance. In A. Miyake & P. Shah (Eds.), *Models of working memory: Mechanisms of active maintenance and executive control* (pp. 183–223). New York: Cambridge University Press.

Kiewra, K. A. & Benton, S. L. (1988). The relationship between information-processing ability and note taking. *Contemporary Educational Psychology*, **13**, 33–44.

Kilts, C. D., Schweitzer, J. B., Quinn, C. K., Gross, R. E., Faber, T. L., Muhammad, F., Ely, T. D., Hoffman, J. M. & Drexler, K. P. G. (2001). Neural activity related to drug craving in cocaine addiction. *Archives of General Psychiatry*, **58**, 334–41.

Kimberg, D. Y., D'Esposito, M. & Farah, M. J. (1997). Executive control, working memory and the frontal lobes. *Current Directions in Psychological Science*, **6**, 185–92.

King, J. & Just, M. A. (1991). Individual differences in syntactic processing: The role of working memory. *Journal of Memory and Language*, **30**, 580–602.

Kintsch, W. & Buschke, H. (1969). Homophones and synonyms in short-term memory. *Journal of Experimental Psychology*, **80**, 403–7.

Kintsch, W. & van Dijk, T. (1977). Toward a model of text comprehension and production. *Psychological Review*, **85**, 63–94.

Klauer, K. C. & Zhao, Z. (2004). Double dissociations in visual and spatial short-term memory. *Journal of Experimental Psychology: General*, **133**, 355–81.

Klingberg, T. (1998). Concurrent performance of two working memory tasks: Potential mechanisms of interference. *Cerebral Cortex*, **8**, 593–601.

Klingberg, T., Fernell, E., Olesen, P. J., Johnson, M., Gustafsson, P., Dahlstrom, K., Gillberg, C. G., Forssberg, H. & Westerberg, H. (2005). Computerized training of working memory in children with ADHD: A randomized, controlled trial. *Journal of American Academy of Child Adolescent Psychiatry*, **44**, 177–86.

Knapska, E., Walasek, G., Nilmlaev, E., Neuhiiusser-Wespy, F., Lipp, H., Kaczmarek, L. & Werka, T. (2006). Differential involvement of the central amygdala in appetitive versus aversive learning. *Learning and Memory*, **13**, 192–200.

Kohler, S. & Moscovitch, M. (1997). Unconscious visual processing in neuropsychological syndromes: A survey of the literature and evaluation of models of consciousness. In M. D. Rugg (Ed.), *Cognitive neuroscience* (pp. 305–73). Hove, Sussex: Psychology Press.

Kosslyn, S. M. (1978). Measuring the visual angle of the mind's eye. *Cognitive Psychology*, **10**, 356–89.

Kosslyn, S. M. (1980). *Image and mind*. Cambridge, MA: Harvard University Press.

Kosslyn, S. M. (1994). *Image and brain: The resolution of the imagery debate*. Cambridge, MA: MIT Press.

Kosslyn, S. M. & Shwartz, S. P. (1977). A simulation of visual imagery. *Cognitive Science*, **1**, 265–95.

Kosslyn, S. M., Alpert, N. M., Thompson, W. L., Maljkovic, V., Weise, S. B., Chabris, C. F., Hamilton, S. E., Rauch, S. L. & Buonnano, F. S. (1993). Visual mental imagery activates topographically organised cortex: PET investigations. *Journal of Cognitive Neuroscience*, **5**, 263–87.

Kosslyn, S., Pascual-Leone, A., Felician, O., Camposano, S., Keenan, J. P. & Thompson, W. L. (1999). The role of area 17 in visual imagery: Convergent evidence from PET and TMS. *Science*, **284**, 167–70.

Krosnick, J. A., Betz, A. L., Jussin, L. J. & Lynn, A. R. (1992). Subliminal conditioning of attitudes. *Personality and Social Psychology Bulletin*, **18**, 152–62.

Kuhl, J. (2000). A functional-design approach to motivation and self-regulation: The dynamics of personality systems interactions. In S. Boekaert, P. R. Pintrich & M. Zeidner (Eds.), *Handbook of self regulation* (pp. 111–69). San Diego, CA: Academic Press.

Kunda, Z. (1990). The case for motivated reasoning. *Psychological Bulletin*, **108**, 480–98.

Kutas, M. & Dale, A. (1997). Electrical and magnetic readings of mental functions. In M. D. Rugg (Ed.), *Cognitive neuroscience* (pp. 197–242). Cambridge, MA: MIT Press.

Kyllonen, P. C. & Christal, R. E. (1990). Reasoning ability is (little more than) working memory capacity. *Intelligence*, **14**, 389–433.

Kyllonen, P. C. & Stephens, D. L. (1990). Cognitive abilities as determinants of success in acquiring logic skill. *Learning and Individual Differences*, **2**, 129–60.

L'Hermitte, F. (1983). 'Utilization behaviour' and its relation to lesions of the frontal lobe. *Brain*, **106**, 237–55.

LaPointe, L. B. & Engle, R. W. (1990). Simple and complex word spans as measures of working memory capacity. *Journal of Experimental Psychology: Learning, Memory and Cognition*, **16**, 1118-33.

Larsen, J. & Baddeley, A. D. (2003). Disruption of verbal STM by irrelevant speech, articulatory suppression and manual tapping: Do they have a common source? *Quarterly Journal of Experimental Psychology*, **56A**, 1249-68.

Larsen, J. D., Baddeley, A. D. & Andrade, J. (2000). Phonological similarity and the irrelevant speech effect: Implications for models of short-term verbal memory. *Memory*, **8**, 145-57.

Lashley, K. S. (1951). The problem of serial order in behaviour. In L. A. Jeffress (Ed.), *Cerebral mechanisms in behaviour: The Hixon symposium* (pp. 112-36). New York: Wiley.

Latané, D. & Darley, J. (1968). *The unresponsive bystander: Why doesn't he help?* New York: Appelton-Century-Crofts.

Lavie, N. (1995). Perceptual load as a necessary condition for selective attention. *Journal of Experimental Psychology: Human Perception and Performance*, **21**, 451-68.

Lavie, N. (2000). Selective attention and cognitive control: Dissociating attentional functions through different types ofload. In S. Monsell & J. Driver (Eds.), *Attention and Performance XVIII* (pp. 175-94). Cambridge, MT: MIT Press.

Lawrence, B. M., Myerson, J. & Abrams, R. A. (2004). Interference with spatial working memory: An eye movement is more than a shift of attention. *Psychonomic Bulletin and Review*, **11**, 488-94.

Lawrence, B. M., Myerson, J., Oonk, H. M. & Abrams, R. A. (2001). The effects of eye and limb movements on working memory. *Memory*, **9**, 433-44.

Lazarus, R. S. (1982). Thoughts on the relationship between emotion and cognition. *American Psychologist*, **37**, 1019-24.

Le Compte, D. C. & Shaibe, D. M. (1997). On the irrelevance of phonological similarity to the irrelevant speech effect. *Quarterly Journal of Experimental Psychology*, **50A**, 100-18.

LeDoux, J. E. (1996). *The emotional brain*. New York: Simon & Schuster. (ルドゥー, J. 松本元・川村光毅・小幡邦彦・石塚典生・湯浅茂樹 (訳) (2003). エモーショナル・ブレイン——情動の脳科学 東京大学出版会)

Lee, C. L. & Estes, W. K. (1981). Item and order information in short-term memory: Evidence for multilevel perturbation processes. *Journal of Experimental Psychology: Human Learning and Memory*, **7**, 149-69.

Lee, C. L. & Estes, W. K. (1997). Order and position in primary memory for letter strings. *Journal of Verbal Learning and Verbal Behavior*, **16**, 395-418.

Leopold, D. A. & Logothetis, N. K. (1999). Multistable phenomena: Changing views in perception. *Trends in Cognitive Science*, **3**, 254-64.

Lépine, R., Barrouillet, P. & Camos, V. (2005). What makes working memory spans so predictive of high-level cognition? *Psychonomic Bulletin and Review*, **12**, 165-70.

Leventhal, H. (1980). Toward a comphrensive theory of emotion. In L. Berkowitz (Ed.),

Advances in experimental social psychology (vol. 13, pp. 139-207). New York: Academic Press.

Leventhal, H. & Scherer, K. (1987). The relationship of emotion to cognition: A functional approach to a semantic controversy. *Cognition and Emotion*, **1**, 3-28.

Levey, A. B., Aldaz, J. A., Watts, F. N. & Coyle, K. (1991). Articulatory suppression and the treatment of insomnia. *Behaviour Research and Therapy*, **29**, 85-9.

Levy, B. A. (1971). The role of articulation in auditory and visual short-term memory. *Journal of Verbal Learning and Verbal Behavior*, **10**, 123-32.

Levy, E. A. & Mineka, S. (1998). Anxiety and mood-congruent autobiographical memory: A conceptual failure to replicate. *Cognition and Emotion*, **12**, 625-34.

Lewandowsky, S. & Murdock, B. B. (1989). Memory for serial order. *Psychological Review*, **96**, 25-57.

Lewandowsky, S., Brown, G. D. A., Wright, T. & Nimmo, L. M. (2006). Timeless memory: Evidence against temporal distinctiveness models of short-term memory for serial order. *Journal of Memory and Language*, **54**, 20-38.

Lewin, K. (1951). *Field theory in social science*. New York: Harper. (レヴィン, K. 猪股佐登留 (訳) (1956). 社会科学における場の理論 誠信書房)

Lewinsohn, P. M. (1975). The behavioral study and treatment of depression. In M. Hersen, R. M. Eisler & P. M. Miller (Eds.), *Progress in behavior modification* (pp. 19-64). New York: Academic Press.

Lewis, A. J. (1934). Melancholia: Clinical survey of depressive states. *Journal of Mental Science*, **80**, 1-43.

Libet, B. (1985). Unconscious cerebral initiative and the role of conscious will in voluntary action. *Behavioral and Brain Sciences*, **8**, 529-66.

Libet, B., Gleason, C. A., Wright, E. W. & Pearl, D. K. (1983). Time of conscious intention to act in relation to onset of cerebral activity (readiness-potential): The unconscious initiation of a freely voluntary act. *Brain*, **106**, 623-42.

Lindenberger, U. & Pötter, U. (1998). The complex nature of unique and shared effects in hierarchical linear regression: Implications for developmental psychology. *Psychological Methods*, **3**, 218-30.

Linn, M. C. & Petersen, A. C. (1985). Emergence and characterization of sex differences in spatial ability: A meta-analysis. *Child Development*, **56**, 1479-98.

Lobley, K. K., Baddeley, A. D. & Gathercole, S. E. (2005). Phonological similarity effect in verbal complex span. *Quarterly Journal of Experimental Psychology*, **58A**, 1462-78.

Loess, H. & Waugh, N. C. (1967). Short-term memory and intertrial interval. *Journal of Verbal Learning and Verbal Behavior*, **6**, 455-60.

Loftus, E. F. (1979). *Eyewitness Testimony*. Cambridge, MA: Harvard University Press. (ロフタス, E. F. 西本武彦 (訳) (1987). 目撃者の証言 誠信書房)

Logie, R. H. (1986). Visuo-spatial processing in working memory. *Quarterly Journal of Experimental Psychology*, **38A**, 229-47.

Logie, R. H. (1995). *Visuo-spatial working memory*. Hove, Sussex: Lawrence Erlbaum Associates.

Logie, R. H. & Marchetti, C. (1991). Visual-spatial working memory: Visual, spatial or central executive? In R. H. Logie & M. Denis (Eds.), *Mental images in human cognition* (pp. 105–15). Amsterdam: North Holland Press.

Logie, R. H., Cocchini, G., Della Sala, S. & Baddeley, A. (2004). Is there a specific capacity for dual task co-ordination? Evidence from Alzheimer's disease. *Neuropsychology*, **18**, 504–13.

Logie, R. H., Della Sala, S., Wynn, V. & Baddeley, A. D. (2000). Visual similarity effects in immediate serial recall. *Quarterly Journal of Experimental Psychology*, **53A**, 626–46.

Logie, R. H., Zucco, G. M. & Baddeley, A. D. (1990). Interference with visual short-term memory. *Acta Psychologica*, **75**, 55–74.

Longoni, A. M., Richardson, J. T. E. & Aiello, A. (1993). Articulatory rehearsal and phonological storage in working memory. *Memory and Cognition*, **21**, 11–22.

Lovatt, P., Avons, S. E. & Masterson, J. (2000). The word length effect and disyllabic words. *Quarterly Journal of Experimental Psychology*, **53A**, 1–22.

Luck, S. J. & Vogel, E. K. (1997). The capacity of visual working memory for features and conjunctions. *Nature*, **390**, 279–81.

Lumer, E. D., Friston, K. J. & Rees, G. (1998). Neural correlates of perceptual rivalry in the human brain. *Science*, **280**, 1930–4.

Luria, A. R. (1959). The directive function of speech in development and dissolution, Part I. *Word*, **15**, 341–52.

Lustig, C., May, C. P. & Hasher, L. (2001). Working memory span and the role of proactive interference. *Journal of Experimental Psychology: General*, **130**, 199–207.

Luzzatti, C., Vecchi, T., Agazzi, D., Cesa-Bianchi, M. & Vergani, C. (1998). A neurological dissociation between preserved visual and impaired spatial processing in mental imagery. *Cortex*, **34**, 461–9.

MacDonald, M. C., Just, M. A. & Carpenter, P. A. (1992). Working memory constraints on the processing of syntactic ambiguity. *Cognitive Psychology*, **24**, 56–98.

Macdonald, R. R. & Labuc, S. (1982). *Parachuting stress and performance*. Army Personnel Research Establishment Memorandum 82M511. London: HMSO.

Mack, A. & Rock, I. (1998). *Inattentional blindness*. Cambridge, MA: MIT Press.

Macken, W. J. & Jones, D. M. (1995). Functional characteristics of the inner voice and the inner ear: Single or double agency? *Journal of Experimental Psychology: Learning, Memory and Cognition*, **21**, 436–48.

Macken, W. J. & Jones, D. M. (2003). Reificiation of phonological storage. *Quarterly Journal of Experimental Psychology*, **56A**, 1279–88.

Mackintosh, N. J. (1998). *IQ and human intelligence*. Oxford: Oxford University Press.

MacLeod, C. & Donnellan, A. M. (1993). Individual-differences in anxiety and the restriction of working-memory capacity. *Personality and Individual Differences*, **15**, 163–73.

MacLeod, C. & Mathews, A. (1988). Anxiety and the allocation of attention to threat. *Quarterly Journal of Experimental Psychology*, **40A**, 653–70.
MacLeod, C. & Mathews, A. (2004). Selective memory effects in anxiety disorders. In D. Reisberg & P. Hertel (Eds.), *Memory and emotion* (pp. 155–85). Oxford: Oxford University Press.
MacLeod, C. & Rutherford, E. M. (1992). Anxiety and the selective processing of emotional information: Mediating roles of awareness, trait and state variables, and personal relevance of stimulus materials. *Behaviour Research and Therapy*, **30**, 479–91.
MacLeod, C., Mathews, A. & Tata, P. (1986). Attentional bias in emotional disorders. *Journal of Abnormal Psychology*, **95**, 15–20.
Madigan, R. J. & Bollenbach, A. K. (1982). Effects of induced mood on retrieval of personal episodic and semantic memories. *Psychological Reports,* **50**, 147–57.
Magee, B. (1987). *The great philosophers.* Oxford: Oxford University Press.
Maguire, E. A., Vargha-Khadem, F. & Mishkin, M. (2001). The effects of bilateral hippocampal damage on fMRI regional activations and interactions during memory retrieval. *Brain*, **124**, 1156–70.
Maia, T. V. & McClelland, J. L. (2004). A re-examination of the evidence for the somatic marker hypothesis: What participants know in the Iowa gambling task. *Proceedings of the National Academy of Sciences of the United States of America*, **101**, 16075–80.
Mandler, G. (1967). Organization and memory. In K. W. Spence & J. T. Spence (Eds.), *The psychology of learning and motivation: Advances in research and theory* (vol. 1, pp. 328–72). New York: Academic Press.
Manes, F., Sahakian, B. J., Clark, L., Rogers, R., Antoun, N., Aitken, M. & Robbins, T. W. (2002). Decision-making processes following damage to the prefrontal cortex. *Brain*, **125**, 624–39.
Marcel, A. J. (1983). Conscious and unconscious perception: Experiments on visual masking and word recognition. *Cognitive Psychology*, **15**, 197–237.
Marcel, A. J. (1998). Blindsight and shape perception: Deficit of visual consciousness or of visual function? *Brain*, **121**, 1565–88.
Marcel, A. J. (2003). The sense of agency: Awareness and ownership of actions and intentions. In J. Roessler & N. Eilan (Eds.), *Agency and self-awareness: Issues in philosophy and psychology* (pp. 49–93). Oxford University Press.
Marcel, A. J. & Bisiach, E. (Eds.) (1988). *Consciousness in contemporary science.* Oxford: Clarendon Press.
Margo, A., Helmsley, D. R. & Slade, P. D. (1981). The effects of varying auditory input on schizophrenic hallucinations. *British Journal of Psychiatry*, **139**, 122–7.
Marlatt, G. A. & Gordon, J. R. (1980). Determinants of relapse: Implications for the maintenance of behavior change. In P. O. Davidson & S. M. Davidson (Eds.), *Behavioral medicine: Changing health lifestyles* (pp. 410–52). New York: Brunner/Mazel.
Marlatt, G. A. & Gordon, J. R. (1985). *Relapse prevention.* New York: Guilford Press.

Marshall, G. D. & Zimbardo, P. G. (1979). Affective consequences of inadequately explained physiological arousal. *Journal of Personality and Social Psychology*, **37**, 970–88.

Martin, R. C. & Breedin, S. D. (1992). Dissociations between speech perception and phonological short-term memory deficits. *Cognitive Neuropsychology*, **9**, 509–34.

Martin, R. & Freedman, M. (2001). The neuropsychology of verbal working memory: The ins and outs of phonological and lexical-semantic retention. In H. L. Roediger, J. S. Nairne, I. Neath & A. M. Suprenant (Eds.), *The nature of remembering: Essays in honor of Robert G. Crowder* (pp. 331–49). Washington DC: American Psychological Association Press.

Maszk, P., Eisenberg, N. & Guthrie, I. K. (1999). Relations of children's social status to their emotionality and regulation: A short-term longitudinal study. *Merrill-Palmer Quarterly*, **45**, 468–92.

Mathews, A. & Mackintosh, B. (1998). A cognitive model of selective processing in anxiety. *Cognition Therapy and Research*, **22**, 539–60.

Mathews, A. & MacLeod, C. (1985). Selective processing of threat cues in anxiety-states. *Behaviour Research Therapy*, **23**, 563–9.

Mathews, A. & MacLeod, C. (1986). Discrimination of threat cues without awareness in anxiety-states. *Journal of Abnormal Psychology*, **95**, 131–8.

Mathews, A. & Macleod, C. (1994). Cognitive approaches to emotion and emotional disorders. *Annual Review of Psychology*, **45**, 25–50.

Maude-Griffin, P. M. & Tiffany, S. T. (1996). Production of smoking urges through imagery: The impact of affect and smoking abstinence. *Experimental and Clinical psychopharmacology*, **4**, 198–208.

May, J., Andrade, J., Panabokke, N. & Kavanagh, D. (2004). Images of desire: Cognitive models of craving. *Memory*, **12**, 447–61.

McConnell, J. & Quinn, J. G. (2000). Interference in visual working memory. *Quarterly Journal of Experimental Psychology*, **53A**, 53–67.

McGeoch, J. A. & Irion, A. I. (1952). *The psychology of human learning*. New York: Longmans.

McGeogh, J. A. (1932). Forgetting and the law of disuse. *Psychological Review*, **39**, 352–70.

McGlinchey-Beroth, R., Milberg, W. P., Verfaellie, M., Alexander, M. & Kilduff, P. T. (1993). Semantic processing in the neglected visual field: Evidence from a lexical decision task. *Cognitive Neuropsychology*, **10**, 79–108.

McGuire, P. K., Shah, G. M. S. & Murray, R. M. (1993). Increased blood flow in Broca's area during auditory hallucinations in schizophrenia. *Lancet*, **342**, 703–6.

McKenna, P., Ornstein, T. & Baddeley, A. (2002). Schizophrenia. In A. D. Baddeley, M. D. Kopelman & B. A. Wilson (Eds.), *The handbook of memory disorders* (2nd Edn. pp. 413–36). Chichester: Wiley.

McNally, R. J., Foa, E. B. & Donnell, C. D. (1989). Memory basis for anxiety information in patients with panic disorder. *Cognition and Emotion*, **3**, 27–44.

Mecklinger, A., von Cramon, D. Y., Springer, A. & Matthes-von Cramon, G. (1999). Executive control functions in task switching: Evidence from brain-injured patients. *Journal of Experimental and Clinical Neuropsychology*, **21**, 606–19.

Meiser, T. & Klauer, K. C. (1999). Working memory and changing-state hypothesis. *Journal of Experimental Psychology: Learning, Memory and Cognition*, **25**, 1272–99.

Mellet, E., Tzourio, N., Denis, M. & Mazoyer, B. (1995). A positron emission topography study of visual and mental spatial exploration. *Journal of Cognitive Neuroscience*, **7**, 433–45.

Melton, A. W. (1962). Editorial. *Journal of Experimental Psychology*, **64**, 553–7.

Melton, A. W. (1963). Implications of short-term memory for a general theory of memory. *Journal of Verbal Learning and Verbal Behavior*, **2**, 1–21.

Merikle, P. M. & Joordens, S. (1997). Parallels between perception without attention and perception without awareness. *Consciousness and Cognition*, **6**, 219–36.

Merikle, P. M., Joordens, S. & Stolz, J. A. (1995). Measuring the relative magnitude of unconscious influences. *Consciousness and Cognition*, **4(4)**, 422–39.

Messe, R. M. (2000). Is depression an adaptation? *Archives of General Psychiatry*, **57**, 14–9.

Miles, T. R. (1993). *Dyslexia: The pattern of difficulties* (2nd edn). London: Whurr.

Milgram, S. (1963). Behavioral study of obedience. *Journal of Abnormal and Social Psychology*, **67**, 371–8.

Miller, E. K., Erickson, C. A. & Desimone, R. (1996). Neural mechanisms of visual working memory in prefrontal cortex of the macaque. *Journal of Neuroscience*, **16**, 5154–67.

Miller, G. A. (1956). The magical number seven, plus or minus two: Some limits on our capacity for processing information. *Psychological Review*, **63**, 81–97. (ミラー, G. A. 高田洋一郎（訳）(1972). 不思議な数"7", プラス・マイナス2——人間の情報処理容量のある種の限界 ミラー, G. A. 高田洋一郎（訳） 心理学への情報科学的アプローチ (pp. 13-44) 培風館)

Miller, G. A., Galanter, E. & Pribram, K. H. (1960). *Plans and the structure of behavior.* New York: Holt, Rinehart and Winston. (ミラー, G. A.・ギャランター, E.・プリブラム, K. H. 十島雍蔵・佐久間章・黒田輝彦・江頭幸晴（訳）(1980). プランと行動の構造——心理サイバネティクス序説 誠信書房)

Miller, J. G. (1984). Culture and the development of everyday social explanation. *Journal of Personality and Social Psychology*, **46**, 961–78.

Miller, J. G. (1987). Cultural influences on the development of conceptual differentiation in person description. *British Journal of Developmental Psychology*, **5**, 309–19.

Milner, A. D., Paulignan, Y., Dijkerman, H. C., Michel, F. & Jeannerod, M. (1999). A paradoxical improvement of misreaching in optic ataxia: New evidence for two separate neural systems for visual localization. *Proceedings of the Royal Society of London, Series B*, **266**, 2225–9.

Milner, B. (1966). Amnesia following operation on the temporal lobes. In C. W. M. Whitty & O. L. Zangwill (Eds.), *Amnesia* (pp. 109–33). London: Butterworths.

Milner, B. (1971). Interhemispheric differences in the localization of psychological processes in man. *British Medical Bulletin*, **27**, 272–7.

Milner, B. A. (1964). Some effects of frontal leucotomy in man. In J. M. Warren & K. Akert (Eds.), *The frontal granular cortex and behavior* (pp. 313–34). New York: McGraw-Hill.

Milner, B. A. (1982). Some cognitive effects of frontal-lobe lesions in man. *Philosophical Transactions of the Royal Society, London B*, **298**, 211–26.

Mischel, W., Ebbesen, E. B. & Zeiss, A. R. (1976). Determinants of selective memory about the self. *Journal of Consulting and Clinical Psychology*, **44**, 92–103.

Mishkin, M., Ungerleider, L. G. & Macko, K. A. (1983). Object vision and spatial vision: Two cortical pathways. *Trends in Neurosciences*, **6**, 414–7.

Miyake, A. & Shah, P. (1999a). *Models of working memory: Mechanisms of active maintenance and executive control*. New York: Cambridge University Press.

Miyake, A. & Shah, P. (1999b). Toward unified theories of working memory: Emerging general consensus, unresolved theoretical issues and future directions. In A. Miyake & P. Shah (Eds.), *Models of working memory: Mechanisms of active maintenance and executive control* (pp. 442–81). Cambridge: Cambridge University Press.

Miyake, A., Friedman, N. P., Emerson, M. J., Witzki, A. H., Howerter, A. & Wager, T. D. (2000). The unity and diversity of executive functions and their contributions to complex 'frontal lobe' tasks: A latent variable analysis. *Cognitive Psychology*, **41**, 49–100.

Miyake, A., Friedman, N. P., Rettinger, D. A., Shah, P. & Hegarty, P. (2001). How are visuospatial working memory, executive functioning and spatial abilities related? A latent-variable analysis. *Journal of Experimental Psychology: General*, **130**, 621–40.

Mogg, K. & Bradley, B. P. (1998). A cognitive-motivational analysis of anxiety. *Behaviour Research and Therapy*, **36**, 809–48.

Mogg, K. & Bradley, B. P. (2005). Attentional bias in generalised anxiety disorder versus depressive disorder. *Cognitive Therapy and Research*, **29**, 29–45.

Mogg, K., Bradley, B. P., Field, M. & De Houwer, J. (2003). Eye movements to smoking-related pictures in smokers: Relationship between attentional biases and implicit and explicit measures of stimulus valence. *Addiction*, **98**, 825–36.

Mogg, K., Bradley, B. P., Williams, R. & Mathews, A. (1993). Subliminal processing of emotional information in anxiety and depression. *Journal of Abnormal Psychology*, **102**, 304–11.

Mogg, K., Mathews, A. & Weinman, J. (1987). Memory bias in clinical anxiety. *Journal of Abnormal Psychology*, **96**, 94–8.

Mogg, K., Mathews, A., Bird, C. & MacGregor-Morris, R. (1990). Effects of stress and anxiety on the processing of threat stimuli. *Journal of Personality and Social Psychology*, **59**, 1230–7.

Mogg, K., Millar, N. & Bradley, B. P. (2000). Biases in eye movements to threatening facial expressions in generalized anxiety disorder and depressive disorder. *Journal of Abnormal Psychology*, **109**, 695–704.

Mohr, H. M. & Linden, D. E. J. (2005). Separation of the systems for colour and spatial manipulation in working memory revealed by a dual task procedure. *Journal of Cognitive Neuroscience*, **17**, 355-66.
Monsell, S. (1996). Control of mental processes. In V. Bruce (Ed.), *Unsolved mysteries of the mind: Tutorial essays in cognition* (pp. 93-148). Hove, Sussex: Erlbaum (UK).
Monsell, S. (2005). The chronometrics of task-set control. In J. Duncan, L. Phillips & P. McLeod (Eds.), *Measuring the mind: Speed, control and age* (pp. 161-90). Oxford: Oxford University Press.
Monti, P. M., Rohsenow, D. J., Rubonis, A. V., Niaura, R. S., Sirota, A. D., Colby, S. M. & Abrams, D. B. (1993). Alcohol cue reactivity: Effects of detoxification and extended exposure. *Journal of Studies on Alcohol*, **54**, 235-45.
Moray, N. (1959). Attention in dichotic listening: Affective cues and the influence of instructions. *Quarterly Journal of Experimental Psychology*, **11**, 56-60.
Morey, C. C. & Cowan, N. (2005). When do visual and verbal memory conflict? The importance of working memory load and retrieval. *Journal of Experimental Psychology: Learning, Memory and Cognition*, **31**, 703-13.
Morris, J. S., Öhman, A. & Dolan, R. J. (1999). A subcortical pathway to the right amygdala mediating 'unseen' fear. *Proceedings of the National Academy of Sciences of the United States of America*, **96**, 1680-5.
Morris, M. & Peng, K. (1994). Culture and cause: American and Chinese attributions for social and physical events. *Journal of Personality and Social Psychology*, **67**, 949-71.
Morris, R. G. (1984). Dementia and the functioning of the articulatory loop system. *Cognitive Neuropsychology*, **1**, 143-57.
Morris, R. G. (1986). Short-term forgetting in senile demential of the Alzheimer's type. *Cognitive Neuropsychology*, **3**, 77-97.
Mowbray, G. H. & Rhoades, M. V. (1959). On the reduction of choice reaction times with practice. *Quarterly Journal of Experimental Psychology*, **11**, 16-23.
Mueller, S. T., Seymour, T. L., Kieras, D. E. & Meyer, D. E. (2003). Theoretical implications of articulatory duration, phonological similarity and phonological complexity in verbal working memory. *Journal of Experimental Psychology: Learning, Memory and Cognition*, **29**, 1353-80.
Muraven, M. & Baumeister, R. F. (2000). Self-regulation and depletion of limited resources: Does self-control resemble a muscle? *Psychological Bulletin*, **126**, 247-59.
Muraven, M., Baumeister, R. F. & Tice, D. (1999a). Longitudinal improvement of self-regulation through practice: Building self-control through repeated exercise. *Journal of Social Psychology*, **139**, 446-57.
Muraven, M., Collins, R. L. & Neinhaus, K. (1999b). Self-control and alcohol restraint: A test of the self control strength model. Unpublished manuscript. [Muraven, M., Collins, R. L. & Nienhaus, K. (2002). Self-control and alcohol restraint: An initial application of the self-control strength model. *Psychology of Addictive Behaviors*, **16**, 113-120.]

Muraven, M., Tice, D. M. & Baumeister, R. F. (1998). Self-control as limited resource: Regulatory depletion patterns. *Journal of Personality and Social Psychology*, **74**, 774–89.

Murdock, B. B. (1993). TODAM2: A model for the storage and retrieval of item, associative and serial order information. *Psychological Review*, **100**, 183–203.

Murdock, B. B. J. (1965). Effects of a subsidary task on short-term memory. *British Journal of Psychology*, **56**, 413–9.

Murphy, F. C., Sahakian, B. J., Rubinsztein, J. S., Michael, A., Rogers, R. D., Robbins, T. W. & Paykel, E. S. (1999). Emotional bias and inhibitory control processes in mania and depression. *Psychological Medicine*, **29**, 1037–321.

Murray, D. J. (1967). The role of speech responses in short-term memory. *Canadian Journal of Psychology*, **21**, 263–76.

Murray, D. J. (1968). Articulation and acoustic confusability in short-term memory. *Journal of Experimental Psychology*, **78**, 679–84.

Mushiake, H., Inase, M. & Tanji, J. (1991). Neuronal activity in the primate premotor, supplementary and precentral motor cortex during visually guided and internally determined sequential movements. *Journal of Neurophysiology*, **66**, 705–18.

Nairne, J. S. (1990). A feature model of immediate memory. *Memory and Cognition*, **18**, 251–69.

Nairne, J. S. (2002). Remembering over the short-term: The case against the standard model. *Annual Review of Psychology*, **53**, 53–81.

Nairne, J. S. (2003, September). *The architecture of immediate retention: A multinomial model*. Keynote address at the British Psychological Society, Reading, England.

Naveh-Benjamin, M., Craik, F. I. M., Perretta, J. G. & Tonev, S. T. (2000). The effects of divided attention on encoding and retrieval processes: The resiliency of retrieval processes. *Quarterly Journal of Experimental Psychology*, **53**, 609–26.

Naveh-Benjamin, M. (1987). Coding of spatial location information: An automatic process? *Journal of Experimental Psychology: Learning, Memory and Cognition*, **13**, 595–605.

Naveh-Benjamin, M. (1988). Recognition memory of spatial location information: Another failure to support automaticity. *Memory and Cognition*, **16**, 437–45.

Naveh-Benjamin, M., Guez, J. & Marom, M. (2003). The effects of divided attention at encoding on item and associative memory. *Memory and Cognition*, **31**, 1021–35.

Naveh-Benjamin, M., Guez, J. & Shulman, S. (2004). Older adult's associative deficit in episodic memory: Assessing the role of decline in attentional resources. *Psychonomic Bulletin and Review*, **11**, 1067–73.

Neath, I. (2000). Modelling the effects of irrelevant speech on memory. *Psychonomic Bulletin and Review*, **7**, 403–23.

Neath, I. & Nairne, J. S. (1995). Word-length effects in immediate memory: Overwriting trace-decay theory. *Psychonomic Bulletin and Review*, **2**, 429–41.

Neath, I., Suprenant, A. M. & Le Compte, D. C. (1998). Irrelevant speech eliminates the word length effect. *Memory and Cognition*, **26**, 343–54.

Nebes, R. D. & Brady, C. B. (1992). Generalized cognitive slowing and severity of dementia in Alzheimers disease: Implications for the interpretation of response-time data. *Journal of Clinical and Experimental Neuropsychology*, **2**, 317-26.
Neisser, U. (1967). *Cognitive psychology*. New York: Appleton-Century Crofts. (ナイサー, U. 大羽蓁（訳）(1981). 認知心理学　誠信書房)
Neisser, U. & Fivush, R. (1994). *The remembering self: Construction and accuracy in the self-narrative*. Cambridge: Cambridge University Press.
Neisser, U., Boodoo, G., Bouchard, T. J., Jr., Boykin, A. W., Brody, N., Ceci, S. J., Halpern, D. F., Loehlin, J. C., Perloff, R., Sternberg, R. J. & Urbina, S. (1996). Intelligence: Knowns and unknowns. *American Psychologist*, **51**, 77-101.
Nelson, K. A. (1989). Remembering: A functional developmental perspective. In P. R. Solomon, G. R. Goethals, C. N. Kelley & B. R. Stephens (Eds.), *Memory: Interdisciplinary approaches* (pp. 127-50). New York: Springer-Verlag.
Nelson, T. O. & Chaiklin, S. (1980). Immediate memory for spatial location. *Journal of Experimental Psychology: Human Learning and Memory*, **6**, 529-45.
Newell, A. & Simon, H. A. (1972). *Human problem solving*. Englewood Cliffs, NJ: Prentice-Hall.
Newton, T. L. & Contrada, R. J. (1992). Repressive coping and verbal/autonomic response dissociation: The influence of social context. *Journal of Personality and Social Psychology*, **62**, 159-67.
Nicolson, R. (1981). The relationship between memory span and processing speed. In M. Friedman, J. P. Das & N. O'Connor (Eds.), *Intelligence and learning* (pp. 179-84). New York: Plenum Press.
Nimmo, L. M. & Lewandowsky, S. (2005). From brief gaps to very long pauses: Temporal isolation does not benefit serial recall. *Psychonomic Bulletin and Review*, **12**, 999-1004.
Nimmo, L. M. & Lewandowsky, S. (2006). Distinctiveness revisited: Unpredictable temporal isolation does not benefit short-term serial recall of heard and seen events. *Memory and Cognition*, **34**. 1368-75.
Nisbett, R. (1993). Violence and US regional culture. *American Psychologist*, **48**, 441-89.
Nisbett, R. E., Peng, K. P., Choi, I. & Norenzayan, A. (2001). Culture and systems of thought. Holistic vs. analytic cognition. *Psychological Review*, **108**, 291-310.
Nohara, D. M. (1965). Variety of responses and reactive inhibition. *Psychonomic Science*, **2**, 301-2.
Nolde, S. E., Johnson, M. K. & D'Esposito, M. (1998a). Left prefrontal activation during episodic remembering: An event-related fMRI study. *NeuroReport*, **9**, 3509-14.
Nolde, S. E., Johnson, M. K. & Raye, C. L. (1998b). The role of prefrontal cortex during tests of episodic memory. *Trends in Cognitive Sciences*, **2**, 399-406.
Nolen-Hoeksema, S. (1991). Responses to depression and their effects on the duration of depressive episodes. *Journal of Abnormal Psychology*, **100**, 569-82.
Nolen-Hoeksema, S. & Morrow, J. (1991). A prospective study of depression and posttrau-

matic stress symptoms after a natural disaster: The 1989 Loma Prieta earthquake. *Journal of Personality and Social Psychology*, **61**, 115-21.

Nolen-Hoeksema, S., Morrow, J. & Fredrickson, B. L. (1993). Response styles and the duration of episodes of depressed mood. *Journal of Abnormal and Social Psychology*, **102**, 20-8.

Norman, D. A. & Shallice, T. (1983). Attention to action: Willed and automatic control of behaviour. *Bulletin of the Psychonomic Society*, **21**, 345-54.

Norman, D. A. & Shallice, T. (1986). Attention to action: Willed and automatic control of behaviour. In R. J. Davidson, G. E. Schwartz & D. Shapiro (Eds.), *Consciousness and self-regulation: Advances in research and theory* (vol. 4, pp. 1-18). New York: Plenum Press.

Norretranders, T. (1999). *The user illusion, cutting consciousness down to size*, translated by J. Sydenham. Harmondsworth: Penguin.

Norris, D., Baddeley, A. D. & Page, M. P. A. (2004). Retrospective effects of irrelevant speech on serial recall from short-term memory. *Journal of Experimental Psychology*, **30**, 1093-105.

North, N. T. & O'Carroll, R. E. (2001). Decision making in patients with spinal cord damage: Afferent feedback and the somatic marker hypothesis. *Neuropsychologia*, **39**, 521-4.

Nyberg, I., Cabeza, R. & Tulving, E. (1996). PET studies of encoding and retrieval: The HERA model. *European Journal of Cognitive Psychology*, **8**, 163-83.

O'Regan, J. K., Rensink, R. A. & Clark, J. J. (1999). Change-blindness as a result of 'mudsplashes'. *Nature*, **398**, 34.

Oatley, K. & Johnson-Laird, P. (1987). Towards a cognitive theory of emotions. *Cognition and Emotion*, **1**, 29-50.

Oh, S.-H. & Kim, M.-S. (2004). The role of spatial working memory in visual search efficiency. *Psychonomic Bulletin and Review*, **11**, 275-81.

Öhman, A. (1993). Fear and anxiety as emotional phenomena: Clinical phenomenology, evolutionary perspectives, and information processing mechanisms. In M. Lewis & J. M. Haviland (Eds.), *Handbook of emotions* (pp. 511-36). New York: Guilford Press.

Öhman, A. (1996). Preferential preattentive processing of threat in anxiety: Preparedness and attentional biases. In R. M. Rapee (Ed.), *Current controversies in the anxiety disorders* (pp. 253-90). New York: Guilford Press.

Öhman, A. & Soares, J. J. F. (1994). 'Unconscious anxiety': Phobic responses to masked stimuli. *Journal of Abnormal Psychology*, **103**, 231-40.

Öhman, A. & Soares, J. J. F. (1998). Emotional conditioning to masked stimuli: Expectancies for aversive outcomes following non-recognized fear-relevant stimuli. *Journal of Experimental Psychology: General*, **127**, 69-82.

Ojemann, G. A. (1978). Organization of short-term verbal memory in language areas of human cortex: Evidence from electrical stimulation. *Brain and Language*, **5**, 331-40.

Ojemann, G. A. (1994). Cortical stimulation and recording in language. In A. Kertesz (Ed.),

Localisation and neuroimaging in neuropsychology (pp. 35–55). New York: Academic Press.

Olton, D. S. (1979). Mazes, maps and memory. *American Psychologist*, **34**, 583–96.

Osgood, C. E. (1949). The similarity paradox in human learning: A resolution. *Psychological Review*, **56**, 132–43.

Owen, A. M. (1997). The functional organisation of working memory processes within the human lateral frontal cortex: The contribution of functional neuroimaging. *European Journal of Neuroscience*, **9**, 1329–39.

Owen, A. M., McMillan, K. M., Laird, A. R. & Bullmore, E. (2005). N-Back working memory paradigm: A meta-analysis of normative functional neuroimaging studies. *Human Brain Mapping*, **25**, 46–59.

Page, M. P. A. & Norris, D. (1998). The primacy model: A new model of immediate serial recall. *Psychological Review*, **105**, 761–81.

Page, M. P. A. & Norris, D. G. (2003). The irrelevant sound effect: What needs modeling and a tentative model. *Quarterly Journal of Experimental Psychology*, **56A**, 1289–300.

Paivio, A. (1969). Mental imagery in associative learning and memory. *Psychological Review*, **76**, 241–63.

Paivio, A. (1971). *Imagery and verbal processes*. New York: Holt, Rinehart & Winston.

Paivio, A., Yuille, J. C. & Madigan, S. (1968). Concreteness imagery and meaningfulness values for 925 nouns. *Journal of Experimental Psychology Monograph Supplements*, **76** (1, Pt. 2).

Panabokke, N., May, J., Eade, D., Andrade, J. & Kavanagh, D. (2004). Visual imagery tasks suppress craving for cigarettes. Unpublished manuscript: University of Sheffield, Sheffield, England.

Panksepp, J. (1998). *Affective neuroscience: The foundations of human and animal emotions*. Oxford: Oxford University Press.

Papagno, C. & Vallar, G. (1992). Phonological short-term memory and the learning of novel words: The effects of phonological similarity and item length. *Quarterly Journal of Experimental Psychology*, **44A**, 47–67.

Papagno, C. & Vallar, G. (1995). Verbal short-term memory and vocabulary learning in polyglots. *Quarterly Journal of Experimental Psychology*, **48A**, 98–107.

Papagno, C., Valentine, T. & Baddeley, A. D. (1991). Phonological short-term memory and foreign-language vocabulary learning. *Journal of Memory and Language*, **30**, 331–47.

Parasuraman, R. (1984). Sustained attention in detection and discrimination. In R. Parasuraman & D. R. Davies (Eds.), *Varieties of attention* (pp. 243–71). Orlando, FL: Academic Press.

Parkin, A. J. (1996). *Explorations in cognitive neuropsychology*. Oxford: Blackwell.

Parkin, A. J. (1998). The central executive does not exist. *Journal of the International Neuropsychology Society*, **4**, 518–22.

Parkinson, L. & Rachman, S. (1981). The nature of intrusive thoughts. *Advances in Behav-*

iour Research Therapy, **3**, 101-10.
Parra, C., Esteves, E., Flykt, A. & Öhman, A. (1997). Pavlovian conditioning to social stimuli: Backward masking and the dissociation of implicit and explicit cognitive processes. *European Psychologist*, **2**, 106-17.
Pashler, H. (1998). *The psychology of attention.* Cambridge, MA: MIT Press.
Passingham, R. E. (1998). The specializations of the human neocortex. In A. D. Milner (Ed.), *Comparative neuropsychology* (pp. 271-98). Oxford: Oxford University Press.
Paulesu, E., Frith, C. D. & Frackowiak, R. S. J. (1993). The neural correlates of the verbal component of working memory. *Nature*, **362**, 342-5.
Pearson, D. G. (2001). Imagery and visuo-spatial sketchpad. In J. Andrade (Ed.), *Working memory in perspective* (pp. 33-59). Hove, Sussex: Psychology Press.
Pearson, D. G. & Sahraie, A. (2003). Oculomotor control and the maintenance of spatially and temporally distributed events in visuo-spatial working memory. *Quarterly Journal of Experimental Psychology*, **56A**, 1089-111.
Pearson, D. G., Logie, R. H. & Gilhooly, K. J. (1999). Verbal representations and spatial manipulation during mental synthesis. *European Journal of Cognitive Psychology*, **11**, 295-314.
Penfield, W. (1958). *The excitable cortex in conscious man.* Liverpool: Liverpool University Press.
Penrose, R. (1994). *Shadows of the mind.* Oxford: Oxford University Press.（ペンローズ，R. 林一（訳）(2001-2). 心の影1-2 みすず書房）
Perry, R. J. & Hodges, J. R. (1999). Attention and executive deficits in Alzheimer's disease: A critical review. *Brain*, **122**, 383-404.
Perry, R. J., Watson, P. & Hodges, J. R. (2000). The nature and staging of attention dysfunction in early (minimal and mild) Alzheimer's disease: Relationship to episodic and semantic memory impairment. *Neuropsychologia*, **38**, 252-71.
Perry, W., Potterat, E. G. & Braff, D. L. (2001). Self-monitoring enhances Wisconsin Card Sorting Test performance in patients with schizophrenia: Performance is improved by simply asking patients to verbalize their sorting strategy. *International Neuropsychological Society*, **7**, 344-52.
Peterson, I. R. & Johnson, S. T. (1971). Some effects of minimizing articulation on short-term retention. *Journal of Verbal Learning and Verbal Behavior*, **10**, 346-54.
Peterson, I. R. & Peterson, M. J. (1959). Short-term retention of individual verbal items. *Journal of Experimental Psychology*, **58**, 193-8.
Petrides, M. & Milner, B. (1982). Deficits on subject-ordered tasks after frontal and temporal lobe lesions in man. *Neuropsychologia*, **20**, 601-14.
Petrides, M., Alivasatos, B., Evans, A. C. & Meyer, E. (1993). Dissociation of human mid-dorsolateral from posterior dorsolateral frontal cortex in memory processing. *Proceedings of the National Academy of Sciences of the United States of America*, **90**, 873-7.
Phillips, W. A. (1974). On the distinction between sensory storage and short-term visual

memory. *Perception and Psychophysics*, **16**, 283-90.
Phillips, W. A. & Baddeley, A. D. (1971). Reaction time and short-term visual memory. *Psychonomic Science*, **22**, 73-4.
Phillips, W. A. & Christie, D. F. M. (1977a). Components of visual memory. *Quarterly Journal of Experimental Psychology*, **29**, 117-33.
Phillips, W. A. & Christie, D. F. M. (1977b). Interference with visualisation. *Quarterly Journal of Experimental Psychology*, **29**, 637-50.
Pieroni, L., Rossi-Arnaud, C. & Baddeley, A. (2011). What can symmetry tell us about working memory? In A. Vandierendonck & A. Szmalec (Eds.), *Spatial working memory* (pp. 145-58). Hove: Psychology Press.
Pinto da Costa, A. & Baddeley, A. D. (1991). Where did you park your car? Analysis of a naturalistic long-term recency effect. *European Journal of Cognitive Psychology*, **3**, 297-313.
Plunkett, K. & Marchman, V. (1993). From rote learning to system building: Acquiring verb morphology in children and connectionist nets. *Cognition*, **48**, 21-69.
Posner, M. I. (1967). Short-term memory systems in human information processing. *Acta Psychologica*, **27**, 267-84.
Posner, M. I. & Fan, J. (2004). Attention as an organ system. In J. R. Pomeratz & M. C. Crair (Eds.), *Topics in integrative neuroscience: From cells to cognition* (pp. 31-61). Cambridge: Cambridge University Press.
Posner, M. I. & Keele, S. W. (1967). Decay of visual information from a single letter. *Science*, **158**, 137-9.
Posner, M. I. & Konick, A. F. (1966). Short term retention of visual and kinesthetic information. *Journal of Organization Behavior and Human Performance*, **1**, 71-86.
Posner, M. I. & Mitchell, R. F. (1967). Chronometric analysis of classification. *Psychological Review*, **74**, 392-409.
Posner, M. I. & Petersen, S. E. (1990). The attention system of the human brain. *Annual Review of Neuroscience*, **13**, 25-42.
Posner, M. I. & Raichle, M. E. (1994). *Images of mind*. New York: Scientific American Library.（ポズナー，M. I.・レイクル，M. E.　養老孟司・加藤雅子・笠井清登（訳）（1997）．脳を観る――認知神経科学が明かす心の謎　日経サイエンス社）
Postle, B. R., Idzikowski, C., Della Sala, S., Logie, R. H. & Baddeley, A. D. (2006). The selective disruption of spatial working memory with eye movements. *Quarterly Journal of Experimental Psychology*, **59**, 100-20.
Postman, L. (1975). Verbal learning and memory. *Annual Review of Psychology,* **26**, 291-335.
Postman, L. & Underwood, B. J. (1973). Critical issues in interference theory. *Memory and Cognition*, **1**, 19-40.
Potts, R., Camp, C. & Coyne, C. (1989). The relationship between naturally occurring dysphoric moods, elaborative encoding and recall performance. *Cognition and Emotion*, **3**, 197-205.

Poulton, E. C. (1958). Time for reading and memory. *British Journal of Psychology*, **49**, 230–45.

Powell, J., Bradley, B. & Gray, J. (1992). Classical conditioning and cognitive determinants of subjective craving for opiates: An investigation of their relative contributions. *Journal of Addiction*, **87**, 1133–44.

Prabhakaran, V., Narayanan, K., Zhao, Z. & Gabrielli, J. D. E. (2000). Integration of diverse information in working memory in the frontal lobe. *Nature of Neuroscience*, **3**, 85–90.

Price, J., Sloman, I., Gardiner, R., Gilbert, P. & Rohde, P. (1994). The social competition hypothesis of depression. *British Journal of Psychiatry*, **164**, 309–15.

Pucak, M. I., Levitt, J. B., Lund, J. S. & Lewis, D. A. (1996). Patterns of intrinsic and associational circuitry in monkey prefrontal cortex. *Journal of Comparative Neurology*, **376**, 614–30.

Pulkkinen, I. & Hamalainen, M. (1995). Low self-control as a precursor to crime and accidents in a Finnish longitudinal study. *Criminal Behavior and Mental Health*, **5**, 424–38.

Pyszczynski, T. & Greenberg, J. (1987). Self-regulatory preservation and the depressive self-focusing style: A self-awareness theory of reactive depression. *Psychological Bulletin*, **102**, 122–38.

Quinn, G. & McConnell, J. (1996a). Exploring the passive visual store. *Psychologische Beitrage*, **38**, 355–67.

Quinn, G. & McConnell, J. (1996b). Irrelevant pictures in visual working memory. *Quarterly Journal of Experimental Psychology*, **49A**, 200–15.

Quinn, J. G. & McConnell, J. (1999). Manipulation of interference in the passive visual store. *European Journal of Cognitive Psychology*, **11**, 373–89.

Quinn, J. G. & Ralston, G. E. (1986). Movement and attention in visual working memory. *Quarterly Journal of Experimental Psychology*, **38A**, 689–703.

Rabbitt, P. M. A. (1997). Introduction: Methodologies and models in the study of executive function. In P. Rabbitt (Ed.), *Methodology of frontal and executive function* (pp. 1–59). Hove, Sussex: Psychology Press.

Raffone, A. & Wolters, G. (2001). A cortical mechanism for binding in visual working memory. *Journal of Cognitive Neuroscience*, **13**, 766–85.

Ramachandran, V. S. (1996). Synaesthesia in phantom limbs induced with mirrors. *Proceedings of the Royal Society of London*, **263**, 377–86.

Ramachandran, V. S. & Hirstein, W. (1998). The perception of phantom limbs: The D. O. Hebb lecture. *Brain*, **121**, 1603–30.

Ranganath, C. & Paller, K. A. (2000). Neural correlates of memory retrieval and evaluation. *Cognitive Brain Research*, **9**, 209–22.

Rao, N. (1997). Facilitating development in preschoolers with Down's syndrome in Hong Kong: A controlled evaluation study of the effects on centre-based intervention. *British Journal of Special Education*, **24**, 180–5.

Raymond, J. E., Shapiro, K. I. & Arnell, K. M. (1992). Temporary suppression of visual pro-

cessing in an RSVP task: An attentional blink? *Journal of Experimental Psychology: Human Perception and Performance*, **18**, 849-60.
Reason, J. T. & Mycielska, K. (1982). *Absent-minded? The psychology of mental lapses and everyday errors*. Englewood Cliffs, NJ: Prentice-Hall.
Reber, A. S. (1993). *Implicit learning and tacit knowledge*. Oxford: Oxford University Press.
Rehm, L. P., Kaslow, N. J. & Rabin, A. S. (1987). Cognitive and behavioural targets in a self-control therapy program for depression. *Journal of Consulting and Clinical Psychology*, **55**, 60-7.
Reisberg, D., Clayton, C. I., Heuer, F. & Fischman, D. (1986). Visual memory: When imagery vividness makes a difference. *Journal of Mental Imagery*, **10**, 51-74.
Rensink, R. A. (2000). The dynamic representation of scenes. *Visual Cognition*, **7**, 17-42.
Rensink, R. A., O'Regan, J. K. & Clark, J. J. (1997). To see or not to see: The need for attention to perceive changes in scenes. *Psycological Science*, **8**, 368-73.
Riby, I. M., Perfect, T. J. & Stollery, B. T. (2004). Dual task performance in older adults: A meta-analysis. *European Journal of Cognitive Psychology*, **16**, 683-91.
Richardson, J. T. E. (1999). *Mental imagery*. Hove, Sussex: Psychology Press. （リチャードソン，J. T. E. 西本武彦（監訳）．（2002）．イメージの心理学──心の働きと脳の働き 早稲田大学出版部）
Rizzolatti, G. & Arbib, M. A. (1998). Language within our grasp. *Trends in Neurosciences*, **21**, 188-94.
Robbins, T., Anderson, E., Barker, D., Bradley, A., Fearneyhough, C., Henson, R., Hudson, S. & Baddeley, A. (1996). Working memory in chess. *Memory and Cognition*, **24**, 83-93.
Roberts, A. C., Robbins, T. W. & Weiskrantz, I. (1998). *The prefrontal cortex: Executive and cognitive functions*. Oxford: Oxford University Press.
Roberts, R. J., Hager, L. D. & Heron, C. (1994). Prefrontal cognitive processes: Working memory and inhibition in the antisaccade task. *Journal of Experimental Psychology: General*, **123**, 374-93.
Roediger, H. I. (1990). Implicit memory: Retention without remembering. *American Psychologist*, **45**, 1043-56.
Rogers, P. J. & Green, M. W. (1993). Dieting, dietary restraint and cognitive performance. *British Journal of Clinical Psychology*, **32**, 113-6.
Rogers, R. D. & Monsell, S. (1995). Costs of a predictable shift between simple cognitive tasks. *Journal of Experimental Psychology: General*, **124**, 207-31.
Rosen, V. M. & Engle, R. W. (1997). The role of working memory capacity in retrieval. *Journal of Experimental Psychology: General*, **126**, 211-27.
Rossi-Arnaud, C., Pieroni, L. & Baddeley, A. D. (2006). Symmetry and binding in visuospatial working memory. *Journal of Cognitive Neuroscience*, **139**, 393-400.
Roth, P. (1991). *Patrimony*. New York: Simon, Schuster & Roy. （ロス，P. 柴田元幸（訳）（2009）．父の遺産 集英社）
Rotton, J. (1983). Affective and cognitive consequences of malodorous pollution. *Basic and*

Applied Social Psychology, **4**, 171-91.

Rubenstein, J., Meyer, D. E. & Evans, J. E. (2001). Executive control of cognitive processes in task switching. *Journal of Experimental Psychology: Human Perception and Performance*, **27**, 763-97.

Rubin, D. C. & Wenzel, A. E. (1996). One hundred years of forgetting: On a quantative description of retention. *Psychological Review*, **103**, 734-60.

Ruchkin, D. S., Grafman, J., Cameron, K. & Berndt, R. S. (2003). Working memory retention systems: A state of activated long-term memory. *Behavioral and Brain Sciences*, **26**, 709-77.

Rude, S. S., Hertel, P. T. & Jarrold, W. (1999). Depression-related impairments in prospective memory. *Cognition and Emotion*, **13**, 267-76.

Rugg, M. D. (1995). ERP studies of memory In M. D. Rugg & M. G. H. Coles (Eds.), *Electrophysiology of mind: Event-related brain potentials and cognition* (pp. 132-70). Oxford: Oxford University Press.

Rundus, D. (1971). Analysis of rehearsal process in free recall. *Journal of Experimental Psychology*, **89**, 63-77.

Ryan, J. (1969). Temporal grouping, rehearsal and short-term memory. *Quarterly Journal of Experimental Psychology*, **21**, 148-55.

Saariluoma, P. (1995). *Chess players' thinking: A cognitive psychological approach*. London: Routledge.

Saito, S. (1994). What effect can rhythmic finger tapping have on the phonological similarity effect? *Memory and Cognition*, **22**, 181-7.

Saito, S. (1997). When articulatory suppression does not suppress the activity of the phonological loop. *British Journal of Psychology*, **88**, 565-78.

Saito, S. (1998). Phonological loop and intermittent activity: A whistle task as articulatory suppression. *Canadian Journal of Experimental Psychology*, **52**, 18-24.

Saito, S. & Baddeley, A. D. (2004). Irrelevant sound disrupts speech production: Exploring the relationship between short-term memory and experimentally induced slips of the tongue. *Quarterly Journal of Experimental Psychology*, **57A**, 1309-40.

Saito, S. & Miyake, A. (2004). On the nature of forgetting and the processing-storage relationship in reading span performance. *Journal of Memory and Language*, **50**, 425-43.

Salame, P. (1990). Effects of music, speech-like noise and irrelevant speech on immediate memory. In B. Bergland & T. Lindvall (Eds.), *Noise as a public health problem, vol. 4: New advances in noise research part 1* (pp. 411-23). Stockholm: Swedish Council for Building Research.

Salame, P. & Baddeley, A. D. (1982). Disruption of short-term memory by unattended speech: Implications for the structure of working memory. *Journal of Verbal Learning and Verbal Behavior*, **21**, 150-64.

Salame, P. & Baddeley, A. D. (1986). Phonological factors in STM: Similarity and the unattended speech effect. *Bulletin of the Psychonomic Society*, **24**, 263-5.

Salame, P. & Baddeley, A. D. (1989). Effects of background music on phonological short-term memory. *Quarterly Journal of Experimental Psychology*, **41A**, 107-22.
Salame, P. & Baddeley, A. D. (1990). The effects of irrelevant speech on immediate free recall. *Bulletin of the Psychonomic Society*, **28**, 540-2.
Salkovslcis, P. M. & Reynolds, M. (1994). Thought suppression and smoking cessation. *Behaviour Research and Therapy*, **32**, 192-201.
Salthouse, T. A. (1992). *Mechanisms of age-cognition relations in adulthood*. Hillsdale, NJ: Lawrence Erlbaum Associates.
Salthouse, T. A. (1996). The processing-speed theory of adult age differences in cognition. *Psychological Review*, **103**, 403-28.
Salthouse, T. A., Fristoe, N., McGuthry, K. E. & Hambrick, D. Z. (1998). Relation of task switching to speed, age and fluid intelligence. *Psychology and Aging*, **13**, 445-61.
Salway, A. F. S. & Logie, R. H. (1995). Visuospatial working memory, movement control and executive demands. *British Journal of Psychology*, **86**, 253-69.
Sanz, J. (1996). Memory biases in social anxiety and depression. *Cognition and Emotion*, **10**, 87-105.
Schachter, S. & Singer, J. E. (1962). Cognitive, social and physiological determinants of emotional state. *Psychological Review*, **69**, 379-99.
Schacter, D. L. (1994). Priming and multiple memory systems: Perceptual mechanisms of implicit memory. In D. L. Schacter & E. Tulving (Eds.), *Memory systems* (pp. 233-68). Cambridge MA: MIT Press.
Schank, R. C. & Abelson, R. (1977). *Scripts, plans, goals and understanding*. Hillsdale, NJ: Lawrence Erlbaum Associates.
Schare, M. L., Lisman, S. A. & Spear, N. E. (1984). The effects of mood variation on state-dependent retention. *Cognitive Therapy and Research*, **8**, 387-408.
Scherer, K. R. (1984). Emotion as a multicomponent process: A model and some crosscultural data. In P. Shaver (Ed.), *Review of personality and social psychology*(vol. 5, pp. 37-63). Beverly Hills, CA: Sage.
Schmeichel, B. J., Vohs, K. D. & Baumeister, R. F. (2003). Intellectual performance and ego depletion: Role of the self in logical reasoning and other information processing. *Journal of Personality and Social Psychology*, **85**, 33-46.
Schmidt, B. K., Vogel, E. K., Woodman, G. F. & Luck, S. J. (2002). Voluntary and automatic attentional control of visual working memory. *Perception and Psychophysics*, **64**, 754-63.
Schneider, W. & Shiffrin, R. M. (1977). Controlled and automatic human information processing: I. Detection, search and attention. *Psychological Review*, **84**, 1-66.
Schotte, D. E., McNally, R. J. & Turner, M. L. (1990). A dichotic-listening analysis of body weight concern in bulimia nervosa. *International Journal of Eating Disorders*, **9**, 109-13.
Schumacher, E. H., Lauber, E., Awh, E., Jonides, J., Smith, E. E. & Koeppe, R. A. (1996). PET evidence for an amodal verbal working memory system. *Neuroimage*, **3**, 79-88.

Schumann-Hengsteler, R. (1992). The development of visuo-spatial memory: How to remember location. *International Journal of Behavioral Development*, **15**, 455-71.
Schwarz, N. & Clore, G. L. (1983). Mood, misattribution and judgements of well-being: Informative and directive functions of affective states. *Journal of Personality and Social Psychology*, **45**, 513-23.
Schwarz, N., Strack, F., Kommer, D. & Wagner, D. (1987). Soccer, rooms and the quality of your life: Mood effects on judgements of satisfaction with life in general and with specific life-domains. *European Journal of Social Psychology*, **17**, 69-79.
Schweikert, R. (1993). A multinomial processing tree model for degradation and redintegration in immediate recall. *Memory and Cognition*, **21**, 168-75.
Scogin, F., Storandt, M. & Lott, L. (1985). Memory-skills training, memory complaints and depression in older adults. *Journal of Gerontology*, **40**, 562-8.
Selfridge, O. G. (1955). Pattern recognition and modern computers. *Proceedings of the Western Joint Computer Conference* (pp. 91-3). New York: Institute of Electrical and Electronics Engineers.
Seligman, M. E. P. (1975). *Helplessness: On depression, development and death*. San Francisco, CA: Freeman.（セリグマン，M. E. P. 平井久・木村駿（監訳）（1985）．うつ病の行動学――学習性絶望感とは何か　誠信書房）
Service, E. (2000). Phonological complexity and word duration in immediate recall: Different paradigms answer different questions. A comment on Cowan, Nugent, Elliott and Geer. *Quarterly Journal of Experimental Psychology*, **53A**, 661-5.
Shah, P. & Miyake, A. (1996). The separability of working memory resources for spatial thinking and language processing: An individual differences approach. *Journal of Experimental Psychology: General*, **125**, 4-27.
Shah, P. & Miyake, A. (1999). Models of working memory: An introduction. In A. Miyake & P. Shah (Eds.), *Models of working memory: Mechanisms of active maintenance and executive control* (pp. 1-27). Cambridge: Cambridge University Press.
Shallice, T. (1988). *From neuropsychology to mental structure*. Cambridge: Cambridge University Press.
Shallice, T. (2002). Fractionation of the supervisory system. In D. T. Stuss & R. T. Knight (Eds.), *Principles of frontal lobe function* (pp. 261-77). New York: Oxford University Press.
Shallice, T. & Burgess, P. W. (1991). Deficits in strategy application following frontal lobe damage in men. *Brain*, **114**, 727-41.
Shallice, T. & Burgess, P. W. (1996). The domain of supervisory processes and temporal organization of behaviour. *Philosophical Transactions of the Royal Society of London B*, **351**, 1405-11.
Shallice, T. & Warrington, E. K. (1970). Independent functioning of verbal memory stores: A neuropsychological study. *Quarterly Journal of Experimental Psychology*, **22**, 261-73.
Shallice, T., Burgess, P. W., Schon, F. & Baxter, D. M. (1989). The origins of utilization

behaviour. *Brain*, **112**, 1587-98.
Shallice, T., Fletcher, P., Frith, C. D., Grasby, P. M., Frackowiak, R. S. J. & Dolan, R. J. (1994). Brain regions associated with acquisition and retrieval of verbal episodic memory. *Nature*, **368**, 633-5.
Shanks, D. R. & St. John, M. F. (1994). Characteristics of dissociable human learning systems. *Behavioral and Brain Sciences*, **17**, 367-94.
Shankweiler, D., Liberman, I. Y., Mark, L. S., Fowler, C. A. & Fischer, F. W. (1979). The speech code and learning to read. *Journal of Experimental Psychology: Human Learning and Memory*, **5**, 531-45.
Shaw, R. (2003). The agent-environment interface: Simon's indirect or Gibson's direct coupling? *Ecological Psychology*, **15**, 37-106.
Sheline, Y. I., Barch, D. M., Donnelly, J. M., Ollinger, J. M., Snyder, A. Z. & Mintun, M. A. (2001). Increased amygdala response to masked emotional faces in depressed subjects resolves with antidepressant treatment: An fMRI study. *Biological Psychiatry*, **50**, 651-8.
Shepard, N. & Metzler, J. (1971). Mental rotation of three-dimensional objects. *Science*, **171**, 701-3.
Shepard, R. N. & Cooper, L. A. (1982). *Mental images and their transformations*. Cambridge, MA: MIT Press.
Shepard, R. N. & Feng, C. (1972). A chronometric study of mental paper-folding. *Cognitive Psychology*, **3**, 228-43.
Sherrod, D. R. (1974). Crowding, perceived control and behavioral aftereffects. *Journal of Applied Social Psychology*, **4**, 171-86.
Shiffrin, R. M. & Cook, J. R. (1978). Short-term forgetting of item and order information. *Journal of Verbal Learning and Verbal Behavior*, **17**, 189-218.
Shrauger, J. S. & Schoeneman, T. J. (1979). Symbolic interactionist view of self-concept: Through the looking glass darkly. *Psychological Bulletin*, **86**, 549-73.
Shrauger, J. S. & Sorman, P. B. (1977). Self-evaluation, initial success and failure and improvement as determinants of persistence. *Journal of Consulting Psychology and Clinical Psychology*, **45**, 784-95.
Shute, V. J. (1991). Who is likely to acquire programming skills? *Journal of Educational Computing Research*, **7**, 1-2.
Shweder, R. A. & Bourne, E. (1982). Does the concept of the person vary cross-culturally? In A. J. Marsella & G. White (Eds.), *Cultural conceptions of mental health and therapy* (pp. 97-137). Boston: Reidel.
Silbersweig, D. A., Stern, E., Frith, C., Cahill, C., Holmes, A., Grootoonk, S., Seaward, J., McKenna, P., Chua, S. E., Schnorr, L., Jones, T. & Frackowiak, R. S. J. (1995). A functional neuroanatomy of hallucinations in schizophrenia. *Nature*, **378**, 176-9.
Simons, A. D., Garfield, S. L. & Murphy, G. E. (1984). The process of change in cognitive therapy and pharmacotherapy for depression: Changes in mood and cognition. *Archives of General Psychiatry*, **43**, 43-8.

Singer, W. (1999). Binding by neural synchrony. In R. A. Wilson & F. C. Keil (Eds.), *The MIT encyclopedia of the cognitive sciences* (pp. 81-4). Cambridge, MA: MIT Press.

Singer, W. & Gray, C. M. (1995). Visual feature integration and the temporal correlation hypothesis. *Annual Review of Neuroscience*, **18**, 555-86.

Smith, E. E. & Jonides, J. (1996). Working memory in humans: Neuropsychological evidence. In M. Gazzaniga (Ed.), *The cognitive neurosciences* (pp. 1009-20). Cambridge, MA: MIT Press.

Smith, E. E. & Jonides, J. (1997). Working memory: A view from neuroimaging. *Cognitive Psychology*, **33**, 5-42.

Smith, E. E. & Jonides, J. (1999). Storage and executive processes in the frontal lobes. *Science*, **283**, 1657-61.

Smith, E. E., Jonides, J. & Koeppe, R. A. (1996). Dissociating verbal and spatial working memory using PET. *Cerebral Cortex*, **6**, 11-20.

Smith, E. E., Jonides, J., Koeppe, R. A., Awh, E., Schumacher, E. H. & Minoshima, S. (1995). Spatial vs. object working memory: PET investigations. *Journal of Cognitive Neuroscience*, **7**, 337-56.

Smyth, M. M. & Pendleton, L. R. (1989). Working memory for movement. *Quarterly Journal of Experimental Psychology*, **41A**, 235-50.

Smyth, M. M. & Pendleton, L. R. (1990). Space and movement in working memory. *Quarterly Journal of Experimental Psychology*, **42A**, 291-304.

Smyth, M. M. & Scholey, K. A. (1992). Determining spatial span: The role of movement time and articulation rate. *Quarterly Journal of Experimental Psychology*, **45A**, 479-501.

Smyth, M. M. & Waller, A. (1998). Movement imagery in rock climbing: Patterns of interference from visual, spatial and kinesthetic secondary tasks. *Applied Cognitive Psychology*, **12**, 145-57.

Smyth, M. M., Hay, D. C., Hitch, G. J. & Horton, N. J. (2005). Serial position memory in the visuo-spatial domain: Reconstructing sequences of unfamiliar faces. *Quarterly Journal of Experimental Psychology*, **58A**, 909-30.

Smyth, M. M., Pearson, N. A. & Pendleton, L. R. (1988). Movement and working memory: Patterns and positions in space. *Quarterly Journal of Experimental Psychology*, **40A**, 499-514.

Snowling, M., Chiat, S. & Hulme, C. (1991). Words, nonwords and phonological processes: Some comments on Gathercole, Willis, Emslie and Baddeley. *Applied Psycholinguistics*, **12**, 369-73.

Snyder, M. & White, P. (1982). Moods and memories: Elation, depression and the remembering of the event of one's life. *Journal of Personality*, **50**, 142-67.

Solarz, A. K. (1960). Latency of instrumental responses as a function of compatibility with the meaning of eliciting verbal signs. *Journal of Experimental Psychology*, **59**, 239-45.

Spacapan, S. & Cohen, S. (1983). Effects and aftereffects of stressor expectations. *Journal of Personality and Social Psychology*, **45**, 1243-54.

Spearman, C. (1927). *The abilities of man: Their nature and measurement.* London: Macmillan.

Spector, A. & Biederman, I. (1976). Mental set and mental shift revisited. *American Journal of Psychology,* **89,** 669–79.

Speidel, G. E. (1993). Phonological short-term memory in individual differences in learning to speak: Bilingual case study. *First Language,* **13,** 69–91.

Spence, K. W. (1937). The differential response in animals to stimuli varying within a single dimension. *Psychological Review,* **44,** 430–44.

Sperling, G. (1960). The information available in brief visual presentations. *Psychological Monographs: General and Applied,* **74,** 1–29.

Sperling, G. & Speelman, R. G. (1970). Acoustic similarity and auditory short-term memory: Experiments and a model. In D. A. Norman (Ed.), *Models of human memory* (pp. 149–202). New York: Academic Press.

Spinnler, H., Della Sala, S., Bandera, R. & Baddeley, A. D. (1988). Dementia, ageing and the structure of human memory. *Cognitive Neuropsychology,* **5,** 193–211.

Squire, L. R. (1992). Declarative and non-declarative memory: Multiple brain systems supporting learning and memory. *Journal of Cognitive Neuroscience,* **4,** 232–43.

Steenhuis, E. & Goodale, M. A. (1988). The effects of time and distance on accuracy of target-directed locomotion: Does an accurate short-term memory for spatial location exist? *Journal of Motor Behaviour,* **20,** 399–415.

Stephan, K. M., Fink, G. R., Passingham, R. E., Silbersweig, D., Ceballos-Baumann, A. O., Frith, C. D. & Frackowiak, R. S. J. (1995). Functional anatomy of the mental representation of upper extremity movements in healthy subjects. *Journal of Neurophysiology,* **73,** 373–86.

Sternberg, S. (1966). High-speed scanning in human memory. *Science,* **153,** 652–4.

Stuss, D. T. & Knight, R. T. (2002). *Principles of frontal lobe function.* New York: Oxford University Press.

Sully, J. (1892). *The human mind: A textbook of psychology.* London: Longmans, Green.

Sweeney, J. A., Mintun, M. A., Kwee, S., Wiseman, M. B., Brown, D. L., Rosenberg, D. R. & Carl, J. R. (1996). Positron emission tomography study of voluntary saccadic eye movements and spatial working memory. *Journal of Neurophysiology,* **75,** 454–68.

Tam, L. & Ward, G. (2000). A recency-based account of the primacy effect in free recall. *Journal of Experimental Psychology: Learning, Memory and Cognition,* **26,** 1589–625.

Tangney, J. P., Baumeister, R. F. & Boone, A. (2004). High self-control predicts good adjustment, less pathology, better grades and interpersonal success. *Journal of Personality,* **72,** 271–324.

Taylor, S. E. & Brown, J. D. (1988). Illusion and well-being: A social psychological perspective on mental health. *Psychological Bulletin,* **103,** 193–210.

Taylor, S. E. & Brown, J. D. (1999). Illusion and well-being: A social psychological perspective on mental health. In R. F. Baumeister (Ed.), *The self in social psychology* (pp. 43–68).

Philadelphia, PA: Psychology Press.

Teasdale, G. & Jennett, B. (1974). Assessment of coma and impaired consciousness: A practical scale. *Lancet*, **2(7872)**, 81-4.

Teasdale, J. D. (1988). Cognitive vulnerability to persistent depression. *Cognition and Emotion*, **2**, 247-74.

Teasdale, J. D. & Barnard, P. J. (1993). *Affect, cognition and change: Remodelling depressive thought*. Hove, Sussex: Psychology Press.

Teasdale, J. D., Dritschel, B. H., Taylor, M. J., Proctor, L., Lloyd, C. A., Nimmo-Smith, I. & Baddeley, A. D. (1995). Stimulus-independent thought depends on central executive resources. *Memory and Cognition*, **23**, 551-9.

Teasdale, J. D., Proctor, L., Lloyd, C. A. & Baddeley, A. D. (1993). Working memory and stimulus-independent thought: Effects of memory load and presentation rate. *European Journal of Cognitive Psychology*, **5**, 417-33.

Teasdale, J. D., Segal, Z. V., Williams, J. M. G., Ridgeway, V. A., Soulsby, J. M. & Lau, M. A. (2000). Prevention of relapse/recurrence in major depression by mindfulness-based cognitive therapy. *Journal of Consulting and Clinical Psychology*, **68**, 615-23.

Teasdale, J. D., Taylor, R. & Fogarty, S. J. (1980). Effects of induced elation depression on the accessibility of memories of happy and unhappy experiences. *Behaviour Research Therapy*, **18**, 339-46.

Tehan, G., Hendry, L. & Kocinski, D. (2001). Word length and phonological similarity effects in simple, complex and delayed serial recall tasks: Implications for working memory. *Memory*, **9**, 333-48.

Terman, L. M. (1915). The mental hygiene of exceptional children. *Pedagogical Seminary*, **22**, 529-37.

Thierry, B., Steru, L., Chermat, R. & Simon, P. (1984). Searching-waiting strategy: A candidate for an evolutionary model of depression? *Behavioral and Neural Biology*, **41**, 180-9.

Thomson, J. A. (1983). Is continuous visual monitoring necessary in visually-guided locomotion. *Journal of Experimental Psychology*, **9**, 427-33.

Thorn, A. S. C. & Gathercole, S. (1999). Language-specific knowledge and short-term memory in bilingual and non-bilingual children. *Quarterly Journal of Experimental Psychology*, **52A**, 303-24.

Tiffany, S. T. & Hakenewerth, D. M. (1991). The production of smoking urges through an imagery manipulation: Psychophysiological and verbal manifestations. *Addictive Behaviors*, **16**, 389-400.

Thurstone, L. L. (1940). *The vectors of mind*. Chicago: University of Chicago Press.

Tong, F., Nakayama, K., Vaughan, J. T. & Kanwisher, N. (1998). Binocular rivalry and visual awareness in human extrastriate cortex. *Neuron*, **21**, 753-9.

Towse, J. N. (1998). On random generation and the central executive of working memory. *British Journal of Psychology*, **89**, 77-81.

Towse, J. N. & Hitch, G. J. (1995). Is there a relationship between task demand and storage space in tests of working memory capacity? *Quarterly Journal of Experimental Psychology*, **48A**, 108-24.

Towse, J. N., Hitch, G. J. & Hutton, U. (1998). A reevaluation of working memory capacity in children. *Journal of Memory and Language*, **39**, 195-217.

Treisman, A. (1993). The perception of features and objects. In A. Baddeley & L. Weislaantz (Eds.), *Attention: Selection, awareness and control* (pp. 5-35). Oxford: Clarendon Press.

Treisman, A. & Gelade, G. (1980). A feature-integration theory of attention. *Cognitive Psychology*, **12**, 97-136.

Tremblay, S. & Jones, D. M. (1998). Habituation versus changing state explanations of the irrelevant sound effect: Evidence from the effects of token set size. *Journal of Experimental Psychology: Learning, Memory and Cognition*, **24**, 659-71.

Tremblay, S., Macken, W. J. & Jones, D. M. (2000). Elimination of the word length effect by irrelevant sound revisited. *Memory and Cognition*, **29**, 841-6.

Tresch, M. C., Sinnamon, H. M. & Seamon, J. G. (1993). Double dissociation of spatial and object visual memory: Evidence from selective interference in intact human subject. *Neuropsychologia*, **31**, 211-9.

Trieman, R. & Danis, C. (1988). Short-term memory errors for spoken syllables are affected by the linguistic structure of the syllables. *Journal of Experimental Psychology: Learning Memory and Cognition*, **14**, 145-52.

Tulving, E. (1962). Subjective organisation in free recall of 'unrelated' words. *Psychological Review*, **69**, 344-54.

Tulving, E. (1989). Memory: Performance, knowledge and experience. *European Journal of Cognitive Psychology*, **1**, 3-26.

Tulving, E. (2002). Episodic memory. From mind to brain. *Annual Review of Psychology*, **53**, 1-25.

Tulving, E., Kapur, S., Craile, F. I. M., Moscovitch, M. & Houle, S. (1994). Hemispheric encoding/retrieval asymmetry in episodic memory: Positron emission tomography findings. *Proceedings of the National Academy of Sciences of the United states of America*, **91**, 2016-20.

Tune, G. S. (1964). A brief survey of variables that influence random generation. *Perceptual and Motor Skills*, **18**, 705-10.

Turner, M. L. & Engle, R. W. (1989). Is working memory capacity task dependent? *Journal of Memory and Language*, **28**, 127-54.

Turvey, M. T. (2004). Space (and its perception): The first and final frontier. *Ecological Psychology*, **16**, 25-9.

Turvey, M. T., Brick, P. & Osborn, J. (1970). Proactive interference in short-term memory as a function of prior-item retention interval. *Quarterly Journal of Experimental Psychology*, **22**, 142-7.

Tzeng, O. J. L. (1973). Positive recency effects in delayed free recall. *Journal of Verbal*

Learning and Verbal Behavior, **12**, 436–9.

Underwood, B. J. (1957). Interference and forgetting. *Psychological Review,* **64**, 49–60.

Underwood, B. J. & Postman, L. (1960). Extra experimental sources of interference in forgetting. *Psychological Review,* **67**, 73–95.

Vallar, G. & Baddeley, A. D. (1982). Short-term forgetting and the articulatory loop. *Quarterly Journal of Experimental Psychology,* **34A**, 53–60.

Vallar, G. & Baddeley, A. D. (1984). Fractionation of working memory: Neuropsychological evidence for a phonological short-term store. *Journal of Verbal Learning and Verbal Behavior,* **23**, 151–61.

Vallar, G. & Baddeley, A. D. (1987). Phonological short-term store and sentence processing. *Cognitive Neuropsychology,* **4**, 417–38.

Vallar, G. & Papagno, C. (1993). Preserved vocabulary acquisition in Down's syndrome: The role of phonological short-term memory. *Cortex,* **29**, 467–83.

Vallar, G. & Papagno, C. (2002). Neuropsychological impairments of verbal short-term memory. In A. D. Baddeley, M. D. Kopelman & B. A. Wilson (Eds.), *Handbook of memory disorders* (2nd edn, pp. 249–70). Chichester: Wiley.

Vallar, G. & Shallice, T. (Eds.) (1990). *Neuropsychological impairments of short-term memory.* Cambridge: Cambridge University Press.

Vallar, G., Corno, M. & Basso, A. (1992). Auditory and visual verbal short-term memory in aphasia. *Cortex,* **28**, 383–9.

Vallar, G., Papagno, C. & Baddeley, A. D. (1991). Long-term recency effects and phonological short-term memory: A neuropsychological case study. *Cortex,* **27**, 323–6.

van den Hout, M., Muris, P., Salemink, E. & Kindt, M. (2001). Autobiographical memories become less vivid and emotional after eye movements. *British Journal of Clinical Psychology,* **40**, 121–30.

Velten, E. (1968). A laboratory task for induction of mood states. *Behavioral Research and Therapy,* **6**, 473–82.

Vogel, E. K., Woodman, G. F. & Luck, S. J. (2001). Storage of features, conjunctions and objects in visual working memory. *Journal of Experimental Psychology: Human Perception and Performance,* **27**, 92–114.

Vogel, E. K., Woodman, G. F. & Luck, S. J. (2006). The time course of consolidation in visual working memory. *Journal of Experimental Psychology: Human Perception and Performance,* **32**, 1436–51.

von der Malsburg, C. (1995). Binding in models of perception and brain function. *Current Opinion in Neurobiology,* **5**, 520–6.

von Restorff, H. (1933). Über die Wirkung von Bereichsbildungen im Spurenfeld. *Psychologisch Forschung,* **18**, 299–342.

Vreugdenburg, L., Bryan, J. & Kemps, E. (2003). The effect of self-initiated weight-loss dieting on working memory: The role of preoccupying cognitions. *Appetite,* **41**, 291–300.

Vygotsky, L. S. (1962). *Thought and language,* edited and translated by E. Hanfmann & G.

Vakar. Cambridge, MA: MIT Press.（ヴィゴツキー，L. S. 柴田義松（訳）(2001). 新訳版・思考と言語　新読書社）

Wagar, B. M. & Dixon, M. J. (2005). Past experience influences object representation in working memory. *Brain and Cognition*, **57**, 248-56.

Walker, I. & Hulme, C. (1999). Concrete words are easier to recall than abstract words: evidence for a semantic contribution to long-term serial recall. *Journal of Experimental Psychology: Learning, Memory and Cognition*, **25**, 1256-71.

Walker, N. K. & Burkhardt, J. F. (1965). *The combat effectiveness of various human operator controlled systems*. Proceedings of the 17th U.S. Military Operation Research Symposium.

Walker, P. & Cuthbert, I. (1998). Remembering visual feature conjunctions: Visual memory for shape-colour associations is object-based. *Visual Cognition*, **5**, 409-55.

Walker, P., Hitch, G. J., Doyle, A. & Porter, T. (1994). The development of short-term visual memory in young children. *International Journal of Behavioral Development*, **17**, 73-89.

Walters, A. J., Shiffman, S., Bradley, B. P. & Mogg, K. (2003). Attentional shifts to smoking cues in smokers. *Addiction*, **98**, 1409-17.

Ward, G. (2001). A critique of the working memory model. In O. Andrade (Ed.), *Working memory in perspective* (pp. 219-39). Hove, Sussex: Psychology Press.

Warren, C. & Cooper, P. J. (1988). Psychological effects of dieting. *British Journal of Clinical Psychology*, **27**, 269-70.

Warrington, E. K. & Baddeley, A. D. (1974). Amnesia and memory for visual location. *Neuropsychologia*, **12**, 257-63.

Warrington, E. K. & Weiskrantz, L. (1968). New methods of testing long-term retention with special reference to amnesic patients. *Nature*, **217**, 972-4.

Wason, P. & Johnson-Laird, P. (1972). *Psychology of reasoning: Structure and content*. Cambridge, MA: Harvard University Press.

Waters, G. S. & Caplan, D. (1996). The capacity theory of sentence comprehension: Critique of Just and Carpenter (1992). *Psychological Review*, **103**, 761-72.

Waters, G. S. & Caplan, D. (2004). Verbal working memory and online syntactic processing: Evidence from self-based listening. *Quarterly Journal of Experimental Psychology*, **57A**, 129-63.

Watkins, M. J. & Peynircioglu, Z. F. (1983). Three recency effects at the same time. *Journal of Verbal Learning and Verbal Behavior*, **22**, 375-84.

Watts, F. N. (1993). Problems of memory and concentration. In C. G. Costello (Ed.), *Symptoms of depression* (pp. 113-40). New York: Wiley.

Watts, F. N., Trezise, L. & Sharrock, R. (1986). Processing of phobic stimuli. *British Journal of Clinical Psychology*, **25**, 253-9.

Waugh, N. C. & Norman, D. A. (1965). Primary memory. *Psychological Review*, **72**, 89-104.

Wegner, D. M. (1994). Ironic processes of mental control. *Psychological Review*, **101**, 34-52.

Weinberger, D. A. (1990). The construct validity of the repressive coping style. In J. L. Singer (Ed.), *Repression and dissociation: Implications for personality theory, psychopathology and health* (pp. 337-86). Chicago: University of Chicago Press.

Weingartner, H., Cohen, R. M., Murphy, D. L., Martello, J. & Gerdt, C. (1981). Cognitive processes in depression. *Archives of General Psychiatry*, **38**, 42-7.

Weiskrantz, L. (1986). *Blindsight: A case study and implications*. Oxford: Oxford University Press.

Weiskrantz, L. (1997). *Consciousness lost and found: A neuropsychological exploration*. Oxford: Oxford University Press.

Weiskrantz, L., Elliott, J. & Darlington, C. (1971). Preliminary observations on tickling oneself. *Nature*, **230**, 598-9.

Welford, A. T. (1956). *Ageing and human skill*. London: Oxford University Press.

Weltman, G., Christianson, R. A. & Egstrom, G. H. (1970). Effects of environment and experience on underwater work performance. *Human Factors*, **12**, 587-98.

Weltman, G., Smith, J. E. & Egstrom, G. H. (1971). Perceptual narrowing during simulated pressure chamber-exposure. *Human Factors*, **13**, 99-107.

Wenzel, A., Jackson, L. C. & Holt, C. S. (2002). Social phobia and the recall of autobiographical memories. *Depression and Anxiety*, **15**, 186-9.

Wheeler, M. E. & Treisman, A. M. (2002). Binding in short-term visual memory. *Journal of Experimental Psychology: General*, **131**, 48-64.

Wickelgren, W. A. (1964). Size of rehearsal group and short-term memory. *Journal of Experimental Psychology*, **68**, 413-19.

Wickelgren, W. A. (1965). Short-term memory for phonemically similar lists. *American Journal of Psychology*, **78**, 567-74.

Wickelgren, W. A. (1969). Auditory or articulatory coding in verbal short-term memory. *Psychological Review*, **76**, 232-5.

Wickens, D. D., Born, D. G. & Allen, C. K. (1963). Proactive inhibition and item similarity in short-term memory. *Journal of Verbal Learning and Verbal Behavior*, **2**, 440-5.

Williams, J. M. G. (1984). *The psychological treatment of depression: A guide to the theory and practice of cognitive-behaviour therapy*. London: Croom Helm.

Williams, J. M. G. & Broadbent, K. (1986). Distraction by emotional stimuli: Use of a Stroop task with suicide attempters. *British Journal of Clinical Psychology*, **25**, 101-10.

Williams, J. M. G. & Scott, J. (1988). Autobiographical memory in depression. *Psychological Medicine*, **18**, 689-95.

Williams, J. M. G., Mathews, A. & MacLeod, C. (1996). The emotional Stroop task and psychopathology. *Psychological Bulletin*, **120**, 3-24.

Williams, J. M. G., Watts, F. N., MacLeod, C. & Mathews, A. (1988). *Cognitive psychology and emotional disorders*. New York: Wiley.

Williams, J. M. G., Watts, F. N., MacLeod, C. & Mathews, A. (1997). *Cognitive psychology and emotional disorders* (2nd edn). Chichester: Wiley.

Wilson, B. A. & Baddeley, A. D. (1988). Semantic, episodic and autobiographical memory in a postmeningitic amnesic patient. *Brain and Cognition*, **8**, 31–46.

Wilson, B. A,. Baddeley, A. D. & Kapur, N.(1995). Dense amnesia in a professional musician following Herpes simplex virus encephalitis. *Journal of Clinical and Experimental Neuropsychology*, **17**, 668–81.

Wilson, B. A., Baddeley, A. D. & Young, A. W. (1999). LE, a person who lost her 'mind's eye'. *Neurocase*, **5**, 119–27.

Wilson, B. A., Shiel, A., McLellan, L., Horn, S. & Watson, M. A. (2001). Monitoring recovery of cognitive function following severe traumatic brain injury. *Brain Impairment*, **2**, 22–8.

Wilson, F. A., Scalaidhe, S. P. & Goldman-Rakic, P. S. (1993). Dissociation of object and spatial processiing domains in primate pre-frontal cortex. *Science*, **260**, 1955–8.

Wing, A. M., Lewis, V. J. & Baddeley, A. D. (1979). The slowing of handwriting by letter repetition. *Journal of Human Movement Studies*, **5**, 182–8.

Wise, R. J., Katkin, E. S., Wiens, S. & Öhman, A. (2001). Nonconcious fear conditioning, visceral perception and the development of gut feelings. *Psychological Science*, **12**, 366–70.

Wolford, G. & Hollingsworth, S. (1974). Evidence that short-term memory is not the limiting factor in tachistoscopic full-report procedure. *Memory and Cognition*, **2**, 796–800.

Wolpert, D. M. & Kawato, M. (1998). Multiple paired forward and inverse models for motor control. *Neural Networks*, **11**, 1317–29.

Wolpert, D. M., Ghahramani, Z. & Jordan, M. I. (1995). An internal model for sensorimotor integration. *Science*, **269**, 1880–2.

Woodin, M. E. & Heil, J. (1996). Skilled motor performance and working memory in rowers: Body patterns and spatial positions. *Quarterly Journal of Experimental Psychology*, **49A**, 357–78.

Woodman, G. F. & Luck, S. J. (2004). Visual search is slowed when visuospatial working memory is occupied. *Psychonomic Bulletin and Review*, **11**, 269–74.

Woodman, G. F., Vecera, S. P. & Luck, S. J. (2003). Perceptual organization influences visual working memory. *Psychonomic Bulletin and Review*, **10**, 80–7.

Woodman, G. F., Vogel, E. K. & Luck, S. J. (2001). Visual search remains efficient when visual working memory is full. *Psychological Science*, **12**, 219–24.

Wutz, R. H. & Olds, J. (1963). Amygdaloid stimulation and operant reintorcement in the rat. *Journal of Comparative and Physiological Psychology*, **56**, 941–9.

Wyer, R. S. & Frey, D. (1983). The effects of feedback about self and others on the recall and judgments of feedback-relevant information. *Journal of Experimental Social Psychology*, **19**, 540–59.

Yerkes, R. M. & Dodson, J. D. (1908). The relation of strength of stimulus to rapidity of habit formation. *Journal of Comparative and Physiological Psychology*, **18**, 459–82.

Yntema, D. B. & Trask, F. P. (1963). Recall as a search process. *Journal of Verbal Learning and Verbal Behavior*, **2**, 65–74.

Zajonc, R. B. (1984). On the primacy of affect. *American Psychologist*, **39**, 117–23.

Zinser, M. C., Baker, T. B., Sherman, J. E. & Cannon, D. S. (1992). Relation between selfreported affect and drug urges and cravings in continuing and withdrawing smokers. *Journal of Abnormal Psychology*, **101**, 617–29.

Zuckerman, M. (1979). *Sensation seeking: Beyond the optimal level of arousal.* Hillsdale, NJ: Lawrence Erlbaum Associates.

Zwaan, R. A. & Truitt, T. P. (1998). Smoking urges affect language processing. *Experimental and Clinical Psychopharmacology*, **6**, 325–30.

訳者あとがき

　本書は，Alan Baddeley による *Working Memory, Thought, and Action* (Oxford University Press, 2007) の全訳である。底本には，2007 年発行の初版を用いたが，訳文には第二刷（2011 年）で加えられた語句の修正を反映させた。

　本書を手に取られている方は，ワーキングメモリということばを一度ならず聞いたことがあるのではないかと思う。ワーキングメモリは，心理学の教科書ではかなり以前から定番のテーマになっているし，最近では，教育，医学，臨床活動，脳科学，工学，その他の文脈でもたびたび登場するようになってきた。しかし，様々な場面で参照されるようになった反面，ワーキングメモリが何であるかということは，必ずしも正確に捉えられていないかもしれない。

　そのような中でも，ワーキングメモリについての最も有名なモデルとして，Baddeley による複数成分モデルを挙げることができるだろう。このモデルは，極めて広い範囲の問題に適用できると同時に，適度に具体的で明確な構成要素の仮定を持っている。中央実行系，音韻ループ，視空間スケッチパッドを示した図も，様々な場面で目にする。本書は，この複数成分モデルを提案した Baddeley 自身によるモデルの紹介とワーキングメモリ研究の最近の発展を述べたものである。本書の後半では，神経科学，社会的行動や感情など，ワーキングメモリをより広い文脈に位置づけることを試みている。したがって，本書は，ワーキングメモリについての現時点でのより新しい研究成果とその理論的および実用的意義を第一人者によって述べたものといえる。

　すでにワーキングメモリと Baddeley のモデルについての基本的な知識を持っている読者にとっても，本書はある種の驚きと新鮮さの感覚を与えるのではないかと思う。本書の前半では，複数成分モデルをその構成要素ごとに紹介している。第 1 章でモデルの全体を概観した後，各構成要素におよそ 2 章ずつを当てて検討しているのだが，この部分は明らかにこれまでの教科書的な記述を超えている。例えば，音韻ループの説明として，まず，その機能的意義を論じることから始まるのだが，この点がかつてとはもう導入の仕方から違っている。この展開は 1990 年代から 2000 年ころにかけて特に盛んになった研究に基

づいていると思われる．もちろん，その一方で，語長効果や音韻的類似性効果といった従来からの話題もコンパクトに整理され，現在の理論的観点から検討される．

　こうした研究の進歩に伴うトピックの変化は，他の構成要素についても同様である．視空間スケッチパッドについては，視覚成分と空間成分を分けられる可能性が論じられ，イメージ処理との関係を具体的に扱った研究が詳細に検討される．また，新近効果についても，二重貯蔵モデルには収まらない定数比の法則からの説明を紹介し，この分野で顕著な計算モデルによるアプローチを詳しく論じている．以前には具体化が進んでいなかった中央実行系についても，1990年代後半から続けてきた議論をまとめ，3つの機能にしぼって整理している．もうひとつの機能であるワーキングメモリと長期記憶とのリンクについては，2000年に発表されたエピソード・バッファという第四の構成要素が担当することを明確にしている．このエピソード・バッファについては，この場で理論的な整理を行い，ワーキングメモリの構成要素としての要件を吟味し，これに関係する最新の実験研究の成果を詳しく紹介している．

　前半の末尾に当たる第10章から第12章では，やや複数成分モデルを離れて，ワーキングメモリの容量限界に関する議論とワーキングメモリの神経基盤に関する議論をそれぞれ扱っている．これらの話題は，いずれも基礎研究としての性格を持つと同時に，教育や医療など応用的・実用的な意義を具えた研究領域に関するものであり，Baddeleyも強い関心を持っているように見える．また，こうした意味においても，これらの章は前半から後半への橋渡しとなっている．

　本書の前半は，基礎的な実験研究としての認知心理学における記憶研究を中心に扱っていたのに対して，後半は他の領域の研究成果とワーキングメモリとの関係について論じていく．具体的には，社会的行動，感情，それから，意識性と行為制御に関する議論を扱っている．それぞれ，厳密に領域と対応するわけではないが，社会心理学，臨床心理学，哲学，認知科学に相当する領域の研究について整理し，広くワーキングメモリとの関連について検討している．なかでも，抑うつについては，複数成分モデルの観点に基づく新たなモデルを提案するに至っている．また，意識性と行動制御は，近年注目の集まっている研究領域であるとともに，これまでのワーキングメモリ研究や認知心理学ではあまり扱われていない，動機づけといった要因の重要性を示唆する点でも興味深い．

翻訳を通じて強く感じられたのは，研究に対するBaddeleyのアプローチの懐の深さである。Baddeleyの功績として著名であるのは，やはりその複数成分モデルであろう。しかし，このモデルは，他の大部分の（少なくとも認知心理学の）研究者が立てるモデルとは違っているように思う。たいていの研究者は，自分の扱う現象をとりあえず説明できるような小さなモデルを立てる。余計な仮定は少ない方がエレガントだと考えるなら，これは無理のない姿勢である。しかし，Baddeleyは単に特定の現象を説明するためのモデルを立てているのではなく，その中で様々なテーマの研究を行えるような「フレームワーク」を作っている。

　その意味では，複数成分モデルはあくまで作業仮説であってよい。たとえ後からモデルの中の特定の仮定が間違っていたことがわかっても構わない。その代わり，何らかの仮定を置くことによって研究が進むことが重要なのである。何の仮定も制約もなければ，未踏の領域を歩むことは難しい。とりあえず方向性を決めて進めば，それが間違っていたか正しかったかは進むうちにわかるはずである。間違っていたことがわかったら，そのとき，またモデルを修正すればよい。

　このような姿勢は，本書の中で何度となく繰り返される「豊かな（fruitful）」といった表現に現れていると思う。モデルの価値はその分野に豊かな研究を生み出すかどうかによって決まるというのである。この姿勢こそがBaddeleyの複数成分モデルが幅広い領域の様々な関心を持つ多数の人々に受け入れられた理由ではないだろうか。また，一般に，研究分野の発展にとって，新しい研究を次々に生み出すフレームワークを作ることの重要性を教えてくれているように思う。

　本書を翻訳するに至った経緯を付記しておきたい。前述のような本書の持つ意義を最初に強く感じたのは井関である。その熱意によって，こつこつと本書の全訳が進められた。その一部をたまたま披露された川﨑は，貴重な成果を多くの読者にも役立てたいと考え，出版を企画していた。ちょうどその頃，Baddeleyのそば近くでワーキングメモリ研究に専念してきた齊藤も，本書の翻訳をBaddeley自身に約束していた。そこで，われわれ3名が合同して作業に当たることになった。

　通常，共同による翻訳は，いくつかの章に分割してそれぞれが分担することが多いが，本書は3名が全章に目を通した。まず，井関が一字一句，丹念に和訳し，次に，齊藤が専門的に見て内容に誤りがないかをチェックした。最後

に，川﨑が日本語としてできるだけ読みやすくなるよう訳文を練り直した。

　末筆ではあるが，本書の刊行を可能にし，辛抱強く作業を支えていただいた誠信書房の児島雅弘氏に厚く感謝申し上げたい。

　　　　　　　　　　　　　　　　　　　　　　　　2012 年　初夏
　　　　　　　　　　　　　　　　　　　　　　　　　訳者一同

索　引

アルファベット

AD　→　アルツハイマー病
Broca 野　*239, 240, 241, 244*
Corsi
　——課題　*87*
　——空間スパン　*85, 86*
　——スパン　*71, 82, 83, 84, 85, 88, 178*
　——ブロック　*71, 78, 107, 178, 223*
EEG　→　脳波
ERP　*253*
fMRI　→　機能的磁気共鳴イメージング
g　→　一般知能
GAD　→　全般性不安障害
IGT　→　アイオワギャンブル課題
IQ　→　知能指数
LTM　→　長期記憶
MEG　*237, 238, 256*
MRI　*238*
N バック
　——課題　*189, 247, 248, 254*
　——記憶課題　*187*
　——技法　*242, 243*
PET　→　陽電子放射断層撮影法
PI　→　順向干渉
RI　→　逆向干渉
SAS　→　監督的注意システム
SIMPLE　*51, 52, 53, 123*
SLI　→　特異性言語障害
STM　→　短期記憶
STM 障害　→　短期記憶障害
STS　→　短期貯蔵庫
von Restorff 効果　*50, 52, 53*
VSSP　→　視空間スケッチパッド
WCST　→　ウィスコンシン・カード分類課題

ア行

アイオワギャンブル課題（Iowa gambling task : IGT）　*323, 328, 329, 330, 331*
アイコニックメモリ　*4, 70*
アウェアネス　*79, 258, 259, 261, 266, 267, 334, 337, 343, 345, 349, 354, 360, 369*
　意識的——　*14, 105, 145, 163, 164, 166, 168, 171, 216, 266, 267, 295, 300, 313, 332, 333, 335, 336, 337, 338, 339, 348, 349, 354, 368, 369, 371, 374, 377*
アフォーダンス　*353, 359, 360, 362, 363, 364*
アルツハイマー病（AD）　*83, 136, 147, 148, 149, 150, 151, 278, 148*
意識性　*332, 333, 334, 335, 337, 338, 339, 340, 341, 342, 343, 344, 345, 346, 347, 348, 349, 351, 375, 376, 378, 379, 382*
意思決定　*315, 317, 318, 319, 323, 329, 330, 382, 383*
一次記憶（primary memory）　*2, 3*
一般知能（g）　*197, 200, 231*
意味記憶　*127, 128, 171, 190, 193, 252, 346, 380*
意味情報　*171*
意味性認知症（semantic dementia）　*28*
インナースクライブ（内的筆記, inner scribe）　*101, 102*
ウィスコンシン・カード分類課題（WCST）　*136, 145, 152, 227, 228, 249*
ウェクスラー成人知能検査　*205*
運動スパン　*85*
エコイックメモリ　*4*
エピソード・バッファ（episodic buffer）　*13, 14, 15, 112, 113, 154, 164, 165, 166, 167, 168, 169, 170, 171, 172, 173, 174, 175, 190, 192, 193, 194, 226, 291, 303, 318, 323, 333, 338, 339, 342, 344, 347, 348, 349, 374, 378, 379, 380, 388*

エピソード記憶　127, 128, 161, 179, 180, 183, 190, 192, 193, 251, 252, 339, 346, 347, 365, 374, 375, 378, 380
演算スパン（operation span）213, 221, 227, 228
音韻ストア　9
音韻貯蔵庫　9, 10, 21, 26, 32, 38, 39, 41, 56, 57, 67, 68, 101, 155, 167, 248
音韻の類似性　206
　——効果　9, 10, 25, 55, 56, 58, 61, 62, 67, 243
音韻ループ　8, 9, 11, 12, 14, 15, 16, 17, 18, 19, 20, 22, 23, 26, 27, 28, 31, 32, 33, 34, 35, 36, 37, 38, 39, 40, 41, 42, 43, 46, 49, 50, 51, 52, 53, 54, 56, 58, 60, 61, 62, 65, 66, 67, 68, 69, 70, 71, 80, 88, 89, 91, 94, 95, 98, 99, 101, 108, 110, 122, 133, 134, 137, 144, 145, 148, 155, 156, 157, 158, 160, 163, 164, 165, 166, 167, 168, 169, 172, 183, 186, 187, 188, 189, 190, 191, 192, 193, 204, 206, 214, 223, 226, 229, 231, 238, 239, 241, 242, 244, 246, 300, 314, 323, 349, 366, 372, 380, 385
音素配列頻度　24, 25

カ行

外国語学習　19
海馬　172
快楽価値仮説　330
快楽検出　323
　——システム　321
快楽検出器　321, 324, 327, 331
　——仮説　318, 322, 323, 325, 326, 331
快楽判断　318
学習解除（unlearning）121
学習性無力感　276, 312, 322
覚醒水準　285, 337, 338
過剰肢　356
課題切り替え　142, 143, 145, 146, 147, 250
渇望　271, 282, 299, 300, 301, 302, 303, 304, 312, 331
加齢　199, 200, 201, 202, 208, 214, 228
眼球運動　80, 81, 301
慣習　353
干渉　42
監督的注意システム（supervisory attentional system : SAS）13, 133, 137, 140, 214, 257, 258, 271, 280, 351, 382, 383
　——モデル　130, 131, 139, 354, 369
記憶スパン　10, 26, 48, 131, 148
記憶マスキング　56, 57, 58
機能的磁気共鳴イメージング（fMRI）172, 173, 236, 237, 238, 240, 242, 245, 251, 252, 329, 338, 378
気分依存効果　309
気分一致効果　308, 309
逆向干渉（RI）119
競合待機（competitive queueing）31, 36
恐怖　282, 284, 285, 291, 295, 296, 299, 304, 305, 314, 315, 325, 326, 331
空間スパン　71, 85
空間タッピング　97, 98, 99, 100, 109, 137, 138
クオリア　348, 376
グローバル・ワークスペース仮説　333, 338
計数スパン（counting span）210, 212
経頭蓋磁気刺激法（transcortical magnetic stimulation : TMS）266
系列位置曲線　62, 87
言語獲得　17, 18, 20
言語スパン　71, 85, 96
言語的推論　6, 98
言語理解　17
顕在記憶　336
幻肢　356, 364
減衰仮説　44, 48, 49
健忘患者　3, 74, 123, 127, 128, 160, 337, 345, 355
健忘症　377, 381
語彙性　24, 25, 67
行為のスリップ　353, 354, 364
構音抑制　10, 11, 19, 22, 39, 41, 48, 53, 54, 55, 56, 57, 59, 60, 61, 63, 67, 68, 71, 73, 76, 82, 85, 86, 91, 97, 98, 99, 100, 101, 102, 108, 109, 137, 138, 144, 145, 146, 148, 158, 163, 183, 189, 191, 235, 289, 300, 366
構音リハーサル　9, 101, 155
交差遅延相関（cross-lagged correlation）22
構造方程式モデリング　222, 223
心の理論　367
語長　206
　——効果（word length effect）10, 11, 39, 41,

42, 46, 47, 48, 49, 50, 51, 52, 53, 67, 95
痕跡減衰　40, 41, 42, 43, 46, 67, 115, 116, 120

サ行

再統合 (redintegration)　27, 50, 67, 68, 159, 167
作話　132, 367, 381
視覚キャッシュ (visual cache)　101, 102
視覚スパン　82
視覚探索　79, 80, 81, 93, 149, 150
視覚的イメージ　12
視覚的走査　105
視覚的注意　75, 76, 78, 79, 102, 112, 176, 190, 245, 247, 288
視覚的類似性効果　163
自我消耗　276, 277
時間的文脈モデル　34
磁気刺激法 (magnetic stimulation)　238
視空間スケッチパッド (visuospatial sketchpad : VSSP)　8, 9, 11, 12, 14, 15, 40, 70, 71, 72, 81, 84, 88, 93, 94, 95, 98, 99, 101, 102, 103, 104, 108, 110, 112, 113, 137, 148, 157, 158, 160, 163, 164, 165, 166, 168, 169, 170, 172, 176, 187, 188, 192, 193, 229, 244, 300, 301, 314, 323, 348
視空間スパン　71
刺激独立的思考 (stimulus-independent thoughts)　138
自己制御　270, 272, 273, 274, 275, 276, 278, 279, 280, 316
実行過程　144, 146
実行機能　131, 142, 143, 180, 208, 214, 247, 320, 330
　　──障害症候群　353
実行機能不全　127, 152, 171
　　──症候群　131, 152
失行症　362
実行処理　97
実行制御　67, 68, 84, 129, 133, 134, 140, 143, 247, 248, 258, 260, 265, 269, 305, 333, 342, 349, 354, 368, 369
自伝的記憶　132, 308, 324, 331, 335, 346, 347, 379, 380, 382
自動的思考　312
習慣　13, 21, 22, 169, 183, 186, 190, 216, 217,

218, 258, 271, 278, 280, 349, 369, 382, 384
自由再生　114, 115, 117, 118, 122, 123, 125
主体性感　265
順向干渉 (proactive interference : PI)　2, 74, 116, 119, 124, 187, 214, 215, 216, 218, 219, 220
状態変化仮説　58, 59, 68
情動　282, 283, 286, 289, 292, 293, 294, 295, 299, 301, 302, 303, 306, 308, 313, 314, 315, 317, 323, 325, 326, 327, 328, 329, 330, 331, 386
初頭効果　32, 125
初頭性仮説　60
初頭性モデル (primacy model)　31, 32, 33, 35
処理水準　5, 10
新近効果　3, 38, 39, 52, 87, 114, 115, 117, 118, 119, 120, 121, 122, 123, 124, 125, 126, 127, 128, 223
新近性　114, 115, 118, 120, 122, 123, 124, 125, 126, 127
神経イメージング　106, 133, 172, 234, 377, 385, 386
心的音声構音化　41
心的回転　104, 105, 107
心内音声化 (subvocalization)　9, 10, 11, 38, 48, 55, 67, 68, 73, 94, 168, 169, 189, 235, 239, 241, 243, 254, 289, 367, 380
心内音声的　288, 366
侵入的思考　287, 288, 301, 303
数字スパン　2, 3, 6, 8, 16, 17, 20, 23, 24, 31, 41, 48, 59, 82, 115, 123, 150, 152, 157, 158, 177
スキーマ　13, 132, 134, 136, 140, 257, 258, 271, 280, 312, 313, 314, 322, 327, 351, 382
スクリプト　161
スタートエンドモデル (Start End Model : SEM)　33, 35
ストループ課題　294, 295, 306
ストループ効果　345
スパン　42, 48, 49, 96, 115, 159, 162, 167, 184, 213
スリップ　364
制約付き文スパン (constrained sentence span)　186, 187
セット切り替え能力　227
潜在記憶　259, 332, 336
潜在変数分析　218, 220, 222, 223, 226, 227

前頭葉　13, 127, 129, 131, 133, 134, 136, 139, 141, 146, 151, 152, 153, 172, 188, 207, 214, 219, 226, 227, 247, 248, 249, 251, 255, 316, 317, 320, 328, 330, 353, 354, 357, 367, 381
全般性不安障害（general anxiety disorder：GAD）　292, 304, 305, 306, 307
躁　329
躁うつ　322
相貌失認　343
側抑制　217
ソマティックマーカー　329
　——仮説（somatic marker hypothesis）　316, 317, 323, 328, 330

タ行

タッピング　54
短期記憶（short-term memory：STM）　1, 2, 3, 5, 7, 8, 9, 12, 16, 18, 22, 23, 24, 25, 28, 30, 32, 35, 37, 38, 40, 41, 42, 50, 55, 59, 60, 61, 62, 71, 72, 74, 75, 79, 80, 81, 82, 84, 85, 86, 87, 89, 93, 94, 96, 101, 102, 104, 114, 115, 118, 121, 122, 123, 125, 147, 148, 155, 156, 158, 159, 162, 167, 174, 204, 222, 223, 225, 226, 229, 231, 235, 238, 241, 325
　——障害　17, 18
短期貯蔵庫（short-term store：STS）　4, 5, 6, 7, 8
単語スパン　23, 36, 163, 222
知覚的プライミング　337
知能　196, 197, 222, 223, 228, 232
知能検査　196, 197, 205, 232
知能指数（IQ）　196, 199, 205
チャンキング　162, 167, 173, 185, 186, 189, 191, 349
チャンク　162, 165, 170, 173, 175, 178, 179, 183, 185, 188, 349
注意制御　1, 8, 12, 13, 14, 15, 68, 94, 112, 137, 139, 154, 164, 200, 247, 317, 341, 346, 348, 380
注意の瞬き（attentional blink）　343
注意分割　147
中央実行系　8, 9, 12, 13, 15, 54, 59, 88, 91, 98, 101, 108, 109, 110, 112, 128, 129, 130, 131, 133, 137, 138, 142, 143, 147, 148, 149, 151, 153, 154, 157, 162, 164, 168, 169, 170, 171, 174, 187, 192, 193, 204, 206, 207, 208, 214, 226, 228, 229, 231, 247, 248, 249, 254, 268, 269, 270, 271, 277, 280, 288, 291, 303, 311, 323, 333, 339, 342, 344, 347, 348, 349, 380, 382, 388
中核意識性（core consciousness）　334
長期記憶（long-term memory：LTM）　2, 3, 5, 10, 14, 23, 25, 34, 35, 36, 37, 38, 40, 51, 65, 68, 71, 73, 74, 77, 88, 91, 94, 102, 104, 107, 110, 111, 112, 113, 114, 115, 116, 120, 121, 122, 123, 124, 125, 127, 130, 132, 137, 147, 153, 154, 155, 156, 157, 158, 159, 160, 161, 162, 163, 164, 165, 166, 167, 168, 169, 170, 171, 172, 173, 174, 183, 184, 192, 259, 305, 318, 319, 325, 346, 347, 375, 376
長期新近性　115, 122, 124, 126, 127
長期貯蔵庫（long-term store：LTS）　4
長期ワーキングメモリ　161, 173
直後系列再生　6, 27, 29
追跡回転板　11
追跡画像法（tractography）　238
対連合学習　18
定数比仮説（constant ratio hypothesis）　117
定数比の法則　118, 119, 120, 123, 125, 126, 128
ディスクレシア　17
展望記憶　307
統合失調症　365
同時的負荷　6
特異性言語障害（Specific language impairment：SLI）　19, 22, 231
特性不安　286
特徴統合　172

ナ行

内的音声化　9
二次記憶（secondary memory）　2, 3
二重乖離　3, 59, 71, 82, 83, 87, 88, 91
二重課題　140, 150, 151, 152, 227, 228, 249, 320
　——調整（dual task coordination）　148
　——パラダイム　149, 177, 300
　——法　6, 101, 137, 222, 235
二重符号化仮説（dual coding hypothesis）　95
年齢　228

脳波（EEG）　*237, 339*

ハ行

バインディング　*14, 78, 79, 165, 172, 175, 176, 177, 178, 179, 180, 183, 184, 185, 186, 187, 190, 192, 193, 378*
　静的——　*165*
　動的——　*165*
　特徴——　*76, 77, 176, 178*
パターンスパン　*83, 84, 107, 178*
反芻　*310, 311, 321, 322, 331*
半側無視　*364*
ビジランス　*278*
非単語　*19*
　——反復（non-word repetition : NWR）　*19, 20, 21, 22, 26, 35, 231*
表象無視（representational neglect）　*103*
病態失認　*355, 364, 365*
不安　*282, 286, 287, 289, 290, 291, 292, 293, 294, 295, 296, 297, 299, 300, 301, 302, 304, 305, 306, 307, 311, 323, 325, 326*
ファン効果　*215*
不安神経症　*306*
複合記憶スパン　*231*
複合スパン（complex span）　*14*
複合的記憶スパン　*232*
複数成分ワーキングメモリモデル　*15*
符号化　*5*
復帰抑制　*217*
プライミング　*122, 123, 259, 261, 337, 345*
　——効果　*128, 259, 262*
　——法　*259*
文スパン　*159*
変化盲（change-blindness）　*77, 78, 344*
弁別比仮説　*118, 119, 121*
妨害刺激抑制（distractor inhibition）　*219, 220*
保続（perseverate）　*13, 132*
ホムンクルス　*130, 333, 388*

マ行

ミラーニューロン　*260*
無関連音効果　*58, 60, 64, 65, 68*
無関連言語音効果　*32, 56, 57, 58, 60, 66*

盲視（blind sight）　*332, 343, 345, 354, 355, 368*
目撃証言　*286*
モーダルモデル　*3, 4, 6*

ヤ行

優勢反応（prepotent response）抑制　*218, 220, 227*
誘発反応電位（ERP : evoked response potential）　*237*
ユーザーの錯覚　*265*
陽電子放射断層撮影法（PET）　*235, 236, 237, 240, 241, 243, 247, 251, 252, 378*
容量限界　*6, 7, 8, 21, 42, 94, 102, 129, 137, 138, 143, 154, 167, 349, 375*
抑うつ　*282, 284, 285, 295, 303, 304, 305, 306, 307, 308, 309, 310, 311, 312, 313, 314, 318, 321, 322, 323, 325, 326, 329, 331, 365, 373*
　——スキーマ　*312*
抑制　*214, 215, 216, 217, 218, 219, 220, 226, 228, 270, 275, 276, 277, 278, 289, 290, 291, 295, 296, 297, 336, 350, 353, 364, 369*

ラ行

ランダム生成　*97, 101, 102, 138, 139, 140, 141, 142, 182, 217, 218, 222, 223, 227, 228, 248, 249*
リーディングスパン　*213, 220, 221*
　——テスト　*222*
リハーサル　*9, 10, 11, 12, 31, 38, 39, 41, 44, 46, 47, 48, 50, 52, 55, 56, 62, 66, 67, 73, 74, 81, 94, 95, 98, 101, 102, 125, 126, 168, 179, 189, 226, 235, 238, 239, 240, 241, 243, 244, 245, 254, 289, 349*
流動性知能　*205*
利用行動　*132, 134, 352, 353, 354, 364*

ワ行

ワーキングメモリスパン（working memory span）　*14, 139, 162, 163, 167, 179, 180, 186, 195, 202, 203, 204, 205, 206, 207, 208, 209, 210, 211, 214, 217, 220, 221, 222, 225, 233*

原著者紹介

アラン・バドリー　Alan D. Baddeley, PhD, FRS, CBE
英国ヨーク大学心理学部教授
1934年，イングランド生まれ。ケンブリッジ大学において実験心理学の博士号を取得した後，博士論文の研究を行っていたケンブリッジMRC応用心理学ユニット（Medical Research Council, Applied Psychology Unit）に引き続き在職，その後，サセックス大学を経て，スターリング大学の教授となる。有名なBaddeley & Hitchの「Working memory」という論文が出版された1974年に応用心理学ユニットに着任，1995年まで所長を務めた。この間に，このユニットは，人間の記憶と認知に関する基礎的・応用的研究の国際拠点へと成長し，優れた研究成果を生み出すとともに，多くの影響力ある研究者を輩出した。バドリー自身による人間の記憶に関する認知心理学的および神経心理学的研究業績の多くも，このユニット在職中に発表されている。1995年にブリストル大学，2003年にヨーク大学へ異動し，現在も新しい知の創成と若手研究者の育成に貢献し続けている。

訳者紹介

井関 龍太（いせき りゅうた）
2005年　筑波大学大学院博士課程心理学研究科 一貫制博士課程 修了
現　在　理化学研究所 理研BSI-トヨタ連携センター研究員，博士（心理学）
主　著
　　認知心理学の新展開――言語と記憶（分担）　ナカニシヤ出版　2012年
　　ひろがる認知心理学（分担）　三恵社　2011年

齊藤　智（さいとう さとる）
1993年　京都大学大学院教育学研究科 博士後期課程 学修認定退学
現　在　京都大学大学院教育学研究科准教授，博士（教育学）
主　著
　　現代の認知心理学4 注意と安全（分担）　北大路書房　2011年
　　発達心理学Ⅰ（分担）　東京大学出版会　2011年
　　心理学概論（分担）　ナカニシヤ出版　2011年

川﨑 惠里子（かわさき えりこ）
1980年　早稲田大学大学院文学研究科 博士後期課程 単位取得退学
現　在　川村学園女子大学文学部教授，博士（文学）
主　著
　　知識の構造と文章理解　風間書房　2000年
　　ことばの実験室（編著）　ブレーン出版　2005年
　　認知心理学の新展開（編著）　ナカニシヤ出版　2012年
　　文章理解の認知心理学（編）　誠信書房　2014年

アラン・バドリー
ワーキングメモリ──思考と行為の心理学的基盤

2012年9月10日　第1刷発行
2015年1月30日　第2刷発行

訳　者	井　関　龍　太
	齊　藤　　　智
	川﨑　惠里子
発行者	柴　田　敏　樹
印刷者	西　澤　道　祐
発行所	株式会社　誠 信 書 房

〒112-0012　東京都文京区大塚 3-20-6
電話　03 (3946) 5666
http://www.seishinshobo.co.jp/

あづま堂印刷　イマヰ製本所　　落丁・乱丁本はお取り替えいたします
検印省略　　　無断で本書の一部または全部の複写・複製を禁じます
Ⓒ Seishin Shobo, 2012　　　　　　　　　　　　　　Printed in Japan
ISBN978-4-414-30628-6 C3011

文章理解の認知心理学
ことば・からだ・脳

川﨑惠里子 編

心理言語学の研究テーマから、文および文章理解の心理学について、その心理モデル、推論と照応、眼球運動との関係、読書と語彙獲得、身体化理論、物語理解の知覚・運動処理、認知神経科学的基盤、社会認知神経科学としての物語研究などを解説。具体的な研究の紹介に絞っているので、学部生のテキストとして、また卒業論文への導入として、さらに修士論文へも発展可能な、有用な書になっている。

目　次
第1章　文章理解のモデル
第2章　文章理解における推論と照応
第3章　眼球運動を通して見る文章理解
第4章　読書からの語彙獲得
第5章　文章理解における身体化理論
第6章　物語理解を支える知覚・運動処理
第7章　文章理解の認知神経科学的基盤
第8章　社会認知神経科学としての物語研究

A5判上製　定価(本体2600円+税)

心理学研究法2
認　知

大山 正監修　箱田裕司編著

認知心理学の分野では、1970年以降の目覚しい研究の発展とともに認知の仕組みを明らかにする様々な方法が提案された。行動主義が新行動主義，認知心理学へと変遷していったなかで，現代の心理学者が依拠するパラダイムである注意，記憶，思考，言語，イメージが生み出される。本書では人間の内的な働きを対象とする認知心理学の新しい方法を学んでいく。

目　次
序　章　認知の研究法概観
第1章　注　意
第2章　記　憶
第3章　イメージ
第4章　日常認知
第5章　推論と意思決定
第6章　言語認知

A5判上製　定価(本体3200円+税)